# 100% 합격을 위한
# 해커스금융의 특

## 하루 10분 개념완성 자료집(PDF)

**ADFB75VBYBDJ**

해커스금융 사이트(fn.Hackers.com) 접속 후 로그인 ▶ 우측 상단의 [교재] 클릭 ▶ 좌측의 [무료 자료 다운로드] 클릭 ▶ 본 교재 우측의 개념완성자료집 [다운로드] 클릭 ▶ 위 쿠폰번호 입력 후 이용

▲
무료자료 다운로드 바로가기

## 이론정리+문제풀이 무료 인강

해커스금융 사이트(fn.Hackers.com) 접속 후 로그인 ▶ 우측 상단의 [무료강의] 클릭 ▶ 과목별 무료강의 중 [금융투자자격증] 클릭하여 이용

* 본 교재 강의 중 일부 회차에 한해 무료 제공됩니다.

▲
무료강의 바로가기

## 무료 바로 채점 및 성적 분석 서비스

해커스금융 사이트(fn.Hackers.com) 접속 후 로그인 ▶ 우측 상단의 [교재] 클릭 ▶ 좌측의 [바로채점/성적분석 서비스] 클릭 ▶ 본 교재 우측의 [채점하기] 클릭하여 이용

▲
바로 채점 & 성적 분석 서비스 바로가기

## 무료 시험후기/합격수기

해커스금융 사이트(fn.Hackers.com) 접속 후 로그인 ▶ 상단메뉴의 [금융투자] 클릭 ▶ 좌측의 [학습게시판 → 시험후기/합격수기] 클릭하여 이용

▲
합격수기 바로가기

**20%**
**할인쿠폰**

## 최종핵심문제풀이 동영상강의

**H917A473W283S677**

해커스금융 사이트 (fn.Hackers.com) 접속 후 로그인 ▶ 우측 상단의 [마이클래스] 클릭 ▶ 좌측의 [결제관리 → My 쿠폰 확인] 클릭 ▶ 위 쿠폰번호 입력 후 이용

* 유효기간: 2025년 12월 31일까지(등록 후 7일간 사용 가능, ID당 1회에 한해 등록 가능)
* 해커스 금융투자분석사 최종핵심문제풀이 강의에만 사용 가능(이벤트 강의 적용 불가)
* 쿠폰 관련 문의는 해커스금융 고객센터(02-537-5000)로 연락 바랍니다.

합격의 기준, 해커스금융 **fn.Hackers.com**

금융자격증 1위* 해커스금융

# 무료 바로 채점&성적 분석 서비스

*[금융자격증 1위] 주간동아 선정 2022 올해의 교육 브랜드 파워 온·오프라인 금융자격증 부문 1위

## 한 눈에 보는 서비스 사용법

### Step 1.

교재에 있는 모의고사를 풀고
바로 채점 서비스 확인!

### Step 2.

[교재명 입력]란에
해당 교재명 입력!

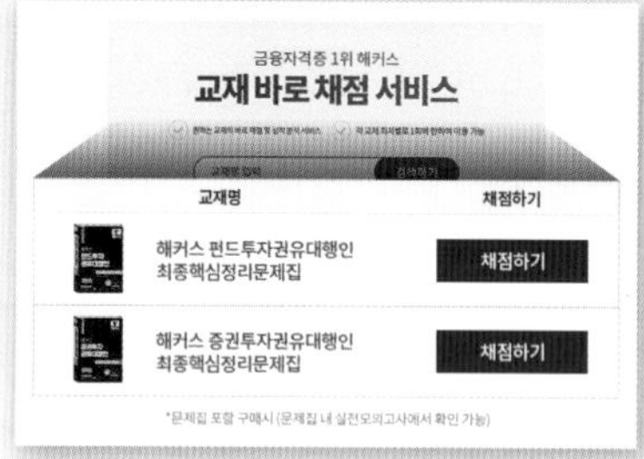


### Step 3.

교재 내 표시한 정답
바로 채점 서비스에 입력!

### Step 4.

채점 후 나의 석차, 점수,
성적분석 결과 확인!

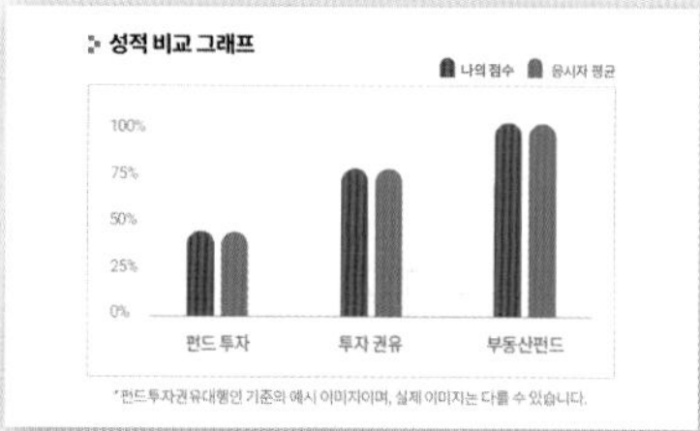

실시간 성적 분석 결과 확인

개인별 맞춤형 학습진단

실력 최종 점검 후
탄탄하게 마무리

합격의 기준, 해커스금융 fn.Hackers.com

바로 이용하기 ▶

# 해커스
# 금융투자 분석사

## 최종핵심정리문제집

해커스금융

## 이 책의 저자


### 송현남

학력
고려대학교 경영학 박사(Finance)

경력
현 | 해커스금융 온라인 및 오프라인 전임교수
해커스잡 공기업 회계학/재무관리 전임교수
전 | 광운대학교 재무설계 담당 교수

자격증
국제공인재무설계사(CFP), 한국재무설계사(AFPK),
증권투자상담사, 펀드투자상담사, 투자자산운용사

### 민영기

학력
동국대학교 일반대학원 졸업(박사, 북한화폐경제전공)

경력
현 | 해커스금융 온라인 및 오프라인 전임교수
금융투자협회 등록교수
한국생산성본부 등록교수
동국대학교 일반대학원 외래교수
성공회대학교 연구교수
전 | 상명대학교 리스크관리 · 보험학과 외래교수
세종대학교 산업대학원, 도시부동산대학원 외래교수

저서
민영기 증권투자상담사 예상문제집
금융투자협회 길라잡이
부동산펀드투자상담사 이론 · 문제집
은행FP 이론 · 문제집, 부동산학개론, 회계원리

### 김장현

학력
동국대학교 경영대학 졸업

경력
현 | 해커스금융 온라인 및 오프라인 전임교수
전 | 에듀윌 금융부문 대표 강사, 에프피에듀 대표 강사
드림플랜 법인 대표
우리은행, 국민은행 등 자산관리전문가과정 책임 강사
미래에셋대우증권, 신한금융투자, 산업은행 등
금융직무교육 등

자격증
국제공인재무설계사(CFP), 한국재무설계사(AFPK)
증권투자상담사, 펀드투자상담사, 투자자산운용사 등

저서
금융전문가를 위한 TVM
방카슈랑스과정 등 집필 강의 AFPK
CFP 문제집 등

### 송영욱

학력
숭실대학교 경영대학원 졸업(경영학 석사)
경희대학교 법학과 졸업(법학사)

경력
현 | 해커스금융 온라인 및 오프라인 전임교수
금융투자협회 등록교수
한국생산성본부 등록교수
중소기업청 등록교수
전 | 교보증권, 교보생명, 외환은행 근무

저서
한권으로 간추린 금융자산관리사
증권투자상담사 · 선물거래상담사 종합문제집
펀드투자상담사 · 증권투자상담사 · 파생상품투자상담사
핵심정리 문제집
한번에 끝내는 TESAT 실전모의고사

금융투자분석사도 역시

# 해커스

fn.Hackers.com
금융·자격증 전문 교육기관 해커스금융

## 방대한 학습량과 높은 난이도… 합격의 열쇠는?

합격의 비법을 제대로 담은 교재로 학습하는 것!

타 교재는 실전 대비를 위한 문제를 충분히 수록하지 않았거나, 합격을 좌우하는 계산문제를 쉽게 해결할 방법이 없거나, 핵심 내용만 빠르게 정리할 수 있는 학습 자료가 부족하여 제대로 시험을 준비하기엔 턱없이 부족했습니다.

## 「해커스 금융투자분석사 최종핵심정리문제집」은

❶ **시험에 꼭 나오는 핵심 개념을 정리하고, 출제가능성이 높은 예상문제를 수록**하여, 단기간에 효과적인 실전 대비가 가능합니다.

❷ **적중 실전모의고사 2회분을 수록**하여 시험 전 자신의 실력을 최종 점검하고 실전 감각을 극대화할 수 있습니다.

❸ **필수암기공식**을 통해 합격을 좌우하는 계산문제를 쉽게 해결할 수 있습니다.

❹ **하루 10분 개념완성 자료집**으로 핵심 내용만 빠르게 정리할 수 있습니다.

## 금융투자분석사 합격도 역시 해커스입니다!

「해커스 금융투자분석사 최종핵심정리문제집」은 금융 분야에서 여러 차례 베스트셀러를 달성하며 쌓아온 해커스만의 합격 노하우와 철저한 출제경향 분석 결과를 담은 교재입니다.

「해커스 금융투자분석사 최종핵심정리문제집」과 함께 금융투자분석사 시험을 준비하는 수험생 모두가 합격의 기쁨을 느끼고 더 큰 목표를 향해 한걸음 더 나아갈 수 있기를 바랍니다.

# 목차

## 제3과목 | 재무분석론



## 제4과목 | 증권법규 및 직무윤리



### [부록]



### [책속의 책]

# 금융투자분석사 학습방법

## 01 최근 출제경향을 파악하여 전략적으로 학습한다!

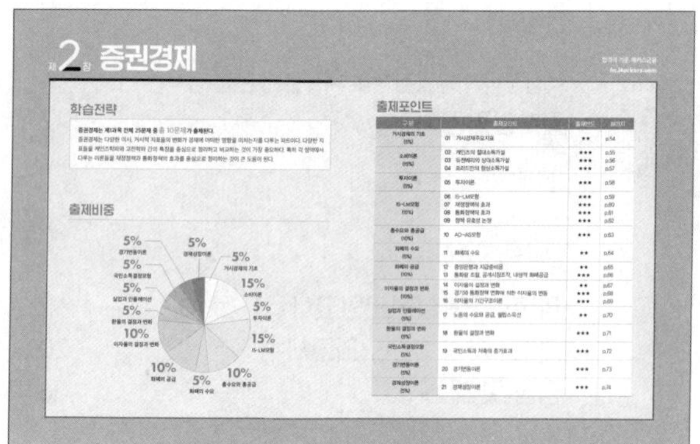


### 학습전략 · 출제비중 · 출제포인트

효율적인 학습을 위한 학습전략과 출제예상 비중 및 출제포인트를 수록하였습니다. 출제포인트에서는 출제포인트별 출제빈도를 제시하여 중점적으로 학습해야 하는 부분을 알기 쉽도록 하였습니다.

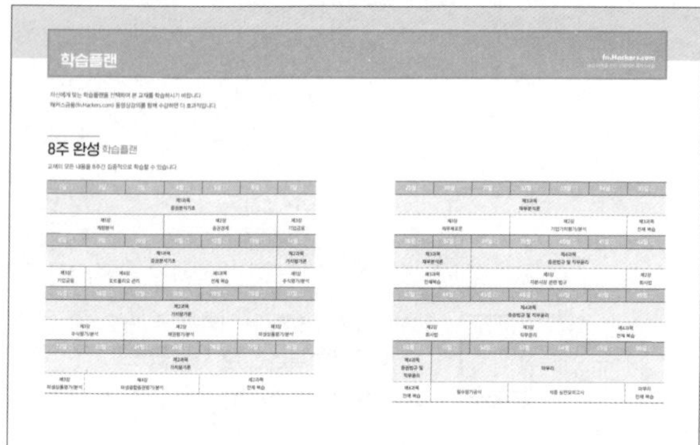


### 학습플랜

학습자의 상황에 따라 적합한 학습플랜을 선택할 수 있도록 2주/4주/6주/8주 학습플랜을 수록하였습니다.

# 02 상세한 해설로 핵심개념을 확실하게 이해한다!

*용어 알아두기

**거시경제지표** 국민경제 전체를 대상으로 분석한 경제지표로 국가 차원의 경제상황을 판단할 수 있는 기준이다.

TIP 기본적 분석은 기업의 진정한 가치인 내재가치(Intrinsic Value) 또는 본질가치(Fundamental Value)를 찾아내고 이렇게 찾아낸 진정한 가치가 시장에 반영될 것으로 기대한다.

참고 • 불마켓 : 증권의 가격이 상승하고 있는 시장을 말한다.
• 베어마켓 : 증권의 가격이 하락하거나, 하락할 것이라 예상되는 시장을 말한다.

핵심포인트 해설 **기본적 분석과 기술적 분석**

(1) 기본적 분석과 기술적 분석 비교

| 구 분 | 기본적 분석 | 기술적 분석 |
|---|---|---|
| 목 표 | 좋은 종목 선정 | 매매시점 포착 |
| 분석대상 | 내재가치(Value) | 가격(Price) |
| 활용수단 | 재무제표 | 차 트 |
| 정 보 | 거시경제변수, 산업변수, 기업변수 | 거래량, 가격 |

## 용어 알아두기

생소한 용어를 자세히 설명하여 관련 지식이 없는 학습자도 쉽게 학습할 수 있습니다.

## TIP

문제를 풀어본 후 명확한 풀이를 통해 오답포인트를 파악할 수 있습니다.

핵심포인트 해설 **PER 평가모형**

(1) PER의 의의 = 이익승수(Earnings Multiplier)

① 기업의 단위당 수익력(수익가치)에 대한 상대적 주가수준을 나타낸 것으로, 주식의 내재가치를 추정할 때 사용
② 기업수익력의 성장성, 위험, 회계처리방법 등 질적 측면이 총체적으로 반영된 지표로 그 증권에 대한 투자자의 신뢰도를 표현함
③ 기초적 분석을 행하는 증권분석가들이 주식의 시장가격이 상대적으로 과대 또는 과소평가되었는지를 판단하는 지표로서 활용함

(2) PER을 이용한 이론 주가의 추정

$$P(주가) = \frac{P}{E}(주가수익배율) \times E(주당이익)$$

① 동류 위험을 지닌 주식군의 PER 이용 : PER은 수익력의 질적 측면을 나타내는 지표이므로, 위험이 비슷한 주식군의 경우에는 같은 수준의 PER이 유지될 것으로 가정함
② 동종 산업평균 PER 이용 : 현실적으로 위험도와 영업성격이 비슷한 주식군은 주로 동종 산업 내의 경쟁업체이므로 산업평균 PER을 이용함
③ 과거의 PER 이용 : 정상적 PER은 과거의 평균적인 신뢰도 수준을 유지하는 것으로 보고 과거평균 PER을 이용함
④ 배당평가모형을 이용 : 주식의 이론적 균형가치는 배당평가모형에 의해 결정된다고 보고 이를 이용함

$$PER = \frac{P}{EPS} = \frac{배당성향(1+g)}{k-g} = \frac{기대배당성향}{k-g}$$

## 핵심포인트 해설

반드시 알아야 할 핵심개념을 이해하기 쉽게 정리하여 해설만으로도 핵심개념을 확실히 정리할 수 있습니다.

# 03 출제예상문제와 실전모의고사로 실전까지 확실하게 대비한다!

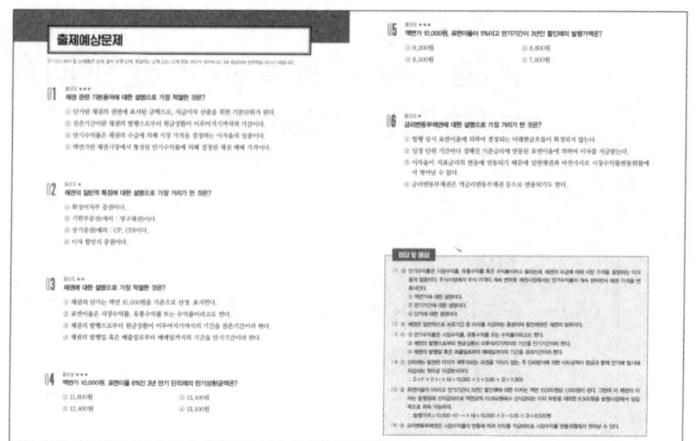

### 출제예상문제

문제에 중요도(★~★★★) 를 표시하여 중요한 내용부터 우선으로 학습할 수 있도록 하였습니다. 또한 번호 아래의 체크박스(□)를 활용하여 한 번에 이해하기 어려운 문제는 체크한 후 반복하여 학습할 수 있습니다.

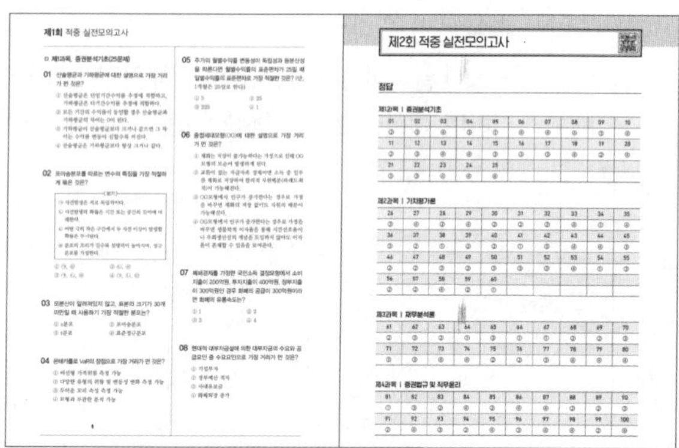

### 적중 실전모의고사

실제 시험과 동일한 구성 및 난이도의 실전모의고사 2회분을 통해 시험 전 최종 마무리 학습을 하고 실전 감각을 키울 수 있습니다. 또한 정답 및 해설에 있는 '바로 채점 및 성적 분석 서비스' QR코드를 스캔하여 취약점을 파악하고 보완할 수 있습니다.

# 04 시험에 꼭 나오는 것만 모아 확실하게 마무리한다!

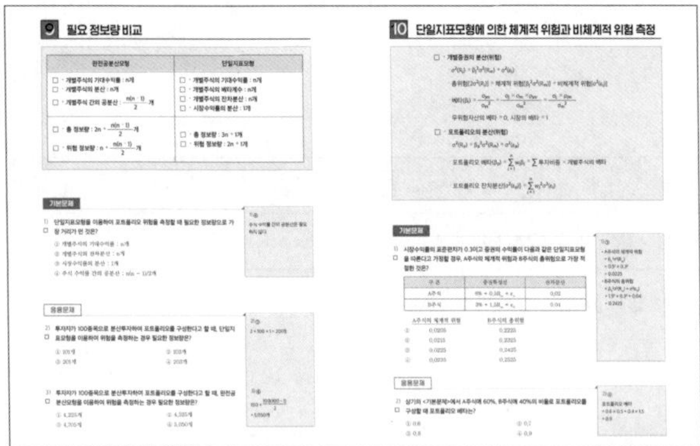

### 필수암기공식

출제가능성이 높은 공식을 암기하고 관련 기본문제와 응용문제를 함께 풀어보며 계산문제에 매우 효율적으로 대비할 수 있습니다. 시험 직전까지 활용하면 계산문제를 보다 빠르고 정확하게 풀 수 있습니다.

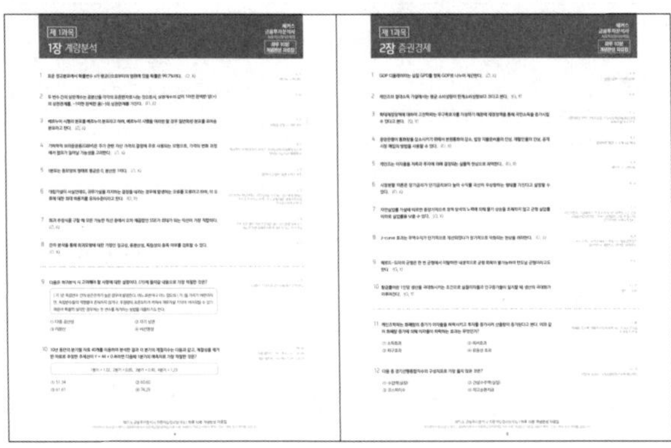

### 하루 10분 개념완성 자료집 [PDF]

해커스금융(fn.Hackers.com)에서 제공하는 자료를 시험 직전 수시로 꺼내보며 최종점검용으로 활용할 수 있습니다. 또한 본 교재와 함께 학습하면 시험에 보다 확실하게 대비할 수 있습니다.

# 금융투자분석사 자격시험 안내

## 금융투자분석사(Certified Research Analyst)란?

금융투자회사(법 22조에 따른 겸영금융투자업자는 제외)에서 조사분석자료(금융투자상품의 가치에 대한 주장이나 예측을 담고 있는 자료)를 작성하거나 이를 심사, 승인하는 업무를 수행하는 자

## 자격시험 안내

### ■ 시험일정

| 회차 | 시험일 | 시험시간 | 원서접수일 | 합격자 발표 |
|---|---|---|---|---|
| 제22회 | 7/21(일) | 10:00 ~ 12:00 | 6/24(월) ~ 6/28(금) | 8/1(목) |

* 자세한 시험 일정은 '금융투자협회 자격시험센터(license.kofia.or.kr)'에서 반드시 확인하시기 바랍니다.

### ■ 시험과목 및 문항수, 배점

| 시험과목 | | 세부과목명 | 문항수 | 배 점 | 과락기준 |
|---|---|---|---|---|---|
| 제1과목 | 증권분석기초 | 계량분석 | 5 | 25 | 10문항 미만 득점자 |
| | | 증권경제 | 10 | | |
| | | 기업금융/포트폴리오 관리 | 10 | | |
| 제2과목 | 가치평가론 | 주식평가/분석 | 10 | 35 | 14문항 미만 득점자 |
| | | 채권평가/분석 | 10 | | |
| | | 파생상품평가/분석 | 10 | | |
| | | 파생결합증권평가/분석 | 5 | | |
| 제3과목 | 재무분석론 | 재무제표론 | 10 | 20 | 8문항 미만 득점자 |
| | | 기업가치평가/분석 | 10 | | |
| 제4과목 | 증권법규 및 직무윤리 | 자본시장 관련 법규 | 10 | 20 | 8문항 미만 득점자 |
| | | 회사법 | 5 | | |
| | | 직무윤리 | 5 | | |
| 합 계 | | | 100 | 100 | |

* 2009년 2월 4일 이후 시행된 증권투자상담사 시험 및 증권투자권유자문인력 적격성 인증시험 합격자에 대해서는 증권법규 및 직무윤리과목(제4과목)을 면제

■ 시험 관련 기타 정보

| | |
|---|---|
| 시험주관처 | 금융투자협회 |
| 원서접수처 | 금융투자협회 자격시험센터(license.kofia.or.kr)에서 온라인 접수만 가능 |
| 시험시간 | 120분 |
| 응시자격 | 제한 없음 |
| 문제형식 | 객관식 4지선다형 |
| 합격기준 | 응시과목별 정답비율이 40% 이상인 자 중에서, 응시 과목의 전체 정답 비율이 70%(70문항) 이상인 자 |

## 학습자가 가장 궁금해 하는 질문 BEST 4

**Q 금융투자분석사 시험의 난이도는 어떤가요?**

A 전체적인 난이도는 '중상'이라고 볼 수 있습니다.

금융투자분석사 시험은 투자자산운용사 시험에 비해 범위는 넓지 않지만 보다 깊이 있는 이해와 계산을 필요로 하는 문제들이 출제되는 경향을 보입니다. 하지만 이해해야 할 부분과 암기해야 할 부분을 잘 구분하여 학습하고, 계산문제의 경우 교재 내에 수록된 '필수암기공식'으로 부족한 부분을 체크하여 유형별로 반복해서 학습한다면 충분히 합격할 수 있습니다.

**Q 금융투자분석사 시험에 합격하기 위해서는 얼마 동안 공부해야 할까요?**

A 관련 지식이 있는 학습자라면 4주 정도, 관련 지식이 부족한 학습자라면 8주 정도 공부하면 충분히 합격할 수 있습니다.

「해커스 금융투자분석사 최종핵심정리문제집」은 본문의 모든 문제에 중요도(★ ~ ★★★)를 표시하여, 중요한 내용을 파악하고 출제빈도가 높은 내용부터 먼저 학습할 수 있습니다. 따라서 출제빈도가 높은 내용 위주로 학습한다면 단기간에 시험 준비를 마칠 수 있습니다.

**Q 금융투자분석사를 독학으로 취득할 수 있을까요?**

A 네, 독학으로 자격증 취득이 가능합니다.

금융투자분석사 시험에 합격하기 위해서는 핵심 개념 및 공식을 암기하고, 시험과 유사한 문제를 많이 풀어보는 것이 중요합니다. 따라서 본 교재를 통하여 시험에 출제될 가능성이 높은 핵심 개념을 정리하고 출제예상문제와 실전모의고사를 풀어본다면, 독학으로도 충분히 자격증 취득이 가능합니다.

**Q 꼭 개정판 교재로 시험 준비를 해야 하나요?**

A 최신개정판으로 학습하는 것이 가장 정확합니다.

금융투자분석사 시험 문제는 매년 개정되는 금융투자협회의 표준교재 내용을 토대로 출제되기 때문입니다.

# 학습플랜

자신에게 맞는 학습플랜을 선택하여 본 교재를 학습하시기 바랍니다.
해커스금융(fn.Hackers.com) 동영상강의를 함께 수강하면 더 효과적입니다.

## 8주 완성 학습플랜

교재의 모든 내용을 8주간 집중적으로 학습할 수 있습니다.

<table>
<tr><th>1일 □</th><th>2일 □</th><th>3일 □</th><th>4일 □</th><th>5일 □</th><th>6일 □</th><th>7일 □</th></tr>
<tr><td colspan="7">제1과목<br>증권분석기초</td></tr>
<tr><td colspan="3">제1장<br>계량분석</td><td colspan="3">제2장<br>증권경제</td><td>제3장<br>기업금융</td></tr>
<tr><th>8일 □</th><th>9일 □</th><th>10일 □</th><th>11일 □</th><th>12일 □</th><th>13일 □</th><th>14일 □</th></tr>
<tr><td colspan="6">제1과목<br>증권분석기초</td><td>제2과목<br>가치평가론</td></tr>
<tr><td>제3장<br>기업금융</td><td colspan="2">제4장<br>포트폴리오 관리</td><td colspan="3">제1과목<br>전체 복습</td><td>제1장<br>주식평가/분석</td></tr>
<tr><th>15일 □</th><th>16일 □</th><th>17일 □</th><th>18일 □</th><th>19일 □</th><th>20일 □</th><th>21일 □</th></tr>
<tr><td colspan="7">제2과목<br>가치평가론</td></tr>
<tr><td colspan="2">제1장<br>주식평가/분석</td><td colspan="3">제2장<br>채권평가/분석</td><td colspan="2">제3장<br>파생상품평가/분석</td></tr>
<tr><th>22일 □</th><th>23일 □</th><th>24일 □</th><th>25일 □</th><th>26일 □</th><th>27일 □</th><th>28일 □</th></tr>
<tr><td colspan="7">제2과목<br>가치평가론</td></tr>
<tr><td>제3장<br>파생상품평가/분석</td><td colspan="3">제4장<br>파생결합증권평가/분석</td><td colspan="3">제2과목<br>전체 복습</td></tr>
</table>

<table>
<tr><th>29일 □</th><th>30일 □</th><th>31일 □</th><th>32일 □</th><th>33일 □</th><th>34일 □</th><th>35일 □</th></tr>
<tr><td colspan="7">제3과목<br>재무분석론</td></tr>
<tr><td colspan="3">제1장<br>재무제표론</td><td colspan="3">제2장<br>기업가치평가/분석</td><td>제3과목<br>전체 복습</td></tr>
<tr><th>36일 □</th><th>37일 □</th><th>38일 □</th><th>39일 □</th><th>40일 □</th><th>41일 □</th><th>42일 □</th></tr>
<tr><td colspan="2">제3과목<br>재무분석론</td><td colspan="5">제4과목<br>증권법규 및 직무윤리</td></tr>
<tr><td colspan="2">제3과목<br>전체복습</td><td colspan="4">제1장<br>자본시장 관련 법규</td><td>제2장<br>회사법</td></tr>
<tr><th>43일 □</th><th>44일 □</th><th>45일 □</th><th>46일 □</th><th>47일 □</th><th>48일 □</th><th>49일 □</th></tr>
<tr><td colspan="7">제4과목<br>증권법규 및 직무윤리</td></tr>
<tr><td colspan="2">제2장<br>회사법</td><td colspan="3">제3장<br>직무윤리</td><td colspan="2">제4과목<br>전체 복습</td></tr>
<tr><th>50일 □</th><th>51일 □</th><th>52일 □</th><th>53일 □</th><th>54일 □</th><th>55일 □</th><th>56일 □</th></tr>
<tr><td>제4과목<br>증권법규 및<br>직무윤리</td><td colspan="6">마무리</td></tr>
<tr><td>제4과목<br>전체 복습</td><td colspan="2">필수암기공식</td><td colspan="3">적중 실전모의고사</td><td>마무리<br>전체 복습</td></tr>
</table>

# 6주 완성 학습플랜

교재의 모든 내용을 6주간 집중적으로 학습할 수 있습니다.

<table>
<tr><th>1일 □</th><th>2일 □</th><th>3일 □</th><th>4일 □</th><th>5일 □</th><th>6일 □</th><th>7일 □</th></tr>
<tr><td colspan="7">제1과목<br>증권분석기초</td></tr>
<tr><td colspan="2">제1장<br>계량분석</td><td colspan="3">제2장<br>증권경제</td><td colspan="2">제3장<br>기업금융</td></tr>
<tr><th>8일 □</th><th>9일 □</th><th>10일 □</th><th>11일 □</th><th>12일 □</th><th>13일 □</th><th>14일 □</th></tr>
<tr><td colspan="3">제1과목<br>증권분석기초</td><td colspan="4">제2과목<br>가치평가론</td></tr>
<tr><td colspan="2">제4장<br>포트폴리오 관리</td><td>제1과목<br>전체 복습</td><td colspan="3">제1장<br>주식평가/분석</td><td>제2장<br>채권평가/분석</td></tr>
<tr><th>15일 □</th><th>16일 □</th><th>17일 □</th><th>18일 □</th><th>19일 □</th><th>20일 □</th><th>21일 □</th></tr>
<tr><td colspan="7">제2과목<br>가치평가론</td></tr>
<tr><td colspan="2">제2장<br>채권평가/분석</td><td colspan="3">제3장<br>파생상품평가/분석</td><td colspan="2">제4장<br>파생결합증권평가/분석</td></tr>
</table>

| 22일 □ | 23일 □ | 24일 □ | 25일 □ | 26일 □ | 27일 □ | 28일 □ |
|---|---|---|---|---|---|---|
| 제2과목<br>가치평가론 | | 제3과목<br>재무분석론 | | | | |
| 제4장<br>파생결합증권<br>평가/분석 | 제2과목<br>전체 복습 | 제1장<br>재무제표론 | | | 제2장<br>기업가치평가/분석 | |
| 29일 □ | 30일 □ | 31일 □ | 32일 □ | 33일 □ | 34일 □ | 35일 □ |
| 제3과목<br>재무분석론 | | 제4과목<br>증권법규 및 직무윤리 | | | | |
| 제2장<br>기업가치평가/분석 | 제3과목<br>전체 복습 | 제1장<br>자본시장 관련 법규 | | | 제2장<br>회사법 | |
| 36일 □ | 37일 □ | 38일 □ | 39일 □ | 40일 □ | 41일 □ | 42일 □ |
| 제4과목<br>증권법규 및 직무윤리 | | | 마무리 | | | |
| 제3장<br>직무윤리 | | 제4과목<br>전체 복습 | 필수암기공식 | | 적중 실전모의고사 | |

# 4주 완성 학습플랜

교재에 수록된 문제 중 출제빈도가 높은 별 3개(★★★), 별 2개(★★) 문제를 중심으로 4주 만에 시험 준비를 마칠 수 있습니다.

<table>
<tr><th>1일 □</th><th>2일 □</th><th>3일 □</th><th>4일 □</th><th>5일 □</th><th>6일 □</th><th>7일 □</th></tr>
<tr><td colspan="7">제1과목<br>증권분석 기초</td></tr>
<tr><td colspan="2">제1장<br>계량분석</td><td colspan="2">제2장<br>증권경제</td><td colspan="3">제3장 기업금융<br>제4장 포트폴리오 관리</td></tr>
<tr><th>8일 □</th><th>9일 □</th><th>10일 □</th><th>11일 □</th><th>12일 □</th><th>13일 □</th><th>14일 □</th></tr>
<tr><td colspan="7">제2과목<br>가치평가론</td></tr>
<tr><td colspan="2">제1장<br>주식평가/분석</td><td colspan="2">제2장<br>채권평가/분석</td><td colspan="2">제3장<br>파생상품평가/분석</td><td>제4장<br>파생결합증권<br>평가/분석</td></tr>
<tr><th>15일 □</th><th>16일 □</th><th>17일 □</th><th>18일 □</th><th>19일 □</th><th>20일 □</th><th>21일 □</th></tr>
<tr><td>제2과목<br>가치평가론</td><td colspan="5">제3과목<br>재무분석론</td><td>제4과목<br>증권법규 및<br>직무윤리</td></tr>
<tr><td>제4장<br>파생결합증권<br>평가/분석</td><td colspan="3">제1장<br>재무제표론</td><td colspan="2">제2장<br>기업가치평가/분석</td><td>제1장<br>자본시장<br>관련 법규</td></tr>
<tr><th>22일 □</th><th>23일 □</th><th>24일 □</th><th>25일 □</th><th>26일 □</th><th>27일 □</th><th>28일 □</th></tr>
<tr><td colspan="5">제4과목<br>증권법규 및 직무윤리</td><td colspan="2">마무리</td></tr>
<tr><td>제1장<br>자본시장<br>관련 법규</td><td colspan="2">제2장<br>회사법</td><td colspan="2">제3장<br>직무윤리</td><td>필수암기공식</td><td>적중<br>실전모의고사</td></tr>
</table>

# 2주 완성 학습플랜

교재에 수록된 문제 중 출제빈도가 가장 높은 별 3개(★★★) 문제를 중심으로 2주 만에 시험 준비를 마칠 수 있습니다. 전공자 또는 다른 금융자격증 취득 경험이 있는 학습자에게 추천합니다.

<table>
<tr><th>1일 □</th><th>2일 □</th><th>3일 □</th><th>4일 □</th><th>5일 □</th><th>6일 □</th><th>7일 □</th></tr>
<tr><td colspan="3">제1과목<br>증권분석기초</td><td colspan="4">제2과목<br>재무분석론</td></tr>
<tr><td>제1장<br>계량분석</td><td>제2장<br>증권경제</td><td>제3장<br>기업금융<br>제4장<br>포트폴리오 관리</td><td>제1장<br>주식평가/분석</td><td>제2장<br>채권평가/분석</td><td>제3장<br>파생상품<br>평가/분석</td><td>제4장<br>파생결합<br>증권평가/분석</td></tr>
<tr><th>8일 □</th><th>9일 □</th><th>10일 □</th><th>11일 □</th><th>12일 □</th><th>13일 □</th><th>14일 □</th></tr>
<tr><td colspan="2">제3과목<br>재무분석론</td><td colspan="3">제4과목<br>증권법규 및 직무윤리</td><td colspan="2">마무리</td></tr>
<tr><td>제1장<br>재무제표론</td><td>세2장<br>기업가치<br>평가/분석</td><td>제1장<br>자본시장<br>관련 법규</td><td>제2장<br>회사법</td><td>제3장<br>직무윤리</td><td>필수암기공식</td><td>적중<br>실전모의고사</td></tr>
</table>

# 제 1 과목

# 증권분석기초

총 25문항

제 1 장 계량분석 (5문항)

제 2 장 증권경제 (10문항)

제 3 장 기업금융 (5문항)

제 4 장 포트폴리오 관리 (5문항)

# 제 1 장 계량분석

## 학습전략

**계량분석은 제1과목 전체 25문제 중 총 5문제가 출제된다.**

이자율 및 수익률, 통계, 확률영역에서 계산문항이 출제되나, 기초적인 수학적 지식만으로 충분히 해결이 가능하다. 통계의 추정과 검정, 회귀분석영역에서는 이론적 이해를 묻는 문항이 많이 출제되기 때문에 해당 부분의 심화 학습이 필요하다.

## 출제비중

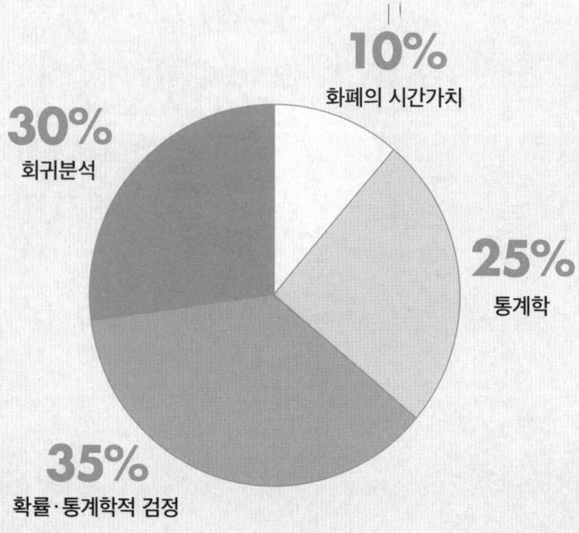

# 출제포인트

| 구 분 | 출제포인트 | 출제빈도 | 페이지 |
|---|---|---|---|
| 화폐의 시간가치<br>(10%) | 01 수익률 | ★★ | p.22 |
| 통계학<br>(25%) | 02 기타수익률<br>03 Z-Score<br>04 공분산과 상관계수 | ★★<br>★★★<br>★★★ | p.23<br>p.24<br>p.25 |
| 확률·통계학적 검정<br>(35%) | 05 확률분포<br>06 확률과정과 자산가격모형<br>07 표본이론과 통계적 검정 | ★★<br>★★<br>★★★ | p.26<br>p.27<br>p.28~31 |
| 회귀분석<br>(30%) | 08 회귀분석과 상관분석<br>09 선형회귀분석<br>10 적합성 검정<br>11 시계열 자료 분석과 예측, 최적화 | ★★<br>★★★<br>★★<br>★★ | p.32<br>p.33<br>p.34<br>p.35 |

# 01

수익률 ★★

다음 정보를 이용하여 시간가중수익률을 계산한 것으로 가장 적절한 것은?

| 투자기간 | 투자유입금액 | 기초투자금액 | 기말투자잔고 |
|---|---|---|---|
| 1 | 1,000 | 1,000 | 800 |
| 2 | 2,000 | 2,800 | 3,000 |
| 3 | 3,000 | 6,000 | 6,300 |
| 4 | 4,000 | 10,300 | 12,000 |

① 4.6%
② 5.5%
③ 8.2%
④ 1.18%

**TIP**
- HPR = (기말투자 − 기초투자)/(투자유입금액 + 전기간 투자잔고)
- 1기간수익률 = −200/1,000 = −20%
- 2기간수익률 = 200/2,800 = 7.14%
- 3기간수익률 = 300/6,000 = 5%
- 4기간수익률 = 1,700/10,300 = 16.5%

∴ 시간가중수익률 = $[(1 - 20\%)(1 + 7.1\%)(1 + 5\%)(1 + 16.5\%)]^{\frac{1}{4}} - 1 = 1.18\%$

## 핵심포인트 해설 수익률

① 기간수익률(HPR) : 일정 기간 동안의 투자수익률을 측정하는 방법

기간수익률 = (기말가치 − 기초가치)/기초가치

② 산술평균 : 연속적인 몇 기간 동안의 누적수익률 또는 평균수익률을 계산할 때 사용하는 방법

산술평균 = 기간수익률의 개별합/총기간

③ 기하평균 : 다기간수익률 추정에 적합하며, 시간가중수익률과 동일개념

기하평균 = $(1 + HPR)^{\frac{1}{N}} - 1$

㉠ 일반적으로 HPR은 분산을 갖기 때문에 산술평균은 기하평균보다 항상 큼
㉡ 변동성(분산)이 커질수록 그 차이는 더욱 커짐
㉢ 펀드매니저의 성과를 측정할 때 적합함

④ 내부수익률 : 각 현금흐름에 시간가치를 반영한 수익률
⑤ 금액가중수익률
㉠ 투자기간 중 현금 유출입이 있는 경우 측정하는 데 적합
㉡ 현금유입시기에 따라 수익률이 달라지므로 펀드매니저의 성과를 평가하는 데 부적합
⑥ 시간가중수익률 : 기하평균과 동일개념

정답 ④

# 02

기타수익률 ★★

**평균과 중앙값이 각각 15와 10이고, 첨도가 2일 때 다음 설명 중 가장 적절한 것은?**

① 정규분포를 기준으로 좌로 편중되었으며 봉우리가 정규분포보다 뾰족하다.
② 정규분포를 기준으로 좌로 편중되었으며 봉우리가 정규분포보다 평평하다.
③ 정규분포를 기준으로 우로 편중되었으며 봉우리가 정규분포보다 뾰족하다.
④ 정규분포를 기준으로 우로 편중되었으며 봉우리가 정규분포보다 평평하다.

**TIP** 평균이 중앙값보다 큰 정적 비대칭은 좌로 편중되고, 우측 긴 꼬리를 형성하며, 첨도가 2이기 때문에 표준정규분포보다 뾰족한 형태를 갖는다.

## 핵심포인트 해설 통계학

**(1) 산포의 척도**

① 분 산
㉠ 평균을 중심으로 자료의 흩어진 정도가 어느 정도인지를 측정
㉡ 모집단에서의 분산을 모분산이라 하고 표본에서의 분산을 표본분산이라 함
② 표준편차 : 흩어진 정도를 구하기 위해 분산에 양의 제곱근을 취함
③ 변동계수
㉠ 평균과 표준편차를 결합한 것으로 '표준편차/평균'으로 계산함
㉡ 평균과 표준편차가 상당히 다른 분포를 비교하는 데 유용
④ 범 위
㉠ 최댓값과 최솟값의 차이
㉡ 자료의 퍼짐을 나타내지만 평균과 마찬가지로 이상값이 존재하는 경우 크게 영향을 받음
⑤ 사분위 범위 : 제1사분위수와 제3사분위수의 차이를 말함

**(2) 기타척도**

① 왜도 : 자료의 분포 모양이 좌우로 어떻게 치우쳐 있는지를 나타내는 척도
㉠ 왜도 = 0 : 좌우대칭
㉡ 왜도 < 0 : 우로 편중되고 좌측으로 긴 꼬리(부적 비대칭 : Negative Skew)
㉢ 왜도 > 0 : 좌로 편중되고 우측으로 긴 꼬리(정적 비대칭 : Positive Skew)
㉣ 정적 비대칭의 경우 평균, 중앙값, 최빈값 순으로 크며, 부적 비대칭은 그 반대
② 첨도 : 자료의 분포 모양이 중간위치에서 뾰족한 정도를 나타내는 척도
㉠ 첨도 = 0 : 표준정규분포와 뾰족한 정도가 같음
㉡ 첨도 < 0 : 표준정규분포보다 납작한 분포
㉢ 첨도 > 0 : 표준정규분포보다 뾰족한 분포
㉣ 경우에 따라 표준정규분포의 첨도를 3으로 보기도 함

정답 ①

Z-Score ★★★

**정규분포를 따를 확률변수 X의 평균이 0이고 분산이 1인 표준정규분포에 대한 설명으로 가장 거리가 먼 것은?**

① 표준정규분포의 경우 평균과 분산값이 다르더라도 서로를 비교하기에 용이하다.
② Z Value는 평균과 표준편차를 고려하여 분포 간의 점수를 비교하기 위해 표준화한 값이다.
③ 어느 분포의 값도 Z값으로 전환하면, Z값 분포의 평균은 0이고 표준편차는 1이 된다.
④ 확률변수 X가 정규분포 $N(\mu, \sigma^2)$을 따를 때, 새로운 확률변수 $Z = (X - \mu)/\sigma$의 확률분포는 표준정규분포이다.

**TIP** 표준정규분포의 경우 평균과 분산값이 다르면 서로를 비교하기 어렵다. 이때 서로를 비교하기 위해서 Z Value를 사용한다.

## 핵심포인트 해설 표준정규분포

**(1) 정규분포**

① 평균(μ)을 중심으로 좌우대칭의 종 모양
② 정규분포곡선 아래와 X축 사이의 면적 : 1
③ 확률변수의 범위 : $-\infty < X < +\infty$

**(2) 표준정규분포**

정규분포를 따르는 확률변수 X가 평균이 0이고 분산이 1일 때, 즉 N(0, 1)일 때를 의미함

① Z-Score는 $\frac{(X-\mu)}{\sigma}$를 표준화 변수라 하고 특정 값을 표준화한 것
② $X \sim N(\mu, \sigma^2) = Z \sim N(0, 1)$

**(3) Z Value(정규확률변수의 표준화)**

① 평균과 분산이 다른 값을 가질 때 각각 다른 평균과 표준편차를 고려하여 분포 간의 점수를 비교하기 위해 사용하는 표준화된 점수
② 어느 분포 값도 Z값으로 전환시키면 Z값의 평균은 0이 되고 표준편차는 1이 됨

**(4) 표준정규분포를 이용한 두 값 사이의 확률**

① $P(\mu - \sigma \leqq x \leqq \mu + \sigma) = 0.683$
② $P(\mu - 2\sigma \leqq x \leqq \mu + 2\sigma) = 0.954$
③ $P(\mu - 3\sigma \leqq x \leqq \mu + 3\sigma) = 0.997$

정답 ①

공분산과 상관계수 ★★★

두 확률변수 X와 Y에서, 두 변수의 곱의 평균이 8이고, X의 평균이 3, Y의 평균이 3일 때 다음 설명 중 가장 적절한 것은?

① 두 변수 간 공분산이 ZERO이기 때문에 상관계수는 1이다.
② 공분산이 ZERO라면 두 변수는 항상 독립이다.
③ 두 변수가 독립이면 상관계수는 항상 ZERO이다.
④ 공분산은 방향성과 선형적 결합정도 모두를 파악하기에 용이하다.

**TIP** 공분산은 VaR[X, Y] = E(XY) − E(X) × E(Y)와 같으며, 공분산이 0이면 상관계수도 0이 된다. X와 Y가 독립이면 공분산 상관계수는 반드시 0이지만, 공분산과 상관계수가 0이라고 해서 X와 Y가 항상 독립은 아니다.

## 핵심포인트 해설 공분산과 상관계수

**(1) 공분산**

두 변수의 선형관계를 나타내는 척도로, 방향성에 대한 정보를 나타내지만 결합정도에 대한 정보는 유용하지 않음

① 두 변수 간 공분산이 양수 : 양(+)의 선형관계(같은 방향으로 움직임)
② 두 변수 간 공분산이 음수 : 음(−)의 선형관계(반대 방향으로 움직임)
③ 두 변수 간 공분산이 0 : 선형관계가 없으며 독립적
④ 공분산의 범위 : $-\infty \sim +\infty$

**(2) 상관계수**

① 두 개의 확률변수 사이의 선형적 관계 정도를 나타내는 척도
② 방향성과 선형적 결합 정도를 모두 나타냄
㉠ 상관계수 = 1 : 두 확률변수는 완벽한 양의 상관관계
㉡ 상관계수 = −1 : 두 확률변수는 완벽한 음의 상관관계
㉢ 상관관계 = 0 : 두 확률변수는 상관관계가 존재하지 않음
㉣ 상관계수의 범위 : −1 ~ 1

정답 ③

확률분포 ★★

확률분포에 대한 설명으로 가장 거리가 먼 것은?

① 베르누이분포는 상호 배반인 두 가지 가능한 결과 중 하나를 갖는 실험을 의미하며, 이를 여러 번 시행한 분포를 이항분포라 한다.
② 포아송분포에서 사건발생은 서로 독립적이고, 발생확률은 시간 또는 공간에 비례하며, 극히 작은 구간에서 두 사건 이상이 발생할 확률은 무시된다.
③ 대수정규분포는 양의 왜도를 가지며, 변수는 항상 양의 값을 갖는다.
④ 주가수익률의 계산기간이 짧을수록 대수정규분포보다는 주가분포의 정규분포가 설명에 더 적합하다.

TIP 주가수익률의 계산기간과 무관하게 변화가 연속적이고, 점프가 없으며, 0보다 크고, 기간이 길수록 변동성이 커지는 주가의 특징으로 인해 대수정규분포가 정규분포보다 설명에 더 적합하다.

## 핵심포인트 해설 확률 및 통계적 추정과 검정

### (1) 이산확률분포

① 이산확률분포의 예

| | |
|---|---|
| 베르누이분포 | • 상호 배반인 두 가지 가능한 기본결과 중 하나를 갖는 실험의 분포를 의미<br>• 성공확률 p, 실패확률 (1 − p), 분산 VaR = p(1 − p) = pq, 표준편차 $\sigma = \sqrt{pq}$ |
| 이항분포 | • 베르누이분포의 일반화된 분포 |
| 포아송분포 | • 이항분포에 뿌리를 두고 전개된 이산확률분포<br>• 이항분포에서 시행횟수가 크고 성공확률이 극히 적으면 포아송분포로 대체 가능 |

② 포아송분포를 따르는 변수의 특징
㉠ 사건발생은 서로 독립적임
㉡ 사건발생의 확률은 시간 또는 공간의 길이에 비례함
㉢ 어떤 극히 작은 구간에서 두 사건 이상이 발생할 확률은 무시됨

### (2) 연속확률분포

① 연속확률분포의 예

| | |
|---|---|
| 정규분포 | 종모양이며 평균을 기준으로 좌우 대칭, 평균이 μ, 분산이 $\sigma^2$ |
| 지수분포 | 어떤 사건이 발생하기 전까지 경과한 시간의 분포를 나타낼 때 주로 사용 |

② 대수정규분포의 특징
㉠ 양의 왜도를 가지고 비대칭적이며 변수는 항상 양(+)의 값
㉡ 주가는 변화가 연속적이고, 점프가 없으며, 항상 0보다 크고, 불확실성이 짧은 기간에서는 작지만 긴 기간에서 커지는 현상 때문에 대수정규분포가 정규분포보다 주가분포 설명에 더 적합함
㉢ 주가수익률의 계산기간이 짧을수록 정규분포에 근접

정답 ④

**변동성의 추정과 예측에 대한 설명으로 가장 거리가 먼 것은?**

① 지수가중이동평균이 표준편차에 비해 변동성을 보다 더 잘 추적하는 이유는 최근 변화에 더 많은 비중을 두기 때문이다.
② 월별 변동성을 예측하기 위해서는 표본의 샘플수가 부족하더라도 일별 자료보다는 월별 자료를 사용하는 것이 용이하다.
③ 변화율 혹은 가격이 평균회귀하거나, 가격 변동 제한폭이 있을 때 변동성이 시간에 비례한다는 가정은 조심해서 사용해야 한다.
④ GARCH 모형은 이론적으로 지수가중평균보다 더 정교할 수 있으나 추정하는 데 어려움이 있다.

**TIP** 월별 변동성의 사용은 표본의 샘플이 부족해져 통계적 유의성 문제가 생길 수 있기 때문에, 월별 자료를 그대로 사용하기보다는 일별 자료를 바탕으로 월별 변동성을 추정하여 사용하여야 한다.



## 핵심포인트 해설 변동성의 추정과 예측

**(1) 동일가중 방법과 지수가중 방법**

① 동일가중 방법 : 평균으로부터의 괴리들의 제곱을 합하여 표본의 개수로 나눠 계산
② 지수가중 방법 : 최근 자료에 더 높은 가중치를 두기 때문에 동일가중에 비해 변동성 추정이 정확함

**(2) 일별 변동성에서 월별 변동성으로**

① 일별 자료를 월별로 변경할 경우 자료의 수가 줄어들어 통계적 유의성이 감소될 수 있음
② 월별 자료는 최근 변동성 추이를 반영하는 데 적절하지 못함
③ 변화율이나 가격이 평균회귀 또는 변동 제한폭이 있거나, 일별에서 연별로 이행하는 경우 일별 변동성으로 월별 변동성을 추정하여 사용함

**(3) GARCH 모형**

① 과거 변화율 변동성의 자기 상관성을 직접 모형화하여 변동성의 계수 추정을 했기 때문에 과거에 실현된 변동성을 더 잘 설명함
② 이론적으로는 지수가중평균보다 더 정교할 수 있으나 포트폴리오 변동성 추정 시 자산들의 공분산을 모형화하는 과정에서 최대우도추정법 등을 사용하기에 추정이 어려울 수 있음
③ 최대우도추정법 : 표본의 수가 큰 경우 가장 높은 확률을 갖는 최우추정치를 바탕으로 추정하는 방법
④ 위와 같은 이유로 JP Morgan의 Riskmetrics에서는 지수가중평균법을 사용

정답 ②

가설검정에 대한 설명으로 가장 거리가 먼 것은?

① 귀무가설은 검정의 대상이 되는 가설 또는 연구자가 기각하고자 하는 가설이며, 대립가설은 귀무가설이 기각되었을 때 받아들여지는 가설을 의미한다.
② 귀무가설이 옳음에도 불구하고 귀무가설을 기각하게 되는 경우에 발생하는 오류를 α오류라고 하고, 이 오류에 대한 최대 허용치를 유의수준이라 한다.
③ 귀무가설이 사실임에도 불구하고 대립가설을 지지하는 결정을 내리는 경우를 1종 오류라 한다.
④ 대립가설이 사실임에도 불구하고 귀무가설을 지지하는 결정을 내리는 경우를 2종 오류라 하며 이를 범할 확률은 유의수준이다.

TIP 대립가설이 사실임에도 불구하고 귀무가설을 지지하는 결정을 내리는 경우를 2종 오류라 하고 이를 범할 확률은 β이며, (1 − β)는 검정력을 나타낸다.

## 핵심포인트 해설 가설검정

**(1) 귀무가설과 대립가설**

① 귀무가설($H_0$) : 검정의 대상이 되는 가설로 연구자가 기각하고자 하는 가설
② 대립가설($H_a$) : 귀무가설이 기각되었을 때 받아들여지는 가설

**(2) 유의수준**

① 귀무가설이 옳음에도 불구하고 귀무가설을 기각하게 되는 경우에 발생하는 α오류에 대한 최대허용치
② 유의수준은 조사자가 임의로 설정하는 것으로 α오류와 비교하여 귀무가설 기각 여부를 결정함
③ 자유도가 ∞이고 유의수준이 0.05일 때 t값은 1.96, 0.01일 때 t값은 2.58

**(3) 검정력**

① 1종 오류 : 귀무가설이 사실임에도 대립가설을 지지하는 경우(1종 오류 발생확률 : α)
② 2종 오류 : 대립가설이 사실인데도 귀무가설을 지지하는 결정을 내리는 경우(2종 오류 발생확률 : β)
③ 귀무가설이 사실이 아닐 때 이를 실제로 기각할 수 있는 정도를 검정력이라 함(1 − β)

**(4) 관찰된 유의수준 p값**

① 검정에 대한 관찰된 유의수준으로, 귀무가설이 사실이라는 가정하에서 α오류를 범하게 될 확률
② p값이 유의수준보다 작으면 귀무가설 기각 가능

정답 ④

표본이론과 통계적 검정 ★★★

**구간추정에 대한 설명으로 가장 거리가 먼 것은?**

① 점추정은 오차정도에 관해 신뢰성 있는 정보를 제공하기 힘드나, 구간추정은 추정의 결과를 구간으로 제시하여 보다 신뢰도 높은 결과를 제시할 수 있다.
② 구간추정의 신뢰구간은 신뢰수준과 표본의 분산에 의해 결정된다.
③ 모분산을 알고 있거나, 모르는 경우에도 표본의 크기가 30 이상이면 z분포를 사용한다.
④ 모분산을 알지 못하고, 표본의 크기가 30 미만이면 t분포를 사용한다.

**TIP** 구간추정의 신뢰구간은 신뢰수준과 표본의 크기에 의해 결정된다.

## 핵심포인트 해설 추정 (1)

**(1) 구간추정**

① 추정하고자 하는 모수가 포함될 확률을 하나의 구간으로 제시하여 그 결과의 신뢰도를 높이는 방법
② 구간의 추정을 통해 얻어지는 구간을 신뢰구간이라 하며, 신뢰구간은 신뢰수준과 표본의 크기에 의해 결정

**(2) 구간추정의 형태**

① 모평균에 대한 추정의 형태 : $\hat{\mu} = \bar{X} \pm d$
② $\bar{X} + d$는 신뢰구간의 상한, $\bar{X} - d$는 신뢰구간의 하한
③ d는 추정량 $\bar{X}$의 오차한계로 이 값이 작을수록 구간의 길이가 작아져 좋은 신뢰구간 형성

**(3) 구간추정의 신뢰구간**

① 모분산 $\sigma^2$이 알려진 경우 : 표본의 크기와 상관없이 z분포 사용

$$P\left(\bar{X} - z_{\alpha/2} \times \frac{\sigma}{\sqrt{n}} \leq \mu \leq \bar{X} + z_{\alpha/2} \times \frac{\sigma}{\sqrt{n}}\right) = 1 - \alpha$$

② 모분산 $\sigma^2$을 알지 못하고, $n \geq 30$인 경우 : z분포를 사용

$$P\left(\bar{X} - z_{\alpha/2} \times \frac{s}{\sqrt{n}} \leq \mu \leq \bar{X} + z_{\alpha/2} \times \frac{s}{\sqrt{n}}\right) = 1 - \alpha$$

③ 모분산 $\sigma^2$을 알지 못하고, $n < 30$인 경우 : t분포를 사용

$$P\left(\bar{X} - t_{\alpha/2} \times \frac{s}{\sqrt{n}} \leq \mu \leq \bar{X} + t_{\alpha/2} \times \frac{s}{\sqrt{n}}\right) = 1 - \alpha$$

④ 모분산의 구간 추정은 자유도가 n − 1인 카이제곱분포를 따름

정답 ②

**t분포의 특징에 대한 설명으로 가장 적절한 것은?**

① t분포는 종모양의 형태로, 표준정규분포와 대체로 같은 모양을 가져 평균은 1이다.

② 모평균에 대한 신뢰구간을 구성할 때 적절한 자유도는 $\upsilon = (n + 1)$이며, n은 표본의 크기이다.

③ t분포의 분산은 $\upsilon/(\upsilon - 2)$로 항상 1보다 크며, $\upsilon$가 증가함에 따라 이 분산은 1에 접근하고 모양도 표준정규분포에 접근한다.

④ 표준정규변수 Z의 분산은 1인 반면에 t의 분산은 항상 1보다 크므로 t분포는 표준정규분포보다 중간은 약간 더 평평하고 얇은 꼬리를 갖는다.

**TIP** t분포는 평균은 0이며, 모평균에 대한 신뢰구간 구성 시 적절한 자유도는 (n – 1), 분산은 자유도/(자유도 – 2)로서 항상 1보다 크기 때문에 정규분포보다 중간은 약간 더 평평하고 두터운 꼬리를 갖는다.

## 핵심포인트 해설 표본 이론과 통계적 검정

**(1) t분포**

① 표준정규분포의 확률변수 Z에서 σ를 표본 표준편차인 s로 대체한 분포

② 특 징

㉠ t분포는 종모양 형태로, 표준정규분포와 대체로 같은 모양을 가지며 평균은 0

㉡ t분포는 분포의 자유도인 v에 의존함

㉢ 모평균에 대한 신뢰구간을 구성할 때 적절한 자유도 : v = (표본의 크기(n) – 1)

㉣ t분포의 분산은 $\frac{v}{(v-2)}$로 항상 1보다 크며, v가 증가함에 따라 분산은 1에 접근함

㉤ 분산이 1보다 크므로 t분포는 표준정규분포보다 중간에서 약간 더 평평하고 두터운 꼬리가 나타남

**(2) 카이제곱분포**

① 모집단이 정규분포일 때 $S^2$의 분포는 카이자승분포를 이용할 수 있음

② 특징 : 카이제곱분포의 평균은 자유도 수이며, 독립된 확률변수의 수인 q = n – 1이고 분산은 2q

**(3) F분포**

두 정규 모집단의 분산이 같은 경우 서로 다른 개수의 표본으로부터 얻은 분산의 비율

정답 ③

# 10

표본이론과 통계적 검정 ★★★

**추정의 특성에 대한 설명으로 가장 거리가 먼 것은?**

① 불편성이란 추정량의 기댓값이 모수와 일치함을 나타내며, 편의는 모수와 추정량의 기댓값과의 차이를 말한다.

② 불편추정량 중에서 추정량의 분산이 가장 작은 것을 최소분산 불편추정량 또는 최량추정량이라 한다.

③ 최소분산 불편추정량은 변화폭의 크기와 상관없이 평균으로부터 가장 가까운 추정량을 의미한다.

④ 표본의 크기가 점점 커짐에 따라 추정량의 값이 모수와 거의 일치하게 되는 것을 일치성이라 한다.

**TIP** 최소분산 불편추정량은 평균에 가까우며 분산이 가장 작은 추정량이다.

## 핵심포인트 해설 추정 (2)

**(1) 추정치의 특성**

① 불편성

㉠ 추정량의 기댓값이 모수와 일치함을 나타냄

㉡ $E[\hat{\theta}] = \theta$ 불편추정량, $E[\hat{\theta}] \neq \theta$ 편의추정량

② 효율성

㉠ 모수 $\theta$에 대한 두 개의 불편추정량이 존재할 때 더 작은 분산을 갖는 추정량을 효율성 있는 추정량이라 함

㉡ 불편추정량 중 추정량 분산이 가장 작은 것을 택하며 이를 최소분산 불편추정량이라 함(변화폭이 가장 작은 불편추정량)

③ 일치성 : 좋은 추정량이 되기 위해 요구되는 성질로 표본의 크기가 점점 커짐에 따라 추정량의 값이 모수와 거의 일치하게 되는 성질

**(2) 점추정**

① 모평균추정 : 정규 모집단의 경우 최소분산을 갖는 표본평균 $\bar{X}$를 이용한 추정법

② 모분산추정 : 표본분산 $S^2$은 모분산 $\sigma^2$에 대한 일치추정량

정답 ③

# 11



**회귀분석의 가정에 대한 설명으로 가장 거리가 먼 것은?**

① 정규성이란 오차는 정규분포를 따른다는 의미로, 정규확률그림을 통해 검사할 수 있다.
② 독립성이란 오차들 간의 공분산이 0이라는 의미로, 위배 시 자기상관문제가 발생될 수 있다.
③ 등분산성이란 오차의 분산이 동일하게 나타난다는 의미로, 이분산성이 나타날 때 효율성을 상실한다.
④ 다중회귀 추가가정은 독립변수 간의 상관관계가 낮아야 함을 의미하며 변수들 간의 상관관계가 낮을 때 다중 공선성 문제가 발생할 수 있다.

**TIP** 다중 공선성은 독립변수 간의 상관관계가 높을 때 발생하며, 특별히 심한 경우 변수를 제거하여 해결한다.

## 핵심포인트 해설 회귀분석 (1)

**(1) 단순선형회귀분석의 가정**

① 정규성 : 독립변수 X의 고정된 어떠한 값에 대하여 종속변수 Y는 정규분포를 따름
　㉠ 오차는 정규분포를 따름
② 독립성 : 종속변수 Y들은 통계적으로 서로 독립이어야 함
　㉠ 오차들 간의 공분산은 0
　㉡ 자기상관 발생 시 효율성 상실
③ 등분산성 : 독립변수 X의 값에 관계없이 종속변수 Y의 분산은 일정함
　㉠ 오차들의 분산이 동일
　㉡ 이분산성 발생 시 효율성 상실
④ 다중 공선성 : 다중회귀분석 시 독립변수 간의 높은 상관관계로 인해 발생
　㉠ 추정량의 표준오차가 커져서 귀무가설 기각이 어려움
　㉡ 어느 정도 다중 공선성은 적용 가능하나, 특별히 심한 경우 해당 변수를 제거함

**(2) 기타 고려 사항**

① 필수 독립변수 제외 시 불편성, 일치성 상실
② 불필요한 변수 포함 시 효율성 상실
③ 변수 간 관계가 선형이 아닌데도 선형이라고 가정하고 분석하는 경우 불편성과 일치성 상실
④ 불안정한 시계열을 이용한 회귀분석의 경우 변수 간 관계가 없음에도 불구하고 의미 있게 보일 수 있음(높은 $R^2$)

정답 ④

# 12

선형회귀분석 ★★★

**선형회귀분석에 대한 설명으로 가장 거리가 먼 것은?**

① 단순선형회귀분석은 정규성, 독립성, 등분산성을 가정한다.
② 회귀계수 추정 시 정규분포에 대한 가정이 없을 때 회귀 추정식을 구하는 방법을 최소자승법이라 한다.
③ 다중회귀분석 시 독립변수 간의 상관관계가 높은 경우 다중 공선성 문제에 직면할 수 있다.
④ 최소자승법을 통한 회귀계수 추정 시 가장 좋은 회귀직선의 추정은 모든 가능한 직선 중에서 SSE가 최대가 되는 직선이다.

**TIP** 최소자승법을 통한 회귀계수 추정 시 가장 좋은 회귀직선은 추정한 모든 가능한 직선 중 오차제곱의 합인 SSE가 최소가 되는 직선이다.

## 핵심포인트 해설 회귀분석 (2)

**(1) 단순선형회귀분석**

① 정규성 : 설명변수(독립변수) X의 고정된 어떤 값에 대해 피설명변수(종속변수) Y는 정규분포를 따름
② 독립성 : 피설명변수 Y들은 통계적으로 서로 독립이어야 함. 이는 피설명변수 간 영향이 없어야 함을 의미
③ 등분산성 : 설명변수 X의 값에 관계없이 피설명변수 Y의 분산은 일정. 이는 오차항이 동일한 분산을 가진다는 의미
④ 최소자승법은 오차제곱의 합(SSE)을 통해 계산하며 이 값이 최소일 때가 가장 좋은 회귀직선임

**(2) 다중회귀분석 시 가정 및 고려사항**

① 독립변수 간 상관관계가 높지 않아야 함
② 표본을 이루는 관측치의 수는 독립변수의 수보다 최소한 2 이상 커야 함
③ 독립변수 간 다중 공선성
㉠ 독립변수 간 상관관계가 높은 경우 발생함
㉡ 특별히 심한 경우 변수를 제거하는 방법을 통해 해결함
④ 자기상관
㉠ 시계열 자료에서 주로 발생하며, 오차항이 서로 독립이 아닌 경우 발생함
㉡ 자기상관으로 인해 1종 오류가 발생할 수 있음

정답 ④

# 13

적합성 검정 ★★

**적합도 검토에 대한 설명으로 가장 거리가 먼 것은?**

① 단순회귀모형의 적합도 검토는 추정된 회귀모형이 데이터를 얼마나 잘 설명하도록 추정되었는지 통계적 모형의 유의성을 살피는 것이다.

② 결정계수는 총 변동 중에서 회귀모형에 의해서 설명되는 변동의 크기로 0에서 1 사이 값을 가지며 0에 가까울수록 추정된 회귀모형이 적합하다고 할 수 있다.

③ 결정계수는 전체제곱합(SST) 중에서 회귀제곱합(SSR)이 차지하는 비율로 계산한다.

④ 설명변수가 추가될 때마다 결정계수 $R^2$의 값이 증가하는 단점을 보완한 것이 수정결정계수이다.

**TIP** 결정계수는 0에서 1 사이 값을 가지며 1에 가까울수록 추정된 회귀모형에 적합하다.

## 핵심포인트 해설 적합도 검토

**(1) 결정계수($R^2$)**

① 전체제곱합(SST) 중에서 회귀제곱합(SSR)이 차지하는 비율로 계산

② 0부터 1사이 값으로, 1에 가까울수록 추정된 회귀모형에 적합

**(2) 수정결정계수**

설명변수가 추가될 때마다 결정계수 $R^2$값이 증가하는 단점을 보완한 계수

$$adj\ R^2 = 1 - \frac{n-1}{n-k} \times \frac{SSE}{SST}$$

**(3) t검정**

회귀계수가 피설명변수를 설명하는 데 있어서 통계적으로 유의한 기여 여부를 검정하는 방법

**(4) f검정**

설명변수 x가 피설명변수 y를 설명하는 데 있어서 통계적으로 유의한 기여 여부를 검정하는 방법

정답 ②

# 14

시계열 자료 분석과 예측, 최적화 ★★

〈보기〉에서 설명하는 시계열 자료를 구성하는 변동요인으로 가장 적절한 것은?

〈보기〉

1년 이내의 기간 중에 주기적으로 나타나는 변동을 의미함

① 추세 변동
② 순환 변동
③ 계절적 변동
④ 불규칙 변동

TIP 1년 이내의 기간 중에 주기적으로 나타나는 변동은 계절적 변동이다.

## 핵심포인트 해설 시계열 자료 분석과 예측, 최적화

**(1) 시계열 자료의 구성요소**

① 추세 변동 : 장기적 관점에서 시계열 자료의 변화
② 순환 변동 : 1년 이상의 주기로 곡선을 그리며 추세 변동을 따라 변동하는 것
③ 계절적 변동 : 1년 이내의 기간 중에 주기적으로 나타나는 변동
④ 불규칙 변동 : 예측할 수 없는 부분으로 추세, 순환, 계절적 변동을 제외한 나머지 부분

**(2) 추세선에 의한 예측**

최소자승법으로 $\alpha$, $\beta$를 추정하여 향후 시계열 자료를 예측하는 것

**(3) 평활기법**

① 불규칙 변동을 제거하는 방법
② 이동평균법, 지수평활법

**(4) 몬테카를로 VaR의 장·단점**

① 장 점
㉠ 비선형가격 위험 및 다양한 유형의 위험 측정 가능
㉡ 두터운 꼬리 측정 가능
② 단 점
㉠ 확률모형의존, 많은 시간이 필요
㉡ 모형이 복잡하면 자주 사용하기 어려움

정답 ③

# 출제예상문제

☑ 다시 봐야 할 문제(틀린 문제, 풀지 못한 문제, 헷갈리는 문제 등)는 문제 번호 하단의 네모박스(□)에 체크하여 반복학습 하시기 바랍니다.

**01** 중요도 ★★★

**회귀분석의 주요 가정으로 가장 거리가 먼 것은?**

□

① 정규성

② 독립성

③ 등분산성

④ 배타성

**02** 중요도 ★★★

**불필요한 변수가 포함되는 경우 회귀분석에 미치는 영향으로 가장 적절한 것은?**

□

① 불편성 상실

② 효율성 상실

③ 일치성 상실

④ 표준오차 증가

**03** 중요도 ★★★

**회귀분석에 대한 설명으로 가장 거리가 먼 것은?**

□

① 자기상관과 이분산성이 발생해도 OLS 추정량은 불편성을 유지한다.

② 비선형성이 나타나면 추정의 불편성과 효율성을 상실한다.

③ 필수독립변수가 제외되면 추정의 불편성과 일치성을 상실한다.

④ 불안정 시계열 회귀분석 시 서로 관련이 없는 변수임에도 외견상 유의미해 보이는 상관성이 나타난다.

## 04

중요도 ★★

**변수 X가 1만큼 상승할 때 변수 Y가 2만큼 하락한다면 두 변수를 이용한 단순선형회귀모형의 결정계수 값은?**

□

① 1

② 2

③ 4

④ 0.25

## 05

중요도 ★

**확률변수 X와 Y가 서로 독립인 경우, 두 확률변수 곱의 평균이 8이고, X의 평균이 2일 때 Y의 평균으로 가장 적절한 것은?**

□

① 1

② 2

③ 4

④ 8



### 정답 및 해설

01 ④ 회귀분석의 주요 가정은 정규성, 독립성, 등분산성, 다중회귀추가가정이다.

02 ② 모형에 불필요한 변수가 포함되는 경우 효율성을 상실할 수 있다.

03 ② 비선형성이 나타나면 추정의 불편성과 일치성을 상실한다.

04 ④ 두 변수 간의 상관계수는 −0.5이므로 결정계수 $R^2 = \rho XY^2$, 즉 $(-0.5)^2 = 0.25$이다. 이때 상관계수는 $-1 \leqq \rho \leqq 1$ 사이의 값을 가지기에 결정계수는 $0 \leqq R^2 \leqq 1$ 사이의 값을 가져 2와 4는 될 수가 없다.

05 ③ 두 확률변수가 서로 독립인 경우 두 변수의 공분산은 0이 되고, 공분산 = E(XY) − E(X) × E(Y)이므로 0 = 8 − 2 × Y, 따라서 Y는 4가 된다.

**06** 중요도 ★★

**시계열 자료 분석 시 동일 가중치로 인해 최신 자료의 반영이 늦은 경우 사용하는 방법으로 가장 적절한 것은?**

□

① 추세선 예측
② 이동평균법 사용
③ 계절지수 사용
④ 지수평활법 사용

**07** 중요도 ★★★

**펀드매니저의 성과평가에 가장 적합한 수익률은?**

□

① 내부수익률
② 금액가중수익률
③ 시간가중수익률
④ 연평균수익률

**08** 중요도 ★★

**중심경향척도와 산포척도에 대한 설명으로 가장 거리가 먼 것은?**

□

① 변동계수는 표준편차와 평균이 상당히 다른 두 분포 비교에 용이하다.
② 산술평균은 극단치에 민감하나, 중앙값은 극단치에 민감하지 않다.
③ 극단치에 민감한 영향을 받지 않는 척도는 중앙값과 가중평균이다.
④ 사분위 범위는 최댓값과 최솟값의 차이를 나타내는 일반 범위와 달리 이상값으로부터 자유로운 편이다.

## 09

중요도 ★★

**두 확률변수의 공분산이 15이고, X와 Y의 분산이 각각 25, 36일 때 상관계수로 가장 적절한 것은?**

□

① 0.2
② 0.3
③ 0.4
④ 0.5



## 10

중요도 ★

**다음 표본값의 산술평균과 중앙값을 순서대로 나열한 것은?**

□

〈보기〉

1, 2, 4, 6, 7, 8

① 4.6, 2
② 4.6, 5
③ 4, 4
④ 4, 6

### 정답 및 해설

06 ④ 이동평균법이 각 기간에 동일한 가중치를 부여하기 때문에 최신 자료의 반영이 늦어 이를 보완하기 위해 최신 자료에 더 큰 가중치를 주는 지수평활법을 사용한다.

07 ③ 시간가중수익률은 현금흐름이 발생하지 않는 기간별 HPR의 기하평균으로, 현금흐름에 영향을 받지 않기 때문에 펀드매니저의 성과를 평가하기에 적합하다.

08 ③ 극단치에 민감한 영향을 받지 않는 척도는 중앙값과 최빈값이다.

09 ④ 상관계수는 두 확률변수의 공분산을 개별 표준편차의 곱으로 나누어 계산한다.

$\therefore$ 상관계수 $= \frac{15}{\sqrt{25} \times \sqrt{36}} = 0.5$

10 ② 산술평균은 표본의 총합을 표본의 개수로 나눠 계산하고, 중앙값은 표본의 중앙에 위치한 값으로 짝수의 경우 중앙의 두 표본의 합을 2로 나눠 계산한다.

## 11

중요도 ★★

**확률과정과 자산가격모형에 대한 설명으로 가장 거리가 먼 것은?**

□

① 자산가격의 모형과 관련하여 가장 많이 이용되고 있는 Markov과정은 랜덤워크(Random Walk)모형과 마팅게일(Martingale)이다.

② 기하학적 브라운 운동은 자산의 가격변화는 시간에 독립적이며, 분산이 시간이 줄어듦에 따라 비례적으로 줄어드는 특징을 갖는다.

③ 랜덤워크(Random Walk)모형에서 자산의 가격이 정규분포를 따를 경우 음의 값을 가질 수 있는 문제가 발생한다.

④ 자산가격모형에서 금융변수 변화율의 확률분포는 정규분포로 가정하며 서로 다른 변화율들 간에는 상관관계가 존재할 수 있고, 변화율의 분산은 시간에 따라 변하며 자기상관이 나타나지 않는다.

## 12

중요도 ★★★

**아래 표에 대한 설명으로 가장 거리가 먼 것은?**

□

(단위 : %)

| 자 산 | 평균수익률 | 표준편차 |
|---|---|---|
| A | 15 | 6 |
| B | 14 | 6 |
| C | 13 | 5 |

① 자산 B가 자산 A보다 상대적 변동성이 크다.

② 자산 A가 자산 C보다 상대적 변동성이 크다

③ 자산 B가 자산 C보다 상대적 변동성이 크다.

④ 모든 자산 중 C가 상대적 변동성이 가장 크다.

## 13

중요도 ★★★

**왜도가 0보다 크고, 첨도가 0보다 작은 경우 분포의 모양으로 가장 적절한 것은?**

□

① 좌로 긴 꼬리를 가지며 정규분포보다 납작한 분포모양을 한다.

② 좌로 긴 꼬리를 가지며 정규분포보다 뾰족한 분포모양을 한다.

③ 우로 긴 꼬리를 가지며 정규분포보다 납작한 분포모양을 한다.

④ 우로 긴 꼬리를 가지며 정규분포보다 뾰족한 분포모양을 한다.

## 14

중요도 ★★★

**t분포의 특징에 대한 설명으로 가장 거리가 먼 것은?**

□

① t분포는 자유도라 불리는 v에 의존한다.

② 모평균에 대한 신뢰구간을 구성할 때 적절한 자유도는 n − 1이다.

③ t분포의 분산은 항상 1보다 크다.

④ t분포는 정규분포보다 극단적 상황이 발생할 확률이 낮다.



## 15

중요도 ★★★

**귀무가설과 대립가설이 〈보기〉와 같을 때 2종 오류로 가장 적절한 것은?**

□

〈보기〉

- $H_0$ : 이전의 강의와 새로운 강의는 차이가 없다.
- $H_a$ : 새로운 강의가 더 우수하다.

① 새로운 강의가 더 우수하여 이를 수강한다.

② 새로운 강의가 더 우수해도 이전의 강의를 수강한다.

③ 새로운 강의가 더 우수하지 않음에도 새로운 강의를 수강한다.

④ 새로운 강의가 더 우수하지 않으므로 이전의 강의를 수강한다.

### 정답 및 해설

11 ④ 금융변수들의 변화율의 분산은 시간에 따라 변하며 자기상관성이 있고, 변화율의 확률분포를 정규분포로 가정하는 것이 편리하다.

12 ④ $CV_a = \frac{6\%}{15\%} = 0.4$, $CV_b = \frac{6\%}{14\%} = 0.428$, $CV_c = \frac{5\%}{13\%} = 0.38$

13 ③ 왜도가 0보다 크면 우로 긴 꼬리를 가지며, 첨도가 0보다 작으면 정규분포보다 납작한 분포모양을 한다.

14 ④ t분포의 분산은 항상 1보다 크기 때문에 정규분포보다 극단적 상황이 발생할 확률이 높다.

15 ② 대립가설이 사실임에도 불구하고 귀무가설을 지지하는 결정을 내리는 오류를 2종 오류라 한다.

**16** 중요도 ★

**독립성 위배로 인한 자기상관 발생을 검사하는 방법으로 가장 적절한 것은?**

□

① Durbin-Watson검정

② 정규확률 그림

③ 상관계수행렬 검토

④ White검정

**17** 중요도 ★★

**1종 오류와 2종 오류를 모두 효과적으로 통제하는 방법으로 가장 적절한 것은?**

□

① t분포를 사용한다.

② 자유도를 넓게 적용한다.

③ 표본의 수를 증가시킨다.

④ 몬테카를로 시뮬레이션을 사용한다.

**18** 중요도 ★★★

**주가의 확률모형으로 가장 많이 쓰이며, 가격의 변화과정에서 점프 가능성이 배제된 모형으로 가장 적절한 것은?**

□

① 기하학적 브라운 운동

② Jump Diffusion모형

③ Random Walk모형

④ 이항모형

## 19

중요도 ★★★

〈보기〉에서 최소분산 불편추정량의 성질을 가장 적절하게 묶은 것은?

〈보기〉

㉠ 불편성　　㉡ 일치성

㉢ 분산가능성　　㉣ 효율성

① ㉠, ㉡　　② ㉡, ㉣

③ ㉠, ㉣　　④ ㉢, ㉣

## 20

중요도 ★★

GARCH Family모형에 대한 설명으로 가장 거리가 먼 것은?

① 분산의 시계열 특성이 자기 회귀와 이분산에 있다는 실증현상을 모형화하기 위한 계량모형이다.

② 과거 변화율의 변동성의 자기상관을 모형화하였기 때문에 과거에 실현된 변동성을 잘 설명한다.

③ 지수가중평균보다 복잡한 시계열 기법과 장시간의 컴퓨터 계산을 필요로 한다.

④ 포트폴리오의 변동성을 추정할 경우 모형의 어려움이 상대적으로 줄어든다.

### 정답 및 해설

16 ① 독립성 위배로 인한 자기상관 발생을 검사하는 방법으로는 Durbin-Watson검정을 사용한다.

17 ③ 표본의 수를 증가시키면 1종 오류와 2종 오류의 가능성을 낮출 수 있다.

18 ① 기하학적 브라운 운동은 주가의 확률모형으로 가장 많이 쓰이며, 가격의 변화과정에서 점프 가능성이 배제된 모형이다.

19 ③ 최소분산 불편추정량은 불편성과 효율성이 결합된 추정량으로, 추정량의 분산이 가장 작고 추정의 기댓값이 모수와 동일한 추정량이다.

20 ④ GARCH Family모형의 어려움은 포트폴리오의 변동성 추정 시 더 많은 자산들의 공분산을 모형화하기 때문에 커진다.

**21** 중요도 ★★★

**2종 오류를 범할 확률로 가장 적절한 것은?**

□

① α

② β

③ p값

④ 1 − β

**22** 중요도 ★★★

**회귀분석 시 고려해야 할 요인 중 효율성에 영향을 주는 것과 가장 거리가 먼 것은?**

□

① 불필요변수 포함

② 자기상관

③ 비선형성

④ 이분산성

**23** 중요도 ★★

**회귀모형에 의해 설명되지 않는 변동이 0.3이고 총변동이 0.5일 때 결정계수 값으로 가장 적절한 것은?**

□

① 0.6

② 0.4

③ 0.3

④ 0.5

## 24

중요도 ★★

**몬테카를로 시뮬레이션에 대한 설명으로 가장 거리가 먼 것은?**

□

① 복잡한 포트폴리오의 가치를 다양한 시장 상황에서 유연성 있게 평가할 수 있는 가장 효과적인 방법이다.

② 옵션의 가치평가를 위해 제안된 모델이기 때문에 경로 시뮬레이션이 자유롭고 점프과정과 같은 다양한 경로를 시뮬레이션할 수 있다는 장점이 있다.

③ 몬테카를로 시뮬레이션은 정규분포와 확률변수를 이용해 확률적 또는 결정적 문제들을 해결한다.

④ 몬테카를로 시뮬레이션의 효율성을 높이기 위해서는 적은 횟수의 시뮬레이션을 사용하면서도 통계적 유의성이 높은 값을 얻는 것이 중요하다.

## 25

중요도 ★★★

**확률변수 X와 Y의 분산이 각각 9와 25이고 공분산이 9일 때 상관계수로 가장 적절한 것은?**

□

① 0.3

② 0.4

③ 0.5

④ 0.6

### 정답 및 해설

21 ② 대립가설이 사실인데도, 귀무가설을 지지하는 결정을 내리는 2종 오류를 범할 확률은 β이다.

22 ③ 불필요변수가 포함되거나 자기상관, 또는 이분산성이 나타나면 효율성이 상실된다.

23 ② 결정계수 $= 1 - \frac{\text{회귀모형에 의해 설명되지 않는 변동}}{\text{총변동}} = 1 - \frac{0.3}{0.5} = 0.4$

24 ③ 몬테카를로 시뮬레이션은 정규분포를 따르지 않고 균등분포를 사용한다.

25 ④ 상관계수는 각 변수의 표준편차를 곱한 후 공분산으로 나누어 계산한다.

∴ 상관계수 $= \frac{9}{\sqrt{9} \times \sqrt{25}} = \frac{9}{15} = 0.6$

증권분석기초 | 제1과목 | 해커스 금융투자분석사 최종핵심정리문제집

## 26

중요도 ★★★

**분산분석표가 아래와 같은 경우 결정계수로 가장 적절한 것은?**

| Source | SS | df | MS | F |
|---|---|---|---|---|
| Model | 249.702 | 3 | 83.234 | 3.418 |
| Error | 365.175 | 15 | 24.345 | |
| Total | 614.877 | 18 | | |

① 0.683

② 0.593

③ 0.406

④ 0.292

## 27

중요도 ★★

**투자자 A가 400만원을 투자하여 5년 후 700만원을 얻고자 한다면 해당 투자자가 얻어야 할 연간 HPR로 가장 적절한 것은?**

① 7.35%

② 8.3%

③ 10.25%

④ 11.84%

## 28

중요도 ★★

**가장 높은 변동계수를 갖는 자산은?**

① 평균수익률 5%, 표준편차 8%

② 평균수익률 4%, 표준편차 7%

③ 평균수익률 6%, 표준편차 9%

④ 평균수익률 7%, 표준편차 10%

## 29

중요도 ★★★

자산 A는 평균이 5%, 표준편차가 10%이고, 자산 B는 평균이 12%, 표준편차가 4%이다. 두 자산 간의 공분산이 12일 때 두 자산 간의 상관계수는?

① 1
② 0.6
③ 0.5
④ 0.3

## 30

중요도 ★★★

주식 A의 평균이 3%이고 표준편차가 10%일 경우 해당 자산의 수익률이 33%를 초과할 확률은? (단, 정규분포를 가정하여 계산한다)

① 3%
② 1%
③ 1.96%
④ 0.3%

### 정답 및 해설

26 ③ 결정계수 $= \frac{SSR}{SST} = \frac{249.702}{614.877} = 0.406$

27 ④ 연간 HPR $= \left(\frac{700}{400}\right)^{\frac{1}{5}} - 1 = 11.84\%$

28 ② ① 8%/5% = 1.6%
② 7%/4% = 1.75%
③ 9%/6% = 1.5%
④ 10%/7% = 1.42%

29 ④ 상관계수 $= \frac{12}{(10 \times 4)} = 0.3$

30 ④ 해당 자산의 표준편차가 10%이기 때문에 33%를 넘어설 확률은 정규분포에서 3σ 구간인 0.997의 확률을 넘어서야 한다. 따라서 0.3%의 확률로 발생할 수 있다.

**[31 ~ 32] 기업 A의 자동차 배터리 수명이 3,000시간이라고 주장하고 있을 때, 경쟁기업 B는 기업 A의 배터리 81개의 표본을 구입하여 해당 배터리의 수명이 2,800시간이고 표본오차가 550시간이라고 주장하였다. 이를 이용하여 질문에 답하시오.**

## 31

중요도 ★★★

**기업 B가 조사한 자료의 검정통계량은?**

□

① −1.69　　② −2.55

③ −3.27　　④ −4.35

## 32

중요도 ★★

**기업 B가 조사한 자료의 검정통계량을 바탕으로 기업 B가 유의수준 5%에서 귀무가설을 기각하기 위해서는 최소한 표본의 수를 얼마까지 증가시켜야 하는가?**

□

① 이미 충분하다.

② 표본을 100개까지 증가시켜야 한다.

③ 표본을 150개까지 증가시켜야 한다.

④ 표본을 200개까지 증가시켜야 한다.

## 33

중요도 ★★

**기업 A의 분기별 판매량이 다음과 같을 때, 20X0년 3분기의 이동평균값으로 가장 적절한 것은?**

□

| 분 기 | | 판매량 |
|---|---|---|
| 20X0년 | 1/4분기 | 37개 |
| | 2/4분기 | 42개 |
| | 3/4분기 | 50개 |
| | 4/4분기 | 22개 |
| 20X1년 | 1/4분기 | 40개 |
| | 2/4분기 | 50개 |

① 37.75　　② 38.5

③ 38.125　　④ 39.5

## 34

중요도 ★★★

모형의 적합도가 가장 높은 회귀모형은?

□

① SST400, SSR 280
② SST400, SSE 280
③ SST300, SSR 180
④ SST300, SSE 180



### 정답 및 해설

31 ③ 검정통계량 $= \dfrac{2800-3000}{\dfrac{550}{\sqrt{81}}} = -3.27$

32 ① 유의수준 5%에서의 임계치는 1.96이고, 이미 검정통계량이 1.96보다 큰 3.27이기 때문에 표본의 수를 증가시키지 않아도 귀무가설은 기각된다.

33 ③ • 2.5분기의 평균(㉠)= 20X0년 4개 분기의 평균 $= \dfrac{37+42+50+22}{4} = 37.75$

• 3.5분기의 평균(㉡) = 20X0년 2/4분기 ~ 20X1년 1/4분기의 평균 $= \dfrac{42+50+22+40}{4} = 38.5$

∴ 20X0년 3분기의 이동평균값 = ㉠과 ㉡의 평균 $= \dfrac{37.75+38.5}{2} = 38.125$

34 ① 회귀모형의 적합도는 $R^2$의 값이 1에 가까울수록 가장 적합하다.

① $\dfrac{280}{400} = 0.7$

② $\dfrac{(1-280)}{400} = 0.3$

③ $\dfrac{180}{300} = 0.6$

④ $\dfrac{(1-180)}{300} = 0.4$

# 제 2 장 증권경제

## 학습전략

**증권경제는 제1과목 전체 25문제 중 총 10문제가 출제된다.**
증권경제는 다양한 미시, 거시적 지표들의 변화가 경제에 어떠한 영향을 미치는지를 다루는 파트이다. 다양한 지표들을 케인즈학파와 고전학파 간의 특징을 중심으로 정리하고 비교하는 것이 가장 중요하다. 특히 각 영역에서 다루는 이론들을 재정정책과 통화정책의 효과를 중심으로 정리하는 것이 큰 도움이 된다.

## 출제비중

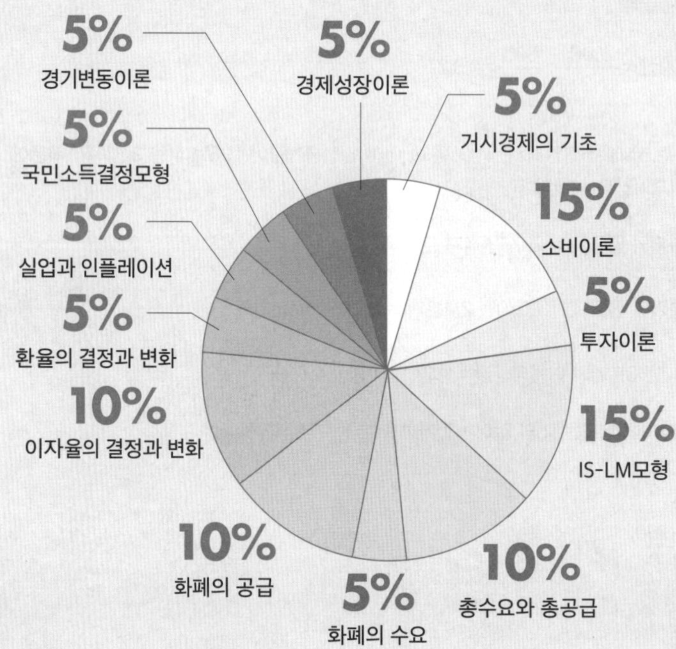

# 출제포인트

| 구분 | 출제포인트 | 출제빈도 | 페이지 |
|---|---|---|---|
| 거시경제의 기초 (5%) | 01 거시경제주요지표 | ★★ | p.52 |
| 소비이론 (15%) | 02 케인즈의 절대소득가설 | ★★★ | p.53 |
| | 03 듀젠베리의 상대소득가설 | ★★★ | p.54 |
| | 04 프리드만의 항상소득가설 | ★★★ | p.55 |
| 투자이론 (5%) | 05 투자이론 | ★★★ | p.56 |
| IS-LM모형 (15%) | 06 IS-LM모형 | ★★★ | p.57 |
| | 07 재정정책의 효과 | ★★★ | p.58 |
| | 08 통화정책의 효과 | ★★★ | p.59 |
| | 09 정책 유효성 논쟁 | ★★★ | p.60 |
| 총수요와 총공급 (10%) | 10 AD-AS모형 | ★★★ | p.61 |
| 화폐의 수요 (5%) | 11 화폐의 수요 | ★★ | p.62 |
| 화폐의 공급 (10%) | 12 중앙은행과 지급준비금 | ★★ | p.63 |
| | 13 통화량 조절, 공개시장조작, 내생적 화폐공급 | ★★★ | p.64 |
| 이자율의 결정과 변화 (10%) | 14 이자율의 결정과 변화 | ★★ | p.65 |
| | 15 경기와 통화정책 변화에 의한 이자율의 변동 | ★★★ | p.66 |
| | 16 이자율의 기간구조이론 | ★★★ | p.67 |
| 실업과 인플레이션 (5%) | 17 노동의 수요와 공급, 필립스곡선 | ★★ | p.68 |
| 환율의 결정과 변화 (5%) | 18 환율의 결정과 변화 | ★★★ | p.69 |
| 국민소득결정모형 (5%) | 19 국민소득과 저축의 증가효과 | ★★★ | p.70 |
| 경기변동이론 (5%) | 20 경기변동이론 | ★★★ | p.71 |
| 경제성장이론 (5%) | 21 경제성장이론 | ★★★ | p.72 |

거시경제주요지표 ★★

**거시경제주요지표에 대한 설명으로 가장 거리가 먼 것은?**

① GNP는 거주지역과 무관한 국적을 기준으로 하며, GDP는 지역을 중심으로 한다.
② GDP에 국외순수취 요소소득을 더한 것이 GNP이다.
③ GDP디플레이터는 명목GDP를 실질GDP로 나눠 계산한다.
④ 국민소득 중 생산국민소득은 어떤 국민경제가 일정 기간 동안 생산한 재화와 용역의 총합으로 계산한다.

**TIP** 생산국민소득은 어떤 국민경제가 일정 기간 동안 생산한 재화와 용역에서 각 생산과정의 중간재 투입액을 뺀 최종 부가가치만을 합하여 산출한다.

## 핵심포인트 해설 거시경제의 주요지표

**(1) GNP와 GDP**

GNP = GDP + NFI(국외순수취 요소소득 = 해외 유입 요소소득 − 해외 지급 요소소득)

① GNP : 거주지역 여부와 관계없이 경제주체의 국적을 중심으로 자국 국민이 생산한 재화와 서비스
② GDP : 국적에 상관없이 국내에서 생산한 모든 재화와 서비스
③ 생산국민소득 : 어떤 국민경제가 일정 기간 동안 생산한 재화와 용역의 가치를 화폐단위로 표시한 것으로 각 생산과정에서 중간재 투입액을 뺀 최종 부가가치만을 합하여 산출
④ 지출국민소득 : 민간소비지출, 투자지출, 정부지출 및 순수출의 합으로 구성
⑤ 분배국민소득 : 생산하는 데 드는 요소비용인 이자, 배당금, 이윤 등을 모두 합한 것
⑥ 국민소득 3면 등가의 원칙 : 생산, 지출, 분배 국민소득이 사후적으로 모두 일치함

**(2) 물가수준과 물가지수**

① 물가지수 : 특정 시점의 물가수준과 기준 시점의 물가수준을 비교함으로써 도출
② 물가지수의 종류
㉠ 소비자물가지수(CPI) : 가계의 주요한 소비지출 대상이 되는 품목의 가격변동 측정
㉡ 생산자물가지수(PPI) : 국내의 민간 기업들 사이에서 거래되는 모든 재화의 판매가격을 기준으로 작성
㉢ 수출입물가지수 : 수출상품과 수입상품의 평균적인 가격변화를 살피기 위해 작성
㉣ GDP디플레이터 : 명목GDP를 실질GDP로 나누어 측정

정답 ④

**케인즈의 절대소득가설에 대한 설명으로 가장 거리가 먼 것은?**

① 케인즈는 개별 경제주체가 현재 시점에서 얻고 있는 절대소득과 한계소비성향에 의해 소비가 결정된다고 보았다.
② 평균소비성향이 한계소비성향보다 크다는 의미는 소득이 증가할수록 소득에서 소비가 차지하는 비중이 점차 커짐을 의미한다.
③ 케인즈의 절대소득가설은 단기적으로는 평균소비성향이 한계소비성향보다 크다는 사실을 잘 보여준다.
④ 케인즈에 의하면 소비는 현재 가처분소득의 증감에 따라 변하며 저소득자일 때에는 소득에서 소비가 차지하는 비중이 크다.

**TIP** 평균소비성향이 한계소비성향보다 크다는 의미는 소득이 증가할수록 소득에서 소비가 차지하는 비중이 점차 작아짐을 의미한다.



## 핵심포인트 해설 소비이론 (1)

**(1) 소비이론 개요**

① 전통소비이론 : 절대소득가설, 상대소득가설, 생애주기가설, 항상소득가설
② 최근소비이론 : 임의보행 소비가설, 유동성 제약 모형

**(2) 절대소득가설(케인즈)**

① 절대소득(가처분소득)과 한계소비성향(MPC)에 의해 소비가 결정됨
② 한계소비성향 : 소득이 한 단위 증가할 때 소비가 몇 단위 변동하는가를 의미함(0 < MPC < 1)
③ 평균소비성향 : 소득에 대한 소비의 비율을 의미함
④ 주요 특징
㉠ 소비는 현재 소득의 증감에 따라 변함
㉡ 평균소비성향이 한계소비성향보다 큼(APC > MPC)
㉢ 소득이 증가할수록 소득에서 소비가 차지하는 비중이 점차 작아짐
㉣ 단기적으로는 APC > MPC가 성립하나, 장기적으로는 APC = MPC가 성립하지 않음

정답 ②

듀젠베리의 상대소득가설 ★★★

상대소득가설에 대한 설명으로 가장 거리가 먼 것은?

① 듀젠베리는 소비가 절대소득이 아니라 다른 사람들의 소득과 비교한 상대소득에 의해 결정된다고 보았다.
② 사람들의 소비가 자신의 소득뿐만 아니라 주위 사람들의 소비행위에서도 영향을 받는 것을 전시효과라 한다.
③ 사람들의 소비가 현재 자신의 소득뿐만 아니라 과거의 최고 소비수준에도 영향을 받아 비가역적인 특징을 보이는 것을 톱니효과라고 한다.
④ 상대소득가설은 전시효과를 이용하여 장·단기 시계열 소비함수를 설명한다.

**TIP** 상대소득가설은 전시효과를 이용하여 횡단면적인 소비함수를 설명하고, 톱니효과를 이용하여 장·단기 시계열 소비함수를 설명한다.

## 핵심포인트 해설 소비이론 (2)

**(1) 상대소득가설(듀젠베리)**

① 소비는 절대소득이 아닌 다른 사람들의 소득과 비교한 상대소득에 의해 결정된다는 것
② 횡단면적 상대성 : 전시효과
㉠ 소비가 본인의 소득뿐만 아니라 주위 사람들의 소비 행위에서도 영향을 받는 것을 의미(MPC < APC)
㉡ 소득이 증가할수록 평균소비성향은 감소하며 저소득층의 평균소비성향은 고소득층의 평균소비성향보다 큼
③ 시계열적 상대성 : 톱니효과
㉠ 소비는 현재 자신의 소득뿐만 아니라 과거의 최고 소비수준에도 영향을 받음(소비의 비가역성)
㉡ 소비의 비가역성 : 소득이 증가함에 따라 높아진 소비수준이, 소득이 감소할 때에는 이전 소비수준으로 낮아지지 않음을 의미함
㉢ 상대소득가설은 소비의 비가역성인 톱니효과를 이용하여 장·단기 시계열 소비함수를 설명함

**(2) 생애주기가설(안도와 모딜리아니)**

① 일생에 걸친 소득의 현재가치에 근거하여 소비가 결정된다는 것
② 인적, 비인적 자산을 포함하는 소득의 개념

정답 ④

프리드만의 항상소득가설 ★★★

**항상소득가설에 대한 설명으로 가장 거리가 먼 것은?**

① 프리드만은 소득을 항상소득과 일시소득으로 나누고 소비를 항상소비와 일시소비로 나누어 항상소비는 오직 항상소득의 함수라고 보았다.

② 항상소비는 항상소득과, 일시소비는 일시소득과 상관관계가 있다고 보았다.

③ 일시적 세율의 변화는 항상소득에 거의 영향을 미치지 못하지만 영구적 세율의 변화는 항상소득을 변화시켜 소비에 변화를 줄 수 있다.

④ 항상소득가설은 케인즈의 절대소득가설이나 듀젠베리의 상대소득가설과는 달리 인간의 소비행위를 미래지향적으로 본다.

**TIP** 항상소비는 항상소득과 상관관계가 있으나, 일시소비는 일시소득과 상관관계가 없다.

## 핵심포인트 해설 소비이론 (3)

**(1) 항상소득가설(프리드만)**

① 소득은 항상소득과 일시소득으로 구성되며 서로 상관관계는 없음
② 소비는 항상소비와 일시소비로 구성되며 서로 상관관계는 없음
③ 일시소비와 일시소득은 서로 상관관계가 없으며, 항상소득만이 항상소비를 결정함
④ 일시적 세율 변화는 항상소득에 영향을 미치지 못하지만, 영구적 세율 변화는 항상소득을 변화시켜 소비에 변화를 줌 (케인즈의 단기 재정정책은 효과가 없음을 주장)
⑤ 인간의 소비행위를 미래지향적으로 봄

**(2) 최근소비이론**

① 랜덤워크 소비가설 : 소비는 확률적 오차항에 의해서만 변화함(미래의 정보가 현재 소비에 영향을 줌)
② 유동성 제약모델
㉠ 유동성 제약은 미래 소득의 불확실성, 채무불이행의 위험, 자본시장의 불완전성 등의 요인에 의해 발생함
㉡ 유동성 제약은 청년기에만 영향을 미치며, 장년기에는 생애주기가설와 같은 모습을 보임

정답 ②

투자이론 ★★★

**투자이론에 대한 설명으로 가장 거리가 먼 것은?**

① 케인즈의 투자의 한계효율(MEI)에서는 투자비용과 투자에 의해 예상되는 수익의 현재가치를 일치시켜주는 할인율로 시장이자율보다 클 때 투자를 행한다.

② 케인즈의 MEI이론은 기업의 자금사정, 시장이자율 등의 경제적 요인을 고려하지 못하는 한계가 있다.

③ 투자자금의 한계비용이론은 기업의 내부자금 또는 유동성을 적정 자본량의 주요 결정요인으로 본다.

④ Tobin의 q이론은 재화시장과 더불어 자본시장까지도 함께 고려한 투자모형으로 q > 1이면 투자를 감소시키며, q < 1이면 투자를 증가시킨다.

**TIP** Tobin의 q이론은 재화시장과 더불어 자본시장까지도 함께 고려한 투자모형으로 q > 1이면 투자를 증가시키며, q < 1이면 투자를 감소시킨다.

## 핵심포인트 해설 투자이론

**(1) 케인즈의 투자이론(MEI이론)**

① 투자는 기업가의 동물적 감각과 투자의 한계효율(MEI)에 의해 결정됨
② 투자의 한계효율은 미래의 수익에서 투자비용을 차감한 이윤의 현재가치를 0으로 만드는 내부수익률임
③ 투자의 한계효율 > 시장이자율의 투자실행 조건 : 수익 > 비용 또는 이윤 > 0
④ 기업의 자금사정, 시장이자율 등의 경제적 요인을 고려하지 못함

**(2) 투자자금의 한계비용이론**

① 기업의 내부자금 또는 유동성을 적정 자본량의 주요 결정요인으로 봄
② 적정투자는 투자의 한계효율(MEI)곡선과 기업의 자금조달 한계비용(MCF)곡선이 만나는 점에서 결정됨

**(3) 신고전학파의 투자이론**

① 투자의 단위 비용이 단위 이득과 같을 때 적정투자를 결정함
② 자본의 한계생산성을 증가시키려면 자본을 감소시켜야 함 ⇨ 이자율이 상승하면 투자 감소

**(4) Tobin의 q이론**

① 재화시장과 자본시장을 함께 고려한 투자이론
② q > 1 : 투자의 이익이 비용을 능가하므로, 기업의 투자 증가
③ q < 1 : 투자 감소
④ 투자행위에 대한 시장의 평가를 반영할 수 있음
⑤ 주식시장이 비효율적이거나 투자의 결정과 집행 사이에 주가가 크게 변화할 경우 q가 무의미해짐

정답 ④

# 06

IS-LM모형 ★★★

**IS-LM모형에 대한 설명으로 가장 거리가 먼 것은?**

① IS모형에서 현재가치법을 적용하면 이자율의 상승은 미래이윤 감소로 투자를 감소시키고, 이자율의 하락은 투자를 증가시킨다.
② 이자율의 하락은 소득을 증가시켜 우상향하는 IS곡선을 야기한다.
③ 투기적 화폐수요에 의해 이자율과 화폐수요가 역관계를 갖게 되면 화폐수요는 우하향한다.
④ 물가의 하락이나 중앙은행에 의한 화폐공급의 증가는 LM곡선의 우측 이동을 야기한다.

**TIP** 이자율의 하락은 투자를 촉진시키고 이는 재화시장의 수요를 늘려 소득을 증가시키기 때문에 이자율과 소득은 역의 관계를 보이고 이는 우하향하는 IS곡선을 야기한다.

## 핵심포인트 해설 IS-LM모형

**(1) IS곡선의 도출과 이동**

① IS곡선 : 재화시장의 균형을 이루게 하는 이자율과 국민소득의 조합을 나타내는 곡선을 IS곡선이라 함
② IS곡선의 도출
㉠ 우하향하는 IS곡선(이자율과 소득은 역(-)의 관계)
㉡ 이자율 하락 ⇨ 투자 상승 ⇨ 재화시장 수요 증가 ⇨ 소득 증가
③ IS곡선은 투자와 저축이 사후적으로 일치하고, 유입과 유출이 동일함을 의미
④ 정부지출의 증가, 조세의 감소는 소득을 증가시키는 효과 : IS곡선을 우측으로 이동시킴

**(2) LM곡선의 도출과 이동**

① 화폐의 수요는 거래적, 투기적, 예비적으로 나뉘며 실질화폐수요는 거래적, 투기적 수요로 구성
② 투기적 화폐수요로 인해 이자율과 화폐수요가 역(-)의 관계를 갖기 때문에 화폐수요는 우하향
③ 중앙은행의 외생적 결정으로 인해 화폐의 공급곡선은 수직
④ LM곡선의 도출
㉠ 우상향하는 LM곡선 도출(이자율과 소득은 정(+)의 관계)
㉡ 소득 증가 ⇨ 거래적 화폐수요 증가 ⇨ 이자율 상승
⑤ 물가하락, 화폐공급 증가는 LM곡선을 우측으로 이동시킴

정답 ②

**재정정책에 대한 설명으로 가장 거리가 먼 것은?**

① 정부지출의 증가, 조세 감소 등으로 총수요를 증진시켜 침체된 경제상황을 회복시키려는 재정정책을 확대재정정책이라고 한다.
② 확대재정정책은 IS곡선을 우상향으로 이동시키게 되고, 이는 국민소득과 이자율도 상승시킨다.
③ 정부지출의 증가에 의해 이자율이 상승하여, 민간투자가 감소하는 것을 구축효과라고 한다.
④ 극단적 케인즈학파에 의하면 완전구축효과는 IS곡선이 수평이거나 LM곡선이 수직인 경우에 발생하며 이는 재정정책이 무의미함을 의미한다.

**TIP** 완전구축효과는 IS곡선이 수직이거나 LM곡선이 수평인 경우에 발생하며, 이는 재정정책의 효과가 발생하지 않음을 의미한다.

## 핵심포인트 해설 재정정책의 효과

**(1) 재정정책**

정부지출과 조세를 변화시켜 경제성장, 물가안정 등의 정책목표를 달성하려는 경제정책
① 확대재정정책 : 정부지출의 증가, 세금 감소 등으로 총수요를 증진시키고 침체된 경제상황을 회복하려는 정책
② 긴축재정정책 : 정부지출의 감소, 세금 증가 등으로 과열된 경제상황을 안정화시키려는 정책

**(2) 재정정책의 효과**

확대재정정책 : IS곡선을 우상향으로 이동시킴
① 정부지출의 증가 ⇨ 국민소득 증가와 이자율 상승
② 세금의 감소 ⇨ 소비의 증가(소비가 항상 증가하는 것은 아님) → 학파마다 견해가 다름
③ 구축효과 : 정부지출의 증가로 인한 이자율 상승이 민간투자를 감소시키는 현상
④ 고전학파는 완전구축효과(→ IS곡선이 수평이거나 LM곡선이 수직인 경우)로 인해 재정정책이 효과가 없음을 주장함
⑤ 극단적 케인즈학파는 무구축효과(→ LM곡선이 수평인 경우) 가정 : 재정정책은 이자율 상승 없이 국민소득 증가
⑥ 현실에서는 이 둘의 절충인 불완전 구축효과 발생

정답 ④

# 08

통화정책의 효과 ★★★

**통화정책효과에 대한 설명으로 가장 거리가 먼 것은?**

① 확대통화정책은 LM곡선을 우측으로 이동시키고, 이는 소득의 증가와 이자율의 하락 효과를 가져온다.
② 고전학파는 LM곡선이 수직에 가깝다고 보기 때문에 통화정책의 효과는 매우 크다고 봤다.
③ 케인즈학파는 LM곡선이 수평에 가깝다고 보기 때문에 통화정책보다는 재정정책의 효과가 크다고 봤다.
④ 유동성함정이 존재하는 구간에서 케인즈학파의 주장은 무의미하다.

**TIP** 유동성함정이 존재하는 구간에서는 LM곡선이 완전 수평이 되기 때문에 통화정책을 주장하는 고전학파의 주장은 무의미하다.

## 핵심포인트 해설 통화정책

**(1) 통화정책**

중앙은행이 물가안정 등의 정책목표를 달성하기 위하여 화폐량을 조절하는 정책
① 확대통화정책 : 경제활성화를 위해 화폐량을 증대하려는 정책
② 긴축통화정책 : 경제안정화를 위해 화폐량을 감소하는 정책

**(2) 통화정책의 효과**

확대통화정책 : LM곡선을 우측으로 이동시킴
① 통화량 증대 ⇨ 국민소득 증대와 이자율 하락
② 고전학파 : LM곡선을 수직으로 보기 때문에 통화정책의 효과가 매우 크다고 주장함
③ 케인즈학파 : LM곡선을 수평으로 보기 때문에 통화정책보다는 재정정책의 효과를 강조함

**(3) 유동성함정(케인즈)**

① 정의 : 특정 임계이자율 수준으로 이자율이 낮아지면 투자자가 채권을 매도하고 화폐로 보유함으로써 발생하는 투기적 화폐수요의 폭발적 증가현상
② 유동성함정이 존재하는 구간
㉠ LM곡선은 완전 수평 : 통화정책은 무의미해짐
㉡ 무구축효과 : IS곡선을 움직이는 재정정책효과 극대화(이자율 불변, 국민소득 증가)

**(4) 피구효과(고전학파)**

① 정의 : 경기불황에 의한 물가 하락이 보유화폐량의 실질가치와 소비를 증가시켜 IS, LM곡선을 우측으로 이동시키는 현상
② 과정 : 극심한 경기불황 ⇨ 유동성함정 ⇨ 물가 하락 ⇨ 실질잔고 가치 증가 ⇨ 소비 증가 ⇨ IS, LM곡선 우측 이동 ⇨ 유동성함정 탈출
③ 유동성함정이 존재해도 물가가 신축적이라면 극심한 불황에서 자동적으로 탈출하여 완전고용이 가능함
④ 부채-디플레이션 이론 : 피셔 등 일부 학자는 불경기일 때 물가가 하락하게 되면 민간의 실질부채량 증가로 소비가 억제되고 경기불황과 물가 하락이 지속된다고 주장함

정답 ④

정책 유효성 논쟁 ★★★

**재정정책과 통화정책의 유효성에 대한 설명으로 가장 거리가 먼 것은?**

① 합리적 기대학파는 예상된 화폐량의 증가가 물가만 상승시키고 산출량에는 효과를 미치지 못하며, 예상치 못한 화폐량의 증가가 실질 산출량에 영향을 미칠 수 있다고 주장하였고 이를 정책 무력성의 정리라고 한다.

② 합리적 기대학파는 합리적 경제주체가 현재의 세금 감소를 미래의 세금 증가로 인식함으로써 소비를 줄여 저축을 하게 되어 IS곡선을 이동시키지 않는다고 주장하였으며, 이를 리카르도 불변 정리라고 한다.

③ 케인즈학파는 화폐량의 증가가 이자율을 하락시킴으로써 투자를 증가시켜 산출량이 증가한다고 보며 이를 유동성효과라고 한다.

④ 통화주의자는 화폐량 증가가 유동성효과에 의해 단기적으로 이자율을 상승시키지만 시간이 지남에 따라 소득효과와 피셔효과에 의해 이자율이 하락한다고 본다.

**TIP** 통화주의자는 화폐량 증가가 유동성효과에 의해 단기적으로 이자율을 하락시키지만 시간이 지남에 따라 소득효과와 피셔효과에 의해 이자율이 상승한다고 본다.

## 핵심포인트 해설 정부정책의 유효성 논쟁(IS-LM모형)

| 정 책 | 케인즈 | 고전학파, 통화주의자, 합리적 기대학파 |
|---|---|---|
| 정부지출의 증가 | • 부분구축효과<br>· 수요와 국민소득의 증가<br>· 유동성함정의 존재로 구축효과 배제 | • 고전학파(완전구축효과) : 수요와 국민소득 불변 |
| 세금의 감소 | • 절대소득가설 주장<br>· 소비는 가처분소득에 의존<br>· 세금의 감소는 수요에 영향을 줌 | • 통화주의자(항상소득가설)<br>· 일시적 세금 감소는 항상소득과 소비에 영향 없음<br>· 영구적 세금 감소는 항상소득에 영향을 줌<br>· 케인즈학파의 확대재정정책(정책효과 없음)<br>• 합리적 기대학파(리카르도 불변 정리)<br>· 세금의 감소는 소비 증가가 아닌 저축의 증가<br>· 세금의 감소는 IS곡선을 이동시키지 못함 |
| 화폐량의 증가 | • 유동성효과 주장<br>· 화폐량의 증가 ⇨ 이자율 하락 ⇨ 투자 증가 ⇨ 산출량 증가 | • 통화주의자(소득효과와 피셔효과)<br>(→소득효과: 유동성효과로 인해 소득증가는 이자율을 상승시킴)<br>(→피셔효과: 화폐량 증가는 인플레이션 유발로 이자율을 상승시킴)<br>· 화폐량 증가 ⇨ 단기적 이자율 하락 ⇨ 장기적 이자율 상승<br>• 합리적 기대학파(정책 무력성 정리)<br>· 예상된 화폐량 증가는 물가만 상승시키고 산출량에 영향을 주지 않음<br>· 예상치 못한 화폐량 증가는 실질 산출량에 영향을 줌 |

정답 ④

# 10

AD-AS모형 ★★★

**AD-AS모형에 의한 재정정책과 통화정책의 효과에 대한 설명으로 가장 거리가 먼 것은?**

① 고전학파는 확대재정정책이 국민소득의 변화 없이 이자율과 물가만 상승시킨다고 본다.
② 고전학파는 명목변수인 화폐공급의 증가가 명목변수인 물가만을 증가시키고, 실질변수인 국민소득에는 아무런 영향을 미치지 못하는 화폐의 중립성이 성립한다고 본다.
③ 케인즈학파는 통화정책이 임금과 가격의 경직성으로 인하여 물가상승률이 통화증가율에 미치지 못하기 때문에 국민소득은 증가하고, 이자율과 물가는 하락하게 된다고 본다.
④ 케인즈학파는 확대재정정책이 국민소득, 이자, 물가를 모두 증가시킨다고 본다.

**TIP** 케인즈학파는 통화정책이 임금과 가격의 경직성으로 인하여 물가상승률이 통화증가율에 미치지 못하기 때문에 국민소득은 증가하고, 이자율은 하락하며 물가는 상승하게 된다고 본다.

각 정책과 국민소득, 이자율, 물가의 관계 중심으로 학습

## 핵심포인트 해설 재정정책과 통화정책 (AD-AS모형)

### (1) 재정정책

| 재정정책 | 고전학파 | 케인즈학파 |
|---|---|---|
| 확대재정정책 (정부지출 증가, 세금의 감소) | IS곡선, AD곡선 우측 이동 ⇨ 초과수요 발생(물가상승) ⇨ LM곡선 좌측 이동 ⇨ 균형도달(국민소득의 변화 없이 이자율과 물가만 상승) | IS곡선 우측 이동 ⇨ 초과수요 발생 ⇨ 물가 상승 ⇨ 임금과 가격의 경직성으로 LM곡선 좌측으로 일부 이동 ⇨ 국민소득 증가, 이자율과 물가 상승 |

### (2) 통화정책

| 재정정책 | 고전학파 | 케인즈학파 |
|---|---|---|
| 확대통화정책 | 화폐량 증가 ⇨ LM곡선, AD곡선 우측 이동 ⇨ 초과수요 발생(물가상승) ⇨ LM곡선 좌측 이동 ⇨ 국민소득·이자율 불변, 물가 상승(화폐의 중립성 성립) (명목변수인 물가만 증가, 실질변수인 국민소득에 영향을 주지 못함) | LM곡선, AD곡선 우측 이동 ⇨ 초과수요 발생(물가상승) ⇨ LM곡선 좌측으로 일부 이동 ⇨ 국민소득 증가, 이자율 하락, 물가 상승 |

정답 ③

# 11

화폐의 수요 ★★

**화폐의 수요에 대한 설명으로 가장 거리가 먼 것은?**

① 재화는 저장이 불가능하다는 가정으로 인해 OG모형의 모순이 발생하게 된다.
② 케인즈의 유동성 선호설에 의하면 이자율이 낮을수록, 거래가 많을수록 화폐의 수요는 증가한다.
③ 보몰-토빈의 거래적 화폐수요 이론에 의하면 화폐의 수요는 소득에 비례, 이자율에 반비례한다.
④ 토빈의 자산선택 이론에 의하면 대체효과가 소득효과보다 클 때 이자율이 상승하여 화폐수요가 증가한다.

**TIP** 토빈의 자산선택 이론에 의하면 소득효과가 대체효과보다 클 때 이자율이 상승하여 화폐수요가 증가한다.

## 핵심포인트 해설 화폐의 수요

| 모 형 | 가 정 | 특 징 |
|---|---|---|
| 중첩세대 모형 (사무엘슨) | • 사람들은 2기만 생존함(젊었을 때, 늙었을 때)<br>• 소득은 젊은 시절만 존재하고 늙으면 없음<br>• 재화는 저장이 불가능함 | • 재화의 저장불가능으로 인해 파레토최적 달성 불가(화폐 보유 시 파레토최적 달성 가능)<br>• 시간선호나 우회생산설 도입 없이 이자율 설명 가능(생물학적 이자율) |
| 고전학파 거래잔액설 (피셔) | • 총거래액과 총지출액은 항상 일치<br>• 경제성장을 능가하는 화폐공급은 인플레이션 유발 | • 인플레이션은 화폐적 현상(프리드만)<br>• 화폐 가치저장 기능을 강조한 현금잔액설(마샬) |
| 케인즈의 화폐수요 이론 (유동성 선호설) | • 화폐수요의 동기를 거래적 동기, 예비적 동기, 투기적 동기로 구분<br>• 실질화폐수요는 거래적 수요와 투기적 수요에 의해 결정 | • 유동성 선호설에 의하면 화폐의 수요는 거래가 많이 일어날수록, 이자율이 낮아질수록 증가함 |
| 보몰-토빈의 거래적 화폐수요 이론 (재고이론모형) | • 화폐는 기회비용 발생, 예금은 거래비용 발생 ⇨ 적정 보유비율 존재<br>• 합리적 경제주체는 두 비용의 합인 총비용을 최소화함으로써 화폐수요 결정 | • 거래적 화폐수요는 소득에 비례하고, 이자율에 반비례함 |
| 현대적 화폐 수량설 | • 부의 크기 및 부에서 인적 부가 차지하는 비율이 커지면 화폐수요는 증가함<br>• 주식, 채권, 실물자산의 수익률이 커지면 화폐수요는 감소함 | • 화폐수요의 설명변수를 소득이 아닌 항상소득과 인플레이션을 사용한 점에서 보몰의 모형과 다름 |
| 토빈의 투기적 화폐수요 이론 (자산선택 모형) | • 자산은 화폐와 채권 두 종류만 존재함<br>• 투자자는 위험기피자이며 채권의 평균수익과 위험을 알고 있음 | • 채권의 수익과 위험을 동시에 고려하여 화폐수요 결정<br>• 이자율 상승 시 대체효과와 소득효과의 상대적 크기에 따라 화폐수요 결정<br>• 소득효과 > 대체효과 : 화폐수요 증가 |

정답 ④

## 12

중앙은행과 지급준비금 ★★

민간화폐보유액이 0.5이고 지급준비율이 15%, 본원통화가 50억원일 때 화폐량으로 가장 적절한 것은?

① 46.5억원
② 57억원
③ 79.6억원
④ 86.9억원

**TIP** $M = \frac{H}{C + \delta(1 - C)}$ (M : 통화량, H : 본원통화, δ : 지급준비율, C : 민간화폐보유액)

$= \frac{50억원}{0.5 + 0.15(1 - 0.5)} = 86.9억원$

## 핵심포인트 해설 화폐의 공급 (1)

**(1) 지급준비금**

① 정의 : 예금주의 현금인출 요구에 대비하여 보유해야 하는 예금액의 일정 비율(당좌예금 × 지급준비율)
② 개별 은행이 보유하는 시재금과 중앙은행의 지준금계정으로 구성됨

**(2) 통화의 정의**

| 구분 | 내용 |
| --- | --- |
| 본원통화 | 본원통화 = 화폐발행액 + 지준예금<br>= 민간화폐보유액 + 시재금 + 지준예금<br>= 민간화폐보유액 + 지급준비금 |
| 협의의 통화 | 협의의 통화 = 현금 + 요구불예금(당좌예금) |
| 광의의 통화 | 광의의 통화2 = 협의의 통화 + 저축성예금(정기예금) |
| | 광의의 통화3 = 광의의 통화2 + 비은행금융 |

**(3) 신용창조**

① 은행이 예금지급액에서 일정 비율의 지준금을 제외한 나머지를 대부함으로써 통화량이 증가하는 과정
② 중앙은행이 한 단위의 본원통화 발행 시 신용창조의 결과로 늘어나게 되는 통화의 양은 언제나 1보다 큼

$$M = \frac{H}{C + \delta(1 - C)}$$

(M : 통화량, H : 본원통화, δ : 지급준비율, C : 민간화폐보유액)

정답 ④

통화량 조절, 공개시장조작, 내생적 화폐공급 ★★★

중앙은행의 화폐량 조정방법 중 화폐량을 증가시키는 방법으로 가장 적절하게 묶은 것은?

① 본원통화 증가, 지급준비율 하락, 재할인율 상승, 국채매도
② 본원통화 하락, 지급준비율 증가, 재할인율 상승, 국채매수
③ 본원통화 증가, 지급준비율 하락, 재할인율 하락, 국채매수
④ 본원통화 하락, 지급준비율 증가, 재할인율 하락, 국채매도

**TIP** 통화량 증가 방법에는 본원통화 증가, 지급준비율 감소, 재할인율 인하, 중앙은행의 국채매수 등의 방법이 있다.

## 핵심포인트 해설 화폐의 공급 (2)

**(1) 통화량 증가 방법**

① 본원통화 증가 : 본원통화의 승수배만큼 통화량 증가
② 지급준비율의 감소 : 통화승수를 크게 하여 통화량 증가
③ 재할인율 인하 : 재할인율이 낮아질수록 은행은 중앙은행에 채권을 더 비싼 값에 되팔아 민간보유 통화 증가

**(2) 공개시장 조작(금융시장을 통해 간접 조절방법)**

① 중앙은행이 국채매도 : 민간보유 통화량 감소
② 중앙은행이 국채매수 : 민간보유 통화량 증가

**(3) 내생적 화폐공급**

① 신용승수가 동일해도 초과지준금의 크기에 따라 화폐의 공급량이 달라짐
② 이자율의 변화에 의해 화폐공급이 영향을 받을 경우 LM곡선의 기울기가 완만함
③ 따라서 내생적 화폐공급의 상황에서는 금융정책 효과가 감소하고, 재정정책이 효과적임

정답 ③

## 14

이자율의 결정과 변화 ★★

**고전학파와 케인즈의 이자율 결정이론에 대한 설명으로 가장 거리가 먼 것은?**

① 고전학파의 대부자금설은 이자율이 재화시장의 저축과 투자에 의해서 결정된다고 봤으나, 케인즈는 이자율이 화폐의 수요와 공급에 의해 결정되는 화폐적 현상으로 봤다.

② 고전학파는 이자율을 투자자금의 기회비용으로 보아, 투자와 이자율이 역(−)의 관계를 갖는다고 봤으나 케인즈는 화폐수요와 이자율을 정(+)의 관계로 보았다.

③ 케인즈는 유동성 선호설을 통해 이자율의 결정에 있어 화폐의 투기적 동기를 강조하였다.

④ 고전학파는 이자율의 상승이 소비의 기회비용을 상승시켜 저축이 증가하며, 저축곡선은 이자율에 우상향한다고 보았다.

**TIP** 고전학파는 이자율을 투자자금의 기회비용으로 보아, 투자는 이자율과 역(−)의 관계임을 주장하였고, 케인즈는 이자율 상승 시 화폐보유의 기회비용 상승으로 인해 채권수요가 증가하므로 화폐수요와 이자율은 역(−)의 관계임을 주장하였다.

## 핵심포인트 해설 이자율의 결정이론(고전학파 vs 케인즈 유동성 선호설)

| 고전학파의 저축, 투자설 | 케인즈의 유동성 선호설 |
|---|---|
| • 이자율은 재화시장에서 저축과 투자에 의해 결정<br>• 투자와 채권공급은 일치하며, 이자율은 투자자금의 기회비용<br>• 자금의 기회비용이 상승하면 투자는 감소되므로 이자율과 역(−)의 관계를 보이며 투자곡선은 이자율에 우하향<br>• 이자율의 상승은 소비의 기회비용을 상승시켜, 저축이 증가하며 저축곡선은 이자율에 우상향 | • 이자율은 화폐의 공급과 수요에 의해 결정되는 화폐적 현상<br>• 이자는 유동성의 희생에 대한 보상으로 간주<br>• 이자율의 결정은 화폐수요의 투기적 동기 강조<br>• 이자율 상승 시 화폐보유의 기회비용 상승으로 채권수요 증가 ⇨ 화폐수요와 이자율은 역(−)의 관계<br>• 화폐공급과 수요가 일치하는 수준에서 명목이자율 결정, 화폐시장과 채권시장 균형 |

정답 ②

**통화정책과 이자율의 변동에 대한 설명으로 가장 거리가 먼 것은?**

① 유동성 선호설에 의하면 통화량의 증가는 투자를 증가시켜 산출량을 증가시킨다.

② 프리드만은 유동성효과가 일시적이고, 이자율의 하락은 화폐수요를 증가시킨다는 소득효과를 주장하였다.

③ 실질이자율이 변하지 않는다면 기대인플레이션의 상승은 명목이자율을 상승시키는데 이를 피셔효과라고 한다.

④ 프리드만에 의하면 확대통화정책은 이자율을 단기적으로 하락시키나 소득효과와 피셔효과로 인해 장기적으로 실질이자율을 상승시키는 결과를 낳는다.

**TIP** 프리드만은 확대통화정책이 소득효과와 피셔효과로 인해 단기적으로는 효과가 있으나 장기적으로 명목이자율만 상승시킬 뿐 실질이자율에 영향을 주지 못함을 주장하였다.

## 핵심포인트 해설 경기와 통화정책의 변화에 의한 이자율의 변동

**(1) 경기변동국면과 이자율의 움직임**

① 확장국면 : 초기에는 이자율 하락 ⇨ 점차 상승

② 수축국면 : 초기에는 이자율 상승 ⇨ 점차 하락

**(2) 현대적 대부자금설에 의한 이자율의 움직임**

확장국면에서 기업의 투자 증가로 대부자금의 수요 증가와 가계소득·저축의 증가로 대부자금의 공급 증가가 동시에 발생하며 이 중 경기변동에 더 민감하게 반응하는 요인에 따라 이자율이 상승 또는 하락함

**(3) 통화정책과 이자율의 변동**

→유동성 선호설

① 통화정책을 통해 이자율을 하락시키는 경우 : 통화량 증가 ⇨ 이자율 하락 ⇨ 투자 증가 ⇨ 산출량 증가(확장적 통화정책)

→통화정책은 단기적 효과는 있으나 장기적으로는 효과 없음

② 소득효과와 피셔효과에 의한 이자율의 변동 : 통화량 증가 ⇨ 단기적 이자율 하락 ⇨ 소득효과와 피셔효과로 인한 이자율 상승(프리드만)

정답 ④

# 16

이자율의 기간구조이론 ★★★

**이자율의 기간구조이론에 대한 설명으로 가장 거리가 먼 것은?**

① 불편기대이론이란 모든 채권을 완전 대체관계로 보아 장기채권을 한 번 운용하는 것과 단기채권을 여러 번 운용했을 때 수익률이 일치해야 한다는 이론이다.

② 유동성 프리미엄 이론에 의하면 장기채권에 포함된 자본손실위험으로 인해 장기채권이 단기채권보다 수익률이 높다.

③ 불편기대이론에 의하면 만기가 긴 채권일수록 수익률 변동성이 커지기 때문에 만기가 긴 채권의 수익률이 상대적으로 불안정하다.

④ 유동성 프리미엄의 수익률곡선이 불편기대이론의 수익률곡선보다 기울기가 크다.

**TIP** 불편기대이론에 의하면 만기가 긴 채권일수록 단기금리변동이 채권수익률에 미치는 영향이 체감하기 때문에 수익률의 상대적 안정성이 크다.

## 핵심포인트 해설 이자율의 기간구조이론

**(1) 이자율의 기간구조**

① 수익률곡선 : 만기까지의 기간과 채권수익률 사이의 관계를 그래프로 나타낸 것

② 장 점

㉠ 발행자 입장에서 만기별 채권의 가격 예상과 기간별 자금조달흐름에 대한 판단이 가능함

㉡ 투자자에게 다양한 채권의 수익률을 비교, 예측하게 함으로써 다양한 투자기회를 제공함

**(2) 수익률곡선의 패턴**

① 불편기대이론 : 장·단기 채권 간 완전 대체관계를 가정하여 장기채권을 한 번 운용하는 것과 단기채권을 여러 번 운용했을 때 수익률이 일치해야 함

㉠ 수익률곡선의 형태가 미래 단기금리에 대한 투자자의 예측에 의해 결정됨

㉡ 단기금리 상승 예상 시 우상향, 단기금리 하락 예상 시 우하향함

㉢ 만기가 긴 채권일수록 수익률의 안정성이 큼

② 유동성 프리미엄이론 : 장기채권의 수익률에는 미래수익률에 대한 불확실성(→채권 가치하락에 대한 위험)인 유동성 프리미엄이 포함

㉠ 일반적으로 자금공급자는 단기채권을 선호하고, 자금수요자는 장기 자금조달 선호

㉡ 유동성 프리미엄으로 불편기대이론이 설명하기 어려운 수익률곡선의 우상향 패턴을 설명할 수 있음

㉢ 유동성 프리미엄의 수익률곡선이 불편기대이론의 수익률곡선보다 기울기가 큼

③ 시장분할이론 : 채권 만기에 따라 선호 대상이 다르기 때문에 채권 시장은 분할됨

㉠ 장·단기 금리 간의 상관관계를 설명하기 힘들다는 단점이 있음

정답 ③

## 17

노동의 수요와 공급, 필립스곡선 ★★

**필립스곡선에 대한 설명으로 가장 거리가 먼 것은?**

① 실업률 감소에 비해 명목임금이 더욱 빠르게 상승하여 두 변수 사이에 비선형적 역(−)의 관계가 성립하는 것을 필립스곡선이라 한다.

② 후진국과 같이 실업자가 많은 경우 필립스곡선은 원점에 대해 볼록한 형태를 갖는다.

③ 스태그플레이션의 발생은 필립스곡선의 안정성에 대한 반론을 제기하는 계기가 되었다.

④ 프리드만은 단기적 실업은 정책당국이 통제할 수 있지만 중·장기적으로는 정책당국이 통제할 수 없다고 주장하였다.

TIP 후진국과 같이 실업자가 많은 경우 필립스곡선은 원점에 대해 오목한 형태를 갖는다.

## 핵심포인트 해설 실업과 인플레이션

**(1) 노동의 수요와 공급**

① 노동의 수요 : 한계생산 체감의 법칙에 의해 노동의 한계생산성은 노동의 양이 증가할수록 감소하여 노동의 수요곡선은 우하향함

② 노동의 공급

㉠ 대체효과 : 임금의 상승이 여가의 기회비용을 늘려 노동을 추가로 공급하는 현상

㉡ 소득효과 : 임금의 상승이 여가를 정상재로 인식하여 여가를 더 수요하게 하는 현상

㉢ 후방 굴절형 : 소득효과가 대체효과를 능가하게 되는 경우 발생함

**(2) 실업에 대한 이론**

① 케인즈학파 : 노동자들은 실질임금이 아닌 명목임금에만 집착하는 화폐현상을 따르기 때문에 발생하는 구조적 문제로 정부의 정책의 필요성을 강조함

② 고전학파 : 실업은 정보 불균형에 의한 마찰적, 자발적인 것으로 취업정보 네트워크를 확충하여 탐색비용을 낮추는 것을 강조함

**(3) 피셔방정식**

명목가치가 같더라도 화폐의 구매력이 감소하면 실질가치는 감소

| 명목이자율 = 실질이자율 + 기대인플레이션 |
|---|

**(4) 필립스곡선**

① 추가적인 노동의 수요를 유인하기 위해 급격히 임금을 증가시켜 실업률 감소보다 명목임금 상승률이 높아 원점에 대해 볼록한 비선형적인 역(−)의 관계가 성립하여 발생함

② 후진국의 필립스곡선은 원점에 대해 오목함

③ 스태그플레이션의 발생은 필립스곡선의 안정성을 위협함

④ 프리드만은 단기실업률이 정책당국에 의해 조정이 가능하지만 중·장기적으로는 통제가 불가함을 주장함

정답 ②

# 18

환율의 결정과 변화 ★★★

**환율결정이론에 대한 설명으로 가장 거리가 먼 것은?**

① 구매력평가설은 일물일가의 법칙이 성립되지 않거나, 수많은 비교역재가 존재할 경우 설명이 어렵다는 한계점이 있다.

② 통화론적 모형에 따르면 이자율의 상승은 화폐수요를 감소시켜 물가와 환율을 상승시킨다.

③ 환율의 오버슈팅모형에 의하면 경제적 변화 발생 시 금융시장의 이자율은 신속히 반응하는 반면, 재화시장의 물가와 생산량 등은 신속히 조정되지 못한다.

④ 구매력평가설은 단기적인 환율 변화의 추세는 잘 반영하나, 장기적 환율 변화의 추세는 잘 반영하지 못한다.

**TIP** 구매력평가설은 단기적인 환율의 움직임은 잘 반영하지 못하나 장기적인 환율의 변화 추세는 잘 반영하는 것으로 평가된다.

## 핵심포인트 해설 환율의 결정과 변화

**(1) 환율의 개념**

① 실질환율 : 통상적으로 사용하는 명목환율을 교역상대국의 상대적인 물가지수로 나눈 것

② 실질환율이 높다는 것은 자국 재화의 가격수준이 낮음을 의미하며 국제시장에서 가격경쟁력이 있음을 뜻함

**(2) 환율의 변화와 무역수지**

① 마샬-러너 조건 : 환율에 대한 외국 수입수요의 가격탄력성과 자국 수입수요의 가격탄력성 합의 절댓값이 1보다 큰 상태로 마샬-러너 조건하에서는 평가절하 정책이 무역수지를 개선함

② J-curve효과 : 평가절하 정책이 일시적으로는 무역수지를 악화시키나 점차 무역수지를 개선함

③ S-curve효과 : 평가절하 정책이 무역수지를 개선하나 인플레이션 발생으로 다시 무역수지가 악화됨

**(3) 환율결정이론**

① 고전적 환율결정이론(구매력 평가설) : 일반적으로 환율과 국가 간 상대적인 물가수준의 관계

→자국물가지수/외국물가지수

㉠ 절대적 구매력평가설 : 환율은 자국 화폐의 구매력에 대한 외국 화폐의 구매력의 비율로 결정

㉡ 상대적 구매력평가설 : 자국의 물가수준 변화가 외국 물가수준의 변화보다 클 때 자국 화폐 평가절하

㉢ 한계점 : 일물일가 법칙이 성립하지 않고, 수많은 비교역재 존재, 물가 이외의 환율결정 요인 존재 등

② 현대적 환율결정이론

㉠ 통화론적 모형 : 화폐의 수요는 이자율과는 음(-), 소득과는 양(+)의 관계이기 때문에 화폐수요의 감소는 물가와 환율을 상승시킴

㉡ 오버슈팅모형 : 예상치 못한 외부적 교란요인으로 환율이 장기 균형수준에서 이탈 후 점차 균형수준으로 복귀하는 현상

㉢ 랜덤워크모형 : 예상하지 못한 충격과 전기의 환율에 의해 환율이 결정되기 때문에 현재 환율이 미래 환율을 예측하는 데 가장 좋은 지표

정답 ④

# 19

국민소득과 저축의 증가효과 ★★★

〈보기〉의 저축의 효과에 대한 설명에서 ㉠ ~ ㉢에 들어갈 말로 가장 적절하게 연결한 것은?

〈보기〉

자원이 풍부한 나라의 경우 저축의 증가는 국민소득을 ( ㉠ )시키며, 유발 투자의 경우 저축의 증가는 소득과 저축 모두를 ( ㉡ )시킨다. 이때 투자를 이자율의 함수로 본다면 이자율의 하락은 국민소득을 ( ㉢ )시킨다.

| | ㉠ | ㉡ | ㉢ |
|---|---|---|---|
| ① | 하 락 | 상 승 | 하 락 |
| ② | 상 승 | 상 승 | 상 승 |
| ③ | 하 락 | 상 승 | 상 승 |
| ④ | 하 락 | 하 락 | 상 승 |

TIP 케인즈 논리에 따르면 저축의 증가는 국민소득과 저축을 모두 감소시키는 절약의 역설이 발생하며, 투자를 이자율의 함수로 본 경우 투자의 증가는 이자율을 낮춰 국민소득을 증가시킨다.

## 핵심포인트 해설 국민소득결정모형

**(1) 국민소득의 순환적 흐름**

① 생산국민소득 : 기업이 생산한 모든 재화와 용역의 최종 부가가치의 합으로 계산함
② 지출국민소득 : 가계가 최종재에 대하여 지출한 지출총액을 의미함
③ 분배국민소득 : 각 생산요소가 받은 요소소득을 모두 더하여 측정함

**(2) 국민소득의 항등식**

① Y(국민소득) = C(소비지출) + I(투자지출) + G(정부지출) + [X(수출) − M(수입)]
② Y(국민소득) = C(소비지출) + S(저축) + T(세금) + Rf(해외이전지출)
③ 폐쇄경제 가정 시(X − M, Rf 등 고려하지 않음)

$$C+I+G=C+S+T \Rightarrow I+G=S+T \Rightarrow I=S+(T-G)$$

**(3) 균형 국민소득의 결정**

① S+T > I+G : 기업은 의도하지 않은 양(+)의 재고투자상태로 생산량을 줄여 국민소득이 감소하여 균형점 도달
② S+T < I+G : 기업은 계획하지 않은 음(−)의 재고투자상태로 생산량을 늘려 국민소득이 증가하여 균형점 도달

**(4) 저축 증가의 효과(자원이 풍부한 나라 : 케인즈 논리)**

① 저축의 증가 ⇨ 양(+)의 재고상태 ⇨ 생산 감소 ⇨ 국민소득 감소 ⇨ 저축의 감소(절약의 역설)
② 투자를 이자율의 함수로 보는 경우 투자의 증가는 이자율을 낮춰 국민소득을 증가시킴

정답 ④

# 20

경기변동이론 ★★★

**경제변수와 그 설명을 가장 적절하게 연결한 것은?**

| 가. 추세 요인 | 나. 계절적 요인 | 다. 불규칙 요인 |
|---|---|---|
| ㉠ 전년 동기 대비 증가율 등을 의미하며, 단순평균법, 이동평균법을 통하여 제거 가능<br>㉡ MCD 이동평균방식을 이용하여 제거 가능<br>㉢ 시계열의 장기적 상승 또는 하락 움직임을 의미 | | |

① 가 – ㉠, 나 – ㉡, 다 – ㉢
② 가 – ㉢, 나 – ㉡, 다 – ㉠
③ 가 – ㉡, 나 – ㉠, 다 – ㉢
④ 가 – ㉢, 나 – ㉠, 다 – ㉡

**TIP** 추세 요인은 시계열의 장기적 변화를 의미하며, 계절적 요인은 매년 특정 달, 분기 등 주기적인 움직임을 보이는 현상으로 이동평균법 등을 통해 제거 가능하며, 불규칙적 요인은 MCD 이동평균방식을 이용하여 제거 가능하다.

## 핵심포인트 해설 경기변동이론

**(1) 경기변동의 정의와 특성**

① 정의 : 경기변동은 주요한 거시경제 변수들이 같은 방향으로 움직이는 공행성을 의미
② 특성 : 총체적 변화, 지속성, 보편성, 주기성, 비대칭성

**(2) 경기순환과 성장순환**

① 추세 요인 : 기술진보나 인구증가에 의해 형성되는 요인으로 경제시계열의 장기적 변화를 의미
② 계절적 요인 : 특정 달이나 분기별 변화로 이동평균법, X-11 ARIMA 등을 이용하여 제거 가능
③ 불규칙적 요인 : 순환, 추세, 계절적 요인으로 설명 불가능한 변화로 MCD 이동평균방식으로 제거 가능

**(3) 경기지수**

① 경기종합지수

| 선행종합지수 | 동행종합지수 | 후행종합지수 |
|---|---|---|
| 구인구직비율, 건설수주액, 코스피지수, 장단기 금리차 | 서비스업생산지수, 건설기성액, 수입액 | 상용근로자 수, 소비재수입액, 회사채유통수익률 |

② 기업경기실사지수(BSI)

0 ~ 200 사이 값을 가지며 100 이상이면 경기를 낙관적으로 보고, 100 이하이면 비관적으로 봄

$$BSI = \frac{(\text{긍정적 기업 수} - \text{부정적 기업 수})}{\text{전체 기업 수}} \times 100 + 100$$

③ 경기확산지수(경기동향지수 : DI) → 개별 경제지표들의 변화 방향만을 종합한 지표이지 변동 속도를 정확히 나타낼 수는 없음

0 ~ 100 사이 값을 가지며 50 초과하면 확장국면, 50 미만이면 수축국면, 50이면 경기전환점

$$DI = \frac{\text{전월 대비 증가지표 수} + (\text{보합지표 수} \times 0.5)}{\text{구성지표 수}} \times 100$$

정답 ④

경제성장이론 ★★★

경제성장이론에 대한 설명으로 가장 거리가 먼 것은?

① 솔로우 모형은 실질이자율과 인구증가율이 일치할 때 소비의 극대화가 이루어진다는 황금률 자본량을 도출하였다.

② 해로드-도마 모형에서 완전고용상태에서의 최적 성장경로는 자연성장률과 보증성장률이 일치하는 수준에서 결정된다.

③ 로머와 루카스는 외생적 기술진보를 가정하여 진보가 없다면 정체가 발생한다는 점에서 자본의 한계생산성이 체감한다는 솔로우 모형과 같은 주장을 하였다.

④ 해로드-도마는 외생변수들 때문에 균형에서 이탈 시 내생적 균형으로 회복 불가능하다는 면도날 균형을 설명하였다.

**TIP** 로머와 루카스는 인적자본의 축적이 이루어진다면 생산함수가 규모에 대해 체감하는 것을 방지하여 점근현상이 발생하지 않음을 주장하였다.

## 핵심포인트 해설 경제성장이론

| 이 론 | 정의 및 가정 | 특 징 |
|---|---|---|
| 해로드-도마 모형(케인즈이론) | • 생산함수는 고정계수 생산함수인 레온티에프 생산함수 사용<br>• 소비는 저축하고 남은 부분을 의미<br>• 인구증가는 외생변수 | • 경제성장률과 자본증가율이 일치하는 보증성장률과 자연성장률이 일치할 때 최적 성장을 이룸<br>• 외생변수들 때문에 균형에서 이탈 시 내생적 균형 회복 불가능(면도날 균형) |
| 신고전학파 성장모형(솔로우-스완) | • 생산요소 간 대체 가능, 생산요소가격을 신축적으로 조정 가능(면도날 균형 해결)<br>• 자본량이 많은 선진국보다 자본량이 적은 후진국 성장률이 큼 → 점근현상 | • 실질이자율과 인구증가율이 일치할 때 소비의 극대화가 이루어짐(황금률 자본량) |
| 내생적 성장이론(로머와 루카스) | • 외생적 기술진보를 가정하며, 진보가 없다면 정체 발생, 자본의 한계생산성이 체감한다는 솔로우 모형의 한계점 설명 | • 생산함수에 사회 총체적 자본량이나 인적자본 등을 도입하여 선진국의 높은 성장률을 설명함<br>• 존스-마뉴엘리는 지식이나 인적자본 등으로 한계생산성이 체감한다는 점근현상을 부정함 |
| 내생적 성장이론(신슘페터 모형) | • 로머 : 인적자본과 연구 생산성이 높은 선진국이 더 높은 성장 → 파레토최적 달성 못함<br>• 그로스만-핼프만 : 기술개발의 질적 사다리현상으로 선진국 발전이 더 높음 | • 기술진보는 내생적으로 간주<br>• 개발된 기술은 특허 및 지적재산권 부여<br>• 창조적 파괴 : 신기술 개발 시 기존의 독점권 파괴<br>• 기업이 독점 이윤을 얻을 수 있는 불완전 경쟁 모형 설정 |

→ 기술개발이 점진적으로 이루어지는 것이 아닌 사다리처럼 단계를 뛰어 오름

정답 ③

# 출제예상문제

☑ 다시 봐야 할 문제(틀린 문제, 풀지 못한 문제, 헷갈리는 문제 등)는 문제 번호 하단의 네모박스(□)에 체크하여 반복학습 하시기 바랍니다.

**01** 중요도 ★★★

**거시경제 이론에 대한 설명으로 가장 거리가 먼 것은?**

□

① 고전학파와 신고전학파는 가격의 신축성을 가정하고 시장기능의 역할을 강조했다.

② 케인즈학파는 수요 중심의 정책을 부정하고, 강력한 정부의 개입을 강조했다.

③ 합리적 기대 개념을 바탕으로 한 새고전학파는 정부 정책 무력성의 정리를 주장하며 정책개입주의에 대해 비판하였다.

④ 1980년대 이후 기본적으로 합리적 기대가설을 수용하면서 임금과 가격의 신축성 가정을 부인하는 새케인즈학파가 대두되었다.

**02** 중요도 ★★★

**유동성함정과 피구효과에 대한 설명으로 가장 거리가 먼 것은?**

□

① 유동성함정이란 극심한 경제 불황으로 이자율이 임계점 이하로 낮아질 경우 사람들이 채권 보유를 포기하고 모든 자산을 화폐로만 수요하려 하여 화폐수요가 폭발적으로 증가하는 것을 의미한다.

② 유동성함정이 나타나면 구축효과가 전혀 나타나지 않게 되어 IS곡선을 움직이는 통화정책 효과는 극대화된다.

③ 물가 하락으로 보유 화폐의 실질 가치가 증가하여 소비가 증가됨으로 인해 IS곡선을 우측으로 이동시키는 것을 피구효과라 한다.

④ 고전학파에 의하면 피구효과가 존재할 경우 IS-LM곡선이 모두 우측으로 이동하여 유동성함정에서 탈출이 가능하다.

03 중요도★★★

〈보기〉의 ㉠ ~ ㉣에 들어갈 말로 가장 적절하게 연결한 것은?

〈보기〉

총수요곡선에서 물가의 상승은 LM곡선을 ( ㉠ )으로 이동시키며, 화폐량의 증가는 LM곡선을 ( ㉡ )으로 이동시키고, 정부지출의 증가는 IS곡선을 ( ㉢ )으로 이동시키며, 조세의 감소는 IS곡선을 ( ㉣ )으로 이동시킨다.

| | ㉠ | ㉡ | ㉢ | ㉣ |
|---|---|---|---|---|
| ① | 좌 측 | 우 측 | 우 측 | 우 측 |
| ② | 좌 측 | 좌 측 | 우 측 | 좌 측 |
| ③ | 우 측 | 우 측 | 좌 측 | 좌 측 |
| ④ | 우 측 | 좌 측 | 좌 측 | 우 측 |



## 정답 및 해설

01 ②

| | |
|---|---|
| 고전학파, 신고전학파 | • 가격의 신축성을 가정하고 시장기능의 역할 강조 |
| 케인즈학파<br>(공급 ⇨ 수요 중심 전환) | • 1930년 대공황 발생으로 공급 중심의 정책인 세이의 법칙을 부정하고 정부 개입(유효수요 증가)을 강조하는 케인즈학파 대두 |
| 루카스의<br>합리적 기대혁명 | • 1970년 스태그플레이션 발생으로 대두<br>• 이용 가능한 모든 정보를 이용하여 미래의 경제변수들을 예측 |
| 새고전학파 | • 민간 경제주체들에 의해 예상된 정부 당국의 정책은 효과가 없다는 정책 무력성 정리 주장<br>• 예상치 못한 정책은 경기변동을 악화시킴 |
| 새케인즈학파 | • 1980년 이후 합리적 기대가설을 수용하면서 임금과 가격의 신축성을 부인 |

02 ② 유동성함정이 나타나면 LM곡선이 완전 수평이 되어 정책당국이 화폐량을 늘려 이자율을 낮추려는 통화정책은 무력해진다.

03 ① 총수요곡선에서 물가의 상승은 LM곡선을 좌측으로 이동시키며, 화폐량의 증가는 LM곡선을 우측으로 이동시키고, 정부지출의 증가는 IS곡선을 우측으로 이동시키며, 조세의 감소는 IS곡선을 우측으로 이동시킨다.

## 04

중요도 ★★★

**노동시장의 균형에 대한 설명으로 가장 거리가 먼 것은?**

□

① 고전학파는 임금의 신축성으로 인해 노동의 수요와 공급이 균형을 이룬다고 보는 반면, 케인즈학파는 명목임금의 경직성으로 즉각적인 조정이 불가능하다고 본다.

② 노동의 한계생산성(MPL)은 체감하기 때문에 개별 노동수요곡선은 노동에 대하여 우하향하게 될 것이다.

③ 고전학파는 임금과 가격의 완전 신축성을 가정하기 때문에 명목임금의 상승이 실질임금에 영향을 주지 못하여 총공급곡선은 우하향한다고 본다.

④ 케인즈학파는 명목임금의 경직성으로 물가의 상승이 노동량을 증가시켜 결국 물가와 산출량의 정(+)의 관계로 인해 총공급곡선이 우상향한다고 본다.

## 05

중요도 ★★★

**AD-AS모형의 재정정책 효과에 대해 〈보기〉의 ㉠ ~ ㉣에 들어갈 말로 가장 적절하게 연결한 것은?**

□

〈보기〉

고전학파는 확대재정정책으로 인해 국민소득은 ( ㉠ )하고, 이자율 및 물가는 ( ㉡ )한다고 보며, 케인즈학파는 확대재정정책으로 인해 국민소득은 ( ㉢ )하고, 이자율 및 물가는 ( ㉣ ) 한다고 본다.

| | ㉠ | ㉡ | ㉢ | ㉣ |
|---|---|---|---|---|
| ① | 불 변 | 상 승 | 상 승 | 상 승 |
| ② | 상 승 | 하 락 | 하 락 | 상 승 |
| ③ | 불 변 | 하 락 | 하 락 | 하 락 |
| ④ | 하 락 | 상 승 | 상 승 | 하 락 |

## 06

중요도 ★★★

**중첩세대모형(OG)에 대한 설명으로 가장 거리가 먼 것은?**

□

① 재화는 저장이 불가능하다는 가정으로 인해 OG모형의 모순이 발생하게 된다.

② 교환이 없는 자급자족 경제이면 소득 중 일부를 재화로 저장하여 합리적 자원배분(파레토최적)이 가능해진다.

③ OG모형에서 인구가 증가한다는 경우로 가정을 바꾸면 재화의 저장 없이도 자원의 배분이 가능해진다.

④ OG모형에서 인구가 증가한다는 경우로 가정을 바꾸면 생물학적 이자율을 통해 시간선호율이나 우회생산설의 개념을 도입하지 않아도 이자율이 존재할 수 있음을 보여준다.

## 07

중요도 ★★★

**화폐수요이론에 대한 설명으로 가장 적절한 것은?**

□

① 프리드만은 개인들이 화폐를 수요하는 이유는 수입과 지출의 시점이 일치하지 않기 때문이라고 보았다.

② 케인즈의 거래적 화폐수요는 화폐보유의 기회비용을 통해 설명할 수 있다.

③ 케인즈의 유동성 선호설에 의하면 화폐의 수요는 거래가 많을수록, 이자율이 높을수록 늘어난다.

④ 보몰과 토빈의 이론은 거래적 화폐수요가 소득과 양(+)의 관계, 이자율과 음(−)의 관계를 갖는다는 것을 보여준다.



**정답 및 해설**

04 ③ 고전학파는 임금과 가격의 완전 신축성을 가정하기 때문에 물가의 상승은 명목임금을 상승시키나 실질임금에는 영향을 주지 못해 총공급곡선은 수직의 형태를 갖는다고 주장한다.

05 ① 고전학파는 확대재정정책으로 인해 국민소득은 불변하고, 이자율과 물가는 상승한다고 보며, 케인즈학파는 확대재정정책으로 인해 국민소득은 상승하고, 이자율 및 물가는 상승한다고 본다.

06 ② 교환이 없는 자급자족 경제이면 파레토최적이 불가능하고, 교환이 가능한 경제라면 화폐가 존재하여 소득 중 일부를 저장할 수 있어 합리적 자원배분(파레토최적)이 가능해진다.

07 ④ ① 마샬이 주장한 현금잔액설에 대한 내용이다. 프리드만은 화폐수량설에 의한 거래잔액설에 따라 화폐의 거래수단으로서의 기능을 강조하며, 인플레이션은 언제 어디서나 화폐적 현상임을 주장하였다.
② 케인즈의 투기적 화폐수요는 화폐보유의 기회비용을 통해 설명할 수 있다.
③ 케인즈의 유동성 선호설에 의하면 화폐의 수요는 거래가 많을수록, 이자율이 낮을수록 늘어난다.

## 08

중요도 ★★★

**현대적 화폐수량설에 대한 설명으로 가장 거리가 먼 것은?**

☐

① 부의 크기가 증가하면 화폐수요도 증가한다.

② 주식과 채권수익률이 증가하면 화폐수요는 감소한다.

③ 실물자산의 수익률이 증가하면 화폐수요는 감소한다.

④ 부의 크기 중 인적 부가 차지하는 비율이 커지면 화폐의 수요는 감소한다.

## 09

중요도 ★★★

**토빈의 투기적 화폐수요 이론에 대한 설명으로 가장 거리가 먼 것은?**

☐

① 자산은 화폐와 채권 두 가지 형태이며, 투자자는 위험기피자임을 가정한다.

② 투자자가 위험기피적이기 때문에 위험이 감소할수록, 기대수익이 증가할수록 효용은 증가한다.

③ 대체효과와 소득효과가 없다면 이자율과 화폐수요는 역(−)의 관계이다.

④ 대체효과가 소득효과보다 크면 이자율과 화폐수요는 정(+)의 관계이고, 소득효과가 대체효과보다 크면 이자율과 화폐수요는 역(−)의 관계이다.

## 10

중요도 ★★★

**화폐의 공급에 대한 설명으로 가장 거리가 먼 것은?**

☐

① 중앙은행의 유동성 부채인 화폐발행액과 지준예금의 합계액이 본원통화이다.

② 화폐발행액은 민간화폐 보유액과 시재금으로 구분되고, 지급준비금은 시재금과 지준예금으로 구성된다.

③ 협의의 통화에는 민간보유 현금과 요구불예금이 포함된다.

④ 협의의 통화에 저축성 예금과 비은행금융을 더한 것을 광의의 유동성이라 한다.

## 11

중요도 ★★★

**고전학파의 이자율 결정이론에 대한 설명으로 가장 거리가 먼 것은?**

☐

① 고전학파의 대부자금설에 의하면 이자율은 재화시장의 저축과 투자에 의해서 결정된다.

② 이자율은 투자자금의 기회비용으로, 투자는 이자율과 정(+)의 관계를 가지며 투자곡선은 이자율에 우상향한다.

③ 이자율의 상승은 소비의 기회비용 상승을 의미하므로 이자율 상승 시 가계는 소비를 줄이고 저축을 증가시켜 저축곡선은 우상향한다.

④ 저축과 투자가 일치하는 수준에서 실질이자율이 결정되며, 동일한 이자율 수준에서 채권의 공급과 수요도 균형을 이룬다.



**정답 및 해설**

08 ④ 부의 크기 중 인적 부가 차지하는 비율이 증가하면 화폐수요는 증가한다.

09 ④ 대체효과가 소득효과보다 크면 이자율과 화폐수요는 역(−)의 관계이고, 소득효과가 대체효과보다 크면 이자율과 화폐수요는 정(+)의 관계이다.

10 ④ 광의의 유동성은 금융기관 유동성에 정부 및 기업발행 유동성상품을 더한 것을 말한다.

11 ② 이자율은 투자자금의 기회비용으로, 투자는 이자율과 역(−)의 관계를 가지며, 투자곡선은 이자율에 우하향한다.

## 12

중요도 ★★★

**케인즈의 유동성 선호설에 대한 설명으로 가장 거리가 먼 것은?**

□

① 케인즈는 이자율을 화폐의 공급과 수요에 의해 결정되는 화폐적 현상으로 보았다.

② 케인즈는 이자를 축적된 소득 또는 부를 화폐가 아닌 다른 금융자산의 형태로 보유함으로써 발생하는 유동성의 희생에 대한 보상으로 간주한다.

③ 케인즈는 이자율 결정과 관련해 화폐수요의 예비적 동기를 강조했으며, 이자율이 상승하면 화폐 보유의 기회비용이 상승하여 채권의 수요가 증가한다고 봤다.

④ 케인즈는 화폐의 수요와 이자율이 역(−)의 관계에 있다고 설명하였다.

## 13

중요도 ★★★

**경기와 통화정책 변화에 의한 이자율 변동에 대한 설명이다. 〈보기〉의 ㉠ ~ ㉤에 들어갈 말로 가장 적절하게 연결한 것은?**

□

〈보기〉

일반적으로 이자율은 경기 확장국면 초기에는 ( ㉠ )하다가 점차 시간이 지날수록 ( ㉡ )하나, 수축국면 초기에는 ( ㉢ )하다 점차 시간이 지날수록 ( ㉣ )한다. 하지만 현대적 대부자금설에 의하면 확장국면에도 대부자금의 공급이 수요보다 경기변동에 민감하다면 이자율은 오히려 ( ㉤ )할 수도 있다.

| | ㉠ | ㉡ | ㉢ | ㉣ | ㉤ |
|---|---|---|---|---|---|
| ① | 상 승 | 하 락 | 상 승 | 하 락 | 상 승 |
| ② | 상 승 | 하 락 | 하 락 | 상 승 | 하 락 |
| ③ | 하 락 | 상 승 | 상 승 | 하 락 | 하 락 |
| ④ | 하 락 | 하 락 | 상 승 | 상 승 | 하 락 |

## 14

중요도 ★★★

**〈보기〉에서 설명하는 기간구조이론에 해당하는 것으로 가장 적절한 것은?**

□

〈보기〉

단기채권에 대한 수요가 장기채권에 대한 수요보다 상대적으로 많은 것이 보편적이므로 장기금리가 단기금리보다 높아 수익률곡선이 우상향하는 형태를 가지나, 단기금리의 변화가 장기금리에 미치는 영향을 설명하기는 힘들다.

① 불편기대이론

② 유동성프리미엄이론

③ 시장분할이론

④ 편중기대이론

중요도 ★★★

## 15 환율의 개념에 대한 설명으로 가장 거리가 먼 것은?

□

① 통상적으로 사용하는 것은 명목환율이며, 이를 교역상대국의 상대적 물가지수로 나누면 실질환율을 구할 수 있다.

② 실질환율은 실질구매력의 변동을 반영함으로써 국제시장에서 자국 재화의 국제 경쟁력을 평가하는 기준이 된다.

③ 실질환율이 높다는 것은 자국 재화의 가격수준이 높음을 의미한다.

④ 실질환율이 낮다는 것은 가격 경쟁력이 하락함을 의미하나, 경제여건이 상이한 양국의 물가수준을 정확히 판별하는 데는 어려움이 있다.



### 정답 및 해설

12 ③ 케인즈는 이자율 결정과 관련해 화폐수요의 투기적 동기를 강조했으며, 이자율이 상승하면 화폐 보유의 기회비용이 상승하여 채권의 수요가 증가한다고 봤다.

13 ③ 일반적으로 이자율은 경기 확장국면 초기에는 하락하다가 점차 시간이 지날수록 상승하나, 수축국면 초기에는 상승하다 점차 시간이 지날수록 하락한다. 하지만 현대적 대부자금설에 의하면 확장국면에도 대부자금의 공급이 수요보다 경기변동에 민감하다면 이자율은 오히려 하락할 수도 있다.

14 ③ 시장분할이론은 장·단기 금리의 상관관계를 설명하기 힘들다는 단점을 가진다.

15 ③ 실질환율이 높다는 것은 자국 재화의 가격수준이 낮음을 의미하며, 이는 국제 시장에서 가격경쟁력이 상승함을 의미한다.

**16** 중요도 ★★★

**환율 변화와 무역수지에 대한 설명으로 가장 거리가 먼 것은?**

□

① 마샬-러너 조건은 평가절하를 실시할 때 무역수지가 개선되기 위해서는 양국 수입수요의 가격탄력성 합의 절댓값이 1보다 커야 한다는 것을 의미한다.

② 화폐량 증가로 인한 인플레이션을 억제할 목적으로 정부가 평가절하 정책을 시행하여 무역수지가 개선되는 효과를 J-Curve효과라 한다.

③ 평가절하 정책이 무역수지 개선 효과를 보이나, 그로 인한 외환 유입량 증가로 다시 인플레이션이 발생하여 무역수지가 악화되는 현상을 환율의 S-Curve효과라고 부른다.

④ 수출 증가, 차관도입, 국내관광 증가는 외환공급곡선을 우측으로 이동시켜 환율을 상승시키는 요인으로 작용한다.

**17** 중요도 ★★★

**구매력평가설에 대한 설명으로 가장 거리가 먼 것은?**

□

① 구매력평가설은 환율과 국가 간의 상대적인 물가수준의 관계를 나타내며, 환율 변화율은 양국에 있어서의 인플레이션율 차이와 동일하다.

② 절대적 구매력평가설에 의하면 환율은 자국 화폐의 구매력에 대한 외국 화폐의 구매력의 비율로 결정된다.

③ 상대적 구매력평가설에 의하면 자국의 물가수준의 변화가 외국의 물가수준의 변화보다 클 때 자국 화폐는 평가절상된다.

④ 구매력평가설은 비교역재의 존재, 다양한 가격반영 요소, 물가를 제외한 외환수급요인 등을 반영하지 못한다는 문제점이 있다.

**18** 중요도 ★★★

**현대적 환율결정이론에 대한 설명으로 가장 거리가 먼 것은?**

□

① 통화론적 모형에 의하면 국내 이자율의 상승은 자국의 화폐수요를 감소시키고, 이는 물가를 상승시켜 환율을 상승하게 만든다.

② 오버슈팅모형은 예상치 못한 화폐량 증가와 같은 외부적인 교란요인으로 인해 일시적으로 환율이 장기 균형수준에서 대폭적으로 이탈하였다가 점차적으로 장기 균형수준으로 복귀하는 현상을 설명한다.

③ 오버슈팅모형은 단기적으로 재화시장의 조정속도가 화폐시장의 조정속도보다 빠르다고 본다.

④ 랜덤워크모형은 사람들이 합리적 기대하에서 이용 가능한 모든 정보를 이용하여 환율을 결정한다고 보았으며, t기의 환율은 (t − 1)기의 환율과 예상치 못한 충격에 의해서 결정된다고 본다.

## 19

중요도 ★★★

**국민소득결정모형에 대해 〈보기〉의 ㉠ ~ ㉢에 들어갈 내용으로 가장 적절하게 연결한 것은?**

〈보기〉

기업이 생산한 모든 재화와 용역의 가치 중 중간재 투입액을 제외한 최종 부가가치만을 합한 것을 ( ㉠ )이라 하며, 가계가 최종재에 대하여 지출한 지출총액을 구한 것을 ( ㉡ )이라 하고, 각 생산요소가 받은 요소 소득을 모두 더함으로써 측정하는 것은 ( ㉢ )이라 한다.

| | ㉠ | ㉡ | ㉢ |
|---|---|---|---|
| ① | 생산국민소득 | 분배국민소득 | 지출국민소득 |
| ② | 분배국민소득 | 생산국민소득 | 지출국민소득 |
| ③ | 생산국민소득 | 지출국민소득 | 분배국민소득 |
| ④ | 분배국민소득 | 지출국민소득 | 생산국민소득 |

증권분석기초 제1과목 해커스 금융투자분석사 최종핵심정리문제집

### 정답 및 해설

16 ④ 수출 증가, 차관도입, 국내관광 증가는 외환공급곡선을 우측으로 이동시켜 환율을 하락시키는 요인으로 작용한다.

17 ③ 상대적 구매력평가설에 의하면 자국의 물가수준의 변화가 외국의 물가수준의 변화보다 클 때 자국 화폐는 평가절하된다.

18 ③ 오버슈팅모형은 단기적으로 화폐시장의 조정속도가 재화시장의 조정속도보다 더욱 빠르다고 본다.

19 ③ 기업이 생산한 모든 재화와 용역의 가치를 합한 것에 이중계산을 피하기 위해 각 생산과정에서의 중간재 투입액을 빼고 최종 부가가치만을 합하여 산출하는 것을 생산국민소득이라 하고, 가계가 최종재에 대하여 지출한 지출총액을 구한 것을 지출국민소득, 각 생산요소가 받은 요소 소득을 모두 더함으로써 측정하는 것을 분배국민소득이라 한다.

## 20

중요도 ★★★

**경기변동 현상의 특성으로 가장 거리가 먼 것은?**

□

① 총체적 변화
② 지속성
③ 보편성
④ 대칭성

## 21

중요도 ★★★

**해로드-도마 모형에 대한 설명으로 가장 거리가 먼 것은?**

□

① 생산함수는 고정계수 생산함수인 레온티에프 생산함수를 사용한다.
② 완전고용상태에서 최적 성장경로는 자연성장률과 보증성장률이 일치하는 수준에서 결정된다.
③ 해로드-도마 모형은 균형에서 이탈된 경우에도 경제성장률을 설명할 수 있는 장점이 있다.
④ 자연성장률이 보증성장률을 능가하면 실업이 발생하며, 실업이 한 번 발생하면 계속해서 실업이 증가한다.

## 22

중요도 ★★★

**신고전학파 성장모형에 대한 설명으로 가장 거리가 먼 것은?**

□

① 해로드-도마의 면도날 균형문제를 해결하기 위해 생산요소 간 대체가 기술적으로 가능하며, 생산요소의 가격이 신축적으로 조정될 수 있다는 가정을 도입하였다.
② 저축률 상승은 단기적으로 경제성장률의 증가를 낳는다.
③ 실질이자율과 인구증가율이 일치할 때 소비의 극대화가 이루어지며 이를 황금률이라고 한다.
④ 인구증가율 상승의 단기 효과는 1인당 GDP를 상승시키므로, 후진국에서 경제성장을 위해 저축 및 인구증가를 장려하는 이유가 된다.

23 중요도 ★★★

**신고전학파의 성장모형인 솔로우모형에 대한 설명으로 가장 거리가 먼 것은?**

□

① 외생적 기술진보를 가정
② 기술진보가 없다면 정체
③ 자본이 증가할수록 자본의 한계생산성이 체감
④ 실증분석 결과 선진국과 후진국 사이에 점근현상 발생



**정답 및 해설**

20 ④ 경기변동 현상의 특성은 총체적 변화, 지속성, 보편성, 주기성, 비대칭성 등이 있다.

21 ③ 해로드-도마 모형은 한 번 균형에서 이탈하면 내생적으로 균형으로의 회복이 불가능하다는 면도날 균형을 설명하였다.

22 ④ 저축의 증가와 인구의 감소는 균형자본을 단기적으로 증가시키고 산출량을 증대시키기 때문에 후진국에서는 저축장려와 인구억제 정책을 사용한다.

23 ④ ① ~ ③으로 인해 점근현상이 발생하였으나 실증분석 결과 선진국 간에는 나타나고, 선-후진국 간에는 나타나지 않았다.

## 24

중요도 ★★★

**내생적 성장이론에 대한 설명으로 가장 거리가 먼 것은?**

□

① 로머와 루카스에 의해 제시된 수확 체증모형은 생산함수의 투입요소에 외부효과를 갖는 인적자본을 도입한 것이 특징이다.

② 수확체증모형은 인적자본의 축적이 이뤄진다면 생산함수가 규모에 대해 체감하는 것을 방지하여 선진국의 성장률이 후진국의 성장률보다 높게 나타날 수 있다는 것을 보여준다.

③ 존스와 마뉴엘리의 한계 생산성 점근모형은 생산함수에 지식이나 인적자원을 추가하여, 자본량의 체감으로 인해 발생되는 경제성장 정체가 나타나지 않을 수도 있다는 것을 보여준다.

④ 신슘페터 성장모형은 외생적인 기술진보를 가정하지 않고도 장기적으로 지속성장을 한다면 후진국이 선진국을 따라잡을 수 있음을 시사한다.

## 25

중요도 ★★★

**신슘페터 모형에 대한 설명으로 가장 거리가 먼 것은?**

□

① 신고전학파의 외생변수인 기술진보를 내생적인 것으로 가정하며, 개발된 기술은 특허 및 지적재산권에 의해 독점된다고 본다.

② 신고전학파의 완전경쟁을 가정하지 않고, 기업이 독점이윤을 얻을 수 있는 불완전경쟁 모형을 가정한다.

③ 로머는 인적자본과 성장률이 정(+)의 관계에 있고, 연구부문의 생산성이 높을수록 경제성장률이 증가함을 보여준다.

④ 신슘페터 성장모형은 기술개발이 자본의 한계 생산성 체감을 억제하는 역할을 담당하기 때문에 지속성장이 가능하며 파레토최적을 달성할 수 있다고 주장하였다.

## 26

중요도 ★★★

**신슘페터 모형에 대한 〈보기〉의 설명에서 (　　)에 들어갈 말을 순서대로 나열한 것은?**

□

〈보기〉

> 독점권의 유지는 새로운 기술이 개발되면 소멸되며 이를 (　　　　)(이)라고 부르며, 기술개발은 점진적으로 이뤄지는 것이 아닌 단계를 뛰어오르므로 이를 (　　　　)(이)라고 부른다.

① 점근현상, 내생적 변수

② 창조적 파괴, 질적 사다리

③ 기술진보, 외생적 변수

④ 생산함수, 기술진보

## 27

중요도 ★★★

**폐쇄경제를 가정한 국민소득 결정모형에서 소비지출이 200억원, 투자지출이 400억원, 정부지출이 300억원인 경우 화폐의 공급이 300억원이라면 화폐의 유통속도는?**

① 1

② 2

③ 3

④ 4



**정답 및 해설**

24 ④ 신슘페터 성장모형은 외생적 기술진보를 가정하지 않고도 장기에 지속적으로 성장이 가능하다는 점근현상의 실패를 설명하였다.

25 ④ 신슘페터 성장모형은 기업의 독점이윤을 허용하는 불완전경쟁하의 분석이므로 이때 균형은 파레토최적을 달성하지 못한다.

26 ② 창조적 파괴는 신기술이 개발되면 기존의 독점권이 소멸되는 것을 이야기하며, 질적 사다리는 기술개발이 점진적으로 이뤄지는 것이 아닌 단계를 뛰어오르는 사다리 모양으로 발생함을 설명한다.

27 ③ 국민소득 = 200 + 400 + 300 = 900억원

$\therefore$ 화폐의 유통속도 $= \dfrac{900\text{억원}}{300\text{억원}} = 3$

# 제 3 장 기업금융

## 학습전략

**기업금융과 포트폴리오 관리는 제1과목 전체 25문제 중 총 10문제가 출제된다.**
그중 3장 기업금융에서는 기업재무와 관련된 자본구조, 무관련이론, 배당이론, 신호이론이 중요하다. 해당 이론들의 기본 개념과 투자안 선택 시 어떻게 적용하는지를 중점적으로 학습하는 것이 중요하다.

## 출제비중

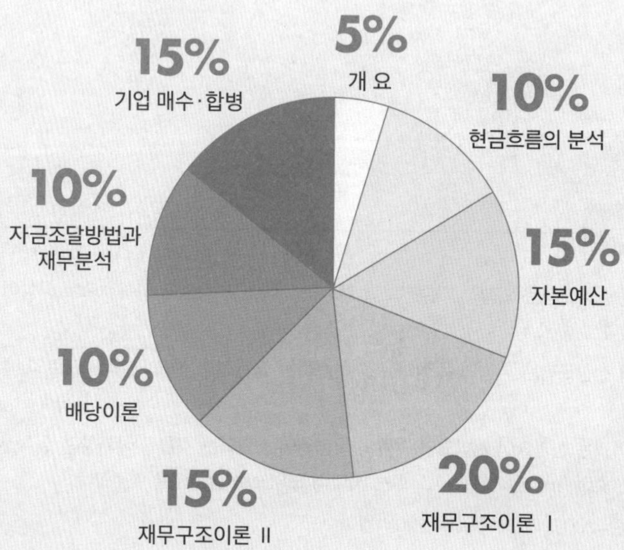

# 출제포인트

기업금융의 내용 ★★

**기업금융에 대한 설명으로 가장 거리가 먼 것은?**

① 기업금융의 목표는 주주 및 기업관련 이해관계자의 이익 극대화이다.
② 실물투자 결정은 1년 이내에 현금화되는 유동자산과, 1년 이상에 걸쳐 현금화되는 고정자산을 대상으로 한다.
③ 주주가치에 결정적인 영향을 주는 것은 고정자산의 선택이며, 이와 관련된 의사결정 과정을 자본예산이라 한다.
④ 자금조달의 결정은 상환의무가 있는 타인자본과 상환의무가 없는 자기자본을 대상으로 한다.

**TIP** 기업금융의 목표는 이해관계자의 이익 극대화나 회사가치의 극대화보다는 주주가치의 극대화에 있다.

## 핵심포인트 해설 기업금융

**(1) 목 표**

주주가치의 극대화

**(2) 내 용**

실물투자 결정과 자금조달 결정으로 구분됨

① 실물투자의 결정 : 1년 이내에 현금화되는 유동자산과 1년 이상에 걸쳐 현금화되는 고정자산이 대상 (→주주가치에 결정적으로 영향을 줌)

② 자금조달의 결정 : 상환의무가 있는 타인자본(→재무구조이론)과 상환의무가 없는 자기자본(→배당이론)이 대상

**(3) 기업의 형태**

개인기업, 합명(자)회사, 주식회사(상장기업)(→기업금융의 분석 대상) 등으로 구분

**(4) 대리문제** (→완전 제거 불가능)

소유주와 대리인 사이에 발생하는 정보 불균형으로 인해 발생하는 문제

① 당사자 : 경영자와 주주, 주주와 채권자, 경영자와 종업원

② 대리문제를 최소화하는 방법

㉠ 성과급 형태의 보상체계

㉡ 외부 회계감사, 기관투자자, 유가증권 분석전문가의 감시 등 법·제도적 장치

㉢ 주가하락으로 인해 발생하는 매수합병의 가능성

**(5) 재무담당자의 역할**

① Treasurer : 자금제공자와의 관계유지 및 일상적인 현금흐름 관리

② Controller : 재무제표 작성, 내부통제, 세금처리 업무 담당

③ CFO : Treasurer와 Controller 업무 지도 및 감독, 기업 전체 전략 수립

**(6) 금융기관**

① 구분 : 단기 및 장기 금융시장, 발행시장 및 유통시장

② 역할 : 자금제공자의 역할을 수행하면서 주주 또는 채권자의 이익을 보호

정답 ①

순현가와 할인율 ★★★

**순현가(NPV)에 대한 설명으로 가장 거리가 먼 것은?**

① 순현가는 특정 기간에 걸친 순현금흐름의 현재가치의 합으로 특정 사업의 타당성 검토에 있어서 핵심적인 정보를 제공한다.
② 순현가는 주식회사에 있어서 소유와 경영의 분리를 가능하게 하며, 이는 자본시장을 통해서 이루어진다.
③ 순현가가 0보다 큰 투자안을 선택하는 것이 주주가치의 극대화에 부응하는 의사결정이나, 대리인 문제에 직면할 수도 있다.
④ 순현가는 주주가치 극대화 및 개인적 선호 반영이 불가능하다.

**TIP** 순현가가 0보다 큰 의사결정을 하는 것은 주주가치의 극대화에 부응하는 의사결정이며, 대리인 문제로부터도 자유로울 수 있다.

## 핵심포인트 해설 현금흐름의 분석

**(1) 자본자산**

① 정의 : 양(+)의 현금흐름을 창출하는 경제적 요소
② 종류 : 생산수단, 금융상품(→측정의 객관성과 정확성 유지), 부동산, 인적자본(→측정의 객관성과 정확성 유지가 어려움) 등

**(2) 현금흐름(회계학 vs 기업금융)**

| 회계학 | 기업금융 |
|---|---|
| 특정 기간 설정 | 특정 기간을 설정하지 않고 재무적 의사결정이 영향을 미치는 모든 기간 동안 분석 |
| 복수 회계처리방법으로 혼란 초래 | 현금흐름의 방향과 크기만을 분석대상으로 하기 때문에 명확함 |
| 수익과 비용 | 기업으로 들어오는 현금유입과 기업으로부터 나가는 현금유출로 표시 |
| 이 익 | 현금유입과 현금유출의 차이인 순현금흐름으로 표시 |

**(3) 순현가(NPV)**

① 특정 기간에 걸친 순현금흐름의 현재가치의 합으로, 특정 사업의 타당성 검토에 핵심정보를 제공함
② 경영자는 주주들의 개인적 의견에 상관없이 NPV가 0보다 큰 투자안(→주주가치의 극대화에 부응하는 투자안)을 선택함

**(4) 할인율**

① 현재가치와 미래가치를 등가로 비교할 때 필요한 정보로 화폐의 시간가치와 투자위험으로 구성됨
② 화폐의 시간가치는 무위험이자율, 위험에 대한 보상은 위험보상률(→할인율의 차이를 결정하는 요소)

정답 ③

투자안의 성격 ★★★

**투자안의 성격에 대한 설명으로 가장 적절한 것은?**

① 두 투자안의 관계가 상호의존적이라면 둘 중 하나는 선택되고 나머지 하나는 버려야 하기 때문에 두 투자안의 정보가 동시에 필요하다.

② 두 투자안의 관계가 상호독립적이라면 투자안 선택에 있어 두 투자안이 서로 영향을 미치지 아니하기 때문에 두 투자안의 정보가 동시에 필요하다.

③ 두 투자안의 관계가 상호배타적이라면 두 투자안이 동시에 선택되거나 동시에 기각되어야 하기 때문에 두 투자안의 정보가 동시에 필요하다.

④ 상호의존적 투자는 상호배타적 투자와 두 투자안의 정보가 동시에 필요하다는 점이 유사하나, 동시에 선택되거나 버려진다는 점에서 구분된다.

**TIP** 투자안이 상호배타적이라면 둘 중 하나만 선택되기 때문에 투자안의 모든 정보가 필요하며, 독립적인 경우 투자안 선택에 서로 간 영향이 없으며, 의존적인 경우 동시 선택 또는 기각되어야 하기 때문에 투자안의 정보가 모두 필요하다.

## 핵심포인트 해설 자본예산 (1)

**(1) 자본예산의 개념**

1년 이상의 현금흐름을 창출하는 자본자산의 구성과 연계하여 기업 전체의 현금 유출·입에 대한 중·장기적 계획

**(2) 투자안의 성격**

| 투자안의 종류 | 상호배타적 | 상호독립적 | 상호의존적 |
|---|---|---|---|
| 내 용 | 둘 중 하나만 선택,<br>투자안 정보 모두 필요 | 선택에 서로 간 영향이 없음,<br>의사결정에 서로의 정보 필요 없음 | 동시 선택 또는 동시 기각,<br>투자안 정보 모두 필요 |

**(3) 분석방법**

| 구 분 | 회수기간법 | 회계적 이익률법 | 순현재가치법 | 내부수익률법 |
|---|---|---|---|---|
| 정의 및 기준 | 현금유입으로 현금유출을 회수하는 데 소요되는 기간 | 연평균 이익을 연평균 투자금액으로 나눠 계산 | 현금유입의 현가에서 현금유출의 현가를 차감 | 현금유입의 현가와 현금유출의 현가를 일치시키는 할인율 |
| 선택 기준 | 기준치보다 짧으면 선택, 길면 기각 | 상호독립적일 경우 기준치보다 크면 모두 선택, 배타적인 경우 가장 큰 것 선택 | 상호독립의 경우 순현가가 0보다 크면 모두 선택, 배타적일 경우 가장 큰 것 선택 | 화폐의 시간가치와 위험보상의 합<br>내부수익률이 요구수익률보다 크면 채택, 작으면 기각 |
| 유용성 및 한계점 | 화폐의 시간가치 및 위험보상을 고려하지 못함 | 화폐의 시간가치 및 위험보상을 고려하지 못함 | 화폐의 시간가치와 투자위험에 대한 보상 반영 | 투자성과에 대한 종합적 지표, 요구수익률 없이도 판단가능, 화폐의 시간가치 및 투자위험 반영 |

정답 ④

# 04

NPV법과 IRR법의 비교 ★★★

**내부수익률에 대한 설명으로 가장 거리가 먼 것은?**

① 상호배타적 투자안의 경우에서 투자 규모가 다르다면 내부수익률에 의한 선택이 주주가치의 극대화와 일치하지 않을 수 있다.
② 재투자 수익률로써 NPV의 k와 IRR의 r이 서로 다르기 때문에 단일 투자안의 경우 NPV와 IRR의 결과가 다르게 나타날 수 있다.
③ 상호배타적인 투자안의 경우 투자 규모가 같더라도 현금흐름의 양상이 다르다면 NPV와 IRR의 결과가 서로 다르게 나타날 수 있다.
④ IRR은 요구수익률의 산정 없이도 일단 시작하여 여러 잠정적 요구수익률을 적용하여 투자안의 채택여부를 가늠해 볼 수 있다.

**TIP** 단일 투자안의 경우 IRR과 NPV법에 의한 결과는 항상 동일하나, 상호배타적인 경우 투자 규모의 차이 및 현금흐름의 양상이 다르다면 이 둘의 결과가 상이하게 나타날 수 있다.



## 핵심포인트 해설 자본예산 (2)

**(1) 내부수익률의 문제점**
① 비교대상인 요구수익률이 기간별로 상이할 경우 비교기준이 모호해짐
② 복수해 또는 해가 없는 경우 발생 가능
③ 계산과정에서 산술적 오류 발생 가능
④ 상호배타적 투자안 선택에 있어 주주가치의 극대화에 부합하지 못하는 선택 가능

**(2) 상호배타적 투자안에서 내부수익률의 문제점**
① 투자 규모가 서로 다른 경우
② 투자 규모가 같더라도 현금흐름이 다른 경우

**(3) NPV법과 IRR법의 비교**
① 단일 투자안의 경우 : k > r이면 NPV < 0으로 기각, k < r이면 NPV > 0으로 채택되어 항상 같은 결론
② 상호배타적인 경우 : 투자의 규모와 중간 현금흐름의 재투자수익률에 대한 가정의 차이로 인해 IRR과 NPV의 결론이 서로 다른 경우 NPV법의 판단을 따름

**(4) NPV법의 비교우위인 이유**
① 기업금융의 목표는 내부수익률의 극대화가 아닌 주주가치의 극대화
② 재투자수익률로써의 NPV법의 k가 IRR의 r보다 현실적 타당성을 가짐
③ 비교기간이 다른 경우에도 NPV는 적용가능
④ NPV는 단일해를 가짐
⑤ 산술적 특성으로 인한 오류 발생 가능성이 없음

정답 ②

MM(1958) ★★★

**MM(1958)에 대한 설명으로 가장 거리가 먼 것은?**

① MM은 재무구조가 기업가치를 변화시키지 않는다는 사실을 재정거래가 불가능한 완전자본시장 가정하에서 증명하였다.

② MM의 제1명제는 타인자본의 사용에 관계없이 가중평균자본비용이 일정하다는 것이다.

③ MM의 제2명제는 자기자본비용은 타인자본의 규모가 커질수록 커지며, 이는 타인자본비용이 자기자본비용보다 낮게 조달됨으로써 발생한다는 것이다.

④ 가중평균자본비용이 타인자본비용보다 위에 자리하고 있는 것은 이자보상비율이 1보다 작음을 의미하며, 이는 계속기업의 기본 요건이다.

**TIP** MM의 제2명제는 가중평균자본비용이 타인자본비용보다 위에 자리하고 있는 것은 이자보상비율이 1보다 큼을 의미하며 이는 계속기업의 기본요건이자, 자기자본을 증가시키는 요인이 된다는 것이다.

## 핵심포인트 해설 재무구조이론 (1)

**(1) 자금조달 결정(주주가치 극대화)**

① 재무구조이론 : 타인자본과 자기자본의 최적 비율을 결정
② 배당이론 : 재투자와 배당지급의 최적 비율을 결정

**(2) 원천별 자본비용**

① 타인자본 : 원금에 대한 지급이자의 비율
② 보통주 : 배당수익과 주가차익
③ 우선주 : 만기와 원금 상환의무가 없는 타인자본과 유사함
④ 유보이익 : 보통주의 자본비용과 동일함

**(3) 가중평균자본비용(WACC)**

| WACC = 타인자본비용 × 타인자본비율 + 자기자본비용 × 자기자본비율 |
|---|

**(4) MM(1958)**

① 가정 : 완전자본시장 가정, 타인자본의 지급불능 위험 배제
② 제1명제 : 타인자본 사용에 관계없이 가중평균자본비용은 일정하기 때문에 완전자본시장하에서 재정 이익은 불가능
③ 제2명제 : 가중평균자본에 대한 요구수익률이 타인자본의 요구수익률보다 크다면(→이자보상비율이 1보다 큼을 의미) 자기자본은 증가(재무레버리지 효과)
④ 결론 : 재무구조는 기업가치를 변화시키지 않음

정답 ④

## 06

MM(1963) ★★★

**MM이론에 대한 설명으로 가장 거리가 먼 것은?**

① MM은 1963년 논문에서 완전자본시장 가정하에서 법인세를 예외로 허용하면 타인자본의 사용에 따라 기업가치가 증가한다고 주장하였다.

② Miller는 1977년 논문을 통해 법인세와 개인소득세가 존재할 경우 타인자본은 기업가치에 영향을 줄 수 없다는 주장을 하였다.

③ MM(1963)은 MM(1958)의 제2명제와 관련하여 비교했을 때 법인세가 존재한다면 타인자본의 실질적인 자본비용은 법인세가 없을 때보다 커진다는 것을 보여준다.

④ MM의 1958년과 Miller의 1977년도 논문은 법인세와 개인소득세의 가정을 제외하면 동일한 결론을 보여준다.

**TIP** MM(1963)에서는 법인세가 있는 상태가 법인세가 없는 상태보다 타인자본의 실질적인 자본비용이 상대적으로 낮아진다고 주장하였다.

## 핵심포인트 해설 재무구조이론 (2)

**(1) MM(1963)**

① 완전자본시장하에서 법인세(→MM(1958)과의 차이)를 예외로 허용한다면 타인자본의 사용은 기업가치를 증가시킴

② 타인자본은 기업가치를 무한히 증가시키기 때문에 최적 의사결정은 시장이 허용하는 최대치를 사용

③ MM(1958)의 제2명제와 비교했을 때 법인세가 존재한다면 타인자본비용은 법인세가 없을 때보다 작아짐

**(2) Miller(1977)** (→타인자본의 사용이 기업가치에 영향을 줄 수 없다는 점에서 MM(1958)과 같은 결론)

① 완전자본시장하에서 법인세와 개인소득세(→MM(1958), MM(1963)과의 차이)를 예외로 허용한다면 타인자본은 기업가치에 영향을 주지 못함

② 법인세로 인한 기업차원에서의 세금 혜택이 개인소득세 허용으로 모두 상쇄

**(3) MM의 무관련정리**

Miller(1977)는 법인세와 개인소득세가 동시에 허용된다면 타인자본의 사용여부는 기업가치를 변화시키지 않는다는 부채의 무관련정리를 주장

**(4) 무관련이론 정리**

| 이 론 | MM(1958) | MM(1963) | Miller(1977) |
|---|---|---|---|
| 특 징 | 타인자본의 사용은 기업가치와 무관 | 법인세의 존재로 타인자본의 사용은 기업가치를 증가 | 법인세와 개인소득세가 동시에 허용된다면 타인자본은 기업가치와 무관 |

정답 ③

MM과 Miller의 한계 ★★

**타인자본이 기업가치에 영향을 줄 수 없다는 이론을 적절하게 나열한 것은?**

① MM(1958), MM(1963)
② MM(1963), 타인자본의 신호이론
③ MM(1961), 배당이론
④ Miller(1977), 타인자본의 신호이론

**TIP** MM(1958)과 Miller(1977), 신호이론은 타인자본의 사용이 기업가치에 영향을 줄 수 없다는 내용을 담고 있다.

## 핵심포인트 해설 재무구조이론 (3)

**(1) MM과 Miller의 한계**

① 파산비용 : 기업이 발행한 회사채에 대한 지급불능 상태
㉠ 정상적 영업상태에서 파산상태로 진입하면 기업가치는 시장가치에서 청산가치로 전락 (이 둘의 차이가 파산비용)
㉡ 모든 무형자산의 가치 = 0
㉢ 유형자산도 시장가격보다 낮은 압박가격에 매각
㉣ 청산과정 자체의 비용
㉤ MM이나 Miller가 고려하지 않은 타인자본비용
㉥ 최적자본구조는 순세금의 효과가 증가하다가 감소하는 전환점
㉦ 가중평균자본비용이 상승추세로 전환하는 이유는 파산비용이 세금혜택보다 커지기 때문

② 대리비용
㉠ 감시비용 : 위임자가 대리인을 감시하는 비용
㉡ 확증비용 : 대리인이 위임자에게 본인의 노력을 보여주는 과정에서 발생하는 비용
㉢ 잔여손실 : 총비용에서 감시비용과 확증비용을 차감한 나머지
㉣ 자기자본 대리비용 : 경영자가 주주의 이익을 희생시키는 과정에서 발생
• 외부주주로부터 조달하는 자금의 규모가 클수록 증가
㉤ 타인자본 대리비용 : 채권자가 주주에게 통제권을 일임하는 과정에서 발생
• 외부주주로부터 조달하는 자금의 규모가 작을수록 증가
㉥ 총대리비용을 최소화시킬 수 있는 타인자본의 규모가 곧 기업가치를 극대화시키는 최적자본구조

③ 신호효과
㉠ 기업이 타인자본을 증가시킨다는 것은 추가적인 이익을 낼 수 있다는 신호를 외부주주에게 전달하는 것
㉡ 타인자본의 신호효과는 MM(1958)과 Miller(1977)와 같은 분리정리를 주장

정답 ④

# 08

배당이론 ★★★

**배당이론에 대한 설명으로 가장 거리가 먼 것은?**

① 일반적으로 기업은 배당정책을 일관되게 유지하려하나, 순이익의 증가와 같은 상황이 발생했을 경우 배당을 증가시킬 수도 있다.

② MM(1961)은 완전자본시장 가정하에서 기업모방 개인배당이 가능하다면 배당정책은 기업가치를 변화시킬 수 없음을 주장하였다.

③ 배당의 신호효과는 외부주주들에게 배당이 긍정적인 신호를 제공하여 기업가치를 증가시킬 수 있다는 이론으로 MM(1961)과는 다른 관점을 제시한다.

④ 고객군 효과는 기업의 배당정책 변경으로 발생하는 거래비용과 탐색비용을 부담하지 않기 위해 기업이 기존의 배당관행을 유지하려는 현상을 설명한다.

**TIP** 배당의 신호효과는 친배당, 반배당이론과 같이 기업가치를 변화시킬 수 있다는 내용을 시사하나, 실질적으로는 MM(1961)과 같이 배당정책의 변화가 기업가치를 변화시킬 수 없다는 내용을 담고 있다.

## 핵심포인트 해설 배당이론

**(1) 배당이론**

① 친배당이론 : 배당지급은 기업가치를 상승시킴(배당의 확실한 현금흐름을 강조)
② 반배당이론 : 배당지급은 기업가치를 하락시킴(배당의 세금효과를 강조)
③ 분리정리 : 배당지급과 기업가치는 분리됨
④ 배당관행 : 일반적으로 기업은 배당을 일정하게 유지하나, 순이익 상승이 발생한다면 배당을 증가시킬 수도 있음

**(2) MM(1961)**

① 완전자본시장 가정하에서 기업모방 개인배당이 가능하다면 배당정책은 기업가치를 변화시킬 수 없음
② 기업가치 무관련정리 : 재무구조 무관련정리와 배당의 분리정리
③ 기업모방 개인배당 : 주식을 분할 매각하며 필요한 현금수요를 배당금과 같은 수준으로 창출

**(3) 배당의 신호효과**

① 배당의 증가는 기업내부의 고정적인 현금유출을 감당할 만큼 매력 있는 실물투자안이 있는 것으로 간주함
② 배당의 신호효과는 MM(1961)의 경우와 같이 배당정책이 기업가치를 변화시킬 수 없음을 주장함
③ 분리정리에서 기업가치는 오로지 실물투자 결정에 의해서만 변화함을 강조함(배당이나 타인자본과는 무관)

**(4) 고객군효과** (→배당정책을 일관되게 유지하려는 정책)

① 한계소득세율이 높은 투자자는 저배당 기업을 선호함
② 한계소득세율이 낮은 투자자는 고배당 기업을 선호함
③ 기업의 배당정책 변화는 거래비용과 탐색비용을 발생시키며, 해당 비용은 배당정책 변화기업이 부담함

정답 ③

**운전자금 관리에 대해 〈보기〉의 ㉠ ~ ㉣에 들어갈 내용으로 가장 적절하게 연결된 것은?**

〈보기〉

( ㉠ )은 유동성 제고를 위한 수익성의 희생을 감수하고자 유동자산을 유동부채 ( ㉡ ) 수준으로 유지하는 방법을 말하며, ( ㉢ )은 유동성 제고를 위한 수익성의 희생을 회피하고자 유동자산을 유동부채 ( ㉣ ) 수준으로 유지하는 방법을 말한다.

| | ㉠ | ㉡ | ㉢ | ㉣ |
|---|---|---|---|---|
| ① | 공격적 전략 | 이 상 | 방어적 전략 | 이 하 |
| ② | 공격적 전략 | 이 하 | 방어적 전략 | 동 일 |
| ③ | 방어적 전략 | 이 상 | 공격적 전략 | 동 일 |
| ④ | 방어적 전략 | 동 일 | 공격적 전략 | 이 상 |

**TIP** 방어적 전략은 수익성 희생을 감수하고자 유동자산을 유동부채보다 큰 수준으로 유지하는 방법이고, 공격적 전략은 수익성 희생을 회피하고자 유동자산을 유동부채와 같은(이하) 수준으로 유지하는 방법이다.

## 핵심포인트 해설 자금조달방법과 재무분석

**(1) 단기자금조달**

① 종류 : 외상매입, 은행차입, 신종 기업어음

② 유동자산 : 현금, 단기 유가증권, 외상매출, 재고자산 (→ 1년 이내 현금화)

③ 공격적 운전자금 관리 : 유동자산을 유동부채와 같은(이하) 수준으로 유지 (→ 수익성의 희생을 회피)

④ 방어적 운전자금 관리 : 유동자산을 유동부채보다 큰 수준으로 유지 (→ 수익성의 희생을 감수)

**(2) 장기자금조달** (→ 기업지배구조에 영향)

회사채, 은행차입, 주식

**(3) 리스금융**

| 금융리스(자본리스) | 운용리스(서비스리스) |
|---|---|
| • 차입과 유사하며, 리스료도 지급이자와 유사<br>• 장기간, 중도해약 불가 또는 높은 페널티, 수선, 유지비 레시 부담<br>• 염가매수선택권 : 레시가 제3자에 우선하여 중고시세보다 저렴한 가격으로 매입 | • 레서가 창고에 보관한 물건이 리스의 대상<br>• 단기간, 중도해약 가능, 설비유지비 레서 부담<br>• 금융리스보다 상대적으로 높은 리스료 |

**(4) 재무분석**

① 종류 : 유동성비율, 레버리지비율, 안정성비율, 수익성비율, 성장성비율, 활동성비율

② 한계 : 회계자료 분석, 과거자료 분석, 표준비율 선정이 어려움

③ 경제적 부가가치 : 자기자본의 기회비용을 감안한 주주 입장에서의 순이익

④ 시장 부가가치 : 경영자의 성과급을 설정할 때 사용하는 기업가치 전체 관점에서의 경영성과 측정지표

정답 ③

# 10

기업 매수·합병 ★★

**기업 매수, 합병에 대한 설명으로 가장 거리가 먼 것은?**

① 기업매수는 다른 기업의 경영권을 인수하되 동 기업의 법적 독립성을 유지시키는 경우를 말한다.
② 기업합병은 대상기업이 법적 독립성을 상실하는 경우를 의미하며, 흡수합병과 신설합병의 두 가지 형태가 존재한다.
③ 기업 인수합병 소식에 인수 대상기업의 주가는 상승하는 반면, 인수 추진기업의 주가는 하락하는 것이 일반적이다.
④ 우호적 인수합병은 자기자본의 대리비용을 감소시키나, 적대적 인수합병은 자기자본의 대리비용을 증가시킬 수 있다.

**TIP** 적대적 인수합병은 기업지배구조의 변경이 발생될 가능성으로 자기자본의 대리비용이 감소하나, 우호적 인수합병은 경영자 이기주의로 자기자본의 대리비용이 증가한다.

## 핵심포인트 해설 기업 매수, 합병 (1)

**(1) 의의 및 형태**

① 매수 : 다른 기업의 경영권을 인수하되 동 기업의 법적 독립성을 유지
② 합병 : 대상 기업이 법적 독립성을 상실
　㉠ 흡수합병 : 대상기업이 법적 독립성을 상실하고 합병회사로 흡수
　㉡ 신설합병 : 합병하는 회사와 대상기업 모두 법적 독립성을 상실하고 새로운 회사가 신설
③ 당사자가 합의한 우호적 매수, 합병과 당사자가 합의하지 못한 적대적 매수, 합병

**(2) 경제적 유인**

① 성숙기업과 성장기업이 합병하는 경우 세금절약(합병만 가능)
② 거래비용 절약과 규모의 경제 실현
③ 시장지배력 확대로 가격 결정력 행사 가능
④ 정보의 생산 혹은 활용의 효율성 극대화
⑤ 자금조달비용의 절감

**(3) 가격 교정과 대리문제 통제 효과**

① 주식시장의 정보 비효율성으로 특정 기업의 주식가격이 적정수준 이하로 하락 시 매수, 합병 대상이 되어 원래 가격으로 복귀
② 매수합병 추진기업의 주가는 하락, 매수합병 대상기업의 주가는 상승
③ 적대적 인수합병 : 자기자본의 대리비용이 감소
④ 우호적 매수합병 : 경영자 이기주의로 자기자본의 대리비용이 증가

정답 ④

# 11

매수·합병 방법 ★★★

**적대적 매수, 합병의 공격과 방어 전략에 대한 설명으로 가장 거리가 먼 것은?**

① 백지위임장 전쟁은 의견이 다른 대주주들이 자신들의 뜻을 관철시키고 일반주주들의 지지를 끌어내기 위한 경쟁을 의미한다.

② 황금낙하산전략은 일반주주에 대한 보상을, 독약전략은 기존 경영진에 대한 보상을 겨냥한 전략이다.

③ 팩맨전략은 적대적 매수, 합병을 하려는 기업을 대상기업이 오히려 적대적 매수, 합병해버리는 방법을 뜻한다.

④ 백기사전략은 적대적 매수, 합병을 막을 수 없다고 판단되는 경우에 대상기업이 제3자 기업에게 우호적 매수, 합병을 시도하여 성사시키는 방법이다.

**TIP** 적대적 인수합병 대상기업의 경영자에게 고액의 보상금을 받도록 하는 황금낙하산전략은 경영진에 대한 보상을 겨냥한 전략이고, 기존주주가 주식을 할인 매입할 수 있는 권리를 사전에 규정한 독약전략은 일반주주를 겨냥한 전략이다.

## 핵심포인트 해설 기업 매수, 합병 (2)

| | | |
|---|---|---|
| 공격 전략 | 주식 공개매수 | 적대적 매수, 합병의사를 공개적으로 밝히고 주식의 가격과 양을 제시하는 방법 |
| | 백지위임장 전쟁 | 대주주들이 일반주주들의 지지를 끌어내기 위한 경쟁 |
| | 차익협박 | 경영권 인수보다는 주가차익을 목적으로 한 적대적 매수, 합병 |
| | 차입매수 | →매수합병 전략보다는 자금조달 방법에 가까움<br>적대적 매수, 합병에 필요한 자금을 대부분 차입으로 조달 |
| 방어 전략 | 황금낙하산전략 | →경영진에 대한 보상 겨냥<br>대상기업의 기존 경영진이 적대적 매수, 합병으로 중도 탈락 시 거액의 보상금을 받도록 하는 고용계약 작성 |
| | 독약전략 | →일반주주에 대한 보상 겨냥<br>적대적 매수, 합병이 성사되면 대상기업의 기존 주주가 주식을 할인 매입할 수 있는 권리를 사전에 규정 |
| | 억지전략 | 적대적 매수, 합병이 성사되도록 하는 법적 요건을 까다롭게 하는 방법 |
| | 초토화전략 | 인수하려는 특정 사업 부분의 자산 매각 또는 분리 |
| | 팩맨전략 | 적대적 인수, 합병 추진기업을 대상기업이 역매수 |
| | 백기사전략 | 적대적 인수, 합병을 막을 수 없는 경우 제3자 기업에 우호적 인수합병을 시도하여 성사 |
| | 사기업화전략 | 적대적 인수, 합병의 대상기업이 주식시장에서 자사주를 모두 매입하며 기업공개를 철회 |

정답 ②

# 출제예상문제

☑ 다시 봐야 할 문제(틀린 문제, 풀지 못한 문제, 헷갈리는 문제 등)는 문제 번호 하단의 네모박스(□)에 체크하여 반복학습 하시기 바랍니다.

**01** 중요도 ★★★

**타인자본 및 자기자본과 관련된 이론을 적절하게 나열한 것은?**

□

① 자본조달이론, 자산가격결정모형(CAPM)

② 배당이론, MM 무관련이론

③ 재무구조이론, 배당이론

④ 자산가격결정모형, 블랙-숄즈의 가격결정모형

**02** 중요도 ★★★

**대리인 문제에 대한 설명으로 가장 거리가 먼 것은?**

□

① 대리인 문제는 이해관계자들 사이의 정보 불균형에 의해 발생하기 때문에 현실적으로 완전한 제거는 불가능하다.

② 스톡옵션제도는 경영자와 주주의 이해관계를 일치시키며 대리인 문제를 해결할 수 있는 방법 중 하나이다.

③ 경영자가 자신의 이익을 위해 주주의 이익을 희생시키지 못하도록 외부 감시 제도를 사용할 수 있다.

④ 경영자의 주주 이익 침해를 예방하기 위한 방법으로는 채권약정서 등과 같이 자신의 이익을 보호하기 위한 법적 조치가 있다.

**03** 중요도 ★★★

**할인율에 대한 설명으로 가장 거리가 먼 것은?**

□

① 할인율은 현금흐름이 가지고 있는 화폐의 시간적 가치와 투자위험의 정보를 반영한다.

② 무위험이자율은 일종의 시간 선호율로서 특정 시점 사이의 무위험 현금흐름들에 대하여 등가를 유지하도록 하는 교환비율을 의미한다.

③ 위험보상률은 두 현금흐름이 가지고 있는 불확실성 또는 위험에 대한 보상으로 이해될 수 있다.

④ 할인율은 무위험이자율과 위험보상률의 합으로 구성되며, 할인율을 결정하는 중요 요소는 무위험이자율이다.

## 04

중요도 ★★★

**현금흐름의 추정에 대한 가정으로 가장 거리가 먼 것은?**

☐

① 세후 조정 현금흐름 사용

② 직접적인 현금흐름과 부수적 현금흐름 포함

③ 감가상각, 지급이자, 배당금 포함

④ 매몰원가 제외



## 05

중요도 ★★★

**투자안의 타당성에 의해 채택된 투자안 중 가장 적절한 것은?**

☐

① 회수기간법에 의하면 두 투자안이 상호배타적일 경우 두 투자안 중 상대적으로 회수기간이 긴 것이 선택되어야 한다.

② 회계적 이익률법에 의하면 두 투자안이 상호독립적일 경우 회계적 이익률이 기준치보다 작다면 모두 선택될 수 있다.

③ 순현가법에 의하면 두 투자안이 상호배타적일 경우 순현가가 0보다 크다면 둘 다 선택된다.

④ 내부수익률법에 의하면 특정 투자안의 내부수익률이 동 투자안의 요구수익률보다 크면 채택하고 작으면 기각한다.

### 정답 및 해설

01 ③ 재무구조이론은 타인자본과 연관된 이론이며, 배당이론은 자기자본과 관련된 이론이다.

02 ④ 채권약정서는 채권자 스스로가 아무런 조치를 취하지 않았을 경우 경영자 혹은 주주에 의해 자신의 이익이 침해될 수 있는 부분을 예방하는 법적 조치이다.

03 ④ 일반적으로 무위험이자율은 한 경제시스템에서 기간별로 유일하게 하나만 존재하기 때문에 실질적인 현금흐름의 비교는 위험보상률의 차이이다.

04 ③ 현금흐름의 추정 시에는 세후를 기준으로 하고, 직접현금흐름 및 부수적 현금흐름은 포함하되, 감가상각, 지급이자, 배당금, 매몰원가 등은 분석대상에서 제외해야 한다.

05 ④ ① 회수기간법은 회수기간이 짧은 것을 선택한다.
② 회계적 이익률법은 기준치보다 큰 투자안을 선택한다.
③ 두 투자안이 상호배타적이라면 0보다 큰 투자안 중 가장 큰 것을 선택하고, 상호독립적이라면 0보다 큰 투자안을 모두 선택한다.

**06** 중요도 ★★★

**내부수익률법에 대한 설명으로 가장 거리가 먼 것은?**

□

① 내부수익률은 현금유입의 현재가치와 현금유출의 현재가치를 같도록 하는 하나의 할인율을 의미한다.

② 내부수익률은 순현가를 0으로 만드는 할인율로, 이는 투자의 성과가 기업가치 또는 주주가치를 증가시킬 수 있는지 없는지를 판단하는 기준이 된다.

③ 내부수익률이 화폐의 시간가치와 투자위험에 대한 보상보다 작다면 해당 투자안은 채택된다.

④ 내부수익률은 실물 투자안을 채택하여 얻을 수 있는 투자성과의 종합적인 지표로서의 정보를 의미한다.

**07** 중요도 ★★★

**순현가법과 내부수익률법에 대한 설명으로 가장 거리가 먼 것은?**

□

① 순현가법과 내부수익률법은 화폐의 시간가치를 반영한다는 점에서 공통점을 갖는다.

② 단일 투자안의 경우 순현가가 0보다 작으면 내부수익률은 요구수익률보다 작고, 순현가가 0보다 크면 내부수익률이 요구수익률보다 크며, 순현가가 0이면 내부수익률과 요구수익률은 동일하다.

③ 기업금융의 목표가 주주가치의 극대화라는 점에서 내부수익률보다는 순현가법을 통한 투자의사 결정이 보다 합리적이다.

④ 두 투자안이 상호의존적일 경우에는 순현가법보다는 내부수익률법을 사용하는 것이 단순합계를 사용할 수 있다는 점에서 합리적이다.

**08** 중요도 ★★★

**〈보기〉의 (  )에 들어갈 용어로 가장 적절한 것은?**

□

〈보기〉

자금 제공자와 자금 수요자 사이의 정보 불균형과 감당 가능한 위험의 한계로 투자자금이 제약되어 있는 경우, 단위 투자금액당 효율성과 밀접한 연관을 갖는 (  )이(가) 중요하게 된다.

① 자본예산

② 자본할당

③ 재무제표

④ 효율적 시장가설

## 09

중요도 ★★★

**다음 정보를 통한 의사결정으로 가장 거리가 먼 것은?**

| 구 분 | 초기투자금 | 순현가 | 수익성지수 |
|---|---|---|---|
| A | 300 | 100 | ㉠ |
| B | 150 | 75 | ㉡ |
| C | 150 | 60 | ㉢ |

① 투자의 제한이 없는 경우 NPV가 0보다 큰 위 3가지 투자안 모두 채택된다.

② 수익성지수 관점에서 ㉡이 가장 우월한 투자안이다.

③ 투자의 제한이 발생한다면 ㉡, ㉠, ㉢ 순으로 투자안을 채택해 수익을 창출할 수 있다.

④ 위의 투자안에 추가적인 투자자금이 유입된다면 수익성지수법을 사용하기보다는 선형계획법이나 정수계획법을 사용하는 것이 보다 유용하다.



### 정답 및 해설

06 ③ 내부수익률은 화폐의 시간가치와 투자위험에 대한 보상의 합인 요구수익률보다 클 때 선택되고, 작은 경우 기각된다.

07 ④ 두 투자안이 상호의존적인 경우 순현가법은 두 투자안의 단순합계를 사용할 수 있다는 점에서 보다 효율적이다.

08 ② 자금 제공자와 자금 수요자 사이에 정보 불균형과 감당 가능한 위험의 한계로 투자자금의 제약이 있는 경우 자본할당을 통해 단위 투자금액당 효율성을 평가해야 한다.

09 ③ 수익성지수는 '$\frac{\text{순현가}}{\text{현금유출}}$'로, ㉠은 0.33, ㉡은 0.5, ㉢은 0.4이기 때문에 ㉡, ㉢, ㉠ 순으로 투자안을 채택해 수익을 창출할 수 있다.

## 10

중요도 ★★★

**Miller(1977)에 대한 설명으로 가장 거리가 먼 것은?**

☐

① 완전자본시장 가정하에서 법인세와 개인소득세를 예외로 허용하면 타인자본의 사용 여부에 관계없이 기업가치는 일정하다고 주장하였다.

② MM(1958)과의 가장 큰 차이점은 개인소득세의 허용이 기업의 법인세 혜택을 개인차원에서 모두 상쇄시킨다는 것이다.

③ 자기자본으로부터의 소득에 대한 개인소득세율은 0이 될 수 있다고 보았다.

④ MM(1963)은 타인자본의 사용이 기업가치를 증가시킨다는 점에서 Miller(1977)의 주장과는 차이가 있다.

## 11

중요도 ★★★

**타인자본이 기업가치에 영향을 준다는 이론을 주장한 논문은?**

☐

① MM(1958)

② MM(1963)

③ MM(1961)

④ Miller(1977)

## 12

중요도 ★★★

**MM과 Miller의 한계와 관련없는 가정은?**

☐

① 정보비용

② 파산비용

③ 지급불능위험

④ 효율적 시장

## 13

중요도 ★★★

**파산비용에 대한 설명으로 가장 거리가 먼 것은?**

□

① 기업이 정상적인 영업상태에서 파산상태로 진입을 하게 되면, 해당 기업의 가치는 시장가치에서 청산가치로 전락하며 이때 시장가치와 청산가치의 차이를 파산비용이라 한다.

② 파산비용의 주요 내용에는 무형자산 가치가 0이 되는 것과 유형자산의 압박가격 매각, 청산과정에서 발생하는 비용 등이 있다.

③ 기업이 파산절차에 들어간다는 것은 기업 자산에 대한 소유권이 채권자로부터 주주로 이전되는 것을 의미한다.

④ 파산가능성에 대한 위험 보상은 MM과 Miller에서는 고려되지 않았던 타인자본의 사용에 따른 추가비용이다.



**정답 및 해설**

10 ② Miller(1977)와 MM(1963)과의 가장 큰 차이점은 개인소득세 허용으로 인해 법인세의 효과가 개인차원에서 모두 상쇄된다는 것이고, 이는 법인세와 개인소득세를 가정하지 않은 MM(1958)과는 다르다.

11 ② MM(1963)은 법인세를 예외로 허용하면 타인자본의 사용은 법인세율만큼 기업가치를 무한히 증가시킨다고 주장하였다.

12 ④ MM과 Miller는 완전시장하에 채권의 채무불이행이 없음을 가정하였기 때문에 정보비용, 파산비용, 지급불능위험이 있는 현실에서는 한계점을 갖는다.

13 ③ 기업이 파산절차에 들어간다는 것은 기업의 자산에 대한 소유권이 주주로부터 채권자로 이전됨을 의미한다.

## 14

중요도 ★★★

**대리비용과 그 설명에 대한 내용을 가장 적절하게 연결한 것은?**

□

| 가. 감시비용 | 나. 확증비용 | 다. 잔여손실 |
|---|---|---|

㉠ 기업의 내부통제시스템, 감사 및 이사회 제도 등을 설치하고 유지하는 비용
㉡ 대리인이 스스로를 구속하기 위한 규정의 자발적 신설, 외부 회계사에 감사요청 등과 관련한 비용
㉢ 위임자와 대리인 관계에서 발생하는 총비용에서 내부통제나 위임자에게 보여주기 위해 발생하는 비용을 차감한 비용

① 가 – ㉠, 나 – ㉡, 다 – ㉢
② 가 – ㉡, 나 – ㉠, 다 – ㉢
③ 가 – ㉢, 나 – ㉠, 다 – ㉡
④ 가 – ㉠, 나 – ㉢, 다 – ㉡

## 15

중요도 ★★★

**〈보기〉에서 설명하는 경영자 혹은 주주의 입장에서 발생시키는 대리비용으로 가장 적절한 것은?**

□

〈보기〉

자금이 이미 조달된 상태에서 경영자는 자본예산에 있어서 변동성을 되도록 크게 유지하려 하고, 이로 인해 채권의 시장가격이 하락하며, 하락한 채권가격은 주주가치로 이전되는 현상을 의미한다.

① 부의 이전
② 과소투자
③ 과다투자
④ 특권적 소비

## 16

중요도 ★★★

**신호효과에 대한 설명으로 가장 거리가 먼 것은?**

□

① 경영자 또는 내부 주주는 정보 불균형으로 발생하는 위험을 최소화하기 위해 노력을 기울이게 되는데 이를 타인자본의 신호효과 또는 정보효과라고 한다.
② 타인자본의 증가는 기업내부에 지급이자의 증가를 감당할 만큼 매력 있는 실물 투자안이 있는 것으로 해석되어 기업가치 측면에서 긍정적인 신호가 될 수 있다.
③ 신호효과는 타인자본의 사용으로 기업가치가 변화한다는 것을 의미하기 때문에 MM(1963)과 동일하다.
④ 신호효과는 파산비용, 대리비용 등과 같이 타인자본의 사용이 기업가치를 변화시킨다는 내용을 시사하지만, 실질적으로는 MM(1958), Miller(1977)와 동일한 결론에 도달한다.

## 17

중요도 ★★★

**〈보기〉에서 설명하는 배당관련 이론으로 가장 적절한 것은?**

〈보기〉

기업의 배당정책의 변경으로 투자자의 한계소득세율에 의한 탐색비용과 거래비용의 증가를 유발하고, 해당 비용은 기업의 주가하락으로 전가될 것을 잘 알고 있는 기업은 배당정책을 변화시키지 않으려 한다.

① 배당의 대리인효과

② 배당의 신호효과

③ 배당의 고객군효과

④ 배당의 무관련이론



**정답 및 해설**

14 ① 감시비용은 대리인을 감시하는 과정에서 발생하는 비용이며, 확증비용은 대리인 스스로가 최선을 다함을 보여주는 과정에서 발생하는 비용이고, 잔여손실은 총비용에서 감시비용과 확증비용을 차감한 비용이다.

15 ① ② 과소투자는 현재 회사의 부채가치가 자산가치보다 큰 경우, 프로젝트의 순현가가 0보다 크더라도 그 크기가 자산가치와 부채가치의 차이보다 작다면 선택을 포기하는 현상을 말한다.

③ 과다투자는 현재 회사의 부채가치가 자산가치보다 크지만 프로젝트의 미래 현금흐름이 커 자산가치가 부채가치보다 커질 것으로 예상될 때 순현가가 0보다 낮은 프로젝트를 선택하는 현상을 말한다.

16 ③ 신호효과는 타인자본의 사용으로 기업가치가 변화한다는 것을 의미할 수는 있으나, 파산비용, 대리비용, MM(1963)의 경우와는 다르다.

17 ③ 배당의 고객군효과는 기업의 배당정책 변경으로 고객에게 발생하는 탐색비용과 거래비용을 기업이 부담하지 않기 위해 배당관행을 일정하게 유지하려는 현상을 의미한다.

## 18

중요도 ★★★

**확실한 현재의 현금흐름이 불확실한 미래의 현금흐름보다 더 높은 효용을 갖는다는 주장을 가정한 배당이론은?**

□

① 무관련이론

② 친배당이론

③ 반배당이론

④ 분리정리

## 19

중요도 ★★★

**국내와 같이 배당소득에 대한 세율이 주가차익에 대한 세율보다 높을 때 주장할 수 있는 배당이론은?**

□

① 친배당이론

② 반배당이론

③ 분리정리

④ 무관련 정리

## 20

중요도 ★★★

**리스에 대한 설명으로 가장 거리가 먼 것은?**

□

① 금융리스는 자본리스로도 불리며 리스기간은 대부분 장기간이고 원칙적으로 중도해약이 불가하거나 중도해약에 대해 높은 패널티를 부과하는 것이 일반적이다.

② 금융리스 종료 후 레시는 동 설비를 제3자보다 우선하여 중고시세보다 저렴한 가격으로 매입할 수 있는 염가매수선택권을 갖는다.

③ 운용리스의 리스기간은 단기간이 대부분이며, 중도해약도 허용되나 리스기간 동안 설비 관련 수선, 유지비는 레서가 부담해야 한다.

④ 일반적인 조건이 동일하다면 운용리스는 금융리스보다 상대적으로 낮은 리스료를 부담한다.

## 21

중요도 ★★★

**장기부채의 상환능력을 측정하는 지표로 가장 거리가 먼 것은?**

□

① 부채비율
② 자기자본비율
③ 이자보상비율
④ 고정비율



**정답 및 해설**

18 ② 배당은 확실한 현금흐름이고, 주가차익은 불확실한 현금흐름이기 때문에 지금의 배당이 미래의 불확실한 주가차익보다 효용이 높다고 생각하여 배당을 선호하는 현상을 친배당이론이라 한다.

19 ② 배당소득의 높은 세율로 인해 배당보다는 주가차익이 주주가치의 극대화에 부합된다고 주장하는 이론은 반배당이론이다.

20 ④ 일반적인 조건이 동일하다면 운용리스는 금융리스보다 상대적으로 높은 리스료를 부담한다.

21 ④ 장기부채의 상환능력을 측정하는 지표인 레버리지비율에는 부채비율, 자기자본비율, 이자보상비율이 있다.

## 22

중요도 ★★★

**비율분석의 한계에 대한 설명으로 가장 거리가 먼 것은?**

□

① 비율분석은 회계자료를 분석한 결과이기 때문에 동일한 현상이 다른 재무비율로 표현될 수 있다.

② 비율분석은 과거자료를 분석한 것이기 때문에 미래 문제를 해결하는 자료로서는 한계를 가질 수밖에 없다.

③ 이상적인 기준치로서 표준비율이 적정하게 선정되지 못하면 재무비율 정보를 활용할 수 없다.

④ 순이익의 개념을 보완하는 시장 부가가치나 기업가치 전체관점에서 경영성과를 측정하는 경제적 부가가치는 비율분석의 한계점을 보완하는 방법이 될 수 있다.

## 23

중요도 ★★★

**기업 매수, 합병으로 얻을 수 있는 시너지 효과에 대한 설명으로 가장 거리가 먼 것은?**

□

① 기업의 합병 및 매수는 성숙기업의 순이익과 성장기업의 순손실을 합산하여 과세 소득의 규모를 줄일 수 있다.

② 거래비용을 절약하고 규모의 경제 혹은 범위의 경제를 실현시킬 수 있다.

③ 시장지배력을 확대하여 상품 판매 혹은 원자재 구입의 경우에 가격 결정력을 행사할 수 있다.

④ 정보의 생산 혹은 활용에 있어서 효율성을 극대화할 수 있으며, 자금 조달 비용을 절감할 수 있다.

## 24

중요도 ★★★

**기업의 매수, 합병에서 사용되는 전략이 서로 다른 것을 적절하게 나열한 것은?**

□

① 주식공개매수, 차익협박

② 차입매수, 차익협박

③ 백지위임장 전쟁, 황금낙하산전략

④ 독약전략, 백기사전략

**25** 중요도 ★★★

**금융상품 중 가장 많은 금액을 지급받는 것으로 적절한 것은?** (단, 연이율은 10%이다)

☐

① 매년 1,000만원을 영구적으로 지급받는 영구채권의 현재가치

② 10년 후 일시금 2억원

③ 3년 후 5,000만원과 5년 후 1억원을 지급하는 금융상품

④ 현금 1.2억원



**정답 및 해설**

22 ④ 순이익의 개념을 보완하는 지표는 경제적 부가가치이며, 시장 부가가치는 기업가치 전체 관점에서 경영성과를 측정하는 개념이다.

23 ① 세금절약은 성숙기업과 성장기업이 합병하는 경우에만 가능하고 매수는 불가하다.

24 ③ 백지위임장 전쟁은 공격전략, 황금낙하산전략은 방어전략에 해당한다.

참고 기업의 매수, 합병 전략

- 공격전략 : 주식 공개매수, 백지위임장 전쟁, 차익협박, 차입매수 등
- 방어전략 : 황금낙하산전략, 독약전략, 억지전략, 초토화전략, 팩맨전략, 백기사전략, 사기업화전략 등

25 ④ ① 매년 1,000만원을 영구적으로 지급받는 영구채권의 현재가치 $= \frac{1{,}000\text{만원}}{0.1} = 1\text{억원}$

② 10년 후 일시금 2억원의 현재가치 $= \frac{2\text{억원}}{(1+0.1)^{10}} = 77{,}108\text{천원}$

③ • 3년 후 5,000만원의 현재가치 $= \frac{5{,}000\text{만원}}{(1+0.1)^{3}} = 37{,}565\text{천원}$

• 5년 후 1억원의 현재가치는 $\frac{1\text{억원}}{(1+0.1)^{5}} = 62{,}092\text{천원}$으로 이 둘의 합은 약 114,673천원

## 26

중요도 ★★★

〈보기〉의 자료를 이용하여 고든의 항상성장모형에 따라 계산한 주가로 가장 적절한 것은?

〈보기〉

- 성장률 : 8%
- 무위험수익률 : 5%
- 시장수익률 : 10%
- 해당기업의 베타 : 1.2
- 배당성향 : 30%
- 작년도배당금 : 500원

① 13,000원

② 15,000원

③ 18,000원

④ 20,000원

## 27

중요도 ★★★

〈보기〉의 자료를 바탕으로 계산한 ㈜A의 비체계적 위험으로 가장 적절한 것은?

〈보기〉

- 수익률 표준편차 : 0.2
- 시장지수의 표준편차 : 0.1
- 베타 : 1.2

① 0.0134

② 0.0256

③ 0.0345

④ 0.0421

## 28

중요도 ★★★

기업 A는 자본조달 금액 중 20%를 타인자본으로 변경할 예정이다. 이때 MM(1963)이론을 적용할 경우의 기업가치와 MM(1958)을 적용할 경우의 기업가치의 증가분을 순서대로 나열한 것은? (단, 법인세율은 10%이다)

① 20%, 10%

② 20%, 2%

③ 2%, 0%

④ 2%, 10%

**29** 중요도 ★★★

**무위험수익률이 5%, 시장수익률은 15%이고 주식 A의 베타는 0.8이며 주식 A에 대한 시장의 기대수익률은 15%인 경우 다음 설명 중 가장 적절한 것은?**

□

① 주식 A의 요구수익률은 15%이다.

② 주식 A는 고평가되어 있다.

③ 주식 A의 요구수익률은 13%이다.

④ 주식 A는 매도하는 것이 적절하다.



**정답 및 해설**

26 ③ 요구수익률 = 5 + 1.2(10 − 5) = 11%

$\therefore$ 주가 $= \frac{500(1+0.08)}{0.11-0.08} = 18{,}000$원

27 ② • $\sigma_\alpha{}^2 = \beta_\alpha{}^2\sigma_m{}^2 = \sigma_\varepsilon{}^2$

• $0.2^2 = 1.2^2 \times 0.1^2$ + 비체계적 위험

$\therefore$ 비체계적 위험 $= 0.2^2 - 1.2^2 \times 0.1^2 = 0.0256$

28 ③ MM의 1963년도 논문에 의하면 세금효과로 인해 타인자본의 과세금액만큼 기업가치는 증가(20% × 10% = 2%)한다고 주장하였으며, 1958년도 논문의 경우 타인자본 사용여부는 기업가치에 영향이 없다고 주장하였다.

29 ③ 주식 A의 요구수익률 = 5% + 0.8(15% − 5%) = 13%

④ 주식 A에 대한 시장의 기대수익률이 15%이기 때문에 해당 주식은 저평가되어있으므로 매수하는 것이 적절하다.

**30** 중요도 ★★★

**두 확률변수 X와 Y의 표준편차가 각각 0.2, 0.3이고 상관계수가 0.5인 경우 공분산으로 가장 적절한 것은?**

□

① 0.02

② 0.03

③ 0.04

④ 0.05

**31** 중요도 ★★★

**〈보기〉의 정보를 이용하여 계산한 해당 자산 A의 기대수익률은?**

□

〈보기〉

- A의 수익률 표준편차 : 1.5%
- 시장포트폴리오의 수익률 표준편차 : 2%
- 자산 A와 시장포트폴리오와의 상관계수 : 0.3
- 기대수익률 : 13%
- 무위험이자율 : 5%

① 5.5%

② 6.1%

③ 6.8%

④ 11.3%

**32** 중요도 ★★★

**기업 A의 총자본이 200억원이고 이 중 120억원이 타인자본이다. 이때 타인자본의 위험도 $\beta_D$가 0.3이고, 자기자본의 위험도 $\beta_S$가 1.2, 시장포트폴리오의 기대수익이 13%, 무위험이자율이 6%라면 해당 기업의 가중평균자본비용을 이용한 자산가격의 수익률은?**

□

① 5.4%

② 7.3%

③ 8.1%

④ 10.62%

## 33

중요도 ★★★

기업 A의 올해 기준 총자본이 2,000억원이고 이 중 1,200억원이 타인자본이며, 타인자본조달비용은 연7%이고 해당 기업의 이자보상비율이 1.3이라면 해당 기업의 올해 영업이익은?

① 109.2억원
② 113.4억원
③ 125.2억원
④ 140.8억원



### 정답 및 해설

30 ② 공분산은 각각의 표준편차와 상관계수를 곱하여 구한다.
∴ 공분산 = 0.2 × 0.3 × 0.5 = 0.03

31 ③ $\beta = \frac{\sigma_{im}}{\sigma_m^2} = \frac{\rho_{im} \times \sigma_i \times \sigma}{\sigma_m^2} = \frac{0.3 \times 0.015 \times 0.02}{0.02^2} = 0.225$
∴ CAPM = 5% + 0.225(13% − 5%) = 6.8%

32 ④ β = 타인자본비중 × 타인자본비용 + 자기자본비중 × 자기자본비용
= 60% × 0.3 + 40% × 1.2 = 0.66
∴ CAPM = 6% + 0.66(13% − 6%) = 10.62%

33 ① $이자보상비율 = \frac{영업이익}{지급이자}$
⇨ $1.3 = \frac{영업이익}{1{,}200 \times 7\%}$
∴ 영업이익 = 109.2억원

# 제 4 장 포트폴리오 관리

## 학습전략

**기업금융과 포트폴리오 관리는 제1과목 전체 25문제 중 총 10문제가 출제된다.**

그중 포트폴리오에서는 가격결정모형, 포트폴리오이론, 분산투자효과를 중점적으로 다루며, 가격 결정 및 분산투자파트에서 계산문항의 출제가능성이 높다. 또한 포트폴리오이론과 분산투자이론에서 심도있는 문항이 출제될 가능성이 높기 때문에 이론을 잘 이해하는 것이 중요하다.

## 출제비중

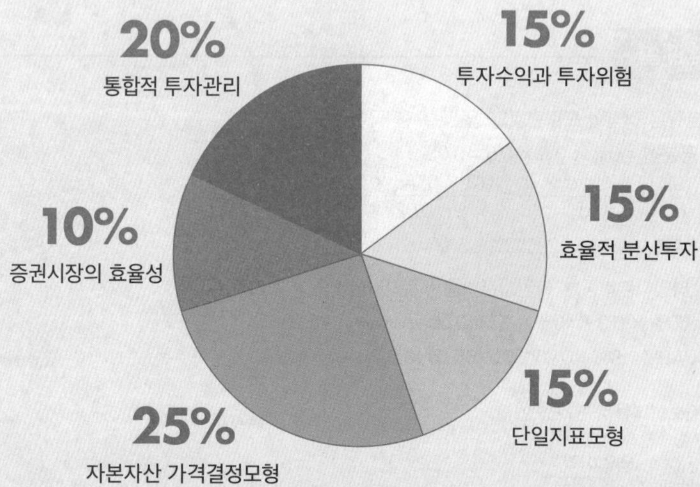

# 출제포인트

| 구분 | 출제포인트 | 출제빈도 | 페이지 |
|---|---|---|---|
| 투자수익과 투자위험 (15%) | 01 투자수익과 투자위험<br>02 위험회피도와 최적증권의 선택 | ★★<br>★★★ | p.120<br>p.121 |
| 효율적 분산투자 (15%) | 03 포트폴리오 결합선<br>04 무위험자산과 최적자산배분 | ★★★<br>★★★ | p.122<br>p.123 |
| 단일지표모형 (15%) | 05 단일지표모형과 증권특성선<br>06 단일지표모형에 의한 포트폴리오 선택 | ★★<br>★★★ | p.124<br>p.125 |
| 자본자산 가격결정모형 (25%) | 07 자본자산 가격결정모형과 자본시장선<br>08 증권시장선<br>09 CML과 SML | ★★<br>★★★<br>★★ | p.126<br>p.127<br>p.128 |
| 증권시장의 효율성 (10%) | 10 효율적 시장가설의 형태와 특징 | ★★ | p.129 |
| 통합적 투자관리 (20%) | 11 적극적 운용 vs 소극적 운용<br>12 투자성과 평정 | ★★★<br>★★ | p.130<br>p.131 |

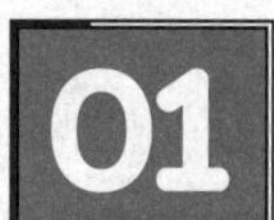

투자수익과 투자위험 ★★

투자자가 보수적 투자자일 경우 기대수익과 위험으로 판단한 최적투자결정으로 가장 적절한 것은?

| 구 분 | A | B | C | D |
|---|---|---|---|---|
| 기대수익 | 10 | 10 | 15 | 5 |
| 위 험 | 5 | 8 | 8 | 5 |

① A　　② B
③ C　　④ D

TIP 기대수익이 동일한 경우 낮은 위험, 위험이 동일한 경우 높은 수익이 최적 투자대상이 되나 이 두 지표로 비교가 어려운 경우 투자자의 성향이 중요시된다.

## 핵심포인트 해설 투자수익과 투자위험 (1)

**(1) 최적투자결정의 체계**

① 기대수익이 동일하면 낮은 위험, 위험이 동일하다면 높은 기대수익의 투자자산 선택
② 투자대상 자산의 객관적 기준인 위험과 기대수익을 통해 우열이 가려지지 않는 경우 투자자의 태도가 중요
③ 보수적인 투자자일수록 낮은 위험을, 공격적인 투자자일수록 높은 기대수익을 선호함

**(2) 기대수익**

① 주식투자수익 = 배당소득 + 시세차익
② 기대수익 = Σ(발생확률 × 발생가능수익률)

**(3) 과거 보유수익률의 측정**

① 단일기간 보유수익률 $= \frac{\text{총투자수익}}{\text{기초투자액}} = \frac{\text{배당 or 이자} + \text{시세차익(차손)}}{\text{기초투자액}}$
② 다기간 보유수익률 측정방법 : 내부수익률, 산술평균수익률, 기하평균수익률

$$\text{산술평균수익률} = \frac{\text{기간별 수익률의 총합}}{\text{투자기간}}$$

$$\text{기하평균수익률} = \sqrt{\frac{\text{기말}}{\text{기초}}} - 1$$

㉠ 미래 기대수익률 계산은 산술평균이, 과거 일정 기간의 수익률 계산에는 기하평균이 적합함

**(4) 투자위험의 종류**

범위, 분산, 표준편차, 분산계수

정답 ①

# 02

위험회피도와 최적증권의 선택 ★★★

**효용과 투자자의 위험성향에 대한 설명으로 가장 거리가 먼 것은?**

① 지배원리를 충족시키는 효율적 증권에 대해서는 결국 투자자의 위험에 대한 태도, 위험회피도에 따라 최종 선택된다.

② 투자자의 효용은 기대수익이 높을수록, 위험이 낮을수록 커지며 효용을 극대화하는 방법으로는 기대수익을 극대화하는 방법이 주로 사용된다.

③ 위험회피형 투자자의 효용함수는 가로축에 대하여 오목한 형태를 보이며 투자수익의 증가가 있을 때 효용이 체감하는 모양을 보인다.

④ 위험선호형 투자자의 효용함수는 가로축에 대하여 볼록한 형태를 보이면서 투자수익의 증가가 있을 때 효용이 체증하는 모양을 보인다.

**TIP** 효용은 기대수익이 높고 위험이 낮을수록 커지나, 일반적으로 이성적 투자자는 위험회피적 투자자이기 때문에 기대수익이 높더라도 위험이 커지게 되면 효용이 감소할 수도 있다.

## 핵심포인트 해설 투자수익과 투자위험 (2)

**(1) 위험회피도와 최적 증권의 선택**

① 투자가치는 기대수익과 위험 요인에 의해서 결정

② 지배원리를 충족한 증권을 선택하며 이를 효율적 증권, 효율적 포트폴리오라 부름

③ 효율적 증권 중 투자자의 위험태도에 따라 결정된 투자대상을 최적증권, 최적포트폴리오라 부름

**(2) 효용과 투자자의 위험성향 유형**

① 효용 : 투자자가 느끼는 주관적 만족도

② 효용함수(→증권선택의 우선순위 결정) : 투자자산에 기대수익과 위험이 주어졌을 때 위험회피도에 따라 달라지는 만족의 정도를 나타낸 것

③ 위험회피형(→이성적 투자자) : 가로축에 대해 오목한 형태로 수익이 증가할 때 효용은 체감

④ 위험중립형 : 직선

⑤ 위험선호형 : 가로축에 대해 볼록한 형태로 수익이 증가할 때 효용은 체증

**(3) 효용곡선**

효용 = 기대수익 − 위험회피도 × (표준편차)$^2$

① 의의 : 동일한 효용을 가져다주는 기대수익과 위험의 조합을 연결한 선

② 위험회피형 투자자의 효용곡선의 기울기는 가파름

③ 위험선호형 투자자의 효용곡선의 기울기는 상대적으로 완만함

정답 ②

포트폴리오 결합선 ★★★

포트폴리오의 위험에 대한 설명으로 가장 거리가 먼 것은?

① 포트폴리오의 위험을 결정하는 요인은 개별자산의 위험, 투자비중, 자산 간의 공분산이며 이 중 공분산이 가장 중요한 역할을 한다.

② 자산 간의 상관관계가 1만 아니라면 여러 자산에 분산투자하여 포트폴리오의 위험을 낮출 수 있다.

③ 자산 간의 상관관계와 별개로 개별자산의 위험이 낮은 자산에 많은 비중을 투자한다면 자산의 위험을 낮추거나 제거할 수 있다.

④ 자산 간의 상관관계가 −1이라면 투자비중의 조정을 통해 투자위험을 완전히 제거할 수 있다.

**TIP** 자산 간의 상관관계가 1인 경우 투자비중의 변경은 포트폴리오의 기대수익과 위험을 동시에 낮추기 때문에 분산투자의 효과가 발생하지 않는다.

## 핵심포인트 해설 효율적 분산투자 (1)

**(1) 포트폴리오의 기대수익과 위험**

① 포트폴리오의 기대수익은 발생확률 또는 투자비율을 기대수익이나 예상수익에 곱하여 계산

② 포트폴리오의 위험

$$\sigma^2 = \omega_x^2\sigma_x^2 + \omega_y^2\sigma_y^2 + 2\omega_x\omega_y \times cov(x, y) \text{ or } \sigma_x \times \sigma_y \times \rho_{xy}$$

㉠ 주식 간의 상관관계로 인해 위험이 감소하여 효율적 포트폴리오 구성 가능

㉡ 주식 간의 투자비중 또한 위험 감소 요인

㉢ 분산의 결정 요인 : 개별자산의 위험, 투자비중, 공분산(상관계수) (→ 가장 중요)

**(2) 포트폴리오 결합선**

① 상관관계와 포트폴리오의 위험

㉠ 상관계수가 1만 아니면 분산투자 효과는 존재하며, −1일 때 극대화됨

② 투자비율과 포트폴리오 위험

㉠ 상관계수가 1인 경우 투자비율의 변경은 분산투자 효과를 내지 못함

㉡ 상관계수가 −1인 경우 투자비율의 변경을 통해 위험을 완전히 제거 가능함

③ 포트폴리오 결합선과 최소분산 포트폴리오

㉠ 최소분산 포트폴리오 : 포트폴리오 결합선에서 위험이 최소가 되는 포트폴리오

④ n종목의 포트폴리오 결합선

㉠ 일정한 기대수익률에서 위험이 가장 적은 포트폴리오군이 최소분산 포트폴리오집합

㉡ 최소분산 포트폴리오 집합 중 동일한 위험 수준에서 가장 높은 수익의 집합이 효율적 포트폴리오 집합 또는 효율적 투자선

⑤ n종목 포트폴리오의 위험 측정

㉠ 위험의 측정은 개별 종목의 고유위험에 타 종목 간의 공분산 위험의 합으로 계산

정답 ③

무위험자산과 최적자산배분 ★★★

투자종목 수와 위험분산 효과에 대한 설명으로 가장 거리가 먼 것은?

① 포함되는 종목의 수가 계속 증가할수록 개별 증권의 위험이 포트폴리오 위험에 미치는 영향은 감소하고 포트폴리오 위험은 각 종목들 간 공분산의 평균에 접근한다.
② 구성종목의 수를 무한대로 증가시켜도 줄어들지 않는 위험, 즉 시장 공통요인에 의해서 야기되는 위험을 체계적 위험 또는 분산 불능 위험이라 부른다.
③ 투자위험에 대한 보상은 체계적 위험에 한정해야 하며 위험보상률은 수익률의 총분산이 아닌 공분산에 의해 결정되어야 한다.
④ 포트폴리오 위험 관리에서는 분산 불가능한 체계적 위험이 아닌 분산 가능한 비체계적 위험이 주요 관리 대상이 된다.

TIP 포트폴리오 위험 관리에서는 분산투자로 인해 제거 가능한 비체계적 위험은 무시되며, 분산 불가능한 체계적 위험에 대한 관리가 주요 대상이 된다.

## 핵심포인트 해설 효율적 분산투자 (2)

**(1) 투자종목 수와 위험분산 효과**

① 포트폴리오에 포함되는 종목의 수가 많아질수록 포트폴리오 위험은 종목 간의 공분산의 평균에 근접
② 종목 수를 무한히 늘려도 시장 전반위험인 체계적 위험(분산 불능 위험)은 감소하지 않음
③ 종목 수를 늘릴 때 실질적으로 감소하는 위험 : 비체계적 위험(분산 가능 위험, 기업고유위험)
→ 고유위험의 감소는 종목 수 증가 시 체감함
④ 포트폴리오의 투자위험 관리 대상은 시장 관련 위험이지 개별 종목 고유위험은 아님
→ 투자종목 수가 일정 수준 이상으로 많아지면 개별 종목의 고유위험은 무시해도 됨
⑤ 투자위험에 대한 보상은 체계적 위험에 한정, 위험보상률은 수익률의 총분산이 아닌 공분산에 의함

**(2) 무위험자산과 최적자산배분**

① 자산배분선(CML) : 무위험자산이 포함될 때의 투자기회선
② 포트폴리오 투자비율과 무관하게 투자위험을 한 단위 증가시킬 때 얻게 되는 위험보상률은 항상 일정
③ 투자보수 대 변동성 비율(RVAR)은 항상 일정하며, CML선상에 있는 포트폴리오의 RVAR이 가장 큼
④ CML선상에서 좌측은 자금을 대여해주는 대출포트폴리오(→ 방어적 투자자), 우측은 차입하여 포트폴리오를 구성하는 차입포트폴리오(→ 공격적 투자자)라 부름

정답 ④

**증권특성선에 대한 설명으로 가장 거리가 먼 것은?**

① 회귀분석에 의해 추정되는 회귀계수들은 증권의 수익률과 위험에 관한 여러 가지 특성을 나타내므로 이를 증권특성선(CL)이라고 부른다.

② 증권특성선은 개별증권의 수익률과 시장수익률의 관계를 나타낸 것으로, 증권특성선의 기울기는 베타(β)의 크기로 결정된다.

③ 베타는 시장수익률의 변동에 대한 개별증권의 평균적 민감도를 나타내는 지표로, 거시적 사건에 대한 특정 증권의 민감도를 계량화한 지표이다.

④ 베타가 클수록 시장수익률 변동에 대한 개별증권의 민감도는 커지며, 이는 증권특성선의 기울기를 완만하게 만든다.

**TIP** 베타는 시장수익률 변동에 대한 개별증권의 민감도를 나타내는 지표로, 베타가 클수록 증권특성선의 기울기는 가파르며, 시장수익률 변동에 대한 개별증권의 변화도 커진다.

## 핵심포인트 해설 단일지표모형 (1)

**(1) 단일지표모형의 필요성**

① 마코위츠의 완전공분산모형은 투자비율에 따른 수많은 포트폴리오가 존재해 계산이 어려움
② 마코위츠 모형은 개별자산 간의 공분산을 모두 고려
③ 샤프의 단일지표모형은 특정 개별주식과 단일시장지표의 공분산만 고려

**(2) 단일지표모형의 가정**

| 개별증권의 가격변동 = 시장 전체와 연관된 가격변동 + 개별 기업 특유요인에 연관된 가격변동 |
|---|

개별 기업 특유요인과 연관된 가격 변동보다는 시장 전체 공통요인과의 연관이 더 큼

**(3) 증권특성선(CL)**

① 개별주식의 수익률과 시장 전체의 수익률을 회귀분석하여 도출한 여러 가지 특성을 나타낸 선
② 기울기(β)는 시장수익률의 변동에 대한 개별증권의 평균적인 민감도를 나타냄
③ β는 1을 기준으로 β > 1이면 민감도가 크고, β < 1이면 민감도가 작음

정답 ④

**단일지표모형에 의한 포트폴리오 선택에 대한 설명으로 가장 거리가 먼 것은?**

① 단일지표모형은 두 자산 간의 잔차수익률의 공분산이 0일 때 가장 정확한 모형이 된다.

② 마코위츠의 모형과 샤프의 단일지표모형의 가장 큰 차이점은 최소분산 포트폴리오를 찾는 과정에서 포트폴리오 분산을 결정하는 방법이다.

③ 단일지표모형에 의하면 개별증권의 분산(총위험)은 체계적 위험과 비체계적 위험으로 나눠 측정되고, 베타와의 관계에서 측정될 수 있다.

④ 마코위츠의 포트폴리오의 베타는 포트폴리오를 구성하는 개별주식의 베타계수를 그 주식에 대한 투자비율에 따라 가중평균하여 구한다.

**TIP** 마코위츠는 증권수익률의 형성과정에서 증권들 간의 공분산을 가정하지 않기 때문에 포트폴리오의 베타를 추정하지 않는다.

## 핵심포인트 해설 단일지표모형 (2)

**(1) 단일지표모형에 의한 포트폴리오 선택**

① 체계적 위험 : 개별주식의 총위험 중에서 시장 전체와 연동된 위험의 크기

② 비체계적 위험(→개별자산의 고유위험) : 개별주식의 수익률 총변동 중에서 증권특성선으로부터의 편차의 크기

③ 마코위츠 모형과 샤프의 단일지표모형

| 구 분 | 마코위츠 모형 | 단일지표모형 |
|---|---|---|
| 공통 요인 | • 효율적 분산투자를 하는 데 필요한 최소분산 포트폴리오의 구성에 도움이 되는 모형 | |
| 가 정 | • 증권수익률의 형성과정이나 증권들 간의 공분산에 관한 가정 필요 없음 | • 어느 두 주식의 잔차수익률 사이의 공분산이 0<br>• 각각의 개별자산 간 영향을 주지 않음 |
| 특 징 | • 상대적으로 완벽한 계산 가능 | • 개별주식의 변동성이 하나의 공통요인인 시장요인과 미시적 사건에 의해 결정 |

**(2) 단일지표모형의 응용 : 인덱스 펀드**

① 인덱스 펀드를 구성하는 가장 간편한 방법은 종목의 수를 줄이면서 포트폴리오의 베타를 1로 만드는 것

② 베타가 1인 경우에도 포트폴리오 잔차 분산이 크면 시장수익률을 추정하지 못할 수도 있음

**(3) 베타계수의 예측과 추정 베타의 조정기법**

① 역사적 베타의 불안정성 : 과거자료를 통한 베타의 오차 가능성

② 해결방법 : 연속기간에서의 β관계식 추정, 메릴린치 조정 베타, 기본적 베타의 추정

정답 ④

자본자산 가격결정모형과 자본시장선 ★★

**자본자산 가격결정모형(CAPM)에 대한 설명으로 가장 거리가 먼 것은?**

① 투자자는 기대수익과 분산에 대한 정보만 가지고 포트폴리오를 선택한다.
② 모든 투자자는 투자기간이 같고 미래수익률의 확률분포에 대해 동질적으로 예측한다.
③ 시장에는 거래비용과 세금이 없으며, 무위험이자율 수준으로 자금 차입은 무한대로 가능하다.
④ 자본시장은 수요와 공급이 일치하는 효율적 시장이어야 한다.

**+용어 알아두기**

**가격순응자** 시장의 원리에 따라 결정된 가격을 주어진 것으로 받아들여 행동하는 투자자를 말한다.

**TIP** 자본자산 가격결정모형의 가정에는 효율적 시장에 대한 가정이 포함되지 않으며, 효율적 시장가설은 자본자산 가격결정모형의 한계를 설명할 때 사용되는 이론이다.

## 핵심포인트 해설 자본자산 가격결정모형 (1)

**(1) 자본자산 가격결정모형의 가정**

① 투자자는 기대수익과 분산기준에 의해서 포트폴리오를 선택
② 모든 투자자는 동일한 투자기간과 수익률의 확률분포를 동질적으로 예측함
③ 개인투자자는 자본시장에서 가격순응자이고, 자본과 정보의 흐름에는 마찰이 없어 비용과 세금이 없음
④ 투자대상은 공개된 금융자산으로 한정하고, 무위험수익률이 존재하며 무제한 차입과 대출이 가능함
⑤ 자본시장은 수요와 공급이 일치하는 균형 상태

**(2) 자본시장선**

자본시장이 균형상태에 이르게 되었을 때 효율적 포트폴리오의 기대수익과 위험 사이에 일정한 선형관계를 표시한 선

**(3) 시장포트폴리오**

① 의의 : 위험자산으로서는 유일하게 효율적인 투자대상이며 완전분산투자된 위험자산의 효율적 포트폴리오
② 특 징
㉠ 이성적 투자자라면 위험선호도와 관련없이 모두 동일하게 선택하는 투자자산
㉡ 모든 위험자산을 포함하는 완전분산투자된 포트폴리오로서 시가총액의 구성비율대로 구성
㉢ 종합주가지수 : 시장포트폴리오의 특성을 가장 잘 나타내는 현실적인 대용물

정답 ④

증권시장선 ★★★

증권시장선(SML)에 대한 설명으로 가장 거리가 먼 것은?

① 증권시장선은 비효율적인 투자대상까지 포함한 모든 투자자산의 기대수익과 위험의 관계를 나타낸다.

② 비효율적 포트폴리오는 CML선상 우측 하단에 위치하고 SML에서는 선상에 위치한다.

③ 베타계수가 적절한 위험척도가 되기 위해서는 투자자가 효율적으로 분산투자된 시장포트폴리오를 구성해야 한다.

④ 개별주식의 위험은 베타와 잔차 분산으로 나눠지는데 이 중 잔차 분산은 분산투자 종목 수가 많아질 때 사라지기 때문에 베타가 중요한 지표가 된다.

**TIP** 베타계수가 적절한 위험척도가 되기 위해서는 잘 분산된 포트폴리오만 구성하면 될 뿐, 반드시 시장포트폴리오를 구성할 필요는 없다.

## 핵심포인트 해설 자본자산 가격결정모형 (2)

**(1) 증권시장선**

① 의의 : 비효율적 투자자산을 설명하지 못하는 자본시장선과 다르게 비효율적 투자대상까지 포함한 모든 투자자산의 기대수익과 위험의 관계를 설명한 선

② 베타(β)

㉠ 시장 전체 수익률 변동에 대한 개별 주식수익률 변동의 민감도($\frac{\sigma_{jm}}{\sigma_m^2}$)

㉡ 베타는 잘 분산된 포트폴리오를 구성하게 되면 위험의 척도로 사용 가능(반드시 시장포트폴리오의 구성을 전제로 하지 않음)

③ 시장포트폴리오가 효율적이라면 베타가 높을수록 기대수익률도 높아짐

④ 증권시장선의 기울기는 시장포트폴리오의 베타가 1일때, '시장수익률 – 무위험수익률'이 됨

⑤ 위험보상률은 시장 전체에 대한 평균적인 위험보상률($R_m - R_f$)과 베타계수의 곱으로 계산

**(2) CML과 SML**

① CML은 σ공간에 표시되고, SML은 β공간에 표시

② CML은 완전분산투자된 효율적 포트폴리오를 대상, SML은 비효율적 포트폴리오나 개별주식도 포함

③ 비효율적 포트폴리오는 CML선상 우측 하단에 위치하고 SML에서는 선상에 위치 함

정답 ③

CML과 SML ★★

**다음 표에 대한 설명으로 가장 거리가 먼 것은?** (단, 무위험이자율은 10%, 시장수익률은 15%이다)

| 구 분 | 베타(β) | 수익률의 표준편차(σ) |
|---|---|---|
| 포트폴리오 A | 1.2 | 25% |
| 포트폴리오 B | 1.2 | 36% |
| 포트폴리오 C | 1.5 | 25% |

① 충분히 잘 분산된 포트폴리오를 가정할 때 포트폴리오 C의 위험이 가장 높다.
② 자산의 위험을 자본시장선에 의해 측정할 경우 포트폴리오 A와 C는 동일한 위험을 갖는다.
③ 증권시장선에 의해 측정된 포트폴리오 A의 수익률은 11%이다.
④ 포트폴리오 A와 B가 비효율적인 포트폴리오라고 가정할 때 이 둘은 동일한 베타를 갖고 있으나 표준편차는 A가 낮기 때문에 주식 A의 위험이 상대적으로 낮다.

**TIP** 자본시장선은 총위험을 위험의 척도로 사용하나, 증권시장선은 베타를 위험의 척도로 사용한다. 증권시장선에 의한 자산의 수익률은 $R_f + \beta[R_m - R_f]$이다.

## 핵심포인트 해설 자본자산 가격결정모형 (3)

**(1) CAPM과 SML**

① 시장이 균형 상태에 있다면 자산의 기대수익은 SML선상에 위치
② SML보다 위에 존재하는 자산은 동일위험 대비 높은 기대수익을 얻을 수 있음(과소평가)
③ SML보다 아래에 존재하는 자산은 동일위험 대비 낮은 기대수익을 얻을 수 있음(과대평가)

**(2) CAPM 투자결정에 이용**

① CAPM을 통해 요구수익률을 추정하고 해당 증권의 과대, 또는 과소평가 여부를 결정
② CAPM을 통해 추정된 수익률은 주주의 요구수익률로 자기자본비용을 추정하는 데 이용 가능
③ CAPM을 통해 추정된 수익률을 투자사업의 요구수익률로 IRR과 비교하여 경제적 타당성 평가

**(3) 차익 가격결정모형(APM)**

① 증권수익률을 단일 공통요인인 베타만으로 측정하기보다는 다수의 공통요인으로 측정한 모형
② 시장이 균형 상태라면 추가적 위험부담 없이 차익거래에 의한 초과이익 불가

**(4) CAPM과 APM의 비교**

① CAPM은 투자대상수익률의 확률분포를 정규분포로 가정하나 APM은 확률분포나 효용함수 가정 없음
② CAPM의 시장포트폴리오는 확인 불가능하나, APM은 시장포트폴리오 대신 잘 분산된 포트폴리오 사용 가능
③ APM은 무위험자산에 대한 가정이 없으며, 투자기간을 다기간으로 확장 가능

정답 ③

# 10

효율적 시장가설의 형태와 특징 ★★

**효율적 시장이론에 대한 설명으로 가장 거리가 먼 것은?**

① 효율적 시장이론에서 의미하는 증권시장의 효율성은 좁은 의미에서 정보의 효율성을 가리키고 있다.

② 증권시장이 효율적이라면 증권가격은 새로운 정보에 신속하고 정확하게 반응할 것이고, 연속적인 주가는 일정한 패턴을 갖는다.

③ 정보 효율적 시장에서는 이용 가능한 정보를 이용하여 초과수익을 얻을 수 없다.

④ 효율적 시장이 현실적으로 성립되기 위해서는 정보는 무작위적이며, 예측 불가능하고, 수많은 증권 전문가가 존재해야 하며, 가격조정은 단시간 내에 이루어져야 한다.

**TIP** 증권시장이 효율적이라면 증권가격은 새로운 정보에 신속하게 반응할 뿐만 아니라 주가의 움직임은 Random Walk를 따르며 무작위적이고 예측 불가능하다.

## 핵심포인트 해설 증권시장의 효율성

**(1) 효율적 시장가설**

① 효율적 시장가설은 정보의 효율성으로 인해 이용 가능한 모든 정보로는 초과수익을 얻을 수 없음을 주장함

② 효율적 시장가설이 현실적으로 성립하기 위해서는 정보의 무작위성, 수많은 증권 전문가, 단시간 내에 정보에 의한 가격조정이 필요함

**(2) 효율적 시장가설의 형태**

| 구 분 | 약형 효율적 시장가설 | 준강형 효율적 시장가설 | 강형 효율적 시장가설 |
|---|---|---|---|
| 의 의 | 현재의 주가는 과거 정보가 완전히 반영되었기 때문에 이를 사용한 투자전략으로 초과수익은 불가 | 현재의 주가는 공개적으로 이용가능한 모든 정보가 반영되었기 때문에 이를 사용한 투자전략으로 초과수익은 불가 | 현재 주가에는 모든 정보가 반영되었기 때문에 어떤 정보를 이용해도 초과수익 불가 |
| 검 증 | 1월효과, 주말효과, 과잉반응, 역전효과 등 과거 시계열상의 주가변동에 상관성 여부 검증 | 주식분할에 따른 주가반응, 저PER 효과, 기업규모효과, 소외기업효과, 저PBR효과 등 특정 사건에 대한 주가의 조정속도 분석 검증 | 내부자의 소유지분 변동, 뮤추얼펀드 투자, 벨류라인모형에 대한 평가 등 주가에 반영되지 않은 정보의 접근을 통한 초과수익 여부 검증 |

**(3) 효율적 시장가설의 특징**

① 주가의 무작위적 변화 : 과거의 가격변화와 현재의 가격변화는 상관관계가 없어야 함

② 새로운 정보에 대한 신속, 정확한 주가반응

③ 성공적인 투자전략의 부재 : 특정 투자전략에 대한 주가 움직임은 자기파괴적

④ 전문투자자의 보통 수준의 투자성과

정답 ②

적극적 운용 vs 소극적 운용 ★★★

**자산배분과 종목선정에 대한 설명으로 가장 거리가 먼 것은?**

① 적극적 투자관리는 증시가 비효율적인 것을 전제로 하여 과소 혹은 과대평가된 증권에 투자하여 일정한 위험 수준에 상응하는 기대수익 이상의 초과수익을 추구하는 투자관리 방법이다.

② 소극적 투자관리는 증시가 효율적인 것을 전제로 하여 시장 평균 수준의 투자수익을 얻거나 투자위험을 감수하고자 하는 투자관리 방법이다.

③ 적극적 투자관리를 선택할지 소극적 투자관리를 선택할지는 증시의 효율성에 대한 가정에 달려있다.

④ 위험을 피하기 위해 정보의 수집비용과 거래비용을 부담하면서 초과수익을 높이려는 투자관리는 소극적 투자관리이다.

**TIP** 소극적 투자관리는 거래비용의 절감과 예측에 필요한 정보수집 비용 등을 제거하여 시장수익률을 추종하려는 전략으로 초과수익을 추구하지 않는다.

## 핵심포인트 해설 통합적 투자관리 (1)

**(1) 통합적 투자관리**

재무적 건전도나 호재성 자료를 감안한 상향식 방법보다는 체계적이고 통합적인 하향식 방법이 적절함

**(2) 소극적 투자관리 방법**

① 의의 : 증권시장의 효율성을 전제로 평균적인 투자수익을 추구

② 종류 : 단순 매입, 보유전략, 인덱스 펀드 투자전략, 평균투자법

**(3) 적극적 투자관리 방법**

① 의의 : 시장의 비효율성을 전제로 내재가치와 시장가격의 괴리를 이용한 초과수익 추구 전략

② 종류 : 시장 투자 적기 포착, 포뮬러 플랜, 시장의 이례적 현상 이용, 트레이너-블랙모형 이용

③ 포뮬러 플랜

㉠ 불변금액법 : 주식의 가격변동과 관계없이 주식투자금액을 일정하게 유지하는 방법, 주가 상승 시 주식 매도, 채권 매수

㉡ 불변비율법 : 채권과 주식에 투자된 금액의 비율을 일정하게 유지, 주가 상승 시 주식 매도, 채권 매수

㉢ 변동비율법 : 주가가 높으면 주식투자비율 감소, 주가가 낮으면 주식투자비율 증가

**(4) 포트폴리오 수정**

① 포트폴리오 리밸런싱 : 상황변화 발생 시 포트폴리오가 갖는 원래의 특성을 그대로 유지하고자 하는 전략

② 포트폴리오 업그레이딩 : 위험대비 상대적으로 높은 기대수익, 수익대비 낮은 위험을 부담하도록 수정

정답 ④

# 12

투자성과 평정 ★★

**위험조정 성과지표에 대한 설명으로 가장 거리가 먼 것은?**

① 샤프지수는 자본시장선의 기울기를 이용하여 포트폴리오 운용성과를 평가하는 방법이고, 트레이너지수는 증권시장선에 근거한 방법으로 분산 불가능한 위험을 통해 운용성과를 평가하는 방법이다.
② 운용자산 전부가 위험자산으로만 구성된 경우 샤프지수가 트레이너지수보다 더 적절한 평가방법이 된다.
③ 운용자산이 위험자산과 무위험자산으로 구성된 경우 트레이너지수가 평가비율보다 우월한 평가방법이 된다.
④ 젠센지수와 트레이너지수는 증권시장선을 이용한 평가척도로, 젠센은 절대적 차이를 설명하고 트레이너는 상대적 차이를 설명한다.

**TIP** 운용자산에 위험자산과 무위험자산이 혼합된 경우 평가비율이 가장 적절한 방법이 된다.

## 핵심포인트 해설 통합적 투자관리 (2)

**(1) 투자성과 평가방법**

① 종 류

| 구 분 | 의의 및 특징 | 수 식 |
|---|---|---|
| 샤프지수 | 자본시장선의 기울기를 이용하여 포트폴리오의 운용성과를 평가하는 방법 | $\frac{R_p - R_f}{\sigma_p}$ |
| 트레이너지수 | 증권시장선에 근거하여 위험 측정치로써 체계적 위험을 이용하여 운용성과를 평가하는 방법 | $\frac{R_p - R_f}{\beta_p}$ |
| 젠센지수 | 증권시장선을 이용한 평가척도로 절대적 성과분석을 중요시함 | $R_p - [R_f + (R_m - R_f) \times \beta_p]$ |
| 평가비율 | 무위험자산과 소수 주식 포트폴리오에 분산투자하는 경우 운용성과에 적절 | $\frac{\alpha_p}{\sigma_p(\varepsilon_p)}$ |

② 평가척도의 선택
㉠ 운용자산 전부가 위험자산으로 구성되어 있을 때 샤프지수가 적절
㉡ 운용자산이 위험자산과 무위험자산으로 혼합된 경우 평가비율이 적절
㉢ 많은 포트폴리오 중 어느 하나의 특정 포트폴리오의 성과를 평가할 때는 트레이너지수나 젠센지수가 적절
㉣ 트레이너지수와 젠센지수는 성과의 초과수익만 설명, 젠센은 절대차이, 트레이너는 상대차이 측정
㉤ 샤프지수는 성과의 초과수익과 초과수익을 획득할 수 있는 증권의 수도 파악하기 때문에 포트폴리오 성과평가에 보다 적절

정답 ③

# 출제예상문제

☑ 다시 봐야 할 문제(틀린 문제, 풀지 못한 문제, 헷갈리는 문제 등)는 문제 번호 하단의 네모박스(□)에 체크하여 반복학습 하시기 바랍니다.

**01** □

중요도 ★★★

**다음 기대수익과 표준편차를 이용하여 계산한 값 중 가장 효용이 높은 투자는?** (단, 위험회피 계수는 1이다)

(단위 : %)

| 구 분 | 기대수익 | 표준편차 |
|---|---|---|
| A | 5 | 15 |
| B | 10 | 17 |
| C | 15 | 18 |
| D | 20 | 20 |

① A ② B
③ C ④ D

**02** □

중요도 ★★★

**포트폴리오의 위험에 대한 설명으로 가장 적절한 것은?**

① 포트폴리오의 위험을 측정하는 방법은 포트폴리오 기대수익률과 동일하게 개별증권 분산의 가중평균으로 계산한다.
② 포트폴리오 내 개별자산의 위험이 낮은 자산들이 위험이 높은 자산들에 비해 항상 낮은 포트폴리오 위험을 유지한다.
③ 포트폴리오의 위험에 영향을 미치는 요인으로는 상관관계와 투자금액의 비율이 중요한 역할을 한다.
④ 두 자산 간의 상관관계가 0인 경우에 포트폴리오 위험은 가장 낮은 수준을 유지한다.

**03** □

중요도 ★★★

**포트폴리오의 위험을 측정하는 방법에 대한 설명으로 가장 거리가 먼 것은?**

① 포트폴리오의 분산 측정에서 중요한 것은 공분산으로, 포트폴리오를 구성하는 각 증권수익률의 기대수익률로부터의 편차와 편차의 곱의 기대치로 측정된다.
② 공분산은 수익률의 방향과 강도를 측정한 것으로 수익률의 움직임이 같은 방향이면 정(+)의 값을 갖는다.
③ 두 증권 간의 수익률 움직임의 상관성은 상관관계로도 측정된다.
④ 상관관계는 공분산을 표준화한 것으로 +1인 경우 완전 정(+)의 상관관계를, −1인 경우 완전 부(−)의 상관관계를 갖는다.

## 04

중요도 ★★★

**상관관계와 포트폴리오 위험에 대한 설명으로 가장 거리가 먼 것은?**

☐

① 두 증권의 수익률이 완전 정(+)의 상관관계를 가지고 있으면 분산투자로 인한 투자위험의 감소가 이루어지지 않는다.

② 두 증권 간의 상관관계가 −1일 때, 투자자금의 비율을 적절히 조정한다면 포트폴리오의 위험을 줄이거나 제거하는 투자전략이 가능하다.

③ 두 증권 간의 상관관계가 0일 때도 투자자금의 비율을 적절히 조정한다면 포트폴리오의 위험을 감소시킬 수 있다.

④ 두 증권 간의 상관관계가 +1일 때, 투자자금의 비율을 적절히 조정한다면 포트폴리오의 위험을 감소시킬 수 있다.



### 정답 및 해설

01 ④ 효용은 기대수익에서 표준편차의 제곱을 차감한 값으로 A = 0.0275, B = 0.0711, C = 0.1176, D = 0.160이므로 D가 가장 높다.

02 ③ ① 포트폴리오 위험을 측정하는 포트폴리오 분산은 포트폴리오 기대수익률처럼 단순히 개별증권의 분산을 가중평균하여 구할 수 없다.
② 포트폴리오의 위험 감소 효과는 각 주식 간의 상관관계와 투자금액의 비율에 기인한다.
④ 두 자산 간의 상관관계가 −1인 경우 포트폴리오 위험은 가장 낮은 수준을 유지한다.

03 ② 공분산은 자산 간의 움직임만을 파악할 뿐 그 강도를 파악하기 힘들며, 강도는 이를 표준화한 상관관계를 통해서 파악해야 한다.

04 ④ 상관관계가 +1인 경우 자산 간의 투자비율 조정을 통한 위험 감소 효과는 없다.

## 05

중요도 ★★★

**〈보기〉의 (    )에 들어갈 말로 가정 적절한 것은?**

□

〈보기〉

> 일정한 기대수익률에서 위험이 가장 적은 포트폴리오 군을 최소분산 포트폴리오 집합이라 부르며, 이 집합 중 동일한 위험 수준에서 기대수익률이 보다 높은 포트폴리오 집합을 (          )(이)라고 한다.

① 효율적 포트폴리오

② 효율적 투자선

③ 포트폴리오 결합선

④ 최적 투자 기회선

## 06

중요도 ★★★

**〈보기〉의 ㉠ ~ ㉣에 들어갈 내용을 가장 적절하게 연결한 것은?**

□

〈보기〉

> 투자위험에 대한 적절한 보상은 ( ㉠ )에 한정해야 하며, 특정 증권이 포트폴리오 위험에 미치는 영향은 특정 증권의 ( ㉡ )이 아닌 ( ㉢ )에 달려있고, 적절한 위험보상률은 ( ㉣ )에 의해 결정되어야 한다.

| | ㉠ | ㉡ | ㉢ | ㉣ |
|---|---|---|---|---|
| ① | 체계적 위험 | 분 산 | 공분산 | 공분산 |
| ② | 체계적 위험 | 공분산 | 분 산 | 공분산 |
| ③ | 체계적 위험 | 분 산 | 공분산 | 분 산 |
| ④ | 체계적 위험 | 공분산 | 분 산 | 공분산 |

## 07

중요도 ★★★

**포트폴리오 감소 효과에 대한 설명으로 가장 거리가 먼 것은?**

□

① 분산 가능 위험의 감소 효과는 구성 종목수가 증가할수록 더욱 커진다.

② 여러 종목에 분산투자하는 경우 시장위험을 주로 관리하는 것이 적절하다.

③ 투자위험에 대한 적절한 보상은 분산 불능 위험으로 한정해야 한다.

④ 각국 자산 간의 낮은 상관관계로 인해 국제 분산투자를 하면 국내 분산투자로는 제거할 수 없었던 위험의 일부까지도 제거할 수 있다.

## 08

중요도 ★★★

**효율적 포트폴리오와 최적 포트폴리오에 대한 설명으로 가장 거리가 먼 것은?**

□

① 투자기회 집합들 중 지배원리에 의해 선택된 포트폴리오가 효율적 투자선 또는 효율적 포트폴리오선이 된다.

② 효율적 투자선을 구하기 위해서는 일정 기대수익률을 가지는 투자기회 중 위험이 최소인 점 또는 일정 위험 수준에서 기대수익이 최대인 점을 구하면 된다.

③ 최적 포트폴리오는 효율적 투자기회선과 투자자의 효용곡선이 접하는 점에서 결정된다.

④ 일반적으로 소극적 투자자의 효용곡선의 기울기는 완만하고, 적극적 투자자의 효용곡선의 기울기는 가파르다.



**정답 및 해설**

05 ② 최소분산 포트폴리오 집합 중 동일한 위험 수준에서 기대수익률이 보다 높은 포트폴리오 집합을 효율적 포트폴리오 집합 또는 효율적 투자선이라고 부른다.

06 ① 투자위험에 대한 적절한 보상은 체계적 위험에 한정해야 하며, 특정 증권이 포트폴리오 위험에 미치는 영향은 특정 증권의 분산이 아닌 타 증권과의 공분산에 의해 결정된다. 따라서 적절한 위험보상률은 공분산에 의해 결정되어야 한다.

07 ① 분산 가능한 위험의 감소 효과는 구성 종목수가 증가할수록 체감한다.

08 ④ 일반적으로 소극적 투자자는 위험대비 높은 수익을 원하기 때문에 효용곡선의 기울기가 가파르고, 적극적 투자자의 효용곡선의 기울기는 완만하다.

중요도 ★★★

## 09 무위험자산과 최적 자산배분에 대한 설명으로 가장 거리가 먼 것은?

□

① 무위험자산은 수익률의 표준편차가 0인 자산으로, 무위험자산이 포함된 투자기회선을 자산배분선(CML)이라고 부른다.

② 위험자산으로만 구성한 포트폴리오의 성과보다 무위험자산과 위험자산으로 구성한 포트폴리오의 성과가 우수하다.

③ 무위험자산이 포함된 자산배분선상의 포트폴리오는 투자금액의 비율이 어떻게 조정되더라도 투자위험당 얻는 위험보상률인 투자보수 대 변동성 비율(RVAR)이 항상 일정하다.

④ 공격적 투자자는 대출포트폴리오를, 방어적 투자자는 차입포트폴리오를 구성한다.

중요도 ★★★

## 10 단일지표모형에 대한 설명으로 가장 거리가 먼 것은?

□

① 마코위츠의 완전공분산모형은 이론적으로 공분산 매트릭스만 정확히 추정된다면 효율적 투자기회선을 찾아내는 가장 완벽한 방법이다.

② 마코위츠 모형의 기술적 문제점을 해결하고자 한 것이 샤프의 단일지표모형이다.

③ 샤프의 단일지표모형은 수많은 개별종목의 모든 공분산을 고려하는 대신 특정 개별주식과 단일시장지표와의 공분산만을 고려한 모형이다.

④ 샤프의 단일지표모형에서는 증권투자수익의 변동에 영향을 주는 요인으로 개별 기업 특유요인이 시장 전체 공통요인보다 크다고 본다.

중요도 ★★★

## 11 단일지표모형의 베타추정에 대한 설명으로 가장 거리가 먼 것은?

□

① 인덱스 펀드를 구성하기 위해서는 포트폴리오의 베타를 −1에 가깝게 유지하여 분산투자 효과를 극대화해야 한다.

② 단일지표모형의 베타의 오차를 줄이는 방법 중에는 포트폴리오 구성 종목을 증가시켜 베타를 추정하는 방법이 있다.

③ 기업 연륜이 더해질수록 경영다각화를 시도하기 때문에 베타계수는 1에 수렴하는 경향을 보인다.

④ 기업의 베타는 기본적으로 기업의 특성에 따라 다르게 나타나기 때문에 기업의 베타를 추정할 때 재무적, 영업적 특성도 동시에 고려하는 것이 적절하다.

12 중요도 ★★★

**자본시장선(CML)에 대한 설명으로 가장 거리가 먼 것은?**

□

① 자본시장선은 무위험자산을 포함시켜 효율적으로 분산투자를 할 경우 나타나는 기대수익과 위험의 선형 관계를 표시한 것이다.

② 자본시장선의 기울기는 시장에서 위험 1단위에 대한 위험 보상률의 정도를 나타낸 것으로, 위험의 균형가격이라고 부른다.

③ 자본시장선상에 존재하는 포트폴리오의 투자보수 대 변동성 비율(RVAR)은 가장 낮아진다.

④ 자본시장선은 완전분산투자가 되지 않은 비효율적 포트폴리오나 개별 주식의 기대수익률과 위험의 관계는 설명하지 못한다.



**정답 및 해설**

09 ④ 공격적 투자자는 차입을 통해 포트폴리오를 구성하기 때문에 차입포트폴리오를 선택하며, 방어적 투자자는 자금을 대여하는 대출포트폴리오를 선택한다.

10 ④ 단일지표모형에서는 개별 기업의 요인보다는 시장 전체의 요인이 증권투자수익의 변동에 더 큰 영향을 준다고 본다.

11 ① 인덱스 펀드를 구성하기 위해서는 포트폴리오의 베타를 +1로 유지하여 시장수익률을 추정할 수 있도록 하며, 이때 포트폴리오 분산의 잔차가 커지면 시장수익률을 추정할 수 없음을 유의해야 한다.

12 ③ 자본시장선에 의해 얻어지는 포트폴리오의 투자보수 대 변동성 비율은 극대화된다.

## 13

중요도 ★★★

**시장포트폴리오에 대한 설명으로 가장 거리가 먼 것은?**

□

① 시장포트폴리오는 마코위츠의 효율적 프론티어 중 유일하게 효율적인 포트폴리오이다.

② 이성적 투자자라면 자신들의 위험 선호도에 따라 개별자산에 대한 투자비율을 결정한다.

③ 시장포트폴리오는 모든 위험자산을 포함하는 완전분산투자된 포트폴리오로서 시가 총액의 구성비율대로 구성된다.

④ 시장포트폴리오의 특성을 가장 잘 나타내는 현실적인 대용물로서 종합주가지수를 들 수 있다.

## 14

중요도 ★★★

**베타에 대한 설명으로 가장 거리가 먼 것은?**

□

① 증권시장선상 균형된 자본시장에서 자본자산의 기대수익을 결정짓는 적절한 위험요인은 베타이며 베타가 높으면 기대수익이 높고, 베타가 낮으면 기대수익이 낮다.

② 자본시장선상에서의 위험보상률은 시장포트폴리오 위험 한 단위에 대해서 얻게 되는 초과수익과 특정 증권의 체계적 위험에 의해 결정된다.

③ 증권시장선상 어느 증권의 위험이 시장 평균이라면 베타는 1이 되고, 시장 평균보다 낮다면 1보다 작아진다.

④ 증권시장선상 잘 분산된 포트폴리오의 위험에 대한 보상은 체계적 위험인 베타에 의해서 결정된다.

## 15

중요도 ★★★

**효율적 시장가설의 형태에 대한 설명으로 가장 거리가 먼 것은?**

□

① 약형 효율적 시장가설에서는 현재의 주가가 과거의 정보를 완전히 반영하고 있기 때문에 과거정보를 바탕으로 한 투자전략으로는 초과수익을 얻을 수 없다고 본다.

② 준강형 효율적 시장가설에서는 현재의 주가가 공개적으로 이용 가능한 모든 정보를 포함하고 있기 때문에 평균 이상의 수익을 얻기 위해서는 공개되지 않은 정보가 필요하다고 본다.

③ 강형 효율적 시장가설에서는 공개되지 않은 내밀한 정보까지도 주가에 반영되어 있기 때문에 투자자는 어떠한 정보에 의해서도 초과수익을 얻을 수 없다고 본다.

④ 준강형 효율적 시장인지를 보기 위해서는 시계열상의 주가변동의 상관관계를, 강형 시장인지를 보기 위해서는 정보 공표와 주가 조정의 속도를 분석해야 한다.

## 16

중요도 ★★★

**효율적 시장의 특성으로 가장 거리가 먼 것은?**

□

① Random Walk

② 지연반응(Delayed Reaction)

③ 자기파괴(Self−Destructive)

④ 평균수익률



**정답 및 해설**

13 ② 이성적 투자자라면 자신들의 위험 선호도와 관계없이 모두 동일하게 선택하는 위험자산의 효율적 투자자산이 시장포트폴리오이다.

14 ② 자본시장선상에는 완전분산투자된 효율적 포트폴리오를 대상으로 표준편차의 함수로서 기대수익률이 표시된 반면, 증권시장선상에는 비효율적인 포트폴리오나 개별 주식도 포함하여 시장 전체에 대한 개별 자산 위험의 기여도를 나타내는 베타계수의 함수로서 기대수익률이 표시된다. 증권시장선상에서의 위험보상률은 시장포트폴리오 위험 한 단위에 대해서 얻게 되는 초과수익과 특정 증권의 체계적 위험에 의해 결정된다.

15 ④ 시계열상의 주가변동은 약형 효율적 시장가설을 검증하는 데 이용하며, 정보 공표와 주가 조정 속도는 준강형 시장가설을 검증하는 데 이용된다.

16 ② 효율적 시장은 주가의 불연속적인 움직임(Random Walk), 정보의 즉각적 반응, 투자전략의 자기파괴적 현상, 전문투자자의 보통 수준의 투자성과 등의 특징을 갖는다.

**17** 중요도 ★★★

**약형 효율적 시장가설의 검증 방법으로 가장 거리가 먼 것은?**

□

① 1월효과
② 역전효과
③ 주말효과
④ 소외기업효과

**18** 중요도 ★★★

**소극적 투자관리 방법으로 가장 거리가 먼 것은?**

□

① 단순 매입, 보유전략
② 주식 인덱스 펀드 투자전략
③ 평균투자법
④ 불변비율법

**19** 중요도 ★★★

**포뮬러 플랜에 대한 설명으로 가장 거리가 먼 것은?**

□

① 포뮬러 플랜은 일정한 규칙에 따라 기계적으로 자산을 배분하는 방법으로, 최소한의 위험 부담으로 경기변동에 탄력성 있게 적응하는 데 기본 목적이 있는 투자 방법이다.
② 불변금액법은 주가가 상승하면 채권을 매도하여 주식을 매수한다.
③ 불변비율법은 주가가 채권보다 상대적으로 많이 오르게 되면 주식을 매각하여 채권을 매수한다.
④ 변동비율법은 주가가 높으면 주식을 매도하고, 주가가 낮으면 주식을 매수하는 방법이다.

## 20

중요도 ★★★

**포트폴리오 수정에 대한 설명으로 가장 거리가 먼 것은?**

□

① 포트폴리오 리밸런싱은 상황변화가 있을 경우 상대 가격변동에 따른 투자비율의 변화를 원래대로의 비율로 환원시키는 방법을 사용한다.

② 포트폴리오 리밸런싱의 경우 지수선물을 사용하면 포트폴리오 구성 내용을 변경하지 않고서도 체계적 위험을 통제할 수 있다.

③ 포트폴리오 업그레이딩은 위험에 비해 상대적으로 높은 기대수익을 얻고자 하거나, 기대수익에 비해 상대적으로 낮은 위험을 부담하도록 포트폴리오의 구성을 수정하는 것이다.

④ 포트폴리오 업그레이딩은 새로운 정보에 의해 보다 효율적인 투자자산이 나타난다면 지체없이 포트폴리오 수정을 통해 효율성을 높이는 것이다.



**정답 및 해설**

17 ④ 약형 효율적 시장가설을 검증하는 방법에는 시계열상 상관관계를 설명하는 1월효과, 주말효과 등과 수익률의 과잉반응 및 역전효과 등이 있다.

18 ④ 포뮬러 플랜 중 하나인 불변비율법은 적극적 투자관리 방식 중 하나이다.

19 ② 불변금액법은 주식투자 비중을 일정하게 유지하는 전략으로 주가가 상승하면 주식을 매도하여 채권을 매수한다.

20 ④ 포트폴리오 업그레이딩은 높은 성과를 지닌 증권을 선택하기보다는 큰 손실을 가져다주는 증권을 제거하는 방법을 사용하며, 효율적 자산의 존재가 나타나더라도 즉각적인 업그레이딩을 하기보다는 증권의 매각 또는 매입에 따른 엄격한 수익·비용분석을 우선으로 진행한다.

## 21

중요도 ★★★

〈보기〉와 같은 경우 각각의 성과를 측정하기에 가장 적절한 척도는?

〈보기〉

투자자 A는 수많은 포트폴리오 중 특정 포트폴리오의 초과수익의 크기와 해당 초과수익의 증권의 수를 모두 파악하고자 한다.

① 샤프지수
② 젠센의 알파
③ 평가비율
④ 트레이너지수

## 22

중요도 ★★★

A기업의 주식이 주당 20,000원에 거래되고 있으며 기말 예상 배당액은 2,000원이다. 해당 주식을 기말에 25,000원에 매도한다면 해당 주식을 기말까지 보유함으로써 얻을 수 있는 수익률은?

① 20%
② 25%
③ 30%
④ 35%

## 23

중요도 ★★★

투자자 A는 ㈜가나다의 주식을 매수하려 하는데 해당 주식의 실제 기대수익률은 9%이다. 이때 시장수익률은 10%, 무위험이자율은 3%, 베타는 1.5인 경우 해당 주식의 매수 여부와 초과수익률 또는 초과손실률은?

① 매수, 4.5%
② 기각, 4.5%
③ 매수, 5.5%
④ 기각, 5.5%

## 24

중요도 ★★★

**〈보기〉의 자료를 통해 펀드매니저의 성과평가를 젠센의 알파를 이용하여 했을 경우에 대한 설명 중 가장 적절한 것은?** (단, 무위험수익률은 5%, 시장수익률은 15%이다)

〈보기〉

- 펀드매니저 A : 연평균수익률 20%, 베타 1.4
- 펀드매니저 B : 연평균수익률 23%, 베타 1.6

① 펀드매니저 A는 '−알파'를 발생시켰다.
② 펀드매니저 B는 초과수익률을 냈으나, A보다 저조한 성과를 기록하였다.
③ 펀드매니저 A는 초과수익률을 냈으나, B보다 저조한 성과를 기록하였다.
④ 펀드매니저 B는 '−알파'를 발생시켰다.



**정답 및 해설**

21 ① 특정 포트폴리오의 초과수익의 크기와 해당 증권의 수를 모두 파악하는 방법은 샤프지수이다.

22 ④ 수익률 $= \frac{(25{,}000 - 20{,}000) + 2{,}000}{20{,}000} = 35\%$

23 ② 요구수익률은 13.5(= 3 + 1.5(10 − 3))%이고 실제 기대수익률이 9%이며, 4.5% 정도의 투자손실을 예상할 수 있기 때문에 매수하지 않는 것이 좋다.

24 ③ • 펀드매니저 A = 20% − [5 + 1.4(15 − 5)] = 1% 초과수익
• 펀드매니저 B = 23% − [5 + 1.6(15 − 5)] = 2% 초과수익

**25** 중요도 ★★★

A펀드의 기대수익이 15%, 표준편차가 22%이고, 무위험이자율이 7%일 때 해당 펀드의 수익-위험 계수는?

□

① 0.25
② 0.31
③ 0.36
④ 0.42

**26** 중요도 ★★★

자산 A와 B의 상관관계가 -1이고 자산 A의 위험이 0.3, 자산 B의 위험이 0.5일 때 포트폴리오 위험을 0으로 만들기 위한 최적의 자산배분비율은?

□

① $W_A$ = 50%, $W_B$ = 50%
② $W_A$ = 62.5%, $W_B$ = 37.5%
③ $W_A$ = 42.5%, $W_B$ = 57.5%
④ $W_A$ = 45%, $W_B$ = 55%

**27** 중요도 ★★★

펀드 A의 평균수익률은 15%, 베타는 1.3, 시장수익률은 12%, 무위험수익률은 5%일 때 젠센의 알파를 이용한 해당 펀드의 성과는?

□

① 18%
② 15%
③ 14.1%
④ 0.9%

**28** 중요도 ★★★

주식 A의 위험은 18%이고, 시장수익률은 12%, 위험은 5%, 무위험수익률은 3%, 베타는 1.4일 때 CML을 이용한 주식 A의 수익률은?

□

① 35.4%

② 5.7%

③ 15.6%

④ 17.8%



## 정답 및 해설

25 ③ 수익-위험 계수 = $\frac{15\% - 7\%}{22\%} = 0.36$

26 ② • $W_A = \frac{0.5}{(0.3 + 0.5)} = 0.625$

• $W_B = \frac{0.3}{(0.3 + 0.5)} = 0.375$

27 ④ 젠센의 알파를 이용한 펀드 A의 성과 = 15% − [5% + 1.3(12% − 5%)] = 0.9%

28 ① $E(R_p) = R_f + \left[\frac{E(R_m) - R_f}{\text{시장표준편차}}\right] \times$ 해당 주식의 위험 $= 3\% + \left[\frac{(12\% - 3\%)}{5\%}\right] \times 18\% = 35.4\%$

# 제 2 과목

# 가치평가론

총 35문항

제 1 장 주식평가/분석 (10문항)

제 2 장 채권평가/분석 (10문항)

제 3 장 파생상품평가/분석 (10문항)

제 4 장 파생결합증권평가/분석 (5문항)

# 제 1 장 주식평가/분석

## 학습전략

**주식평가/분석은 제2과목 전체 35문제 중 총 10문제가 출제된다.**

주식평가/분석에서는 가치와 가격의 개념에서 시작하여 기본적 분석을 통해 자산가치에 접근하는 방법을 잘 숙지해야 한다. 증권시장의 기능과 발행, 매매거래제도, 증권분석의 체계에 관한 기초적 내용을 확실히 학습해야 한다. 경제분석, 산업분석을 거쳐 기업분석에 이르는 투자분석의 흐름을 놓치지 않아야 한다. 정률성장할인모형을 핵심으로 하는 현금흐름할인모형은 아무리 강조해도 지나치지 않으며 출제빈도가 가장 높다. PER, PBR을 중심으로 한 주가배수모형도 빈출되는 파트이니 반드시 정리해야 한다.

## 출제비중

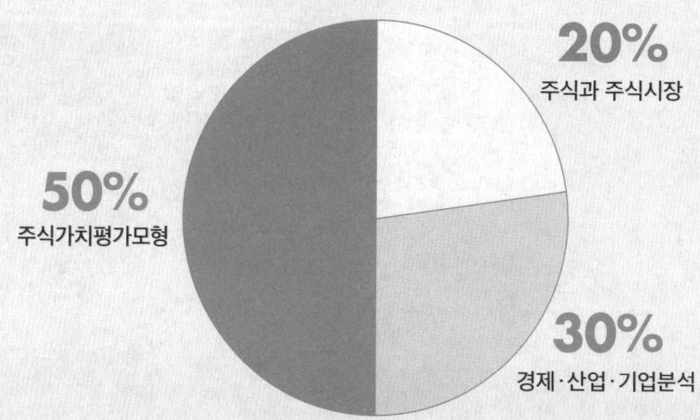

# 출제포인트

| 구분 | 출제포인트 | 출제빈도 | 페이지 |
|---|---|---|---|
| 주식과 주식시장 (20%) | 01 주 식 | ★★ | p.150 |
| | 02 증권시장의 기능 | ★★★ | p.151~152 |
| | 03 증권의 발행제도 | ★★ | p.153~154 |
| | 04 증권매매거래제도 | ★ | p.155~156 |
| | 05 주가지수 | ★★★ | p.157 |
| 경제·산업·기업분석 (30%) | 06 증권분석의 체계 | ★★ | p.158~159 |
| | 07 경제분석 | ★★★ | p.160~162 |
| | 08 산업분석 | ★★ | p.163~164 |
| | 09 기업분석 | ★★★ | p.165~166 |
| | 10 미래이익 예측 | ★★★ | p.167 |
| 주식가치평가모형 (50%) | 11 주식에 대한 기본적 분석 | ★ | p.168 |
| | 12 현금흐름할인모형 | ★★★ | p.169~171 |
| | 13 FCF모형에 의한 가치평가 | ★★ | p.172~173 |
| | 14 주가배수평가모형 | ★★★ | p.174~176 |

# 01

주식 ★★

**보통주(Common stock)에 대한 설명으로 가장 거리가 먼 것은?**

① 발행기업에 안정적인 자기자본 조달의 수단이 된다.
② 보통주의 종류로는 액면주식과 무액면주식, 기명주와 무기명주 등이 있다.
③ 투자자에게는 일정 지분의 소유권을 나타내는 소유증서이다.
④ 경제적 이익을 추구하는 수단으로 주주총회 의결권, 이사·감사의 선임과 해임청구권이 있다.

**TIP** 주주총회 의결권, 이사·감사의 선임과 해임청구권, 주주총회 소집청구권은 보통주 주주가 기업경영에 관여하는 수단으로 보장되어 있는 것이다.

## 핵심포인트 해설 주식

**(1) 보통주(Common stock)**

발행기업에 안정적인 자기자본 조달의 수단이 되고, 투자자에게는 일정 지분의 소유권을 나타내는 소유증서
① 기업경영 관여 수단 : 주주총회 의결권, 이사·감사의 선임과 해임청구권, 주주총회 소집청구권
② 경제적 이익 추구 수단 : 이익배당청구권, 잔여재산분배청구권, 신주인수권, 주식전환청구권
③ 종류 : 액면주식과 무액면주식, 기명주와 무기명주, 의결권주식과 무의결권주식, 신주, 구주, 유상주, 무상주

**(2) 우선주(Preferred stock)**

이익이나 이자의 배당 또는 잔여재산의 분배와 같은 재산적 이익을 받는 데 있어서 사채 소유자보다 우선순위가 낮지만 보통주 주주보다는 우선하는 주식으로, 우리나라 우선주의 대부분은 참가적·누적적임

| | |
|---|---|
| 누적적 우선주 | 당기에 지급하지 못한 배당을 차기에 누적하여 지급하도록 되어 있는 우선주 |
| 비누적적 우선주 | 지급하지 못한 배당은 해당 기로서 완료되고 다음 기로 누적되지 않는 우선주 |
| 참가적 우선주 | 보통주 주주에 대한 배당액 이상의 배당을 지급할 경우 그 초과 배당에 같이 참여할 수 있는 우선주 |
| 비참가적 우선주 | 일정한 예정 배당액만을 지급받고, 예정 배당액 이외에 보통주의 배당에 참가하지 못하는 우선주 |
| 의결권부 우선주 | 의결권이 있는 우선주 |
| 무의결권 우선주 | 의결권이 없는 우선주 |
| 전환우선주 | 일정 시기에 일정한 가격으로 보통주로 전환할 수 있는 권리가 부여된 옵션(Option)부 우선주 |
| 비전환우선주 | 전환불가 우선주 |

정답 ④

증권시장의 기능 ★★★

콜, CP 등 만기 1년 미만의 단기 자금조달수단이 거래되는 시장은?

① 자본시장 ② 화폐시장 ③ 외환시장 ④ 대출시장

TIP 단기금융시장(화폐시장)에 대한 설명이다.

## 핵심포인트 해설 금융시장의 분류와 증권제도

### (1) 금융시장과 금융기관의 기능

| | |
|---|---|
| 금융시장 (Financial Market) | • 자금 수요자와 공급자 사이에 금융거래가 이루어지는 장소<br>• 주요 기능 : 자금 공급자와 수요자 사이의 자금의 매개기능<br>• 자금잉여 주체(가계)에서 자금부족 주체(기업)로 자금의 이전·배분이 효율적으로 이루어지도록 자금 중개기능을 수행함<br>• 거래규칙에 의해 공정한 거래의 이행을 보장함 |
| 금융기관 (Financial Institutions) | • 개별 경제주체들의 거래비용 절감 • 차입·대출과 관련한 정보의 생산<br>• 만기 및 금액 변환, 다양화를 통한 위험의 감소<br>• 소규모 금융으로의 분할 및 다양한 상품개발을 통한 유연성 제공 및 지급결제수단 제공 |

### (2) 금융시장의 분류

| | | |
|---|---|---|
| 거래상품 성격에 따른 분류 | 자본시장 | 장기자금조달 수단인 주식 및 채권이 거래되는 시장으로서 협의의 증권시장 |
| | 단기금융시장 (화폐시장) | 콜, CP 등 만기 1년 미만의 단기 자금조달수단이 거래되는 시장 |
| | 예금·대출시장 | 금융중개기관을 통해 예금상품 및 대출상품이 거래되는 시장 |
| | 외환시장 | 외국과의 무역 및 자본거래에 따른 국제 간 자금결제를 위해 서로 다른 두 가지 통화를 교환하는 시장 |
| | 파생상품시장 | 금융수단을 보유하는 데에 따르는 금리·주가·환율 변동의 위험을 회피하기 위해 형성된 시장 |
| 금융중개기관에 따른 분류 | 직접금융시장 | 자금의 최종 수요자가 발행한 채무증서나 회사채 등 직접증권을 자금공급자가 직접 매입하는 형태의 거래가 이루어지는 시장으로, 발행시장과 유통시장으로 구분 |
| | 간접금융시장 | 은행과 투자신탁회사와 같은 금융중개기관이 예금증서나 수익증권과 같은 간접증권을 발행하여 조달한 자금으로 자금의 최종 수요자가 발행하는 직접증권을 매입하여 자금을 공급하는 시장 |

### (3) 증권제도의 특징

① 주식 등의 유가증권을 발행하고 계약내용을 명시하여 재산권 행사 등에 관한 규정을 통해 이해관계를 조정하며, 투자자에게는 고수익이 가능한 금융상품이 되고 자금수요자에게는 낮은 비용의 자금조달수단이 됨

② 증권의 액면을 소단위로 분할, 발행하면 소액투자대상이 되고 이것이 모아져 기업의 대규모 자금 공급원 구실을 함

③ 자유양도성을 보장하면 위험이 분산되고 환금성이 높아지므로 기업의 자금운용에 영향을 주지 않으면서 투자자에게는 좋은 투자대상이 됨

정답 ②

증권시장의 기능 ★★★

**발행시장에 대한 설명으로 가장 거리가 먼 것은?**

① 유가증권이 처음 만들어져 투자자에게 매각되는 시장이다.
② 1차적 시장, 신규증권시장, 추상적 시장, 자금조달시장이다.
③ 개인은 발행된 증권의 매입을 통하여 기업의 생산활동과 성과배분에 참여하게 된다.
④ 증권의 시장성과 유동성을 높임으로써 거래를 활발하게 만든다.

**TIP** 유통시장은 증권의 시장성(Marketability)과 유동성(Liquidity)을 높임으로써 거래를 활발하게 하여 발행시장이 활발히 기능하도록 돕는 역할을 한다.

## 핵심포인트 해설 증권시장의 기능

| | |
|---|---|
| 증권시장 | • 여러 가지 유가증권에 투자함으로써 투자자는 현재와 미래의 소비 사이에서 소비패턴을 조정할 수 있음<br>• 자금 매개기능이 이루어짐으로써 실물경제의 발전에 기여함<br>• 증권이 발행, 매출되는 발행시장과 발행된 증권이 거래되는 유통시장으로 나뉨 |
| 발행시장 | • 유가증권이 처음 발행되어 최초로 투자자에게 매각되는 시장<br>• 1차적 시장, 신규증권시장, 추상적 시장, 자금조달시장 등으로 불림<br>• 일반투자자들의 유휴자금이 장기의 안정성 있는 생산자금으로 전환됨<br>• 기업의 재무구조를 개선시켜 체질과 대외경쟁력을 강화시킴<br>• 분산투자를 통해 투자위험 감소, 위험보상률 감소, 기업의 자기자본비용을 절감시킴<br>• 소유와 경영이 분리되어 전문화를 통해 경영효율성을 제고시킴<br>• 개인은 발행된 증권의 매입을 통하여 생산활동에 참여함으로써 기업의 성과배분에 참여함 |
| 유통시장 | • 발행시장에서 이미 발행된 유가증권이 투자자 상호 간 매매되는 시장<br>• 증권의 시장성(Marketability)과 유동성(Liquidity)을 높임으로써 거래를 활발하게 하여 발행시장이 제 기능을 하도록 돕는 역할을 함<br>• 거래소시장(유가증권시장, 코스닥시장, 코넥스시장)과 장외시장으로 구분됨<br>• 증권(금융상품)에 유동성을 부여함으로써 새로운 증권의 발행을 통한 자금수요자(기업 등)의 자금조달 능력을 향상시킴<br>• 증권의 공정한 가격 형성 기능을 통하여 증권발행 주체의 경영효율성을 유도하는 역할을 함<br>• 투자자는 다양한 포트폴리오 구성이 가능해지므로 위험분산투자효과가 커짐<br>• 투자자산에 대해 가치평가할 수 있는 정보들이 신속하게 집적·분석·분배되므로 자산가치평가의 객관적 기준이 되며 정보시장의 발전을 도모함<br>• 유가증권의 시장성 제고를 통하여 유가증권의 담보력을 높여주므로 자금의 융통을 촉진시킴 |

정답 ④

증권의 발행제도 ★★

**일정 기간 동안 모집을 한 다음 모집부족액이 발생하였을 경우 그 잔량에 대해서만 인수기관이 인수하는 발행방식은?**

① 모집주선 ② 잔액인수 ③ 총액인수 ④ 위탁모집

**TIP** 잔액인수(Stand-by Agreement)는 일정 기간 동안 발행자를 대신하여 신규로 발행되는 증권의 모집 혹은 매출을 위탁판매하지만 기간이 경과하여 신규 발행 증권의 미매각분이 있을 경우 이를 발행자로부터 미리 정해진 발행 가격으로 인수하여 자기 책임하에 투자자에게 매각하는 방법이다.



## 핵심포인트 해설 증권의 발행방법

### (1) 직접발행과 간접발행

<table>
<tr><td>직접발행</td><td colspan="2">• 발행회사가 자기책임과 계산으로 발행위험과 발행사무를 모두 부담하는 발행방법<br>• 발행사무를 담당하는 자기모집과 제3자에게 발행사무를 대행시키는 위탁모집으로 나눔</td></tr>
<tr><td rowspan="4">간접발행</td><td colspan="2">• 발행회사는 수수료만 부담하고, 제3의 인수기관이 발행위험과 발행사무를 부담하는 방법</td></tr>
<tr><td>모집주선</td><td>· 발행주체(발행회사)가 스스로 발행위험 부담<br>· 모집업무와 같은 발행사무는 인수기관에 위탁</td></tr>
<tr><td>잔액인수</td><td>· 일정 기간 동안 모집을 한 다음 모집부족액이 발생하였을 경우 그 잔량에 대해서만 인수기관이 인수</td></tr>
<tr><td>총액인수</td><td>· 인수기관이 발행위험(인수위험)과 발행 및 모집사무 모두를 담당<br>· 간접발행의 대부분은 총액인수방식을 사용<br>· 인수기관의 부담이 가장 크므로 인수 수수료율도 가장 높음</td></tr>
</table>

### (2) 사모발행과 공모발행

<table>
<tr><td>사모발행</td><td colspan="2">• 발행주체가 특정 기관투자가나 소수의 투자자를 대상으로만 증권을 발행하는 방법<br>• 발행절차가 간편하고 발행비용이 적게 드는 이점이 있음</td></tr>
<tr><td rowspan="4">공모발행</td><td colspan="2">• 모집 : 50인 이상의 투자자에게 새로 발행되는 증권 취득의 청약을 권유하는 행위<br>• 매출 : 50인 이상의 투자자에게 이미 발행된 증권의 매수청약 또는 매도청약을 권유하는 행위</td></tr>
<tr><td>주관회사</td><td>채권발행에 대한 사무처리, 발행과 관련된 자문 등 채권발행업무를 총괄하며, 인수단을 구성하는 역할</td></tr>
<tr><td>인수단</td><td>주관회사와 협의하여 증권을 인수하는 기관으로서 인수한 증권을 일반투자자 및 청약기관에 매도하는 역할을 수행</td></tr>
<tr><td>청약기관</td><td>불특정 다수를 대상으로 모집하여 청약을 대행해 주는 기관</td></tr>
</table>

### (3) 기업공개(Going Public)

| | |
|---|---|
| 의 의 | • 주식회사가 새로이 발행한 주식을 일반투자자로부터 균등한 조건으로 모집하는 것<br>• 이미 발행되어 대주주가 소유하고 있는 주식(구주)의 일부 또는 전부를 공개시장에서 불특정 다수에게 매출하여 주식소유가 분산되도록 하는 것 |
| 요 건 | • 일반투자자의 재산에 미치는 영향이 지대하므로 일정한 요건을 갖춘 기업에 한하여 공개되도록 규정 |

정답 ②

증권의 발행제도 ★★

**㈜해커스의 현(기준)주가는 50,000원이고, 발행주식수는 100,000주이다. 25%의 유상증자를 하고자 할 때, 발행가격이 40,000원일 경우 권리락 주가는?**

① 42,000원　　② 44,000원
③ 46,000원　　④ 48,000원

**TIP** 유상증자 시 권리락 주가 $= \frac{50{,}000 + (40{,}000 \times 0.25)}{1.25} = 48{,}000$원

## 핵심포인트 해설 무상증자와 유상증자

<table>
<tr><td>무상증자</td><td colspan="3">• 실질적인 주금 납부 없이 회사의 자본준비금을 자본금으로 전입하는 방법으로 자본금을 증가시키는 것<br>• 기업자산가치는 실질적으로 변하지 않고 발행주식수만 증가함<br>권리락 주가 = 권리부 주가 / (1 + 무상증자비율)</td></tr>
<tr><td rowspan="6">유상증자</td><td colspan="3">• 현금으로 주금의 납입을 받고 자본금을 증가시키는 것<br>· 유상증자 배정방식</td></tr>
<tr><td rowspan="2">사 모</td><td>구주할당<br>(주주배정)</td><td>발행주식의 20%를 우리 사주 조합에 배정하고 나머지 80%를 기존주주에게 소유주식수에 비례하여 배정</td></tr>
<tr><td>연고자할당<br>(제3자배정)</td><td>주총의 특별결의가 있거나 정관에 제3자 배정이 명시되어 있을 경우 종업원, 임원 등 특정인에게 배정</td></tr>
<tr><td rowspan="2">공 모</td><td>주주우선<br>공모</td><td>주주와 우리 사주 조합에 배정한 후 권리포기로 인한 실권분을 인수단이 인수한 후 일반에게 공모</td></tr>
<tr><td>일반공모</td><td>불특정 다수인을 상대로 모집 혹은 매출하는 방법으로, 주총의 특별결의가 있거나 정관에 주주의 신주인수권 배제에 관한 규정이 있는 경우에 한함</td></tr>
<tr><td colspan="3">· 유상증자 신주발행가격<br>신주발행가격 = 기준주가 × (1 − 할인율)<br>권리락 주가 = (기준주가 + 주당납입금(= 증자비율 × 신주발행가격)) / (1 + 증자비율)</td></tr>
</table>

정답 ④

## 06

증권매매거래제도 ★

유가증권시장(KOSPI)과 관련된 내용을 〈보기〉에서 골라 적절하게 묶은 것은?

〈보기〉

㉠ 상대매매
㉡ 회원제
㉢ 한국거래소 운영
㉣ 금융투자협회 운영
㉤ 경쟁매매

① ㉠, ㉡, ㉢
② ㉠, ㉡, ㉣
③ ㉡, ㉣, ㉤
④ ㉡, ㉢, ㉤

**TIP** 한국거래소의 유가증권시장(KOSPI)은 일정한 시설과 장소를 갖추고 일정한 원칙에 따라 계속적으로 경쟁매매거래가 이루어지는 시장을 말한다.

### 핵심포인트 해설 유통시장의 구조

| | |
|---|---|
| 유가증권시장 (KOSPI) | • 일정한 시설과 장소를 갖추고 일정한 매매원칙에 따라 계속적으로 매매거래가 이루어지는 조직화된 시장<br>• 한국거래소, 경쟁매매, 회원제 운영, 경매과정을 통한 집단적 거래 |
| 코스닥시장 (KOSDAQ) | • 유망 중소기업, 벤처기업 등의 지원을 위해 '97년 4월 새롭게 구축된 조직화된 증권시장<br>• 독립적으로 조직화된 시장으로서 법제화되어 한국거래소에 통합, 경쟁매매 |
| 코넥스시장 (KONEX) | • 코스닥시장 상장요건을 충족하지 못하는 초기 중소기업에 대한 지원 강화를 위해 개장한 시장 |
| K-OTC시장 | • 비상장주식의 매매거래를 위해 금융투자협회가 개설, 운영하는 장외시장, 상대매매<br>• 비신청지정제도 신설, 진입·퇴출 요건 강화, 매매제도 개선, 투자자 유의사항 고지제도 신설, 부정거래 예방조치 제도 등을 도입 |
| 장외시장 | • 일정한 장소와 시설을 갖추지 않은 비조직적인 시장, 상대매매<br>• 점두거래 : 금융투자회사의 창구에서 금융투자회사와 고객 간에 이루어지는 상대거래<br>• 직접거래 : 금융투자회사의 개입 없이 매매당사자 간에 개별적으로 이루어지는 거래 |

정답 ④

**매매시간 중에는 지정가주문으로 매매에 참여하지만, 체결이 안 되면 종가 시 시장가주문으로 자동 전환되는 매매가격 지정 방식은?**

① 시장가주문
② 조건부 지정가주문
③ 최유리 지정가주문
④ 목표가주문

**TIP** 조건부 지정가주문이란 매매거래시간 중에는 지정가주문으로 참여하지만 매매체결이 이루어지지 않은 잔여수량은 종가결정(장 종료 전 10분간 단일가 매매) 시에 시장가주문으로 자동 전환되는 방법이다.

## 핵심포인트 해설 증권 매매거래 일반

| | | |
|---|---|---|
| 매매거래일 | • 월요일 ~ 금요일 | |
| 매매거래시간 | • 정규시장 09:00 ~ 15:30(6시간 30분) | |
| 가격의 지정 | 지정가주문 | 가장 일반적인 주문형태로 투자자가 거래하고자 하는 가격과 수량을 지정한 주문 |
| | 시장가주문 | 종목, 수량을 지정하되, 가격은 지정하지 않는 주문 |
| | 조건부 지정가주문 | 접속매매시간(09:00 ~ 15:20) 중에는 지정가주문으로 매매에 참여하지만, 체결이 안 되면 종가 시 시장가주문으로 자동 전환되는 주문 |
| | 최유리 지정가주문 | 주문접수 시 상대방 최우선호가의 가격으로 지정되는 주문 |
| | 목표가주문 | 회원의 재량으로 투자자가 목표로 하는 가격에 최대한 근접하여 체결될 수 있도록 하는 주문 |
| | 경쟁대량매매주문 | 종목과 수량은 지정하되, 체결가격은 당일 거래량 가중평균가격으로 매매거래를 하고자 하는 주문 |
| 거래체결 원칙 | • 가격우선의 원칙, 시간우선의 원칙, 수량우선의 원칙, 위탁매매우선의 원칙 | |
| 가격 제한폭 | • ±30% | |
| 매매거래중단 (Circuit Breakers) | • 증권시장이 크게 불안정화되어 하루 중 지수가 일정 수준 이상 급락하는 경우 발동<br>• 냉정한 투자판단 시간을 제공하기 위하여 시장에서의 모든 매매거래를 일시적으로 중단 | |

정답 ②

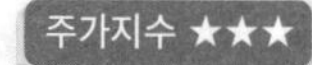


**주가지수 산정방식이 다른 하나는?**

① S&P500
② Nikkei225
③ KOSPI지수
④ KOSPI200

**TIP** 다우존스산업 주가지수(DJIA), Nikkei225는 주식가격 가중방법이고, 나머지는 모두 시가총액 가중방법이다.



## 핵심포인트 해설 주가지수 가중방법

| 구분 | 내용 |
|---|---|
| 주식가격 가중방법 | • 특정 시점의 주가 평균에 비례하여 가중하는 방법으로, 단순히 채용종목의 주가를 합한 다음 이를 종목수로 나누어 구함<br>• 다우존스산업 주가지수(DJIA), Nikkei225 등<br>• 제수수정 방법은 현실과의 괴리감을 초래할 수 있음<br>• 고가 주식의 가격 변동이 저가 주식의 가격 변동보다 지수에 더욱 큰 영향을 줌<br>• 주가가 하향조정되면 지수에서의 비중이 낮아지므로 지수의 일관성이 유지되지 않음 |
| 시가총액 가중방법 | • 총시장가치(기업의 발행주식수 × 주식의 시장가격)에 비례하여 가중하는 방법<br>• S&P500, New York Stock Exchange Index, KOSPI지수, KOSPI200 등<br>• 경제적 비중이 높은 주식이 지수에 높게 반영됨, 즉 시가총액이 큰 주식이 지수에 미치는 영향이 큼<br>• 주식분할과 같은 자본의 변화에도 자동적인 조정이 가능<br>$\text{KOSPI 주가지수} = \frac{\text{비교시점의 시가총액}}{1 + \text{기준시점의 시가총액}} \times 100$ |
| 동일 가중방법 | • 표본에 포함된 모든 주식의 중요도를 동일하게 가중하는 방법 |

정답 ②

증권분석의 체계 ★★

**기업의 이익흐름을 좌우하는 요소들에 영향을 주는 요인들에 대한 설명으로 가장 거리가 먼 것은?**

① 그 나라 경제의 경기순환 국면, GDP 증가율, 1인당 국민소득 등의 거시경제적 요인이 있다.
② 산업의 수요 증가율, 시장규모, 경쟁구조, 제품 수명 사이클의 단계 등의 산업적 요인이 있다.
③ 주요 원자재가격, 인플레이션, 이자율 등의 기업적 요인이 있다.
④ 여러 가지 국민경제, 산업, 기업적 요인들에 의해서도 영향을 받는다.

⁺용어 알아두기

**주식** 소유지분(Ownership Interest)을 표시하는 증서로, 주주총회에서의 의결권 등의 경영참가권이 부여되어 있다.

**TIP** 거시경제적 요인에 대한 내용이다. 그 나라 경제의 경기순환 국면, GDP 증가율, 1인당 국민소득, 주요 원자재가격, 인플레이션, 이자율 등은 기업의 매출액과 매출 원가에 영향을 주어 궁극적으로 기업의 이익흐름에 영향을 미친다.

## 핵심포인트 해설 증권분석의 체계

**(1) 증권분석의 체계**

| | | 투자 결정에 이용 |
|---|---|---|
| 경제분석 | ······ | 어떤 증권을 선택할 것인가? |
| 산업분석 | ······ | 어떤 업종을 선택할 것인가? |
| 기업분석 | ······ | 어떤 종목을 선택할 것인가? |

① 미래이익 : 판매량, 판매가격, 비용
② 할인율 : 이자율, 영업위험, 재무위험

**(2) 기업의 이익흐름**

① 주식의 가치 : 기업의 이익흐름에 달려 있음
② 기업의 이익흐름에 영향을 주는 원천적 요인
㉠ 거시경제적 요인 : 경기순환 국면, GDP 성장률, 주요 원자재가격, 1인당 국민소득, 환율, 인플레이션, 이자율 수준 등
㉡ 산업적 요인 : 산업의 수요성장률, 시장규모, 경쟁구조, 제품 수명 사이클의 단계, 비용구조, 정부의 지원, 노사관계 등
㉢ 기업적 요인 : 기업의 경쟁력, 생산성, 자산이용의 효율성, 재무효율성 등
㉣ 할인율
- 이자율 수준, 영업위험, 재무위험 등에 의해 영향을 받음
- 할인율의 추정을 위해서 국민경제, 산업, 기업적 요인에 대한 분석이 필요

정답 ③

# 10

증권분석의 체계 ★★

**기본적 분석과 기술적 분석에 대한 설명으로 가장 거리가 먼 것은?**

① 기본적 분석에서는 시장에서 형성되는 주가는 기업가치에 의하여 결정된다고 본다.
② 기술적 분석을 통해 내재가치(Intrinsic Value) 또는 본질가치(Fundamental Value)를 찾는다.
③ 기본적 분석에서는 거시경제변수, 산업변수, 기업변수들을 중시한다.
④ 기술적 분석에서 시장의 수요와 공급은 투자가들의 심리상태에 의하여 결정된다고 본다.

**+용어 알아두기**

**거시경제지표** 국민경제 전체를 대상으로 분석한 경제지표로 국가 차원의 경제상황을 판단할 수 있는 기준이다.

**TIP** 기본적 분석은 기업의 진정한 가치인 내재가치(Intrinsic Value) 또는 본질가치(Fundamental Value)를 찾아내고 이렇게 찾아낸 진정한 가치가 시장에 반영될 것으로 기대한다.

참고
- 불마켓 : 증권의 가격이 상승하고 있는 시장을 말한다.
- 베어마켓 : 증권의 가격이 하락하거나, 하락할 것이라 예상되는 시장을 말한다.

## 핵심포인트 해설 기본적 분석과 기술적 분석

### (1) 기본적 분석과 기술적 분석 비교

| 구 분 | 기본적 분석 | 기술적 분석 |
|---|---|---|
| 목 표 | 좋은 종목 선정 | 매매시점 포착 |
| 분석대상 | 내재가치(Value) | 가격(Price) |
| 활용수단 | 재무제표 | 차 트 |
| 정 보 | 거시경제변수, 산업변수, 기업변수 | 거래량, 가격 |

### (2) 분석목표 및 방법

| 구 분 | 분석목표 | 분석방법 | |
|---|---|---|---|
| 기본적 분석 | 내재가치(본질가치) 발견 | Bottom-Up 방식 | 기업분석 ⇨ 산업분석 ⇨ 경제분석 |
| | | Top-Down 방식 | 경제분석 ⇨ 산업분석 ⇨ 기업분석 |
| 기술적 분석 | 수요·공급의 변화예측 | 투자가 심리상태, 일정한 패턴, 과거 가격, 과거 거래량 | |

정답 ②

가치평가론 제2과목 해커스 금융투자분석사 최종핵심정리문제집

## 11

경제분석 ★★★

**경제변수와 주가의 관계가 가장 적절한 것은?**

① 국내총생산(GDP)이 하락하면 주가는 상승할 가능성이 높다.
② 이자율(할인율)이 하락하면 주가도 하락할 가능성이 높다.
③ 물가가 상승하면 주가는 하락할 가능성이 높다.
④ 환율 하락은 수출기업의 주가에 긍정적인 영향을 미친다.

**TIP** ① 국내총생산(GDP)이 상승하면 주가도 상승할 가능성이 높다.
② 이자율(할인율)이 상승하면 주가는 하락할 가능성이 높다.
④ 환율 상승은 수출기업의 주가에 긍정적인 영향을 미친다.

### 핵심포인트 해설 경제변수와 주가

| 구분 | 내용 |
|---|---|
| 국내총생산 | • 주가상승률 = 명목GDP 성장률 = 실질GDP 성장률 + 물가상승률 |
| 이자율 | • 시중이자율↑ ⇨ 주식에 대한 대체투자수단의 수익률↑ ⇨ 주식의 투자매력도↓<br>• 시중이자율↑ ⇨ 할인율(요구수익률)↑ ⇨ 주식 가격↓ |
| 인플레이션 | • 피셔효과 : 명목수익률 ≈ 실질수익률 + 기대인플레이션<br>• 인플레이션은 시중이자율을 상승시켜 주식가격을 하락시킬 가능성이 높음<br>· 실제인플레이션 > 기대인플레이션 : 채권자 손실, 채무자 이득<br>· 실제인플레이션 < 기대인플레이션 : 채권자 이득, 채무자 손실 |
| 환 율 | • 자국통화 절하 시(환율 상승) ⇨ 수출↑(수입↓) ⇨ 수출기업 주가 상승 |
| 재정정책 | • 적자예산 편성, 세출 증가, 세율 인하 ⇨ 수요 진작<br>(반면 재정적자는 민간부문의 차입기회를 감소(Crowd Out)시킴 ⇨ 이자율 상승) |
| 통화정책 | • 통화 공급↑ ⇨ 시중이자율↓ ⇨ 투자, 소비 수요↑<br>• 정책수단 : 정책금리의 변경, 국채의 매각과 매입, 시중은행 지불준비금 변경 등 |
| 경기순환 | • 회복 ⇨ 활황 ⇨ 후퇴 ⇨ 침체의 4개 국면<br>• 주가는 경기변동이 있기 수개월 전부터 이를 반영하는 것으로 알려짐 |

정답 ③

# 12

경제분석 ★★★

**국내총생산**(GDP : Gross Domestic Product)**과 주가에 관한 설명으로 가장 거리가 먼 것은?**

① GDP는 일국의 일정 기간 경제활동에 의해서 창출된 최종 가치이다.
② GDP는 나라의 경제력, 국민소득 평가의 기초가 된다.
③ GDP는 해당 국가의 경제성장률 평가의 기초가 된다.
④ 장기간에 걸친 연평균 주가상승률은 실질GDP 성장률에 접근할 것으로 기대된다.

**+용어 알아두기**

**국내총생산(GDP)** 한 국가의 경제수준을 나타내는 지표이며 한 나라에서 일정 기간 생산된 모든 생산액으로, 경제적 후생 수준을 가장 잘 나타낸다.

**TIP** 이론적으로 장기간에 걸친 연평균 주가상승률은 명목GDP 성장률에 접근할 것으로 기대할 수 있다.

## 핵심포인트 해설 국내총생산(GDP), 이자율과 주가

**(1) 국내총생산(GDP : Gross Domestic Product)과 주가**

① 국내총생산(GDP) : 일국의 일정 기간 경제활동에 의해서 창출된 최종 재화와 용역의 시장가치
② 나라의 경제력, 경제성장률, 국민소득 평가의 기초
③ 장기간에 걸친 연평균 주가상승률은 명목GDP 성장률에 접근할 것으로 기대 : 이익평가모형$\left(주가 = \frac{예상이익}{할인율}\right)$을 국민 경제 전체로 확대하면 명목GDP 성장률만큼 이론적 주가는 상승할 것이기 때문임

| 주가상승률 = 명목GDP 성장률 = 실질GDP 성장률 + 물가상승률 |
|---|

**(2) 시중이자율의 변동요인**

① 투자자들의 소비에 대한 시차선호도 : 이자율↑ ⇨ 소비↓, 저축↑
② 기업들이 생산기회에 대해서 갖는 자본의 한계효율 : 이자율↓ ⇨ 자금수요↑
③ 국민총생산(미래소득) : GDP↑ ⇨ 시중이자율↑
④ 정부의 재정금융정책 : 통화공급량 결정 ⇨ 이자율수준 결정
⑤ 기대인플레이션(구매력 감소) : 기대인플레이션↑ ⇨ 시중이자율↑

정답 ④

가치평가론 제2과목 해커스 금융투자분석사 최종핵심정리문제집

## 13

경제분석 ★★★

**경기순환(Business Cycle)에 대한 내용으로 가장 거리가 먼 것은?**

① 경기순환이란 국민경제 전체의 활동수준이 반복적, 규칙적으로 변동하는 경향이다.
② 일반적으로 경기순환은 회복 ⇨ 활황 ⇨ 정점 ⇨ 하강의 4개 국면으로 나눌 수 있다.
③ 주가는 경기변동이 있기 수개월 전부터 이를 반영하는 것으로 알려지고 있다.
④ 정확한 경기예측이 이루어지면 주가동향 예측이 가능하다고 본다.

**TIP** 일반적으로 경기순환은 회복 ⇨ 활황 ⇨ 후퇴 ⇨ 침체의 4개 국면으로 나눌 수 있다.

## 핵심포인트 해설 경기순환

**(1) 경기순환(Business Cycle)**
① 경기순환 : 국민경제 활동이 반복적인 규칙성을 지니고 변동하는 경향
② 회복 ⇨ 활황 ⇨ 후퇴 ⇨ 침체의 4개 국면
③ 단기순환(기업의 재고증감), 중기순환(설비투자 변동), 장기순환(획기적인 기술혁신)
④ 경기순환의 원인 : 국민경제의 총수요의 변화와 생산주체의 비용함수나 생산함수의 변화가 가져오는 경제의 수급 불균형

**(2) 주가의 경기순환에의 선행성**
① 주가는 경기변동이 있기 수개월 전부터 이를 반영하는 것으로 알려짐
② 경기후퇴 또는 경제성장의 둔화가 예측된다면 투자자는 경기후퇴에 수개월 앞서서 증권시장의 침체가 선행될 가능성이 높다고 판단할 수 있음
③ 경기회복이 예측된다면 이에 앞서서 증권시장이 강세장으로 전환될 것으로 판단함
④ 정확한 경기예측이 이루어지면 주가동향 예측이 가능함

정답 ②

## 14

산업분석 ★★

**포터(M. E. Poter)의 산업경쟁력의 결정요인에 관한 설명으로 가장 거리가 먼 것은?**

① 산업경쟁력의 결정요인을 직접적 요인과 간접적 요인으로 구분했다.
② '혁신과 개선', '요소 축적' 등을 강조했다.
③ 진입장벽, 대체가능성 등 5가지를 산업의 경쟁구조로 보았다.
④ 기존 기업의 입장에서 진입장벽은 낮을수록 좋다고 보았다.

**+용어 알아두기**

**진입장벽** 독과점 기업이 지배하는 시장에 새로운 경쟁자가 자유로이 들어오는 데 어려움을 주는 요소를 말한다.

**TIP** 기존 기업의 입장에서 진입장벽은 높을수록, 대체가능성은 낮을수록, 기존 경쟁업체 간의 경쟁치열도는 낮을수록, 구매자 및 공급자의 입장에서는 높은 교섭력이 있을수록 좋다.



## 핵심포인트 해설 M. Porter의 산업경쟁력 결정요인

직접적 요인과 간접적 요인으로 구분하고, 이들을 종합적으로 고려하는 '다이아몬드 모형'으로 산업경쟁력을 설명함

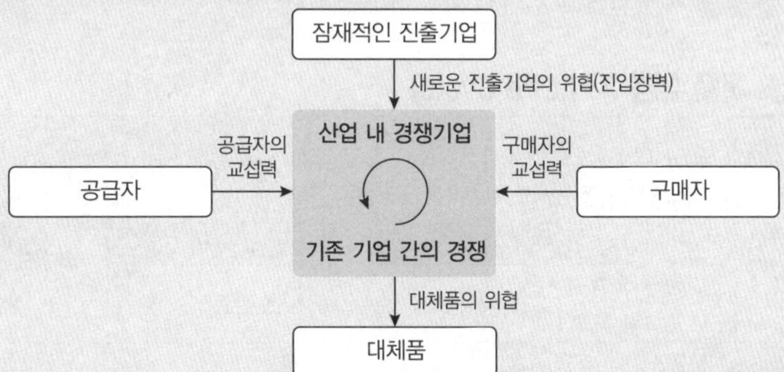


① 한 국가의 산업경쟁력은 '혁신과 개선', '요소 축적' 등을 창출하고, 스스로 경쟁우위를 확충함으로써 얻을 수 있음
② 진입장벽, 대체가능성, 기존 경쟁업체 간의 경쟁치열도, 구매자의 교섭력, 공급자의 교섭력을 산업의 경쟁구조로 봄
③ 기존 기업의 입장에서 진입장벽은 높을수록, 대체가능성은 낮을수록, 기존 경쟁업체 간의 경쟁치열도는 낮을수록, 구매자 및 공급자의 입장에서는 높은 교섭력이 있을수록 좋음

정답 ④

# 15

산업분석 ★★

**제품수명주기(Life Cycle) 분석의 단계별 특징에 대한 설명으로 가장 거리가 먼 것은?**

① 도입기 : 매출증가율이 낮고, 이익은 적자이거나 저조하며, 뛰어난 판매능력이 필요하다.
② 성장기 : 매출과 이익이 급증하고 소수의 생존자가 공급능력을 확충하면서 매출액이 급증한다.
③ 성숙기 : 안정적인 시장점유율을 유지하면서 매출액은 완만하게 늘어나며, 이익증가가 매출액 증가보다 높게 나타난다.
④ 쇠퇴기 : 수요감소로 매출액 증가율이 시장평균보다 낮게 되거나 감소하며, 구조조정이 일어난다.

**+용어 알아두기**

**제품수명주기** 하나의 제품이 도입되어 폐기되기까지의 과정이다.

**TIP** 성숙기에는 안정적인 시장점유율 유지로 매출이 완만한 상승세를 나타내나, 이익률은 경쟁심화로 하락한다. 한편 이익증가가 매출액 증가보다 높게 나타나는 단계는 성장기이다.

## 핵심포인트 해설 제품수명주기(Life Cycle)

① 도입기, 성장기, 성숙기, 쇠퇴기의 4단계
② 분석 대상기업의 산업이 어느 단계에 있는지를 확인하여 유망성을 평가

| 단 계 | 상 황 | 수익성 | 위 험 |
|---|---|---|---|
| 도입기 | 신제품 출하, 매출 저조, 광고비용 과다 | 손실 또는 낮은 수준 | 높 음 |
| 성장기 | 시장규모 증대, 매출 증가 | 높 음 | 낮 음 |
| 성숙기 | 시장수요의 포화상태, 기업 간 경쟁확대 | 체감적 증가 | 증가 시작 |
| 쇠퇴기 | 구매자 외면에 의한 수요 감소, 대체품 출현 | 손실 또는 낮은 수준 | 높 음 |

정답 ③

# 16

기업분석 ★★★

수익성비율에 해당하는 것을 〈보기〉에서 골라 적절하게 묶은 것은?

〈보기〉

| | | |
|---|---|---|
| ㉠ 자기자본순이익률 | ㉡ 주당이익 | ㉢ 매출액순이익률 |
| ㉣ 이자보상비율 | ㉤ 총자산회전율 | ㉥ 주당현금흐름 |

① ㉠, ㉡, ㉢ ② ㉠, ㉣, ㉤ ③ ㉡, ㉢, ㉤ ④ ㉡, ㉣, ㉥

**+용어 알아두기**

**듀퐁분석** 기업의 영업상태와 자본조달형태가 그 기업의 ROE에 어떠한 영향을 미치는가를 보여주는 기본적인 틀을 제공한다. 듀퐁분석은 1920년대 초 이와 같은 접근방법을 최초로 개발한 듀퐁주식회사의 이름에서 따왔다.

**TIP** 이자보상비율은 안전성비율, 총자산회전율은 활동성비율, 주당현금흐름은 유동성비율이다.

## 핵심포인트 해설 재무건전성의 평가

**(1) 주요 재무비율과 경영분석**

| 구 분 | 주요 재무비율 |
|---|---|
| 수익성비율 | 자기자본순이익률, 총자본영업이익률, 매출액영업이익률, 매출액순이익률, 주당이익 |
| 활동성비율 | 매출채권회전율, 매출채권평균회수기간, 재고자산회전율, 총자산회전율 |
| 안전성비율 | 부채비율(D/E), 이자보상비율, 현금흐름보상비율, 고정비율 |
| 유동성비율 | 유동비율, 당좌비율, 주당현금흐름 |
| 성장성비율 | 매출액증가율, 총자산증가율, 순이익증가율 |

① 상호 비교분석 : 산업평균비율이나 경쟁업체비율과 상호 비교하여 재무건전성의 양부를 평가하는 것

② 추세분석 : 특정 재무비율의 추세를 분석하여 재무건전성의 개선 여부를 평가하는 것

**(2) 듀퐁분석 : 자기자본순이익률(ROE : Return On Equity) 변동원인 분석**

① 매출액순이익률 : 원가비용통제의 효율성

② 총자산회전율 : 자산이용의 효율성

③ 부채비율 : 자본조달의 안정성

$$\text{자기자본순이익률} = \frac{\text{당기순이익}}{\text{자기자본}}$$

$$= \left(\frac{\text{당기순이익}}{\text{매출액}}\right) \times \left(\frac{\text{매출액}}{\text{총자산}}\right) \times \left(1 + \frac{\text{부채}}{\text{자기자본}}\right)$$

$$= (\text{매출액순이익률}) \times (\text{총자산회전율}) \times (\text{부채비율})$$

↓ 비용통제의 효율성 / ↓ 자산이용의 효율성 / ↓ 자본조달의 안전성

정답 ①

# 17

기업분석 ★★★

**세후 영업이익(NOPAT)에서 경제적 부가가치(EVA)를 차감하여 추정할 수 있는 것은?**

① 자기자본순이익률(ROE)
② 투자자본이익(r·IC)
③ 자본비용(k·IC)
④ 시장 부가가치(MVA)

**TIP** 자본비용(= 타인자본비용 + 자기자본비용)은 세후 영업이익에서 EVA를 차감하여 추정할 수 있다.

## 핵심포인트 해설 경제적 부가가치(EVA : Economic Value Added)

① 가치창출의 체계적인 관리를 위해서 자기자본비용까지 반영한 성과지표
② 세후 영업이익에서 자본비용(= 타인자본비용 + 자기자본비용)을 차감하여 추정
③ 투자수익률과 자본비용의 차이에 투자자본을 곱하여 추정
④ 기업의 자본비용(k) : 부채비용과 자기자본비용 추정 후 자본구성비에 따라 가중평균함
⑤ 투자자본(IC) : 본업활동과 연관된 순운전자본, 고정자산, 기타영업자산을 합한 것
⑥ 세후 영업이익(NOPAT) : 법인세를 차감한 영업이익
⑦ 투자자본이익률(r) > 자본비용(k) ⇨ 기업가치 창출, 재무 건전성 양호
⑧ 주가 변동의 설명요인으로 회계지표보다 EVA가 설명력이 높은 것으로 나타남

$$EVA = \text{세후 영업이익(NOPAT)} - \text{투자자본(IC)} \times \text{자본비용(k)} = (r - k) \times IC$$

$$\text{투자자본이익률(r)} = \frac{\text{세후 영업이익}}{\text{투자자본}}$$

정답 ③

## 18

미래이익 예측 ★★★

**미래이익예측 시 고려해야 할 사항으로 가장 거리가 먼 것은?**

① 미래이익예측 대상은 회계적 이익이 아니라 경제적 이익이다.
② 회계적 이익을 추정할 때 보수적 기준을 고려한다.
③ 질적요인을 충분히 감안한다.
④ 정상적 주당이익에 근거하여 추정한다.

**TIP** 경제적 이익은 측정상 어려움이 있고, 회계적 이익과는 상관관계가 높다는 가정하에 회계적 이익을 기준으로 예측한다.

### 핵심포인트 해설 미래이익예측

**(1) 의 의**

증권의 내재가치에 영향을 미치는 결정적 요소 ⇨ 미래이익

**(2) 고려사항**

① 대상 : 회계적 이익 ○, 경제적 이익 ×
② 회계처리방법 : 보수적 기준
③ 과거자료만 의존 ×, 여러 가지 질적요인 충분히 감안
④ 신뢰성을 높이기 위해 정상적 주당이익에 근거(경상적 항목을 근간, 보수적 회계처리방법 근간, 임의적 비용지출의 크기와 시기 주의)

정답 ①

## 19

**주식평가모형 중 계속기업의 가정을 전제하지 않는 모형은?**

① 배당평가모형
② 주가배수평가모형
③ 잉여현금흐름(FCF) 평가모형
④ 이익평가모형

**TIP** PER, PBR, PSR, EV/EBITDA 등의 주가배수평가모형은 실용적인 주식평가모형으로서 계속기업의 가정이 필요한 것은 아니다.

### 핵심포인트 해설 보통주 평가모형의 종류

**(1) 현금흐름할인(DCF)모형(계속기업의 가치)**

① 수익가치에 근거한 보통주 평가
㉠ 배당평가모형 : 정률성장모형, 제로성장모형, 고속성장모형
㉡ 이익평가모형
② 잉여현금흐름 평가모형(FCF)

**(2) 자산가치에 근거한 보통주 평가(청산가치)**

**(3) 주가배수평가모형**

PER, PBR, PSR, EV/EBITDA

정답 ②

## 20

현금흐름할인모형 ★★★

**현금흐름할인모형에 대한 설명으로 가장 거리가 먼 것은?**

① 현재가치란 현금흐름을 현재 시점의 가치로 평가한 금액이다.
② 현금흐름을 요구수익률로 할인하여 현재가치를 구한다.
③ 현금흐름은 불확실하므로 이를 반영한 요구수익률이 필요하다.
④ 현금흐름은 과거의 서로 상이한 시점에서 발생한다.

**TIP** 현금흐름(투자수입)은 과거나 현재가 아닌 미래의 서로 상이한 시점에서 발생하고, 불확실성의 정도가 다르다.

## 핵심포인트 해설 현금흐름할인모형(DCF)의 개요

**(1) 화폐의 시간가치(Time Value of Money)**

① 현재 가치

$$PV_0 = \frac{FV_n}{(1+i)^n}$$

② 연금의 현재 가치

$$PVIFA = A \times \frac{(1+i)^n - 1}{i(1+i)^n}$$

**(2) 현금흐름할인모형 절차 요약**

① 기업의 미래 기간별 주당이익 추정 후 배당성향을 고려하여 주당배당 예측
② 미래 현금흐름의 불확실성을 반영한 요구수익률 추정
③ 현금흐름을 요구수익률로 할인하여 현재가치를 구함

정답 ④

## 21

현금흐름할인모형 ★★★

현재 5,000원의 배당($d_0$)을 지급하고 있는 ㈜해커스는 계속적으로 10%의 성장을 하리라고 전망하고 있다. 요구수익률이 20%일 때 주가는?

① 48,000원
② 55,000원
③ 58,000원
④ 61,000원

**TIP** $V_0 = \frac{D_0(1+g)}{k-g} = \frac{D_1}{k-g}$

$\therefore 55{,}000 = \frac{5{,}000(1+0.1)}{0.2-0.1}$

## 핵심포인트 해설 배당평가모형(Dividends Valuation Model)

**(1) 배당평가 일반모형**

$$V_0 = \sum_{t=1}^{INF} \frac{d_t}{(1+k)}$$

**(2) 정률성장모형(Constant Growth Model) = 고든(Gordon)모형**

$$V_0 = \frac{D_1}{k-g} = \frac{D_0(1+g)}{k-g}$$

성장률(g) = 내부유보율(f) × 재투자수익률(r, ROE)

① 기대배당이 클수록, 요구수익률은 낮을수록, 배당의 기대 성장률은 높을수록 주가는 높아짐
② 정률성장모형의 가정
㉠ 배당흐름이 매년 일정한 비율로 계속 성장함
㉡ 성장에 필요한 자금을 내부자금(Internal Financing)만으로 조달함
㉢ 투자자금의 재투자수익률(r)이 항상 일정함
㉣ 사내유보율(f)과 배당성향(1 − f) 또한 일정함
㉤ 내부금융만으로 성장할 경우의 성장률(g = f × r)도 변함이 없음
㉥ 요구수익률(할인율, k)이 일정하며, k > g

**(3) 제로성장모형(Zero Growth Model)**

$$V_0 = \frac{D_0}{k}$$

**(4) 다단계성장모형(Super Normal Growth Model)**

초기 고속성장부분의 현금흐름과 안정적인 성숙기의 가치모형을 구분하여 기업가치를 구하는 방법

정답 ②

현금흐름할인모형 ★★★

이익평가모형(Earning Valuation Model)에 대한 설명으로 가장 거리가 먼 것은?

① 배당도 궁극적으로 기업의 이익에서 지급되므로 주당이익을 기초로 하여 내재가치를 구하는 방법이다.
② 가장 간단한 이익평가모형은 평균적인 주당이익 수준이 매기에 일정하다고 가정하는 것이다.
③ 기업의 청산을 전제로 한 청산가치(Liquidation Value)에 근거하는 모형이다.
④ 이익이 일정한 비율로 성장하는 경우를 감안하여 정률성장모형도 제시되고 있다.

TIP 기업의 청산을 전제로 한 청산가치(Liquidation Value)에 근거한 평가모형은 자산가치평가모형이다.



## 핵심포인트 해설 기타 평가모형

| | |
|---|---|
| 이익평가모형 | • 주당이익을 기초로 하여 내재가치를 구하는 모형<br>• 가장 간단한 이익평가모형은 성장이 없는 것으로 보고 평균적인 주당이익 수준이 매기에 일정하다고 가정함<br>• 무성장 시의 이익평가모형 : $V_0 = \frac{E}{K_0}$<br>• 모딜리아니·밀러는 이익의 정률성장모형을 제시함 |
| 자산가치<br>평가모형 | • 주주들에게 귀속되는 자산가치에 근거하여 평가하는 방법<br>• 주당장부가치(BPS : Book value Per Share)를 중시함<br>• 기업의 청산을 전제로 한 청산가치(Liquidation Value)에 근거함<br>• 순자산가치가 장부가치 기준으로 추정되어 실제 주가와 차이가 발생하는 문제점이 있음<br>• 토빈의 q비율을 이용하여 한계를 보완함 |
| 공모주식<br>발행가격 | • 공모가 결정과정<br>· 본질가치(자산가치와 수익가치의 가중평균)와 상대가치를 추정함<br>· 공모 희망가격을 제시함<br>· 기관투자가 대상 일차 수요예측(Book Building) 실시<br>· 최종 공모가격 협의·결정 |

정답 ③

FCF모형에 의한 가치평가 ★★

**잉여현금흐름(FCF)모형에 대한 설명으로 가장 거리가 먼 것은?**

① 잉여현금흐름이란 당해 연도 중 본업활동에서 창출해낸 순현금유입액에 신규 투하자본의 증분액을 가산한 금액이다.

② 잉여현금흐름이란 투자자본 조달에 기여한 자금조달자들이 당해 연도 말에 자신의 몫으로 분배받을 수 있는 총자금을 말한다.

③ 잔존가치(CV)란 기업가치 구성의 한 요소로서 미래의 사업성과에 대한 예측기간 이후에도 지속될 것으로 기대되는 현금흐름을 토대로 측정된다.

④ 현금유입은 영업현금흐름으로, 현금유출은 신규 총투자액으로 측정한다.

**+용어 알아두기**

**잉여현금흐름** 기업에 현금이 얼마나 유입되었는지 보여주는 지표로 이때의 현금흐름은 세금, 영업비용, 설비투자액 등을 빼고 남은 잔여 현금흐름을 말한다.

**TIP** 잉여현금흐름이란 당해 연도 중 본업활동에서 창출해낸 순현금유입액에 신규 투하자본의 증분액을 차감한 금액이다.

## 핵심포인트 해설 잉여현금흐름(FCF)모형

### (1) FCF모형의 개관

$$기업가치 = V_0 = \sum_{t=1}^{INF} \frac{FCF_t}{(1+WACC)^t} + \frac{CV_n}{(1+WACC)^n} + 영업외가치$$

$$주식가치 = S_0 = \frac{기업전체가치(V_0) - 부채가치(B_0)}{발행주식수}$$

① 미래 t기간에 걸친 잉여현금흐름($FCF_t$) 추정 후 가중평균자본비용(WACC)으로 할인한 현재가치, 예측기간 이후의 잔존가치(CV)를 WACC로 할인한 현재가치, 영업외가치 등 3가지 종류를 합산하여 기업 전체가치를 추정함

② 주식가치(적정 주가)는 기업 전체가치(V)에서 부채가치(B)를 차감한 후 이를 발행주식수로 나누어 추정함

### (2) 잉여현금흐름(FCF)의 의의

① 본업활동에서 창출해낸 총영업현금흐름(Gross Cashflow)에서 신규 총투자액(Gross Investment)을 차감한 금액

② 현금유입은 영업현금흐름으로, 현금유출은 신규 총투자액으로 측정함

③ 영업활동과 연관된 현금흐름 ○, 재무활동으로 인한 현금흐름 ×

### (3) FCF의 구성요소

FCF의 구성요소 중 핵심은 투하자본, 세후 영업이익, 자본비용, 잔존가치

잉여현금흐름(FCF) = 총영업현금흐름 − 총투자액 = 세후 영업이익(NOPLAT) − 투하자본 증가액(ΔIC)
총영업현금흐름 = 세후 영업이익(NOPLAT) + 감가상각비
총투자액 = 투하자본 증가액 + 감가상각비

정답 ①

# 24

FCF모형에 의한 가치평가 ★★

**㈜해커스는 1,000,000주를 발행하고 있다. ㈜해커스의 FCF는 1년 후 110,000,000원, 2년 후 121,000,000원, 3년 후 133,100,000원이 될 것으로 예상한다. PER(이익승수)을 이용하여 잔존가치를 추정하고자 하는데, 3년 후 ㈜해커스의 PER은 10을 예상하고 있다. 할인율이 10%라면 ㈜해커스의 적정주가는?** (단, FCF모형을 이용하여 계산한다)

① 1,100원　　② 1,300원
③ 1,550원　　④ 2,150원

**TIP** • 3년 후 시점의 잔존가치 = 10 × 133,100,000원 = 1,331,000,000원

• 기업가치 $= \frac{110,000,000}{(1+0.1)} + \frac{121,000,000}{(1+0.1)^2} + \frac{133,100,000}{(1+0.1)^3} + \frac{1,331,000,000}{(1+0.1)^3} = 1,300,000,000$원

∴ 주당 주식가치 $= \frac{1,300,000,000\text{원}}{1,000,000\text{주}} = 1,300$원

## 핵심포인트 해설 FCF의 구성요소

| 구분 | 내용 |
|---|---|
| 투하자본(IC) | • 영업이익을 벌어들이기 위한 기업의 핵심경영활동(영업활동)에 투하된 자금 |
| 세후 영업이익(NOPLAT) | • NOPLAT = EBIT − EBIT 대비 조정 법인세(= 영업이익 × 법인세율)<br>= EBIT × (1 − Tax) |
| FCF | • FCF = 총영업현금흐름 − 총투자액<br>= 세후 영업이익(NOPLAT) − 투하자본 증가액(ΔIC)<br>• ROIC $= \frac{NOPLAT}{IC} = \frac{\text{영업이익}}{\text{매출액}} \times \frac{\text{매출액}}{\text{투하자본}} \times (1-\text{유효법인세율})$ |
| WACC | • WACC = 부채비용 × (1 − 법인세율) × 부채비율 + 자기자본비용 × 자기자본비율 |
| 부채비용 | • 부채비용 = 만기수익률<br>= 무위험이자율 + 유사 회사채 신용등급의 스프레드<br>= 세전 부채비용 × (1 − 유효법인세율) |
| 자기자본비용(k) | • 배당평가모형 : k = 배당수익률$(\frac{d_1}{P_0})$ + 이익성장률(g)<br>• 이익평가모형 : $k = \frac{E}{P_0}$<br>• CAPM : k = 무위험이자율 + (시장이자율 − 무위험이자율) × 베타계수 |
| 잔존가치(CV) | • 정률배당성장모형 : $CV_n = \frac{FCF_{n+1}}{WACC - g}$<br>• 예측기간 최종 수년간(n)의 FCF의 평균 수준이 영구하다고 가정하는 방법<br>$CV_n = \frac{\text{FCF 최종 수년 평균}}{WACC}$<br>• 예측기간 끝 시점 예상 대체원가나 청산가치를 잔존가치로 보는 방법<br>• 예측기간 말 예상되는 PER에 그 시점 예상 주당이익을 곱하는 방법<br>• 예측기간 말 예상되는 PBR에 그 시점 예상 주당순자산을 곱하는 방법 |

정답 ②

주가배수평가모형 ★★★

어느 주식에 대한 자료가 다음과 같을 때 이 주식의 기대주가수익비율(PER)로 가장 적절한 것은?

〈보기〉

• 기대배당성향 : 45%  • 요구수익률 : 11%  • 기대성장률 : 6%

① 4.55  ② 6.35  ③ 9.00  ④ 11.23

**TIP** $PER = \frac{기대배당성향}{k - g} = \frac{0.45}{0.11 - 0.06} = 9.00$

## 핵심포인트 해설 PER 평가모형

**(1) PER의 의의 = 이익승수(Earnings Multiplier)**

① 기업의 단위당 수익력(수익가치)에 대한 상대적 주가수준을 나타낸 것으로, 주식의 내재가치를 추정할 때 사용

② 기업수익력의 성장성, 위험, 회계처리방법 등 질적 측면이 총체적으로 반영된 지표로 그 증권에 대한 투자자의 신뢰도를 표현함

③ 기초적 분석을 행하는 증권분석가들이 주식의 시장가격이 상대적으로 과대 또는 과소평가되었는지를 판단하는 지표로서 활용함

**(2) PER을 이용한 이론 주가의 추정**

$$P(주가) = \frac{P}{E}(주가수익배율) \times E(주당이익)$$

① 동류 위험을 지닌 주식군의 PER 이용 : PER은 수익력의 질적 측면을 나타내는 지표이므로, 위험이 비슷한 주식군의 경우에는 같은 수준의 PER이 유지될 것으로 가정함

② 동종 산업평균 PER 이용 : 현실적으로 위험도와 영업성격이 비슷한 주식군은 주로 동종 산업 내의 경쟁업체이므로 산업평균 PER을 이용함

③ 과거의 PER 이용 : 정상적 PER은 과거의 평균적인 신뢰도 수준을 유지하는 것으로 보고 과거평균 PER을 이용함

④ 배당평가모형을 이용 : 주식의 이론적 균형가치는 배당평가모형에 의해 결정된다고 보고 이를 이용함

$$PER = \frac{P}{EPS} = \frac{배당성향(1+g)}{k - g} = \frac{기대배당성향}{k - g}$$

**(3) PEG(PER to Growth rate)비율, 상대적 PER 평가**

$$PEG비율 = \frac{PER}{기대성장률}$$

① 개별 증권의 PER과 증시 전체의 평균 PER 혹은 산업평균 PER을 상호 비교하여 주가 상승 혹은 하락 가능성을 평가

② 현재의 PER과 과거 일정 기간의 평균 PER을 상호 비교함으로써 주가의 상대적인 회복 수준을 평가

③ 주당이익과 주가 변화의 시계열 자료를 통한 평가도 시도
→ 시간의 흐름에 따라 배열된 통계값

정답 ③

주가배수평가모형 ★★★

**주가수익비율(PER)과 자기자본이익률(ROE)의 곱으로 표현될 수 있는 것은?**

① PBR(Price Book–value Ratio)
② EV/EBITDA
③ PSR(Price Sales Ratio)
④ PCFR(Price Cash–Flow Ratio)

**TIP** PBR = PER(= P/E) × ROE이다.

## 핵심포인트 해설 PBR 평가모형

**(1) PBR의 의의**

① 주가를 주당순자산, 즉 주당 장부가치$\left(BPS = \frac{\text{총자산} - \text{총부채}}{\text{발행주식수}}\right)$로 나눈 비율

② 시장가격(분자)과 장부가치(분모)의 괴리 정도를 평가하며 총액기준으로 M/B라고도 함

$$P = \frac{P}{BPS} \times BPS$$

③ PER과 PBR 비교

㉠ PER : 수익가치와 대비한 상대적 주가 수준지표, 주가와 수익의 플로우(Flow) 관계

㉡ PBR : 자산가치와 대비한 상대적 주가 수준지표, 주가와 순자산의 스톡(Stock) 관계

④ 대부분 기업들의 PBR은 주가(시장가격)와 주당순자산(장부가치)이 같지 않으므로 1이 아님

⑤ 기업 간 PBR이 차이를 보이는 것은 기업의 주당순자산의 질적 차이를 반영한 것임

**(2) PBR의 투자결정에 이용**

$$PBR = \frac{P}{BPS} = \frac{\text{주당시장가격}}{\text{주당장부가치}}$$

$$= \text{자기자본순이익률(ROE)} \times (P/E)$$

$$= \frac{\text{순이익}}{\text{매출액}} \times \frac{\text{매출액}}{\text{총자본}} \times \frac{\text{총자본}}{\text{자기자본}} \times (P/E)$$

$$= (\text{마진}) \times (\text{활동성}) \times (\text{부채레버리지}) \times (\text{이익승수})$$

$$PBR(M/B) = ROE \times (P/E) = \frac{ROE - g}{k - g}$$

① PBR은 ROE의 결정요소인 기업의 마진, 활동성, 부채레버리지와 기업 수익력의 질적 측면인 PER이 반영됨

② 고ROE·저PBR 주식은 저평가, 저ROE·고PBR 주식은 고평가로 판단됨

정답 ①

주가배수평가모형 ★★★

〈보기〉의 (    )에 들어갈 올바른 내용이 순서대로 연결된 것은?

〈보기〉

(        )비율은 해당 업체의 내재가치(수익가치)와 기업가치를 비교하는 투자지표로, 기업의 (        )를 (        )로 나눈 것이다.

① EV/EBITDA, 전체가치, EBITDA
② EV/EBITDA, 주주가치, EBITDA
③ EVA, 주주가치, EBIT
④ EVA, 전체가치, EBITDA

**TIP** EV/EBITDA비율은 해당 업체의 내재가치(수익가치)와 기업가치를 비교하는 투자지표로, 기업의 전체가치를 EBITDA로 나눈 것이다.

## 핵심포인트 해설 PSR, EV/EBITDA, PCFR 평가모형

**(1) PSR(Price Sales Ratio)**

$$PSR = \frac{P}{S} = \frac{\text{주가}}{\text{매출액} \div \text{발행주식수}},\ P = \frac{P}{S} \times S$$

① 주가를 주당매출액으로 나눈 것
② 이익은 부(−)일 수 있으나 매출액은 부(−)가 거의 없으므로 PSR은 PER의 약점을 보완해 줌
③ 고마진·저PSR 주식은 상대적 저평가, 저마진·고PSR 주식은 상대적 고평가로 판단

**(2) EV/EBITDA**

$$EV/EBITDA = \frac{EV}{EBITDA} = \frac{\text{기업가치}}{\text{이자·세금·감가상각비 차감 전 이익}}$$

① 기업의 전체가치(Enterprise Value)를 EBITDA(Earnings Before Interest, Taxes, Depreciation & Amortization)로 나눈 것
② EBITDA는 세전 영업이익(EBIT)에 비현금성비용 항목인 감가상각비를 합한 것이므로 세전 영업현금흐름임
③ 회계적 순이익은 회계처리방법과 영업외적 요인에 영향 받으나 EBITDA는 이러한 영향이 없음
④ EV는 주주가치와 채권자 가치의 합, EBITDA는 이자 및 세금, 감가상각비 차감 전 이익

**(3) PCFR(Price Cash-Flow Ratio)**

$$PCFR = \frac{P}{CF} = \frac{\text{주가}}{\text{주당현금흐름}}$$

① 주가를 주당현금흐름으로 나눈 것
② 감가상각비가 많은 장치산업의 주식평가에 유용성 높음

정답 ①

# 출제예상문제

☑ 다시 봐야 할 문제(틀린 문제, 풀지 못한 문제, 헷갈리는 문제 등)는 문제 번호 하단의 네모박스(□)에 체크하여 반복학습 하시기 바랍니다.

**01** 중요도 ★★

□ **보통주 배당액 이상이 발생할 경우 초과배당을 받을 수 있는 우선주는?**

① 누적적 우선주　② 비누적적 우선주
③ 참가적 우선주　④ 비참가적 우선주

**02** 중요도 ★★

□ **금융시장(Financial Market)에 대한 설명으로 가장 거리가 먼 것은?**

① 자금 수요자와 공급자 사이에 금융거래가 이루어지는 장소를 말한다.
② 거래규칙에 의해 공정한 거래의 이행을 보장하는 것도 금융시장의 중요한 기능이다.
③ 주요 기능은 자금의 공급자와 수요자 사이의 자금의 매개기능이다.
④ 자금잉여 주체(Surplus Unit)는 부족자금을 외부로부터 조달해야 하는 경제주체이다.

**03** 중요도 ★★★

□ **금융기관(Financial Institutions)은 금융시장에서 금융이 원활하게 이루어지도록 하는 역할을 한다. 금융기관이 수행하는 기능과 가장 거리가 먼 것은?**

① 거래주체들의 거래비용 증가로 금융서비스 생태계의 조성
② 차입·대출과 관련한 정보의 생산
③ 만기 및 금액 변환, 다양화를 통한 위험의 감소
④ 다양한 상품개발을 통한 유연성 제공 및 지급결제수단 제공

**04** 중요도 ★★

□ **증권시장은 금융시장의 하나이므로 일반적으로 금융시장에서 기대되는 여러 가지 기능을 수행한다. 이에 대한 내용으로 가장 거리가 먼 것은?**

① 증권시장은 증권이 발행, 매출되는 발행시장과 발행된 증권이 거래되는 유통시장으로 나눈다.
② 유통시장을 통하여 기업이 자기자본을 조달함으로써 재무구조를 개선시킬 수 있다.
③ 발행시장을 통하여 일반투자자들의 유휴자금이 장기의 안정성 있는 생산자금화가 된다.
④ 유통시장은 발행된 증권의 시장성(Marketability)과 유동성(Liquidity)을 높인다.

05 중요도 ★★★

㈜해커스가 25%의 무상증자를 결의하였다고 하자. 현재 ㈜해커스의 주가가 40,000원이라면 ㈜해커스의 권리락 주가는?

① 30,000원 ② 32,000원
③ 34,000원 ④ 36,000원

06 중요도 ★★★

㈜해커스의 현(기준)주가는 50,000원이고, 발행주식수는 1,000,000주이며, 200,000주의 유상증자를 하고자 한다. 할인율이 20%일 때 신주발행가격은?

① 40,000원 ② 42,000원
③ 44,000원 ④ 46,000원



### 정답 및 해설

01 ③ 참가적 우선주는 보통주 주주에 대한 배당액 이상의 배당을 지급할 경우 그 초과배당에 같이 참여할 수 있는 우선주이다.

02 ④ • 자금잉여 주체(Surplus Unit) : 가계부문처럼 소득 가운데 일부는 소비하지 않고 미래에 보다 많은 소득을 얻고자 저축하는 경제주체
• 자금부족 주체(Deficit Unit) : 기업부문이나 정부부문처럼 소득보다 소비나 투자지출이 많기 때문에 부족자금을 외부로부터 조달해야 하는 경제주체

03 ① 금융기관(Financial Institutions)의 기능
• 개별 경제주체들의 거래비용 절감
• 차입·대출과 관련한 정보의 생산
• 만기 및 금액 변환, 다양화를 통한 위험의 감소
• 소규모 금융으로의 분할 및 다양한 상품개발을 통한 유연성 제공 및 지급결제수단 제공

04 ② 발행시장을 통하여 기업이 자기자본을 조달함으로써 재무구조를 개선시켜 기업의 체질과 대외경쟁력을 강화시킬 수 있으며 부채차입에 따른 이자부담을 줄일 수 있으므로 경기침체기에 야기되는 재무위험을 줄일 수 있다.

05 ② $\text{권리락 주가} = \dfrac{\text{권리부 주가}}{1 + \text{무상증자비율}} = \dfrac{40{,}000}{1.25} = 32{,}000\text{원}$

06 ① 신주발행가격 = 기준주가 × (1 − 할인율) = 50,000 × (1 − 0.2) = 40,000원

07 중요도 ★★★

㈜해커스의 현(기준)주가는 25,000원이고, 발행주식수는 2,000,000주이며, 25%의 유상증자를 하고자 한다. 발행가격이 20,000원일 경우 권리락 주가는?

□

① 18,000원 ② 20,000원
③ 22,000원 ④ 24,000원

08 중요도 ★★

조직화된 시장으로서 회원제로 구성되고 경쟁매매 방식으로 거래되는 시장으로 적절하게 묶인 것은?

□

① KOSPI시장, KONEX시장 ② KOSPI시장, KOSDAQ시장
③ KOSDAQ시장, KONEX시장 ④ KOSDAQ시장, K-OTC시장

09 중요도 ★★

투자자가 향후에 결정될 가격 또는 그와 근접한 가격으로 매매체결을 원하는 경우의 주문은?

□

① 조건부 지정가주문 ② 목표가주문
③ 최유리 지정가주문 ④ 시장가주문

10 중요도 ★★

증권매매제도로서 가격 조건이 부합하는 경우마다 개개의 가격으로 매매체결을 하기 때문에 복수의 가격이 형성되는 방법으로 가장 적절한 것은?

□

① 동시호가 매매 ② 집중거래방법
③ 단일가 매매 ④ 계속거래방법

11 중요도 ★★★

시가총액식 주가지수에 대한 설명으로 가장 거리가 먼 것은?

□

① 주식분할과 같은 자본의 변화에도 자동적인 조정이 가능하다.
② 지수작성의 일관성을 유지하기 위하여 제수(Divisor)를 수정한다.
③ S&P500, New York Stock Exchange Index, KOSPI지수, KOSPI200 등이 있다.
④ 시가총액이 큰 주식의 가격이 지수에 많은 영향을 준다.

## 12

중요도 ★★

**기본적 분석에 대한 설명으로 가장 거리가 먼 것은?**

☐

① 지나치게 주관적인 것이 단점이다.

② 시장가격이 본질가치보다 크면 고평가된 것으로 본다.

③ 거시경제변수, 산업변수, 기업변수들을 중시한다.

④ 과거 주가의 움직임을 분석한다.

## 13

중요도 ★★★

**기술적 분석과 관련이 깊은 것은?**

☐

① 내재가치(Intrinsic Value) 또는 본질가치(Fundamental Value)

② 수요와 공급의 분석과 예측

③ Top-Down 방식

④ 저평가 종목의 발굴



### 정답 및 해설

07 ④ 권리락 주가 $= \dfrac{\text{기준주가} + \text{주당 납입금}(= \text{증자비율} \times \text{신주발행가격})}{1 + \text{증자비율}}$

$= \dfrac{[25{,}000 + (20{,}000 \times 0.25)]}{1.25} = 24{,}000\text{원}$

08 ②

| 구 분 | 조직화된 시장 | | | | 조직화되지 않은 시장 | |
|---|---|---|---|---|---|---|
| | KOSPI | KOSDAQ | KONEX | K-OTC | 금융투자회사 장외거래 | 기타장외거래 |
| 참가자 | 회 원 | 회 원 | 전문투자자 | 투자자 | 금융투자회사, 투자자 | 투자자 |
| 매매방법 | 경쟁매매 | 경쟁매매 | 경쟁매매 | 상대매매 | 상대매매 | 상대매매 |
| 운영주체 | 거래소 | 거래소 | 거래소 | 협 회 | 금융투자회사 | - |

09 ② 목표가주문은 투자자가 특정 지정 가격이 아닌 당일의 거래량가중평균 등 향후에 결정될 가격 또는 그와 근접한 가격으로 매매체결을 원하는 경우, 회원의 재량으로 투자자가 목표로 하는 가격에 최대한 근접하여 체결될 수 있도록 하는 방법이다.

10 ④ 우리나라의 장중거래에는 복수가격에 의한 계속거래방법이 사용된다. 계속거래방법의 예외로 08:00 ~ 09:00, 15:20 ~ 15:30, 장마감후 거래 등에 단일가에 의한 동시호가제도, 집중거래제도가 활용된다.

11 ② 주식가격 가중방법에 대한 설명이다. 주식가격 가중방법에서는 무상증자 등의 경우처럼 채용종목수들의 발행주식수에 변동이 생기면 지수작성의 일관성을 유지하기 위하여 나누어 주는 수인 제수(Divisor)를 수정한다.

12 ④ 기술적 분석에서는 주가 움직임이 일정한 패턴을 가지고 있기 때문에 과거 주가 움직임을 분석함으로써 미래 주가의 변동을 예측할 수 있는 것으로 가정한다.

13 ② 기술적 분석에서는 주가가 시장에서의 수요와 공급에 의해서 결정되며, 수요와 공급은 시장에 참여하는 투자가들의 심리상태에 의하여 결정된다고 본다. ①, ③, ④는 모두 기본적 분석과 관련이 깊다.

**14** 중요도 ★★★

**기본적 분석의 분석과정에서 일반적으로 따르는 Top-Down 방식을 순서대로 나열한 것은?**

□

① 기업분석 ⇨ 산업분석 ⇨ 경제분석
② 과거분석 ⇨ 현재분석 ⇨ 미래분석
③ 거시분석 ⇨ 미시분석 ⇨ 정밀분석
④ 경제분석 ⇨ 산업분석 ⇨ 기업분석

**15** 중요도 ★★

**기본적 분석을 통한 투자결정에 관한 설명으로 가장 거리가 먼 것은?**

□

① 과소 또는 과대평가된 증권을 판별해 내기 위해서는 당해 주식의 미래 이익흐름과 그 불확실성을 추정할 필요가 있다.
② 기본적 분석에서는 경제-산업-기업분석의 체계(Economy-Industry-Company Framework)에 따라 증권분석을 행하고 있다.
③ 투자결정의 마지막 국면은 어떠한 포트폴리오를 구성하며 주식에 대한 투자비중을 얼마로 하느냐를 결정하는 것이다.
④ 증권분석체계를 중요시하는 또 다른 이유는 투자결정의 여러 국면에서 기초자료로 활용되기 때문이다.

**16** 중요도 ★★★

**주가와 경기변동과의 관계에 대한 설명으로 가장 거리가 먼 것은?**

□

① 명목GDP 성장률과 주가 상승률은 관계가 없다.
② 통화량 증가가 장기적으로는 주가를 하락시키는 요인으로 작용할 수 있다.
③ 금리와 주가는 역상관관계를 가지고 있다.
④ 경기후퇴가 계속되면 통화당국의 주도로 신용조건이 완화되고 이자율이 하락한다.

**17** 중요도 ★★★

**시중이자율 수준에 대한 설명으로 가장 거리가 먼 것은?**

□

① 투자결정 시 가장 중요하게 고려되는 거시경제변수는 시중이자율 수준이다.
② 시중이자율이 높아지면 주식에 대한 대체투자수단의 수익률이 낮아짐을 의미한다.
③ 시중이자율이 높아지면 주식의 투자매력도가 떨어진다.
④ 이자율이 상승하면 요구수익률, 즉 할인율이 상승하게 된다.

## 18

중요도 ★★★

**일반적으로 물가가 지속적으로 상승하거나 화폐가치가 지속적으로 하락하는 인플레이션에 대한 설명으로 가장 거리가 먼 것은?**

① 인플레이션은 화폐가치의 지속적인 하락을 의미하고, 화폐의 구매력을 감소시킨다.
② 인플레이션은 시중이자율을 상승시켜 주식가격을 하락시킬 수도 있다.
③ 명목수익률은 실질수익률과 기대 인플레이션의 합으로 이를 피셔 효과(Fisher effect)라고 한다.
④ 실제 인플레이션이 기대 인플레이션을 초과하면 채권자는 이득을 보고, 채무자는 손실을 본다.

## 19

중요도 ★★

**환율의 변화와 기업의 손익관계에 대한 설명으로 가장 거리가 먼 것은?**

① 환율은 개별기업 수익성의 주요 결정요인이 된다.
② 환율은 직접적으로 외환시장에서 수요, 공급에 의해 결정된다.
③ 환율의 결정은 국제수지, 물가, 금리 등의 복합적인 요인에 의해서도 영향을 받는다.
④ 환율 하락 시 외화표시 부채가 큰 기업은 상당한 환차손을 입게 된다.



### 정답 및 해설

14 ④ Top-Down 방식은 '경제분석 ⇨ 산업분석 ⇨ 기업분석'의 순서를 따른다.

15 ③ 투자결정의 첫 국면은 채권, 주식, 부동산 등 여러 가지 투자자산들로 어떠한 포트폴리오를 구성(자산배분)하며 주식에 대한 투자비중을 얼마로 하느냐를 결정하는 것이다.

16 ① 주가는 경기회복국면에서 상승하기 시작하여 호황국면에서 본격적으로 상승하게 되고, 그 상승폭은 명목GDP 성장률과 거의 일치한다.

17 ② 시중이자율이 높아지면 주식에 대한 대체투자수단의 수익률이 높아짐을 의미하므로 주식의 투자매력도가 떨어진다.

18 ④ • 실제인플레이션 > 기대인플레이션 : 채권자 손실, 채무자 이득
• 실제인플레이션 < 기대인플레이션 : 채권자 이득, 채무자 손실

19 ④ 환율 상승 시 외화표시 부채가 큰 기업은 상당한 환차손을 입게 된다.

## 20

중요도 ★★★

**정부가 수행하는 경제정책과 시장에 미치는 영향으로 가장 거리가 먼 것은?**

□

① 정부의 재정정책은 정부지출과 세제변화에 관련된 정책을 말한다.

② 통화공급의 증가는 시중이자율을 하락시켜 투자와 소비수요를 증가시킨다.

③ 정부의 흑자재정은 수요를 진작시키게 된다.

④ 통화공급의 증가는 물가상승을 유발하므로 장기적으로는 효과가 상쇄된다.

## 21

중요도 ★★

**포터(M. E. Porter)의 산업경쟁구조 분석에서 산업의 여건과 해당 산업에 속한 기존기업에 대한 설명으로 가장 거리가 먼 것은?**

□

① 진입장벽이 높으면 기존 기업에 유리하다.

② 대체가능성이 높으면 기존 기업에 유리하다.

③ 기업 간의 경쟁치열도가 낮을수록 기존 기업에 유리하다.

④ 공급자의 입장에서 높은 교섭력을 가진 기업이 낮은 교섭력을 가진 기업보다 상대적으로 유리하다.

## 22

중요도 ★★★

**해당 산업의 경쟁 강도를 결정하는 구조적 경쟁요인과 가장 거리가 먼 것은?**

□

① 구매자의 교섭력

② 기존업체 간 경쟁강도

③ 이윤잠재력

④ 제품의 대체가능성

## 23

중요도 ★★

**공급자 집단(산업)의 교섭력을 강화시키는 여건으로 가장 거리가 먼 것은?**

① 제품이 규격화되어 있거나 제품 차별화가 거의 되어 있지 않을 경우

② 공급능력이 소수기업에 의해 집중되어 있고 구매자 산업보다 집중되어 있을 경우

③ 공급자의 제품이 차별화되어 있거나 교체비용이 소요될 경우

④ 공급자에게 전방적 계열화(Forward Integration)의 가능성이 높을 경우

## 24

중요도 ★★★

**시장의 수요가 포화상태에 이르고 가격경쟁의 심화로 제품의 단위당 이익은 줄어들게 되는 제품수명주기 분석단계로 가장 적절한 것은?**

① 도입기

② 성장기

③ 성숙기

④ 쇠퇴기

### 정답 및 해설

20 ③ 정부의 적자재정은 수요를 진작시킨다. 예를 들어 사회간접자본에 대한 투자를 크게 늘리는 등 적자예산을 편성하여 세출을 증가시키고, 세입은 줄이면 수요는 증가한다.

21 ② 대체가능성이 낮아야 기존 기업에 유리하다.

22 ③ 포터(M. E. Porter)에 따르면 구조적 경쟁요인으로 진입장벽, 기존업체 간 경쟁강도, 제품의 대체가능성, 구매자와 공급자의 교섭력 등이 있으며 이들의 작용으로 해당 산업의 이윤잠재력과 위험이 결정된다.

23 ① 제품이 규격화되어 있거나 제품 차별화가 거의 되어 있지 않을 경우에는 구매자 집단(산업)의 교섭력이 강화된다.

24 ③ 성숙기에 대한 설명이다. 성숙기는 안정적인 시장점유율을 확보하고 성장기에 빌려온 자금을 상환하게 되나, 가격경쟁의 심화로 제품의 단위당 이익은 줄어들게 되므로 경쟁력이 약한 기업은 탈락하게 된다. 지속적 성장을 위해 신규 업종으로 진출이 필요한 시기이다.

**25** 중요도 ★★★

**〈보기〉에서 설명하고 있는 것으로 가장 적절한 것은?**

〈보기〉

여러 가지 재무비율들이 서로 어떠한 관련을 맺고 작용을 하는가를 알아보기 위해 사용되는 방법으로 이 방법을 통해서 자기자본수익률이 기업의 수익성에 주로 영향을 받는지 아니면 기업의 자본구조에 의하여 주로 영향을 받는지 명확하게 알 수 있다.

① 기본적 분석
② 재무비율분석
③ 듀퐁분석
④ 산업연관분석

**26** 중요도 ★★★

**㈜해커스는 매출액순이익률이 3%고 총자산회전율이 1.2이며 ROE가 7.2%라고 한다. 이 회사의 부채비율(= 부채/자기자본)은?**

① 50%
② 100%
③ 200%
④ 300%

**27** 중요도 ★★

**기업의 경제적 부가가치(EVA) 분석을 통해 알 수 있는 것과 가장 거리가 먼 것은?**

① 영업활동의 효율성
② 자본비용을 초과하여 새로이 창출한 부가가치
③ 재무적 건전성
④ 영업 외 활동까지 반영한 가치창출

**28** 중요도 ★★★

**㈜해커스의 202×년 영업이익은 200,000원이고, 법인세율은 30%, 자본비용(k)은 10.6%, 202×년 투자자본(IC)이 800,000원일 때, 이 기업의 경제적 부가가치(EVA)는?**

① 40,800원
② 55,200원
③ 80,800원
④ 115,200원

## 29

중요도 ★

**미래이익 예측과 관련한 내용으로 가장 거리가 먼 것은?**

☐

① 증권의 내재가치에 영향을 미치는 가장 결정적 요소는 기업의 미래이익이다.
② 기업의 이익 변화가 큰 종목일수록 주가 변동이 큰 것으로 나타나고 있다.
③ 효율적 시장이라도 이익의 시장 평균 예측치는 주가에 완전히 반영되어 있지 않다.
④ 미래 이익의 변화방향과 크기를 정확히 예측하면, 초과수익을 얻을 수 있다.



**정답 및 해설**

25 ③ 듀퐁분석에 대한 설명이다.

참고 ROE변환(듀퐁분석)

$$ROE = \frac{순이익}{자기자본} = \frac{순이익}{매출액} \times \frac{매출액}{총자산} \times \left(1 + \frac{부채}{자기자본}\right)$$

- $\frac{순이익}{매출액}$은 매출액이익률이며 손익계산서를 요약적으로 나타낸다.
- $\frac{매출액}{총자산}$은 총자산회전율이며 활동성을 나타낸다.
- $1 + \frac{부채}{자기자본}$은 부채의 활용이 어떠한가를 나타낸다.
- ROE를 위의 세 가지로 나누어 분석하는 것이 듀퐁분석이다. 같은 ROE라도 산업에 따라 의미가 다름을 분석하는 데 듀퐁분석의 의의가 있다. 제조업과 서비스업을 비교해 보면, 제조업은 큰 설비를 쓰며 회전률은 낮고 이익률이 높은 편인데, 서비스업은 반대의 성격이다.

26 ② $ROE = 매출액이익률 \times 총자산회전율 \times \left(1 + \frac{부채}{자기자본}\right)$

⇨ 7.2 = 3 × 1.2 × (1 + 부채비율)

∴ 부채비율 = 100%

27 ④ EVA는 기업고유의 영업활동을 통하여 창출된 순가치의 증분만을 측정하고 있다.

28 ② EVA = 세후 영업이익(NOPAT) − 투자자본(IC) × 자본비용(k)

- 세후 영업이익(NOPAT) = 영업이익 × (1 − 세율) = 200,000 × (1 − 0.3) = 140,000원
- 투자자본(IC) = 800,000원
- 자본비용(k) = 10.6%

∴ EVA = 140,000원 − (800,000원 × 0.106) = 140,000원 − 84,800원 = 55,200원

29 ③ 이용 가능한 정보가 신속·정확하게 주가에 반영되는 효율적 시장에서는 이익의 시장 평균 예측치는 이미 주가에 반영되어 있으므로, 시장 평균보다도 더 잘 예측할 수 있어야 초과수익이 가능하다.

**30** 중요도 ★★

**기업의 미래 이익 예측 시 고려해야 할 사항으로 가장 거리가 먼 것은?**

□

① 기업합병, 자산매각 등 비경상적 항목을 근간으로 예측한다.
② 보수적 회계처리방법을 근간으로 예측한다.
③ 임의적 비용지출의 크기와 시기에 주의하여 분석한다.
④ 미래 예측은 정상적 주당이익 예측을 근간으로 하여야 한다.

**31** 중요도 ★★★

**주가배수 주식평가모형으로 가장 적절하게 묶은 것은?**

□

〈보기〉

| | | |
|---|---|---|
| ㉠ ROE | ㉡ PER | ㉢ PBR |
| ㉣ EVA | ㉤ EV/EBITDA | ㉥ FCF |

① ㉠, ㉡, ㉢
② ㉠, ㉣, ㉤
③ ㉡, ㉢, ㉤
④ ㉡, ㉣, ㉥

**32** 중요도 ★★★

**정률성장배당모형의 가정과 가장 거리가 먼 것은?**

□

① 배당흐름이 매년 일정한 비율로 계속 성장한다.
② 성장에 필요한 자금을 내부자금만으로 조달한다.
③ 투자자금의 재투자수익률이 항상 일정하다.
④ 성장률(g)은 요구수익률(k)보다 커야 한다.

**33** 중요도 ★★★

**㈜해커스의 당기순익이 2,500원, 영구적 이익성장률이 12%, 배당성향이 40%, 요구수익률이 16%일 때 적정주가는?**

□

① 18,000원
② 20,000원
③ 25,000원
④ 28,000원

**34** 중요도 ★★★

A사는 향후 매출액이 감소하고 이로 인해 주당 이익과 배당도 매년 4%씩 영구히 감소하게 될 것으로 예상하고 있다. 최근 A사가 주당 2,500원의 배당을 지급했고 주주의 요구수익률이 12%일 때 주가는?

① 31,250원 ② 20,833원

③ 15,000원 ④ 15,625원

가치평가론 제2과목 해커스 금융투자분석사 최종핵심정리문제집

## 정답 및 해설

30 ① 과거의 영업성과에 영향을 미친 항목 중에서 미래에도 계속될 것으로 볼 수 있는 반복적 항목, 즉 경상적 항목을 근간으로 예측한다.

31 ③ 주가배수 주식평가모형에는 PER, PBR, PSR, EV/EBITDA 등이 있다.

32 ④ 정률성장모형의 가정

- 배당흐름이 매년 일정한 비율로 계속 성장한다.
- 성장에 필요한 자금을 내부자금(Internal Financing)만으로 조달한다.
- 투자자금의 재투자수익률(r)이 항상 일정하다.
- 사내유보율(f)과 배당성향(1 − f) 또한 일정하다.
- 내부금융만으로 성장할 경우의 성장률(g = f × r)도 변함이 없다.
- 요구수익률(할인율, k)이 일정하며, 요구수익률(k) > 성장률(g)이다.

33 ④ • 예상주가 $P = \frac{D_0(1+g)}{k-g}$

• $D_0$ = EPS × 배당성향 = 2,500 × 40% = 1,000원

$\therefore P = \frac{1{,}000(1+0.12)}{0.16-0.12} = \frac{1{,}120}{0.04} = 28{,}000$원

34 ③ 주가 $= \frac{2{,}500(1-0.04)}{0.12-(-0.04)} = \frac{2{,}400}{0.16} = 15{,}000$원

**35** 중요도 ★★★

☐

**㈜해커스의 지난해 주당 배당액은 1,000원이었다. 향후 2년간은 10%의 높은 성장률을, 그 이후에는 5%의 성장률을 매년 유지할 것으로 예상된다. ㈜해커스 투자자들의 요구수익률이 15%라면 ㈜해커스의 적정주가는?**

① 10,000원 ② 11,478원

③ 13,056원 ④ 22,000원

**36** 중요도 ★

☐

**잉여현금흐름(FCF)에 관한 설명으로 가장 거리가 먼 것은?**

① 잉여현금흐름은 본업활동이 창출해 낸 현금유입액에서 당해 연도 중 새로운 사업에 투자하고 남은 것이다.

② 잉여현금흐름은 투하자본에 기여한 자금조달자들이 당해 연도 말에 자신의 몫으로 분배받을 수 있는 총자금이다.

③ 잔존가치란 사업의 예측기간이 끝난 후 동 사업으로부터 지속해서 얻을 수 있는 경제적 부가가치의 크기를 말한다.

④ 기업가치의 증식분은 사업수명기간 중 발생할 당기순이익을 적절한 자본비용으로 할인한 후 합산하여 추산한다.

**37** 중요도 ★★★

☐

**㈜해커스의 영업이익은 40억원, 이자비용은 20억원, 법인세율은 40%로, 8억원의 법인세를 납부하였다. ㈜해커스의 NOPLAT(세후 순영업이익)는?**

① 24억원 ② 28억원

③ 32억원 ④ 34억원

**38** 중요도 ★★★

☐

**㈜해커스의 자기자본비용은 16%, 세전 타인자본비용이 10%, 법인세율이 30%, 그리고 총자본 중 자기자본의 비율이 40%이다. ㈜해커스의 가중평균자본비용(WACC)은?**

① 8.7% ② 9.2%

③ 9.8% ④ 10.6%

39

중요도 ★★★

애널리스트 A는 ㈜해커스의 이익승수(PER)를 11배로 예상하였다. 해당 주식의 EPS는 7,000원, 배당은 3,000원으로 추정된다. 애널리스트 A가 ㈜해커스의 주식을 60,000원에 매입했을 경우, 수익률은? (단, 근사치로 구한다)

① 26.1% ② 28.5%
③ 30.2% ④ 33.3%



## 정답 및 해설

35 ② 다단계성장모형(Super Normal Growth Model)을 이용한 주가 산정방법이다.

- $D_1$ = 1,100원(= 1,000 × 1.1)
- $D_2$ = 1,210원(= 1,100 × 1.1)
- $P_2$ = 12,705원$\left(= \frac{1{,}210(1 + 0.05)}{0.15 - 0.05}\right)$

이렇게 구한 $D_1$, $D_2$, $P_2$를 현재 가치로 할인(할인율 15%)하여 합하면,

적정주가 = $\frac{1{,}100}{1.15} + \frac{1{,}210}{1.15^2} + \frac{12{,}705}{1.15^2}$ = 11,478원

36 ④ 사업수명기간 중 발생할 잉여현금흐름을 적절한 자본비용으로 할인하여 합산하면 새로운 투자로 순수하게 증가되는 기업가치의 증식분을 추산할 수 있다.

37 ① NOPLAT = EBIT(1 − Tax)
= EBIT − EBIT 조정 법인세(= 영업이익 × 법인세율)
= 40억원 − (40억원 × 0.4) = 24억원

참고

앞의 풀이 방식이 아닌 'EBIT − 법인세 − 이자비용에 대한 법인세 절감액'으로 풀어도 같은 답이 나온다.
40억원 − 8억원 − 8억원 = 24억원

38 ④ WACC = 부채비용(1 − 법인세율) × 부채비율 + 자기자본비용 × 자기자본비율
= [10% × (1 − 0.3)] × 60% + 16% × 40%

∴ WACC = 4.2% + 6.4% = 10.6%

법인세율이 T라고 하면 절세효과를 반영한 타인자본비용(세후 타인자본비용)은 세전 타인자본비용에 (1 − T)를 곱하여 구할 수 있다. 여기에서 세전 타인자본비용이 10%이므로, 이를 세후 타인자본비용으로 환산하면 7%가 된다.

39 ④ 예상 주가 = 11 × 7,000 = 77,000원

∴ 수익률 = $\frac{(77{,}000원 - 60{,}000원) + 3{,}000원}{60{,}000원}$ = 0.3333 ≒ 33.3%

## 40

중요도 ★★★

㈜해커스는 배당 2,000원, 10%의 자기자본이익률(ROE), 50%의 배당성향을 유지한다. 투자자의 요구수익률이 10%일 때 ㈜해커스의 PER은?

① 5
② 5.25
③ 10
④ 10.5

## 41

중요도 ★★

㈜해커스의 주가는 10,000원에 거래되고 있다. 이 기업의 주당 이익(EPS)이 1,000원이고 기대성장률이 5%일 때, ㈜해커스의 PEG비율(PEGR)은?

① 10
② 50
③ 100
④ 200

## 42

중요도 ★★★

㈜해커스의 성장률이 8%, 기대배당성향이 60%, 자본비용이 12%이다. PBR이 3.0이라고 할 때, ㈜해커스의 ROE는?

① 13.3%
② 18.0%
③ 20.0%
④ 33.0%

## 43

중요도 ★★★

기업의 배당성장률이 8%, 기대배당성향이 40%, 자본비용이 12%라고 할 때 주가순자산비율(PBR)은?

① 1.33
② 2.23
③ 3.00
④ 4.15

## 44

중요도★★★

**〈보기〉의 재무자료를 이용하여 구한 해당 기업의 P/B비율은?**

□

(단위 : $)

〈 보기 〉

- 시장가치 : 4,200,000
- 매출액 : 30,000,000
- 이익 : 230,000
- 장부가치 : 2,100,000
- 현금흐름 : 420,000

① 1.67 ② 2.00
③ 2.33 ④ 3.18

## 45

중요도★★

**EV/EBITDA에 대한 설명으로 가장 거리가 먼 것은?**

□

① 순수 영업이익에 대한 기업가치변화를 나타내는 지표이다.
② EV는 주주가치와 채권자가치를 포함한 개념이다.
③ EBITDA는 영업이익에서 감가상각 및 기타 상각비를 차감한 값과 같다.
④ PER에 비해 기업자본구조를 감안한 평가방식이라는 점에서 유용하다.



### 정답 및 해설

40 ④ 성장률(g) = 자기자본이익률(ROE) × 유보율(f = 1 − 배당성향) = 0.1 × 0.5 = 0.05

$\therefore$ PER $= \dfrac{\text{배당성향}(1+g)}{k-g} = \dfrac{0.5 \times (1+0.05)}{0.1-0.05} = 10.5$

41 ④ 특정 주식의 PER이 그 기업의 성장성에 비해 높은지, 낮은지를 판단하기 위해 고안된 지표가 PEGR이다.

PER $= \dfrac{P}{EPS} = \dfrac{10{,}000}{1{,}000} = 10$배

$\therefore$ PEGR $= \dfrac{PER}{\text{연평균 EPS 성장률}} = \dfrac{10\text{배}}{0.05} = 200$

42 ③ PBR $= \dfrac{ROE-g}{k-g}$ ⇨ $3.0 = \dfrac{ROE-0.08}{0.12-0.08}$

$\therefore$ ROE = 0.2(20%)

43 ①
- PBR = ROE × PER
- PER $= \dfrac{\text{기대배당성향}}{k-g} = \dfrac{0.4}{0.12-0.08} = 10$
- g = 유보율(f) × ROE ⇨ 0.08 = 0.6 × ROE, ROE = 0.1333

$\therefore$ PBR = 0.1333 × 10 = 1.33

44 ② P/B비율 $= \dfrac{\text{시장가치}}{\text{장부가치}} = \dfrac{4{,}200{,}000}{2{,}100{,}000} = 2.00$

45 ③ EBITDA는 이자 및 세금, 감가상각비 차감 전 이익을 의미하며, 영업이익에서 감가상각비, 기타 상각비(대손상각 등)를 더한 금액으로 계산된다.

# 제 2 장 채권평가/분석

## 학습전략

**채권평가/분석은 제2과목 전체 35문제 중 총 10문제가 출제된다.**

채권과목을 공부하는 데 있어 가장 큰 양대 축은 '수익률'과 '듀레이션'이라고 할 수 있다. 즉, 수익률(또는 만기수익률)을 활용해서 채권의 가격을 구할 수 있어야 하고, (수정)듀레이션을 활용해서 일정 금리변동에 따른 채권가격의 움직임을 측정할 수 있어야 한다. 이를 위해서는 채권의 종류에는 어떤 것들이 있는지, 채권의 가격과 수익률은 어떤 관계가 있는지(말킬의 채권가격정리)를 정리해 두어야 한다. 또한 채권가격변동폭을 구하는 계산문제에 대비해야 하며 시장상황에 따라 Active전략과 Passive전략을 구성하는 방법에 대해 공부해야 한다.

## 출제비중

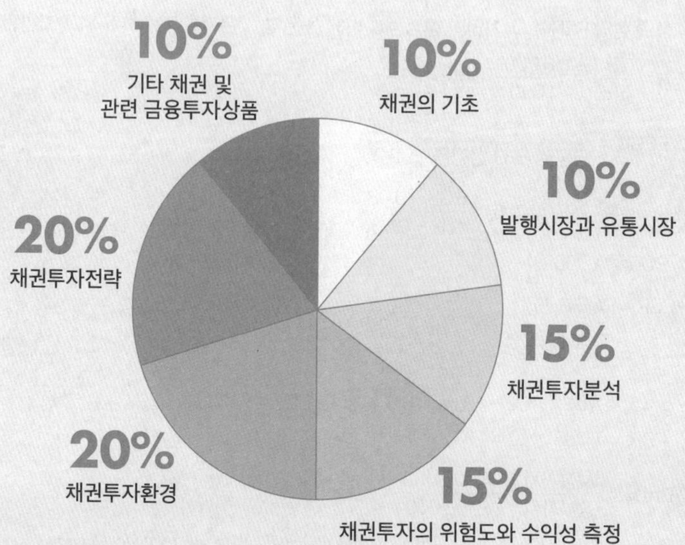

# 출제포인트

| 구 분 | 출제포인트 | 출제빈도 | 페이지 |
|---|---|---|---|
| 채권의 기초 (10%) | 01 채권의 기본적 구조와 분류 | ★★ | p.196~198 |
| 발행시장과 유통시장 (10%) | 02 발행시장<br>03 유통시장 | ★★<br>★ | p.199~201<br>p.202~203 |
| 채권투자분석 (15%) | 04 채권투자의 수익과 위험<br>05 채권가격 결정과정 | ★★<br>★★★ | p.204<br>p.205~207 |
| 채권투자의 위험도와 수익성 측정 (15%) | 06 채권의 투자위험도 측정<br>07 채권의 투자수익성 측정 | ★★★<br>★★★ | p.208~210<br>p.211~213 |
| 채권투자환경 (20%) | 08 수익률곡선<br>09 신용평가 | ★★★<br>★★ | p.214~215<br>p.216 |
| 채권투자전략 (20%) | 10 채권투자전략 개요<br>11 적극적 투자전략<br>12 소극적 투자전략 | ★★<br>★★★<br>★★★ | p.217<br>p.218<br>p.219 |
| 기타 채권 및 관련 금융투자상품 (10%) | 13 수의상환채권(수의상환청구채권)<br>14 전환사채<br>15 단기 확정이자부 유가증권<br>16 자산유동화증권(ABS)과 이중상환청구권부 채권 (Covered Bond) | ★<br>★★★<br>★<br>★★ | p.220<br>p.221~222<br>p.223<br>p.224 |

**채권의 일반적 특징과 가장 거리가 먼 것은?**

① 확정 이자부 증권이다.
② 기한부 증권(예외 : 영구채권)이다.
③ 이자 지급증권(예외 : 할인채권)이다.
④ CP, CD와 같은 단기증권이다.

**TIP** 채권은 일반적으로 장기증권(예외 : CP, CD)이다.

## 핵심포인트 해설 채권의 기초

**(1) 채권의 기본적 특성**

① 발행주체의 자격 및 발행요건 등이 법률로 제한됨
② 일정 이자를 지급하는 증권
③ 원금상환기한이 정해짐
④ 장기증권

**(2) 채권 관련 용어**

① 액면금액 : 권면금액, 만기 상환원금 (→ 우리나라의 경우 채권의 액면은 일반적으로 10,000원임)
② 표면이율 : 권면에 기재된 이율(연 단위 지급이자율, 발행자가 지급 약속한 이자율)
③ 발행일 : 채권의 신규창출 기준일
④ 매출일 : 실제로 채권이 신규창출된 날짜(발행일과 매출일이 다른 경우도 있음)
⑤ 만기기간 : 채권발행일부터 원금상환까지의 기간
⑥ 경과기간 : 채권발행일 또는 매출일부터 매매일까지의 기간
⑦ 잔존기간 : 매매일부터 만기일까지의 기간
⑧ 만기수익률 : 채권의 만기까지 보유 시 미래현금흐름 현재가치의 합을 채권의 가격과 일치시키는 할인율
⑨ 단가 : 만기수익률에 의해 결정된 채권매매가격

**(3) 채권가격과 채권수익률**

항상 역(−)의 방향

정답 ④

채권의 기본적 구조와 분류 ★★

**보증 여부에 따른 채권의 분류에 관한 설명으로 가장 거리가 먼 것은?**

① 보증사채란 원금상환 및 이자지급을 발행회사 이외의 금융기관 등 제3자가 보장하는 회사채를 의미한다.
② 우리나라의 경우 IMF금융위기 이후 무보증사채의 비중이 사채발행의 대부분을 차지하게 되었다.
③ 원리금의 적기상환능력 우열도에 의해 결정되는 사채의 등급은 AAA에서 D까지 구분된다.
④ 우리나라의 경우 무보증사채를 발행하기 위해서는 3개 이상의 복수평가를 받아야 한다.

**TIP** 우리나라의 경우 무보증사채를 발행하기 위해서는 2개 이상의 복수평가를 받아야 한다. 이들에 의한 신용평가는 회사채 투자 시 채무불이행 위험을 판단하는 지표가 된다.



## 핵심포인트 해설 채권의 종류 (1)

**(1) 발행주체에 따른 분류**

| 구 분 | 발행주체 | 종 류 |
|---|---|---|
| 국 채 | 국 가 | 제1종 및 제2종 국민주택채권, 국고채권, 재정증권, 외국환평형기금채권 등 |
| 지방채 | 지방자치단체 | 도시철도공채, 지역개발공채 등 |
| (비금융) 특수채 | 비금융 특별법인 | 토지개발채권, 한국전력공사채권, 한국도로공사채권 등 |
| 금융채 | 금융기관 | 통화안정증권, 수출입은행채권, 산업금융채권, 중소기업금융채권 등 |

**(2) 보증 여부에 따른 분류**

| 구분 | 내용 |
|---|---|
| 보증사채 | • 발행회사 외의 제3자가 원금상환 및 이자지급을 보장하는 회사채 |
| 무보증사채 | • 발행회사가 자기신용을 근거로 발행하는 회사채<br>• 2개 이상의 복수 신용평가를 받아야 발행 가능<br>· 신용평가등급 : 투자등급(AAA ~ BBB), 투기등급(BB ~ D)<br>· 우리나라는 대부분 무보증사채 |

정답 ④

**만기기간 3년, 표면이율 6%, 액면 10,000원인 3개월 단위 재투자복리채의 만기상환 원리금액은?**

① 11,583원 ② 11,956원 ③ 12,011원 ④ 12,508원

**TIP** 만기상환 원리금액 $= 10,000 \times \left(1+\frac{0.06}{4}\right)^{4\times3} = 11,956$원

## 핵심포인트 해설 채권의 종류 (2)

**(1) 이자 및 원금지급방법에 따른 분류**

① 분 류

| | |
|---|---|
| 이표채 | 정해진 단위기간마다 이자를 주기적으로 지급(국채, 회사채, 일부 금융채) |
| 할인채 | 만기까지 총 이자를 미리 공제하는 방식으로 선지급(통화안정증권, 대부분의 금융채)<br>발행가격 $= 10,000 \times (1 - i \times N)$ |
| 복리채 | 만기까지 이자가 복리로 재투자되고 만기 시 원금과 이자가 함께 지급(국민주택채권, 지역개발채권)<br>$S = F \times \left(1+\frac{i}{m}\right)^{m\times N}$ |
| 단리채 | 단리 방식에 의해 이자가 원금과 함께 일시 지급(MBS)<br>$S = F \times (1 + i \times N)$ |

② 할인채, 복리채, 단리채는 만기 전에는 투자자에게 현금이 지급되지 않음

③ 만기 시 할인채는 '액면금액(원금)', 복리채는 '원금 + 이자(재투자)', 단리채는 '원금 + 이자'를 수령함

**(2) 만기기간에 따른 분류**

| | |
|---|---|
| 단기채 | 1년 이하, 통화안정증권, 금융채 중 일부 |
| 중기채 | 1년 ~ 10년, 대부분의 회사채 및 금융특수채와 제1종 국민주택채권, 국고채권 중 일부 |
| 장기채 | 10년 이상, 제2종 국민주택채권(20년), 국고채권(10년, 20년, 30년물, 50년물) 중 일부 |

**(3) 표시통화에 따른 분류**

| | |
|---|---|
| 국내채(Domestic Bond) | • 내국인들에 의해 발행되는 자국통화채권 |
| 외국채(Foreign Bond) | • 외국인들에 의해 발행되는 자국통화채권<br>• 아리랑본드, 양키본드, 팬더본드, 사무라이본드, 불독본드 등 |
| 유로채(Euro Bond) | • 자국 내에서 발행되는 외국 통화표시 채권<br>• 김치본드, 쇼군본드 등 |

**(4) 금리변동부채권(FRN : Floating Rate Note)**

① 기준금리에 연동된 표면이율에 의해 이자 지급

② 발행 당시에는 이자지급금액을 알 수 없음

③ 일반채권에 비하여 수익률변동위험이 낮음

④ 시장금리 상승 시 투자자가 유리

⑤ 변형 FRN : Inverse FRN, Dual Indexed FRN, Digital Option FRN 등

정답 ②

# 04

발행시장 ★★

**채권의 발행방법과 관련된 내용으로 가장 거리가 먼 것은?**

① 발행된 채권을 채권수요자인 일반투자자에게 직접 매매하는 기관은 주관회사(Underwriter)이다.

② 직접발행에는 매출발행과 공모입찰발행이 있다.

③ 채권의 발행방법에는 크게 공모와 사모가 있다.

④ 인수발행에는 잔액인수방식과 총액인수방식이 있다.

**TIP** 발행된 채권을 채권수요자인 일반투자자에게 직접 매매하는 기관은 청약기관(Selling Company)이다.

## 핵심포인트 해설 채권의 발행

**(1) 채권의 발행기관**

① 주관회사(Underwriter)

㉠ 채권발행에 대한 사무처리, 발행과 관련된 자문 등 채권발행업무를 총괄하며, 인수단을 구성하는 역할을 수행

㉡ 대표주관회사와 공동주관회사 : 채권발행 규모가 클 경우 공동으로 간사업무를 수행하는데, 이 중 핵심적 역할을 담당하는 회사가 대표주관회사, 그 밖의 회사는 공동주관회사가 됨

② 인수기관(Underwriting Group) : 주관회사와 협의하여 발행채권을 인수하는 기관으로서 인수채권을 일반투자자 및 청약기관에 매도하는 역할을 수행

③ 청약기관(Selling Company) : 투자자들을 위해 청약업무를 대행하는 기관

**(2) 채권의 발행방법**

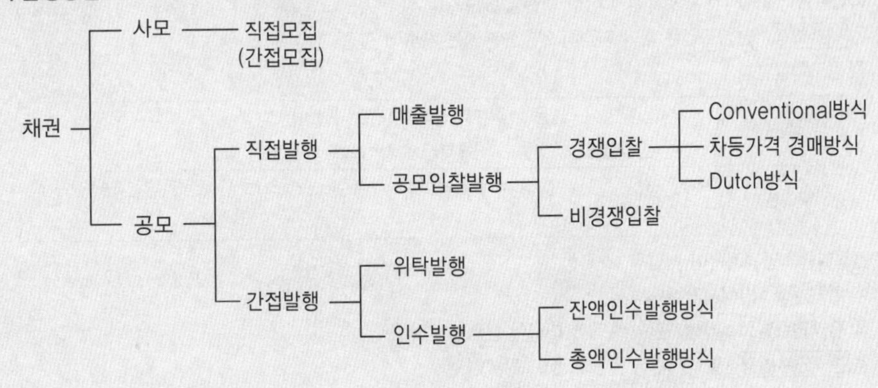


정답 ①

발행시장 ★★

불특정 다수의 투자자를 대상으로 채권을 발행하는 방법인 공모발행에 대한 설명으로 가장 적절한 것은?

① 채권의 발행조건을 발행 전에 미리 결정하고 발행하는지 여부에 따라 공모발행과 사모발행으로 나뉜다.

② 투자자에게 직접 채권을 매출하는 직접발행방식과 발행기관을 통한 간접발행방식으로 이루어진다.

③ 매출발행은 미리 발행조건을 정하지 않고 입찰 응모를 받아, 그 결과를 기준으로 발행조건을 결정하는 방법이다.

④ 공모입찰발행은 발행조건을 미리 정한 후 매도한 금액 전체를 발행총액으로 삼는 방식이다.

**TIP** ① 채권의 발행조건을 발행 전에 미리 결정하고 발행하는지 여부에 따라 매출발행과 공모입찰발행으로 나뉜다.
③ 공모입찰발행은 미리 발행조건을 정하지 않고 가격이나 수익률에 대해 다수의 투자자들로부터 입찰 응모를 받아, 그 결과를 기준으로 발행조건을 결정하는 방법이다.
④ 매출발행은 채권의 만기기간, 발행이율, 원리금 지급방법 등 발행조건을 미리 정한 후 일정 기간 내에 개별적으로 투자자들에게 매출하여 매도한 금액 전체를 발행총액으로 삼는 방식이다.

## 핵심포인트 해설 채권의 발행방법

**(1) 사모와 공모**

| 구분 | 내용 |
|---|---|
| 사 모 | • 유동성이 낮은 회사채의 발행에 활용되는 방법<br>• 불특정 다수인을 대상으로 하지 않고, 소수의 특정인(보험회사, 은행, 투자신탁회사 등의 기관투자가나 특정 개인)에 대하여 개별적 접촉을 통해 채권을 매각함 |
| 공 모 | • 불특정 다수인에게 채권을 발행하는 방법<br>• 채권발행에 따른 제반업무 처리와 발행에 따른 위험을 누가 부담하느냐에 따라 직접모집과 간접모집으로 구분됨 |

**(2) 직접발행과 간접발행**

① 직접발행 : 발행자가 투자자에게 직접 채권을 매출
㉠ 매출발행 : 발행조건은 미리 지정하고 발행총액은 사후에 결정 (→회사채 허용 ×)
㉡ 공모입찰발행

| 구분 | 내용 |
|---|---|
| 입찰방식 | • 가격입찰방식 : 높은 가격부터 순차적으로 낙찰하는 방식<br>• 수익률입찰방식 : 낮은 수익률부터 순차적으로 낙찰하는 방식 |
| 낙찰방식 | • 복수가격경매방식(Conventional), 단일가격경매방식(Dutch), 차등가격경매(낙찰)방식, 비경쟁입찰방식 |

② 간접발행 : 발행기관이 개입
㉠ 위탁발행 : 발행자가 위험부담
㉡ 잔액인수발행 : 발행기관이 총액에 미달한 잔액만 인수
㉢ 총액인수발행 : 발행기관이 발행채권을 모두 인수 (→대부분의 회사채가 취하는 방식)

정답 ②

발행시장 ★★

**내정 수익률 이하에서 각 응찰자가 제시한 응찰 수익률을 낮은 수익률**(높은 가격) **순으로 배열하여 최저 수익률부터 발행예정액에 달할 때까지 순차적으로 낙찰자를 결정하는 방식은?**

① 단일가격(수익률)경매방식
② 복수가격(수익률)경매방식
③ 차등가격경매(낙찰)방식
④ 비경쟁입찰(낙찰)방식

**TIP** Conventional Auction 혹은 American Auction이라고 불리는 방식이다. 낙찰자는 응찰 시 제시한 수익률로 채권을 인수하게 되므로 복수의 낙찰가격이 발생하게 된다. 2000년 8월 16일 이전에 국고채권 등의 발행 시 사용되었다.

## 핵심포인트 해설 직접모집(발행)

<table>
<tr><td>매출발행</td><td colspan="2">발행조건은 사전에 지정하고, 발행총액은 사후에 결정(산업금융채권 등 금융채)</td></tr>
<tr><td rowspan="5">공모입찰발행</td><td colspan="2">발행조건을 사후에 경매방식으로 결정 → Conventional방식 : 복수 발행조건, Dutch방식 : 단일 발행조건</td></tr>
<tr><td>복수가격경매방식<br>(Conventional방식)</td><td>응찰수익률을 낮은 수익률(높은 가격)부터 배열하여 발행예정액에 달할 때까지 순차적으로 낙찰자를 결정하되, 제시한 수익률을 차등적용하여 복수의 낙찰가격 발생</td></tr>
<tr><td>단일가격경매방식<br>(Dutch방식)</td><td>응찰수익률을 낮은 수익률(높은 가격)부터 배열하여 발행예정액에 달할 때까지 순차적으로 낙찰자를 결정하되, 가장 높은 수익률(낮은 가격)로 통일적용하여 단일의 낙찰가격 발생</td></tr>
<tr><td>차등가격경매방식<br>(낙찰방식)</td><td>최고 낙찰수익률 이하의 응찰수익률을 일정 간격으로 그룹화하여 각 그룹별로 최고 낙찰수익률을 적용</td></tr>
<tr><td>비경쟁입찰</td><td>당일 경쟁입찰에서 가중평균 낙찰금리로 발행금리를 결정하고, 입찰자들은 희망 낙찰물량만을 제시(국채경쟁입찰에 참여할 수 없는 일반투자자들을 위한 제도)</td></tr>
</table>

정답 ②

# 07

유통시장 ★

**국채전문유통시장(IDM)에 대한 설명으로 가장 거리가 먼 것은?**

① 국채딜러란 국채의 자기 매매인가 기관투자자들이다.
② 시장참가에 자격 제한이 없어 모든 투자자가 참여할 수 있다.
③ 지정가 호가방식이며 매매수량단위는 10억원이다.
④ 집중결제방식에 의한 익일결제를 원칙으로 한다.

**TIP** 국채전문유통시장의 참가자는 거래소의 채무증권회원 인가를 취득한 은행과 금융투자회사이고, 연금, 보험, 기금 등의 기타 금융기관 및 일반투자자도 위탁 참여가 가능하다.

## 핵심포인트 해설 유통시장의 장내거래

**(1) 개 요**

① 집단경쟁매매를 통하여 이루어지는 거래
② 대상 채권 : 상장채권 ⇨ 전환사채 및 일부 첨가소화채권은 장내거래를 원칙으로 함

**(2) 구 분**

| 구분 | 내용 |
|---|---|
| 국채전문유통시장(IDM) | • 국채딜러 간 경쟁매매시장(IDM : Inter-Dealer Market)<br>• 시장참가자 : 거래소의 채무증권회원 인가를 취득한 은행과 금융투자회사, 연금, 보험, 기금 등 기타 금융기관 및 일반투자자도 위탁 참여 가능<br>• 거래대상채권 : 국고채권(외평채 포함), 통화안정증권, 예금보험기금채권 등<br>• 호가 및 매매수량단위 : 지정가호가방식, 10억원<br>• 매매확인 및 결제 : 다자간 차감결제 및 집중결제방식에 의한 익일결제 |
| 일반채권시장 | • 상장된 국채, 지방채, 특수채, 전환사채, 신주인수권부사채, 교환사채, 일반사채권 등 모든 채권이 거래됨<br>• 자격 제한 ×, 모든 투자자 참여가능<br>• 매매시간 : 평일 09:00 ~ 15:30<br>• 가격폭 제한 : 없음<br>• 매매수량단위 : 액면 1,000원 단위로 체결<br>• 가격우선·시간우선 원칙<br>• 매매방법 : 개별경쟁매매<br>• 위탁수수료 : 자율<br>• 호가수량단위 : 액면 10,000원 기준 |

정답 ②

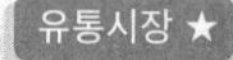


K–Bond(채권거래 전용시스템)에 대한 설명으로 가장 거리가 먼 것은?

① 국채딜러 간 중개업무를 수행하기 위한 경쟁매매시장이다.
② 트레이딩보드와 전용메신저로 구성되어 있다.
③ 한국금융투자협회가 운영하는 전자시스템이다.
④ 메신저 기능, 호가 및 체결정보 공시 기능 등이 있다.

TIP 국채딜러들을 중심으로 거래소시장을 통하여 이루어지는 경쟁매매 메커니즘은 국채전문유통시장(IDM)이다.



## 핵심포인트 해설 채권 장외거래 및 유통시장 현황

### (1) 채권거래 전용시스템(K-Bond)

| 구분 | 내용 |
|---|---|
| 의 의 | • 장외 채권거래지원시스템<br>• 메신저 기능, 호가 및 체결정보 공시 기능, 채권의 발행정보 탐색 기능, 수요예측 기능 등 제공 |
| 내 용 | • 장외시장에서 시장참여자들의 채권거래를 지원하기 위해 한국금융투자협회가 운영하는 전자시스템<br>• 채권거래브로커, 딜러, 매니저, 트레이더 등이 주요 시장참여자임<br>• 트레이딩보드와 전용메신저로 구성되어 있음<br>· 트레이딩보드 : 실시간 호가정보 확인, 수요예측, 다양한 분석·조회화면 제공<br>· 전용메신저 : 채권거래에 이용되는 참여자 간 의사소통 기능 |

### (2) 우리나라 유통시장 현황

① 장외거래, 국공채 위주의 시장 : 전체거래 중 장외거래 99%, 국고채 + 통화안정증권 85%↑, 회사채 2 ~ 3%
② 기관투자자 중심 : 증권사, 자산운용사, 은행, 보험사, 연기금, 외국투자자 순
③ 국채의 지표수익률로서의 중요성 증대
④ 새로운 채권 관련 상품의 도입 : Repo거래제도, 채권 대차거래제도 활성화
⑤ 채권전문자기매매업자(채권전문딜러) 제도 : 채권의 수요기반 확충과 시장조성 기능을 확대하기 위해 도입
⑥ 채권시가평가제도 : 채권가격이 매일 변동하는 시장금리에 따라 평가됨

정답 ①

채권투자의 위험에 해당하는 것을 가장 적절하게 묶은 것은?

〈보기〉

| | |
|---|---|
| ㉠ 채무불이행위험 | ㉡ 가격변동위험 |
| ㉢ 재투자위험 | ㉣ 인플레이션위험 |
| ㉤ 유동성위험 | ㉥ 수의상환위험 |
| ㉦ 부외거래위험 | ㉧ 금융기관위험 |

① ㉠, ㉡, ㉢, ㉣, ㉤
② ㉠, ㉡, ㉢, ㉣, ㉤, ㉥
③ ㉠, ㉡, ㉢, ㉣, ㉤, ㉥, ㉦
④ ㉠, ㉡, ㉢, ㉣, ㉤, ㉥, ㉦, ㉧

**TIP** 채권투자의 위험으로는 채무불이행위험, 가격변동위험, 재투자위험, 유동성위험, 인플레이션위험, 환율변동위험, 수의상환위험이 있다.

## 핵심포인트 해설 채권투자의 수익과 위험

**(1) 채권투자의 수익**

① 무이표채권 : 만기수익률의 변화로 인한 매입금액과 매각금액의 차이
② 이표채권 : 매각차익 + 발생이자금액 + 이자의 재투자 수익

**(2) 채권투자의 위험**

| 구분 | 내용 |
|---|---|
| 채무불이행위험 | • 채무불이행위험 또는 신용위험이 클수록 발행 시 위험 프리미엄이 반영되어 발행수익률이 높아짐 |
| 가격변동위험 | • 채권투자 후 만기수익률이 상승하면 채권가격 하락, 만기수익률이 하락하면 채권가격 상승<br>• 채권투자 후 만기수익률이 예상과 다르게 발생 시 가격변동 위험 발생 |
| 재투자위험 | • 만기까지 여러 번에 걸쳐 단위기간 별로 이자 지급이 이루어지는 채권은 중도에 지급받는 이자의 재투자 수익률에 따라 최종 수익률에 차이가 발생<br>수익률변동위험 = 가격변동위험 + 재투자위험 |
| 유동성위험 | • 유가증권을 현금화하는 데 어려움이 있고 거래 시 가격상의 불이익이 있을 수 있음<br>• 소액투자는 상대적으로 유동성 위험이 큼 |
| 인플레이션위험 | • 채권으로부터 얻어지는 이자수입의 실질가치, 즉 구매력 감소<br>• 확정금리 지급채권보다 금리연동부 이자지급채권에 대한 투자가 유리 |
| 환율변동위험 | • 외화표시채권의 경우 해당 외화의 가치가 변동하면 채권의 실질가치도 변동하게 됨 |
| 수의상환(콜)위험 | • 만기이전 채권의 발행자가 원금을 조기상환할 수 있는 권리인 수의상환권(Call Option)이 있는 경우 발생함<br>• 채권발행 시 지급하기로 한 이자율보다 시장금리가 낮아질 경우 행사됨<br>• 수의상환이 되면 투자자는 상환된 원금을 과거보다 낮은 금리로 운용해야 함<br>• 발행 시 결정되는 표면이율은 일반적으로 수의상환권이 없는 일반채권보다 높게 형성됨 |

정답 ②

# 10

채권가격 결정과정 ★★★

잔존기간이 2년 56일 남은 할인채가 있다. 액면가가 10,000원, 만기가 3년이며, 표면이율이 5%, 만기수익률이 8%일 때 이 채권의 가격을 구하는 식으로 가장 적절한 것은?

① $\text{채권가격} = \dfrac{10{,}000\text{원}}{(1+0.08)^2\left(1+0.08 \times \dfrac{56}{365}\right)}$

② $\text{채권가격} = \dfrac{10{,}500\text{원}}{(1+0.05)^2\left(1+0.05 \times \dfrac{56}{365}\right)}$

③ $\text{채권가격} = \dfrac{10{,}000\text{원}}{(1+0.08)^3} + \dfrac{500\text{원}}{(1+0.08)^3}$

④ $\text{채권가격} = \dfrac{10{,}000\text{원}}{(1+0.08)^{2\times 56}}$

**TIP** 연 단위 기간은 연 단위 복리로, 나머지 연 단위 미만 기간은 단리로 할인하여 채권가격을 계산한다.

## 핵심포인트 해설 만기 시 일시상환채권의 가격 계산

**(1) 계산식**

$$P = \frac{S}{(1+r)^n\left(1+r \times \frac{d}{365}\right)}$$

(P : 채권가격, S : 만기금액, r : 만기수익률, n : 잔존기간)

**(2) 채권가격 계산 순서** → 복리채, 할인채 중심으로 대비

① 채권 종류를 파악 : 이표채, 할인채, 복리채, 단리채 등

② 미래현금흐름을 파악 : 액면과 액면에 표면이율을 적용하여 이자 계산

③ 채권수익률과 잔존기간을 고려하여 현금흐름을 할인

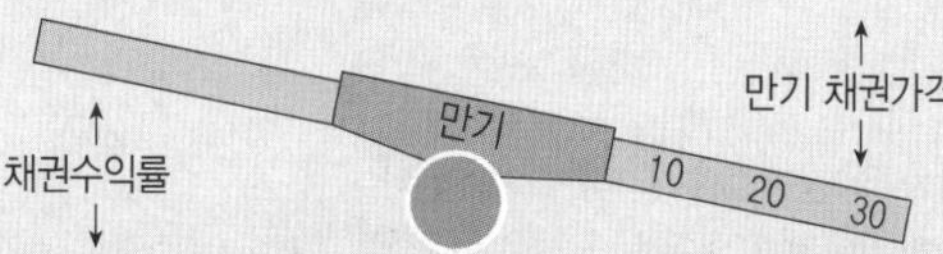


④ 연 단위의 잔존기간은 복리, 연 단위 미만의 잔존기간은 단리로 할인

정답 ①

# 11

채권가격 결정과정 ★★★

**〈보기〉와 같은 조건을 지닌 이표채를 발행 당일에 유통수익률 6%로 매매하려고 할 때 관행적 방식에 의한 세전 단가를 구하는 식으로 가장 적절한 것은?** (단, 액면금액은 10,000원이다)

〈보기〉

- 발행일 : 20X1년 10월 21일
- 만기일 : 20X4년 10월 21일
- 이자지급 단위기간 : 매 3개월 후급
- 표면이율 : 4%

① $P = \sum_{t=1}^{12} \frac{400}{(1+0.06)^t} + \frac{10,000}{\left(1+\frac{0.06}{4}\right)^{12}}$

② $P = \sum_{t=1}^{12} \frac{100}{(1+0.06)^t} + \frac{10,100}{\left(1+\frac{0.06}{4}\right)^{12}}$

③ $P = \sum_{t=1}^{6} \frac{400}{\left(1+\frac{0.06}{4}\right)^t} + \frac{10,000}{\left(1+\frac{0.06}{4}\right)^{12}}$

④ $P = \sum_{t=1}^{12} \frac{100}{\left(1+\frac{0.06}{4}\right)^t} + \frac{10,000}{\left(1+\frac{0.06}{4}\right)^{12}}$

**TIP** 매 기의 표면이자(100원)를 이자지급 단위기간 복리로 할인하고, 만기 시 지급되는 액면도 할인하여 구한 후, 표면이자 할인액과 액면 할인액을 더한다. 이때 채권의 이자지급 단위기간이 3개월이므로 3개월 단위 복할인방식을 사용한다.

## 핵심포인트 해설 복수현금흐름채권의 가격 계산

**(1) 계산식**

$$P = \Sigma \frac{C_t}{(1+r)^n\left(1+r \times \frac{d}{365}\right)} + \frac{S}{(1+r)^n\left(1+r \times \frac{d}{365}\right)}$$

* 연 단위(이자지급 단위기간)의 잔존기간은 복리, 나머지 잔존기간은 단리로 할인

**(2) 채권투자의 수익**

① 매매손익

㉠ 채권의 매입(인수)금액과 채권의 매도(상환)금액과의 차이

㉡ 투자기간과 만기수익률의 변화가 원인

② 표면이자수익 : 발생이자금액 및 이자를 재투자하여 추가로 발생하는 이자부분

정답 ④

# 12

채권가격 결정과정 ★★★

**말킬의 채권가격정리에 대한 내용으로 가장 거리가 먼 것은?**

① 채권의 잔존만기가 길수록 금리변동에 따른 채권가격 변동폭은 커진다.
② 채권의 잔존만기가 길수록 금리변동에 따른 채권가격 변동폭은 커지나 그 변동률은 체감한다.
③ 만기가 일정할 때 채권수익률 하락으로 인한 가격상승폭은 같은 폭의 채권수익률 상승으로 인한 가격하락폭보다 작다.
④ 표면이자율이 높을수록 금리변동에 따른 가격의 변동폭이 작다.

**TIP** 만기가 일정할 때 채권수익률 하락으로 인한 가격상승폭은 같은 폭의 채권수익률 상승으로 인한 가격하락폭보다 더 크다.

## 핵심포인트 해설 말킬의 채권가격 정리

→ 투자전략과 연결하여 숙지해야 함

| | |
|---|---|
| 제1정리 | • 채권가격과 채권수익률과의 관계<br>• 채권수익률이 올라가면 채권가격은 떨어지고, 채권수익률이 내려가면 채권가격은 올라감<br>⇨ 채권가격은 채권수익률과 반대 방향으로 움직임 |
| 제2정리 | • 만기에 따른 채권가격의 변동률<br>• 채권의 잔존만기가 길수록 동일한 수익률변동에 대한 채권가격의 변동폭이 큼<br>• 수익률이 하락할 때 장기채권에 대한 투자를 증가시켜 시세차익을 극대화시킴 |
| 제3정리 | • 수익률변동에 따른 채권가격의 변동률<br>• 잔존만기가 길어짐에 따라 가격의 변동률은 체감함<br>• 채권수익률의 변동에 따른 채권가격의 변동폭은 커지지만 그 변동률은 체감함<br>• 채권가격변동은 체감적으로 증가하므로 시세차익을 높이는 데 만기가 너무 긴 채권의 필요성이 적음 |
| 제4정리 | • 수익률의 변동방향에 따른 채권가격의 변동 : 볼록성(Convexity)<br>• 만기가 일정할 때 수익률의 하락으로 인한 가격상승폭은 같은 폭의 수익률 상승으로 인한 가격하락폭보다 큼<br>• 시장이자율이 하락할 때 채권투자의 성과가 더욱 큼 |
| 제5정리 | • 표면이자율에 따른 채권가격의 변동<br>• 채권가격의 변동률은 표면이율이 높을수록 작아짐<br>• 이자지급주기가 짧아지는 경우 채권가격의 변동률은 작아짐<br>• 액면이자율이 낮은 채권으로 높은 매매차익을 얻으려고 하는 경우에 유리함 |

정답 ③

## 13

채권의 투자위험도 측정 ★★★

**듀레이션에 대한 설명으로 가장 거리가 먼 것은?**

① 포트폴리오의 듀레이션은 포트폴리오 내 각 채권듀레이션의 가중평균과 같다.
② 다른 조건이 동일하면 표면금리가 낮을수록 듀레이션이 작다.
③ 다른 조건이 동일하면 만기가 길수록 듀레이션도 크다.
④ 듀레이션은 현가로 산출된 가중평균 만기이다.

**⁺용어 알아두기**

**듀레이션** 채권에서 발생하는 현금흐름을 각 발생기간별로 가중하여 현재 가치화한 합을 채권의 가격으로 나눈 것이다.

**TIP** 표면금리가 낮을수록 듀레이션은 길어진다.

## 핵심포인트 해설 듀레이션(Duration)

**(1) 개 요**

① 정 의
㉠ 채권에 투자된 원금의 가중평균 회수기간 ⇨ 연개념
㉡ 만기 및 표면이율에 의하여 결정되는 현금흐름의 크기, 만기수익률의 수준 등이 동시에 고려된 개념

② 특 징
㉠ 만기 시 일시상환채권의 듀레이션은 채권의 잔존만기와 동일 (→ 채권이라는 금융상품을 이해하는 데 가장 중요한 개념이므로, 모르고 넘어가는 부분이 없어야 함)
㉡ 이표채는 표면이율이 낮을수록 듀레이션이 커지나, 듀레이션이 커지더라도 채권의 잔존만기보다는 작음

③ 듀레이션의 결정요인
㉠ 표면이자율과의 관계 : 표면이자율이 높을수록 듀레이션은 작아짐
㉡ 만기와의 관계 : 만기가 길수록 듀레이션은 커짐
㉢ 만기수익률과의 관계 : 만기수익률이 높을수록 듀레이션은 작아짐
㉣ 이자지급과의 관계 : 이자지급 빈도가 증가하면 듀레이션은 작아짐

**(2) 듀레이션 관련 공식**

$$D(\text{듀레이션}) = \sum_{t=1}^{n} \frac{CF_t \times t}{(1+r)^t} \times \frac{1}{P} \quad (r : \text{채권의 만기수익률},\ t : \text{현금흐름 발생기간})$$

$$\text{수정듀레이션}(D_M : \text{Modified Duration}) = \frac{\text{Duration}}{(1+r)}$$

$$\frac{\Delta P}{P}(\text{채권가격 변동률}) = -\frac{\text{Duration}}{(1+r)} \times \Delta r = -D_M \times \Delta r$$

$$\Delta P(\text{채권가격 변동폭}) = -D_M \times \Delta r \times P$$

정답 ②

# 14

채권의 투자위험도 측정 ★★★

**채권의 볼록성(Convexity)에 관한 설명으로 가장 거리가 먼 것은?**

① 볼록성이란 '채권가격–수익률곡선 기울기의 변화'를 나타낸 것이다.
② 만기수익률과 잔존기간이 일정할 경우 표면이율이 낮아질수록 볼록성은 커진다.
③ 만기수익률과 표면이율이 일정할 경우 잔존기간이 길어질수록 볼록성은 작아진다.
④ 표면이율과 잔존기간이 일정할 경우 만기수익률의 수준이 낮을수록 볼록성은 커진다.

**+용어 알아두기**

**볼록성(Convexity)** 채권가격과 채권수익률 간의 관계를 나타낸 곡선이다.

**TIP** (만기수익률과 표면이율이 일정할 경우) 잔존기간이 길어질수록 볼록성은 커진다.

## 핵심포인트 해설 볼록성(Convexity)

볼록성(%) = 채권가격의 실제변동(%) – 채권가격의 예측변동(%)

**(1) 볼록성의 특성**

① 일반적으로 듀레이션이 긴 채권일수록 더 볼록함
② 수익률변동이 크면 클수록 볼록성의 효과는 더 커짐
㉠ 수익률이 상승하는 경우 : 듀레이션에 의해 측정한 가격의 하락폭을 축소시킴
㉡ 수익률이 하락하는 경우 : 듀레이션에 의해 측정한 가격의 상승폭을 확대시킴

**(2) 볼록성의 효과**

① 수익률의 변동이 큰 경우 듀레이션에 의해 추정한 가격변동률을 볼록성에 의한 가격변동률로 수정함으로써 실제의 가격변동률을 정확하게 산출할 수 있음
② 듀레이션에 의한 가격변동 산출에서 발생하는 추정오차를 볼록성을 통해 줄이고, 이를 통해 가격변동의 위험 측정 가능
③ 볼록성 효과로 인한 채권가격의 변동률

$$\frac{\Delta P}{P} = \frac{1}{2} \times C \times (\Delta r)^2$$

($\Delta P$ : 채권가격의 변동폭, P : 채권가격, C : 볼록성, $\Delta r$ : 만기수익률의 변동폭)

정답 ③

채권의 투자위험도 측정 ★★★

2025년 6월 30일 만기되는 회사채의 만기수익률이 6%에서 7%로 상승할 경우 채권가격의 변동률은? (단, 수정듀레이션은 2년이고 컨벡시티는 2.5이다)

① 약 1.44% 상승
② 약 1.44% 하락
③ 약 1.99% 상승
④ 약 1.99% 하락

**TIP** $\frac{\Delta P}{P} = -D_M(\Delta r) + \frac{1}{2}C(\Delta r)^2$

$= -2 \times (0.01) + \frac{1}{2} \times 2.5 \times (0.01)^2$

$\fallingdotseq -1.99\%$

## 핵심포인트 해설 듀레이션과 볼록성을 고려한 채권가격 변동률

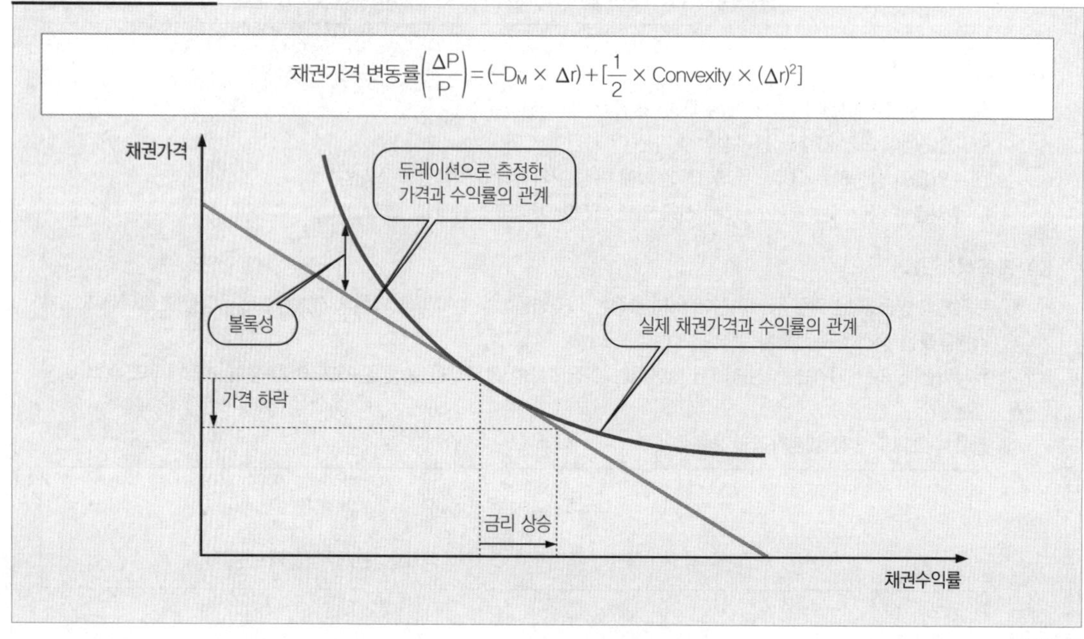


정답 ④

# 16

채권의 투자수익성 측정 ★★★

잔존기간이 3년 남은 표면이율 5%인 연 단위 이표채를 만기수익률 8%, 단가 9,620원에 매입하여 만기상환을 받는다고 할 때 투자수익은?

① 1,603원
② 1,803원
③ 2,003원
④ 2,303원

⁺용어 알아두기

**이표채** 정해진 단위기간마다 이자를 주기적으로 지급하는 채권이다.

**TIP**
- 가격 손익 = 10,000 − 9,620 = 380원
- 표면이자수익 = 500 × 3 = 1,500원
- 재투자수익(재투자수익률 8% 가정) = $500 \times (1 + 0.08)^2 + 500 \times (1 + 0.08) + 500 - 1,500 = 123$원

∴ 총투자수익 = 380 + 1,500 + 123 = 2,003원

## 핵심포인트 해설 채권수익의 구성요인

**(1) 가격손익**

투자채권에 대한 매도(만기)금액과 매입(인수)금액과의 차이

| 가격손익 = 채권매도(만기)금액 − 채권매입(인수)금액 |
|---|

**(2) 표면이자수익**

이표채 등에 투자하는 경우 투자기간 동안 표면이율에 의해 일정 기간마다 발생하는 이자

**(3) 재투자수익**

투자기간 동안 발생된 표면이자수익을 또 다시 투자함으로써 발생되는 수익

**(4) 채권투자의 수익 구성**

→복리채, 단리채, 할인채

| 구분 | 수익 구성 |
|---|---|
| 만기 시 일시상환채권 | • 가격손익 = 매도(만기)금액 − 매입(인수)금액 |
| 이표채 | • 가격손익 = 매도(만기)금액 − 매입(인수)금액<br>• 표면이자수익<br>• 재투자이자 |

정답 ③

# 17

채권의 투자수익성 측정 ★★★

**채권 투자 시 수익률에 대한 설명으로 가장 적절한 것은?**

① 만기수익률이란 전체 투자기간 동안 발생된 최종 총수입의 수익성을 복리방식으로 측정한 투자수익률이다.

② 연평균수익률은 채권의 만기까지 현금흐름의 현재가치 합을 채권의 가격과 일치시키는 할인율로 정의된다.

③ 실효수익률이란 채권의 최종 가치를 채권의 현재 가격으로 나눈 후 이를 투자연수로 나눈 단리 수익률을 의미한다.

④ 세전 수익률이란 채권에서 발생하는 소득에 대한 세금을 고려치 않은 상태에서 채권에서 발생하는 최종 총수입과 투자원금 간의 비율이다.

**TIP** ① 실효수익률이란 전체 투자기간 동안 모든 투자수익요인들에 의해 발생된 최종 총수입의 투자원금 대비 수익성을 일정 기간 단위 복리방식으로 측정한 투자수익률이다.
② 만기수익률은 채권의 만기까지 단위기간별 원리금액에 의한 현금흐름의 현재가치 합을 채권의 가격과 일치시키는 할인율로 정의된다.
③ 연평균수익률이란 전체 투자기간 동안 발생된 총수입인 채권의 최종 가치를 투자원금인 채권의 현재 가격으로 나눈 후 이를 투자연수로 나눈 단리 수익률을 의미한다.

## 핵심포인트 해설 투자수익률의 종류

**(1) 실효수익률**

전체 투자기간(n년) 동안 발생된 최종 총수입에 대한 투자원금 대비 수익성을 복리로 측정한 수익률(복리개념의 수익률)

$$r_e = \sqrt[n]{\frac{FV}{P}} - 1 \Rightarrow FV = P(1 + r_e)^n$$

**(2) 만기수익률(YTM)** → 내부수익률(IRR)과 동일

채권의 만기까지 단위기간별 원리금액에 의한 현금흐름의 현재가치의 합을 채권가격과 일치시키는 수익률

**(3) 연평균수익률**

전체 투자기간(n년) 동안 발생된 최종 총수입에 대한 투자원금 대비 수익성을 단리로 측정한 수익률(단리개념의 수익률)

**(4) 세전 수익률과 세후 수익률**

정답 ④

# 18

채권의 투자수익성 측정 ★★★

**이표채 투자의 수익률에 관한 설명으로 가장 거리가 먼 것은?**

① 만기까지 보유하면, 시장금리의 변동에 관계없이 만기수익률과 실효수익률은 같게 된다.
② 재투자수익률 > 만기수익률이면, 만기수익률 < 실효수익률 < 재투자수익률이다.
③ 재투자수익률 < 만기수익률이면, 만기수익률 > 실효수익률 > 재투자수익률이다.
④ 재투자수익률 = 만기수익률이면, 만기수익률 = 실효수익률 = 재투자수익률이다.

**TIP** 이표채의 경우 만기까지 보유하여도 시장금리의 변동에 따라 만기수익률과 실효수익률이 차이가 날 수 있다.

## 핵심포인트 해설 만기수익률(YTM) 및 할인채와 할증채

**(1) 만기수익률(YTM)**

$$P = \sum_{t=1}^{n} \frac{CF_t}{(1+r)^t}$$

(P : 채권의 현재시장가격, $CF_t$ : t기의 현금유입, r : 유통수익률)

① 유통수익률, 시장수익률, 내부수익률과 동일한 개념
② 채권의 만기까지 단위기간별 원리금액에 의한 현금흐름 현재가치의 합을 채권가격과 일치시키는 수익률
③ 만기수익률의 실현조건
　㉠ 투자채권을 만기까지 보유하여야 함
　㉡ 표면이자에 대하여 최초의 만기수익률로 재투자하여야 함
④ 만기 시 일시상환채권(단리채, 복리채, 할인채)의 경우 만기까지 보유 시 실효수익률과 만기수익률이 일치함
⑤ 이표채의 경우 만기까지 보유하여도 시장금리의 변동에 따라 만기수익률과 실효수익률이 차이가 남
⑥ 이표채의 수익률 간의 관계
　㉠ 만기수익률 < 재투자수익률 : 만기수익률 < 실효수익률 < 재투자수익률
　㉡ 만기수익률 = 재투자수익률 : 만기수익률 = 실효수익률 = 재투자수익률
　㉢ 만기수익률 > 재투자수익률 : 만기수익률 > 실효수익률 > 재투자수익률

**(2) 할인채와 할증채의 가격수익**

① 할인채 : 액면보다 싸게 발행하고 만기 시 액면을 수령하므로 가격수익이 양(+)의 값을 가짐
② 할증채 : 액면보다 비싸게 발행하고 만기 시 액면을 수령하므로 가격수익이 음(−)의 값을 가짐

정답 ①

## 19

수익률곡선 ★★★

**수익률곡선의 형태 중 고금리상태의 금융시장에서 단기채권의 수익률이 장기채권의 수익률보다 높은 형태는?**

① 낙타형
② 상승형
③ 하강형
④ 수평형

**⁺용어 알아두기**
**수익률곡선** 다른 조건은 동일하고 잔존기간만 다른 채권 간의 채권수익률을 좌표에 표시하고 연결한 곡선이다.

**TIP** 고금리상태의 금융시장에서 단기채권의 수익률이 장기채권의 수익률보다 높은 형태의 수익률곡선은 하강형 수익률곡선이다.

## 핵심포인트 해설 수익률곡선의 유형

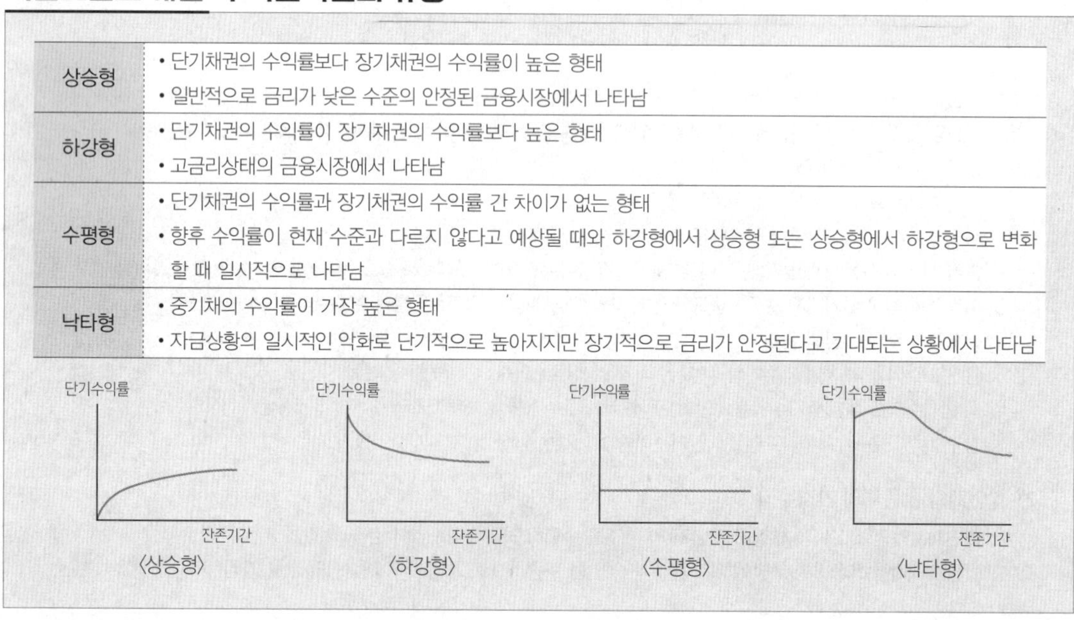

| 유형 | 내용 |
|---|---|
| 상승형 | • 단기채권의 수익률보다 장기채권의 수익률이 높은 형태<br>• 일반적으로 금리가 낮은 수준의 안정된 금융시장에서 나타남 |
| 하강형 | • 단기채권의 수익률이 장기채권의 수익률보다 높은 형태<br>• 고금리상태의 금융시장에서 나타남 |
| 수평형 | • 단기채권의 수익률과 장기채권의 수익률 간 차이가 없는 형태<br>• 향후 수익률이 현재 수준과 다르지 않다고 예상될 때와 하강형에서 상승형 또는 상승형에서 하강형으로 변화할 때 일시적으로 나타남 |
| 낙타형 | • 중기채의 수익률이 가장 높은 형태<br>• 자금상황의 일시적인 악화로 단기적으로 높아지지만 장기적으로 금리가 안정된다고 기대되는 상황에서 나타남 |



〈상승형〉 〈하강형〉 〈수평형〉 〈낙타형〉

정답 ③

수익률곡선 ★★★

**수익률곡선 이론 중 불편기대가설에 대한 설명으로 가장 거리가 먼 것은?**

① 수익률곡선에는 미래의 단기수익률들에 대한 투자자의 기대가 반영되어 있다.
② 단기채와 장기채는 불완전대체관계에 있다.
③ 다양한 형태의 수익률곡선을 잘 설명할 수 있다.
④ 투자자들은 위험중립형 투자자이다.

**TIP** 단기채와 장기채는 완전대체관계에 있다.



## 핵심포인트 해설 수익률곡선에 대한 이론

**(1) 내재선도이자율(Implied Forward Rate)**

$$\text{선도이자율(IFR)} = \frac{(L \times l) - (s \times i)}{L - s}$$

**(2) 수익률곡선에 대한 이론**

① 불편기대가설 : 위험중립적, 완전대체관계, 다양한 형태로 형성

$${}_0R_n = \sqrt[n]{(1+{}_0R_1)(1+E({}_1R_1))(1+E({}_2R_1)) \cdots (1+E({}_{n-1}R_1))} - 1$$

㉠ 장기채권의 수익률은 미래의 단기채권들에 예상되는 수익률들의 기하평균
㉡ 미래 금리상승(하락) 예상 ⇨ 상승형(하강형) 수익률곡선
㉢ 미래 금리불변 예상 ⇨ 수평형 수익률곡선
㉣ 투자자들의 미래 이자율에 대해 동질적 기대
㉤ 장점 : 다양한 수익률곡선에 대하여 설명이 가능함
㉥ 단점 : 위험중립적 투자자를 전제로 하며, 시장참여자들의 미래에 대한 기대만이 반영되어 있다는 제한된 가정에 의존 ⇨ 오차 및 한계점이 있음

② 유동성 선호가설 : 위험회피적, 상승형만 형성

$${}_0R_n = \sqrt[n]{(1+{}_0R_1)(1+E({}_1R_1)+{}_1L_1)(1+E({}_2R_1)+{}_2L_1) \cdots (1+E({}_{n-1}R_1)+{}_{n-1}L_1)} - 1$$

㉠ 만기가 길수록 증가하는 위험에 대한 유동성 프리미엄(L) 요구
㉡ 수익률곡선은 유동성 프리미엄으로 우상향 형태를 가짐

③ 시장분할가설 : 시장 대체관계가 존재하지 않으며, 기관투자자의 헤징에 근거함
㉠ 채권시장이 몇 개의 하위시장으로 세분
㉡ 수익률곡선의 불연속(단기·중기·단기), 대체성 없음

④ 선호영역가설
투자자들이 개개인의 현금 수요기간에 해당하는 만기채권을 선호하나 다른 만기채권의 기대수익이 현저하게 클 경우 약간의 위험을 감수하더라도 기대수익이 큰 채권을 선택한다는 이론

정답 ②

신용평가 ★★

**회사채 평가에 관한 설명으로 가장 거리가 먼 것은?**

① 2년 이상의 무보증 회사채를 발행하려 하는 경우 신용등급을 받아야 한다.
② 신용등급제도는 소액투자를 보호하고 채권시장의 합리적 가격형성을 유도하기 위한 것이다.
③ 무보증 회사채는 신용등급을 받아야 한다.
④ 국채, 정부의 지급보증 채권, 지방채, 통화안정증권은 신용등급을 받지 않아도 된다.

**TIP** 기업이 회사채를 발행하여 1년 이상의 장기자금을 조달하려 하는 경우 신용등급을 받아야 한다.

## 핵심포인트 해설 신용평가의 유형

<table>
<tr><td rowspan="2">대 상</td><td>• 발행자 평가(Issuer Rating)
<table>
<tr><td>의 의</td><td>· 장기적인 채무상환능력을 선순위 무보증채무에 준하여 평가하고 신용등급화하는 것</td></tr>
<tr><td>대 상</td><td>· 회사채발행을 전제로 하지 않음<br>· 대상 기업에 제한이 없음</td></tr>
<tr><td>활 용</td><td>· 자체 신용도 파악이나 특수한 목적을 위해 폭넓게 활용</td></tr>
<tr><td>종 류</td><td>· 본평가 : 최근 결산 재무제표를 기준으로 기업의 선순위 무보증채무에 준하여 평가시점에 실시<br>· 정기평가 : 결산재무제표 기준 연 1회<br>· 수시평가 : 등급의 유효기간 내 등급에 중대한 영향이 미치는 사실이 발생하거나 발생할 가능성이 있다고 판단될 때 실시</td></tr>
<tr><td>유효기간</td><td>· 평가일로부터 1년</td></tr>
</table></td></tr>
<tr><td>• 발행물 평가(Issue Rating)<br>· 회사채, 기업어음, 전자단기사채, 구조화금융증권(유동화증권, 신용연계채권 등) 등</td></tr>
<tr><td>신규등급부여</td><td>• 본평가, 예비평가</td></tr>
<tr><td>사후관리평가</td><td>• 정기평가, 수시평가, 등급감시대상(Watch List)</td></tr>
<tr><td>의뢰인 여부</td><td>• 의뢰 평가(Solicited Rating), 무의뢰 평가(Unsolicited Rating)</td></tr>
<tr><td>등급전망<br>(Outlook)</td><td>• 등급체계와는 무관하며 중·장기적 관점에서 신용등급 방향성에 대한 의견<br>• 신용등급 보조지표이며, 회사채 등 장기채권에만 적용됨
<table>
<tr><td>긍정적(Positive)</td><td>신용등급이 상향 조정될 가능성이 있다고 예측</td></tr>
<tr><td>안정적(Stable)</td><td>신용등급이 변동할 가능성이 낮다고 예측</td></tr>
<tr><td>부정적(Negative)</td><td>신용등급이 하향 조정될 가능성이 있다고 예측</td></tr>
<tr><td>유동적(Developing)</td><td>신용등급의 변동방향이 불확실하다고 예측</td></tr>
</table></td></tr>
<tr><td>등급(Rating)</td><td>• 장기신용등급(1년 초과 채무증권 또는 채무자의 상대적 신용위험)<br>· AAA, AA, A, BBB, BB, B, CCC, CC, C, D의 10개 범주<br>• 단기신용등급(1년 이내 : 기업어음, 전자단기사채, ABCP)<br>· A1, A2, A3, B, C, D의 6개 등급</td></tr>
</table>

정답 ①

# 22

채권투자전략 개요 ★★

**채권투자전략에 대한 설명 중 옳은 것들을 〈보기〉에서 골라 적절하게 묶은 것은?**

〈보기〉

㉠ 면역전략은 투자기간과 잔존만기를 일치시키는 전략이다.
㉡ 인덱스전략은 구성종목의 숫자가 작을수록 추적오차가 감소한다.
㉢ 현금흐름일치전략은 일치시켜야 할 현금흐름이 단순할수록 효과적인 포트폴리오를 구성할 수 있다.
㉣ 상황대응적 면역전략에서는 최소한의 포트폴리오 목표수익률을 정한다.

① ㉠, ㉡
② ㉡, ㉢
③ ㉢, ㉣
④ ㉠, ㉢, ㉣

**TIP** ㉠ 면역전략은 투자기간과 듀레이션을 일치시키는 전략이다.
㉡ 인덱스전략은 구성종목의 숫자가 작을수록 추적오차가 증가한다.

## 핵심포인트 해설 채권투자전략

| | |
|---|---|
| 적극적 투자전략 | • 시장의 비효율성을 전제로 시장이자율을 예측하여 초과수익을 얻고자 하는 전략<br>• 수익률예측전략, 채권교체전략, 수익률곡선타기전략, 나비형 투자전략, 역나비형 투자전략 |
| 소극적 투자전략 | • 시장의 효율성을 전제로 수익률변동위험을 극소화시키고 투자 당초의 목표이익을 보완하려는 방어적인 투자전략<br>• 만기보유전략, 인덱스전략, 현금흐름일치전략, 사다리형 만기운용전략, 아령형 만기운용전략, 면역전략 |
| 복합전략 | • 강화된 인덱스전략 : 일정 채권지수를 최소한의 투자수익 기준으로 삼는 전략<br>• 상황대응적 면역전략 : 초과수익 달성 시 적극적 전략, 초과손실 발생 시 면역전략으로 전환(혼합전략) |

정답 ③

적극적 투자전략 ★★★

금리상승이 기대될 때 취할 수 있는 전략으로 가장 적절한 것은?

① 변동금리채권을 고정금리채권으로 교체
② 듀레이션이 높은 채권으로 교체
③ 장기채권 매도, 단기채권 매수
④ 사다리형 포트폴리오 구축

TIP 금리상승 시 채권가격하락이 예상되므로 하락폭이 작은 단기채권으로 포트폴리오를 구성한다.

## 핵심포인트 해설 적극적 투자전략

**(1) 수익률예측전략**

① 수익률하락 예상 시 : 채권가격은 상승하므로 듀레이션이 긴 채권에 투자
⇨ 장기채, 표면이자율이 낮은 채권(할인채)일수록 유리함
② 수익률상승 예상 시 : 채권가격은 하락하므로 듀레이션이 짧은 채권에 투자
⇨ 단기채, 표면이자율이 높은 채권일수록 유리함

**(2) 채권교체전략**

① 동종채권 간 교체전략 : 일시적인 가격불균형 발생 시 높은 수익률(낮은 가격)의 채권으로 교체
② 이종채권 간 교체전략 : 스프레드 확대·축소 이용
㉠ 스프레드 확대 시 ⇨ 국채 매도, 회사채 매입
㉡ 스프레드 축소 시 ⇨ 국채 매입, 회사채 매도

**(3) 수익률곡선타기전략**

수익률곡선이 우상향하고, 그 모양이 투자기간 동안 불변일 경우 사용 가능한 전략
① 롤링효과(Rolling Effect) : 잔존만기가 단축됨에 따라 수익률이 하락하는 장기채 효과
② 숄더효과(Shoulder Effect) : 각 잔존연수마다 수익률의 격차가 일정하지 않고 만기가 짧아질수록 수익률의 하락폭이 커지는 단기채 효과

**(4) 나비형 투자전략(바벨형 포트폴리오)**

① 수익률곡선이 중기물의 수익률상승, 장·단기물의 수익률하락 예상 시 취하는 전략
② 단기채권과 장기채권만 보유하고, 중기채권은 매도하는 전략

**(5) 역나비형 투자전략(불렛형 포트폴리오)**

① 수익률곡선이 장·단기물의 수익률상승, 중기물의 수익률하락 예상 시 취하는 전략
② 중기채 중심의 채권만을 보유하는 전략

정답 ③

소극적 투자전략 ★★★

기대수익률과 위험은 낮은 대신 유동성이 큰 단기채와 위험은 크나 높은 수익률의 확보가 가능한 장기채의 장점을 동시에 이용하여 투자기간 동안의 평균적인 수익을 얻는 채권투자전략은?

① 바벨형 운용전략
② 사다리형 운용전략
③ 만기보유전략
④ 면역전략

TIP 바벨형 운용전략은 채권 포트폴리오에서 중기채를 제외시키고 단기채와 장기채 두 가지로만 만기를 구성하는 전략이다.

## 핵심포인트 해설 소극적 투자전략

**(1) 만기보유전략**

채권을 매입하여 만기까지 보유하는 전략(투자신탁, 연기금, 보험회사 등)

**(2) 인덱스전략**

① 채권시장 전체의 흐름을 그대로 따르는 포트폴리오를 구성하여 채권시장 전체의 수익률을 달성하려는 전략
② 구성종목의 숫자가 작을수록 추적오차가 증가함

**(3) 현금흐름일치전략**

① 채권에서 발생하는 현금흐름수입이 채권투자를 위하여 조달된 부채의 상환흐름과 일치하거나 상회하도록 채권 포트폴리오를 구성하는 전략
② 일치시켜야 할 현금흐름이 단순할수록 효과적인 포트폴리오를 구성할 수 있음

**(4) 사다리형 및 아령형 만기운용전략**

① 사다리형 만기운용전략 : 각 잔존기간별로 채권보유량을 동일하게 유지하여 이자율변동 시의 수익률과 위험을 평준화시키는 전략
② 아령형(바벨형) 만기운용전략 : 단기채, 장기채로만 만기를 구성하는 전략

→ 듀레이션과 만기를 일치시키는 것이 아니므로 주의할 것

**(5) 면역전략**

① 수익률변동위험을 제거하고 투자목표를 달성하기 위한 전략
② 투자기간과 채권 포트폴리오의 듀레이션을 일치시킴으로써 수익률상승(하락) 시 채권가격하락(상승)분과 표면이자에 대한 재투자수익의 증대(감소)분을 상호 상쇄시켜 채권투자 종료 시 실현수익률을 목표수익률과 일치시키는 전략

정답 ①

**수의상환채권(Callable Bond)의 가치로 가장 적절한 것은?**

① 일반채권의 가치 + 콜옵션의 가치
② 일반채권의 가치 – 콜옵션의 가치
③ 일반채권의 가치 + 워런트의 가치
④ 일반채권의 가치 – 워런트의 가치

**TIP** 콜옵션은 발행자가 가진 것이어서 콜옵션 보유자에게는 상대적으로 불리한 조건이다. 수의상환채권(Callable Bond)의 가치는 보통회사채의 가치에서 콜옵션의 가치를 차감한 것과 같다.

## 핵심포인트 해설 수의상환채권

| 구분 | 내용 |
|---|---|
| 수의상환채권<br>(Callable Bond) | • 채권발행자(기업)에게 권리가 있음<br>• 만기일 이전에 당해 채권을 매입할 수 있는 권리를 발행자에게 부여한 채권<br>• 시장수익률 < 발행수익률 : 수의상환권 행사 가능성↑<br>• 발행기업이 미래 일정 기간 동안에 정해진 Call가격으로 채권을 상환할 수 있는 권리를 가진 채권<br>• 채권자에게는 불리하므로 일반사채보다 높은 액면이자율을 가지며 만기수익률도 높음<br>• 현금흐름이 일정치 않고 수익률이 하락하는 경우 발행자의 중도상환요구로 재투자위험에 노출<br>수의상환채권의 가치 = 일반채권의 가치 – 콜옵션의 가치 |
| 수의상환청구채권<br>(Putable Bond) | • 채권보유자(투자자)에게 권리가 있음<br>• 만기일 이전에 당해 채권을 매도할 수 있는 권리를 투자자에게 부여한 채권<br>• 채권보유자가 일정 기간 동안에 정해진 Put가격으로 원금의 상환을 청구할 수 있는 권리를 가진 채권<br>• 수익률이 상승하여 채권가격이 상환요구가격 이하로 하락하면 투자자는 풋옵션을 행사한다.<br>수의상환청구채권의 가치 = 일반채권의 가치 + 풋옵션의 가치 |

정답 ②

전환사채 ★★★

권리 행사 시 자산과 부채가 동시에 감소하는 채권은?

① 일반사채 ② 교환사채(EB) ③ 전환사채(CB) ④ 신주인수권부사채(BW)

**TIP** 교환사채(EB)는 교환권 행사 시 자산(보유주식)과 부채(교환사채)가 동시에 감소한다.

## 핵심포인트 해설 전환사채

### (1) 전환사채 및 기타 금융상품

| | |
|---|---|
| 전환사채(CB) | • 일정 기간 동안 일정한 가격으로 발행기업의 주식으로 전환될 수 있는 권리가 부여된 채권<br>• 투자여부는 패리티에 의해 결정<br>• CB가격의 하한선 = Max[일반채권으로서의 가치, 전환가치]<br>· 일반채권가치 > 전환가치 : 일반채권처럼 거래<br>· 일반채권가치 < 전환가치 : 주식처럼 거래<br>· 일반채권가치 = 전환가치 : 복합증권처럼 거래 |
| 신주인수권부사채(BW) | • 일정 기간에 일정한 가격으로 발행사의 주식을 인수할 수 있는 권리가 보장된 사채<br>• 지분을 취득할 수 있다는 점은 전환사채와 유사함<br>• 전환사채와는 달리 취득을 위한 신규자금이 필요함 |
| 교환사채(EB) | • 발행사가 보유한 주식으로 교환될 수 있는 권리가 부여된 사채<br>• 발행사의 주식이 아닌 발행사가 보유한 주식으로 교환됨(CB와의 차이)<br>• 교환 시 자산(보유주식)과 부채(교환사채)가 동시에 감소함<br>• 주식 취득 시 신규자금이 지출되지 않음(BW와의 차이)<br>• 오페라본드(Opera Bond) : 교환대상 주식이 두 종류 이상인 경우 |
| 조건부자본증권 | • 특정 사유에 의해 채무가 자본으로 바뀌는 성격을 가진 채권<br>• 자본잠식이 심해지는 등의 사유가 발생하면 자본으로 전환됨<br>• 신종자본증권과 후순위채로 분류됨<br>• 코코본드(CoCoBond)라 불리며 주로 은행, 금융지주회사가 발행함<br>• 후순위성이 강해 일반채권보다 높은 금리가 보장되나 은행의 BIS비율이 낮아질 경우 지분(주식)보다 먼저 상각(손해)될 수 있음 |

### (2) 전환사채(CB)와 신주인수권부사채(BW)의 차이점

| 구 분 | 전환사채(CB) | 신주인수권부사채(BW) |
|---|---|---|
| 사채에 부여된 권리 | 전환권 | 신주인수권 |
| 권리행사 | 권리행사 후 사채 소멸 | 권리행사 이후에도 사채 존속 |
| 권리행사 시 추가자금 | 신규자금 불필요 | 신규자금 별도 필요 |
| 권리의 이전 | 사채와 함께만 가능 | 분리형일 때 사채와 별도로 인수권만 유통 가능 |
| 신주취득의 한도 | 사채금액과 동일 | 사채금액범위 내 |
| 발행이율 | 보통사채보다 아주 낮음 | 보통사채와 전환사채의 중간수준 |

정답 ②

## 27

전환사채 ★★★

**액면가 10,000원인 A기업 전환사채의 시장가격은 13,000원이다. A기업의 현재 주가가 6,000원이고 전환사채의 전환가격이 5,000원이라면 이 전환사채의 전환 프리미엄(괴리)은?**

① 1,000원
② 2,000원
③ 3,000원
④ 5,000원

**TIP** 전환가치(Parity Value) = $\frac{10,000}{5,000}$ × 6,000 = 12,000원
∴ 전환 프리미엄(괴리) = 전환사채의 시장가격 − 전환가치 = 13,000 − 12,000 = 1,000원

## 핵심포인트 해설 전환사채 관련 지표

**(1) 전환주수**

일정한 액면금액당 전환되는 주식의 수

$$전환주수 = \frac{액면금액}{전환가격}$$

**(2) 전환가치(패리티가치)**

전환된 주식들의 시장가치

전환가치(Conversion Value) = 패리티가치(Parity Value) = 주식의 시장가격 × 전환주수

**(3) 전환 프리미엄(괴리)**

전환사채의 시장가격과 전환가치와의 차이

전환 프리미엄 = 시장 전환 프리미엄 = 괴리 = 전환사채의 시장가격 − 전환가치

**(4) 패리티(%)**

전환대상 주식의 시가대비 전환가격을 백분율로 나타낸 것으로, 전환사채를 전환할 경우에 전환차익이 발생하는가를 판단하는 지표(주식측면에서 본 전환사채의 이론가치)

$$패리티(Parity) = \frac{주식의\ 시장\ 가격}{전환가격} \times 100(\%)$$

정답 ①

단기 확정이자부 유가증권 ★

**전자단기사채(STB)에 대한 설명으로 가장 거리가 먼 것은?**

① 전자방식으로 발행(등록)되는 1억원 이상, 만기 1년 이하의 채무증권이다.
② 만기 3개월 이내의 STB의 경우 발행 시 증권신고서 제출이 필요 없어 기존 CP를 대체하고 있다.
③ 만기 1개월 이내로 발행되는 STB의 투자소득은 원천징수 대상이 되지 않는다.
④ 실물증권은 발행이 금지되며 지방채 및 특수채는 STB로 발행할 수 없다.



**TIP** 전자증권법 제2조 제2항 및 시행령 제2조에 의하여 지방채 및 특수채도 전자단기사채(STB)로 발행할 수 있다.

## 핵심포인트 해설 단기 확정이자부 유가증권

| 구분 | 내용 |
|---|---|
| 양도성 정기예금증서(CD) | • 은행이 발행하는 무기명식 정기예금증서<br>• 중도 환매 불가하나 유통시장에서 거래하여 유동성 확보<br>• 발행방식 : 할인식 |
| 기업어음(CP) | • 기업이 단기자금 조달을 위해 발행하는 융통어음<br>• 발행기관 : 복수(2개 이상) 신용평가등급 B급 이상 받은 상장법인<br>$\text{매매가격} = \text{액면금액} \times \left(1 - \text{할인율} \times \frac{\text{잔존일수}}{365}\right)$ |
| 전자단기사채(STB) | • 전자방식으로 발행(등록)되는 발행금액 1억원 이상, 만기 1년 이하의 채무증권<br>• 만기 3개월 이내의 STB의 경우 발행 시 증권신고서 제출이 필요 없어 발행이 용이함<br>• 만기 1개월 이내로 발행되는 STB 투자에서 발생하는 소득은 원천징수 대상에서 제외됨<br>• 실물증권 발행 금지, 지방채 및 특수채도 발행 가능 |

정답 ④

**자산유동화증권**(ABS : Asset Backed Security)**에 대한 설명으로 가장 거리가 먼 것은?**

① 자산유동화증권을 발행하는 주체를 자산보유자(Originator)라고 부른다.
② 기초자산에서 발생하는 현금을 그대로 투자자에게 이전하는 방식을 Pass-Through 방식이라 한다.
③ 자산유동화증권의 기초자산으로는 주택저당채권, 자동차 할부금융, 대출채권, 신용카드계정, 리스채권 등이 있다.
④ 자산유동화증권은 부외화의 효과를 거둘 수 있기 때문에 자기자본관리를 강화하는 방안으로 활용할 수 있다.

**TIP** 자산유동화증권을 발행하는 주체는 유동화전문회사로, 특수목적기구(SPC)라고 부른다.

## 핵심포인트 해설 ABS와 Covered Bond

### (1) 자산유동화증권(ABS)

| 구분 | 내용 |
|---|---|
| 의 의 | • 자산에서 발생하는 집합화된 현금흐름을 기초로 원리금을 상환하는 증서<br>• 원리금의 지급이 유동화대상 자산에서 발생되는 현금흐름을 기초로 하여 발생함<br>• 자산보유자(Originator)가 보유자산을 유동화전문회사(SPV, SPC)에 양도, 이를 기초로 ABS 발행, 투자자에게 판매<br>• 장점 : 발행사의 유동성확보, 자금조달수단 다양화, 비유동성자산의 처분, 조달비용 감소, 규제차익 향유<br>• 단점 : 부대비용이 크므로 대규모 발행만 가능, 위험의 일부가 자산보유자에게 잔존, 대규모의 경우 자산의 질이 악화, 자금조달에 시간 소요 |
| 종 류 | • CBO, CLO, MBS, SLBS, 장래채권 ABS, Credit Card ABS, 부동산 PF(개발금융) ABS 등 |
| 참여자 | • 자산보유자(Originator) : 유동화자산을 보유한 각종 금융기관<br>• 특수목적기구(Special Purpose Vehicle) : 자산을 양수받아 ABS를 발행하는 유동화전문회사<br>• 기타 : 자산관리자(Servicer 또는 Administrator), 수탁기관, 신용평가기관, 신용보강기관, 발행 주간사 등 |
| 구 조 | • Pass-Through 방식 : 주식형, 기초자산에서 발생하는 현금흐름이 투자자에게 이전, 수익과 위험이 투자자에게 모두 전가<br>• Pay-Through 방식 : 채권형, SPC가 적립·조정한 현금흐름을 투자자에게 지급하는 방식, 통상적으로 복수 트랜치(Multitranche) 구조 |
| 신용보강 | • 내부적 신용보강 : 선·후순위 증권발행, 현금흐름 차액적립, 풋백옵션, 초과담보 등<br>• 외부적 신용보강 : 지급보증, 신용공여 등 |

### (2) 이중상환청구권부 채권(Covered Bond)

① 발행기관이 담보로 제공하는 기초자산집합에 대하여 우선 변제받을 권리 + 상환청구권
② 은행이 정상적인 방법으로 자금을 조달하기 어려울 경우 보유채권의 담보를 제공하면서 자금을 조달하는 방법
③ 일반적으로 담보가 제공되므로 조달금리는 일반채권보다 낮음

정답 ①

# 출제예상문제

☑ 다시 봐야 할 문제(틀린 문제, 풀지 못한 문제, 헷갈리는 문제 등)는 문제 번호 하단의 네모박스(□)에 체크하여 반복학습 하시기 바랍니다.

**01** 중요도 ★★★
**채권 관련 기본용어에 대한 설명으로 가장 적절한 것은?**

□

① 단가란 채권의 권면에 표시된 금액으로, 지급이자 산출을 위한 기본단위가 된다.
② 잔존기간이란 채권의 발행으로부터 원금상환이 이루어지기까지의 기간이다.
③ 만기수익률은 채권의 수급에 의해 시장가격을 결정하는 이자율의 일종이다.
④ 액면가란 채권시장에서 형성된 만기수익률에 의해 결정된 채권 매매가격이다.

**02** 중요도 ★
**채권의 일반적 특징에 대한 설명으로 가장 거리가 먼 것은?**

□

① 확정이자부 증권이다.
② 기한부증권(예외 : 영구채권)이다.
③ 장기증권(예외 : CP, CD)이다.
④ 이자 할인식 증권이다.

**03** 중요도 ★★
**채권에 대한 설명으로 가장 적절한 것은?**

□

① 채권의 단가는 액면 10,000원을 기준으로 산정·표시한다.
② 표면이율은 시장수익률, 유통수익률 또는 수익률이라고도 한다.
③ 채권의 발행으로부터 원금상환이 이루어지기까지의 기간을 잔존기간이라 한다.
④ 채권의 발행일 혹은 매출일로부터 매매일까지의 기간을 만기기간이라 한다.

**04** 중요도 ★★★
**액면가 10,000원, 표면이율 6%인 3년 만기 단리채의 만기상환금액은?**

□

① 11,800원　② 12,100원
③ 12,400원　④ 13,100원

05 중요도 ★★★

**액면가 10,000원, 표면이율이 5%이고 만기기간이 3년인 할인채의 발행가액은?**

① 9,200원　　② 8,800원
③ 8,500원　　④ 7,800원

06 중요도 ★

**금리변동부채권에 대한 설명으로 가장 거리가 먼 것은?**

① 발행 당시 표면이율에 의하여 결정되는 미래현금흐름이 확정되지 않는다.
② 일정 단위 기간마다 정해진 기준금리에 연동된 표면이율에 의하여 이자를 지급받는다.
③ 이자율이 지표금리의 변동에 연동되기 때문에 일반채권과 마찬가지로 시장수익률 변동위험에서 벗어날 수 없다.
④ 금리변동부채권은 역금리변동부채권 등으로 변용되기도 한다.



**정답 및 해설**

01 ③ 만기수익률은 시장수익률, 유통수익률 혹은 수익률이라고 불리는데, 채권의 수급에 의해 시장가격을 결정하는 이자율의 일종이다. 주식시장에서 주식가격이 계속 변하듯 채권시장에서는 만기수익률이 계속 변하면서 채권가격을 변화시킨다.
① 액면가에 대한 설명이다.
② 만기기간에 대한 설명이다.
④ 단가에 대한 설명이다.

02 ④ 채권은 일반적으로 보유기간 중 이자를 지급하는 증권이며 할인채권은 채권의 일부이다.

03 ① ② 만기수익률은 시장수익률, 유통수익률 또는 수익률이라고도 한다.
③ 채권의 발행으로부터 원금상환이 이루어지기까지의 기간을 만기기간이라 한다.
④ 채권의 발행일 혹은 매출일로부터 매매일까지의 기간을 경과기간이라 한다.

04 ① 단리채는 발생된 이자가 재투자되는 과정을 거치지 않는, 즉 단리방식에 의한 이자금액이 원금과 함께 만기에 일시에 지급되는 원리금 지급방식이다.
$\therefore S = F \times (1 + i \times N) = 10{,}000 \times (1 + 0.06 \times 3) = 11{,}800$원

05 ③ 표면이율이 5%이고 만기기간이 3년인 할인채에 대한 이자는 액면 10,000원당 1,500원이 된다. 그런데 이 채권의 이자는 발행일에 선지급되므로 액면금액 10,000원에서 선지급되는 이자 부분을 제외한 8,500원을 발행시장에서 실질적으로 취득 가능하다.
$\therefore$ 발행가격 $= 10{,}000 \times (1 - i \times N) = 10{,}000 \times (1 - 0.05 \times 3) = 8{,}500$원

06 ③ 금리변동부채권은 시장수익률의 변동에 따라 이자를 지급하므로 시장수익률 변동위험에서 벗어날 수 있다.

## 07

중요도 ★

**발행주체에 따른 채권의 분류를 가장 적절하게 연결한 것은?**

□

① 국채 – 지역개발채권

② 특수채 – 신주인수권부사채

③ 금융채 – 통화안정증권

④ 지방채 – 한국도로공사채권

## 08

중요도 ★★

**채권의 발행 방법에 대한 설명 중 잘못된 것으로만 〈보기〉에서 골라 묶은 것은?**

□

〈보기〉

㉠ 차등가격 경매(낙찰)방식은 우리나라 국고채 발행에 도입되었다.

㉡ 매출발행은 발행조건을 미리 정하지 않고 차후 확정하는 방식이다.

㉢ 단일가격(수익률) 경매방식은 Dutch Auction으로 불린다.

㉣ 공모입찰발행은 채권의 만기기간, 원리금지급방법 등의 발행조건을 미리 정한다.

① ㉠, ㉡

② ㉡, ㉢

③ ㉡, ㉣

④ ㉢, ㉣

## 09

중요도 ★★★

**〈보기〉의 설명에 해당하는 채권의 직접모집 방법으로 가장 적절한 것은?**

□

〈보기〉

- 내정 수익률 이하에서 각 응찰자가 제시한 응찰 수익률을 낮은 수익률(높은 가격) 순으로 배열하여 최저 수익률부터 발행예정액에 달할 때까지 순차적으로 낙찰자를 결정
- 낙찰자는 응찰 시 제시한 수익률로 채권을 인수하게 되므로 복수의 낙찰가격이 발생함

① 단일가격(수익률) 경매방식

② 복수가격(수익률) 경매방식

③ 차등가격 경매(낙찰)방식

④ 비경쟁 입찰방식

## 10

중요도 ★★

**채권 유통시장의 기능에 대한 내용으로 가장 거리가 먼 것은?**

□

① 채권의 유통성과 시장성 부여 기능

② 발행시장에서 발행된 채권의 가격을 결정해 주는 기능

③ 채권의 공정한 가격형성 기능

④ 채권 매매를 통한 신규자금 조달 기능

## 11

중요도 ★★★

**우리나라 채권 유통시장에 대한 설명으로 가장 거리가 먼 것은?**

☐

① 장내거래 중심이며, 회사채 위주의 시장이 형성되어 있다.

② 증권사, 자산운용사, 은행 등 기관투자자 중심이다.

③ 채권의 수요기반 확충과 시장조성 기능을 확대하기 위해 채권전문딜러 제도가 도입되었다.

④ Repo거래제도, 채권 대차거래제도 활성화 등 새로운 채권 관련 상품이 도입되고 있다.

## 12

중요도 ★★

**채권발행자가 약속된 이자와 원금을 상환하지 않을 위험으로 가장 적절한 것은?**

☐

① 채무불이행위험
② 가격변동위험
③ 재투자위험
④ 유동성위험



### 정답 및 해설

07 ③ 발행주체에 따른 채권의 분류

| 구 분 | 발행주체 | 종 류 |
|---|---|---|
| 국 채 | 국 가 | 제1종 및 제2종 국민주택채권, 재정증권, 국고채권(양곡기금채권, 외국환평형기금채권 통합) |
| 지방채 | 지방자치단체 | 서울시 도시철도채권, 상수도공채, 지역개발채권 |
| (비금융) 특수채 | 특별법에 의하여 설립된 법인 | 토지개발채권, 한국전력공사채권, 한국도로공사채권, 수자원공사채권, 가스공사채권, 예금보험기금채권 |
| 금융채 | 금융기관 | 산업금융채권, 중소기업금융채권, 통화안정증권, 카드·리스·종금·할부금융채권 |
| 회사채 | 주식회사 | 보증사채, 무보증사채, 담보부사채, 전환사채, 교환사채, 신주인수권부사채, 옵션부사채 |

08 ③ ㉡ 매출발행은 채권의 만기기간, 발행이율, 원리금지급방법 등 발행조건을 미리 정한 후 일정 기간 내에 개별적으로 투자자들에게 매출하여 매도한 금액 전체를 발행총액으로 삼는 방식이다.
㉣ 공모입찰발행은 미리 발행조건을 정하지 않고 가격이나 수익률에 대해 다수의 투자자들로부터 입찰 응모를 받아, 그 결과를 기준으로 발행조건을 결정하는 방식이다.

09 ② 복수가격(수익률) 경매방식은 Conventional Auction 혹은 American Auction이라고 불리는 방식으로 2000년 8월 16일 이전에 국고채권 등의 발행 시 사용되었다.

10 ④ 자금수요자의 신규자금 조달 기능을 수행하는 시장은 발행시장이다.

11 ① 우리나라 채권 유통시장은 장외거래 중심이며, 국공채 위주의 시장이다. 전체거래 중 장외거래의 비중이 99%에 육박하고 있으며, 국고채와 통화안정증권 거래가 85%가 넘고, 회사채 거래는 2 ~ 3%의 비중만을 차지하고 있다.

12 ① 발행사의 경영실적 악화에 따라 원금 및 이자상환이 불가능한 위험을 채무불이행위험이라고 한다.

**13** □

중요도 ★★★

**㈜해커스는 3년 만기의 할인채를 발행하였다. 액면금액은 10,000원이고 발행가액은 8,300원일 때, 채권투자자의 할인율은?** (단, 가장 가까운 근사치를 구한다)

① 5.67%　　② 6.41%
③ 7.13%　　④ 7.42%

**14** □

중요도 ★★

**만기일에 상환 받는 금액이 가장 큰 채권은?** (단, 액면금액은 모두 동일하다고 가정한다)

① 표면이율 6%, 만기 1년인 할인채
② 표면이율 5%, 만기 5년인 연 단위 복리채
③ 표면이율 5%, 만기 5년인 3개월 단위 복리채
④ 표면이율 6%, 만기 5년인 6개월 이자 후급 이표채

**15** □

중요도 ★★

**〈보기〉의 채권을 2023년 6월 15일에 시장수익률 4.2%로 매입하여 만기일까지 보유하면 매 이자지급일에 액면 10,000원당 (　　)원의 이자를 총 (　　)회 수령하게 된다. (　　) 안에 들어갈 수를 순서대로 나열한 것은?**

〈보기〉

| | |
|---|---|
| • 발행일 : 2015년 7월 3일 | • 만기일 : 2025년 7월 3일 |
| • 표면이율 : 4% | • 이자지급 단위기간 : 6개월 후급 |

① 200, 5　　② 220, 5
③ 200, 6　　④ 220, 6

**16** □

중요도 ★★★

**〈보기〉와 같은 복리채권의 조건을 보고 시장수익률로 매매할 경우 관행적 방식에 의한 세전 매매단가는?**

〈보기〉

| | |
|---|---|
| • 연 단위 복리채 | • 만기상환금액 : 12,153원 |
| • 잔존만기 : 2년 73일 | • 시장수익률 : 10% |

① 9,846원　　② 10,525원
③ 10,846원　　④ 11,525원

## 17

중요도 ★★★

□ **만기 1년 단리채의 표면금리가 3%, 잔존만기가 180일이다. 채권수익률이 6%라고 가정할 때 이 채권의 세전 매매단가를 구하는 식으로 가장 적절한 것은?** (단, 액면금액은 10,000원이다)

① $P = \frac{10,000원}{\left(1 + 0.03 \times \frac{180}{365}\right)}$

② $P = \frac{10,000원}{\left(1 + 0.06 \times \frac{180}{365}\right)}$

③ $P = \frac{10,300원}{\left(1 + 0.03 \times \frac{180}{365}\right)}$

④ $P = \frac{10,300원}{\left(1 + 0.06 \times \frac{180}{365}\right)}$

## 18

중요도 ★★★

□ **〈보기〉의 자료를 이용해 계산한 20X2년 10월 31일 투자한 제1종 국민주택채권의 매입가격은?** (단, 가장 가까운 근사치를 구한다)

〈보기〉

- 발행일 : 20X2년 10월 31일
- 만기일 : 20X7년 10월 31일
- 표면이율 : 1.68%
- 원리금지급방법 : 연 단위 복리, 만기 일시상환
- 만기수익률 : 2.52%
- 액면금액 : 10,000원

① 9,354원
② 9,597원
③ 9,721원
④ 9,900원

### 정답 및 해설

13 ① 발행가격 = 10,000 × (1 − r × N)
⇨ 8,300 = 10,000 × (1 − r × 3)
∴ 할인율(r) = 0.05666

14 ③ 복리채의 경우 복리로 누적된 이자와 원금을 만기에 함께 수령하므로 동일한 조건의 할인채나 이표채보다 수령액이 크다. 또한 같은 5년 만기라도 1년에 한 번씩 부리하는 연 단위 복리채보다 3개월에 한 번씩 부리하는 복리채의 만기 수령액이 더 크다.

15 ① 연 4%의 쿠폰을 연 2회 수령하므로, 액면 10,000원당 200원의 이자를 총 5회 수령하게 된다.

16 ① $P = \frac{S}{(1+r)^n\left(1 + r \times \frac{d}{365}\right)} = \frac{12,153}{(1+0.1)^2\left(1 + 0.1 \times \frac{73}{365}\right)} = 9,846.86원$

17 ④ 관행적 방식에 의한 만기 시 일시상환채권의 가격산정방법은 $P = \frac{S}{(1+r)^n\left(1 + r \times \frac{d}{365}\right)}$ 이다.
$\therefore P = \frac{10,300원}{\left(1 + 0.06 \times \frac{180}{365}\right)}$

18 ② 만기상환금액 = 10,906원 ≒ 10,868.70원 = 10,000원 × $(1 + 0.0168)^5$
∴ 매입가격 = 잔존기간이 5년 0일이므로, $\frac{10,868.70원}{(1+0.0252)^5} = 9,596.98원$

**19** 중요도 ★★

**말킬(B. Malkiel, 1962)에 의해 정립된 채권가격의 정리의 내용과 가장 거리가 먼 것은?**

□

① 채권의 잔존기간이 길수록 동일한 수익률 변동에 대한 가격 변동률은 커진다.

② 채권의 잔존기간이 길어짐으로써 발생하는 가격 변동률은 체감한다.

③ 수익률 하락으로 인한 가격 상승폭은 수익률 상승으로 인한 가격 하락폭보다 작다.

④ 표면이율이 높을수록 동일한 크기의 수익률 변동에 대한 가격 변동률은 작아진다.

**20** 중요도 ★★★

**채권가격과 채권수익률에 대한 설명으로 잘못된 것을 〈보기〉에서 골라 묶은 것은?**

□

〈보기〉

㉠ 채권가격은 수익률과 반대방향으로 움직인다.

㉡ 채권의 잔존만기가 길수록 동일한 수익률변동에 대한 가격변동률은 커진다.

㉢ 채권의 잔존만기가 길어짐으로써 발생하는 가격변동률은 체증한다.

㉣ 동일한 크기의 수익률변동이 발생한 경우 수익률이 하락할 때와 상승할 때가 동일하다.

① ㉠, ㉢ ② ㉡, ㉢

③ ㉡, ㉣ ④ ㉢, ㉣

**21** 중요도 ★★

(매콜리)**듀레이션에 대한 내용으로 가장 거리가 먼 것은?**

□

① 채권에서 발생하는 현금흐름을 이들이 각기 발생하는 기간으로 가중하여 현재 가치화한 합을 채권의 가격으로 나눈 것이다.

② 채권에 투자된 원금의 가중평균 회수기간이라고 할 수 있다.

③ 채권가격 변화에 대한 채권 수익률의 민감도의 개념으로도 표현할 수 있다.

④ 만기 및 표면이율에 의해 결정되는 현금흐름의 크기, 그리고 만기수익률의 수준 등이 동시에 고려된 개념이라고 할 수 있다.

**22** 중요도 ★★★

**듀레이션에 영향을 주는 요인들과 듀레이션과의 관계에 대한 내용으로 가장 거리가 먼 것은?**

□

① 만기 시 일시상환채권의 듀레이션은 이 채권의 잔존기간보다 짧다.

② 일반적으로 잔존기간이 길수록 듀레이션은 커진다.

③ 이표채는 만기수익률이 높을수록 듀레이션이 작아진다.

④ 이표채는 표면이율이 낮을수록 듀레이션이 커지나 듀레이션이 커지더라도 채권의 잔존기간보다는 작다.

## 23

중요도 ★

**아래 표에 제시된 채권들은 연 단위 후급 이표채들이다. 듀레이션이 작은 채권부터 순서대로 나열한 것은?**

| 구 분 | 표면이율(%) | 잔존만기(년) | 시장수익률(%) |
|---|---|---|---|
| 채권 A | 5 | 4 | 5 |
| 채권 B | 6 | 4 | 5 |
| 채권 C | 6 | 4 | 6 |
| 채권 D | 6 | 3 | 6 |

① A < B < C < D
② D < A < B < C
③ D < B < A < C
④ D < C < B < A

## 24

중요도 ★★

**컨벡시티의 특징으로 가장 거리가 먼 것은?**

① 컨벡시티란 '채권가격-수익률곡선 기울기의 변화'를 의미한다.
② 채권의 컨벡시티는 듀레이션이 증가함에 따라 증가한다.
③ 수익률과 만기가 일정할 때 표면이율이 낮아질수록 컨벡시티는 커진다.
④ 만기수익률의 수준이 낮을수록 컨벡시티는 작아진다.

### 정답 및 해설

19 ③ 동일한 크기의 수익률 변동 발생 시, 수익률 하락으로 인한 가격 상승폭은 수익률 상승으로 인한 가격 하락폭보다 크다. (볼록성)

20 ④ ⓒ 채권의 잔존만기가 길어짐으로써 발생하는 가격변동률은 체감한다.
ⓔ 동일한 크기의 수익률변동이 발생한 경우 수익률이 하락할 때와 상승할 때가 동일하지 않다.

21 ③ 듀레이션은 이 정의를 도출하는 수학적 관계를 통하여 수익률 변동에 대한 채권가격 민감도의 개념으로도 표현할 수 있다.

22 ① 만기 시 일시상환채권의 듀레이션은 이 채권의 잔존기간과 동일하다.

23 ④ 이표채의 듀레이션은 잔존만기가 짧을수록, 표면이율이 높을수록, 시장수익률이 높을수록 작게 나타난다. 실제 이들 채권의 듀레이션을 산출해 보면 채권 A = 3.72년, 채권 B = 3.68년, 채권 C = 3.67년, 채권 D = 2.83년이다.
∴ 듀레이션 : D < C < B < A

24 ④ 표면이율과 잔존기간이 일정할 경우 만기수익률의 수준이 낮을수록 컨벡시티는 커진다.

**25** 중요도 ★★

**잔존만기가 2년, 표면이율이 5%인 연 단위 후급 이표채의 만기수익률이 7%인 채권이 있다. 이 채권의 듀레이션은 1.63년, 채권가격은 9,760.50원, 채권의 볼록성은 5.89이다. 만기수익률이 7%에서 5%로 하락할 경우 볼록성에 기인한 가격 변동폭은?** (단, 가장 가까운 근사치를 구한다)

① 7.30원　　② 11.50원
③ 15.50원　　④ 18.30원

**26** 중요도 ★★★

**A기업의 회사채 만기수익률이 8%에서 7%로 하락하였을 때 채권가격의 변화율은?** (단, 이 채권의 수정듀레이션은 2년, 볼록성은 2.4이다)

① 1.582% 상승　　② 1.582% 하락
③ 2.012% 상승　　④ 2.012% 하락

**27** 중요도 ★★★

**수정듀레이션이 2.3년인 채권에 120억원을 투자하였을 때 채권수익률이 5%에서 3%로 하락하였다면 이 채권가치의 변동으로 가장 적절한 것은?**

① 5.52억원 증가　　② 5.52억원 감소
③ 8.56억원 증가　　④ 8.56억원 감소

**28** 중요도 ★

**채권의 수익구성 요인으로 가장 거리가 먼 것은?**

① 투자채권에 대한 매도금액과 매입금액과의 차이로 인한 수익
② 가격 변화에 대한 수익률의 민감도에 의해 생기는 듀레이션 수익
③ 표면이율에 의해 일정 기간마다 발생되는 이자수익
④ 표면이자수익을 또다시 투자함으로써 발생되는 수익

## 29

중요도 ★★★

**잔존만기가 3년 남은 할인채를 만기수익률 5%에 매입하여 2년이 경과한 후 만기수익률 7%에 매도하였다. 액면 10,000원 단위로 산정한 손익금액은?** (단, 가장 가까운 근사치를 구한다)

① 21원 이익 ② 21원 손실
③ 707원 이익 ④ 707원 손실

## 30

중요도 ★★

**잔존만기가 3년 남은 할인채를 수익률 10%에 매입하여 2년 경과 후 수익률 8%에 매도하였다면 액면 10,000원을 기준으로 할 때 손익은?** (단, 가장 가까운 근사치를 구한다)

① 1,746원 이익 ② 1,746원 손실
③ 1,523원 이익 ④ 1,523원 손실



### 정답 및 해설

25 ② 볼록성에 기인한 가격 변동폭 $= \frac{1}{2} \times 5.89 \times (-0.02)^2 \times 9{,}760.50 = 11.4978$원

26 ③ $\frac{\Delta P}{P} = -D_M \times (\Delta r) + \frac{1}{2} \times C \times (\Delta r)^2 = -2 \times (-0.01) + \frac{1}{2} \times 2.4 \times (-0.01)^2 = 0.02012$

∴ 2.012% 상승한다.

27 ① 채권가격 변동폭 = −2.3 × −0.02 × 120억원 = 5.52억원

∴ 5.52억원 증가한다.

28 ② 채권 투자 수익구성 요인

- 가격손익 : 투자채권에 대한 매도금액과 매입금액과의 차이
- 표면이자수익 : 표면이율에 의해 일정 기간마다 발생되는 이자수익
- 재투자수익 : 표면이자수익을 또다시 투자함으로써 발생되는 수익

참고

- 만기 시 일시상환채권(복리채, 단리채, 할인채) : 가격 손익 = 매도(만기)금액 − 매입(인수)금액
- 이표채
  - 가격 손익 = 매도(만기)금액 − 매입(인수)금액
  - 표면이자수익
  - 재투자수익

29 ③ • 매입단가($P_b$) $= \frac{10{,}000}{(1+0.05)^3} \fallingdotseq 8{,}638$

• 매도단가($P_s$) $= \frac{10{,}000}{(1+0.07)^1} \fallingdotseq 9{,}345$

∴ 액면 10,000원당 707원(= 9,345 − 8,638)의 이익을 얻는다.

30 ① • 매입단가($P_b$) $= \frac{10{,}000}{(1+0.1)^3} \fallingdotseq 7{,}513$

• 매도단가($P_s$) $= \frac{10{,}000}{(1+0.08)^1} \fallingdotseq 9{,}259$

∴ 액면 10,000원당 1,746원(= 9,259 − 7,513)의 이익을 얻는다.

**31** □

중요도★★★

**표면이율이 5%인 할인채를 잔존만기가 3년 남은 시점에서 8,740원에 매입 후 만기상환 받았다. 이 투자의 연 단위 실효수익률 산출식으로 가장 적절한 것은?**

① $\sqrt[3]{\frac{8,740}{10,000}} - 1$

② $\sqrt[3]{\frac{10,000}{8,740}} - 1$

③ $\frac{10,000 - 8,740}{8,740} \times \frac{1}{3}$

④ $\sqrt{\frac{8,740 \times (1 + 0.05)}{10,000}} - 1$

**32** □

중요도★

**만기가 1년 남은 회사채가 105,000원에 매매되고 있다. 이 회사채의 액면금액은 100,000원, 액면금리가 10%이고 이자를 연 1회 지급한다고 할 때 만기수익률은?** (단, 가장 가까운 근사치를 구한다)

① 3.8%

② 4.7%

③ 8.2%

④ 10.5%

**33** □

중요도★

**이자율의 기간구조에 대한 설명으로 가장 적절한 것은?**

① 불편기대가설에서 현재의 수익률곡선에는 미래의 단기 수익률들에 대한 기대가 반영되지 않는다.

② 유동성 선호가설에 따르면 선도수익률에는 유동성 프리미엄이 포함되어 있다.

③ 시장분할가설은 특정한 만기의 채권별로 이를 선호하는 투자자 집단들이 존재하지 않는다고 본다.

④ 선호영역가설에서 투자자들은 충분한 대가가 주어진다 해도 선호하지 않는 만기의 채권에는 투자하지 않는다.

**34** □

중요도★

**기간구조이론 중 불편기대가설에 대한 설명으로 가장 거리가 먼 것은?**

① 장기채권의 수익률은 미래의 단기채권들에 예상되는 수익률들의 기하평균과 같다.

② 미래 이자율이 일정할 것이라고 예상될 때 수익률곡선은 수평이다.

③ 미래 이자율이 상승할 것이라고 예상될 때 수익률곡선은 우상향한다.

④ 투자자를 위험회피형으로 가정한다.

**35** 중요도 ★★★

**3년 만기 현물이자율은 10%이고, 2년 만기 현물이자율은 8%라 하자. 이때 불편기대가설하에서 2년 뒤 1년 만기 내재선도이자율은?** (단, 가장 가까운 근사치를 구한다)

① 7.12% ② 8.92%

③ 12.12% ④ 14.11%

**36** 중요도 ★

**유동성 선호가설에 대한 설명으로 가장 거리가 먼 것은?**

① 투자자들은 만기가 길수록 증가하는 위험에 대해 유동성 프리미엄을 요구한다.

② 향후 이자율이 기간에 상관없이 일정할 것이라고 예상될 때에는 수익률곡선이 수평의 형태를 지닌다.

③ 유동성 프리미엄은 만기까지의 기간이 길수록 체감적으로 증가한다.

④ 장기채권수익률은 기대현물이자율에 유동성 프리미엄을 가산한 값의 기하평균과 같다.



**정답 및 해설**

31 ② 연 단위 실효수익률은 투자금액(P) 대비 투자 종료 시 실현된 금액(FV)을 복할인한 개념으로, $r_e = \sqrt[n]{\frac{FV}{P}} - 1$의 산출식에 의하여 산출된다. 이 채권은 할인채이므로 FV = 10,000원, P = 8,740원, n = 3이다.

32 ② $P_0 = \Sigma \frac{I}{(1+YTM)^n} + \frac{F}{(1+YTM)^n}$ ⇨ $105,000 = \frac{10,000}{(1+YTM)} + \frac{100,000}{(1+YTM)} = \frac{110,000}{(1+YTM)}$

($P_0$ : 채권의 현재가치, I : 매기의 이자, YTM : 만기수익률, F : 액면가액, n : 잔존만기)

∴ YTM ≒ 4.7%

33 ② ① 불편기대가설에서 현재의 수익률곡선에는 미래의 단기 수익률들에 대한 기대가 반영되어 있다.

③ 시장분할가설은 특정한 만기의 채권별로 이를 선호하는 투자자 집단들이 존재한다고 본다.

④ 선호영역가설에서 투자자들, 특히 기관투자자들은 특정한 만기를 지닌 채권을 선호하나, 충분한 대가가 주어진다면 그 외 만기의 채권에도 투자한다.

34 ④ 불편기대가설

- 투자자를 위험중립형으로 가정
- 단기채권과 장기채권은 완전대체관계에 있음
- 미래 이자율을 정확하게 예상할 수 있다고 가정

35 ④ 내재선도이자율(Implied Forward Rate)은 간편식인 $\frac{(L \times l) - (s \times i)}{L - s}$를 이용하여 $\frac{(10 \times 3) - (8 \times 2)}{3 - 2} = 14(\%)$와 같이 근사치를 구할 수도 있다. 그러나 본 문제는 불편기대가설을 전제로 질문했으므로 이에 부합하여 산식을 적용한다. 불편기대가설에 의하면 미래의 이자율은 완전대체관계에 있다. 여기에 선도이자율(FR)을 대입하면 다음과 같이 도출할 수 있다.

$(1 + 0.1)^3 = (1 + 0.08)^2 \times (1 + FR)$

⇨ 1 + FR ≒ 1.1411

∴ FR ≒ 0.1411

36 ② 유동성 선호가설에 의하면 미래의 이자율이 일정할 것이라고 예상한다 하더라도 수익률곡선은 유동성 프리미엄의 영향으로 인하여 우상향의 형태를 가진다.

**37** □

중요도 ★★

**법적·제도적 요인 등에 의한 구조적 경직성이 존재함으로써 채권시장이 몇 개의 하위시장으로 분할되어 채권수익률과 잔존만기 간에 어떠한 체계적 관계도 존재하지 않는다는 수익률곡선에 대한 가설로 가장 적절한 것은?**

① 불편기대가설 ② 유동성 선호가설
③ 시장분할가설 ④ 선호영역가설

**38** □

중요도 ★★

**신용평가와 관련한 내용으로 가장 거리가 먼 것은?**

① 만기 1년 초과는 장기신용등급, 1년 이하는 단기신용등급으로 구분한다.
② 장기신용등급 B는 원리금 지급 능력이 결핍되어 투기적일 때 지정된다.
③ 불확실성이 높아 중기적인 등급의 변동방향을 단정하기 어려울 때 등급전망은 유동적이다.
④ 수시평가란 기 공시된 회사채의 신용등급을 1년 단위로 재검토하는 평가이다.

**39** □

중요도 ★★

**채권투자전략에 대한 설명으로 가장 거리가 먼 것은?**

① 호황이나 금리상승이 예상될 때 채권의 만기구성을 단기화한다.
② 수익률곡선이 상승하는 경우에는 수익률곡선타기전략이 유효하다.
③ 이자율하락이 예상되면 단기채를 매각하고 장기채를 매입한다.
④ 이자율하락이 예상되면 액면이자율이 낮은 채권을 매각하고, 액면이자율이 높은 채권을 매입한다.

**40** □

중요도 ★★★

**올바른 채권투자전략과 가장 거리가 먼 것은?**

① 시장이자율이 상승할 것이라고 예상되어 표면금리가 높은 채권 보유를 늘렸다.
② 시장이자율이 하락할 것이라고 예상되어 장기채를 줄이고 단기채를 늘렸다.
③ 시장이자율이 상승할 것이라고 예상되어 이자지급빈도가 높은 채권 보유를 늘렸다.
④ 시장이자율이 하락할 것이라고 예상되어 할인채를 많이 편입하였다.

41 중요도 ★★
**현재 시중 실세금리가 높은 수준이고 향후 금리가 서서히 하락할 것이라고 예상될 때 가장 적절한 투자방안은?**

☐

① 표면금리가 낮고, 잔존만기가 긴 채권에 투자
② 표면금리가 높고, 잔존만기가 긴 채권에 투자
③ 표면금리가 낮고, 잔존만기가 짧은 채권에 투자
④ 표면금리가 높고, 잔존만기가 짧은 채권에 투자

42 중요도 ★★
**수익률곡선타기전략에 대한 설명으로 가장 거리가 먼 것은?**

☐

① 예상운용기간보다 만기가 긴 채권을 매입한다.
② 수익률곡선이 우상향일 때 가능하다.
③ 만기 이전에 채권을 매각하여 가격상승효과까지 기대한다.
④ 기간구조에 관한 순수기대이론이 옳다고 가정한다.



### 정답 및 해설

37 ③ 시장분할가설에 대한 설명이다. 시장분할가설에서는 단기채·중기채·장기채 시장이 별도로 형성되고, 수익률의 결정은 각 시장의 수급에 의하여 결정되기 때문에 수익률곡선은 불연속적이라고 본다.

38 ④ • 정기평가 : 기 공시된 회사채의 신용등급을 1년 단위로 결산, 재무자료 등을 기준으로 재검토하는 평가
• 수시평가 : 기 공시된 등급에 영향을 줄 수 있는 중대한 상황 변화가 발생할 경우 투자자들에게 변화된 신용평가정보를 보다 빠르게 전달하기 위해 실시하는 평가

39 ④ 이자율하락이 예상되면 액면이자율이 높은 채권을 매각하고, 액면이자율이 낮은 채권을 매입한다.

40 ②

| 구 분 | 금리상승 예상 시 | 금리하락 예상 시 | 금리 예상 불분명 시 |
|---|---|---|---|
| 만 기 | • 단기채 비중 늘림 | • 장기채 비중 늘림 | • 사다리형 포트폴리오<br>• 바벨형 포트폴리오 |
| 표면금리 | • 표면금리 높은 채권을 늘림 | • 표면금리 낮은 채권을 늘림 | |
| 이자지급횟수 | • 이자지급 횟수가 많은 채권 (이표채) | • 이자지급 횟수가 적은 채권 (복리채, 할인채) | |
| 듀레이션 | • 짧은 채권 | • 긴 채권 | |

41 ① 금리하락 시에는 표면금리가 낮은 장기채에 투자하여 변동성을 최대한 활용하고, 금리상승 시에는 표면금리가 높은 단기채에 투자하여 위험을 회피한다.

42 ④ 수익률곡선타기전략은 유동성 프리미엄으로 인하여 수익률곡선이 우상향한다고 판단될 때 써야 하는 전략이다. 수익률곡선의 형태가 예측대로 유지되어야만 투자목표의 실현이 가능하다는 한계를 지니고 있다.

**43** 중요도 ★★★

**수익률곡선타기전략에 대한 설명으로 가장 거리가 먼 것은?**

☐

① 수익률곡선이 우상향하고, 그 모양이 투자기간 동안 불변일 경우 사용 가능한 전략이다.
② 단기채권과 장기채권만 보유하고, 중기채권은 매도하는 전략이다.
③ 롤링효과(Rolling Effect)는 잔존만기가 단축됨에 따라 수익률이 하락하는 장기채 효과이다.
④ 숄더효과(Shoulder Effect)는 각 잔존연수마다 수익률의 격차가 일정하지 않고 만기가 짧아질 수록 수익률의 하락폭이 커지는 단기채 효과이다.

**44** 중요도 ★★★

**채권투자전략 중 소극적 투자전략으로 가장 적절한 것은?**

☐

① 면역전략
② 수익률예측전략
③ 채권교체전략
④ 수익률곡선타기전략

**45** 중요도 ★★★

**투자기간과 채권 포트폴리오의 (매콜리)듀레이션을 일치시킴으로써 채권투자 종료 시 실현수익률을 목표수익률과 일치시키는 채권투자전략은?**

☐

① 바벨형 운용전략
② 사다리형 운용전략
③ 면역전략
④ 현금흐름일치전략

**46** 중요도 ★★

**신주인수권부사채에 대한 설명으로 가장 거리가 먼 것은?**

☐

① 채권의 발행회사가 발행하는 신주식을 일정한 가격(행사가격)으로 인수할 수 있는 권한이 부여된 회사채를 말한다.
② 발행회사의 주식을 취득할 수 있는 권한을 가진다는 점은 전환사채와 동일하다.
③ 신주인수권 행사를 위해서는 일반적으로 별도의 주금이 필요하다.
④ 전환사채와는 달리 신주인수권의 행사 후 사채는 소멸한다.

**47** 중요도 ★★★

**A기업의 주식과 관련된 채권 중 채권에 부가된 권리가 실행될 때 A기업으로 현금이 유입되는 것은?**

□

① 전환사채(CB) ② 신주인수권부사채(BW)
③ 교환사채(EB) ④ 어느 것도 아님

**48** 중요도 ★★

**액면가 10,000원인 A기업 전환사채의 시장가격은 15,000원이다. A기업의 현재 주가가 7,000원이고 전환사채의 전환가격이 5,000원이라면 이 전환사채의 괴리율은?**

□

① 6.7% ② 7.1%
③ 8.5% ④ 10.2%



## 정답 및 해설

43 ② 단기채권과 장기채권만 보유하고, 중기채권을 매도하는 전략은 나비형 투자전략이다.

44 ①

| 적극적 투자전략 | 소극적 투자전략 |
|---|---|
| • 수익률예측전략<br>• 채권교체전략<br>• 수익률곡선타기전략<br>• 나비형 투자전략<br>• 역나비형 투자전략 | • 면역전략<br>• 만기보유전략<br>• 인덱스전략<br>• 현금흐름일치전략<br>• 사다리형 만기운용전략<br>• 바벨형 만기운용전략 |

45 ③ 면역전략에 대한 설명이다.
- 수익률 변동 위험을 제거하고 투자목표를 달성하기 위한 방법
- 투자기간과 채권 포트폴리오의 (매콜리)듀레이션을 일치시킴으로써 수익률 상승(하락) 시 채권가격 하락(상승)분과 표면이자에 대한 재투자수익 증대(감소)분을 상호 상쇄시켜 채권투자 종료 시 실현수익률을 목표수익률과 일치시키는 구조

46 ④ 전환권 행사 후 사채가 소멸되는 전환사채와는 달리 신주인수권부사채(BW)는 신주인수권의 행사 후에도 일반적으로 사채가 존속한다.

47 ② 신주인수권부사채(BW)의 신주인수권이 행사되는 경우 A기업으로 현금이 유입된다.

48 ② Parity가격 $= \frac{7{,}000}{5{,}000} \times 10{,}000 = 14{,}000$원

$\therefore$ 괴리율 $= \frac{15{,}000 - 14{,}000}{14{,}000} = 0.071 = 7.1\%$

## 49

중요도 ★★

**교환사채(EB)에 대한 설명으로 가장 거리가 먼 것은?**

□

① 발행사가 보유한 주식으로 교환될 수 있는 권리가 부여된 사채이다.
② 발행사의 주식이 아닌 발행사가 보유한 주식으로 교환된다.
③ 주식 취득 시 신규자금이 지출되지 않는다.
④ 투자 여부는 패리티(Parity)로 판단한다.

## 50

중요도 ★★

**조건부자본증권에 대한 설명으로 가장 거리가 먼 것은?**

□

① 특정 사유에 의해 채무가 자본으로 바뀌는 성격을 가진 채권이다.
② 자본잠식이 심해지는 등의 사유가 발생하면 자본으로 전환되는 채권을 의미한다.
③ 코코본드(CoCoBond)라 불리기도 하며 주로 은행이나 금융지주회사가 발행한다.
④ 사채소유자는 발행사가 보유하고 있는 주식과 사채를 교환할 수 있는 권리가 있다.

## 51

중요도 ★★

**양도성 정기예금증서(CD)에 대한 설명으로 가장 거리가 먼 것은?**

□

① 은행이 발행하는 무기명식 정기예금증서이다.
② 중도 환매는 가능하지만 주로 유통시장 거래를 통해 유동성을 확보한다.
③ 발행방식은 무기명 할인식이다.
④ 최단 만기가 30일 이상이나 대체로 3개월 혹은 6개월 만기물이 주종이다.

## 52

중요도 ★★

**기업이 단기자금 조달을 위해 발행하는 융통어음으로 가장 적절한 것은?**

□

① 전자단기사채(STB)
② 기업어음(CP)
③ 표지어음
④ 발행어음

## 53
중요도 ★★★

**자산유동화증권(ABS)에 대한 설명으로 가장 거리가 먼 것은?**

□

① 종류로는 CBO, CLO, MBS, SLBS, 장래채권 ABS, Credit Card ABS, 부동산 PF(개발금융) ABS 등이 있다.

② 자산에서 발생하는 집합화된 현금흐름을 기초로 원리금을 상환하는 증서이다.

③ Pay-Through 방식은 기초자산에서 발생하는 현금흐름이 그대로 투자자에게 이전된다.

④ 내부적 신용보강방식에는 선·후순위 증권발행(일반적), 초과담보, 현금담보 등이 있고 외부적 신용보강방식에는 지급보증, 신용공여 등이 있다.

## 54
중요도 ★★

**커버드본드에 대한 설명으로 가장 거리가 먼 것은?**

□

① 은행이나 금융지주회사가 발행하는 코코펀드와 유사하다.

② 은행이 정상적인 방법으로 자금을 조달하기 어려울 경우 이용된다.

③ 보유채권의 담보를 제공하면서 자금을 조달하는 방법이다.

④ 일반적으로 담보가 제공되므로 조달금리는 일반채권보다 낮다.



### 정답 및 해설

49 ④ 패리티(Parity)로 투자판단 여부를 결정하는 것은 전환사채(CB)이다.

50 ④ 교환사채(EB)는 사채소유자에게 사채발행 후 일정 기간이 경과하면 사채의 만기 전 일정 기간까지 교환가격으로 사채를 발행한 회사가 보유하고 있는 상장주식이나 협회 등록주식(자사주 포함)으로 사채를 교환청구할 수 있는 권리가 부여된 채권이다.

51 ② 양도성 정기예금증서(CD)는 은행이 발행하는 무기명식 정기예금증서로, 원칙적으로 만기 전에는 발행은행에서 중도환매가 불가능하다. 그 대신 채권과 같이 유통시장에서의 거래를 통하여 유동성을 확보할 수 있다.

52 ② 기업어음에 관한 설명이다. 표지어음과 발행어음은 새로운 형태의 증권으로 볼 수 없는 전통적 금융상품이다.

53 ③ Pay-Through 방식은 기초자산에서 발생하는 현금흐름을 기초로 하되, 유동화전문회사가 별도의 현금흐름을 투자자에게 지급한다.

54 ① 커버드본드는 은행이 채권을 발행하면서 보유하고 있는 자산을 담보로 제공하는 채권이다. 은행이나 금융지주회사가 발행하는 코코펀드와 유사한 금융상품은 조건부자본증권이다.

# 제 3 장 파생상품평가/분석

## 학습전략

**파생상품평가/분석은 제2과목 전체 35문제 중 총 10문제가 출제된다.**

교재분량뿐 아니라 학습분량도 많아서 시간투자가 절실히 요구되는 영역이다. 내용도 간단하지 않기 때문에 파생상품의 기본개념을 탄탄히 다질 수 있는 이해와 접근이 필요하다. 선물의 가격계산과 콘탱고, 백워데이션 등을 이용하여 차익거래 포지션을 구하거나 베이시스, 캐리모델 등의 이론을 숙지해야 한다. 이러한 토대 위에서 주가지수선물, 금리선물, 통화선물을 통한 헤징, 투기거래, 스프레드거래 등을 알아두어야 한다. 또한 관련 계산문제도 연습을 통해 대비해야 한다.

옵션의 경우 옵션의 가치, 시간가치, 행사가치에 대해 이해하고 각종 합성포지션의 구성방법과 풋-콜 패리티 조건을 이용한 포지션 구성과 차익거래 등이 자주 출제되므로 확실히 이해해야 한다.

## 출제비중

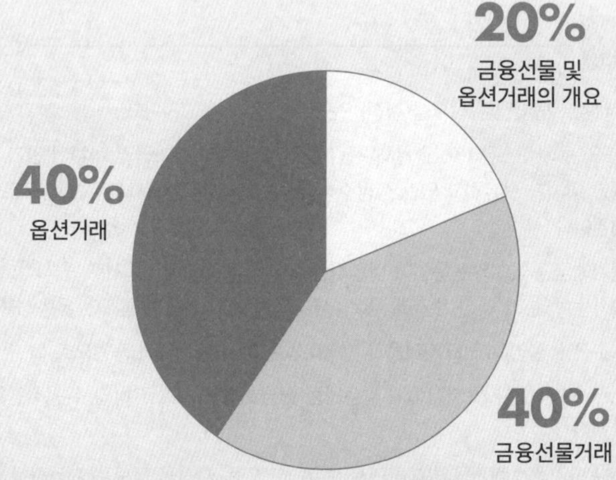

# 출제포인트

| 구 분 | 출제포인트 | 출제빈도 | 페이지 |
|---|---|---|---|
| 금융선물 및 옵션거래의 개요 (20%) | 01 금융선물거래<br>02 옵션거래 | ★★<br>★★ | p.246~249<br>p.250~253 |
| 금융선물거래 (40%) | 03 금융선물거래의 주요 계약내용<br>04 선물가격의 형성<br>05 선물거래의 활용 | ★★<br>★★★<br>★★★ | p.254~257<br>p.258~261<br>p.262~265 |
| 옵션거래 (40%) | 06 옵션가격이론<br>07 옵션투자기법 | ★★★<br>★★★ | p.266~269<br>p.270~275 |

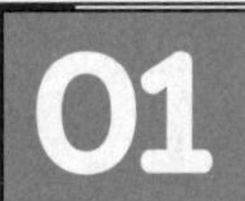

금융선물거래 ★★

**선물거래와 선도거래를 비교한 설명으로 가장 거리가 먼 것은?**

① 선물계약은 항상 조직화된 거래소에서만 행해지나, 선도계약은 특정한 거래장소가 없다.
② 선물계약은 대상상품의 품질과 수량, 인수도 시점, 인수도 조건 및 거래가격의 변동폭, 선물계약의 거래시간 등이 사전에 결정되어 있으나, 선도계약은 그렇지 않다.
③ 선물거래에는 계약의 이행을 보장하기 위하여 청산소가 존재하는 반면, 선도거래에는 청산소가 없어서 계약불이행의 위험이 있다.
④ 선물거래는 증거금제도와 일일정산제도를 채택하고 있으나, 선도거래는 증거금제도만 채택하고 있고 일일정산제도는 채택하지 않는다.

**+용어 알아두기**

**선도거래** 거래형식이 규격화되어 있지 않고 거래 당사자들의 협의에 의해 계약규모 및 만기일이 결정되므로 거래 당사자들의 다양한 요구에 적합한 거래가 가능하다.

**TIP** 선물거래는 증거금제도와 일일정산제도를 채택하고 있으나, 선도거래는 둘 다 채택하지 않는다.

## 핵심포인트 해설 금융선물거래의 개념

### (1) 선 물

| | |
|---|---|
| 개 념 | • 현물거래(Spot Transactions, Cash Transactions) : 매매계약의 체결과 동시에 상품의 인도와 대금의 결제가 이루어짐<br>• 선물거래(Futures Transactions) : 매매계약 체결일로부터 일정 기간 후에 거래대상물과 대금이 교환되는 매매예약거래 ⇨ 선도거래(Forward Transaction)와 동일 |
| 종 류 | • 상품선물(Commodity Futures) : 실물상품이 거래대상 ⇨ 농축산물, 에너지, 금속 등<br>• 금융선물(Financial Futures) : 금융자산이 거래대상 ⇨ 주식 또는 주가지수, 채권(금리), 통화 등 |

### (2) 선물거래와 선도거래

| 구 분 | 선물거래 | 선도거래 |
|---|---|---|
| 종 류 | 상품선물, 금융선물(주식, 통화, 채권 등) | 선물환, 선도금리계약(FRA) 등 |
| 거래장소 | 장내(거래소 : Exchange) | 장외(OTC 등) |
| 계약방법 | 표준화(Standardization) | 다양성, 제한 없음 |
| 만기일 | 표준화 | 당사자 간 협의로 결정 |
| 청산방법 | 대부분 만기이전 반대거래(현금결제) | 대부분 만기에 실물인수도 청산(NDF는 예외) |
| 신용위험 | 없음, 청산소(Clearing House) 운영 | 있음, 상대방 위험 |
| 증거금 | ○ | 기본적으로 × |
| 일일정산 | ○ | × |
| 가격형성 | 시 장 | 당사자 간 협의 |
| 참여자 | 소규모 기업, 개인도 가능 | 기관투자가, 은행 등 거액거래 위주 |

정답 ④

금융선물거래 ★★

파생상품거래의 구성요소에 대한 설명으로 가장 거리가 먼 것은?

① 계약단위(Contract Size)란 거래되는 파생상품의 기본 거래단위로서 한 계약의 크기를 의미한다.
② 최소호가단위(Tick)에 계약단위(Contract Size)를 곱하면 최소호가단위가 1단위 변동할 때 계약당 손익금액(Tick Value)이 산출된다.
③ 우리나라에 상장된 금융선물(Financial Futures)에는 KOSPI200선물, KRX금선물, 국채선물, 달러선물 등이 있다.
④ 결제월이란 선물계약이 만기가 되어 실물의 인수도가 이루어지는 달을 말하며 인도월(Delivery Month)이라고도 한다.

TIP KRX금선물은 우리나라에 상장되어 있기는 하나 금융선물(Financial Futures)이 아니라 상품선물(Commodity Futures)에 속한다.

## 핵심포인트 해설 금융선물거래의 특성

**(1) 장내파생상품의 특징**

① 조직화된 거래소
② 표준화된 계약조건
③ 청산소(Clearing House)가 존재함
④ 일일정산제도 : 증거금(Margin) 납부, 일일대차 정산시스템
⑤ 레버리지(Leverage) 효과 : 소규모의 증거금(Margin)을 이용한 주문

**(2) 파생상품거래의 구성요소**

| 기초자산(Underlying Asset) | 선물계약의 거래대상, 상품선물(Commodity Futures)과 금융선물(Financial Futures) |
|---|---|
| 계약단위(Contract Size) | 선물거래에서 거래되는 파생상품의 기본 거래단위로서 선물계약 1건의 크기 |
| 결제월(Delivery Month) | 선물계약이 만기가 되어 실물의 인수도가 이루어지는 달, 인도월(Delivery Month) |
| 가격제한폭(Price Limit) | 기준가격 대비 각 단계별로 가격제한폭 설정 |
| 최소호가단위(Tick) | 제시 가격의 최소가격변동단위 |

정답 ③

금융선물거래 ★★

**파생상품의 기능에 대한 설명으로 가장 거리가 먼 것은?**

① 가격변동위험의 소멸
② 미래가격 발견
③ 거래비용 절감
④ 시장효율성 증대

**⁺용어 알아두기**

**가격변동위험** 시장위험, 즉 시장의 환경이 변화하면서 보유하고 있는 자산가격의 변동으로 인해 입는 위험을 의미한다.

**파생상품** 기초자산의 가치변동이나 지수의 변동에 따라서 가격이 결정되는 금융상품이다. 파생상품은 상품파생상품과 금융파생상품으로 구분된다.

**TIP** 파생상품이 있다고 하여 가격변동위험이 소멸되는 것은 아니나, 투기자가 원할 경우 가격변동위험을 전가시킬 수 있다. 선물을 이용할 경우에도 베이시스위험은 남는다. 또한 파생상품을 이용한 가격위험의 노출 정도를 조정하는 등 위험관리가 가능해진다.

## 핵심포인트 해설 선물거래의 경제적 기능

**(1) 가격변동위험의 전가(Risk Transfer)**

① 미래 자산가격의 불확실성에 대해 서로 예상이 다른 다수의 투자자 사이에서 위험이 거래되는 것
② 위험 전가 : 헤저(Hedger) → 투기자(Speculator)

**(2) 가격 발견 기능(Price Discovery)**

① 선물거래는 미래 일정 시점의 미래 자산가격에 대한 예상이 반영되어 가격이 결정됨
② 선물가격은 경제주체들에게 미래의 자산 혹은 상품가격에 대한 중요한 정보를 제공함

**(3) 금융상품거래의 활성화 기능**

① 소액의 증거금만으로 레버리지 효과가 있어 투기성 자금의 시장유입이 증가함
② 선물시장은 현물시장과의 차익(Arbitrage)거래 기회를 제공함으로써 현물시장의 거래를 촉진시킴
③ 금융선물시장은 현물시장의 안정성과 유동성을 제고함으로써 금융상품거래의 활성화에 기여함
④ 금융선물시장의 활성화와 수익성제고는 거래비용의 절감에도 영향을 줌

**(4) 금융시장의 효율적인 자원배분 기능**

① 경제주체들은 선물가격을 통하여 미래의 현물가격을 용이하게 예측하므로 투자 및 소비활동을 합리적으로 행할 수 있게 됨
② 선물시장에서 다수의 시장참가자가 경쟁함에 따라 독점력이 감소되어 금융시장의 자원배분 기능이 보다 효율적으로 이루어짐

정답 ①

## 04

금융선물거래 ★★

**헤지거래에 관한 설명으로 가장 거리가 먼 것은?**

① 기본원리는 현물 포지션과 반대되는 포지션을 선물시장에서 취득하는 것이다.
② 낮은 증거금 수준으로 인해 현물거래에 비하여 손익확대(Leverage) 효과가 크다.
③ 불리한 가격변동위험을 피하기 위해 유리한 가격변동으로 얻을 이익을 포기해야 한다.
④ 현물과 선물가격이 동일한 방향으로 일정한 관계를 유지하며 변동할 때 헤지효과가 나타난다.

**TIP** 낮은 증거금을 이용하여 손익확대(Leverage) 효과를 노리는 거래는 투기거래이다.

## 핵심포인트 해설 금융선물거래의 활용

| 구분 | 내용 |
|---|---|
| 헤지거래 | • 현재 보유했거나 미래 보유 예정인 자산 가치 하락을 초래하는 위험을 없애거나 축소하려는 거래<br>• 기본원리 : 현물 포지션(Spot 또는 Cash Position)과 반대되는 포지션을 선물시장에서 취득하는 것<br>• 현물 포지션의 손익을 반대 포지션의 손익으로 상쇄함으로써 가격을 고정시키는 행위<br>• 불리한 가격변동위험을 피하기 위해 유리한 가격변동으로 얻을 이익을 포기해야 함<br>• 현물과 선물가격이 동일한 방향으로 일정한 관계를 유지하며 변동할 때 헤지효과가 나타남<br>• 현물과 선물가격이 무관하거나 변동패턴에 큰 차이가 있다면 헤지가 불가능하거나 효율성이 떨어짐<br>· 매도헤지 : 선물 매도계약을 통해 기초자산가격의 하락위험을 헤지하는 것<br>· 매수헤지 : 선물 매수계약을 통해 기초자산가격의 상승위험을 헤지하는 것 |
| 투기거래 | • 미래의 가격 변동 방향을 예측한 후, 선물을 매입 또는 매도함으로써 차익을 획득하는 거래<br>• 투기자(Speculator)는 가격 상승이 예상되면 선물 매입, 하락이 예상되면 선물 매도하여 시세차익을 얻음<br>• 낮은 증거금 수준으로 인해 현물거래에 비하여 손익확대(Leverage) 효과가 큼<br>• 투기자는 헤저의 위험을 받아주며 시장에 유동성을 조성하는 역할을 담당 |

| 단순(Outright) 투기거래 | 스프레드(Spread) 거래 |
|---|---|
| 상승 예상 ⇨ 매수, 하락 예상 ⇨ 매도 | 스프레드 변동 예상 ⇨ 선물 매수 + 선물 매도 |
| 싸게 사서 비싸게 팔거나,<br>비싸게 판 후 싸게 사 갚음 | 이익과 손실이 동시 발생,<br>(이익 > 손실) 추구 |
| 기대수익↑, 위험↑ | 기대수익↓, 위험↓ |

정답 ②

옵션거래 ★★

**옵션에 대한 설명으로 가장 거리가 먼 것은?**

① 풋옵션이 행사되었을 때 풋옵션 매도자는 기초자산을 행사가격에 매수할 의무가 있다.
② 옵션 매도자는 옵션 매입자로부터 옵션 프리미엄(옵션가격)이라는 일정한 보상금을 받는다.
③ 옵션행사(Option Exercise)란 옵션 매도자가 옵션 매입자에게 계약 이행을 요구하는 법적 행위를 말한다.
④ 기초자산의 현재가격이 옵션의 행사가격보다 높을 때, 콜옵션이 행사될 가능성이 높다.

**TIP** 옵션행사(Option Exercise)란 기초자산의 현 시가가 옵션 행사가격에 비하여 유리할 때 옵션 매입자가 옵션 계약 내용을 옵션 매도자에게 이행하도록 요구하는 법적 행위를 말한다.

## 핵심포인트 해설 옵션거래의 개념

### (1) 옵션(Option)의 개념

| | |
|---|---|
| 옵션(Option) | • 콜옵션(Call Option) : 어떤 상품(S)을 정해진 가격(X)으로 일정 기간 내에 매입할 수 있는 권리<br>• 풋옵션(Put Option) : 어떤 상품(S)을 정해진 가격(X)으로 일정 기간 내에 매도할 수 있는 권리 |
| 옵션거래 | • 대가(프리미엄)를 수수하고 해당 권리(콜옵션 또는 풋옵션)를 매매하는 것 |
| 옵션행사 | • 옵션 매입자가 유리할 때 옵션 매도자에게 계약 이행을 요구하는 법적 행위 |

### (2) 옵션(Option)거래자의 권리와 의무

| 옵션 유형 | 옵션 매입자(Option Buyer) | 옵션 매도자(Option Seller) |
|---|---|---|
| 프리미엄(옵션가격) | 지불(-CF) | 수취(+CF) |
| 콜옵션(Call Option) | 매입할 권리만 있고 의무는 없음 | 매도할 의무만 있고 권리는 없음 |
| 풋옵션(Put Option) | 매도할 권리만 있고 의무는 없음 | 매입할 의무만 있고 권리는 없음 |

정답 ③

옵션거래 ★★

옵션의 기초적 용어와 종류에 대한 내용으로 가장 적절한 것은?

① 프리미엄이란 기초자산을 사거나 팔 수 있도록 계약 시 정하는 특정한 가격이다.
② 옵션을 매입하기 위하여 매입자가 매도자에게 지불하는 가격이 옵션가격이다.
③ 옵션 매도자는 선택권을 보유하는 반면 옵션 매입자에게는 권리만 있다.
④ 유럽식 옵션(European Option)은 옵션만기일 이전에 언제든지 권리를 행사할 수 있다.

TIP ① 행사가격(X)이란 기초자산을 사거나 팔 수 있도록 계약 시 정하는 특정한 가격이다.
③ 옵션 매입자는 선택권을 보유하는 반면 옵션 매도자에게는 매입자의 요구에 응해야 할 의무만 있다.
④ 미국식 옵션(American Option)은 옵션만기일 이전에 언제든지 옵션을 행사할 수 있다.

## 핵심포인트 해설 옵션 기본용어와 종류

### (1) 옵션의 기본용어

| | |
|---|---|
| 기초자산(S) | 옵션계약의 기초가 되는 특정 자산(배추, 밀가루 등) |
| 행사가격(X) | 기초자산을 사거나 팔 수 있도록 계약 시 정하는 특정 가격 |
| 프리미엄(옵션가격) | 옵션을 매입하기 위하여 매입자가 매도자에게 지불하는 가격 |
| 만기일(t) | 옵션의 권리를 행사할 수 있는 계약의 마지막 날 |
| 매입자 | 프리미엄을 지불하고 옵션의 살 권리 또는 팔 권리를 행사할 수 있는 계약자로, 의무는 없고 권리만 있음 ⇨ 보유자(Holder)라고도 함 |
| 매도자 | 프리미엄을 받고 매수인의 권리행사 요구에 응하여야 하는 계약자로, 권리는 없고 의무만 있음 ⇨ 발행자(Writer)라고도 함 |

### (2) 옵션의 유형

| 구 분 | 종 류 | 내 용 |
|---|---|---|
| 권리내용 | 콜옵션(Call Option) | 매입자 : 살 권리, 매도자 : 팔 의무 |
| | 풋옵션(Put Option) | 매입자 : 팔 권리, 매도자 : 살 의무 |
| 권리행사 방법 | 미국식 옵션(American Option) | 만기일 이내에 언제라도 권리행사 가능 (미국식 프리미엄 ≥ 유럽식 프리미엄) |
| | 유럽식 옵션(European Option) | 만기일에만 권리행사 가능 |
| 거래대상 | 현물옵션 | 권리행사 시 현물 포지션 취득 |
| | 선물옵션 | 권리행사 시 선물 포지션 취득 |
| 보증주체 | 거래소 옵션(Exchange Option) | 거래소 자체 보증 |
| | 딜러옵션(Dealer Option) | 딜러 보증 |
| 거래담보금 적립 | 증권식 옵션(Stock-style option) | 옵션 프리미엄 전액 적립 |
| | 선물식 옵션(Futures-style option) | 옵션 프리미엄 차액만큼 적립 |

정답 ②

# 07

옵션거래 ★★

**프리미엄이 3-40인 March 105-50 T-Bond 선물 풋옵션에 대해 기초자산의 시장가격이 103-30이라면 이 옵션의 내재가치는?**

① 2-20
② 1-10
③ 3-30
④ 0

**TIP** • 프리미엄(옵션가격) = 내재가치 + 시간가치
• 풋옵션의 내재가치 = 옵션의 행사가격(X) − 기초자산의 현재가격(S)
∴ 내재가치 = 105-50 − 103-30 = 2-20

## 핵심포인트 해설 옵션가격의 결정

<table>
<tr><td>프리미엄<br>(옵션가격)</td><td colspan="4">• 옵션 매수자가 옵션의 권리행사를 결정할 수 있는 권한을 대가로 옵션 매도자에게 지급<br>• 균형가격변수 : 옵션에 대한 수요량과 공급량을 일치시키는 역할<br>프리미엄(옵션가격) = 내재가치 + 시간가치</td></tr>
<tr><td>내재가치<br>시간가치</td><td colspan="4">• 내재가치(Intrinsic Value)<br>콜옵션의 내재가치 = 기초자산의 현재가격(S) − 옵션의 행사가격(X)<br>풋옵션의 내재가치 = 옵션의 행사가격(X) − 기초자산의 현재가격(S)<br>· 옵션이 가지고 있는 현재의 행사가치<br>· 현재 권리를 행사하는 경우에 확실하게 얻어지는 이익<br>• 시간가치(Time Value)<br>시간가치 = 옵션프리미엄(옵션가격) − 내재가치<br>· 옵션가격이 향후보다 유리하게 진행될 가능성에 대한 기대치<br>· 만기일까지 기간이 길면 길수록 크며, 만기일에 가까워지면 가속적으로 감소</td></tr>
<tr><td rowspan="4">행사가격</td><td>구 분</td><td>의 미</td><td>콜옵션</td><td>풋옵션</td></tr>
<tr><td>내가격(ITM)옵션</td><td>당장 행사했을 때 이익이 생기는 옵션</td><td>S > X</td><td>S < X</td></tr>
<tr><td>등가격(ATM)옵션</td><td>행사가격과 현재가격이 동일한 경우</td><td>S = X</td><td>S = X</td></tr>
<tr><td>외가격(OTM)옵션</td><td>당장 행사하더라도 수익이 없는 옵션</td><td>S < X</td><td>S > X</td></tr>
</table>

정답 ①

옵션거래 ★★

**T-Bond 선물의 9월 현재 시장가격이 101-00일 때 올해 만기가 돌아오는 다음의 옵션 중 프리미엄이 가장 비싼 것은?**

① 100-00 December T-Bond 선물 콜옵션
② 103-00 December T-Bond 선물 풋옵션
③ 100-00 October T-Bond 선물 콜옵션
④ 103-00 October T-Bond 선물 풋옵션

**TIP** 옵션 프리미엄은 내재가치가 클수록, 만기(시간가치)가 길수록 커진다.

## 핵심포인트 해설 옵션 가격결정요인 분석

### (1) 옵션 프리미엄 결정 요소

| | |
|---|---|
| 내재가치(IV) | • 옵션 기초자산의 현시가(Current Price Of The Underlying Commodity) : S<br>• 옵션 행사가격 (Strike Price 또는 Exercise Price) : X |
| 시간가치(TV) | • 옵션만기일까지 잔존기간(Time Remaining To Option Maturity) : T<br>• 옵션 기초자산의 가격 변동률 (Volatility Of The Underlying Price) : V<br>• 무위험 단기이자율(Risk Free Short-Term Interest Rate) : R |

### (2) 옵션 프리미엄의 변화

| 구 분 | 내 용 | 콜옵션가격 | 풋옵션가격 | 옵션의 만기가치 |
|---|---|---|---|---|
| 내재가치(IV) | S↑ | 상 승 | 하 락 | 콜옵션의 경우 Max[S-X, 0]<br>풋옵션의 경우 Max[X-S, 0] |
| | X↑ | 하 락 | 상 승 | |
| 시간가치(TV) | T↑ | 상 승 | 상 승 | |
| | σ↑ | 상 승 | 상 승 | |
| | R↑ | 상 승 | 하 락 | |

### (3) 콜옵션과 풋옵션의 손익구조

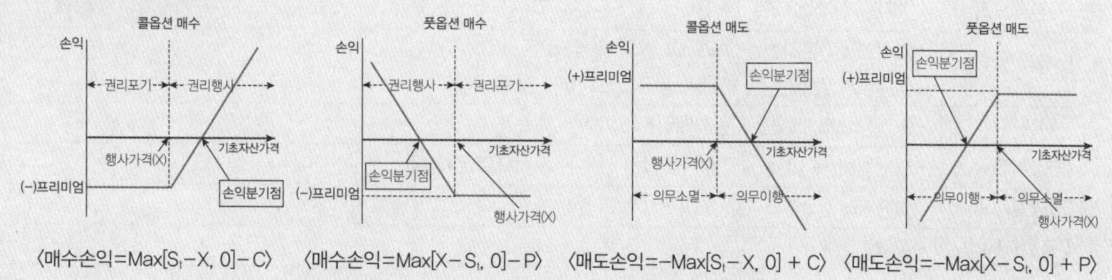


〈매수손익=Max[$S_t$−X, 0]−C〉 〈매수손익=Max[X−$S_t$, 0]−P〉 〈매도손익=−Max[$S_t$−X, 0] + C〉 〈매도손익=−Max[X−$S_t$, 0] + P〉

정답 ②

**한국거래소에서 거래되는 엔선물과 유로선물에 대한 설명으로 가장 거리가 먼 것은?**

① 유로선물의 최종결제방법은 현금결제방식이다.
② 엔선물의 최종거래일은 결제월의 세 번째 월요일이다.
③ 엔선물의 가격은 100엔당 원화로 표시된다.
④ 유로선물의 거래단위는 10,000유로이다.

**TIP** 통화선물의 최종결제방법은 실물인수도방식이다.

## 핵심포인트 해설 우리나라 통화선물

| 구 분 | 미국 달러선물 | 엔선물 | 유로선물 | 위안선물 |
|---|---|---|---|---|
| 거래대상 | 미국 달러화(USD) | 일본 엔화(JPY) | 유로화(EUR) | 중국 위안화(CNH) |
| 거래단위 | 10,000달러 | 1,000,000엔 | 10,000유로 | 100,000위안 |
| 가격표시방법 | 1달러당 원화 | 100엔당 원화 (→1엔당 원화가 아님) | 1유로당 원화 | 1위안당 원화 |
| 호가가격단위 | 0.1원 ⇨ 1틱의 가치 1,000원 (= 10,000 × 0.1) | 0.1원 ⇨ 1틱의 가치 1,000원 $(= 1{,}000{,}000 \times 0.1 \times \frac{1}{100})$ | 0.1원 ⇨ 1틱의 가치 1,000원 (= 10,000 × 0.1) | 0.01원 ⇨ 1틱의 가치 1,000원 (= 100,000 × 0.01) |
| 가격제한폭 | 기준가격 ±4.5% | 기준가격 ±5.25% | | 기준가격 ±4.5% |
| 결제월 | • 달러선물 : 분기월 중 12개, 그 밖의 월 중 8개<br>• 엔, 유로, 위안선물 : 분기월 중 4개, 그 밖의 월 중 4개 | | | |
| 거래시간 | • 9:00 ~ 15:15 (단, 최종거래일은 9:00 ~ 11:30) | | | |
| 최종거래일 | • 결제월의 세 번째 월요일(공휴일인 경우 순차적으로 앞당김) | | | |
| 최종결제일 | • 최종거래일로부터 기산하여 3일째 거래일 | | | |
| 최종결제방법 | • 실물인수도 | | | |

정답 ①

# 10

금융선물거래의 주요 계약내용 ★★

**금리선물에 관한 설명으로 가장 거리가 먼 것은?**

① 3년 국채선물의 최종결제방식은 실물인수도이다.
② 단기금리 선물계약에서 단기란 만기 1년 미만을 의미한다.
③ 거래소에 상장된 국채선물 중 기초자산의 만기가 가장 긴 것은 10년이다.
④ 채권선물이라고도 불리는 장기금리선물은 전 세계적으로 활발하게 거래되고 있다.

⁺용어 알아두기

**금리선물** 시장금리변동에 의한 금융자산의 가격변동위험을 헤징하거나 또는 투자 수익 증대를 위하여 장래 일정 시점에서의 특정 금융자산의 예상수익률을 매매하는 거래이다.

**TIP** 3년, 5년, 10년 국채선물 모두 현금결제방식을 취한다.

## 핵심포인트 해설 금리선물계약

**(1) 단기금리 선물계약**

① 만기 1년 미만의 금리상품(Money Market Instruments)을 대상으로 하는 선물계약
② 1개월 ED(Libor), 30일 Federal Funds Rate, 3개월 T-bill, 3개월 ED, 1년 T-bill 대상 선물계약 등이 있음

**(2) 중장기금리 선물계약**

① 장기금리 선물은 채권선물이라고도 불리며 전 세계적으로 가장 활발히 거래됨
② 중장기 재정증권(T-Note, T-Bond) 선물이 대표적임

**(3) 우리나라 국채선물의 주요 내용**

| 거래대상 | 표면금리 연 5%, 6개월 이표지급 방식의 3년(·5년·10년) 만기 국고채권 |
|---|---|
| 거래단위 | 액면가 1억원 |
| 결제월주기 | 3, 6, 9, 12월 |
| 상장결제월 수 | 2개 결제월 |
| 가격표시방법 | 액면가 100원을 기준으로 표시(소수점 둘째 자리까지 표시) 예 101.50 |
| 최소가격 변동폭 | 0.01(1틱의 가치 = 1억원 × 0.01 × $\frac{1}{100}$ = 10,000원) |
| 최종거래일 | 결제월의 세 번째 화요일(공휴일인 경우 순차적으로 앞당김) |
| 최종결제일 | 최종거래일의 다음 거래일 |
| 최종결제방법 | 현금결제(Cash Settlement) |

정답 ①

**한국거래소(KRX)의 KOSPI200선물에 대한 설명으로 가장 거리가 먼 것은?**

① 거래대상인 KOSPI200지수는 비체계적(개별) 위험을 관리하는 수단으로 활용된다.
② 계약금액은 KOSPI200선물가격에 250,000원을 곱하여 산출한다.
③ 호가(Tick)는 0.05pt이며, Tick Value는 12,500원이다.
④ 최종결제방법은 현금결제방식이다.

**TIP** 거래대상인 KOSPI200지수는 시장지수이기 때문에 거시경제변수의 영향이 크다. 또한 시장(체계적) 위험의 관리 수단으로 활용된다.

## 핵심포인트 해설 주가지수선물의 종류

### (1) 주가지수선물 투자와 포트폴리오 투자

| 구 분 | 주가지수선물 투자 | 분산(포트폴리오) 투자 |
|---|---|---|
| 기초자산 | KOSPI200, KOSDAQ150 | 개별 주식 |
| 위험회피수단 | 시장(체계적) 위험 관리 수단 | 비체계적(개별) 위험 관리 수단 |
| 가격결정 | 거시경제변수의 영향이 큼 | 개별기업변수의 영향이 큼 |

### (2) 한국거래소(KRX) 주가지수선물

| 구 분 | KOSPI200선물 | KOSDAQ150선물 |
|---|---|---|
| 기초자산 | KOSPI200 | KOSDAQ150 |
| 거래단위 | KOSPI200 × 250,000(거래승수) | KOSDAQ200 × 10,000(거래승수) |
| 호가(Tick) | 0.05pt | 0.1pt |
| Tick Value | 12,500원 | 1,000원 |
| 결제방식 | 현금결제 | 현금결제 |
| 가격제한폭 | 기준가격(전일 정산가격)<br>대비 단계별로 확대 적용<br>±8%, ±15%, ±20% | 좌 동 |

정답 ①

# 12

금융선물거래의 주요 계약내용 ★★

**투자자 A는 March S&P500선물 5계약을 510.00에 매도하였다. 개시증거금 $60,500를 납입하였고 유지증거금은 계약당 $8,500라고 할 때, 당일 종가가 518.00이 되었다면 추가증거금 납부액은?**
(단, S&P500 선물계약 1point = $500이다)

① $18,000　② $20,000　③ $25,000　④ 납부의무 없음

**TIP** 60,500 − (518 − 510) × 5 × 500 = $40,500
유지증거금(8,500 × 5 = $42,500) 이하로 내려갔기 때문에 $20,000(60,500 − 40,500)만큼의 추가증거금을 납부해야 한다.

## 핵심포인트 해설 국내 주가지수선물 거래제도

**(1) 매매제도**

| 거래절차 | 거래소 선물매매시스템에 접속된 전산시스템을 통해 주문 전달 및 결과 통보 |
|---|---|
| 회원제도 | 금융투자회사(투자매매·중개업자)가 거래소의 회원임 |
| 매매체결원칙 | 개별경쟁매매(단일가, 복수가) |
| 단일가 매매 | 장 개시, 장 종료 시, 거래 중단 후 재개 시 |
| 접속매매 | 가격우선원칙·시간우선원칙 |
| 필요적 매매거래중단(CB) | 변동성↑: 투자자의 냉정한 판단을 위함 |
| 임의적 매매거래중단 | 투자자 보호와 시장관리를 위해 일정 사유 발생 시 |
| 투기적 미결제약정수량 제한 | 포지션 델타 1만 계약(개인 : 5,000계약)으로 제한 |
| 시장정보의 공시 | 대부분 전산시스템 통해 실시간으로 제공 |

**(2) 증거금제도**

| 의 의 | • 고객이 파생상품계약을 성실히 이행하겠다는 담보로서 결제기관에 납부하는 금액<br>• 납입수단 : 현금, 대용증권, 외화 또는 외화증권 |
|---|---|
| 납부주체에 따른 분류 | • 위탁증거금 : 고객이 회원(증권사)에게 납부하는 증거금<br>· 개시위탁증거금 : 신규거래 시 납부하는 증거금<br>· 유지위탁증거금 : 미결제약정을 유지하기 위한 최소한의 증거금<br>· 추가증거금(Margin Call) : 위탁자의 예탁총액 또는 예탁현금이 일정 수준 이하로 떨어져 부족액이 발생하는 경우 위탁자로부터 추가로 예탁 받아야 하는 증거금. 추가증거금은 반드시 개시증거금 수준에 이르도록 납부해야 함<br>• 거래증거금 : 회원(증권사)이 거래소에 납부하는 증거금 |
| 납부시점에 따른 분류 | • 사전증거금 : 주문 전에 납부해야 하는 증거금<br>• 사후증거금 : 거래종료 후에 납부하는 증거금<br>• 적용범위<br>· 위탁증거금의 경우 적격기관투자자는 사후증거금제도를 적용하고, 그 외 일반투자자는 사전증거금제도를 적용함<br>· 거래증거금의 경우 사후증거금제도를 적용함 |

정답 ②

# 13



**캐리의 특성과 선물시장 상황에 대한 내용으로 가장 거리가 먼 것은?**

① 주가지수선물, 저금리 국가 통화선물은 음(−)의 캐리값을 가지고, 금리선물이나 고금리 국가 통화선물은 양(+)의 캐리값을 가진다.

② 일반상품의 경우에는 캐리(Carry)를 구성하는 요소가 비용만 있기 때문에 음(−)의 캐리값을 나타낸다.

③ 금리선물의 경우에는 정상적인 자금시장, 즉 정상수익률곡선(Normal Yield Curve)하에서는 양(+)의 캐리값을 갖는다.

④ 양(+)의 캐리값을 갖는 선물의 경우에는 선물가격이 현물가격보다 높고 원월물이 근월물보다 높은 선고형(先高型)의 시장이 정상이다.

**+용어 알아두기**

**베이시스(Basis)** 현물가격과 선물가격의 차이

**TIP** 음(−)의 캐리값을 갖는 선물의 경우에는 캐리모형에 의해 선물가격이 현물가격보다 높고 원월물이 근월물보다 높은 선고형(先高型)의 시장이 정상이고, 양(+)의 캐리값을 갖는 선물의 경우에는 선물가격이 현물가격보다 낮고 원월물로 갈수록 가격이 낮아지는 선저형(先低型)의 시장이 정상이다.

## 핵심포인트 해설 선물가격결정 : 캐리모델(Carry Model)

① 베이시스(Basis) : 선물시장에서 현물가격과 선물가격의 차이, 보유비용에 의해 발생하며 만기일에 0으로 수렴함

선물가격(F) = 현물가격(S) + 순보유비용(CC)

② 캐리모델(Carry Model) : 현물가격에 보유비용을 감안하여 선물의 이론가격을 산정하는 방정식

캐리 = 수익 − 비용
(수익은 양(+)으로, 비용은 음(−)으로 표기)

| 상품선물 | 금융선물 |
|---|---|
| • 창고료(−)<br>• 보험료(−)<br>• 자금차입비용(−) | • 기대수익 : 표면이자(쿠폰), 배당수입(+)<br>• 자금차입비용(−)<br>• 자국통화이자율(−)<br>• 외국통화이자율(+) |

③ 선물거래 대상 상품별 정상시장(Normal Market)

| 음의 캐리(Negative Carry) : 비용 > 수익 | 양의 캐리(Positive Carry) : 비용 < 수익 |
|---|---|
| 선고형 시장 : F > S, 원월물 > 근월물<br>• 대부분의 일반 상품선물<br>• 주가지수선물<br>• 자국 통화에 비해 저금리 통화선물 | 선저형 시장 : F < S, 원월물 < 근월물<br>• 금리(채권 및 단기금리)선물<br>• 자국 통화에 비해 고금리 통화선물 |

정답 ④

# 14

선물가격의 형성 ★★★

표면금리가 12%인 채권이 현물시장에서 $100에 거래되고 있으며 단기 시장이자율이 2%일 때, 선물계약 만기까지 3개월 남았다면 이 채권의 예상 선물가격은?

① $99.00
② $98.50
③ $98.00
④ $97.50

TIP 예상 선물가격 $= 100 + 100(0.02 - 0.12) \times \frac{1}{4} = \$97.50$

## 핵심포인트 해설 금리선물 및 통화선물의 가격

<table>
<tr><td>금리선물</td><td>• 장기금리선물<br>현물보유손익 = 표면이자 수입(Coupon) − 차입금융비용(Financing Cost)<br>이론선물가격 = 현물채권가격 − 보유손익<br>= 현물채권가격 − (표면이자수입 − 차입금융비용)<br>= 현물가격 + 차입금융비용 − 표면이자수입<br>이론선물가격(F*) $= S + S(\text{자금차입비용} - \text{Coupon}) \times \frac{t}{365}$<br>• 단기금리선물<br>선물가격 = 100 − IFR(내재선도금리)<br>내재선도금리(IFR) $= \frac{(L \times I) - (s \times i)}{L - s}$</td></tr>
<tr><td>통화선물</td><td>• 이자율평형이론 : 양국의 금리 차이가 선물환율에 반영<br>선물환율 = 현물환율(S) $\times \frac{1 + \text{한국금리} \times \frac{d}{365}}{1 + \text{외국금리} \times \frac{d}{365}}$<br>스왑레이트 = 현물환율 × (유로달러금리 − 유로통화금리) $\times \frac{\text{만기일}}{365}$<br>· 프리미엄(Premium) 상태 : 현물환율 < 선물환율, 외국금리 < 한국금리<br>· 디스카운트(Discount) 상태 : 현물환율 > 선물환율, 외국금리 > 한국금리</td></tr>
</table>

정답 ④

## 15

선물가격의 형성 ★★★

**현재 KOSPI200지수가 400.20이고 3개월 만기 CD수익률이 4.2%, 배당수익률이 1.2%일 때 9월물 주가지수선물의 이론가격(F)은?** (단, 잔존만기는 85일이며, 가장 근사값으로 구한다)

① 407.00
② 405.00
③ 403.00
④ 401.00

**+용어 알아두기**

**콘탱고(Contango)** 선물가격이 현물가격보다 높거나 결제월에 멀수록 높아지는 상태로 선물 고평가라고도 한다.

**TIP** 이론가격 $= 400.20 + 400.20(0.042 - 0.012) \times \frac{85}{365} = 402.9959$

## 핵심포인트 해설 주가지수선물의 가격

**(1) 주가지수선물 이론가격**

$$\text{이론선물가격(F)} = S + S(r - d) \times \frac{t}{365}$$

**(2) 가격결정의 기본원리**

① 현물주가지수가 상승하면 이론선물가격도 상승함
② 이자율이 높을수록 선물가격도 상승함
③ 대상지수의 배당률이 높을수록 순보유비용의 크기가 작아지기 때문에 이론선물가격은 낮아짐
④ 잔존만기 일수가 길수록 선물가격은 높아짐

**(3) 베이시스(Basis)**

→금융선물은 '선물가격 - 현물가격', 상품선물은 '현물가격 - 선물가격'

| 정 의 | 선물가격과 현물가격의 차이 |
|---|---|
| 특 징 | 만기에 가까워질수록 보유비용이 감소하기 때문에 0으로 수렴 |
| 공 식 | 베이시스(B) = 선물가격(F) – 현물가격(S) = 보유비용 |

① 콘탱고(Contango) : 베이시스(+), 선물가격 > 현물가격, 정상시장(Normal Market)
② 백워데이션(Backwardation) : 베이시스(–), 선물가격 < 현물가격, 역조시장(Inverted Market)

정답 ③

# 16

선물가격의 형성 ★★★

**6%의 표면금리(Coupon)를 지급하는 채권의 현물가격이 $100.00이다. 이 채권을 기초자산으로 하는 3개월 만기의 선물가격이 $99.80로 형성되어 있다면 투자자가 2%(연율)로 자금을 차입하여 차익거래를 할 때 얻을 수 있는 무위험수익은?**

① $0.80
② $1.00
③ $1.80
④ $2.80

**+용어 알아두기**

**차익거래(Arbitrage)** 동일 상품의 가격이 이론적 가격과 다를 때 이를 포착하여 매매함으로써 차익을 얻으려는 거래기법

**TIP** 이론선물가격(F*) = S + S(자금차입비용 − Coupon) × $\frac{t}{365}$

금리선물의 적정가격은 $99.00$\left(= 100 + 100(0.02 - 0.06) \times \frac{1}{4}\right)$이므로, 시장선물가격이 고평가되어 있기 때문에 매수차익거래(선물 매도 + 현물 매입)를 통하여 $0.80(99.80 − 99.00)만큼의 무위험수익을 얻을 수 있다.

## 핵심포인트 해설 선물가격의 범위와 차익거래전략

**(1) 캐리모델에 의해 계산된 선물가격의 범위**

이론선물가격(F*) = S + S(자금차입비용 − Coupon) × $\frac{t}{365}$

이론가격 − 차익거래비용 ≦ 선물가격 ≦ 이론가격 + 차익거래비용

**(2) 매수차익거래전략과 매도차익거래전략**

| 매수차익(Cash & Carry)거래전략 | 매도차익(Reverse Cash & Carry)거래전략 |
|---|---|
| • 선물 고평가(이론선물가격 < 시장선물가격)<br>• 이론가격 + 차익거래비용 < 시장선물가격<br>• 선물 매도 + 현물 매수<br>• 매수차익거래(현물보유전략) | • 선물 저평가(이론선물가격 > 시장선물가격)<br>• 이론가격 − 차익거래비용 > 시장선물가격<br>• 선물 매수 + 현물 매도<br>• 매도차익거래(역 현물보유전략) |

정답 ①

# 17



**현재 보유하고 있거나 미래에 보유할 예정인 자산의 가치 하락을 초래하는 가격변동위험을 없애거나 축소하려는 거래행위는?**

① 헤지거래
② 투기거래
③ 스프레드거래
④ 차익거래

**TIP** 헤지거래에 관한 설명이다. 헤지거래에는 크게 매도헤지와 매수헤지가 있다.

## 핵심포인트 해설 선물거래의 활용

**(1) 개 요**

이용목적과 거래행태에 따라 헤지거래, 투기거래, 스프레드거래, 차익거래 등으로 구분

**(2) 유 형**

| | | |
|---|---|---|
| 헤지거래 | 미래 현물가격의 불확실한 변동으로부터 발생할 수 있는 가격변동위험을 관리하기 위해 선물·옵션 시장에서 현물 포지션과 반대되는 포지션을 취하는 거래 | |
| 투기거래 | 현물 포지션을 보유하지 않은 상태에서 선물가격이 상승할 것으로 예상되면 선물계약을 매입하고, 선물가격이 하락할 것으로 예상되면 매도하여, 이후에 선물 포지션을 청산했을 때 매입가격과 매도가격 간의 시세차익을 얻으려는 거래 | |
| 스프레드거래 | 상품 내 스프레드 | 동일한 선물의 서로 다른 결제월 간 스프레드의 변화를 예측하여 한 결제월물을 매수하는 동시에 다른 결제월물을 매도하는 거래 |
| | 상품 간 스프레드 | 기초자산은 다르나 가격움직임이 유사한 두 선물계약의 동일 결제월물 간 가격차이의 변화를 예측하여 한 선물의 결제월물은 매수하는 동시에 다른 선물의 동일 결제월물은 매도하는 거래 |
| 차익거래 | 선물의 시장가격과 이론가격을 비교하여 고평가되어 있는 선물 또는 현물을 매도하는 동시에 상대적으로 저평가되어 있는 현물 또는 선물을 매수하여 무위험 차익을 추구하는 거래 | |

정답 ①

## 18

선물거래의 활용 ★★★

**선물헤지의 원리에 대한 설명으로 가장 거리가 먼 것은?**

① 선물거래를 통하여 현물시장의 위험 관리가 가능한 것은 현·선물가격이 상이한 방향으로 불규칙한 관계를 유지하면서 변동하기 때문이다.

② 헤지거래는 현물의 절대가격변동위험을 베이시스변동위험으로 바꾸는 효과를 가져온다.

③ 헤저(Hedger)는 헤지거래를 통해 불리한 가격변동위험을 경감시키기 위해 유리한 가격변동으로부터의 기대이익을 포기하게 된다.

④ 헤지의 목적은 미래의 가격변동에 관계없이 자산 또는 부채의 가치를 일정한 수준으로 확정(Lock-In)시키는 데 있다.

**TIP** 선물거래를 통하여 현물시장의 위험 관리가 가능한 것은 현물가격과 선물가격이 같은 수급변동 요인에 따라 동일한 방향으로 일정한 관계를 유지하면서 변동하기 때문이다. 만약에 선물가격이 현물가격과 무관하게 변동하거나 변동패턴에 큰 차이를 보인다면 헤지가 불가능하거나 헤지의 효율성이 상당히 떨어질 수밖에 없을 것이다.

### 핵심포인트 해설 헤지의 개요

**(1) 헤지거래**

① 위험회피를 위하여 현·선물의 반대 포지션을 취하고 가격고정효과를 목표로 함

② 종 류

| | |
|---|---|
| 직접헤지 | 현물을 기초자산으로 하는 선물계약으로 헤지하는 방법 |
| 교차헤지 | 유사한 가격변동을 보이는 다른 선물상품을 이용하여 헤지하는 방법 |
| 매수헤지 | 금리 하락에 따른 위험을 헤지하기 위하여 이용하는 방법 |
| 매도헤지 | 금리상승위험 또는 보유 채권의 가격하락위험을 회피하기 위해 이용하는 방법 |
| 현물헤지 | 현물로 보유하고 있는 기존의 포지션에 대한 위험을 제거하기 위해 이용하는 방법 |
| 선행헤지 | 아직 발생하지 않았으나 앞으로 발생할 것으로 예상되는 현물 포지션에 대해 헤지하는 방법 |

**(2) 선물헤지의 원리**

① 현·선물가격이 무관하거나 변동패턴에 큰 차이를 보인다면 헤지가 불가능하거나 헤지 효율성이 떨어짐

② 헤지거래는 현물의 절대가격변동위험을 베이시스변동위험으로 바꾸는 효과를 가져옴

③ 헤저(Hedger)는 헤지거래를 통해 불리한 가격변동위험을 경감시키기 위해 유리한 가격변동으로부터의 기대이익을 포기하게 됨

④ 헤지의 목적은 미래의 가격변동에 관계없이 자산 또는 부채의 가치를 일정한 수준으로 확정(Lock-In)시키는 데 있음

**(3) 헤지거래의 절차**

① 위험노출(Risk Exposures)의 파악

② 헤지수단의 선택(종목의 선택, 결제월의 선택, 헤지비율의 결정)

정답 ①

# 19

선물거래의 활용 ★★★

**베타가 1.2인 주식 포트폴리오 50억원을 보유한 투자자가 만기 6개월 남은 KOSPI200 주가지수선물을 이용하여 이 주식 포트폴리오의 베타를 시장과 동일하게 1로 변경시키고자 한다. KOSPI200 선물가격이 400일 때 선물 계약수는?**

① 10계약 매수　② 10계약 매도　③ 20계약 매수　④ 20계약 매도

**TIP** 선물 계약수 $= \frac{(1 - 1.2) \times 50억}{400 \times 25만} = -10계약$, ∴ 10계약 매도

## 핵심포인트 해설 선물헤지거래 실무

### (1) 통화선물을 이용한 헤지

① 매수헤지(Long Hedge) : 장래에 매입하여야 할 통화의 가치가 상승하여 손실이 생길 가능성에 대비하여 통화선물을 매입하는 것

② 매도헤지(Short Hedge) : 장래에 매도하여야 할 통화가 있을 때 이 통화의 가치가 하락할 것을 우려하여 통화선물을 매도하는 것

### (2) 금리선물을 이용한 헤지

① 금리 리스크의 유형과 헤지전략

| 현물 포지션 | 현물거래 | 금리 리스크 | 헤지전략 |
|---|---|---|---|
| 현재 보유 | 채권투자 | 금리 상승 ⇨ 자산가치 하락 | 금리선물 매도 |
| | 고정금리 차입 | 금리 하락 ⇨ 기회손실 발생 | 금리선물 매입 |
| 보유 예정 | 채권투자 예정 | 금리 하락 ⇨ 투자수익률 하락 | 금리선물 매입 |
| | 차입 예정 | 금리 상승 ⇨ 차입비용 상승 | 금리선물 매도 |

② 스택헤지와 스트립헤지

| | |
|---|---|
| 스트립헤지 | 헤지하여야 할 대상의 금리 포지션이 장기간에 걸쳐 존재할 때 같은 기간에 걸쳐 각 결제월의 단기금리 선물을 동일 수량만큼 매입 또는 매도하여 전체적으로 균형화하는 헤지방법<br>⇨ 헤지효과가 큰 대신 원월물 유동성 부족이 문제 |
| 스택헤지 | 최근월물 선물로 헤지 대상물량 전체를 모두 매입(매도)하여 만기가 될 때까지 기다린 후 다시 해당 기간 경과분만큼을 제외한 나머지를 그 다음의 최근월물로 치환하는 헤지방법<br>⇨ 롤링헤지와 유사하며 투기적 요소가 내재되어 있음 |

③ 장기금리선물의 헤지비율

$$해지계약수(N) = \frac{목표듀레이션 - 기존듀레이션}{선물듀레이션} \times \frac{현물보유금액}{선물가격 \times 승수}$$

### (3) 주가지수선물을 이용한 헤지

$$해지계약수(N) = \frac{베타(\beta) \times 보유포트폴리오가치}{선물가격 \times 승수}$$

정답 ②

선물거래의 활용 ★★★

**장·단기금리가 동일하게 상승할 것으로 예상될 때 NOB 스프레드 전략으로 가장 적절한 것은?**

① T-Note선물 매수, T-Bond선물 매수
② T-Note선물 매도, T-Bond선물 매수
③ T-Note선물 매수, T-Bond선물 매도
④ T-Note선물 매도, T-Bond선물 매도

**+용어 알아두기**

**NOB(Notes Over Bonds) 스프레드** 상품 간 스프레드 거래의 일종으로, 중기채권인 재무부 단기채권(T-Note)선물과 장기채권인 재무부 장기채권(T-Bond)선물의 가격 차이를 이용하는 거래를 일컫는다.

**TIP** 듀레이션이 작은 T-Note선물을 매수하고, 듀레이션이 큰 T-Bond선물을 매도한다.

## 핵심포인트 해설 투기거래 및 스프레드 거래

### (1) 투기거래

① 미래의 가격변동위험을 감수하며 시세차익을 얻기 위한 목적을 가짐
② 헤지거래자는 자신의 리스크를 다른 투자자에게 이전시키려는 목적을 갖고 있는 반면, 투기거래자는 리스크를 감내함
③ 선물을 활용한 투기거래는 주식시장의 등락을 모두 활용할 수 있지만, 역으로 양방향의 위험요인도 내포함
④ 레버리지 효과는 주식거래에 비하여 고수익·고위험의 특징이 있음

| B 확대예상 시 | 베이시스 매입거래(Long the Basis) | 채권현물 매입 + 채권선물 매도 |
|---|---|---|
| B 축소예상 시 | 베이시스 매도거래(Short the Basis) | 채권현물 매도 + 채권선물 매입 |

### (2) 스프레드 거래

① 결제월 간 스프레드 거래(Calendar Spread Trading)

| 구분 | 내용 |
|---|---|
| 강세 스프레드(Bull Spread)<br>매수 스프레드(Long Spread) 전략 | • 근월물↑ > 원월물↑, 근월물↓ < 원월물↓<br>• 스프레드 확대 예상<br>• 근월물 매수 + 원월물 매도 |
| 약세 스프레드(Bear Spread)<br>매도 스프레드(Short Spread) 전략 | • 원월물↑ > 근월물↑, 원월물↓ < 근월물↓<br>• 스프레드 축소 예상<br>• 근월물 매도 + 원월물 매수 |

② NOB(Notes Over Bonds) 스프레드 거래(TED 스프레드, Turtle 스프레드 거래도 원리가 동일함)

| 개 념 | 장기 채권선물이 단기 채권선물보다 금리변화에 민감한 특성을 이용하는 전략 | | | |
|---|---|---|---|---|
| 활 용 | 구 분 | 의 미 | T-Note선물 | T-Bond선물 |
| | 금리 상승 예상 | T-Note보다 T-Bond선물이 많이 하락 | 매 수 | 매 도 |
| | 금리 하락 예상 | T-Note보다 T-Bond선물이 많이 상승 | 매 도 | 매 수 |

정답 ③

# 21

옵션가격이론 ★★★

㈜해커스의 현재 주가는 96,000원이고, ㈜해커스 주식에 대한 1년 만기 콜옵션(행사가격 99,000원)의 현재 시장가격이 8,000원이며, 연간 무위험이자율이 10%이다. 풋－콜 패리티를 이용하여 콜옵션과 기초자산, 만기, 행사가격이 동일한 풋옵션의 균형가치는?

① 2,000원
② 5,000원
③ 7,000원
④ 9,000원

**TIP** $P_t + S_t = C_t + B_t \Rightarrow P_t + 96{,}000 = 8{,}000 + \frac{99{,}000\text{원}}{(1 + 0.1)}$

$\therefore P = 2{,}000\text{원}$

## 핵심포인트 해설 풋－콜 등가(Put－Call Parity)

**(1) 풋－콜 등가(Put－Call Parity)**

같은 기초자산의 옵션으로 만기와 행사가격이 같은 콜옵션과 풋옵션의 가격 사이에 존재하는 일정한 관계식

| 구분 | 관계식 |
|---|---|
| 현물 풋－콜 패리티 | $P + S = C + \frac{X}{1+r}$<br>($\frac{X}{1+r}$는 $Xe^{-rt}$와 동일) |
| 선물 풋－콜 패리티 | $P + \frac{F}{1+r} = C + \frac{X}{1+r}$<br>(P : 풋옵션의 현재가격, F : 선물가격, C : 콜옵션의 현재가격, X : 행사가격, r : 무위험이자율) |

**(2) 풋－콜 등가(Put－Call Parity)의 변형**

① 합성포지션 구축

| 투자대상 | 풋－콜 등가(Put－Call Parity)의 변형 |
|---|---|
| +Call | $+P + S - \frac{X}{1+r}$ |
| +Put | $+C - S + \frac{X}{1+r}$ |
| +S(기초자산 매입) | $+C - P + \frac{X}{1+r}$ |
| −S(기초자산 매도) | $-C + P - \frac{X}{1+r}$ |

참고 각 자산 앞의 부호는 매수(+), 매도(−)를 의미함

② 콜, 풋의 적정가격 계산

③ 시장균형 판단 : 풋－콜 패리티가 성립하지 않으면 차익거래 가능(컨버전, 리버설 등)

정답 ①

# 22

옵션가격이론 ★★★

KOSPI200지수가 현재 100.0pt이고 1년 후 20% 상승하거나 20% 하락할 것으로 예상된다. 무위험 이자율은 연 5%이며, KOSPI200지수 콜옵션의 행사가격은 100.0pt이고 만기는 1년이다. 1기간 이항모형으로 계산한 KOSPI200지수 콜옵션의 현재가치는?

① 12.5pt　　② 12.0pt
③ 11.9pt　　④ 11.5pt

**TIP** 현재 100인 주가는 120으로 상승하거나 80으로 하락할 수 있으므로, 행사가격 100인 콜옵션은 20 또는 0의 가치를 갖게 된다.

- 리스크 중립적 확률(Risk Neutral Probability) : $p = \frac{(1+r)-d}{u-d} = \frac{1.05-0.8}{1.2-0.8} = 0.625$
- 콜의 만기가치 $= 20 \times 0.625 + 0 \times (1-0.625) = 12.5$

$\therefore$ 콜의 현재가치 $= \frac{12.5}{1.05} = 11.9$

## 핵심포인트 해설 옵션가격결정모형

**(1) 개요**

① 블랙-숄즈(Black-Scholes)에 의해 처음으로 정형화됨
② Cox-Ross-Rubinstein에 의해서 CRR(이항)모형이 개발됨
③ CRR(이항)모형은 블랙-숄즈 모형보다 늦게 발표되었으나 옵션가격의 기본개념을 이해하는 데는 더욱 편리함

**(2) CRR(이항)모형**

| | |
|---|---|
| 의 의 | • 옵션의 기초자산가격이 일정한 비율로 오르거나 내리는 이항분포를 따른다는 가정을 기초로 하여 만들어진 모형 |
| 가 정 | • 주식가격(S)은 이항분포 생성과정(Binomial Generating Process)을 따름<br>• 주식가격은 상승과 하락의 두 가지 경우만 계속해서 반복됨<br>• 주가상승배수(1 + 주가상승률)는 '1 + 무위험수익률'보다 크고, 주가하락배수(1 + 주가하락률)는 '1 + 무위험수익률'보다 작음 ⇨ 만일 이러한 관계가 성립되지 않으면 무위험 차익거래 기회가 존재함<br>• 주식보유에 따른 배당금 지급은 없음(이 가정은 쉽게 완화될 수 있음)<br>• 거래비용, 세금 등이 존재하지 않음 |

$$c = \frac{pc_u + (1-p)c_d}{1+r},\ p = \frac{(1+r)-d}{u-d}$$

(p : 리스크 중립적 확률, $c_u$ : 상승 시 콜옵션가치, $c_d$ : 하락 시 콜옵션가치, r : 무위험이자율, u : 상승률, d : 하락률)

정답 ③

옵션가격이론 ★★★

주식 관련 옵션의 가격결정모형 중 블랙-숄즈(Black-Scholes) 모형의 기본가정과 가장 거리가 먼 것은?

① 기초자산의 거래가 지속적으로 변화한다는 Random Walk를 따른다.
② 주식의 배당과 차익거래의 기회가 존재한다.
③ 옵션 잔존기간 동안 무위험 이자율이 변하지 않는다.
④ 가격의 변동성은 옵션의 잔존기간 동안 고정되어 있다.

+용어 알아두기

**블랙-숄즈 모형** 1970년 초에 Fischer Black과 Myron Scholes에 의해 개발된 가격결정모형이다. 배당금 지급이 없는 유럽형 가격결정이론을 다루고 있고, 이론적 가격뿐만 아니라 옵션거래에 사용되는 각종 거래지표를 제공한다.

**TIP** 주식의 배당과 차익거래의 기회는 존재하지 않는다.

## 핵심포인트 해설 블랙-숄즈(Black-Scholes) 옵션가격모형의 기본가정

① 기초자산의 거래가 불연속적(Discrete)이 아니라 지속적(Continuous)이므로 항상 가격변동이 있음
② 주가의 수익률은 로그정규분포(Log-Normal Distribution)를 따름
③ 옵션 잔존기간 동안 무위험이자율이 변하지 않음
④ 가격의 변동성은 옵션의 잔존기간 동안 고정되어 있음
⑤ 옵션 잔존기간 동안 주식배당금이나 쿠폰지불금 등이 없고 차익거래의 기회도 존재하지 않음
⑥ 거래비용과 공매에 대한 제한이 없음
⑦ 옵션의 행사는 단지 만기일에만 할 수 있는 유럽식 옵션의 가격을 산정함

정답 ②

## 24

옵션가격이론 ★★★

**과거 일정 기간 동안의 기초자산수익률**(또는 가격) **변화를 이용하여 추정하는 변동성은?**

① 역사적 변동성(Historical Volatility)
② 블랙-숄즈(Black-Scholes)옵션가격
③ 내재변동성(Implied Volatility)
④ CRR(이항) 옵션가격

**TIP** 과거 옵션 기초자산가격의 변화로부터 변동성을 추정하는 방법은 역사적 변동성 추정(Historical Volatility Estimates) 방법이다.

### 핵심포인트 해설 변동성(Volatility)

| | |
|---|---|
| 역사적 변동성 | • 과거 일정 기간 동안 기초자산 수익률의 표준편차<br>• 계산하는 것은 쉬우나 미래의 변동성에 대한 정확한 예측으로 볼 수 없음<br>• 현실적으로 많이 사용됨<br>• 단 점<br>· 비현실적 전제(미래 추이가 과거와 동일한 패턴을 지속)<br>· 적절한 관찰구간의 폭을 결정하는 데 객관적 기준 모호<br>· 최근 시장상황의 변화를 충분히 반영하지 못할 수 있음 |
| 내재변동성 | • 가격모형을 블랙-숄즈 모형으로 가정하고 내재된 변동성을 추출<br>• 특정 기초자산의 미래변동성에 대한 시장참여자의 예측 또는 기대로 볼 수 있음<br>• 시장가격에서 추출하기 때문에 시장을 가장 충실하게 반영<br>• 단 점<br>· 개별 옵션에 대한 수치이므로 기초자산 고유의 특성으로 보기 힘듦<br>· 시장참여자는 변동성에 대해 다른 시각을 갖고 있으며 이 값이 미래 실현변동성과 같을 필요는 없음 |

정답 ①

옵션투자기법 ★★★

단순투자기법에 대한 설명으로 가장 거리가 먼 것은?

① 단순히 콜옵션 또는 풋옵션을 매입하거나 매도하는 전략이다.
② 콜옵션의 매입자는 옵션 기초자산의 가격이 행사가격을 초과하게 될 경우 이익을 본다.
③ 기초자산의 가격이 행사가격 이하로 크게 하락할 경우 풋옵션 매도자는 큰 손실을 본다.
④ 옵션을 매입할 경우에는 큰 위험에 노출될 수 있으나 옵션을 매도할 경우에는 헤지의 역할을 할 수 있다.

**TIP** 다른 포지션과 관계없이 옵션을 거래하기 때문에 옵션을 매도할 경우에는 큰 위험에 노출될 수 있으나 옵션을 매입할 경우에는 헤지의 역할이 가능하다.

## 핵심포인트 해설 단순투자와 헤지거래

### (1) 단순투자기법

① 향후 기초자산가격의 추세를 예상하여 단순히 콜옵션 또는 풋옵션을 매입하거나 매도하는 전략
② 옵션을 매도할 경우에는 큰 위험에 노출될 수 있으나 옵션을 매입할 경우에는 헤지의 역할을 할 수 있음

| 구 분 | 전 략 | 최대수익 | 최대손실 |
|---|---|---|---|
| 단순 강세 | 콜 매수 | (기초자산가격 − 행사가격) − 지불 프리미엄 | 지불 프리미엄 |
| | 풋 매도 | 수령 프리미엄 | (기초자산가격 − 행사가격) + 수령 프리미엄 |
| 단순 약세 | 콜 매도 | 수령 프리미엄 | (행사가격 − 기초자산가격) + 수령 프리미엄 |
| | 풋 매수 | (행사가격 − 기초자산가격) − 지불 프리미엄 | 지불 프리미엄 |

### (2) 헤지거래

① 정태적 헤지 : 기초자산과 옵션의 결합을 통해 손실을 줄이려는 거래

| | |
|---|---|
| 보증된 콜 (Covered Call) | • 주식 포트폴리오 보유 + 콜옵션 매도<br>• 결과적으로 풋옵션 매도 포지션과 동일 |
| 보호적 풋 (Protective Put) | • 주식 포트폴리오 보유 + 풋옵션 매수<br>• 주가 상승 시에는 수익을 얻고, 주가 하락 시에는 손실이 제한되는 구조<br>• 콜옵션 매수 포지션과 동일 |
| 펜스 (Fences) | • 전형적 펜스 : 외가격 풋옵션 매수 + 등가격 콜옵션 매도<br>• 손익구조는 풋−콜 패리티에 의해 강세 풋 스프레드와 유사함 |

② 동태적 헤지 : 옵션의 계약수를 탄력적으로 변화시켜 헤지성과를 달성

| | |
|---|---|
| 델타헤지 (Delta Hedge) | • 주식 포트폴리오와 옵션을 지속적으로 변화시켜 주식 포트폴리오의 손익과 옵션 포지션의 손익을 서로 상쇄시키는 전략<br>헤지비율 = 1/델타(델타의 역수) |
| 포트폴리오 보험 (Portfolio Insurance) | • 주가지수 상승(강세장) ⇨ 선물 계약수 감소(환매)<br>• 주가지수 하락(약세장) ⇨ 선물 계약수 증가(추가 순매도) |

정답 ④

# 26

옵션투자기법 ★★★

**주가 상승이 예상되지만 확신이 높지 않을 때 이용하는 보수적인 투자전략으로서, 초기에 프리미엄 순유출을 발생시키는 거래전략은?**

① 약세 콜옵션 스프레드 전략
② 약세 풋옵션 스프레드 전략
③ 강세 콜옵션 스프레드 전략
④ 강세 풋옵션 스프레드 전략

TIP 강세 콜옵션 스프레드 전략은 낮은 행사가격의 콜옵션을 매수하고 높은 행사가격의 콜옵션을 매도함으로써 프리미엄 순유출이 발생하는 합성포지션이다.

## 핵심포인트 해설 스프레드(Spread)

**(1) 수직 스프레드(Vertical Spread)**

| 구분 | 콜 | 풋 |
|---|---|---|
| 강세 스프레드 | • 주가의 상승과 하락에 대해 제한적인 손익만을 노출하고자 할 때 적합함<br>• 낮은 행사가격의 옵션을 매수하면서 동일 수량으로 높은 행사가격의 옵션을 매도함 | • 주가의 상승이 예상되지만 확신이 높지 않을 때 사용 가능<br>• 낮은 행사가격 매수와 동시에 동일 수량으로 높은 행사가격을 매도 |
| 약세 스프레드 | • 주가가 약세일 가능성이 높지만 확신이 높지 않을 때 약세국면에서 수익과 손실을 제한적으로 노출하고자 하는 투자자에게 적합<br>• 낮은 행사가격의 ITM 또는 ATM 콜옵션을 매도하면서 동일 수량으로 높은 행사가격의 OTM 콜옵션을 매수 | • 주가의 하락이 예상되지만 확신이 높지 않을 때 사용 가능<br>• 낮은 행사가격의 OTM 풋옵션을 매도하면서 동일 수량으로 높은 행사가격의 ITM 풋옵션을 매수 |

**(2) 수평 스프레드(Horizontal Spread)**

① 시간 스프레드 또는 캘린더 스프레드라고도 함
② 행사가격은 동일하지만 만기가 다른 콜옵션이나 풋옵션을 이용하여 매수와 매도를 조합
③ 대체로 잔존만기가 짧은 단기월물을 매도하고 잔존만기가 긴 장기월물을 매수
④ 시간가치 감소가 잔존만기별로 다르게 이루어진다는 점을 이용
⑤ 수평 스프레드 매입(Long Time Spread) : 장기월물 매수로 구성된 포지션, 가격변동이 안정적일 것으로 예상될 때 적절
⑥ 수평 스프레드 매도(Short Time Spread) : 장기월물 매도로 구성된 포지션, 가격변동이 클 것으로 예상될 때 적절

**(3) 나비형 스프레드(Butterfly Spread)**

| | |
|---|---|
| 나비(Butterfly) 매도 | • 콜옵션 행사가격이 X1 < X2 < X3일 경우, X1 행사가격의 콜옵션을 1단위 매도하고 X2 행사가격의 콜옵션을 2단위 매수하며 X3 행사가격의 콜옵션을 1단위 매도<br>• 변동성 상승을 노린 매매 |
| 나비(Butterfly) 매입 | • 콜옵션 행사가격이 X1 < X2 < X3일 경우, X1 행사가격의 콜옵션을 1단위 매수하고 X2 행사가격의 콜옵션을 2단위 매도하며 X3 행사가격의 콜옵션을 1단위 매수<br>• 변동성 축소를 노린 매매 |

정답 ③

옵션투자기법 ★★★

**기초자산가격의 변동성이 축소될 가능성이 높을 때 사용하는 옵션투자전략으로, 높은 행사가격의 콜옵션과 낮은 행사가격의 풋옵션을 동일 수량만큼 매도하는 전략은?**

① 버터플라이 매도
② 스트래들 매도
③ 스트랭글 매도
④ 스트랩 매도

+용어 알아두기

**변동성** 시장이 횡보장인가 급변장인가에 대한 예측과 관계된다. 횡보장으로 예상된다는 것은 변동성이 축소된다는 것이고 이에 대한 전략으로 변동성을 매도하게 된다. 거꾸로 급변장으로 예상된다는 것은 변동성이 확대된다는 것이고 이에 대한 전략으로 변동성을 매수하게 된다.

**TIP** 스트랭글 매도 전략에 대한 설명이다.

## 핵심포인트 해설 콤비네이션(Combination)

**(1) 스트래들(Straddle)**

① 같은 옵션 기초자산에 대해 발행된 만기일과 행사가격이 같은 콜옵션과 풋옵션을 이용하는 투자방법
② 스트래들(Straddle) 매수 : 행사가격이 동일한 콜옵션과 풋옵션을 각각 매수(변동성 확대 예상)
③ 스트래들(Straddle) 매도 : 행사가격이 동일한 콜옵션과 풋옵션을 각각 매도(변동성 축소 예상)

최대 손실 = 콜옵션 프리미엄 + 풋옵션 프리미엄
상방 손익분기점 = 행사가격 + 두 옵션가격의 합
하방 손익분기점 = 행사가격 – 두 옵션가격의 합

**(2) 스트랩(Strap)과 스트립(Strip)**

| | |
|---|---|
| 스트립(Strip) | 2개의 풋 매수 + 1개의 콜 매수 ⇨ 하락 가능성에 더 큰 비중을 둠 |
| 스트랩(Strap) | 2개의 콜 매수 + 1개의 풋 매수 ⇨ 상승 가능성에 더 큰 비중을 둠 |

**(3) 스트랭글(Strangle)과 거트(Gut)**

| | |
|---|---|
| 스트랭글<br>(Strangle) | • 스트랭글 매수 : 행사가격이 낮은 풋옵션과 행사가격이 높은 콜옵션을 각각 매수<br>• 스트랭글 매도 : 행사가격이 낮은 풋옵션과 행사가격이 높은 콜옵션을 각각 매도<br>최대 손실 = 콜옵션 프리미엄 + 풋옵션 프리미엄<br>상방 손익분기점 = 콜옵션 행사가격 + 두 옵션가격의 합<br>하방 손익분기점 = 풋옵션 행사가격 – 두 옵션가격의 합 |
| 거트<br>(Gut) | • 스트랭글은 OTM 옵션을 이용하는데 반하여 거트는 ITM 옵션을 이용<br>• 거트의 손익은 스트랭글의 손익과 매우 유사하나 비용이 적게 듦<br>• 스트랭글에 비해 레버리지가 적고, 최대손실은 작으며 손익분기점 범위도 좁음 |

정답 ③

옵션투자기법 ★★★

풋-콜 패리티에서 상대적으로 풋옵션이 고평가되었을 때 사용할 수 있는 차익거래전략은?

① 스트랩
② 시간 스프레드
③ 커버드 콜
④ 리버설

TIP 풋-콜 패리티에서 상대적으로 풋옵션이 고평가되었을 때 사용할 수 있는 차익거래전략은 리버설이다.



## 핵심포인트 해설 옵션 차익거래전략(Option Arbitrage Trading Strategy)

**(1) 합성포지션(Synthetic Position)**

합성콜 매입 = 풋 매입 + 옵션 기초자산 매입
합성콜 매도 = 풋 매도 + 옵션 기초자산 매도
합성풋 매입 = 콜 매입 + 옵션 기초자산 매도
합성풋 매도 = 콜 매도 + 옵션 기초자산 매입
합성옵션 기초자산 매입 = 콜 매입 + 풋 매도
합성옵션 기초자산 매도 = 콜 매도 + 풋 매입

**(2) 콘버전(Conversion)과 리버스 콘버전(Reverse Conversion)**

① 옵션가격의 불균형 발생 시(풋-콜 패리티로 판단) 고평가된 옵션은 매도하고 저평가된 옵션은 매수하여 무위험이익을 얻을 수 있는 전략임
② 옵션의 기초자산과 옵션을 동시 이용 : 콘버전(Conversion), 리버스 콘버전(= 리버설 : Reversal)

| 구 분 | 콘버전(Conversion) | 리버설(Reversal) |
|---|---|---|
| 사용 시기 | 콜옵션 고평가 시, 즉 $P+S<C+\frac{X}{1+r}$ | 콜옵션 저평가 시, 즉 $P+S>C+\frac{X}{1+r}$ |
| 구 성 | 콜옵션 매도 + 풋옵션 매수 + 기초자산 매수<br>(합성선물 매도 + 기초자산 매수) | 콜옵션 매수 + 풋옵션 매도 + 기초자산 매도<br>(합성선물 매수 + 기초자산 매도) |

정답 ④

옵션투자기법 ★★★

**옵션의 포지션 관리지표 중 델타에 대한 설명으로 가장 거리가 먼 것은?**

① 풋옵션의 델타는 기초자산가격이 하락할수록 −1의 값에 근접한다.
② 잔존만기가 짧은 콜옵션일수록 델타의 변화가 크다.
③ 델타가 0.3인 외가격(OTM) 콜옵션은 현재 시점에서 만기를 맞을 경우 내가격(ITM)으로 결제될 확률이 30%라는 것을 의미한다.
④ 델타가 0.3인 옵션을 델타중립으로 만들기 위해서는 0.7의 델타값을 갖는 기초자산을 매매하여야 한다.

+용어 알아두기

**델타** 기초자산가격 변화에 대한 옵션가격의 변화분이다.

**TIP** 델타가 0.3인 옵션을 델타중립으로 만들기 위해서는 −0.3의 델타값을 갖는 기초자산을 매매하여야 한다.

## 핵심포인트 해설 옵션 포지션 관리지표 − 델타(Delta)

① Delta = Δ옵션가격/Δ주가
② 델타의 범위 : 0 ≦ 콜옵션의 델타 ≦ 1, −1 ≦ 풋옵션의 델타 ≦ 0

| | |
|---|---|
| 콜옵션의 경우 | 기초자산가격이 상승할수록 1의 값에 근접하며, 기초자산가격이 하락할수록 0의 값에 근접 |
| 풋옵션의 경우 | 기초자산가격이 상승할수록 0의 값에 근접하며, 기초자산가격이 하락할수록 −1의 값에 근접 |

③ ITM델타는 ±1, ATM델타는 ±0.5, OTM델타는 0에 가까움
④ 기초자산가격이 상승할수록 콜·풋옵션의 델타는 모두 상승
⑤ 델타는 ITM옵션으로 남아있을 확률을 의미함
⑥ 델타는 헤지비율로 이용 : 헤지비율(h) = 1/델타

> 예제 델타 0.4인 콜옵션과 −0.5인 풋옵션을 이용해 기초자산 10단위를 헤지하라.
> 풀이 헤지비율(h) = (1/델타)이므로 콜은 2.5, 풋은 2이다. 그러므로 콜옵션은 25계약을 매도하고 풋옵션은 20계약을 매수하면 된다.

⑦ 델타중립 포지션 : 포지션 델타가 0이어서 기초자산가격의 움직임과 무관한 상태의 포트폴리오

> 예제 델타 0.8인 콜옵션 1개와 델타 −0.4인 풋옵션 2개 보유 시 포지션 델타는?
> 풀이 포지션 델타 = 0.8 × 1 + (−0.4) × 2 = 0 ⇨ 현재 상태는 델타중립 포지션

⑧ 델타와 잔존기간 : 잔존기간이 길수록 델타는 ±0.5(ATM)에 가까움

정답 ④

옵션투자기법 ★★★

옵션 수익구조의 특성인 비선형을 측정하는 민감도 지표로 가장 적절한 것은?

① 감 마 ② 세 타
③ 베 가 ④ 로

TIP 옵션 수익구조의 특성인 비선형을 측정하는 민감도 지표는 감마이다.

## 핵심포인트 해설 옵션 포지션 관리지표

(1) 감마(Γ : Gamma) = $\frac{\text{델타 변화분}}{\text{기초자산가격 변화분}}$

① 기울기의 변화, 옵션가격 변화의 가속도, 비선형 민감도를 측정하는 지표
② ATM에서 가장 크고 OTM, ITM으로 갈수록 작음
③ 만기일에 가까워질수록 ATM 감마는 커지고, OTM과 ITM 감마는 오히려 작아짐

(2) 세타(θ : Theta) = $\frac{\text{옵션가격 변화분}}{\text{시간 변화분}}$

① 시간가치의 감소 속도를 측정하는 지표로, 통상 음수(−)로 표시됨
② ATM에서 가장 크고 OTM, ITM으로 갈수록 작아짐
③ 만기일에 가까워질수록 ATM 세타는 커지고, OTM과 ITM 세타는 변화가 크지 않음

(3) 베가(Λ : Vega, Kappa) = $\frac{\text{옵션가격 변화분}}{\text{변동성 변화분}}$

① ATM에서 가장 크고 OTM, ITM으로 갈수록 작아짐
② 잔존만기가 길수록 베가는 증가함(비례관계)

(4) 로(ρ : Rho) = $\frac{\text{옵션가격 변화분}}{\text{이자율 변화분}}$

일반적으로 콜옵션의 로는 양(+)의 값을 가지고, 풋옵션의 로는 음(−)의 값을 가짐

(5) 옵션의 민감도 부호

| 구 분 | | 델타 포지션 | 감마 포지션 | 세타 포지션 | 베가 포지션 |
|---|---|---|---|---|---|
| 콜옵션 | 매 입 | + | + | − | + |
| | 매 도 | − | − | + | − |
| 풋옵션 | 매 입 | − | + | − | + |
| | 매 도 | + | − | + | − |

정답 ①

# 출제예상문제

☑ 다시 봐야 할 문제(틀린 문제, 풀지 못한 문제, 헷갈리는 문제 등)는 문제 번호 하단의 네모박스(□)에 체크하여 반복학습 하시기 바랍니다.

**01** 중요도 ★★★

**선물거래와 선도거래에 대한 설명으로 가장 거리가 먼 것은?**

□

① 선도거래는 계약당사자의 합의하에 계약서를 작성한다.
② 선물거래의 안전성을 위해 증거금위탁제도가 도입되었다.
③ 선물거래는 공개호가방식 또는 전자거래시스템으로 운용된다.
④ 선물거래는 선도거래와 달리 만기일에 실물인수도로 결제가 이루어진다.

**02** 중요도 ★★

**파생상품거래의 증거금과 일일정산제도에 관한 설명으로 가장 적절한 것은?**

□

① 계좌에서 유지해야 하는 잔액을 개시증거금이라고 한다.
② 증거금은 계약을 이행하겠다는 보증금의 성격을 지니며, 매도자만 납부하여야 한다.
③ 최초 선물계약 체결 시 1계약당 선물회사에 납부하는 증거금을 유지증거금이라고 한다.
④ 선물시장에는 전일의 선물가격과 당일의 선물가격과의 차이에 해당하는 금액을 익일에 결제하도록 하는 일일정산제도가 있다.

**03** 중요도 ★★★

**선물이론가격에 대한 설명으로 가장 적절한 것은?**

□

① 배당수익률이 상승하면 선물이론가격도 상승한다.
② 이자율이 배당수익률보다 클 때 만기가 가까워질수록 선물이론가격은 커진다.
③ 이자율이 배당수익률보다 클 때 선물이론가격은 현물가격보다 크다.
④ 선물이론가격이 선물시장가격보다 높을 때 '현물 매입 + 선물 매도'를 한다.

## 04
중요도★★

**헤지(Hedge)거래에 관한 설명으로 가장 거리가 먼 것은?**

□

① 현재 보유했거나 미래 보유 예정인 자산가치의 하락을 초래하는 위험을 없애거나 축소하려는 거래이다.

② 기본원리는 현물 포지션(Spot 또는 Cash Position)과 반대되는 포지션을 선물시장에서 취득하는 것이다.

③ 현물 포지션의 손익을 반대 포지션의 손익으로 상쇄함으로써 가격을 고정시키는 행위이다.

④ 현물과 선물가격이 서로 상이한 방향으로 변동할 때 헤지효과가 극대화된다.

## 05
중요도★★

**투기거래에 관한 설명으로 가장 거리가 먼 것은?**

□

① 미래의 가격 변동 방향을 예측한 후, 선물을 매입 또는 매도함으로써 차익을 획득하는 거래이다.

② 단순(Outright) 투기거래와 헤지(Hedge) 거래로 구분된다.

③ 낮은 증거금 수준으로 인해 현물거래에 비하여 손익확대(Leverage) 효과가 크다.

④ 투기자는 헤저의 위험을 받아주며 시장에 유동성을 조성하는 역할을 담당한다.



### 정답 및 해설

01 ④ 선물거래는 만기결제보다는 반대매매로 청산되는 경우가 많다. 만기에 결제할 때에도 실물인수도보다는 현금결제가 일반적이다. 선도거래는 일부 예외를 제외하고 실물인수도로 결제가 이루어진다.

02 ④ ① 계좌에서 유지해야 하는 잔액을 유지증거금(Maintenance Margin)이라고 하며, 계좌의 잔액이 유지증거금 수준 이하로 떨어지면 선물회사는 마진콜(Margin Call)을 통보한다.
② 선물거래의 경우 매수자와 매도자 모두 증거금을 납부하여야 한다.
③ 최초 선물계약 체결 시 1계약당 선물회사에 납부하는 증거금을 개시증거금(Initial Margin)이라고 한다.

03 ③ 이자율이 배당수익률보다 크다면 선물이론가격이 현물가격보다 높게 형성된다.

참고 선물이론가격의 결정요인

- 현물주가지수 상승 ⇨ 선물이론가격 상승
- 이자율 상승 ⇨ 선물이론가격 상승
- 배당수익률 상승 ⇨ 선물이론가격 하락
- 잔존만기일수 상승 ⇨ 선물이론가격 상승

04 ④ 현물과 선물가격이 동일한 방향으로 일정한 관계를 유지하며 변동할 때 헤지효과가 나타난다.

05 ② 단순(Outright) 투기거래와 스프레드(Spread) 거래로 구분된다.

| 단순(Outright) 투기거래 | 스프레드(Spread) 거래 |
|---|---|
| 상승 예상 ⇨ 매수, 하락 예상 ⇨ 매도 | 스프레드 변동 예상 ⇨ 선물 매수 + 선물 매도 |
| 싸게 사서 비싸게 팔거나, 비싸게 판 후 싸게 사 갚음 | 이익과 손실이 동시 발생, (이익 > 손실) 추구 |
| 기대수익 상승, 위험 상승 | 기대수익 하락, 위험 하락 |

**06** 중요도 ★★★

**옵션에 대한 설명으로 가장 거리가 먼 것은?**

□

① 매도자는 증거금을 부담하고 매수자는 프리미엄을 지불하되, 계약기간 내에만 권리를 행사할 수 있다.

② 옵션의 수익구조는 기초자산이 상승하거나 하락하는 경우에 한하여 변동된다.

③ 옵션의 가치는 최소치가 0이고, 최대치가 무한대인 비대칭구조를 가진다.

④ 일종의 계약으로, 계약만료일이 가까워질수록 옵션의 가치는 떨어진다.

**07** 중요도 ★★

**옵션 매수 시 만기일의 옵션행사에 대한 설명으로 가장 적절한 것은?**

□

① 콜옵션의 경우 만기일에 기초자산가격이 행사가격보다 크면 권리를 포기한다.

② 콜옵션의 경우 만기일에 기초자산가격이 행사가격보다 작으면 권리를 행사할 수 있다.

③ 풋옵션의 경우 만기일에 행사가격이 기초자산가격보다 작으면 권리를 행사할 수 있다.

④ 풋옵션의 경우 만기일에 행사가격이 기초자산가격보다 크면 권리를 행사할 수 있다.

**08** 중요도 ★★★

**만기일 이전에 유럽식 옵션의 가치에 대한 설명으로 가장 거리가 먼 것은?**

□

① 옵션의 내재가치는 내가격 상태에서 거래될 때에만 존재한다.

② 옵션이 등가격 상태에 있을 때 옵션가치는 모두 시간가치에 해당한다.

③ 옵션이 외가격 상태에 있을 때 시간가치는 소멸한다.

④ 기초자산의 가격변동성이 클수록 옵션의 시간가치도 증가한다.

**09** 중요도 ★★

**옵션가격의 결정요인에 대한 설명으로 가장 거리가 먼 것은?**

□

① 콜옵션의 경우 기초자산가격이 행사가격보다 클수록 옵션가격은 상승한다.

② 기초자산가격의 변동성이 클수록 옵션가격은 상승한다.

③ 옵션의 잔존만기가 짧을수록 옵션가격은 상승한다.

④ 이자율이 상승하면 콜옵션의 가격은 상승한다.

**10** 중요도 ★★★

잔존만기가 3개월이고 행사가격이 달러당 1,105원인 유럽형 미국달러 풋옵션이 30원에 거래되고 있다. 현재 달러당 환율이 1,080원이라면 이 풋옵션의 시간가치로 가장 적절한 것은?

① 0원 ② 5원
③ 25원 ④ 30원

**11** 중요도 ★

거래소에서 상장되어 거래되는 미국 달러선물에 대한 설명으로 가장 거리가 먼 것은?

① 계약단위는 10,000달러이다.
② 호가가격단위는 0.1원이며 1틱의 가치는 1,000원이다.
③ 최종결제일은 최종거래일 다음 영업일이다.
④ 만기 시 실물인수도함으로써 계약을 종료한다.

**12** 중요도 ★★★

3년 국채선물의 투자자가 105.60에 10계약을 매수한 후 106.70에 매도하여 이익을 보고 청산하였다. 이 투자자의 총이익은?

① 1,100,000원 ② 11,000,000원
③ 5,500,000원 ④ 55,000,000원



**정답 및 해설**

06 ② 옵션의 수익구조는 기초자산의 상승과 하락뿐만 아니라 가격의 변동폭(변동성), 투자기간(시간가치)에 의해서도 변동된다.

07 ④ 만기 시 권리행사 여부

| 구 분 | 만기일 상황 | 행사가치 | 권리행사 여부 |
|---|---|---|---|
| 콜옵션 매수 시 | 기초자산가격 > 행사가격 | 가치 있음(내가격) | 권리행사 |
| | 기초자산가격 < 행사가격 | 가치 없음(외가격) | 권리포기 |
| 풋옵션 매수 시 | 행사가격 > 기초자산가격 | 가치 있음(내가격) | 권리행사 |
| | 행사가격 < 기초자산가격 | 가치 없음(외가격) | 권리포기 |

08 ③ 옵션이 외가격 상태에 있을 때에도 시간가치는 존재한다.

09 ③ 옵션의 잔존만기가 짧아질수록 옵션가격은 하락한다.

10 ② 내재가치 = 1,105원 − 1,080원 = 25원
∴ 시간가치 = 30원 − 25원 = 5원

11 ③ 최종결제일은 최종거래일 이후 제2영업일이다.

12 ② 투자자의 총이익은 106.70 − 105.60 = 1.1, 즉 110tick이다. 이때 1tick은 10,000원이므로 110tick은 1,100,000원이며, 10계약이므로 11,000,000원 이익이다.

**13** 중요도 ★★★

**주가지수선물거래의 경제적 기능과 관련된 내용으로 가장 거리가 먼 것은?**

☐

① 주식 포트폴리오의 체계적 위험은 줄일 수 없더라도, 비체계적 위험은 최소화할 수 있다.

② 차익거래로 인하여 주식시장의 유동성이 증대되고, 현물시장만 존재하는 경우보다 가격이 안정될 수 있다.

③ 적은 증거금으로 큰 규모의 거래가 가능하므로 투기자금을 효과적으로 유인할 수 있다.

④ 주가지수선물을 활용하면 소액의 증거금만 소요되며 거래비용도 주식거래에 비하여 매우 적다.

**14** 중요도 ★★

**현물가격에서 선물가격을 차감한 값으로 계산되는 베이시스에 관한 설명으로 가장 거리가 먼 것은?**

☐

① 베이시스는 선물만기에 근접할수록 보유비용의 감소로 인하여 점점 줄어들어 결국 0에 수렴한다.

② 배당수입이 증가할수록 베이시스가 확대된다.

③ 금리가 상승할수록 베이시스가 확대된다.

④ 현물가격과 선물가격의 높은 상관관계에도 불구하고 변동폭이 일정하지 않기 때문에 베이시스 위험이 발생한다.

**15** 중요도 ★★

**선물가격 결정이론의 캐리모델(Carry Model)에 대한 설명으로 가장 거리가 먼 것은?**

☐

① 베이시스(Basis)란 선물시장에서 현물가격과 선물가격의 차이이며 보유비용에 의해 발생한다.

② 선물가격(F)은 현물가격(S)에 순보유비용(CC)을 더한 값이다.

③ 캐리모델은 현물가격에 보유비용을 감안하여 선물의 이론가격을 산정하는 방정식이다.

④ 캐리의 구성에서 수익은 음(−)으로 비용은 양(+)으로 표기한다.

**16** 중요도 ★★

**캐리모델(Carry Model)을 활용하여 〈보기〉와 같은 정보를 가진 주가지수선물의 이론가격을 계산한 것으로 가장 적절한 것은?**

☐

〈보기〉

| | |
|---|---|
| • 2022. 6. 10. KOSPI200지수 : 450 | • 91일물 CD금리 : 6% |
| • 연배당률의 기대치 : 2% | • 잔존만기 : 100일 |

① 452.02　　② 454.93

③ 456.34　　④ 459.72

**17**

중요도 ★★★

**8%의 쿠폰(Coupon)을 지급하는 채권의 현물가격이 $114.00일 때 그 채권을 대상으로 하는 채권선물(계약만기 : 3개월)의 가격이 이론가격보다 높은 $113.50로 형성되었고, 투자자는 이 기회를 놓치지 않고 매수차익거래(Cash & Carry)를 실행하였다. 이를 통해 $1.40의 차익을 얻었다면 이 투자자의 자금차입비용(연율)은?** (단, 가장 가까운 근사치를 구한다)

① 1.33%　　② 2.57%

③ 3.20%　　④ 4.12%

**18**

중요도 ★★

**표면금리가 7%인 채권이 현물시장에서 $100에 거래되고 있으며 단기 시장이자율이 3%일 때 선물계약 만기까지 85일 남았다면 이 채권의 예상 선물가격은?** (단, 가장 가까운 근사치를 구한다)

① $99.00　　② $98.50

③ $98.00　　④ $97.50



## 정답 및 해설

13 ① 주식에 대한 투자는 분산투자를 통하여 비체계적 위험을 줄일 수 있으나, 체계적 위험을 줄일 수는 없다. 그러나 주가지수선물을 이용하면 주식 포트폴리오의 체계적 위험도 줄일 수 있게 된다.

14 ② B(Basis) = F(선물가격) − S(현물가격) = $S \times (r - d) \times \frac{t}{365}$

현물가격(S), 이자율(r), 잔존만기(t)가 증가하면 베이시스도 증가한다. 반면 배당수익률(d)이 증가하면 베이시스는 줄어든다.

15 ④ 캐리는 '수익 − 비용'이므로 비용은 음(−)으로, 수익은 양(+)으로 표기한다.

16 ② 주가지수선물의 이론가격(F) = $S + S(r - d) \times \frac{t}{365} = 450 + 450 \times (6\% - 2\%) \times \frac{100}{365} = 454.93$

17 ① $1.40의 차익을 획득하였다면 이 채권선물의 이론가격은 $112.10(= $113.50 − $1.40)이다.

이론선물가격(F*) = S + S(자금차입비용 − Coupon) × $\frac{t}{365}$

⇨ 112.10 = 114.00 + 114.00(자금차입비용 − 0.08) × $\frac{1}{4}$

∴ 자금차입비용 : 1.3333%

18 ① 이론선물가격(F*) = S + S(자금차입비용 − Coupon) × $\frac{t}{365}$ = 100 + 100(0.03 − 0.07) × $\frac{85}{365}$ = $99.06

**19** ☐

중요도 ★★★

현재부터 1년까지 현물금리가 3.0%, 현재부터 2년까지 현물금리가 3.5%라면 1년 후부터 2년까지 1년 동안의 내재선도금리(IFR)로 가장 적절한 것은?

① 3.7%　　② 3.8%

③ 3.9%　　④ 4.0%

**20** ☐

중요도 ★

현재 유로달러선물가격이 95.350이며, 현재 35일간의 Libor가 5%, 125일간의 Libor가 6%라고 할 때 ㉠ 유로선물의 이론가격은 얼마이고, 투자자는 ㉡ 어떤 거래를 통하여 이익을 취할 수 있는가? (단, 1년은 360일로 한다)

| | ㉠ | ㉡ |
|---|---|---|
| ① | 90.53 | 현물 매수 + 선물 매도 |
| ② | 90.53 | 현물 매도 + 선물 매수 |
| ③ | 93.61 | 현물 매수 + 선물 매도 |
| ④ | 93.61 | 현물 매도 + 선물 매도 |

**21** ☐

중요도 ★★

현재 외환시장과 단기금융시장에서 〈보기〉와 같은 정보가 주어졌을 때, 앞으로 만기가 3개월 남은 원/달러 통화선물의 이론가격으로 가장 적절한 것은?

〈보기〉

- 현물환율 : 1,250원/달러
- 한국 3개월 이자율 : 연 8%
- 미국 3개월 이자율 : 연 4%

① 1,204원　　② 1,238원

③ 1,262원　　④ 1,298원

**22** ☐

중요도 ★

현재 국제외환시장에서 유로화 현물환율이 $1.1800, 3개월 만기의 유로화 선물환율이 $1.1918, 3개월 만기 달러 예금금리가 8%(연율)일 때, 차익거래 기회가 발생하지 않는 3개월 만기 유로화 예금금리(연율)는?

① 4%　　② 5%

③ 7%　　④ 12%

## 23

중요도 ★★★

만기가 3개월 남은 주가지수 선물가격은 110.80, 현물가격은 108.60이다. 금리가 연 5.3%, 주가지수를 구성하는 종목의 연간 배당수익률이 1.3%일 때, 이론적으로 위험을 부담하지 않으면서 확실한 수익을 거둘 수 있는 거래는?

① 선물 매입헤지거래(Long Futures Hedge)

② 베이시스 매입거래(Long the Basis)

③ 스프레드의 매입거래(Long Spread)

④ 매수차익거래(Cash & Carry)



### 정답 및 해설

19 ④ 내재선도금리(IFR) $= \frac{(L \times l) - (s \times i)}{L - s} = \frac{(3.5 \times 2) - (3 \times 1)}{2 - 1} = 4(\%)$

20 ③ ㉠ 유로달러선물의 이론가격은 '100 − IFR(내재선도금리)'이므로 내재선도금리를 구하여 계산하면 된다.

$$IFR = \frac{6\% \times \frac{125}{360} - 5\% \times \frac{35}{360}}{\frac{125}{360} - \frac{35}{360}} = 6.39\%$$

∴ 유로선물의 이론가격 = 100 − 6.39 = 93.61

㉡ 실제선물가격(95.35)이 이론선물가격(93.61)보다 높으므로 선물이 고평가되었다. 따라서 고평가된 선물을 매도하고, 저평가된 현물을 매수하는 매수차익거래로 이익을 취할 수 있다.

21 ③ $F = 1{,}250 \times \frac{1 + 0.08 \times \frac{1}{4}}{1 + 0.04 \times \frac{1}{4}} = 1{,}262.37$원

22 ① 스왑레이트(Swap Rate)가 프리미엄(Premium)이기 때문에 유로통화금리는 달러금리보다 낮아야 한다.

- 스왑레이트 = 현물환율 × (유로달러금리 − 유로통화금리) × $\frac{t}{360}$
- 스왑포인트 = 선물환율 − 현물환율 = \$1.1918 − \$1.1800 = 0.0118 ⇨ 0.0118 = 1.1800 × (0.08 − 유로금리) × $\frac{1}{4}$

∴ 유로금리 = 4%

23 ④ 이론선물가격($F^*$) = S + S(자금차입비용 − 배당수익률) × $\frac{t}{365}$ = 108.60 + 108.60(0.053 − 0.013) × $\frac{1}{4}$ = 109.68

시장선물가격(110.80)은 이론선물가격(109.68)에 비해 고평가되어 있으므로 현물보유전략인 매수차익거래(Cash & Carry)가 적합하다.

24 중요도 ★★

**헤지거래의 기본적인 내용으로 옳은 것을 〈보기〉에서 골라 적절하게 묶은 것은?**

□

〈보기〉

㉠ 헤지거래는 현물 포지션(Spot 또는 Cash Position)과 동일한 포지션을 선물시장에서 취득하는 것이다.

㉡ 현재 또는 예정된 현물 포지션에서 발생하는 가격변동위험을 없애거나 줄이기 위한 행위이다.

㉢ 미래에 불확실한 가격으로 현물을 팔아야 하는 거래자가 선물시장에서 확실한 가격에 미리 팔기로 예약한다면 매도헤지를 하는 것이다.

㉣ 헤지거래는 기초자산의 가격변동위험을 베이시스변동위험(Basis Risk)으로 대체하는 것이다.

㉤ 선물가격이 현물가격과 무관하게 변동할수록 헤지거래는 더욱 효율적이 된다.

① ㉡, ㉣, ㉤ ② ㉠, ㉡, ㉢

③ ㉡, ㉢, ㉣ ④ ㉠, ㉢, ㉤

25 중요도 ★★

**〈보기〉에서 베이시스가 축소될 때 이익을 얻을 수 있는 포지션을 골라 적절하게 묶은 것은?**

□

〈보기〉

㉠ Negative Carry 시장에서 매도헤지(Selling Hedge) 포지션

㉡ Positive Carry 시장에서 매입헤지(Buying Hedge) 포지션

㉢ 콘탱고(Contango) 시장에서 매도헤지(Selling Hedge) 포지션

㉣ 백워데이션(Backwardation) 매입헤지(Buying Hedge) 포지션

㉤ 양(+)의 베이시스(Basis) 상태에서 매도헤지(Selling Hedge) 포지션

㉥ 역조시장(Inverted Market)에서 Long Hedge 포지션

① ㉠, ㉡, ㉢ ② ㉠, ㉡, ㉢, ㉣

③ ㉠, ㉡, ㉢, ㉣, ㉤ ④ ㉠, ㉡, ㉢, ㉣, ㉤, ㉥

26 중요도 ★★★

**㈜해커스는 3개월 후 수출대금으로 100만 달러를 수령할 예정이다. 환위험 헤지를 위해 취할 수 있는 방법을 〈보기〉에서 골라 적절하게 묶은 것은?**

□

〈보기〉

㉠ 3개월 만기 100만 달러($) 선물환 매도

㉡ 100만 달러를 차입하여 매도 후, 원화예금으로 은행에 예치

㉢ 3개월 만기 100만 달러($) 통화선물 매도

㉣ 3개월 만기 100만 달러($) 현물환 매입

① ㉠, ㉢ ② ㉡, ㉣

③ ㉠, ㉢, ㉣ ④ ㉠, ㉡, ㉢

27 중요도 ★★

**금리 변동 위험에 노출된 거래자가 금리선물을 이용하는 헤징(Hedging) 방법으로 가장 거리가 먼 것은?**

□

① 채권 투자 예정 – 금리선물 매입(Long Hedge)

② 채권 투자 – 금리선물 매도(Short Hedge)

③ 고정금리 차입 – 금리선물 매도(Short Hedge)

④ 변동금리 차입 예정 – 금리선물 매도(Short Hedge)

28 중요도 ★

**앞으로 금리가 대폭 상승할 전망인 경우, 포트폴리오에 채권을 대량 보유하고 있는 투자자가 선택할 수 있는 금리위험 헤지(Hedge) 방법은?**

□

① 금리선물 매도

② 금리선물 매입

③ 금리콜옵션 매입

④ 금리풋옵션 매도



## 정답 및 해설

24 ③ ㉠ 헤지거래는 현물 포지션(Spot 또는 Cash Position)과 반대되는 포지션을 선물시장에서 취득하는 것이다.
㉤ 선물가격이 현물가격과 무관하게 변동하거나 변동패턴에 큰 차이를 보인다면 헤지가 불가능하거나 헤지의 효율성이 상당히 떨어질 수밖에 없다.

25 ④

| ① 수익 > 비용 : Positive Carry = F < S = 음(–)의 베이시스(Basis) = 역조시장(Inverted Market) = 백워데이션(Backwardation) |
|---|
| ② 수익 < 비용 : Negative Carry = F > S = 양(+)의 베이시스(Basis) = 정상시장 (Normal Market) = 콘탱고(Contango) |

①의 경우 : 베이시스 축소 시 ⇨ 매입헤지 이익 · 매도헤지 손실, 베이시스 확대 시 ⇨ 매입헤지 손실 · 매도헤지 이익
②의 경우 : 베이시스 축소 시 ⇨ 매입헤지 손실 · 매도헤지 이익, 베이시스 확대 시 ⇨ 매입헤지 이익 · 매도헤지 손실

26 ④ 수출업자는 환율의 하락 위험에 노출되어 있으므로 선물환이나 통화선물 매도헤지를 하여야 한다. 또한 단기자금시장에서 리스크에 노출된 통화를 차입하여 부채로 만드는 과정을 통해 환위험을 제거하기도 한다. ㉣처럼 현물환을 매입하는 경우는 환위험을 오히려 증폭시키는 행위이다.

27 ③ 현재 고정금리 차입은 금리 하락 시 기회비용이 발생하는 리스크에 노출된다. 따라서 금리선물을 매입(Long Hedge)하는 헤지전략을 취해야 한다.

28 ① 금리가 상승하면 기초자산(채권)가격이 하락하므로 금리선물을 매도하는 것이 가장 적절한 방법이다.

**29** 중요도 ★★★

**금리선물시장에서 베이시스가 확대됨에 따라 헤지 이익이 발생하는 포지션은?**

□

① 엔금리가 유로금리보다 높은 Positive Carry 시장에서 엔선물 매입헤지(Buying Hedge)
② 유로금리가 엔금리보다 높은 Negative Carry 시장에서 엔선물 매입헤지(Buying Hedge)
③ 달러금리가 유로금리보다 높은 Negative Carry 시장에서 유로선물 매도헤지(Selling Hedge)
④ 유로금리가 달러금리보다 높은 Positive Carry 시장에서 유로선물 매입헤지(Buying Hedge)

**30** 중요도 ★★

**헤징 대상 금리 포지션이 장기간에 걸쳐 존재하고 있을 때 각 결제월의 단기금리선물을 동일 수량만큼 매입하거나 매도함으로써 전체의 균형을 맞추는 헤지방법은?**

□

① 스트립헤지　　② 스트랩헤지
③ 스택헤지　　④ 스트래들헤지

**31** 중요도 ★★

**주식 포트폴리오를 보유한 펀드매니저는 헤지를 위해 주가지수선물을 이용하기로 하였다. 헤지계약수를 구하기 위해 필요한 정보를 〈보기〉에서 골라 적절하게 묶은 것은?**

□

〈보기〉

㉠ 주식 포트폴리오의 베타
㉡ 주가지수선물의 가치(선물지수 × 승수)
㉢ 주식 포트폴리오의 자산가치
㉣ 주가지수선물의 표준편차

① ㉠, ㉡　　② ㉠, ㉢
③ ㉡, ㉢, ㉣　　④ ㉠, ㉡, ㉢

**32** 중요도 ★★★

**30억원의 주식 포트폴리오를 보유한 펀드매니저가 KOSPI200지수선물을 이용하여 헤지하고자 한다. 선물지수가 400이고 주식 포트폴리오의 베타가 0.9일 때, 매도계약수는?** (단, 승수는 25만원이다)

□

① 25계약　　② 27계약
③ 29계약　　④ 32계약

## 33

중요도 ★★

백워데이션 상태인 채권선물시장에서 이익 실현이 가능한 거래를 〈보기〉에서 골라 적절하게 묶은 것은?

〈보기〉

㉠ 스프레드 축소 예상 시 ⇨ 근월물 매수 + 원월물 매도
㉡ 스프레드 확대 예상 시 ⇨ 근월물 매수 + 원월물 매도
㉢ 베이시스 확대 예상 시 ⇨ 선물 매도 + 현물 매수
㉣ 베이시스 축소 예상 시 ⇨ 매수차익거래(Cash & Carry)

① ㉠, ㉡
② ㉡, ㉢
③ ㉢, ㉣
④ ㉠, ㉣

## 34

중요도 ★★★

옵션 기초자산의 현재가치가 100-00이고 프리미엄이 3-00일 때 March 102-00 T-Bond 선물 콜옵션의 내재가치는?

① 3-00
② 2-00
③ 1-00
④ 0-00



### 정답 및 해설

29 ② 베이시스 확대 시 Negative Carry 시장에서는 매입헤지 시 이익을 얻고 매도헤지 시 손실을 본다. 반면 Positive Carry 시장에서는 매입헤지 시 손실을 보고, 매도헤지 시 이익을 얻는다.

| 구 분 | Negative Carry(= 양(+)의 베이시스) | Positive Carry(= 음(−)의 베이시스) |
|---|---|---|
| 베이시스 축소 | 매입헤지(손실), 매도헤지(이익) | 매입헤지(이익), 매도헤지(손실) |
| 베이시스 확대 | 매입헤지(이익), 매도헤지(손실) | 매입헤지(손실), 매도헤지(이익) |

30 ① 스트립헤지는 헤지하여야 할 대상의 금리 포지션이 장기간에 걸쳐 존재하는 경우 같은 기간에 각 결제월의 단기금리 선물을 동일 수량만큼 매입하거나 매도하여 전체의 균형을 맞추는 헤지방법이다.

31 ④ 주가지수선물의 표준편차는 헤지계약수를 구하는 데 필요하지 않은 정보이다.

$$(\text{헤지})\text{선물계약수}(N) = \frac{\text{헤지비율(베타)} \times \text{주식 포트폴리오 금액}}{(\text{선물지수} \times 250{,}000)}$$

32 ② $(\text{헤지})\text{선물계약수} = \frac{0.9 \times 3{,}000{,}000{,}000\text{원}}{(400 \times 25\text{만원})} = 27\text{계약}$

33 ② ㉠ 백워데이션 상태는 근월물이 원월물보다 비싼 시장이므로 스프레드 축소 예상 시 근원물을 매도하고 원월물을 매수해야 한다.
㉣ 매수차익거래는 이론선물가격과 시장선물가격을 비교하여 의사결정을 하므로 베이시스 변화 예상과는 관련이 없다.

34 ④ 기초자산의 현재가치가 옵션의 행사가격보다 낮은 콜옵션이므로 내재가치가 전혀 없는 외가격(OTM)옵션이다.

## 35

중요도 ★

**유럽형 콜옵션의 이론가격에 대한 설명으로 가장 거리가 먼 것은?**

□

① 콜옵션의 가격은 기초자산가격보다 높을 수 없다.
② 콜옵션의 가격은 음(−)의 가격이 될 수 없다.
③ 콜옵션의 가격은 기초자산가격에서 행사가격의 현재가치를 뺀 값보다 작을 수 없다.
④ 이자율이 0보다 큰 경우 등가격 콜옵션은 등가격 풋옵션에 비하여 가치가 작게 된다.

## 36

중요도 ★★

**현재 기초자산가격은 10,000원이고 1년 후에 12,000원으로 상승하거나 8,000원으로 하락할 것으로 예상된다. 1년 만기 무위험이자율은 연 10%이다. 행사가격이 10,000원이고 만기가 유럽식인 콜옵션의 가치 C는?**

□

① C > 1,500원
② 1,400원 ≦ C < 1,500원
③ 1,300원 ≦ C < 1,400원
④ C < 1,300원

## 37

중요도 ★★★

**주식옵션가격을 결정하는 이항모형에 대한 설명으로 가장 적절한 것은?**

□

① 옵션의 가치는 주가의 상승 또는 하락 확률에 의하여 결정된다.
② 옵션의 가치에 영향을 미치는 확률변수는 이자율뿐이다.
③ 옵션의 가치는 투자자가 위험중립형이라는 가정하에 결정된다.
④ 옵션가격의 결정에서 투자자들의 리스크선호도를 고려해야 한다.

## 38

중요도 ★★

**옵션가격의 결정요인에 의한 옵션가격의 변화로 가장 적절한 것은?**

□

① 기초자산가격이 상승하면 콜옵션가격은 하락한다.
② 행사가격이 상승하면 콜옵션가격도 상승한다.
③ 변동성이 증가하면 콜옵션가격과 풋옵션가격이 모두 상승한다.
④ 잔존만기가 길면 콜옵션가격이 낮다.

**39** 중요도 ★★★

## 주가지수가 하락할 가능성이 클 때 취할 전략을 〈보기〉에서 골라 적절하게 묶은 것은?

〈보기〉

| | |
|---|---|
| ㉠ 콜옵션 매수 | ㉡ 풋옵션 매도 |
| ㉢ 수직적 강세 콜옵션 스프레드 | ㉣ 수직적 강세 풋옵션 스프레드 |
| ㉤ 풋옵션 매수 | ㉥ 콜옵션 매도 |
| ㉦ 수직적 약세 풋옵션 스프레드 | ㉧ 수직적 약세 콜옵션 스프레드 |

① ㉠, ㉡, ㉢, ㉣ ② ㉠, ㉢, ㉤, ㉥
③ ㉡, ㉥, ㉦, ㉧ ④ ㉤, ㉥, ㉦, ㉧



### 정답 및 해설

**35** ④ 이자율이 0보다 큰 경우 등가격 콜옵션은 등가격 풋옵션에 비해 가치가 크게 된다.

**36** ③ 이항분포모형 문제이다.

• $S = 10{,}000$, $S_u = 12{,}000$, $S_d = 8{,}000$, $X = 10{,}000$, $C_u = 2{,}000$, $C_d = 0$
(S : 기초자산가격, $S_u$ : 상승 시 기초자산가격, $S_d$ : 하락 시 기초자산가격, X : 행사가격)

• $p = \frac{(1+r)-d}{u-d} = \frac{1.1-0.8}{1.2-0.8} = 0.75,\ 1-p = 0.25$

$\therefore C = \frac{p \times C_u + (1-p) \times C_d}{1+r} = \frac{0.75 \times 2{,}000 + 0.25 \times 0}{1.1} \fallingdotseq 1{,}363$

(p : 리스크 중립적 확률, r : 무위험이자율, u : 상승률, d : 하락률, $C_u$ : 상승 시 콜옵션가치, $C_d$ : 하락 시 콜옵션가치)

**37** ③ ① 옵션의 가치는 주가의 상승 또는 하락 확률과는 독립적으로 결정된다.
② 옵션의 가치에 영향을 미치는 확률변수는 기초자산가격이다.
④ 옵션가격은 투자자의 리스크에 관한 선호도와 독립적으로 결정된다. 즉, 리스크선호도를 고려하지 않아도 된다.

**38** ③ ① 기초자산가격이 상승하면 콜옵션가격은 상승한다.
② 행사가격이 상승하면 콜옵션가격은 하락한다.
④ 잔존만기가 길면 콜옵션가격은 높다.

**39** ④ ㉤, ㉥, ㉦, ㉧은 주가지수 하락 예상 시 취할 전략이고, ㉠, ㉡, ㉢, ㉣은 주가지수 상승 예상 시 취할 전략이다.

**40**

중요도 ★★

**대상자산가격의 변동성이 축소될 것이라고 예상될 때 취할 전략을 〈보기〉에서 골라 적절하게 묶은 것은?**

〈보기〉

| | | |
|---|---|---|
| ㉠ 스트래들 매수 | ㉡ 스트래들 매도 | ㉢ 스트랭글 매수 |
| ㉣ 스트랭글 매도 | ㉤ 버터플라이 매수 | ㉥ 버터플라이 매도 |

① ㉠, ㉡, ㉤
② ㉠, ㉢, ㉥
③ ㉡, ㉣, ㉤
④ ㉡, ㉤, ㉥

**41**

중요도 ★★

**행사가격이 100인 콜옵션을 1개 매도하면서 행사가격 110인 콜옵션을 1개 매수하는 스프레드 거래에서는 시장가격이 어느 수준일 때 가장 큰 이익을 얻을 수 있는가?**

① 100
② 105
③ 110
④ 115

**42**

중요도 ★

**다음의 포지션에서 금리옵션 불스프레드(Bull Spread) 거래는?**

① 행사가격이 102인 콜 1계약을 매입하고, 행사가격이 100인 풋 1계약을 매도
② 행사가격이 98인 풋 1계약을 매입하고, 행사가격이 100인 콜 1계약을 매도
③ 행사가격이 98인 콜 1계약을 매입하고, 행사가격이 100인 콜 1계약을 매도
④ 행사가격이 100인 풋 1계약을 매입하고, 행사가격이 98인 풋 1계약을 매도

**43** 중요도 ★★★

**행사가격이 80인 옵션을 매도하고 행사가격의 85인 옵션을 매수하였다. 이 거래 과정에서 프리미엄의 순유출이 발생하였다면 어떤 거래인가?**

① 콜 불스프레드(Call Bull Spread)
② 풋 불스프레드(Put Bull Spread)
③ 콜 베어스프레드(Call Bear Spread)
④ 풋 베어스프레드(Put Bear Spread)

**44** 중요도 ★★

**보증된 콜(Covered Call)전략과 보호적 풋(Protective Put)전략에 대한 설명으로 가장 거리가 먼 것은?**

① 보증된 콜전략은 기초자산 주식을 매수하고 콜옵션을 매도하는 전략이다.
② 보호적 풋전략은 기초자산 주식을 매수하고 풋옵션을 매수하는 전략이다.
③ 보증된 콜전략은 합성풋옵션 매수라고 한다.
④ 보호적 풋전략은 포트폴리오 보험 전략과 일맥상통한다.



**정답 및 해설**

40 ③ ㉡, ㉣, ㉤은 변동성 축소 예상 시 취할 전략이고, ㉠, ㉢, ㉥은 변동성 확대 예상 시 취할 전략이다.

41 ① 문제에서 설명하는 거래는 수직적 콜 베어스프레드(Call Bear Spread)이다. 이 거래에서는 시장가격이 두 옵션의 행사가격 중 낮은 행사가격(100)과 비슷한 수준에 형성될 때 이익이 가장 크다.

42 ③ Bull Spread 거래는 Call, Put과 상관없이 행사가격이 낮은 옵션을 매입하고 높은 옵션을 매도하는 거래이다.

참고 불스프레드

- 콜 불스프레드(Call Bull Spread) : C(낮은 행사가) 매수, C(높은 행사가) 매도(초기에 돈을 주고 시작함)
- 풋 불스프레드(Put Bull Spread) : P(낮은 행사가) 매수, P(높은 행사가) 매도(초기에 돈을 받고 시작함)

43 ④ 낮은 행사가격의 옵션을 매도하고 높은 행사가격의 옵션을 매수하였다면 베어스프레드(약세 : Bear Spread)이며, 베어스프레드 포지션 구성결과 프리미엄이 유입되었다면, 풋(Put)옵션으로 구성되었다는 것을 의미한다.

44 ③ 보증된 콜(Covered Call)전략은 합성풋옵션 매도라고 한다.

45

중요도 ★★★

〈보기〉와 같이 구성되어 있는 포트폴리오의 가치를 기초자산의 시장가격 움직임에 영향을 받지 않는 델타 중립포지션(Delta Neutral Position)으로 만들기 위해 필요한 자산의 변화는?

□

| 포트폴리오구성 |
|---|
| 95.50 April Call(델타 = 0.5) 6계약 매입 |
| 96.00 June Put(델타 = −0.4) 8계약 매도 |
| 94.00 April Call(델타 = 0.6) 5계약 매도 |

① 96.50 April Call(델타 = 0.6) 7계약 매입

② 94.50 April Call(델타 = 0.4) 8계약 매도

③ 95.00 June Put(델타 = −0.5) 7계약 매도

④ 96.00 April Put(델타 = −0.5) 6계약 매입

46

중요도 ★

현재 주식 포트폴리오를 보유하고 있는 펀드매니저가 주가 상승 시의 이익은 향유하면서 주가 하락 시의 손실은 일정 수준으로 제한시키는 퍼포먼스를 원하고 있다. 포트폴리오 보험(Portfolio Insurance) 전략의 성과를 얻기 위하여 필요한 거래를 적절하게 묶은 것은?

□

〈보기〉

| | |
|---|---|
| ㉠ 주가지수 풋옵션 매입 | ㉡ 주가지수 콜옵션 매도 |
| ㉢ 주가지수 선물 매입 | ㉣ 무위험 채권 매입 |

① ㉠ ② ㉠, ㉡

③ ㉠, ㉡, ㉣ ④ ㉡, ㉢, ㉣

47

중요도 ★★★

옵션가치의 민감도에 대한 내용으로 가장 거리가 먼 것은?

□

① 델타 : 기초자산의 가격변화에 대한 옵션가격의 변화

② 감마 : 옵션델타의 변화에 대한 옵션가격의 변화

③ 세타 : 만기일까지의 잔존만기 감소에 대한 옵션가격의 변화

④ 베가 : 기초자산의 변동성변화에 대한 옵션가격의 변화

## 48

중요도 ★

**델타에 관한 설명으로 가장 적절한 것은?**

① 대상자산가격이 1단위 변할 때 수반되는 델타의 변화분을 의미한다.

② 옵션 포지션의 델타 중립적 헤지를 위하여 필요한 대상자산의 수를 의미한다.

③ 주식 0.75주를 매수하고, 델타가 −0.75인 풋옵션을 매입한 포트폴리오는 델타중립이 아니다.

④ 기초자산가격이 변해도 델타값은 변하지 않는다.

## 49

중요도 ★★★

**기초자산인 KOSPI200지수가 271.55pt에서 275.45pt로 상승하였을 때 콜옵션 A의 가격이 4.3에서 5.86으로 상승하였다면 콜옵션 A의 델타는?**

| | |
|---|---|
| ① −0.2 | ② 0.2 |
| ③ 0.4 | ④ 0.6 |



### 정답 및 해설

45 ② 포트폴리오의 델타값 = (0.5 × 6) + [{(−0.4) × (−8)} + {0.6 × (−5)}] = 3 + 3.2 − 3 = 3.2
따라서 델타 중립포지션, 즉 포트폴리오의 델타값을 0(= 3.2 − 3.2)으로 만들기 위해 Call(델타 = 0.4) 8계약을 매도한다.

46 ① 풋옵션을 매입하여 보호적 풋 전략을 구사하는 것이 '상승 시 이익추구 및 하락 시 손실제한'에 부합하는 구성이다.

47 ② 감마는 기초자산의 가격변화에 대한 옵션델타의 변화이다.

48 ② ① 대상자산가격이 1단위 변할 때 수반되는 델타의 변화분은 감마이다.
③ 포지션 델타 = 1 × (0.75) + (−0.75) × 1 = 0이므로 델타중립이다.
④ 기초자산가격이 변하면 델타값도 변한다.

참고 델타(Delta)

- 델타의 범위 : 0 ≤ 콜옵션의 델타 ≤ 1, −1 ≤ 풋옵션의 델타 ≤ 0
- Deep-OTM일수록 델타는 0에 가깝고, Deep-ITM일수록 1 또는 −1에 가까움
- 기초자산가격이 상승할수록 콜·풋옵션의 델타는 모두 상승하며 콜옵션은 내가격 옵션인 1에, 풋옵션은 외가격 옵션인 0에 가까워짐
- 델타는 ITM옵션으로 남아있을 확률을 의미하며, 콜옵션의 경우 OTM ⇨ ITM 0 ⇨ 1 변화
- 델타는 헤지비율을 결정하는 데 사용($h = \frac{1}{\text{델타}}$)
  ⇨ 델타가 −0.5인 옵션의 경우 기초자산 1개 매수 시 풋옵션 2개를 매수하면 위험을 완전 제거할 수 있음(헤지비율 h = 2)
- 델타중립 포지션 : 다수의 옵션을 결합한 옵션 포지션으로서, 기초자산가격의 움직임에 무관한 상태
  ⇨ 델타가 0.6인 콜옵션 1개와 델타가 −0.3인 풋옵션 2개 보유 시, 포지션 델타 = 0.6 × 1 + (−0.3) × 2 = 0
- 델타와 잔존만기 : 잔존만기가 길수록 델타는 ±0.5(ATM 옵션)에 가까움
- 델타와 변동성 : 변동성이 클수록 콜의 델타는 커지고 풋의 델타는 작아짐

49 ③ $\text{델타} = \frac{\text{옵션가격 변화분}}{\text{기초자산 변화분}} = \frac{5.86 - 4.3}{275.45 - 271.55} = \frac{1.56}{3.9} = 0.4$

# 제 4 장 파생결합증권 평가/분석

## 학습전략

**파생결합증권평가/분석은 제2과목 전체 35문제 중 총 5문제가 출제된다.**

파생결합증권은 비교적 근래에 등장한 금융상품으로서 전통적 금융상품과의 차별성이 두드러진다. 우리 교재에서 다루고 있는 상품은 ELW, ELS, ETN의 세 종류이다. 먼저 파생결합증권의 개괄적 내용을 숙지한 후 개별상품의 기본적 수익구조를 꼼꼼히 학습해야 한다. 다음으로 시장구조와 상품구조의 디테일을 살피고, 비교되는 상품(CB, BW, ELD 등)과의 차별성도 숙지해야 한다. 파생결합증권은 역사가 오래되지 않아 난이도가 평이한 편이므로 핵심개념 이해와 기본적 맥락을 짚어 나간다면 좋은 성과가 있을 것이다.

## 출제비중

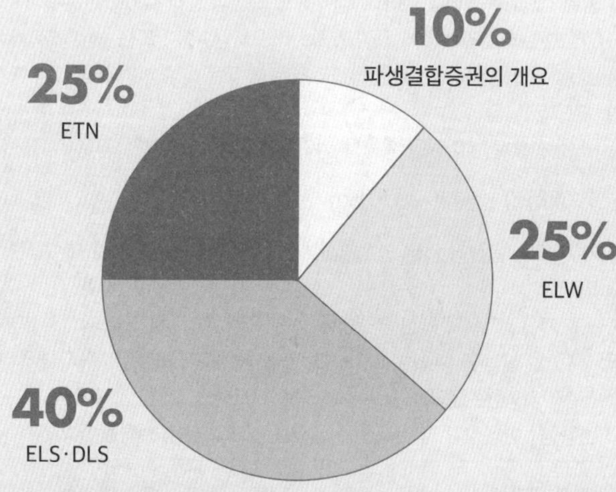

# 출제포인트

| 구분 | 출제포인트 | 출제빈도 | 페이지 |
|---|---|---|---|
| 파생결합증권의 개요 (10%) | 01 파생결합증권의 개요 | ★ | p.296 |
| ELW (25%) | 02 ELW의 기본개념 | ★★ | p.297 |
| | 03 ELW의 가격결정요인과 투자지표 | ★★★ | p.298~300 |
| | 04 ELW의 시장구조 | ★★ | p.301 |
| ELS·DLS (40%) | 05 ELS·DLS의 기본개념 | ★★ | p.302~303 |
| | 06 ELS의 상품구조 | ★★★ | p.304 |
| ETN (25%) | 07 ETN의 기본개념 | ★★★ | p.305~306 |
| | 08 ETN의 시장구조 | ★★ | p.307~308 |
| | 09 ETN의 투자지표와 투자위험 | ★★★ | p.309 |

파생결합증권과 가장 거리가 먼 것은?

① ETN
② ETF
③ ELS
④ ELW

**TIP** ETF(상장지수펀드)란 특정 지수 및 특정 자산의 가격 움직임과 수익률이 연동되도록 설계된 펀드로서 집합투자증권 또는 수익증권으로 분류된다.

## 핵심포인트 해설 파생결합증권의 개요

### (1) 파생결합증권의 의의

기초자산의 가격, 이자율, 지표, 단위 또는 이를 기초로 하는 지수 등의 변동과 연계하여 미리 정해진 방법에 따라 지급금액 또는 회수금액이 결정되는 권리가 표시된 것

### (2) 파생결합증권의 종류

| 구분 | 내용 |
|---|---|
| ELS | 주식시장에서 거래되는 주권의 가격이나 주가지수의 변동과 연계(ELS)된 파생결합증권 |
| DLS | 이자율 · 원자재 · 귀금속 · 신용위험 등을 기초로 하는 지수의 수치 또는 지표에 연계(DLS)된 파생결합증권 |
| ELW | 특정 주가 또는 주가지수의 변동과 연계해 미리 정해진 방법에 따라 만기 시 주권의 매매 또는 현금을 수수하는 권리가 부여된 파생결합증권 |
| ETN | 기초지수의 변동과 수익률이 연동되도록 증권회사가 발행한 파생결합증권으로 주식처럼 거래소에 상장되어 거래됨 |

### (3) 파생결합증권의 발행

| 구분 | | 내용 |
|---|---|---|
| 취급인가 | | 자본시장법상의 증권이므로 기본적으로 금융투자업의 해당 인가를 받아야 함<br>참고 금융투자업이란 이익을 얻을 목적으로 계속적이거나 반복적인 방법으로 행하는 행위로서 투자매매업, 투자중개업, 집합투자업, 투자자문업, 신탁업 중 어느 하나에 해당하는 업 |
| 공 모 | 모 집 | 50인 이상의 투자자에게 새로 발행되는 증권의 취득의 청약을 권유하는 것 |
| | 매 출 | 50인 이상의 투자자에게 이미 발행된 증권의 매도의 청약을 하거나 매수의 청약을 권유하는 것 |
| 사 모 | | 새로 발행되는 증권의 취득의 청약을 권유하는 것으로서 모집에 해당하지 아니하는 것 |

정답 ②

ELW의 기본개념 ★★

주식워런트증권(ELW)에 대한 설명으로 가장 적절한 것은?

① 실물인수도방식의 ELW는 자동권리행사를 채택하고 있다.
② ELW는 금융회사 창구에서 거래되며 유가증권시장에 상장되지 않는다.
③ ELW의 발행주체는 일반투자자이며 금융투자회사도 일정 요건을 갖출 경우 발행할 수 있다.
④ 일반투자자도 기본예탁금을 예탁한 후 주식과 동일하게 매매 가능하다.

**TIP** ① 현금결제방식의 ELW는 자동권리행사를 채택하고 있다.
② 거래소에서 요구하는 일정 요건을 갖출 경우 유가증권시장에 상장된다.
③ ELW의 발행주체는 금융투자회사이며 일반투자자는 발행할 수 없다.

## 핵심포인트 해설 주식워런트증권(ELW)의 개요

### (1) 주식워런트증권(ELW)의 기본개념

① 개별주식 및 주가지수 등의 기초자산을 만기시점에 미리 정하여진 가격으로 사거나 팔 수 있는 권리를 나타내는 옵션으로서 자본시장법상 파생결합증권
② 거래소에서 요구하는 일정 요건을 갖출 경우 유가증권시장에 상장 가능
③ 일반투자자도 기존 주식계좌를 이용하여 주식과 동일하게 매매 가능
④ 주식과 달리 ELW는 개인투자자에 대한 기본예탁금제도가 있음
⑤ ELW는 적정성 원칙이 적용되는 파생결합증권임

### (2) 주식워런트증권(ELW)의 특징

| | |
|---|---|
| 레버리지 효과 | • ELW 거래는 실물자산에 직접 투자할 때보다 적은 금액으로 높은 수익을 얻을 수 있음<br>• 레버리지 효과의 정도를 나타내는 지표로 기어링과 유효기어링이 있음 |
| 한정된 손실위험 | • 투자자는 옵션의 매입만 가능하므로 손실은 투자원금으로 한정됨 |
| 위험의 헤지 | • ELW 매수를 통해 보유자산가격의 변동위험을 회피하고 보유자산의 가치를 일정하게 유지 |
| 양방향성 투자수단 | • 기초자산이 상승할 때 콜 ELW, 하락할 때 풋 ELW로 시장상황에 따른 투자수단 제공 |
| 유동성의 보장 | • 유동성공급자(LP)의 존재로 투자자의 원활한 거래에 기여 |

### (3) 주식워런트증권(ELW)과 주식옵션 비교

| 구 분 | 주식워런트증권(ELW) | 주식옵션 |
|---|---|---|
| 법적특성 | 파생결합증권 | 파생상품(장내) |
| 발행주체 | 금융투자회사 | 거래소 |
| 계약이행보증 | 발행자의 자기신용 | 거래소의 결제이행보증 |
| 유동성공급 | 1개 이상의 유동성공급자 | 시장의 수요와 공급 |
| 대상종목 | 주요 국내외 주가지수, 주요 개별주식 | 주가지수, 주요 개별주식 |
| 계약기간 | 3개월 ~ 3년 | 결제월제도에 따름 |
| 표준화 | 원칙적으로 비표준상품 | 표준화된 조건 |
| 결제수단 | 현금 또는 실물 | 현 금 |

정답 ④

ELW의 가격결정요인과 투자지표 ★★★

**주식워런트증권(ELW)의 종류와 권리행사에 관한 설명으로 가장 거리가 먼 것은?**

① 풋 ELW는 기초자산가격 하락 시 이익이 발생한다.
② 콜 ELW의 시간가치는 '(권리행사가격 − 기초자산가격) × 전환비율'이다.
③ 현재 상장된 ELW는 발행사가 현금결제하는 방식이다.
④ ELW는 내재가치가 있을 경우 이익이 발생한다.

**TIP** 콜 ELW의 내재가치는 '(기초자산가격 − 권리행사가격) × 전환비율'이다.

## 핵심포인트 해설 주식워런트증권(ELW)의 종류와 권리행사

### (1) 주식워런트증권(ELW)의 종류

| | |
|---|---|
| 권리종류에 따른 분류 | • 콜 ELW : 기초자산가격 상승 시 이익 발생<br>• 풋 ELW : 기초자산가격 하락 시 이익 발생 |
| 구조에 따른 분류 | • 기본옵션(Plain Vanilla Option) : 유러피안 콜과 풋옵션 구조를 의미<br>• 이색옵션(Exotic Option) : 디지털옵션, 배리어옵션 등 기본구조와 다른 옵션 |

### (2) 주식워런트증권(ELW)의 권리행사

① 권리행사의 결정

| | |
|---|---|
| 권리행사 | 내재가치가 있는 경우에 권리행사하여 이익을 취함 |
| 권리포기 | 기초자산가격이 불리하게 움직일 경우 권리행사를 포기함으로써 ELW 매수금액만큼 손해를 봄 |

② 내재가치

| | |
|---|---|
| 콜 ELW | (기초자산가격 − 권리행사가격) × 전환비율 |
| 풋 ELW | (권리행사가격 − 기초자산가격) × 전환비율 |

③ 자동권리행사
㉠ 만기일에 ELW 보유자가 이익이 발생한다면 보유자가 권리행사를 신청하지 않아도 자동으로 권리행사됨
㉡ 현금결제방식의 ELW만 적용됨

### (3) 주식워런트증권(ELW)의 만기결제

① 결제방식

| | |
|---|---|
| 현금결제 | 만기일에 지급금액을 현금으로 지급하는 방식 |
| 실물인수도결제 | 만기일에 실제로 실물을 행사가격에 사거나 팔 수 있도록 하는 방식 |

② 현재 상장된 ELW는 발행사가 현금결제하는 방식을 채택

정답 ②

ELW의 가격결정요인과 투자지표 ★★★

주식워런트증권(ELW)의 가격결정요인에 대한 설명으로 가장 적절한 것은?

① 콜 ELW의 가격이 상승하면 주가도 상승한다.
② 행사가격이 오르면 콜 ELW의 가격도 상승한다.
③ 내재가치는 만기일에 근접할수록 감소하여 0에 근접한다.
④ 금리는 콜 ELW와는 같은 방향, 풋 ELW와는 반대 방향으로 움직인다.

TIP ① 주가가 상승하면 콜 ELW의 가격도 상승한다.
② 행사가격이 상승하면 풋 ELW의 가격이 상승한다.
③ 시간가치는 만기일에 근접할수록 감소하여 0에 근접한다.



## 핵심포인트 해설 주식워런트증권(ELW)의 가격결정요인

### (1) 가격결정요인의 영향

| 구 분 | 기초자산가격↑ | 행사가격↑ | 변동성↑ | 잔존만기↑ | 금리↑ | 배당↑ |
|---|---|---|---|---|---|---|
| 콜 ELW 가격 | 상 승 | 하 락 | 상 승 | 상 승 | 상 승 | 하 락 |
| 풋 ELW 가격 | 하 락 | 상 승 | 상 승 | 상 승 | 하 락 | 상 승 |

### (2) 가격결정요인의 세부내용

| | |
|---|---|
| 변동성 | • 역사적 변동성<br>· 과거 일정 기간 동안 기초자산 수익률 표준편차<br>· 구하기 쉬우나 미래의 변동성에 대한 정확한 예측으로 볼 수 없음<br>· 현실적으로 많이 사용<br>· 단 점<br>– 비현실적 전제(미래 추이가 과거와 동일한 패턴을 지속)<br>– 적절한 관찰구간의 폭을 결정하는 데 객관적 기준 모호<br>– 최근 시장상황의 변화를 충분히 반영하지 못할 수 있음<br>• 내재변동성<br>· 가격모형을 블랙–숄즈 모형으로 가정하고 내재된 변동성을 추출<br>· 특정 기초자산의 미래변동성에 대한 시장참여자의 예측 또는 기대로 볼 수 있음<br>· 시장가격에서 추출하므로 시장을 가장 충실하게 반영<br>· 단 점<br>– 개별 ELW에 대한 수치이므로 기초자산의 고유의 특성으로 보기 힘듦<br>– 시장참여자는 변동성에 대한 다른 시각을 갖고 있으며 이 값이 미래 실현변동성과 같을 필요는 없음 |
| 잔존만기 | ELW가격 = 내재가치 + 시간가치<br>• 시간가치는 만기일에 근접할수록 감소하여 0에 근접 |

정답 ④

ELW의 가격결정요인과 투자지표 ★★★

**주식워런트증권(ELW)의 투자지표에 대한 설명으로 가장 거리가 먼 것은?**

① ELW의 민감도지표는 '델타, 감마, 세타, 베가, 로'가 있다.
② 전환비율은 만기에 ELW 1증권을 행사하여 얻을 수 있는 기초자산의 수이다.
③ 프리미엄이란 ELW의 시간가치를 현재 기초자산 대비 백분율로 표시한 값이다.
④ 패리티가 1이면 등가격, 1보다 크면 외가격, 1보다 작으면 내가격이다.

**TIP** 패리티가 1이면 등가격, 1보다 크면 내가격, 1보다 작으면 외가격이다.

## 핵심포인트 해설 주식워런트증권(ELW)의 투자지표

| | |
|---|---|
| 전환비율 | • 만기에 ELW 1증권을 행사하여 얻을 수 있는 기초자산의 수 |
| 프리미엄 | • ELW의 시간가치를 현재 기초자산 대비 백분율로 표시한 값 |
| 손익분기점 | $\text{콜 ELW 손익분기점} = \text{행사가격} + \frac{\text{ELW가격}}{\text{전환비율}}$<br>$\text{풋 ELW 손익분기점} = \text{행사가격} - \frac{\text{ELW가격}}{\text{전환비율}}$ |
| 자본지지점 | • 기초자산과 ELW의 수익률이 같아지기 위해 필요한 기초자산의 연간 기대상승률<br>• 기초자산과 ELW 각각의 만기수익률을 같게 만드는 기초자산의 연간 기대수익률<br>• 만기구조가 서로 다른 개별 ELW의 자본지지점을 계산함으로써 ELW 간 비교가 가능함<br>• 주식과 ELW 중 한 가지에만 투자해야 할 경우, 양자 간 비교가 가능함 |
| 패리티 | $\text{콜 ELW 패리티} = \frac{\text{기초자산가격}}{\text{행사가격}}$<br>$\text{풋 ELW 패리티} = \frac{\text{행사가격}}{\text{기초자산가격}}$<br>• 권리행사 시 얻게 될 이익 또는 손실, 1보다 커야 내재가치가 존재함<br>• 1이면 등가격, 1보다 크면 내가격, 1보다 작으면 외가격 |

정답 ④

ELW의 시장구조 ★★

**ELW의 상장폐지 요건에 관한 설명으로 가장 거리가 먼 것은?**

① ELW의 권리행사기간이 만료되면 거래소가 해당 ELW를 자동으로 상장폐지한다.
② 순자본비율 200% 이상에 미달할 경우 해당 증권사의 ELW는 상장폐지된다.
③ 발행사나 LP가 ELW를 전부 보유하여 더 이상 투자자의 수요가 없다고 판단할 때, 상장폐지를 신청할 수 있다.
④ ELW 발행증권사가 고의, 중과실 또는 상습적으로 신고의무를 위반한 경우 해당 ELW는 상장폐지된다.

**TIP** 순자본비율 100% 이상 유지요건에 미달할 경우 해당 증권사가 발행한 ELW는 상장폐지된다. 또한 발행 증권사 주권이 상장폐지 요건에 해당되면 결제불이행 위험이 커지므로 ELW도 상장폐지된다.



## 핵심포인트 해설 ELW의 시장구조

### (1) ELW의 기초자산 현황

| 구분 | | 내용 | |
|---|---|---|---|
| 국내 기초자산 | 개별주식 | • KOSPI200 구성종목 중 거래대금을 감안하여 분기별로 선정된 종목(50개) 또는 바스켓<br>• KOSDAQ150 구성종목 중 거래소가 정하는 방법에 따라 매월 선정된 종목(5개) 또는 바스켓 | |
| | 주가지수 | • KOSPI200 지수 | • KOSDAQ150 지수 |
| 해외 기초자산 | 개별주식 | – | |
| | 주가지수 | • 일본 NIKKEI225 지수 | • 홍콩HSI 지수 |

### (2) ELW의 시장구조

| 구분 | 내용 |
|---|---|
| 발행절차 | • 일괄신고서 활용, 증권신고서 신고의 효력 : 15일 |
| 발행조건 | • 기본적으로는 발행 증권사 자율이니, 어느 정도 발행조건을 표준화하고 있음<br>• 자동 권리행사 채택, 권리행사방식은 유러피언 형식<br>• 만기평가가격 : 직전 5매매거래일 종가의 산술평균<br>• 기초자산 : 유가증권시장, 코스닥시장 및 해외시장의 주식, 주가지수 가능 |
| 모집, 매출요건 | • 발행총액은 10억원 이상, 잔존권리 행사기간이 3개월 이상, 3년 이내 |
| 상장폐지 | • 발행인요건<br>· 발행증권사의 인가가 취소되거나 영업이 정지되어 업무수행 불가능<br>· 순자본비율 100% 이상 유지요건에 미달 · 법률에 의한 해산사유 발생<br>· 최근 사업연도 감사의견이 부적정 또는 의견거절 · ELW 상장법인 발행 어음<br>· 수표의 부도 또는 은행 거래 정지<br>• 기초자산요건 : 기초자산인 주권이 상장폐지될 때<br>• 권리행사 : ELW의 권리행사기간 만료, 행사완료, 조건달성 또는 최종거래일 도래<br>• 유동성 공급 : LP와 유동성 공급계약을 체결하지 않거나, 공급계획서를 제출하지 않았을 때<br>• ELW 전부 보유 : ELW의 발행사나 LP가 해당 ELW를 전부 보유하였을 때<br>• 신고의무 위반 : 고의, 중과실 또는 상습적으로 신고의무를 위반했을 때 |
| 유동성 공급자제도 | • 1개 이상의 LP와 유동성 공급계약을 맺어 계약서를 거래소에 제출<br>• LP는 장외파생금융상품 투자매매업을 인가 받은 증권회사로 한정(순자본비율 150% 이상) |

정답 ②

ELS · DLS의 기본개념 ★★

**ELS에 대한 상품구조와 개요에 관한 설명으로 가장 거리가 먼 것은?**

① ELS는 다양한 위험선호도를 갖고 있는 투자자에게 위험을 이전하고 대가를 받는 형태이다.
② 상품설계가 매우 유연하여 지급구조 및 기초자산의 선택이 가능하다.
③ 고수익 예금의 안정성이 사라지므로 유력한 대체수단이 되었다.
④ ELS 발행을 통해 들어온 투자금은 대부분 고수익 추구 목적인 옵션을 매입하는 데 사용된다.

**TIP** ELS 발행을 통해 들어온 투자금은 대부분 상환금을 준비하는 목적으로 사용된다.

## 핵심포인트 해설 주가연계증권(ELS) · 기타파생증권(DLS)의 개요

| | |
|---|---|
| ELS · DLS 개요 | • ELS · DLS는 각각 2003년과 2005년에 국내 도입<br>• 상품설계가 매우 유연하여 다양한 지급구조 및 기초자산의 선택이 가능<br>• 고수익 예금의 안정성이 사라지므로 유력한 대체수단이 됨<br>• ELS와 DLS는 기초자산은 다르나 상품구조는 유사 |
| ELS, CB, BW 비교 | (아래 표 참조) |
| ELS 시장구조 | • 다양한 위험선호도를 갖고 있는 투자자에게 위험을 이전하고 대가를 받는 형태<br>• 발행을 통해 들어온 투자금은 대부분 상환금을 준비하는 목적으로 사용 |
| ELS 상환금 준비방법 | • Back–to–Back : 외국계 금융기관으로부터 동일한 상품 매입<br>• 자체헤지 : 현물주식, 장내파생상품, 장외파생상품의 매매를 통해 ELS의 지급구조를 복제 |

ELS, CB, BW 비교

| 구 분 | 주가연계증권(ELS) | 전환사채(CB), 신주인수권부사채(BW) |
|---|---|---|
| 옵션형태 | 다양한 형태의 옵션 | 주식전환권, 신주인수권 |
| 이자지급 | 특정 주기와 형태 필요 없음 | 권리행사 이전 고정적 이자 지급 |
| 발행동기 | 투자자의 위험선호도에 따른 맞춤 설계 | 기업체의 자금조달 |
| 발행기관 | 금융투자회사 | 개별기업 |

정답 ④

ELS · DLS의 기본개념 ★★

**주가연계구조화상품(Equity Linked Products)에 대한 설명으로 가장 거리가 먼 것은?**

① ELD는 정기예금으로 분류되고 있어 예금자 보호를 받을 수 있다는 장점이 있다.
② 자산운용사가 판매하는 ELF는 자산의 대부분을 안정적인 채권에 투자한다.
③ 대다수의 ELF는 증권사가 사모로 발행하는 ELS에 펀드자산의 대부분을 투자하는 형태이다.
④ ELS는 증권사에서 발행하는 수익증권이며, 고유계정으로 운용한다.

**TIP** ELS는 증권사에서 발행하는 파생결합증권이다.



## 핵심포인트 해설 주가연계구조화상품(Equity Linked Products)

**(1) ELD, ELS, ELF의 비교**

| 구 분 | ELD | ELS | ELF |
|---|---|---|---|
| 발행기관 | 은 행 | 증권사 | 자산운용사 |
| 투자형태 | 정기예금 | 파생결합증권 | 수익증권 |
| 자산운용 | 고유계정 | 고유계정 | 분리계정 |
| 예금보호 | 보 호 | – | – |
| 원금보장 | 100% 보장 | 사전 약정 | 보장 없음 |
| 만기수익률 | 사전 약정수익률 | 사전 약정수익률 | 실적배당 |

**(2) 특 징**

① 원금보장형은 원금이 만기에만 보장되므로 중도해지하면 원금손실 가능성이 있음
② ELS는 발행조건에 따라 원금 전체를 장외파생상품에 투자 가능함
③ ELF는 ELS를 편입하여 운용이 가능함

정답 ④

ELS의 상품구조 ★★★

조기상환형 Step Down ELS에 대한 설명으로 가장 거리가 먼 것은?

① 통상 만기가 2년이나 3년으로 설계되었다.
② 저금리 상황에서 만기를 장기화하고 원금보장성을 강화시킨 상품이다.
③ 매 조기상환 시점마다 일정 비율씩 조기상환 기준지수를 완화한다.
④ 현재 시장에서 거래되는 ELS의 대부분은 Step Down 구조가 대표적이다.

**TIP** 조기상환구조는 저금리 상황에서 원금보장형 구조의 설계가 어렵게 되면서 좀 더 매력적인 추가 수익을 투자자에게 제시하고자 만기를 장기화하고 원금보장성을 약화시킨 상품이다.

## 핵심포인트 해설 ELS의 상품구조

| | | |
|---|---|---|
| 유러피안 구조 | Bull Spread | • 만기 기초자산가격에 따라 일정 구간까지는 상승수익을 지급, 그 이상은 고정된 최대수익을 지급하는 구조 |
| | Reverse Convertible | • 풋옵션의 매도와 동일한 수익구조, 수수료 수익을 추가로 획득할 수 있지만 원금손실 가능성이 있는 구조 |
| 배리어 구조 | 낙아웃 옵션형 | • 만기까지 기초자산의 가격이 상방 배리어 수준 이상으로 올라간 적이 없으면 원금과 상승 수익률을 수취하고, 만기까지 기초자산의 가격이 상방 배리어 수준 이상으로 올라간 적이 있으면 원금 또는 원금과 리베이트 수익률을 수취함 |
| | 양방향 구조 | • 상승 시 수익을 얻을 수 있는 낙아웃 콜옵션과 하락 시 수익을 얻을 수 있는 낙아웃 풋옵션을 합쳐놓은 구조 |
| 조기상환구조 | 기본구조 | • 통상 만기 2년 또는 3년으로 설계<br>• 발행 후 6개월 단위로 기초자산의 주가가 정해진 조기상환가격 수준 이상으로 오르면 사전에 약정한 수익을 액면 금액과 함께 투자자에게 지불하고 계약이 종료됨<br>• 계속 조기상환되지 않고 만기까지 간다면 만기상환조건에 따라 상환금액이 결정됨<br>• 만기시점에 만기수익상환조건을 달성하지 못하면 원금손실이 발생함<br>• 만기를 장기화하여 제시수익률을 높이되, 다양한 장외파생상품을 사용하여 조기상환조건을 삽입함으로써 시장에서 주력상품으로 성장 |
| | Step Down 구조 | • 가장 보편적으로 판매되고 있는 구조<br>• 매 조기상환 시점마다 일정 비율씩 조기상환가격 수준을 낮춰줌으로써 조기상환의 가능성을 높임<br>• 낙인이 발생했더라도 다음 조기 또는 만기상환 시점에 기초자산이 재상승하여 상환조건을 달성하면 원금과 수익금액을 모두 받을 수 있음 |

정답 ②

## 10

ETN의 기본개념 ★★★

**상장지수증권(ETN)에 대한 설명으로 가장 거리가 먼 것은?**

① 상장지수증권(ETN)은 채권형식으로 발행되는 파생결합증권이다.
② 저렴한 수수료로 다양한 자산에 투자 가능하며 주식처럼 거래소에 상장된다.
③ 기초지수 변동과 수익률이 연동되도록 자산운용사가 발행한다.
④ 유통시장이 존재하여 유동성과 접근성이 높다.

**TIP** 기초지수 변동과 수익률이 연동되도록 증권회사가 발행하는 파생결합증권이다.

## 핵심포인트 해설 상장지수증권(ETN)의 개요

**(1) 상장지수증권(ETN)의 기본개념**

① 기초지수 변동과 수익률이 연동되도록 증권회사가 발행하는 파생결합증권
② 주식처럼 거래소에 상장
③ 증권시장에서 결정된 가격으로 쉽고 편하게 실시간 매매 가능

**(2) 상장지수증권(ETN)의 특징**

| | |
|---|---|
| 신상품에 대한 접근성 | 저렴한 수수료로 다양한 자산에 투자 가능 |
| 유연성과 신속성 | 채권형식으로 발행되므로 신속하고 유연함 |
| 추적오차 최소화 | 추적오차가 없는 것은 아니나 발행사가 제시한 가격을 보장<br>참고 추적오차(Tracking Error) : 주식 포트폴리오 구성종목의 가격변동과 벤치마크의 가격변동 간의 의도하지 않은 차이 |
| 유통시장 | 거래소 상장으로 유통시장이 존재하여 유동성과 접근성이 높아짐 |
| 가격투명성 | 벤치마크 명확, 거래소에서 거래되어 종가산출 및 가격정보 존재 |

정답 ③

# 11

ETN의 기본개념 ★★★

**상장지수증권(ETN)의 기초지수와 시장참가자에 대한 설명으로 가장 거리가 먼 것은?**

① ETN은 신용등급, 재무안정성 등이 우수한 증권회사가 발행한다.
② ETN은 다양한 지수개발이 가능하도록 하기 위해 10종목 이상이면 만들 수 있도록 하고 있다.
③ ETN은 기초지수를 투자대상으로 삼고 있으며, 지수는 특정자산가격의 흐름을 종합적으로 나타낸 지표이다.
④ 시장대표지수나 섹터지수를 추종하는 ETN의 출시도 가능하다.

**TIP** ETF는 기초지수가 주식을 기초로 하는 경우 최소 10종목 이상으로 지수를 만들어야 하는 데 반하여, ETN은 전략지향적 상품의 특성을 반영하여 좀 더 다양한 지수 개발이 가능하도록 5종목 이상이면 만들 수 있도록 하고 있다.

## 핵심포인트 해설 상장지수증권(ETN)의 기초지수와 시장참가자

**(1) 기초지수**

① 5종목 이상
② 지수선물 + 주식의 경우 주식은 1종목 이상이면 가능함
③ 시장대표지수나 섹터지수를 추종하는 ETN도 가능함
④ ETF와 ETN 기초지수 비교

| 구 분 | 상장지수펀드(ETF) | 상장지수증권(ETN) |
|---|---|---|
| 투자대상 | 기초자산가격, 지수 | 기초자산가격, 지수 |
| 구성종목 수 | 10종목 이상 | 5종목 이상 |
| 핵심 시장영역 | 주식, 채권 상품 | 전략형, 구조화, 변동성 상품 |

**(2) 시장참가자**

발행회사, 유동성공급자, 지수산출기관, 일반 사무관리회사(예탁결제원)

참고 한국예탁결제원(Korea Securities Depository)은 국내의 유일한 유가증권 중앙예탁결제기관으로 기관투자자와 개인투자자가 보유한 주식·채권 등의 유가증권을 관리하는 기능을 수행

정답 ②

**12**

ETN의 시장구조 ★★

**상장지수증권(ETN)의 시장구조에 관한 내용으로 가장 거리가 먼 것은?**

① 발행자는 증권 및 장외파생상품 매매업 인가를 3년 이상 유지한 금융투자업자에 한한다.
② ETN 상장절차는 기본적으로 주식의 신규상장 절차와 동일하며 심사기간은 20일이다.
③ 자기자본은 5,000억원, 신용등급은 AA-, 순자본비율은 150% 이상이어야 한다.
④ 발행총액 최소 70억원 이상, 발행증권수는 100,000증권 이상, 자기자본의 50%까지만 발행할 수 있다.

**TIP** ETN 상장절차는 기본적으로 주식의 신규상장 절차와 동일하며 신속한 상장을 위해 심사기간을 15일로 짧게 설정하였다.

## 핵심포인트 해설 상장지수증권(ETN)의 시장구조

### (1) 발행과 상장

| 구분 | 내용 |
|---|---|
| 발 행 | • 신용등급, 재무안정성 등이 우수한 증권회사가 발행<br>• 발행증권사 또는 유동성 공급자가 거래소 시장을 통해 매출(매도)함으로써 거래 시작<br>• 추가발행, 중도상환 가능 |
| 상 장 | • 상장절차 : 기본적으로 주식의 신규 상장절차와 동일, 심사기간 15일<br>• 기초지수 요건 : KRX에서 거래되는 자산가격 변동을 종합적으로 나타내는 지수, 거래소가 인정하는 시장에서 거래되는 자산가격의 변동을 나타내는 지수, 기초지수에 국내외 주식 또는 채권이 포함되는 경우 주식·채권 각각 최소 5종목 이상, 동일 종목 비중 30% 이내로 분산될 것<br>• 발행규모와 한도 : 발행총액 최소 70억원 이상, 발생증권수 100,000증권 이상, 자기자본의 50%까지만 발행할 수 있음<br>• 만기 : 1년 이상 20년 이내<br>• 지수이용계약 및 유동성 공급계약 : 유동성 공급계약 체결 또는 자신이 직접 유동성을 공급해야 함 |
| 추가 및 변경 | • 추가상장 : 추가적인 시장수요가 예상될 때 발행회사가 신속히 물량을 공급<br>• 변경상장 : 이미 발행한 ETN의 종목명을 바꾸거나 중도상환에 따라 수량을 변경 |
| 상장폐지 | • 발행회사 자격요건 미달 • 기초지수 요건 미달<br>• 유동성 공급 능력 부족 • 상장규모 및 거래규모 부족<br>• 신고의무 위반 |

### (2) ETN 진입 및 퇴출요건

| 구 분 | 진입요건 | 퇴출요건 |
|---|---|---|
| 인 가 | 인 가 | 인가취소 |
| 자기자본 | 5,000억원 이상 | 2,500억원 미만 |
| 신용등급 | AA- 이상 | 투자적격등급(BBB-)미만 |
| 순자본비율 | 150% 이상 | 100% 미만 3개월 지속 또는 50% 미만 |
| 감사의견 | 최근 3사업연도 개별 및 연결 재무제표 모두 적정 | 최근 사업연도 개별 또는 연결재무제표 부적정 또는 의견거절 |

정답 ②

## 13

ETN의 시장구조 ★★

**상장지수증권(ETN)의 유동성 공급자(LP)에 대한 설명으로 가장 거리가 먼 것은?**

① LP의 역할은 ETN을 발행한 증권회사 또는 제3의 증권회사가 담당한다.
② LP는 ETN 시장가격이 지표가치에서 벗어나는 현상인 가격 괴리가 발생하지 않도록 해야 한다.
③ LP는 시장가격의 비정상적 형성을 막으며 상시적으로 실시간 지표가치 근처에서 호가를 제출한다.
④ LP는 ETN 시장에서 중추적인 역할을 하는 회사로 투자수요에 맞는 ETN을 기획하고 발행한다.

+용어 알아두기

**유동성 공급자 제도** 상장사와 계약을 맺은 증권사가 유동성 공급자(LP)가 되어 지속적으로 그 종목의 매도, 매수 주문을 내면서 거래를 일으키는 장치이다.

**TIP** ETN 시장에서 중추적인 역할을 하는 회사로 투자수요에 맞는 ETN을 기획하고 발행하는 업무, 마케팅 등을 수행하는 시장참가자는 발행회사이다.

## 핵심포인트 해설 상장지수증권(ETN)의 유동성 공급자(LP) 및 매매제도

**(1) 유동성 공급자(LP : Liquidity Provider)**

① 원활한 거래를 지원하는 시장참가자
② ETN을 발행한 증권회사 또는 제3의 증권회사가 담당함
③ LP는 매수와 매도 양쪽 방향으로 최소 100증권 이상씩 호가를 제출해야 함
④ 상시적으로 실시간 지표가치 근처에서 호가를 제출함
⑤ ETN 시장가격의 비정상적 형성을 막는 역할을 수행함

**(2) 매매제도**

① 주식 또는 ETF와 거의 동일함
② 현금에 갈음하여 위탁증거금으로 사용할 수 있도록 대용증권 지정
③ 사정비율은 70% 적용

정답 ④

## 14

ETN의 투자지표와 투자위험 ★★★

**ETN 시장가격과 지표가치의 차이를 나타내는 투자지표는?**

① 괴리율
② 일일 지표가치(IV)
③ 실시간 지표가치(IIV)
④ 패리티(Parity)

**+용어 알아두기**

**순자산가치(NAV)** 투자기업의 자산의 총시장가치에서 부채를 차감한 금액이다.

**TIP** 괴리율은 ETN 시장가격과 지표가치의 차이를 나타내는 지표이다. 일반적으로 발행회사의 신용위험이 부각되거나 유동성 공급이 원활하지 않을 때 높아진다.

### 핵심포인트 해설 상장지수증권(ETN)의 투자지표와 투자위험

| 구분 | 내용 |
|---|---|
| 투자지표 | • 일일 지표가치(IV)<br>· ETN 1증권당 실질가치로 ETF의 순자산가치(NAV)와 유사한 개념<br>· 중도상환기준가로 활용 가능, 괴리율 판단기준<br>• 실시간 지표가치(IIV)<br>· 실시간으로 변하는 ETN의 가치변화를 나타냄<br>· 산출주기는 기초지수 산출주기와 동일, 최대 15초 이내로 설정<br>• 괴리율<br>· ETN의 시장가격과 지표가치의 차이<br>· 발행회사의 신용위험이 부각되거나 유동성 공급이 원활하지 않을 때 괴리율 상승<br>$괴리율 = \frac{(시장가격 - 지표가치)}{지표가치} \times 100(\%)$ |
| 투자위험 | • 발행회사 신용위험<br>• 기초자산 가격변동위험<br>• 유동성 부족위험<br>• 단기거래 비용증가위험<br>• 상장폐지위험 |

정답 ①

가치평가론 제2과목 해커스 금융투자분석사 최종핵심정리문제집

# 출제예상문제

☑ 다시 봐야 할 문제(틀린 문제, 풀지 못한 문제, 헷갈리는 문제 등)는 문제 번호 하단의 네모박스(□)에 체크하여 반복학습 하시기 바랍니다.

**01** □

중요도 ★★

**파생결합증권이 아닌 상품은?**

① ELW
② ELS
③ ETN
④ ELD

**02** □

중요도 ★★

**파생결합증권의 발행과 관련된 내용으로 가장 거리가 먼 것은?**

① 거래소에 상장되는 파생결합증권은 상장예비심사가 생략된다.
② 파생결합증권은 일괄신고서를 이용할 수 있다.
③ 파생결합증권의 증권신고서는 수리일로부터 15일 경과 후 효력이 발생한다.
④ 파생결합증권의 발행을 위해서는 증권신고서를 제출하여야 한다.

**03** □

중요도 ★★★

**파생결합증권에 대한 설명으로 가장 거리가 먼 것은?**

① 다른 금융투자상품을 기초자산으로 하는 파생결합증권을 발행할 수도 있다.
② 파생결합증권 기초자산의 범위를 확대하여 매우 포괄적으로 정의하고 있다.
③ 탄소배출권과 같은 환경적 위험 등도 기초자산으로 편입되어 있다.
④ 타인의 노력과 무관하게 외생적 지표에 의해 수익이 결정되는 증권은 포함하지 않는다.

중요도 ★★

**파생결합증권의 발행과 관련된 내용으로 가장 거리가 먼 것은?**

☐

① 기본적으로 파생결합증권의 발행자는 증권신고서를 작성하여 제출한다.
② 증권신고서는 수리된 날로부터 15일이 경과한 후에 효력이 발생한다.
③ 발행기간을 단축하고 발행 편의를 도모하기 위해서는 일괄신고서를 이용할 수 있다.
④ 일괄신고서의 발행 예정기간은 효력 발생일로부터 3개월 이상 2년 이내의 기간이다.



05

중요도 ★★★

**주식워런트증권(ELW)과 개별주식옵션을 비교한 내용으로 가장 거리가 먼 것은?**

☐

| | 구 분 | ELW | 개별주식옵션 |
|---|---|---|---|
| ① | 계약이행보증 | 거래소의 결제이행보증 | 발행자의 자기신용 |
| ② | 유동성 공급 | 1개 이상의 유동성 공급자 | 시장의 수요와 공급 |
| ③ | 계약기간 | 3개월 ~ 3년 | 결제월제도에 따름 |
| ④ | 결제수단 | 현금 또는 실물 | 현 금 |

**정답 및 해설**

01 ④ ELD는 은행에서 발행하며 기본적으로 예금상품이다.
02 ① 거래소에 상장되는 파생결합증권은 상장예비심사를 받아야 한다.
03 ④ 파생결합증권은 타인의 노력과 무관하게 외생적 지표에 의해 수익이 결정되는 증권을 새로 포함하고 있다.
04 ④ 일괄신고서의 발행 예정기간은 일괄신고서의 효력 발생일로부터 2개월 이상 1년 이내의 기간이다.
05 ①

| 구 분 | ELW | 개별주식옵션 |
|---|---|---|
| 법적특성 | 파생결합증권 | 파생상품(장내) |
| 발행주체 | 금융투자회사 | 거래소 |
| 계약이행보증 | 발행자의 자기신용 | 거래소의 결제이행보증 |
| 유동성 공급 | 1개 이상의 유동성 공급자 | 시장의 수요와 공급 |
| 계약기간 | 3개월 ~ 3년 | 결제월제도에 따름 |
| 표준화 | 원칙적으로 비표준상품 | 표준화된 조건 |
| 결제수단 | 현금 또는 실물 | 현 금 |

## 06

중요도 ★★

**주식워런트증권(ELW)에 대한 설명으로 가장 거리가 먼 것은?**

☐

① 장내 ELW는 장내 파생상품인 개별주식옵션과 마찬가지로 거래소가 결제이행을 보증한다.

② ELW 거래에는 장내 옵션거래에 수반되는 증거금 예탁 등의 복잡한 절차가 필요없다.

③ 보통 1,000원 전후의 발행가격으로 소액투자가 가능하다.

④ ELW는 유러피안 콜과 풋옵션 이외의 구조로도 상장이 가능하다.

## 07

중요도 ★★★

**〈보기〉에서 설명하는 용어로 가장 적절한 것은?**

☐

〈보기〉

- 행사가격과 기초자산가격의 상대적 크기
- 1이면 등가격(ATM), 1보다 크면 내가격(ITM), 1보다 작으면 외가격(OTM)이 된다.

① 패리티 ② 기어링비율

③ 전환비율 ④ 손익분기점

## 08

중요도 ★★

**파생결합증권 중 주식워런트증권(ELW) 관련 설명으로 가장 거리가 먼 것은?**

☐

① 내재가치는 ELW의 권리를 행사함으로써 얻을 수 있는 이익을 의미한다.

② 자본지지점(CFP)은 기초자산과 ELW의 수익률이 같아지는 시점까지 도달하기 위해 필요한 기초자산의 연간 기대상승률을 의미한다.

③ 레버리지는 기초자산가격의 움직임에 해당 ELW의 가격이 얼마나 더 민감하게 변하는지를 계량화한 지표이다.

④ ELW 발행사는 1개사 이상의 유동성 공급자(LP)와 유동성 공급계약을 체결해야 한다.

**09** 중요도 ★★★

A주식을 기초자산으로 하는 콜 ELW가 있다. 행사가격은 20,000원이고 현재 ELW의 가격은 300원, 전환비율은 0.25라고 할 때, 이 ELW의 손익분기점은?

① 21,200원　② 25,600원
③ 27,900원　④ 29,900원

**10** 중요도 ★★

한국거래소에서 거래되고 있는 주식워런트증권(ELW)의 내재가치 여부를 판단할 수 있는 지표는?

① 레버리지　② 패리티
③ 전환비율　④ 유동성 공급자

**11** 중요도 ★★★

ELS, CB, BW를 비교한 내용으로 가장 거리가 먼 것은?

| | 구 분 | ELS | CB, BW |
|---|---|---|---|
| ① | 옵션형태 | 다양한 형태의 옵션 | 주식전환권, 신주인수권 |
| ② | 이자지급 | 권리행사 이전 고정적 이자 지급 | 특정 주기와 형태 필요 없음 |
| ③ | 발행동기 | 투자자의 위험선호도에 따른 맞춤 설계 | 기업체의 자금조달 |
| ④ | 발행기관 | 금융투자회사 | 개별기업 |



**정답 및 해설**

06 ① 주식워런트증권(ELW)은 발행자의 자기신용으로 계약이행이 보증된다.

07 ① 패리티는 행사가격과 기초자산가격의 상대적 크기를 나타낸 것으로, 1을 기준으로 판단한다.

08 ③ 기어링과 유효기어링은 기초자산 가격의 움직임에 해당 ELW의 가격이 얼마나 더 민감하게 변하는지를 계량화하여 레버리지 효과의 정도를 나타내는 지표라고 할 수 있다.

09 ① 콜 ELW의 손익분기점 $= \text{행사가격} + \frac{\text{ELW가격}}{\text{전환비율}} = 20{,}000 + \frac{300}{0.25} = 21{,}200$원

10 ② 한국거래소에서 거래되고 있는 주식워런트증권(ELW)의 내재가치 여부를 판단할 수 있는 지표는 패리티이다.

11 ② 이자지급의 형태를 비교하였을 때 ELS는 특정 이자 주기와 형태가 필요 없으나 CB, BW는 권리행사 이전에 고정적으로 이자를 지급한다.

**12** 중요도 ★

**주가연계구조화상품 중에서 풋옵션 매도의 손익구조와 동일한 유형은?**

□

① Bull Spread형　　② Knock-Out Rebate형

③ Digital형　　④ Reverse Convertible형

**13** 중요도 ★★★

**ELS의 수익구조 중 만기 기초자산가격에 따라 일정 구간까지는 상승수익을 지급하고, 그 이상은 고정된 최대수익을 지급하는 형태는?**

□

① 낙아웃 옵션형　　② 불 스프레드형

③ 디지털형　　④ 양방향 낙아웃형

**14** 중요도 ★

**주가연계증권(ELS)의 상품구조 중 배리어 구조와 가장 거리가 먼 것은?**

□

① Reverse Convertible

② Up-and-Out Call with Rebate

③ 양방향구조

④ Down-and-Out Put

**15** 중요도 ★★★

**조기상환형 스텝다운 ELS에 대한 설명으로 가장 거리가 먼 것은?**

□

① 기초자산이 2개인 조기상환형 ELS는 보통 Worst Performer 조건을 주로 사용한다.

② 통상적으로 만기를 2년 또는 3년으로 설계한다.

③ 발행 후 조기상환가격 수준 이상으로 오르면 액면 금액만 지불하고 계약이 종료된다.

④ 계속 조기상환되지 않고 만기까지 간다면 만기상환조건에 따라 상환금액이 결정된다.

## 16

중요도 ★★

**조기상환형 ELS(Step Down 구조 포함)에 대한 설명으로 가장 거리가 먼 것은?**

☐

① 주식시장 침체기에는 상승형인 조기상환 ELS의 조기상환이 이루어지지 않는 문제가 발생한다.

② 조기상환이 이루어지기 어렵다는 문제점을 해결하기 위해 등장한 것이 조기상환형 Step Down ELS이다.

③ 조기상환형 Step Down ELS는 조기상환 기준지수를 강화함으로써 조기상환 가능성을 낮추었다.

④ 현재까지 시장에서 거래되는 ELS의 대부분은 Step Down 구조가 대표적이다.

## 17

중요도 ★

**조기상환형 ELS의 기본구조에 대한 설명으로 가장 거리가 먼 것은?**

☐

① 만기시점에 기초자산의 주가가 기준지수 이상이면 그동안은 누적 수익을 액면금액과 함께 돌려준다.

② 만기시점에 기초자산의 주가가 기준지수 미만이지만 행사지수 이상이면 액면금액만 돌려준다.

③ 만기시점에 기초자산의 주가가 행사지수 이하로 하락하면 원금손실이 발생한다.

④ 조기상환구조는 저금리 상황에서 만기를 단기화하고 원금보장성을 강화시킨 상품이다.



### 정답 및 해설

12 ④ Reverse Convertible형 ELS는 풋옵션 매도의 손익구조를 갖는다.

13 ② 불 스프레드형에 대한 설명이다.

14 ①

| 유러피안 구조 | Bull Spread, Reverse Convertible |
|---|---|
| 배리어 구조 | Up-and-Out Call with Rebate, Down-and-Out Put, 양방향구조 |
| 조기상환 구조 | Step Down ELS 구조 |

15 ③ 발행 후 6개월 단위로 기초자산의 주가가 정해진 조기상환가격 수준 이상으로 오르면 사전에 약정한 수익을 액면 금액과 함께 투자자에게 지불하고 계약이 종료된다.

16 ③ 조기상환형 Step Down ELS는 매 조기상환 시점마다 일정 비율씩 조기상환 기준지수를 완화함으로써 조기상환 가능성을 높였다.

17 ④ 조기상환구조는 저금리 상황에서 원금보장형 구조의 설계가 어렵게 되면서 좀 더 매력적인 추가 수익을 투자자에게 제시하고자 만기를 장기화하고 원금보장성을 약화시킨 상품이다.

## 18

중요도 ★★

**상장지수증권(ETN)의 상장에 대한 설명으로 가장 거리가 먼 것은?**

□

① ETN의 발행총액은 최소 70억원 이상, 발행증권수는 100,000증권 이상이다.

② ETN의 신규상장 신청 전 심사기간은 15일이다.

③ ETN 발행인이 직접 유동성을 공급하거나 유동성 공급자와 유동성 공급계약을 체결해야 한다.

④ ETN의 발행회사는 자기자본 5,000억원, 순자본비율 200%, 신용등급 AA- 이상이어야 한다.

## 19

중요도 ★★★

**상장지수증권(ETN)의 기초지수에 대한 설명으로 가장 거리가 먼 것은?**

□

① 시장대표지수나 섹터지수를 추종하는 ETN의 출시도 가능하다.

② ETN이 투자대상으로 삼고 있는 기초지수는 주식, 채권, 파생상품, 금과 같이 특정 자산가격의 흐름을 종합적으로 나타낸다.

③ 기초지수가 주식인 경우 ETF는 5종목 이상, ETN은 10종목 이상이면 된다.

④ 국채만으로 구성된 기초지수는 편입종목이 3종목 이상이어야 한다.

## 20

중요도 ★★

**상장지수증권(ETN)의 투자지표에 대한 설명으로 가장 거리가 먼 것은?**

□

① 일일 지표가치는 실시간으로 변하는 ETN의 가치변화를 나타낸다.

② 실시간 지표가치는 최대 15초 이내로 설정해야 한다.

③ 일일 지표가치는 한국예탁결제원 등 일반 사무관리회사가 산출한다.

④ 중도상환 기준가는 당일 지표가치에서 중도상환수수료를 공제하여 산출한다.

**21** 중요도 ★★

**상장지수증권(ETN)의 퇴출요건으로 가장 거리가 먼 것은?**

□

① 자기자본 2,500억원 미만

② 신용등급 BBB- 미만

③ 순자본비율 200% 미만

④ 최근 사업연도 감사의견 부적정



**정답 및 해설**

18 ④ ETN의 발행회사(금융투자업자)의 자격

| 구 분 | 진입요건 |
|---|---|
| 인 가 | 증권 및 장외파생상품 매매업 인가 |
| 자기자본 | 5,000억원 이상 |
| 신용등급 | AA- 이상 |
| 순자본비율 | 150% 이상 |
| 감사의견 | 최근 3사업연도 적정 |

19 ③ 기초지수가 주식인 경우 ETF는 10종목 이상, ETN은 5종목 이상이면 된다.

20 ① 일일 지표가치는 ETN 1증권당 실질가치로 ETF의 순자산가치(NAV)와 유사한 개념이다.

참고 실시간 지표가치(IIV)

- 실시간으로 변하는 ETN의 가치변화
- 산출주기는 기초지수 산출주기와 동일, 최대 15초 이내로 설정

21 ③ ETN의 퇴출요건

| 구 분 | 퇴출요건 |
|---|---|
| 자기자본 | 2,500억원 미만 |
| 신용등급 | 투자적격등급(BBB-)미만 |
| 순자본비율 | 100% 미만 3개월 지속 또는 50% 미만 |
| 감사의견 | 최근 사업연도 부적정 또는 의견거절 |

제 3 과목

# 재무분석론

총 20문항

제 1 장 재무제표론 (10문항)

제 2 장 기업가치평가/분석 (10문항)

# 제 1 장 재무제표론

## 학습전략

**재무제표론은 제3과목 전체 20문제 중 총 10문제가 출제된다.**
재무상태표와 포괄손익계산서 관련 부분이 70% 이상 출제되므로 기본개념과 중요한 회계처리에 대해 확실한 학습이 요구된다. 비전공자의 경우 교재의 모든 부분을 완벽하게 이해하려 하기보다는 중요부분에 대해 반복적으로 학습하는 것이 중요하다. 처음에는 누구나 까다롭게 느껴질 수 있는 과목이지만 문제와 연계해서 풀다 보면 충분히 공략이 가능하다. 간단한 계산문제도 출제되므로 이에 대한 대비도 필요하다.

## 출제비중

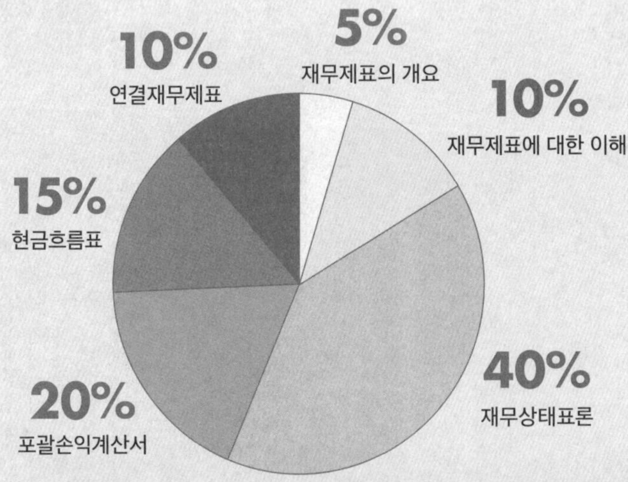

# 출제포인트

| 구분 | 출제포인트 | 출제빈도 | 페이지 |
|---|---|---|---|
| 재무제표의 개요 (5%) | 01 K-IFRS의 특징 | ★ | p.322 |
| | 02 재무제표의 종류와 특징 | ★ | p.323 |
| 재무제표에 대한 이해 (10%) | 03 재무제표 작성 및 표시를 위한 고려사항 | ★★★ | p.324 |
| | 04 재무상태표의 구성요소 | ★★★ | p.325~326 |
| | 05 포괄손익계산서의 구성요소 | ★★★ | p.327~328 |
| 재무상태표론 (40%) | 06 금융상품 및 복합금융상품의 이해 | ★★★ | p.329~330 |
| | 07 금융자산의 회계처리 | ★★★ | p.331 |
| | 08 재고자산의 이해와 평가 | ★★★ | p.332~334 |
| | 09 유형자산의 원가와 감가상각 | ★★★ | p.335~337 |
| | 10 무형자산의 취득과 후속측정 | ★★★ | p.338 |
| | 11 리스회계 | ★★★ | p.339 |
| | 12 자산 손상 | ★★★ | p.340 |
| | 13 충당부채와 우발부채 | ★★ | p.341 |
| | 14 주식기준 보상 | ★★★ | p.342 |
| | 15 차입원가 자본화 | ★★★ | p.343~344 |
| 포괄손익계산서 (20%) | 16 재화와 용역의 수익인식 | ★★ | p.345 |
| | 17 건설계약의 계약수익과 계약원가 | ★★★ | p.346 |
| | 18 종업원급여 | ★★★ | p.347 |
| | 19 법인세회계 | ★★★ | p.348 |
| 현금흐름표 (15%) | 20 현금흐름표 | ★★★ | p.349 |
| | 21 영업활동현금흐름의 구분 등 | ★★★ | p.350 |
| 연결재무제표 (10%) | 22 연결재무제표와 관계기업 | ★★★ | p.351 |

K-IFRS의 특징 ★

**K-IFRS에 대한 설명으로 가장 거리가 먼 것은?**

① 재무제표의 구성항목으로는 재무상태표, 포괄손익계산서, 현금흐름표, 이익잉여금 처분계산서, 주석이 있다.
② K-IFRS에서는 구체적인 회계처리 방법보다 회계처리의 기본원칙을 규정하고 있다.
③ 우리나라에서 일반적으로 인정된 회계원칙은 상장기업 등이 적용하는 K-IFRS와 그 외 기업이 적용하는 일반기업회계기준으로 이원화되어 있다.
④ 재무제표의 작성 책임은 기업의 경영자에게 있다.

**TIP** K-IFRS 따른 재무제표에는 재무상태표, 포괄손익계산서, 자본변동표, 현금흐름표, 주석이 포함되며 이익잉여금 처분계산서는 주석으로 공시한다.

## 핵심포인트 해설 한국채택국제회계기준(K-IFRS)

| 구 분 | | 적 용 |
|---|---|---|
| 상장기업 | | 한국채택국제회계기준(K-IFRS) |
| 비상장기업 | 국제회계기준 적용선택기업 | 한국채택국제회계기준(K-IFRS) |
| | 그 외의 비상장기업 | 일반기업회계기준 |

**(1) 원칙중심 기준체계**
상세하고 구체적인 회계처리 방법 제시보다는 회계처리의 기본원칙과 방법론을 제시하는 데 주력함

**(2) 공정가액 평가 중심**
기업 보유 자산에 대한 공정가액 평가를 강조함

**(3) 연결재무제표 중심**
주재무제표가 연결재무제표이므로 사업보고서 등 모든 공시서류가 연결재무제표 기준으로 작성됨

**(4) 기타포괄손익**
기타포괄손익도 손익계산서의 구성요소에 포함됨

정답 ①

**재무제표에 대한 설명으로 가장 거리가 먼 것은?**

① 재무상태표는 일정 시점 현재 기업이 보유하고 있는 자산, 부채, 자본에 대한 정보를 제공하는 보고서이다.
② 현금흐름표는 일정 기간의 기업의 경영성과, 즉 이익에 대한 정보를 제공하는 보고서이다.
③ 자본변동표는 자본을 구성하고 있는 자본금, 자본잉여금, 기타자본구성요소, 기타포괄손익누계액, 이익잉여금(또는 결손금)의 변동에 대한 포괄적인 정보를 제공한다.
④ 주석을 통해 회계 정책에 대한 정보와 재무제표에 표시된 항목에 대한 보충 정보를 알 수 있다.

**TIP** 포괄손익계산서에 대한 내용이다. 현금흐름표는 일정 기간의 기업의 현금의 변동내용을 제공하는 보고서이다.

## 핵심포인트 해설 재무제표의 종류와 특징

| 구 분 | 구성 항목 | 특 징 |
|---|---|---|
| 재무상태표 | • 자 산<br>• 부 채<br>• 자 본 | • 일정 시점의 재무상태에 관한 정보 제공 |
| 포괄손익계산서 | • 수 익<br>• 비 용<br>• 당기순손익 | • 일정 기간 동안의 경영성과에 관한 정보 제공 |
| 자본변동표 | • 자본금의 변동<br>• 자본잉여금의 변동<br>• 기타자본구성요소의 변동<br>• 기타포괄손익누계액의 변동<br>• 이익잉여금의 변동 | • 일정 기간 동안의 자본금, 자본잉여금, 이익잉여금 등 변동에 관한 정보 제공 |
| 현금흐름표 | • 영업활동현금흐름<br>• 투자활동현금흐름<br>• 재무활동현금흐름 | • 일정 기간 동안의 현금유입과 현금유출에 관한 정보 제공 |
| 주 석 | • 재무상태표, 포괄손익계산서, 자본변동표 및 현금흐름표에 표시된 항목에 대한 보충 정보 | • 재무제표 작성 시점의 회계정책에 관한 정보 제공<br>• 재무제표 내용에 대한 추가적인 설명 제공 |

정답 ②

재무제표 작성 및 표시를 위한 고려사항 ★★★

**재무제표 작성 및 표시를 위해 고려해야 하는 사항에 대한 설명으로 가장 거리가 먼 것은?**

① K-IFRS에 따라 작성된 재무제표는 공정하게 표시된 재무제표로 본다.
② 경영자는 재무제표를 작성할 때 계속기업으로서 존속 가능성을 평가하고 특별한 경우가 아니면 계속기업을 전제로 재무제표를 작성한다.
③ 기업은 현금흐름 정보를 제외하고 발생기준 회계를 사용하여 재무제표를 작성한다.
④ 재고자산에서 재고자산평가충당금을 차감하여 순액으로 측정하는 것은 상계 표시에 해당한다.

**+용어 알아두기**

**발생기준** 현금의 수취와 지출 시점과 무관하게 거래나 사건이 발생했을 때 수익은 실현된 시점에 기록하고 비용은 수익에 대응하여 기록한다.

**현금기준** 현금을 수취할 때 수익을 기록하고, 현금이 지출될 때 비용을 기록한다.

**TIP** 재고자산에서 재고자산평가충당금을 차감하여 순액으로 측정하는 것은 상계 표시에 해당하지 않는다.

## 핵심포인트 해설 재무제표 작성 및 표시를 위한 고려사항

| 구분 | 내용 |
|---|---|
| 공정한 표시 | • K-IFRS에 따라 작성된 재무제표는 공정하게 표시된 재무제표임 |
| 계속기업 | • 계속기업을 전제로 재무제표를 작성함<br>• 존속 능력에 유의적인 의문이 제기될 경우 불확실성 공시 |
| 발생기준 회계 | • 현금흐름 정보를 제외하고 발생기준 회계를 사용해 재무제표를 작성함 |
| 중요성과 통합표시 | • 유사한 항목은 중요성 분류에 따라 구분하여 표시함<br>• 중요하지 않은 항목은 통합하여 표시함 |
| 상 계 | • 자산·부채·수익·비용은 상계하지 않음<br>• 자산에서 평가충당금(대손충당금, 재고자산평가충당금 등)을 차감하여 순액으로 측정하는 것은 상계 표시에 해당하지 않음 |
| 보고빈도 | • 일반적으로 1년마다 작성함<br>• 회계기간 변경 시 추가로 공시함 |
| 비교정보 | • 당기, 전기 비교정보를 표시함(서술형 정보도 포함) |
| 표시의 계속성 | • 일반적인 경우 매기 동일함<br>• 단, 사업내용의 변화, K-IFRS의 요구 시 표시방법 변경 가능 |

정답 ④

재무상태표의 구성요소 ★★★

**재무상태표의 자산과 가장 거리가 먼 것은?**

① 매출채권
② 선급비용
③ 유형자산
④ 선수금

**TIP** 선수금은 자산에 해당하지 않고 부채에 해당한다.

## 핵심포인트 해설 재무상태표의 구성

**재무상태표**

20X1년 12월 31일

| 자 산 | 부 채 |
|---|---|
| 유동자산 | 유동부채 |
| 현금 및 현금성자산 | 매입채무 |
| 매출채권 | 차입금 |
| 미수금 | 미지급금 |
| 선급금 | 선수금 |
| 선급비용 | 비유동부채 |
| 재고자산 | 사 채 |
| 비유동자산 | 퇴직급여채무 |
| 유형자산 | 장기충당부채 |
| 무형자산 | **자 본** |
| 보증금 | 자본금 |
| 이연법인세자산 | 이익잉여금 |

정답 ④

재무상태표의 구성요소 ★★★

**재무상태표의 구성요소에 대한 설명으로 가장 거리가 먼 것은?**

① 기업이 리스계약에 따라 점유하고 있는 부동산으로부터 기대되는 경제적 효익을 통제할 수 있다면 그 부동산은 기업의 자산이다.

② 기업이 제조한 상품을 판매 후 일정 기간 제품 보증한 경우 부채로 재무상태표에 기록할 수 있다.

③ 보고기간 후 12개월 이내에 실현될 것으로 예상되지 않는 경우에도 재고자산 및 매출채권과 같이 정상영업주기의 일부로서 판매, 소비 또는 실현되는 자산은 유동자산에 포함된다.

④ 기업이 기존의 대출계약조건에 따라 보고기간 후 12개월 이상 부채를 상환할 수 있는 재량권이 있다면 유동부채로 분류한다.

**+용어 알아두기**

**정상영업주기** 영업활동을 위한 자산의 취득 시점부터 그 자산이 현금이나 현금성자산으로 실현되는 시점까지 소요되는 기간을 말한다.

**TIP** 기업이 기존의 대출계약조건에 따라 보고기간 후 12개월 이상 부채를 상환하거나 연장할 수 있는 재량권이 있으면 비유동부채로 분류하고, 기업에게 부채의 상환이나 연장에 대한 재량권이 없다면 유동부채로 분류한다.

## 핵심포인트 해설 재무상태표의 구성요소

**(1) 재무상태표의 구성요소**

| 구분 | 내용 |
|---|---|
| 자 산 | 과거 사건의 결과로 기업이 통제하고 있고 경제적 효익의 유입이 기대되는 재산과 권리 |
| 부 채 | 과거 사건의 결과로 경제적 효익이 유출될 것으로 기대되는 현재의무 |
| 자 본 | 기업의 자산에서 모든 부채를 차감한 잔여지분(순자산) |

**(2) 자산의 일반적인 특성**

① 물리적 형태 : 필수적인 것은 아님 예 특허권, 저작권 등도 자산에 포함됨
② 소유권 : 필수적인 것은 아님 예 리스계약 점유 부동산, 기업이 개발활동에서 습득한 핵심지식 등도 자산에 포함됨
③ 과거의 거래나 사건 : 증여받은 자산, 매장된 광물 포함(재고자산 구입의도 ×)
④ 지출의 발생이나 수증 : 지출 없이 증여받은 재화도 자산 충족가능
㉠ 유동자산 : 정상영업주기 내, 단기 매매 목적, 12개월 이내에 실현될 것으로 예상되는 자산 예 재고자산, 매출채권
㉡ 유동부채 : 정상영업주기 내, 단기 매매 목적, 12개월 이내에 결제될 것으로 예상되는 부채
예 매입채무, 종업원 및 그 밖의 영업원가에 대한 미지급비용

정답 ④

# 06

포괄손익계산서의 구성요소 ★★★

**포괄손익계산서의 구성요소에 대한 설명으로 가장 거리가 먼 것은?**

① 차익은 비유동자산의 처분 등에서 발생하며 일반적으로 관련 비용을 차감한 금액으로 보고된다.

② 비용에는 기업의 외화차입금에 대한 환율상승의 영향으로 발생하는 미실현손실도 포함된다.

③ 기업의 정상 영업활동의 일환으로 발생하는 비용은 매출원가, 급여 및 감가상각비 등이다.

④ 총포괄손익은 주식발행, 배당금 지급, 자기주식 거래 등과 같은 주주와의 거래가 포함된 모든 거래로부터 발생한 자본의 변동액을 말한다.

**+용어 알아두기**

**포괄손익계산서** 주주와의 자본거래에 따른 자본의 변동을 제외한 일정 기간 동안의 경영성과를 나타내는 보고서를 말한다.

**TIP** 총포괄손익에는 주식발행, 배당금 지급, 자기주식 거래와 같은 주주와의 거래로 인한 자본의 변동은 제외한다.

## 핵심포인트 해설 포괄손익계산서의 구성요소

**(1) 포괄손익계산서의 구성요소**

| 구분 | 내용 |
|---|---|
| 수 익 | 자산의 증가 또는 부채의 감소에 따라 자본의 증가를 초래하는 특정 회계기간 동안에 발생한 경제적 효익의 증가(지분참여자에 의한 출연과 관련된 것은 제외) |
| 비 용 | 자산의 감소 또는 부채의 증가에 따라 자본의 감소를 초래하는 특정 회계기간 동안에 발생한 경제적 효익의 감소(지분참여자에 의한 분배와 관련된 것은 제외) |

**(2) 광의의 수익과 비용**

| 구분 | 세부 | 내용 |
|---|---|---|
| 광의의 수익 | 수 익 | 매출액, 수수료수익, 이자수익, 배당수익, 임대료수익 등 |
| | 차 익 | 시장성 있는 유가증권의 공정가치평가, 토지의 재평가로 인한 장부금액 증가로 발생한 미실현이익 등 |
| 광의의 비용 | 비 용 | 매출원가, 급여, 감가상각비, 광고선전비, 이자비용 등 |
| | 차 손 | 화재나 홍수와 같은 자연재해, 기업의 외화차입금에 관련된 환율 상승의 영향으로 발생하는 미실현손실 등 |

정답 ④

포괄손익계산서의 구성요소 ★★★

**기타포괄손익에 해당하는 항목으로 가장 거리가 먼 것은?**

① 매도가능금융자산 평가손익
② 해외사업장의 재무제표 환산으로 인한 손익
③ 현금흐름위험회피의 파생상품평가손익 중 효과적인 부분
④ 자기주식처분이익

⁺용어 알아두기

**기타포괄손익(미실현손익)** 자본의 증가나 감소를 초래하여 광의의 수익이나 비용의 정의에 해당되지만 당기순손익을 결정하는 데 반영하지 않는 수익과 비용을 말한다.

**TIP** 자기주식처분이익은 기타포괄손익 항목에 해당하지 않는다.

## 핵심포인트 해설 총포괄손익과 기타포괄손익

| | |
|---|---|
| 총포괄손익 | • 당기순손익 + 기타포괄손익 |
| 기타포괄손익 | • 유·무형자산의 재평가잉여금 변동<br>• 확정급여제도의 보험 수리적 손익<br>• 해외사업장의 재무제표 환산으로 인한 손익<br>• 매도가능 금융자산의 평가손익<br>• 현금흐름위험회피의 위험회피 수단의 평가손익 중 효과적인 부분 |

정답 ④

금융상품 및 복합금융상품의 이해 ★★★

**재무상태표의 금융상품에 대한 설명으로 가장 거리가 먼 것은?**

① 금융자산에는 현금 및 현금성자산, 매출채권, 대여금, 다른 기업의 지분증권 등이 있다.
② 법인세와 관련된 부채는 금융부채로 볼 수 있다.
③ 잠재적으로 불리한 조건으로 거래상대방과 금융자산이나 금융부채를 교환하기로 한 계약상 의무는 금융부채이다.
④ 선수수익이나 대부분의 품질보증의무는 금융부채가 아니다.

**TIP** 모든 금융상품(금융자산 및 금융부채)은 계약에 따라 정의된다. 계약에 의하지 않은 부채나 자산은 금융부채나 금융자산이 아니므로 법인세와 관련된 부채는 금융부채가 아니다.

## 핵심포인트 해설 금융상품

거래당사자 일방에게 금융자산을 발생시키고, 동시에 다른 거래상대방에게 금융부채나 지분상품을 발생시키는 모든 계약

| | |
|---|---|
| 금융자산 | 현금 및 현금성자산, 매출채권, 대여금, 다른 기업 지분증권 등 |
| 금융부채 | 매입채무, 차입금, 사채, 파생상품 등 |
| 금융자산이 아닌 것 | 재고자산, 유형자산, 무형자산, 리스자산, 선급비용 등 |
| 금융부채가 아닌 것 | 선수수익과 대부분의 품질보증 의무, 법인세 관련 부채 등 |

정답 ②

**복합금융상품에 대한 설명으로 가장 거리가 먼 것은?**

① 복합금융상품이란 자본요소와 부채요소를 모두 가지고 있는 비파생상품을 말한다.
② 상환할증금이란 전환사채 등의 보유자가 만기까지 전환권을 행사하지 않은 경우 만기가액에 추가해서 지급하기로 한 약정액을 말한다.
③ 전환사채의 경우 전환사채 발행금액에서 전환권 대가를 차감한 금액을 자본요소로 회계처리 한다.
④ 금융상품의 발행자는 당해 금융상품의 자본요소와 부채요소를 분리해서 회계처리해야 한다.

**TIP** 전환사채의 경우 전환사채 발행금액에서 전환권 대가를 차감한 금액을 부채요소로, 전환권 대가를 자본요소로 회계처리한다.

## 핵심포인트 해설 복합금융상품

① 자본요소와 부채요소를 모두 가지고 있는 비파생상품
② 금융상품 발행자는 당해 금융상품의 자본요소와 부채요소를 분리해서 회계처리해야 함

| 구 분 | | 전환사채 | 신주인수권부사채 |
|---|---|---|---|
| 자본요소 | | 전환권 대가 | 신주인수권 대가 |
| 부채요소 | | 발행금액 – 전환권 대가 | 발행금액 – 신주인수권 대가 |
| 권리행사 시 | | 현금 납입이 없고 사채로 대환 | 신주인수금액을 납입 |
| 만기 상환액 | 권리행사분 | 없 음 | 액면금액 |
| | 권리미행사분 | 액면금액 + 상환할증금 | 액면금액 + 상환할증금 |

정답 ③

# 10

금융자산의 회계처리 ★★★

**금융자산의 분류와 측정에 대한 설명으로 가장 거리가 먼 것은?**

① 계약상 현금흐름 특성을 갖지 않는 주식과 같은 지분상품은 AC금융자산으로 분류할 수 없다.
② 현금흐름 수취와 매도차익 두 가지 모두의 사업목적을 갖고 있는 채무상품은 공정가치로 평가하고 평가손익을 당기손익으로 인식하는 FVPL금융자산으로 분류한다.
③ 장기투자목적으로 지분상품을 보유하는 경우에는 공정가치로 평가하고 평가손익을 기타포괄손익으로 처리하는 FVOCI금융자산으로 분류되도록 선택할 수 있다.
④ 현금흐름 수취 사업목적을 가지고 있는 채무상품은 공정가치의 변동을 인식하지 않고 상각후원가로 측정하는 AC금융자산으로 분류한다.

**TIP** 현금흐름 수취와 매도차익 두 가지 모두의 사업목적을 갖고 있는 채무상품은 공정가치로 평가하고 평가손익을 기타포괄손익으로 처리하는 FVOCI금융자산으로 분류한다.

## 핵심포인트 해설 금융자산의 회계처리

| 구 분 | 사업모형 | 금융자산 분류 | 최초측정 | 기말평가 |
|---|---|---|---|---|
| 지분상품 | 단기매매 목적 | FVPL금융자산 | 공정가치 | 당기손익 |
| | 장기투자 목적 | FVOCI(선택)금융자산 | 공정가치 + 거래원가 | 기타포괄손익 |
| 채무상품 | 현금흐름 수취 목적 (만기보유) | AC금융자산 | 공정가치 + 거래원가 | 공정가치 인식 ×, 원가평가 |
| | 현금흐름 수취 + 매도차익 목적 | FVOCI금융자산 | 공정가치 + 거래원가 | 기타포괄손익 |
| | 기타(단기매매) | FVPL금융자산 | 공정가치 | 당기손익 |

| 구 분 | 금융자산 분류 | 손상차손 인식 여부 | 재분류 |
|---|---|---|---|
| 지분상품 | FVPL금융자산 | 인식하지 않음 | 최초 인식시점에만 가능하며 이후에는 취소할 수 없음 |
| | FVOCI(선택)금융자산 | 인식하지 않음 | |
| 채무상품 | AC금융자산 | 손실충당금 처리 | 사업모형을 변경하는 경우에만 재분류를 허용함 |
| | FVOCI금융자산 | 기타포괄손익에서 조정 | |
| | FVPL금융자산 | 인식하지 않음 | |

정답 ②

## 11



**재고자산에 대한 설명으로 가장 거리가 먼 것은?**

① 재고자산의 매입원가를 결정할 때 매입가격에 수입관세와 제세금 등은 가산하고 매입할인, 리베이트 등은 차감한다.

② 재고자산은 취득원가와 순실현가능가치 중 높은 금액으로 측정한다.

③ K-IFRS에서는 재고자산 원가결정방법으로 개별법, 선입선출법, 가중평균법 등을 인정하고 있다.

④ 재고자산의 판매원가의 경우에는 취득원가에 포함하지 않고 비용으로 인식하여 처리한다.

**+용어 알아두기**

**재고자산** 정상적인 영업과정에서 판매를 위하여 보유하고 있는 상품과 제품, 생산 중인 자산 및 생산에 사용할 원재료나 소모품을 말한다.

**저가법** 재고자산 평가 시 취득원가로 기록된 재고상품의 기말 시가(순실현가능가치)가 취득원가보다 낮아진 경우 순실현가능가치로 감액시키는 회계처리를 말한다.

**TIP** 재고자산은 취득원가와 순실현가능가치 중 낮은 금액으로 측정한다. (저가법)

## 핵심포인트 해설 재고자산

### (1) 재고자산 취득원가

| 재고자산 취득원가 | • 매입원가 + 매입관련 직접원가<br>· 매입원가 가산항목 : 수입관세, 제세금(추후 환급액 제외), 매입운임, 하역료 등<br>· 매입원가 차감항목 : 매입할인, 매입에누리, 리베이트 등 |
|---|---|
| 재고자산 취득원가에 포함되지 않는 것 (비용처리) | • 재료원가, 노무원가 및 기타 제조원가 중 비정상적으로 낭비된 부분<br>• 후속 생산단계에 투입하기 전에 보관이 필요한 경우 이외의 보관원가<br>• 재고자산을 현재의 장소에 현재의 상태로 이르게 하는 데 기여하지 않은 관리 간접원가<br>• 판매원가 |

참고 재고자산 장부금액 = Min[취득원가, 순실현가능가치]

### (2) 순실현가능가치

| 순실현가능가치 = 판매단가 – 판매수수료 |
|---|

정답 ②

## 12

재고자산의 이해와 평가 ★★★

**재고자산에 대한 설명으로 가장 거리가 먼 것은?**

① 후입선출법의 경우 K-IFRS에서는 인정하지 않는다.
② 대량 재고자산 항목의 경우 개별법을 적용하는 것은 어렵다.
③ 재고자산의 실제 재고가 장부상의 수량에 미달하는 경우 재고자산 감모손실로 반영해야 한다.
④ 선입선출법의 경우 실제 물량 흐름과 유사하므로 수익와 비용의 대응이 잘 이루어진다.

**TIP** 선입선출법의 경우 기말 재고자산은 최근 매입 물량으로 구성되어 있어 현행원가를 잘 반영한다. 하지만 매출원가(비용)는 예전 원가로 구성되어 있으므로 현재의 매출(수익)과 대응을 잘 이루지 못한다.

## 핵심포인트 해설 재고자산 단가산정방법

**(1) 재고자산 단가산정방법의 장·단점**

| 구 분 | 장 점 | 단 점 |
|---|---|---|
| 개별법 | • 특정 프로젝트에 적절함 | • 대량 재고자산 적용 어려움 |
| 선입선출법 | • 실제 물량흐름과 유사함<br>• 기말 재고자산이 현행원가를 잘 반영함 | • 수익과 비용의 적절한 대응이 어려움<br>• 물가 상승 시 당기 순익이 과대 계상됨 |
| 가중평균법 | • 실무적으로 적용이 편리함 | • 수익과 비용의 적절한 대응이 어려움 |
| 후입선출법 | • 수익과 비용의 적절한 대응이 이루어짐 | • K-IFRS에서 인정하지 않음<br>• 기말 재고자산이 현행원가를 반영하지 못함 |

**(2) 저가법이 적용되는 경우(취득원가 > 순실현가능가치)**

① 물리적으로 손상된 경우
② 완전히 또는 부분적으로 진부화된 경우
③ 판매가격이 하락한 경우
④ 완성하거나 판매하는 데 필요한 원가가 상승한 경우

정답 ④

# 13

재고자산의 이해와 평가 ★★★

〈보기〉의 자료를 이용해 계산한 ㈜해커스의 매출원가는?

(단위 : 원)

〈 보기 〉

- 기초재고금액 : 1,000
- 당기매입금액 : 2,000
- 기말재고금액 : 1,200

① 800원

② 1,400원

③ 1,800원

④ 2,200원

**+용어 알아두기**

**매출원가** 당기에 비용으로 인식한 재고자산 금액(판매분)을 말한다.

**TIP** 매출원가 = 1,000(기초재고금액) + 2,000(당기매입금액) − 1,200(기말재고금액) = 1,800원

## 핵심포인트 해설 재고자산의 측정

### (1) 재고자산의 측정

매출원가(판매분) = 기초재고 + 당기매입 − 기말재고(미판매분)

⇨ 기초재고 + 당기매입 = 매출원가 + 기말재고

⇨ 기초재고 + 당기매입 = 판매가능재고

⇨ 판매가능재고 = 매출원가(판매분) + 기말재고(미판매분)

### (2) 재고자산 금액

재고자산 금액 = 수량 × 단가

① 수량 결정 방법 : 실지재고조사법(실사법), 계속기록법

② 단가 산정 방법 : 개별법, 선입선출법, 가중평균법

③ 재고자산 감모손실 : 장부수량 > 실제 재고

정답 ③

## 14

유형자산의 원가와 감가상각 ★★★

**유형자산의 장부금액에 포함되지 않는 원가로 가장 적절한 것은?**

① 화학제품제조기업이 환경규제조건을 충족하기 위해 취득한 공정설비
② 기계장치를 사용하기 위해 발생한 일상적인 수선 및 유지에서 생긴 원가
③ 제철회사에서 사용하는 용광로의 내화벽돌의 교체
④ 항공기를 계속 가동하기 위한 정기적인 종합검사과정에서 발생한 원가

**+용어 알아두기**

**유형자산** 물리적 형태가 있고, 영업활동에 사용할 목적으로 보유하는 자산으로서 한 회계기간을 초과하여 사용할 것으로 예상되는 자산을 말한다.

**TIP** 후속원가(취득 후 원가) 중 일상적인 수선 및 유지에서 발생하는 원가는 해당 유형자산의 장부금액에 포함하여 인식하지 아니하며 발생 시점에 당기비용으로 인식한다.

## 핵심포인트 해설 유형자산의 원가

| 구분 | 내용 |
|---|---|
| 취득원가 | • 취득시점 지급한 현금 등<br>• 안전 또는 환경상 이유로 취득한 유형자산<br>· 화학제품제조업체의 새로운 화학처리공정설비 등 |
| 후속(취득 후)원가 | • 일상적 수선 유지(수익적 지출) ⇨ 자산처리 ×, 비용처리 ○<br>• 일부 유형자산 부품 등 정기 교체<br>· 용광로의 내화벽돌 교체<br>· 항공기 좌석 등의 내부설비 교체<br>· 항공기 등의 정기 종합검사 |

정답 ②

**유형자산의 감가상각방법에 대한 설명으로 가장 거리가 먼 것은?**

① 정액법은 감가상각의 발생 원인이 주로 시간의 경과 혹은 기능적 퇴화에 있는 경우 적용하기 곤란하다는 단점이 있다.
② 생산량비례법은 수익과 비용의 대응 측면에서 가장 논리적인 방법이라고 할 수 있다.
③ 정률법의 경우 초기에 많은 금액의 상각을 할 수 있어서 보수주의적인 경영이 가능하다고 할 수 있다.
④ 정액법은 매년 동일한 감가상각비를 인식하므로 수익과 비용이 대응되지 않는 단점을 가지고 있다.

**⁺용어 알아두기**

**감가상각** 건물, 기계설비 등 유형자산의 내용연수 동안 감가상각 대상 금액을 합리적이고 체계적인 방법으로 배분하여 단기 비용으로 인식하는 과정을 말한다.

**TIP** 생산량비례법은 감가상각의 발생 원인이 주로 시간의 경과 혹은 기능적 퇴화에 있는 경우 적용하기 곤란하다는 단점이 있다. 또한 조업도 변화에 따라 비용을 인식할 수 있으므로 수익과 비용의 대응 측면에서 가장 논리적인 방법이라고 할 수 있다.

## 핵심포인트 해설 유형자산의 감가상각 방법과 특징

| 구 분 | 감가상각액 산정 | 특 징 |
|---|---|---|
| 정액법 | $\frac{(\text{취득원가} - \text{잔존가치})}{\text{내용연수}}$ | • 매년 동일한 감가상각비<br>• 수익과 비용이 대응되지 않음 |
| 정률법 | 미상각잔액 × 정률 | • 초기 많은 금액 상각<br>• 무형자산에 사용할 수 없고 계산이 복잡함 |
| 생산량비례법 | $(\text{취득원가} - \text{잔존가치}) \times \frac{\text{실제 생산량}}{\text{추정 총 생산량}}$ | • 수익과 비용의 대응 측면에서 논리적인 방법<br>• 감가상각의 발생 원인이 시간의 경과, 기능적 퇴화에 있는 경우에는 적용이 곤란함 |

정답 ①

# 16

유형자산의 원가와 감가상각 ★★★

㈜해커스는 인쇄용 기계장치를 구입하였다. 〈보기〉와 같은 지출이 발생한 경우 기계장치의 취득원가는?

(단위 : 원)

〈보기〉

- 구입대금 : 10,000
- 운송비 : 500
- 설치비 : 1,000
- 시험가동비 : 800
- 시제품 순매각금액 : 300

① 11,000원
② 11,300원
③ 12,000원
④ 12,600원

**TIP** 시제품 순매각금액은 기계장치의 취득원가에서 차감한다.
∴ 기계장치의 취득원가 = 10,000 + 500 + 1,000 + 800 − 300 = 12,000원

## 핵심포인트 해설 유형자산의 원가 구성요소 이해

**(1) 유형자산의 원가를 구성하는 항목**

① 관세 및 환급 불가능한 취득 관련 세금을 가산하고 매입할인과 리베이트 등을 차감한 구입가격
② 경영진이 의도하는 방식으로 자산을 가동하는 데 필요한 장소와 상태에 이르게 하는 데 직접적으로 관련되는 원가
㉠ 유형자산의 매입 또는 건설과 직접적으로 관련되어 발생한 종업원 급여
㉡ 설치장소 준비원가
㉢ 최초의 운송 및 취득 관련 원가
㉣ 설치원가 및 조립원가
㉤ 유형자산이 정상적으로 작동되는지 여부를 시험하는 과정에서 발생하는 원가(장비의 시험과정에서 생산된 시제품의 순매각금액은 당해 원가에서 차감)
㉥ 전문가에게 지급하는 수수료
③ 자산을 해체, 제거하거나 부지를 복구하는 데 소요될 것으로 최초 추정되는 원가

**(2) 유형자산의 원가를 구성하지 않는 항목**

① 새로운 시설을 개설하는 데 소요되는 원가
② 새로운 상품과 서비스를 소개하는 데 소요되는 원가 예 광고 및 판촉활동과 관련된 원가
③ 새로운 지역에서 또는 새로운 고객층을 대상으로 영업을 하는 데 소요되는 원가 예 직원 교육훈련비
④ 유형자산의 관리 및 기타 일반 간접원가

정답 ③

**무형자산에 대한 설명으로 가장 거리가 먼 것은?**

① 내용연수가 비한정인 무형자산은 상각하지 않고 매 보고기간 말 손상검사를 수행해야 한다.
② 사업결합으로 취득한 무형자산의 취득원가는 취득일의 공정가치로 한다.
③ 정부보조에 의해 무형자산을 취득하는 경우 공정가치로 인식할 수 있다.
④ 내부적으로 창출한 영업권은 특정 요건을 충족하는 경우에만 무형자산의 취득원가에 포함한다.

**+용어 알아두기**

**무형자산** 물리적 실체는 없지만 식별 가능하고 기업이 자산을 통제하고 있으며 미래의 경제적 효익이 기대되는 비화폐성 자산을 말한다.

**TIP** 내부적으로 창출한 영업권은 원가를 신뢰성 있게 측정할 수 없고 기업이 통제하고 있는 식별 가능한 자원이 아니기 때문에 자산으로 인식하지 않는다.

## 핵심포인트 해설 무형자산의 취득과 후속 측정

**(1) 무형자산의 취득**

| 구분 | 내용 |
|---|---|
| 개별 취득 | • 구입가격 + 직접 관련원가 ⇨ 유형자산과 동일 |
| 사업결합으로 인한 취득 | • 취득일의 공정가치<br>• 피취득자의 무형자산과 영업권을 분리하여 인식 |
| 정부보조에 의한 취득 | • 무형자산과 정부보조금 모두를 공정가치로 최초인식 가능 |
| 자산의 교환 | • 상업적 실질이 있는 경우 : 공정가치<br>• 상업적 실질이 결여된 경우 : 장부금액 |
| 내부적으로 창출한 영업권 | • 자산으로 인식하지 않음 |
| 내부적으로 창출한 무형자산 | • 연구단계 : 당기비용처리<br>• 개발단계 : 자산인식기준 충족 시 ⇨ 무형자산의 취득원가 포함 |

**(2) 무형자산의 후속 측정**

| 구분 | 내용 |
|---|---|
| 내용연수가 유한한 무형자산 | • 상각 : 유형자산과 동일<br>• 경제적 효익을 신뢰성 있게 결정할 수 없는 경우 : 정액법 사용 |
| 내용연수가 비한정인 무형자산 | • 상각하지 않고 매 보고기간 말 손상검사를 수행 |

정답 ④

18

리스회계 ★★★

**리스회계에 대한 설명으로 가장 거리가 먼 것은?**

① 리스이용자는 금융리스로 회계처리해야 하며 리스제공자는 실질을 판단하여 금융리스와 운용리스로 나누어 회계처리를 해야 한다.

② 리스제공자가 금융리스로 판단하면 리스기간개시일에 리스자산의 공정가치와 리스개설직접원가를 가산한 금액을 리스채권으로 인식한다.

③ 리스이용자는 리스료 지급 시 원금과 이자 지급을 구분하여 회계처리하고 사용권자산에 대해 감가상각비를 계상한다.

④ 리스이용자는 리스기간 종료 시 리스자산의 소유권이전 약정이 있는 경우에 한해 리스기간개시일에 사용권자산과 리스부채를 기록한다.

**+용어 알아두기**

**리스** 리스제공자가 특정자산의 사용권을 리스이용자에게 이전하고 그 사용대가를 리스이용자로부터 수취하는 계약을 말한다.

**TIP** 리스이용자는 리스기간 종료 시 리스자산의 반환여부와 관계없이 리스기간개시일에 사용권자산과 리스부채를 기록한다.

## 핵심포인트 해설 리스회계처리

**(1) 리스이용자의 회계처리**

① 리스기간개시일 : 리스료의 현재가치를 사용권자산과 리스부채로 기록
차) 사용권자산 ××× 대) 리스부채 ×××

② 리스료 지급 : 유효이자율법을 적용하여 원금과 이자비용으로 구분하여 회계처리
차) 리스부채 ××× 대) 현금 ×××
이자비용 ×××

③ 사용권자산 상각비 계상 : 자산의 소유권이전 가능성↑ ⇨ 내용연수,
자산의 소유권이전 가능성↓ ⇨ Min[리스기간, 내용연수]

**(2) 리스제공자의 회계처리**

① 운용리스 회계처리
㉠ 리스기간개시일 : 선급리스자산 ⇨ 운용리스자산으로 대체
㉡ 리스료 수익인식 : 최소리스료는 매기 균등금액을 수익, 비용으로 인식
㉢ 기초자산의 감가상각비와 자산 손상 : 감가상각비를 계상, 매 결산기말에 손상차손 검토

② 금융리스 회계처리
㉠ 리스기간개시일 : 리스자산의 공정가치 + 리스개설직접원가 = 리스채권으로 인식
차) 리스채권 ××× 대) 선급리스자산 ×××
㉡ 리스료 수취 : 유효이자율법을 적용하여 원금과 이자수익으로 구분하여 회계처리
차) 현금 ××× 대) 리스채권 ×××
이자수익 ×××

정답 ④

# 19

자산 손상 ★★★

**자산 손상에 대한 설명으로 가장 적절한 것은?**

① 시가총액이 기업의 순자산 장부금액보다 많으면 자산은 손상된 것이며 회수가능액을 측정해야 한다.

② 무형자산, 재고자산, 공정가치로 측정되는 투자부동산, 매각 예정으로 분류되는 비유동자산은 자산 손상 대상이 된다.

③ 회수가능액은 개별 자산의 처분가액에서 처분부대원가를 차감한 공정가치와 사용가치 중 적은 금액이다.

④ 자산의 사용가치는 미래 현금흐름을 추정하고 이를 적절한 세전 할인율로 할인하여 계산하는데 할인율은 상장기업의 경우 가중평균자본비용을 이용하여 추정한다.

**+용어 알아두기**

**자산 손상** 유·무형자산의 시장가치가 급격하게 하락하거나 자산의 물리적 손상 등으로 자산의 회수가능액이 장부가액보다 현저하게 낮아지는 경우를 말한다.

**TIP** ① 기업의 순자산 장부금액이 시가총액보다 많으면 자산은 손상된 것이며 회수가능액을 측정해야 한다.
② 일반적으로는 유형자산과 무형자산이 자산의 손상 대상이 된다.
③ 회수가능액은 개별 자산의 처분가액에서 처분부대원가를 차감한 공정가치와 사용가치 중 많은 금액이다.

## 핵심포인트 해설 자산 손상

① 자산의 손상징후 검사 : 매 보고기간 말 기업은 자산의 손상을 나타내는 징후가 있는지를 검토 ⇨ 있다면 회수가능액을 추정하여 손상인식 검사를 수행

② 회수가능액 추정

회수가능액 = Max[순공정가치, 사용가치]

- 순공정가치 : 정상거래에서 자산의 처분가액 – 처분부대원가
- 사용가치 : 해당 자산에서 창출될 것으로 기대되는 미래 현금흐름의 현재가치

③ 손상차손의 인식 : 손상차손은 발생 즉시 당기손실로 인식

손상차손 = 장부금액 – 회수가능액

④ 손상차손의 환입 : 매 보고기간 말 기업은 자산에 대해 과거에 인식한 손상차손이 더 이상 존재하지 않거나 감소된 것을 시사하는 징후가 있는지 검토 ⇨ 있다면 새로운 회수가능액을 추정하여 환입인식 검사를 수행

⑤ 손상환입의 인식 : 손상환입은 발생 즉시 당기이익으로 인식

손상환입 = 회수가능액 – 장부금액

참고 자산의 손상차손환입으로 증가된 장부금액은 과거에 손상차손을 인식하기 전 장부금액의 감가상각 후 잔액을 초과할 수 없음

정답 ④

**충당부채, 우발부채 및 우발자산에 대한 설명으로 가장 거리가 먼 것은?**

① 우발부채는 재무상태표상 부채로 인식하지 않는다.
② 충당부채는 자원의 유출가능성이 매우 높고 금액을 신뢰성 있게 추정 가능할 때 인식한다.
③ 충당부채로 인식하는 금액은 현재 의무를 보고기간 말에 이행하기 위해 소요되는 지출액에 대한 최선의 추정치여야 한다.
④ 자원의 유출가능성이 높지 않고 금액을 신뢰성 있게 추정 가능하면 우발부채로 인식하고 주석에 공시한다.

**+용어 알아두기**

**충당부채** 과거사건에 의하여 발생하였으며 경제적 효익을 갖는 자원이 기업으로부터 유출됨으로써 이행될 것으로 예상되는 현재의 의무이나, 자원 지출의 시기 또는 금액이 불확실한 부채

**TIP** 일반기업회계기준의 경우 충당부채는 자원의 유출가능성이 매우 높고(80%를 초과하는 경우) 금액을 신뢰성 있게 추정 가능할 때 인식한다. 그러나 K-IFRS에서 충당부채는 자원의 유출가능성이 높고(50%를 초과하는 경우) 금액을 신뢰성 있게 추정 가능할 때 인식한다.

## 핵심포인트 해설 충당부채, 우발부채 및 우발자산

### (1) 충당부채와 우발부채의 인식

| 자원의 유출가능성 | 금액의 추정가능성 | |
|---|---|---|
| | 신뢰성 있는 추정 가능 | 신뢰성 있는 추정 불가능 |
| 높음(50% 초과) | 충당부채로 인식 | 우발부채로 주석 공시 |
| 높지 않음 | 우발부채로 주석 공시 | |
| 거의 없음 | 주석 공시하지 않음 | |

참고 자원의 유출가능성이 높다는 의미
- K-IFRS : 발생확률이 50% 초과인 경우
- 일반회계기준 : 발생확률이 80% 초과인 경우

### (2) 우발자산의 인식

| 자원의 유입가능성 | 금액의 추정가능성 | |
|---|---|---|
| | 신뢰성 있는 추정 가능 | 신뢰성 있는 추정 불가능 |
| 매우 높음 | 우발자산으로 주석 공시 | |
| 매우 높지 않음 | 주석 공시하지 않음 | |

정답 ②

주식기준 보상 ★★★

**주식기준 보상에 대한 설명으로 가장 거리가 먼 것은?**

① 주식결제형 주식기준 보상거래의 경우 종업원으로부터 제공받은 용역의 공정가치는 부여한 지분상품의 공정가치로 측정한다.

② 주식결제형 주식기준 보상거래의 경우 종업원으로부터 제공받은 용역의 공정가치 측정일은 재화나 용역을 제공받은 날이다.

③ 종업원에게 주식 선택권을 부여하는 경우 일반적으로 보상원가는 가득 기간에 걸쳐 배분하여 인식한다.

④ 현금결제형 주식기준 보상거래의 경우 행사가격과 공정가치의 차액인 현금지급차액을 부채로 인식한다.

**+용어 알아두기**

**주식기준 보상거래** 기업이 재화나 용역을 제공받은 대가로 기업의 지분상품인 주식인수권 등을 부여(주식결제형)하거나, 기업이 재화나 용역을 제공받은 대가로 기업의 지분상품의 가격에 기초한 금액만큼 현금 등을 부담(현금결제형)하는 거래를 말한다.

**TIP** 주식결제형 주식기준 보상거래의 경우 종업원으로부터 제공받은 용역의 공정가치 측정일은 재화나 용역을 제공받은 날이 아니라 지분상품 부여일이다.

## 핵심포인트 해설 주식기준 보상거래

**(1) 주식결제형과 현금결제형의 차이**

| 주식결제형 | 지분상품을 부여하므로 보상원가 상당액을 자본으로 인식 |
|---|---|
| 현금결제형 | 행사가격과 공정가치의 차액을 현금으로 지급하므로 보상원가 상당액을 부채로 인식 |

**(2) 주식결제형 주식기준 보상거래의 보상원가 측정**

| 구 분 | 원 칙 | 종업원으로부터 용역 제공 시 |
|---|---|---|
| 보상원가 인식 | 제공받은 재화 및 용역의 공정가치 | 부여한 지분상품의 공정가치 |
| 공정가치 측정일 | 재화나 용역을 제공받은 날 | 지분상품 부여일 |

정답 ②

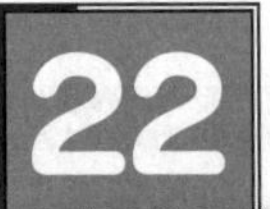

차입원가 자본화 ★★★

**차입원가 자본화 대상인 적격자산으로 가장 거리가 먼 것은?**

① 재고자산
② 투자부동산
③ 매출채권
④ 무형자산

**⁺용어 알아두기**

**적격자산** 의도된 용도로 사용하거나 판매 가능한 상태에 이르게 하는 데 상당한 기간을 필요로 하는 자산을 말한다.

**TIP** 현금 및 현금성자산, 매출채권, 대여금, 지분증권, 채무증권과 같은 금융자산은 적격자산에 해당하지 않는다.

## 핵심포인트 해설 차입원가 자본화

**(1) 차입원가 자본화**

적격자산의 취득, 건설 또는 제조와 직접 관련된 차입원가(이자비용)는 회계상 비용을 수익에 합리적으로 대응시키기 위해 일정 요건을 충족하는 경우 당해 자산의 원가의 일부로 자본화하는 것

**(2) 적격자산**

유형자산, 무형자산, 재고자산, 투자부동산, 제조설비자산, 전력생산설비 등을 말하며 금융자산은 적격자산에 해당하지 않음

정답 ③

차입원가 자본화 ★★★

차입원가 자본화에 대한 설명으로 가장 거리가 먼 것은?

① 자본화 가능한 차입원가는 적격자산의 취득, 건설 또는 생산과 직접 관련된 차입원가이다.
② 기업회계기준서상 차입원가 자본화는 의무사항에 해당한다.
③ 자본화 가능 차입원가는 자본화 개시일에 적격자산의 원가로 처리한다.
④ 자산을 의도된 용도로 사용하거나 판매 가능한 상태에 이르게 하기 위한 과정에 있어 일시적인 지연이 필수적인 경우에는 차입원가 자본화를 중단한다.

**TIP** 자산을 의도된 용도로 사용하거나 판매 가능한 상태에 이르게 하기 위한 과정에 있어 일시적인 지연이 필수적인 경우에는 차입원가 자본화를 중단하지 않는다. 적격자산에 대한 적극적인 개발활동을 중단한 기간에 차입원가 자본화를 중단한다.

## 핵심포인트 해설 자본화 가능 차입원가

**(1) 자본화 가능 차입원가**

적격자산의 취득, 건설 또는 생산과 직접 관련된 차입원가로, 특정 적격자산 취득목적의 특정 차입금 관련 차입원가와 일반 차입금 관련 차입원가로 구분됨

**(2) 자본화 기간**

① 자본화의 개시 : 자본화 개시일에 적격자산의 원가로 처리함
② 자본화의 중단 : 적격자산에 대한 적극적인 개발활동을 중단한 기간에는 차입원가 자본화를 중단함. 단, 일시적인 지연이 필수적인 경우에는 자본화를 중단하지 않음
③ 자본화의 종료 : 적격자산을 의도된 용도로 사용하거나 판매 가능한 상태에 이르게 하는 데 필요한 대부분의 활동이 완료된 시점에 차입원가 자본화를 종료함

**(3) 특정 차입금 관련 차입원가**

특정 차입금으로부터 실제 발생한 차입원가에서 당해 차입금의 일시적 운용에 의해 생긴 투자수익을 차감한 금액을 자본화 가능 차입원가로 결정함

정답 ④

## 24

재화와 용역의 수익인식 ★★

**포괄손익계산서상 용역의 제공에 대한 수익인식 시점과 관련된 설명으로 가장 거리가 먼 것은?**

① 설치수수료는 재화의 판매에 부수되어 설치되는 경우를 포함하여 설치의 진행률에 따라 인식한다.
② 광고수수료의 경우 광고매체수수료는 광고가 대중에게 전달될 때 인식하고 광고제작수수료는 광고제작의 진행률에 따라 인식한다.
③ 강의료는 강의기간에 걸쳐 수익으로 인식한다.
④ 입장료는 행사가 개최되는 시점에 수익으로 인식한다.

**TIP** 설치수수료는 재화의 판매에 부수되어 설치되는 경우를 제외하고는 설치의 진행률에 따라 인식한다.

## 핵심포인트 해설 포괄손익계산서 수익인식

**(1) 용역의 제공에 따른 수익인식 유형**

| 유 형 | 수익인식 |
|---|---|
| 설치수수료 | • 재화의 판매에 부수되는 설치의 경우를 제외하고는 설치의 진행률에 따라 인식 |
| 광고수수료 | • 광고매체수수료 : 대중에게 전달될 때 인식<br>• 광고제작수수료 : 광고제작의 진행률에 따라 인식 |
| 입장료 | • 행사가 개최되는 시점에 인식 |
| 강의료 | • 강의기간에 걸쳐 인식 |

**(2) 재화의 판매에 따른 수익인식 유형**

| 유 형 | 수익인식 |
|---|---|
| 미인도 청구판매 | 구매자가 소유권을 가지는 시점에 인식 |
| 반품권이 부여된 판매 | 재화를 인도받은 후 반품기간이 종료된 시점에 인식 |
| 출판물 | 판매가격이 비슷한 경우 : 발송기간에 걸쳐 정액기준으로 인식 |
| 할부판매 | 이자부분을 제외한 판매가격에 해당하는 수익을 판매 시점에 인식 |

정답 ①

**건설계약의 계약수익과 계약원가에 대한 내용으로 가장 거리가 먼 것은?**

① 건설계약의 계약원가에는 계약에 사용된 생산설비와 건설장비의 감가상각비, 판매원가 등을 포함한다.
② 발주자에 의하여 공사가 지체되어 받은 보상금(발주자가 보상금의 청구를 수락할 가능성이 높은 금액을 신뢰성 있게 측정할 수 있는 경우)은 계약수익으로 볼 수 있다.
③ 건설계약의 결과를 신뢰성 있게 추정할 수 있는 경우 계약의 진행률을 기준으로 수익과 비용을 인식할 수 있다.
④ 진행률 산정을 위한 누적 발생원가에서 현장에 인도되었으나 아직 계약공사를 위해 사용되지 않은 재료의 원가는 제외된다.

**TIP** 건설계약의 계약원가에는 계약에 보상이 명시되어 있지 않은 일반관리원가, 연구개발원가, 판매원가 등은 제외된다.

## 핵심포인트 해설 건설계약의 계약수익과 계약원가

**(1) 건설계약의 수익**

① 최초에 합의한 계약금액
② 공사변경, 보상금 및 장려금에 따라 추가되는 금액(수익 귀결↑ & 신뢰성 측정)

**(2) 건설계약의 원가**

특정 계약 직접관련원가와 계약 활동 전반에 귀속될 수 있는 공통원가로 구성

**(3) 진행기준의 적용 요건**

건설계약의 결과를 신뢰성 있게 추정할 수 있는 경우 건설계약과 관련된 계약수익과 계약원가는 보고기간 말 현재 계약 활동의 진행률을 기준으로 각각 수익과 비용으로 인식함

**(4) 진행기준의 결정**

진행률 산정을 위한 누적 발생원가에서 현장에 인도되었으나 아직 계약공사를 위해 사용되지 않은 재료의 원가 등은 제외됨

**(5) 계약수익 인식방법**

| 건설계약 결과 | 수익 인식방법 | 인식금액 |
|---|---|---|
| 신뢰성 있게 측정 가능 | 진행기준 | 계약금액 × 진행률 |
| 신뢰성 있게 측정 불가능 | 회수가능기준 | 계약수익은 회수가능할 것으로 기대되는 발생원가를 한도로 인식 |

정답 ①

# 26

종업원급여 ★★★

**종업원급여에 대한 설명으로 가장 거리가 먼 것은?**

① 단기 종업원급여인 이익분배제도 및 상여금제도와 관련된 원가는 당기비용으로 인식한다.
② 해고급여는 급여를 근무제공기간으로 배분하여 회계처리한다.
③ 확정급여제도의 보험수리적 손익은 기타포괄손익으로 인식한다.
④ 확정기여제도는 기업이 고정된 기여금을 납부하면 추가로 기여금을 납부해야 하는 의무는 없다.

**TIP** 해고급여는 근무용역에 대한 대가로 지급되는 것이 아니기 때문에 급여를 근무제공기간에 배분하지 않는다.

## 핵심포인트 해설 종업원급여와 퇴직급여제도

**(1) 종업원급여**

| 구 분 | 분 류 |
|---|---|
| 근속기간 중 지급 | 단기 종업원급여, 장기 종업원급여 |
| 퇴직 시 지급 | 퇴직급여 |
| 해고 시 지급 | 해고급여 |

**(2) 단기 종업원급여**

| | | |
|---|---|---|
| 단기 유급휴가 | 누적 유급휴가 | 부채(사용예상일수 × 보상원가)로 인식 |
| | 비누적 유급휴가 | 실제 사용 전에는 부채나 비용 인식 안 함 |
| 이익잉여금제도 및 상여금제도 | 관련 원가는 이익분배가 아니라 비용으로 인식 | |

**(3) 퇴직급여제도**

| | |
|---|---|
| 확정급여제도 | • 보험수리적 위험과 투자위험은 기업이 부담<br>• 보험수리적 평가방법을 적용하고 종업원의 근무기간에 걸쳐 정액법으로 급여 배분<br>• 순확정급여부채로 재무상태표에 표시<br>• 보험수리적 손익은 기타포괄손익으로 인식 |
| 확정기여제도 | • 기업의 법적의무는 기금에 출연하기로 약정한 금액으로 한정<br>• 보험수리적 손익이 발생할 가능성 없음 |

정답 ②

법인세회계 ★★★

**법인세회계에 대한 설명으로 가장 거리가 먼 것은?**

① 법인세비용은 당기법인세 및 이연법인세로 구성된다.
② 가산할 일시적 차이는 미래 납부세액을 감소시키기 때문에 이연법인세자산을 계산하는 대상이다.
③ 동일한 경영성과에 대해서 회계이익과 과세소득은 달라질 수 있다.
④ 이연법인세자산과 부채는 재무상태표에서 비유동항목으로 분류한다.

**+용어 알아두기**

**이연법인세** 차기로 이월하여 연기한 법인세를 의미하며, 기업회계로 산정한 과세금액과 세무회계로 계산한 과세금액이 서로 다를 때 그 차이를 처리하는 회계상의 항목을 말한다.

**TIP**
• 가산할 일시적 차이 : 미래 납부세액을 증가시키기 때문에 이연법인세부채를 계산하는 대상
• 차감할 일시적 차이 : 미래 납부세액을 감소시키기 때문에 이연법인세자산을 계산하는 대상

## 핵심포인트 해설 이연법인세 자산·부채의 인식

**(1) 법인세비용**

| 당기법인세 | 회계기간의 과세소득에 대하여 납부할(환급받을) 법인세액 |
|---|---|
| 이연법인세 | 미래 회계기간에 납부할(차감할) 법인세액 |

**(2) 이연법인세자산·부채의 인식**

| 이연법인세부채 | 가산할 일시적 차이 | 당기 회계이익에서 차감하지만 미래(차기 이후) 납부세액을 증가시킴 |
|---|---|---|
| | 계 산 | 가산할 일시적 차이 × 예상법인세율 |
| 이연법인세자산 | 차감할 일시적 차이 | 당기 회계이익에서 가산하지만 미래(차기 이후) 납부세액을 감소시킴 |
| | 계 산 | 차감할 일시적 차이 × 예상법인세율 |

정답 ②

## 28

현금흐름표 ★★★

**현금흐름표에 대한 설명으로 가장 거리가 먼 것은?**

① 당좌차월은 현금 및 현금성자산의 구성요소에 포함된다.
② K-IFRS에서는 영업활동현금흐름을 보고하는 경우에는 직접법을 사용할 것을 권장한다.
③ 만기일이 6개월 이내 도래하는 채권은 현금성자산으로 분류된다.
④ 현금 및 현금성자산의 환율 변동 효과는 영업활동, 투자활동 및 재무활동현금흐름과 별도로 구분하여 표시한다.

**TIP** 투자자산은 일반적으로 만기일이 단기에 도래하는 경우(취득일로부터 만기일이 3개월 이내인 경우)에만 현금성자산으로 분류된다.

## 핵심포인트 해설 현금의 범위와 영업활동현금흐름 표시 방법

**(1) 현금의 범위**

| 현 금 | 통화, 보통예금, 당좌예금(요구불예금) |
|---|---|
| 현금성 자산 | 투자자산의 경우 취득일로부터 만기일이 3개월 이내인 경우에만 현금성자산으로 분류 |

참고 당좌차월은 기업의 현금관리의 일부를 구성하므로 현금 및 현금성자산의 구성요소에 포함됨

**(2) 영업활동으로 인한 현금흐름 표시 방법**

| 직접법 | 현금유입과 현금유출액을 주요 항목별로 구분하여 별도로 표시하는 방법<br>(매출 등 수익활동으로부터의 유입액, 매입 및 종업원에 대한 유출액 등) |
|---|---|
| 간접법 | 당기순손익에서 조정항목(현금유출이 없는 비용 등의 가산 및 현금유입이 없는 수익 등을 차감)과 영업활동으로 인한 자산부채의 변동을 감안하여 표시하는 방법 |

참고 기업회계기준서상 두 가지 방법을 모두 사용할 수 있지만, 정보이용자 입장에서 직접법을 채택할 것을 권고하는 추세임

정답 ③

영업활동현금흐름의 구분 등 ★★★

**현금흐름표에 대한 설명으로 가장 거리가 먼 것은?**

① 자기주식을 처분하는 경우 재무활동으로 인한 현금유입액으로 본다.

② 간접법은 포괄손익계산서상의 당기순이익을 중심으로 현금주의로 전환하여 영업활동으로 인한 현금흐름을 조정하는 방법을 말한다.

③ 신주발행과 배당금 지급의 경우 재무활동으로 본다.

④ 만기일이 3개월 이내에 도래하는 채권을 처분하는 경우 투자활동으로 인한 현금유입액으로 본다.

**TIP** 투자활동현금흐름에는 현금의 대여 또는 대여금의 회수, 유·무형자산의 취득과 처분, 현금성자산에 해당되지 아니하는 투자자산의 매입 및 처분활동 등이 포함된다.

## 핵심포인트 해설 영업활동현금흐름의 구분 등

| | |
|---|---|
| 영업활동현금흐름 | • 기업의 주요 수익창출과 관련된 활동<br>• 투자활동이나 재무활동이 아닌 기타활동 |
| 투자활동현금흐름 | • 현금의 대여와 회수활동<br>• 장·단기 투자자산의 취득과 처분활동<br>• 유·무형자산의 취득과 처분활동 |
| 재무활동현금흐름 | • 현금의 차입 및 상환활동, 신주발행이나 배당금 지급활동 |

| 구 분 | 현금유입(+), 현금유출(-) |
|---|---|
| 영업활동현금흐름 | • 매출채권 증가(-), 매출채권 감소(+)<br>• 재고자산 증가(-), 재고자산 감소(+)<br>• 매입채무 증가(+), 매입채무 감소(-), |
| 투자활동현금흐름 | • 유·무형자산 처분(+), 유·무형자산 취득(-)<br>• 투자자산 처분(+), 투자자산 취득(-) |
| 재무활동현금흐름 | • 차입금의 차입(+), 차입금의 상환(-)<br>• 사채발행(+), 사채상환(-)<br>• 유상증자(+), 유상감자(-)<br>• 자기주식처분(+), 자기주식취득(-)<br>• 배당금 지급(-) |

정답 ④

# 30

연결재무제표와 관계기업 ★★★

**관계기업에 대한 설명으로 가장 거리가 먼 것은?**

① 투자회사가 피투자회사에 대한 의결권의 20% 이상을 소유하고 있다면 유의적인 영향력을 보유하는 것으로 본다.

② 투자회사와 피투자회사 사이의 거래에서 발생한 손익 중 미실현손익은 제거하여 지분법에 반영한다.

③ 투자회사가 피투자회사의 배당과 같은 의사결정에 참여하는 경우 유의적인 영향력을 보유하는 것으로 본다.

④ 피투자회사가 배당금을 지급한 경우 투자회사는 투자자산의 장부금액을 지분율만큼 증가시켜야 한다.

**+용어 알아두기**

**관계기업** 일반적으로 기업이 직접 또는 간접적으로 피투자회사에 대한 의결권의 20% 이상을 소유하고 있으면 유의한 영향력이 있는 것으로 보는데, 이러한 기업을 관계기업이라고 한다.

**TIP** 피투자회사가 배당금을 지급한 경우 이는 자본의 감소로 이어지므로 투자회사는 투자회사의 장부금액을 지분율만큼 감소시켜야 한다.

## 핵심포인트 해설 관계기업투자주식의 지분법 회계처리

**(1) 투자주식의 지분율에 따른 회계처리 방법**

| 지분율 | 피투자회사 | 영향력 | 회계처리 |
|---|---|---|---|
| 20% 미만 | 금융자산 | 없 음 | 공정가치 평가 |
| 20% 이상 ~ 50% 이하 | 관계기업 | 유의적 영향력 | 지분법 평가 |
| 50% 초과 | 종속기업 | 지배력 | 연결재무제표, 별도재무제표 |

**(2) 관계기업투자주식의 지분법 회계처리**

| 최초 취득 시점 | 취득원가로 처리 | |
|---|---|---|
| 취득 시점 이후 | 관계기업의 자본(순자산) 변동액 중 투자기업 지분에 해당하는 금액만큼 관계기업투자주식의 장부가액에 가감하여 처리 | |
| | 당기순손익 | 투자자(투자기업)의 몫은 당기순손익(지분법 손익)으로 인식 |
| | 배당금 지급(현금) | 투자자산의 장부금액 감소 |
| | 기타포괄손익 변동 | 투자자(투자기업)의 몫은 기타포괄손익으로 인식 |
| 투자회사와 관계기업의 거래 | 발생한 손익 중 미실현 손익 | 거래의 결과로 발생한 관계기업의 손익 중 투자자 몫은 제거 |

정답 ④

# 출제예상문제

☑ 다시 봐야 할 문제(틀린 문제, 풀지 못한 문제, 헷갈리는 문제 등)는 문제 번호 하단의 네모박스(□)에 체크하여 반복학습 하시기 바랍니다.

**01** 중요도 ★★★
□
**재무제표 작성 및 표시를 위한 고려사항을 〈보기〉에서 골라 적절하게 묶은 것은?**

〈보기〉

㉠ K-IFRS에서 요구하거나 허용하지 않는 한 자산과 부채 그리고 수익과 비용은 상계하지 아니한다.

㉡ K-IFRS에서 재무상태의 표시방법은 영업활동과 관련한 자산과 부채의 경우 1년 기준을 적용하여 유동항목과 비유동항목으로 분류한다.

㉢ 당기 재무제표에 보고되는 모든 금액에 대하여 전기 비교정보를 표시한다.

㉣ 계속기업으로서 존속능력에 유의적인 의문이 제기될 수 있는 사건이 있을 경우 경영진은 불확실성을 공시해야 한다.

① ㉠, ㉡, ㉢
② ㉠, ㉡, ㉣
③ ㉠, ㉢, ㉣
④ ㉠, ㉡, ㉢, ㉣

**02** 중요도 ★★★
□
**재무상태표의 자산에 해당하는 것을 〈보기〉에서 골라 적절하게 묶은 것은?**

〈보기〉

㉠ 미수금
㉡ 매출채권
㉢ 미지급금
㉣ 선수금

① ㉠, ㉡
② ㉠, ㉢
③ ㉡, ㉢
④ ㉡, ㉣

**03** 중요도 ★★★
□
**재무상태표의 자산과 가장 거리가 먼 것은?**

① 선수수익
② 선급비용
③ 미수금
④ 단기대여금

04 중요도 ★★

**재무상태표의 자산, 부채, 자본에 대한 설명으로 가장 거리가 먼 것은?**

☐

① 매입채무의 경우 보고기간 후 12개월 이후에 결제일이 도래하면 비유동부채로 분류한다.

② 재무상태표에 표시되는 자본의 금액은 자산과 부채금액의 측정에 따라 결정된다.

③ 자산, 부채, 자본을 판단할 때는 법적 형식보다 거래의 경제적 실질을 고려한다.

④ 기업이 은행으로부터 대출을 받고 보고기간 말 이전에 차입약정을 위반했을 경우 은행이 즉시 상환을 요구할 수 있다면 유동부채로 분류한다.

05 중요도 ★★

**재무상태표에 대한 설명으로 가장 거리가 먼 것은?**

☐

① 추정이 사용되기 때문에 자의적인 해석이나 판단이 개입될 수 있다.

② 인적자원, 이미지 등 계량화 할 수 없는 자산이 포함되지 않는다.

③ 재무상태표는 기업의 미래전망에 대한 예측치를 제공한다.

④ 역사적 원가로 표시되어 있으므로 현재의 가치를 반영하지 못한다.

**정답 및 해설**

01 ③ ⓛ K-IFRS에서 재무상태의 표시방법은 영업활동과 관련한 자산과 부채의 경우 정상영업주기와 1년 중 장기를 기준으로 유동항목과 비유동항목으로 분류하고 영업활동과 무관한 자산과 부채의 경우 1년 기준을 적용하여 유동항목과 비유동항목으로 분류한다.

02 ① • 자산 : 선급금, 매출채권, 선급비용, 보증금, 미수금, 재고자산, 유형자산 등
• 부채 : 매입채무, 차입금, 미지급금, 선수금, 사채, 퇴직급여채무, 장기충당부채 등

03 ① 선수수익, 선수금 등은 자산에 해당하지 않고 부채에 해당한다.

04 ① 매입채무의 경우 보고기간 후 12개월 이후에 결제일이 도래한다 하더라도 유동부채로 분류한다.

05 ③ 재무상태표는 기업의 과거활동의 결과를 보고하는 것으로 미래 예측치를 제공하지 않는다.

06
중요도 ★★★
**포괄손익계산서에 대한 설명으로 옳은 것을 〈보기〉에서 골라 적절하게 묶은 것은?**

□

〈보기〉

㉠ 포괄손익계산서 분석 시 수익, 원재료 사용액, 종업원급여, 감가상각비 등으로 분류하는 방식을 성격별 분류라고 한다.

㉡ 수익과 비용의 어느 항목도 당기손익과 기타포괄손익을 표시하는 보고서 또는 주석에 특별손익 항목으로 표시할 수 없다.

㉢ K-IFRS에서는 당기순손익과 기타포괄손익을 한 개의 보고서에 보여주는 방법만을 채택하고 있다.

㉣ 기업이 비용을 성격별로 분류한 경우에는 비용의 기능별 분류 내용을 추가로 공시해야 한다.

① ㉠, ㉡ ② ㉡, ㉢
③ ㉠, ㉡, ㉣ ④ ㉡, ㉣

07
중요도 ★★★
**기타포괄손익으로 분류되는 항목을 〈보기〉에서 골라 적절하게 묶은 것은?**

□

〈보기〉

㉠ 공정가치 위험회피의 파생상품평가손익

㉡ 확정급여제도의 보험 수리적 손익

㉢ 해외사업장의 재무제표 환산으로 인한 손익

㉣ 유형자산 재평가잉여금 변동

① ㉠, ㉡ ② ㉠, ㉡, ㉢
③ ㉡, ㉣ ④ ㉡, ㉢, ㉣

08
중요도 ★★★
**재무제표에 대한 설명으로 가장 거리가 먼 것은?**

□

① 재무상태표는 기업의 유동성과 재무구조를 판단할 수 있는 정보를 보여준다.
② 비용이란 자산의 유출 또는 부채의 증가로 자본이 감소하는 것을 말하며 지분참여자에 대한 분배와 관련된 것은 제외한다.
③ 광의의 수익에는 토지의 재평가로 인한 장부금액 증가로 발생한 미실현손익이 포함된다.
④ 자산은 소유권 등 법률적 권리와 관련되어 있어 기업이 리스계약에 따라 점유하고 있는 부동산은 기업의 자산이 될 수 없다.

## 09

중요도 ★★

**금융상품에 대한 설명으로 가장 거리가 먼 것은?**

☐

① 금융상품의 보유자는 금융자산의 성격에 따라 당기손익인식 금융자산, 대여금 및 수취채권, 만기보유 금융자산 또는 매도가능 금융자산으로 인식한다.

② 보유자의 선택에 의해 상환해야 하는 우선주는 자본으로 분류된다.

③ 모든 금융상품은 계약에 따라 정의되는데 반드시 서류로 작성되어야 하는 것은 아니다.

④ 5억원과 동일한 공정가치에 해당하는 자기지분상품을 인도하는 계약을 체결한 경우 금융부채로 분류된다.

## 10

중요도 ★★

**금융부채로 분류할 수 있는 것으로 가장 적절한 것은?**

☐

① 정부가 부과하여 발생하는 법인세와 관련된 부채

② 발행자가 보유자의 선택에 의하여 상환하여야 하는 우선주

③ 확정된 수량의 자기지분상품으로 발행하기로 한 워런트

④ 현금으로 상환할 수 있는 권리가 발행자에게 있는 우선주



### 정답 및 해설

06 ① ⓒ K-IFRS에서는 당기순손익과 기타포괄손익을 한 개의 보고서에 보여주는 방법과 각각 나누어 두 개의 보고서에 표시하는 방법 중 하나를 선택하여 표시할 수 있도록 규정하고 있다.
ⓔ 기업이 비용을 기능별로 분류한 경우에는 비용의 성격별 분류 내용을 추가로 공시해야 한다.

07 ④ ㉠ 공정가치 위험회피의 파생상품평가손익은 당기손익으로 인식한다.

08 ④ 소유권이 자산의 존재를 판단함에 있어 필수적인 것은 아니다. 기업이 리스계약에 따라 점유하고 있는 부동산도 경제적 효익을 통제할 수 있다면 기업의 자산이 될 수 있다.

09 ② 보유자의 선택에 의해 상환해야 하는 우선주는 발행자가 보유자에게 금융자산을 이전해야 할 의무가 있으므로 금융부채의 성격을 가진다.

10 ② 발행자가 보유자에게 금융자산을 이전해야 할 의무가 있으므로 금융부채의 성격을 가지고 있다.
① 계약에 의하지 않은 부채나 자산은 금융부채나 금융자산이 아니다.
③ 확정 수량의 자기지분상품에 대하여 확정 금액의 현금 등 금융자산의 교환을 통해서만 결제될 파생상품이므로 지분상품으로 분류된다.
④ 발행자가 주식의 보유자에게 금융자산을 이전해야 할 현재의무가 없으므로 지분상품으로 분류한다.

## 11

중요도 ★★

**유가증권 회계처리의 특징에 대한 설명으로 가장 거리가 먼 것은?**

□

① 지분상품의 경우에는 확정만기가 없고 채무상품의 경우 확정만기가 존재한다.

② 채무상품의 경우에는 확정수익인 이자수익을 인식할 때 유효이자율법을 적용해야 한다.

③ 경영권 지배목적으로 보유하는 지분상품의 경우에는 지분법을 적용하여 회계처리를 한다.

④ 지분상품, 채무증권과 같은 유가증권의 경우 계약상 현금흐름의 특성을 가진다.

## 12

중요도 ★★★

**지분상품의 회계처리에 대한 설명으로 가장 거리가 먼 것은?**

□

① FVPL금융자산은 최초 인식 시 공정가치로 측정하고 취득과 직접 관련된 거래원가는 공정가치에 가산한다.

② 지분상품은 계약상 현금흐름(이자, 원금)이 발생하지 않기 때문에 손상규정을 적용하지 않는다.

③ 지분상품의 발행회사가 주식배당이나 무상증자를 실시하여 발행한 신주를 취득하는 경우 투자회사는 아무런 회계처리를 하지 않는다.

④ 지분상품을 FVPL금융자산, FVOCI금융자산으로 분류하는 것은 최초 인식 시점에서만 가능하며 이후에는 취소할 수 없다.

## 13

중요도 ★★★

**채무상품의 회계처리에 대한 설명으로 가장 거리가 먼 것은?**

□

① FVPL금융자산은 신용위험의 증가로 인한 평가손실을 당기손익으로 인식하므로 손상차손을 인식하지 않는다.

② AC금융자산은 기말평가 시 공정가치 변동을 인식하지 않고 상각후원가로 평가한다.

③ FVOCI금융자산은 신용위험의 유의적 증가로 인한 기대 신용손실 추정액을 손실충당금으로 인식한다.

④ 채무상품은 사업모형을 변경하는 경우에만 금융자산의 재분류를 허용하고 있다.

**14** 중요도 ★★★

☐ ㈜해커스는 판매할 상품을 구매하였다. 판매는 대리점을 통하고 있으며, 판매 수수료는 30%이고 판매를 위한 운송비는 대리점이 부담한다. ㈜해커스가 상품을 15,000원에 대리점에 판매한다면, ㈜해커스가 인식해야 하는 상품의 장부금액으로 적절한 것은?

(단위 : 원)

〈보기〉

- 매입금액 : 12,000
- 리베이트 : 1,000
- 매입운임 : 500
- 세금 : 400

① 10,500원
② 10,800원
③ 11,600원
④ 11,900원

**15** 중요도 ★★★

☐ 재고자산의 원가결정방법에 대한 설명 중 옳은 것을 〈보기〉에서 골라 적절하게 묶은 것은?

〈보기〉

㉠ 선입선출법의 경우 매출원가는 물가가 상승하고 있는 경우에는 손익이 과대계상될 수 있다.
㉡ 대량의 재고자산 항목에 개별법을 적용하는 것은 적절하지 않다.
㉢ 후입선출법은 현재의 판매가격에 최근의 매입원가가 반영되기 때문에 수익비용 대응이 잘 이루어진다.
㉣ 가중평균법은 실무적으로 적용이 용이하지만 수익비용의 대응이 잘 이루어지지 않는다.

① ㉠, ㉡
② ㉡, ㉢, ㉣
③ ㉡, ㉣
④ ㉠, ㉡, ㉢, ㉣



**정답 및 해설**

11 ④ 계약상 현금흐름의 특성이란 계약 조건에 따라 원금과 이자 지급만의 현금흐름이 특정일에 생기는 특성을 말하며 지분상품의 경우 계약상 현금흐름의 특성을 갖지 않는다.

12 ① FVPL금융자산은 최초 인식 시 공정가치로 측정하고 취득과 직접 관련된 거래원가는 발생 즉시 당기비용으로 처리한다. FVOCI금융자산은 최초 인식 시 공정가치로 측정하고 취득과 직접 관련된 거래원가는 공정가치에 가산한다.

13 ③ FVOCI금융자산은 신용위험의 유의적 증가로 인한 기대 신용손실 추정액을 손실충당금으로 인식하지 않고 기타포괄손익(FVOCI금융자산평가손익)에서 조정한다. AC금융자산은 신용위험의 유의적 증가로 인한 기대 신용손실 추정액을 손실충당금으로 인식한다.

14 ① 재고자산의 장부금액 = Min[취득원가, 순실현가능가치]
- 취득원가 = 12,000(매입금액) − 1,000(리베이트) + 매입운임(500) + 세금(400) = 11,900원
- 순실현가능가치 = 15,000(판매단가) − 4,500(판매수수료 = 15,000 × 30%) = 10,500원

∴ ㈜해커스가 인식해야 하는 상품의 장부금액 = 10,500원

15 ④ 모두 옳은 설명이다.

## 16

중요도 ★★★

㈜해커스의 선입선출법에 의한 매출원가로 가장 적절한 것은?

☐

| 일 자 | 구 분 | 수 량 | 단 가 |
|---|---|---|---|
| 20X1. 1. 1. | 기초제품재고 | 200 | @200원 |
| 20X1. 4. 30. | 당기제품생산 | 300 | @250원 |
| 20X1. 6. 30. | 제품판매 | 400 | |
| 20X1. 7. 30. | 당기제품생산 | 500 | @300원 |
| 20X1. 10. 30. | 제품판매 | 500 | |
| 20X1. 12. 31. | 기말제품재고 | 100 | |

① 229,000원 ② 231,000원

③ 232,000원 ④ 235,000원

## 17

중요도 ★★

㈜해커스의 가중평균법(총평균법)에 의한 매출원가로 가장 적절한 것은?

☐

| 일 자 | 구 분 | 수 량 | 단 가 |
|---|---|---|---|
| 20X1. 1. 1. | 기초제품재고 | 200 | @100원 |
| 20X1. 4. 30. | 당기제품생산 | 300 | @150원 |
| 20X1. 6. 30. | 제품판매 | 200 | |
| 20X1. 7. 30. | 당기제품생산 | 500 | @200원 |
| 20X1. 10. 30. | 제품판매 | 600 | |
| 20X1. 12. 31. | 기말제품재고 | 200 | |

① 99,000원 ② 115,000원

③ 124,000원 ④ 132,000원

## 18

중요도 ★★★

유형자산의 원가를 구성하는 항목을 〈보기〉에서 골라 적절하게 묶은 것은?

☐

〈보기〉

㉠ 유형자산의 건설과 직접적으로 관련되어 발생한 종업원급여

㉡ 전문가에게 지급하는 수수료

㉢ 광고 및 판촉활동과 관련된 원가

㉣ 유형자산 관리 및 기타 일반 간접원가

㉤ 자산을 해체하는 데 소요될 것으로 최초 추정되는 원가

① ㉠, ㉡ ② ㉠, ㉢, ㉣

③ ㉠, ㉡, ㉤ ④ ㉠, ㉡, ㉣, ㉤

## 19

중요도 ★★★

**〈보기〉의 자료를 이용해 계산한 ㈜해커스가 구입한 건물의 취득원가는?**

□

〈보기〉

㈜해커스가 사옥으로 사용할 건물을 구입하면서 구입대금 5,000만원과 중개수수료 10만원, 취득세 20만원을 지급하였고 불가피하게 매입한 채권매입액 500만원(현재가치 400만원)이 있다.

① 5,100만원
② 5,130만원
③ 5,630만원
④ 5,960만원

## 20

중요도 ★★★

**㈜해커스의 20X1. 12. 31. 결산 중 건물에 대한 감가상각비로 가장 적절한 것은?** (단, 정액법을 적용하여 계산한다)

□

〈보기〉

• 건물 취득가액(20X1. 1. 1. 취득) : 2,000,000원
• 잔존가액 : 200,000원
• 내용연수 : 20년

① 67,500원
② 75,000원
③ 90,000원
④ 100,000원



### 정답 및 해설

16 ④ • 기초제품재고금액 = 200 × 200 = 40,000원
• 당기제품제조원가 = (300 × 250) + (500 × 300) = 225,000원
• 기말제품재고금액 = 100 × 300 = 30,000원
∴ 매출원가 = 기초제품재고금액(40,000) + 당기제품제조원가(225,000) − 기말제품재고금액(30,000) = 235,000원

17 ④ • 기초제품재고금액 = 200 × 100 = 20,000원
· 20X1. 4. 30. 제품제조원가 = 300 × 150 = 45,000원
· 20X1. 7. 30. 제품제조원가 = 500 × 200 = 100,000원
∴ 수량 = 1,000, 재고금액 = 165,000원
• 총평균법에 의한 제품제조단위당 원가 = $\frac{\text{재고금액}}{\text{수량}} = \frac{165,000}{1,000}$ = 165원
• 기말제품재고금액 = 200 × 165 = 33,000원
∴ 매출원가 = 당기판매가능금액(165,000) − 기말제품재고금액(33,000) = 132,000원

18 ③ 광고 및 판촉활동과 관련된 원가, 직원 교육훈련비, 유형자산 관리 및 기타 일반 간접원가 등은 유형자산의 원가를 구성하지 않는다.

19 ② 건물 취득과 관련하여 불가피하게 매입한 채권매입액과 현재가치의 차이는 건물의 취득원가에 포함된다.
∴ 건물의 취득원가 = 5,000 + 10 + 20 + 500 − 400 = 5,130만원

20 ③ 감가상각비 = $\frac{(2,000,000 - 200,000)}{20}$ = 90,000원

**21** 중요도 ★★★

**㈜해커스의 20X1. 12. 31. 결산 중 기계장치에 대한 감가상각비는?** (단, 정률법 30%를 적용하여 계산한다)

〈보기〉

- 기계장치 취득가액(20X0. 1. 1. 취득) : 1,000,000원
- 내용연수 : 5년
- 잔존가액 : 100,000원

① 180,000원
② 210,000원
③ 260,000원
④ 300,000원

**22** 중요도 ★★

**㈜해커스의 20X1. 12. 31. 결산 중 기계장치에 대한 감가상각비는?** (단, 생산량비례법을 적용하여 계산한다)

〈보기〉

- 기계장치 취득가액 : 20,000원
- 잔존가액 : 4,000원
- 20X1년 실제 생산량 : 10,000톤
- 추정 총 생산량 : 50,000톤

① 3,000원
② 3,200원
③ 34,000원
④ 36,000원

**23** 중요도 ★★★

**㈜해커스는 사용 중이던 기계장치를 다른 기업에 매각하였으며 운반비는 ㈜해커스에서 부담한다. 유형자산처분손익은?**

(단위 : 원)

〈보기〉

- 기계장치 취득원가 : 2,000,000
- 감가상각누계액 : 600,000
- 처분가액 : 1,700,000
- 운반비 : 100,000

① 유형자산처분이익 100,000원
② 유형자산처분이익 200,000원
③ 유형자산처분손실 200,000원
④ 유형자산처분손실 300,000원

24 중요도 ★★★

㈜해커스는 20X1. 1. 1. 토지를 10,000원에 취득하였고, 20X1. 12. 31. 토지의 재평가금액은 8,000원이다. (재평가모형 선택) 20X2. 12. 31. 토지의 재평가금액이 15,000원이라면 20X2. 12. 31. 당기손익과 재평가잉여금은?

① 재평가잉여금 5,000원

② 재평가잉여금 7,000원

③ 당기손실 2,000원, 재평가잉여금 5,000원

④ 당기이익 2,000원, 재평가잉여금 5,000원

25 중요도 ★★★

무형자산에 대한 설명 중 옳은 것을 〈보기〉에서 골라 적절하게 묶은 것은?

〈보기〉

㉠ 내용연수가 비한정인 무형자산은 상각하지 않고 매 보고기간 말 손상검사를 수행한다.
㉡ 무형자산은 특별한 경우를 제외하면 잔존가치를 0으로 본다.
㉢ 내부적으로 창출한 무형자산 중 개발단계에서 발생한 원가는 취득원가에 포함한다.
㉣ 무형자산의 취득원가에는 새로운 제품에 대한 홍보원가, 교육훈련비 등이 포함된다.

① ㉠, ㉡

② ㉠, ㉢

③ ㉠, ㉡, ㉢

④ ㉠, ㉡, ㉢, ㉣



## 정답 및 해설

21 ② • 20X0. 12. 31. 감가상각비 = 1,000,000 × 30% = 300,000원
• 미상각잔액 = 1,000,000 − 300,000 = 700,000원
∴ 20X1. 12. 31. 감가상각비 = 700,000 × 30% = 210,000원

22 ② 연간 감가상각비 = $\frac{(\text{취득가액} - \text{잔존가액}) \times \text{실제 생산량}}{\text{추정 총 생산량}} = \frac{(20{,}000 - 4{,}000) \times 10{,}000}{50{,}000}$ = 3,200원

23 ② • 순처분가액 = 1,700,000(처분가액) − 100,000(운반비) = 1,600,000원
• 기계장치 장부금액 = 2,000,000(취득원가) − 600,000(감가상각누계액) = 1,400,000원
∴ 기계장치(유형자산)처분이익 = 1,600,000(순처분가액) − 1,400,000(장부금액) = 200,000원

24 ④ • 20X1. 12. 31. 10,000(토지평가금액) − 8,000(장부금액) = 2,000원(자산재평가손실(당기손실))
• 20X2. 12. 31. 과거 당기손실로 인식했던 재평가손실액 2,000원을 당기이익으로 우선 인식하고 남은 금액은 재평가잉여금(기타포괄이익)으로 인식한다.
∴ 20X2. 12. 31. 당기이익 2,000원, 재평가잉여금 5,000원

25 ① ㉢ 내부적으로 창출한 무형자산 중 연구단계에서 발생한 원가는 당기비용으로 처리하고 개발단계에서 발생한 원가는 특정요건을 충족하는 경우에만 무형자산의 취득원가에 포함한다.
㉣ 무형자산의 취득원가에 포함되지 않는 것으로는 새로운 제품이나 용역에 대한 홍보원가, 교육훈련비, 관리원가, 일반 경비원가 등이 있다.

## 26

중요도 ★★★

**㈜해커스의 사용권자산과 X1년 감가상각비는?**

〈보기〉

㈜행복리스는 ㈜해커스와 다음과 같은 리스계약을 체결하였다.

- 리스기간 및 개시일 : 5년, X1년 1월 1일
- 리스자산의 공정가치 : 2,000,000원
- 리스료 : 매년 말 500,000원 지급, 리스기간 종료 후 리스자산 반환
- 반환 시 잔존가치 : 400,000원 예상
- ㈜해커스가 보증한 잔존가치 예상액 : 300,000원
- 리스개설 직접원가 : ㈜행복리스 20,000원, ㈜해커스 10,000원
- 리스기간 내용연수 : 10년
- 감가상각방법 : 정액법
- 감가상각비는 지급할 것으로 예상되는 보증잔존가치를 차감하는 방식으로 회계처리
- ㈜행복리스의 내재이자율 : 연 10%
- 현재가치(5년, 10%) : 0.6209
- 연금현재가치(5년, 10%) : 3.7908

| | 사용권자산 | 감가상각비 |
|---|---|---|
| ① | 2,081,670원 | 356,334원 |
| ② | 2,091,670원 | 358,334원 |
| ③ | 2,081,670원 | 178,167원 |
| ④ | 2,091,670원 | 179,167원 |

## 27

중요도 ★★

**손상차손에 대한 설명으로 가장 거리가 먼 것은?**

① 손상차손은 자산의 회수가능액이 장부금액에 미달하는 경우, 자산의 장부금액에서 회수가능액을 차감한 금액이다.

② 영업권을 포함한 자산의 손상차손환입으로 증가된 장부금액은 과거에 손상차손을 인식하기 전 장부금액의 감가상각 또는 상각 후 잔액을 초과할 수 없다.

③ 손상차손은 발생 즉시 당기손익으로 인식한다.

④ 자산의 손상 징후가 있으나 개별 자산별로 회수가능액을 추정할 수 없는 경우 현금창출단위로 회수가능가액을 결정한다.

## 28

중요도 ★★★

**㈜해커스가 보유하고 있는 기계장치에 대한 내용이 〈보기〉와 같을 때 20X2. 12. 31. 손상차손액과 20X4. 12. 31. 손상차손환입액으로 가장 적절한 것은?**

〈보기〉

- 20X1. 1. 1. : 취득원가 10,000원, 내용연수 10년, 잔존가치 없음(정액법 감가상각)
- 20X2. 12. 31. : 회수가능액이 6,000원이 되어 손상차손을 인식하였음
- 20X4. 12. 31. : 회수가능액이 6,500원으로 회복되었음

① 손상차손 1,000원, 손상차손환입 2,000원
② 손상차손 1,000원, 손상차손환입 1,500원
③ 손상차손 2,000원, 손상차손환입 2,000원
④ 손상차손 2,000원, 손상차손환입 1,500원

## 29

중요도 ★★

☐ ㈜해커스는 판매 후 1년간 제품의 결함으로 인하여 발생하는 수선비용을 보장하는 제품을 판매하고 있다. 과거 경험에 따르면 판매한 제품의 결함 수준에 따라 다음과 같은 수선비용이 발생한다. 20X1년 판매 수량은 100개라고 하면 20X1년 충당부채금액으로 가장 적절한 것은?

| 구 분 | 보장기간 내 결함 발생 확률 | 개당 예상 수선비용 |
|---|---|---|
| 사소한 결함 | 30% | 10,000원 |
| 중대한 결함 | 10% | 60,000원 |
| 무결함 | 60% | - |

① 800,000원 ② 820,000원
③ 860,000원 ④ 900,000원

### 정답 및 해설

26 ② 리스부채는 리스료의 현재가치이다.
- 리스료의 현재가치 = 500,000 × 3.7908 + 300,000 × 0.6209 = 2,081,670원
- 리스이용자의 사용권자산 = 리스료의 현재가치 + 리스개설 직접원가(리스이용자 부담)
  = 2,081,670 + 10,000 = 2,091,670원
- 감가상각기간 : 소유권이전가능성이 낮으므로 Min[리스기간, 내용연수]
- 리스이용자의 X1년 감가상각비 = (2,091,670 - 300,000)/Min[5, 10] = 358,334원

27 ② 영업권을 제외한 자산의 손상차손환입으로 증가된 장부금액은 과거에 손상차손을 인식하기 전 장부금액의 감가상각 또는 상각 후 잔액을 초과할 수 없다.

28 ④ • 손상차손
- 20X1. 12. 31. 감가상각비 = $\frac{10,000-0}{10}$ = 1,000원
- 20X1. 12. 31. 장부금액 = 10,000(취득원가) - 1,000(감가상각) = 9,000원
- 20X2. 12. 31. 감가상각비 = $\frac{10,000-0}{10}$ = 1,000원
- 손상차손 인식 전 장부금액 = 10,000(취득원가) - 2,000(감가상각누계액) = 8,000원
- ∴ 손상차손 = 8,000(장부금액) - 6,000(회수가능액) = 2,000원

• 손상차손환입
- 20X2. 12. 31. 장부금액 = 8,000(장부금액) - 2,000(손상차손인식액) = 6,000원
- 20X3. 12. 31. 감가상각비 = $\frac{(6,000-0)}{8(\text{남은 기간})}$ = 750원
- 20X3. 12. 31. 장부금액 = 6,000 - 750(감가상각) = 5,250원
- 20X4. 12. 31. 감가상각비 = $\frac{(6,000-0)}{8}$ = 750원
- 손상차손환입 인식 전 장부금액 = 6,000 - 1,500(감가상각누계액) = 4,500원
- ∴ 손상차손환입 = Min[2,000{6,500(회수가능액) - 4,500(4차년도 말 장부금액)}, 1,500{6,000(10,000 - 4,000) - 4,500(4차년도 말 장부금액)}]
  = 1,500원

29 ④ 충당부채금액 = (100 × 30% × 10,000) + (100 × 10% × 60,000) = 900,000원

**30** 중요도 ★★★

□

**㈜해커스는 20X1. 12. 31.에 임원들에게 직전 5년간 회사 성장에 기여한 공로로 주식 기준 보상**(주식결제형, 현금결제형)**을 하기로 하였다. 내용이 〈보기〉와 같을 경우 20X1. 12. 31. 회계처리로 가장 적절한 것은?**

〈보기〉

- 주식결제형 : 보통주(액면금액 @1,000원, 공정가치 @5,000원) 1,000주를 3,000원(행사가격) 에 매입할 수 있는 주식 선택권
- 현금결제형 : 동일 조건으로 현금 지급

| | 자 본 | 부 채 |
|---|---|---|
| ① | 주식선택권 5,000,000원 | 장기미지급비용 2,000,000원 |
| ② | 주식선택권 1,000,000원 | 장기미지급비용 2,000,000원 |
| ③ | 주식선택권 2,000,000원 | 장기미지급비용 1,000,000원 |
| ④ | 주식선택권 3,000,000원 | 장기미지급비용 2,000,000원 |

**31** 중요도 ★★★

□

**㈜해커스는 기업사옥을 자가건설하고 있으며 부족한 금액은 특정 차입금으로 소요자금을 조달하고 있다. 공사비 지출액은 17,000원이고, 특정 차입금은 10,000원이며, 건설기간 중 발생한 이자비용은 3,000원이고, 차입금의 일시적인 운용수익은 1,000원이다. 이때 재무상태표에 기재해야 할 건물의 취득원가는?**

① 18,000원
② 19,000원
③ 21,000원
④ 29,000원

**32** 중요도 ★★

□

**파생상품회계에 대한 설명으로 가장 거리가 먼 것은?**

① 전환사채의 경우 채무증권은 주계약으로, 지분증권 매입 콜옵션은 내재파생상품으로 분리한다.
② 공정가치 위험회피의 경우 파생상품의 공정가치 변동액과 위험회피 대상항목의 공정가치 변동액을 당기손익으로 인식한다.
③ 현금흐름 위험회피의 경우 위험회피 수단의 공정가치 변동액 중 위험회피에 효과적인 부분은 기타포괄손익으로 인식하고 비효과적인 부분은 당기손익으로 인식한다.
④ 위험회피회계를 적용하려면 위험회피 효과를 신뢰성 있게 측정할 수 있어야 하며 위험회피 기간 동안 실제로 높은 위험회피 효과가 있었는지 입증해야 하는 것은 아니다.

**33** 중요도 ★★★

□ ㈜해커스는 주식의 시장가격 변동에 따른 미래 현금흐름 위험을 회피하기 위해 주식선물계약을 체결하였고 해당 파생거래는 현금흐름 위험회피 적용요건을 충족한다. 주식선물계약의 누적평가이익이 30,000원이고 위험회피 대상인 주식의 현금흐름 변동액이 20,000원일 때 회계처리로 가장 적절한 것은?

① 당기이익 30,000원

② 기타포괄이익 10,000원, 당기이익 20,000원

③ 기타포괄이익 30,000원

④ 기타포괄이익 20,000원, 당기이익 10,000원

**34** 중요도 ★★★

□ 포괄손익계산서상 재화판매의 수익인식 시점에 대한 옳은 설명을 〈보기〉에서 골라 적절하게 묶은 것은?

〈보기〉

㉠ 할부판매의 경우 이자부분을 포함한 판매가격에 해당하는 수익을 판매 시점에 인식한다.

㉡ 위탁판매의 경우 위탁자는 수탁자가 제3자에게 재화를 판매한 시점에 수익을 인식한다.

㉢ 출판물의 경우 해당 품목의 가격이 매기 비슷한 경우에는 발송기간에 걸쳐 정액기준으로 인식한다.

㉣ 제한적인 반품권이 부여된 판매의 경우 재화를 인도받은 후 반품기간이 종료된 시점에 수익으로 인식한다.

① ㉠, ㉡　　② ㉠, ㉡, ㉢

③ ㉡, ㉢　　④ ㉡, ㉢, ㉣



**정답 및 해설**

30 ① • 주식결제형(자본)의 경우 : 지분상품의 공정가치로 인식. 5,000 × 1,000 = 5,000,000원
• 현금결제형(부채)의 경우 : 현금지급차액으로 인식. (5,000 – 3,000) × 1,000 = 2,000,000원

31 ② 건물의 취득원가 = 공사비 지출액 + 이자비용 – 운용수익 = 17,000 + 3,000 – 1,000 = 19,000원

32 ④ 위험회피회계를 적용하려면 위험회피 기간 동안 실제로 높은 위험회피 효과가 있었는지 입증해야 한다.

33 ④ 현금흐름 위험회피의 경우 위험회피 수단의 공정가치 변동액 중 위험회피에 효과적인 부분은 기타포괄손익으로 인식하고 비효과적인 부분은 당기손익으로 인식한다.

34 ④ ㉠ 대가가 분할되어 수취되는 할부판매의 경우 이자부분을 제외한 판매가격에 해당하는 수익을 판매 시점에 인식한다.

**35** 중요도 ★★

**건설계약의 회계처리에 대한 설명으로 가장 거리가 먼 것은?**

□

① 계약수익으로 이미 인식한 금액의 회수 가능성에 불확실성이 발생한 경우 회수 불가능한 금액은 계약수익을 조정하기보다는 당기비용으로 인식한다.

② 건설공사 종료 이후에 발생하는 하자보수 예상액은 진행기준의 계산 시 총계약원가에 포함하는 것이 일반적이다.

③ 건설 공사 중 발견된 문화재 발굴비용 등으로 총 계약원가가 총 계약수익을 초과할 가능성이 높은 경우 예상되는 손실을 즉시 비용으로 인식한다.

④ 공사계약의 조기완료로 인해 건설사업자에게 계약상 정해진 장려금(특정 성과기준을 충족하고 신뢰성 있게 측정할 수 있음)은 계약수익으로 인식할 수 있다.

**36** 중요도 ★★★

**㈜해커스가 진행기준에 따라 건설계약수익을 인식할 때 20X2년 당기계약수익으로 가장 적절한 것은?**

□

| 구 분 | 20X1년 | 20X2년 |
|---|---|---|
| 총계약수익 | 10,000원 | 12,000원 |
| 총계약원가 | 5,000원 | 7,000원 |
| 누적발생계약원가 | 1,500원 | 4,900원 |

① 4,800원 ② 5,200원 ③ 5,400원 ④ 5,800원

**37** 중요도 ★★★

**㈜해커스가 진행기준에 따라 건설계약수익을 인식할 때 20X2년 당기계약이익으로 가장 적절한 것은?**

□

| 구 분 | 20X1년 | 20X2년 |
|---|---|---|
| 총계약수익 | 9,000원 | 10,000원 |
| 총계약원가 | 5,000원 | 6,000원 |
| 당기발생계약원가 | 2,000원 | 2,500원 |

① 1,400원 ② 1,600원 ③ 3,500원 ④ 3,600원

**38** 중요도 ★★★

**퇴직급여 중 확정기여형에 대한 내용으로 가장 거리가 먼 것은?**

□

① 종업원이 받은 퇴직급여액은 기업과 종업원이 출연한 기여금과 그 기여금에서 발생하는 투자수익에 따라 결정된다.

② 종업원이 보험수리적 위험과 투자위험을 실질적으로 부담한다.

③ 기금이 종업원 근무용역과 관련하여 충분한 자산을 보유하고 있지 못한 경우 기업은 추가로 기여금을 납부해야 할 의무가 없다.

④ 재무상태표에는 확정급여채무의 현재가치에서 사외적립자산의 공정가치를 차감한 순확정급여부채로 표시한다.

## 39

중요도 ★★★

㈜해커스의 20X1년 회계이익은 30,000원이다. 세무조정 결과 차감할 일시적 차이는 6,000원이 발생하였고 20X2년도에 소멸된다. 당기법인세율은 20%이나, 이후는 25%로 예상된다. ㈜해커스가 인식할 이연법인세로 가장 적절한 것은?

① 이연법인세부채 1,500원
② 이연법인세자산 1,500원
③ 이연법인세부채 6,300원
④ 이연법인세자산 6,300원

## 40

중요도 ★★★

㈜해커스의 당기순이익과 발행주식자료가 〈보기〉와 같을 때, 기본 주당순이익은?

〈보기〉

- 20X1년 당기순이익 : 10,000,000원
- 20X1. 1. 1. 유통주식수 : 1,000주
- 20X1. 6. 30. 유상증자 : 500주
- 20X1. 10. 1. 자기주식 취득 : 300주

① 8,165원
② 8,350원
③ 8,510원
④ 8,708원



### 정답 및 해설

35 ② 건설공사 종료 이후에 발생하는 하자보수 예상액은 진행기준의 계산 시 총계약원가에는 포함하지 않는 것이 일반적이다.

36 ③ 20X1년 당기계약수익 $= \frac{1,500}{5,000} \times 10,000 = 3,000$원

∴ 20X2년 당기계약수익 $= (\frac{4,900}{7,000} \times 12,000) - 3,000 = 5,400$원

37 ① • 20X1년 누적진행률 $= \frac{2,000}{5,000} = 40\%$

• 20X2년 누적진행률 $= \frac{2,000 + 2,500}{6,000} = 75\%$

• 20X1년 당기계약이익 = 9,000 × 40% = 3,600(당기수익) − 2,000(당기원가) = 1,600원

∴ 20X2년 당기계약이익 = 10,000 × 75% = 7,500(누적수익) − 3,600(전기수익)
= 3,900(당기수익) − 2,500(당기원가)
= 1,400원

38 ④ 확정급여형에 대한 내용이다.

39 ② 차감할 일시적 차이이므로 이연법인세자산이다.

∴ 이연법인세자산 = 6,000 × 25% = 1,500원

40 ③ 자기주식 취득은 유통주식수에서 차감한다.

가중평균유통보통주식수 $= \frac{1,000 \times 12}{12} + \frac{500 \times 6}{12} - \frac{300 \times 3}{12} = 1,175$주

∴ 기본 주당순이익 $= \frac{\text{기본 당기순이익}}{\text{가중평균유통보통주식수}} = \frac{10,000,000}{1,175} = 8,510$원

41

중요도 ★★★

**현금흐름표에서 비현금거래에 해당하는 것을 〈보기〉에서 골라 적절하게 묶은 것은?**

□

〈보기〉

| | |
|---|---|
| ㉠ 사채발행 | ㉡ 유상증자 |
| ㉢ 주식배당 | ㉣ 전환사채의 주식전환 |

① ㉠, ㉡ ② ㉠, ㉢
③ ㉡, ㉢ ④ ㉢, ㉣

42

중요도 ★★

**〈보기〉의 자료를 이용해 계산한 ㈜해커스의 영업활동으로 인한 현금흐름은?**

□

(단위 : 원)

〈보기〉

| | |
|---|---|
| • 당기순이익 : 10,000 | • 퇴직급여 : 1,500 |
| • 감가상각비 : 2,000 | • 외화환산이익 : 1,000 |

① 7,500원 ② 9,500원
③ 12,500원 ④ 14,500원

43

중요도 ★★★

**〈보기〉의 자료를 이용해 계산한 ㈜해커스의 영업활동으로 인한 현금흐름은?**

□

(단위 : 원)

〈보기〉

| | |
|---|---|
| • 당기순이익 : 10,000 | • 장기투자증권 취득 : 1,000 |
| • 감가상각비 : 3,000 | • 사채발행 : 2,500 |
| • 유형자산처분이익 : 1,500 | • 자기주식 취득 : 500 |

① 11,500원 ② 12,500원
③ 14,500원 ④ 15,500원

**44** 중요도 ★★★

**〈보기〉의 자료를 이용해 계산한 ㈜해커스의 영업활동으로 인한 현금흐름은?**

□

(단위 : 원)

〈보기〉

- 당기순이익 : 10,000
- 감가상각비 : 3,000
- 매출채권 증가 : 1,500
- 매입채무 감소 : 1,000
- 외화환산이익 : 2,500

① 6,000원 ② 8,000원
③ 10,000원 ④ 13,500원

**45** 중요도 ★★★

**현금흐름표에서 영업활동현금흐름과 가장 거리가 먼 것은?**

□

① 매출채권 증가 ② 사채 상환
③ 매입채무 감소 ④ 재고자산 감소

**정답 및 해설**

41 ④ 비현금거래로는 현물출자로 인한 유형자산의 취득, 유형자산의 연불구입, 무상증자, 무상감자, 주식배당, 전환사채의 주식전환 등이 있다.

42 ③ 영업활동현금흐름 = 당기순이익 + 감가상각비 + 퇴직급여 + 이자비용 + 외화환산손실 + 유형자산처분손실 − 이자수익 − 외화환산이익 − 유형자산처분이익
= 10,000 + 2,000 + 1,500 − 1,000
= 12,500원

43 ① 장기투자증권 취득은 투자활동현금흐름이고 사채발행과 자기주식 취득은 재무활동현금흐름이다.
∴ 영업활동현금흐름 = 당기순이익 + 감가상각비 + 퇴직급여 + 이자비용 + 외화환산손실 + 유형자산처분손실 − 이자수익 − 외화환산이익 − 유형자산처분이익
= 10,000 + 3,000 − 1,500
= 11,500원

44 ② 영업활동현금흐름 = 당기순이익 + 감가상각비 − 매출채권 증가 − 매입채무 감소 − 외화환산이익
= 10,000 + 3,000 − 1,500 − 1,000 − 2,500
= 8,000원

45 ② 사채의 발행과 상환, 차입금 차입과 상환, 유상증자, 유상감자, 자기주식 취득과 처분 등은 재무활동현금흐름이다.

## 46

중요도 ★★

**현금흐름표에서 투자활동현금흐름에 해당하는 항목을 〈보기〉에서 골라 적절하게 묶은 것은?**

□

〈보기〉

㉠ 기계장치 처분
㉡ 자기주식 취득
㉢ 무형자산 취득
㉣ 재고자산 증가

① ㉠, ㉡
② ㉠, ㉢
③ ㉡, ㉢
④ ㉢, ㉣

## 47

중요도 ★★

**자본변동표의 자본잉여금 항목으로 가장 거리가 먼 것은?**

□

① 주식발행초과금
② 감자차익
③ 자기주식처분이익
④ 자기주식

## 48

중요도 ★★★

**자본을 실질적으로 증가시키는 거래로 가장 적절한 것은?**

□

① 현금배당
② 자기주식 취득
③ 주식의 할인발행
④ 무상증자

## 49

중요도 ★★★

**연결재무제표에 대한 설명으로 가장 거리가 먼 것은?**

□

① 회사가 하나 이상의 종속기업을 보유하고 있는 경우 반드시 연결재무제표를 작성해야 한다.
② 지배기업 투자주식과 종속기업자본 중 지배기업지분은 제거한다.
③ 연결재무제표에는 지배기업의 소유주지분과는 구분하여 비지배지분을 표시해야 한다.
④ 지배기업과 종속기업의 내부거래에서 채권·채무와 수익·비용은 각각 표시한다.

50 중요도 ★★★

**환율변동효과에 대한 설명으로 가장 거리가 먼 것은?**

□

① 화폐성 외화항목은 마감 환율로 환산한다.

② 해외사업장의 재무제표 환산으로 인한 손익은 기타포괄손익으로 인식한다.

③ 포괄손익계산서의 수익과 비용은 해당 보고기간 말의 마감환율로 환산한다.

④ 역사적 원가로 측정하는 비화폐성 외화항목은 거래일의 환율로 환산한다.

51 중요도 ★★★

**환율변동효과에 대한 설명 중 옳은 것을 〈보기〉에서 골라 적절하게 묶은 것은?**

□

〈보기〉

㉠ 해외사업장의 재무제표 환산으로 인한 손익은 당기손익으로 인식한다.

㉡ 매출채권, 대여금, 금융자산, 매입채무, 재고자산 등과 같은 화폐성 외화항목은 마감환율로 환산한다.

㉢ 포괄손익계산서의 수익과 비용은 해당 거래일의 환율로 환산한다.

㉣ 유형자산, 영업권, 선급금 등은 비화폐성 외화항목에 해당한다.

① ㉠, ㉡ ② ㉠, ㉢

③ ㉡, ㉢ ④ ㉢, ㉣

**정답 및 해설**

46 ② 투자활동현금흐름으로는 현금의 대여와 회수활동, 장·단기 투자증권 취득과 처분활동, 유·무형자산 취득과 처분활동 등이 있다.
㉡ 자기주식 취득은 재무활동현금흐름이다.
㉣ 재고자산 증가는 영업활동현금흐름이다.

47 ④ 기타자본구성요소로는 자기주식, 주식할인발행차금, 감자차손, 자기주식처분손실 등이 있다.

48 ③ 주식의 액면발행, 할증발행, 할인발행 모두 현금 등 자산의 증가를 가져오므로 자본은 증가한다. 현금배당, 자기주식 취득은 자본의 감소를 가져오며 무상증자의 경우 자본잉여금이나 이익잉여금을 자본금에 대체하여 자본금이 증가되나, 실제로 회사에 유입되는 자산이 없어 자본의 변동은 없다.

49 ④ 지배기업과 종속기업의 내부거래에서 채권·채무와 수익·비용은 서로 상계하여 제거한다.

50 ③ 포괄손익계산서의 수익과 비용은 해당 거래일의 환율로 환산하며, 재무상태표의 자산과 부채는 해당 보고기간 말의 마감환율로 환산한다.

51 ④ ㉠ 해외사업장의 재무제표 환산으로 인한 손익은 기타포괄손익으로 인식한다.
㉡ 화폐성 외화항목에는 매출채권, 대여금, 금융자산, 매입채무 등이 있고, 비화폐성 외화항목에는 유형자산, 재고자산, 영업권, 선급금, 선수금 등이 있다.

# 제 2 장 기업가치평가/분석

## 학습전략

**기업가치평가/분석은 제3과목 전체 20문제 중 총 10문제가 출제된다.**
내용은 적지만 상대적으로 많은 문제가 출제되므로 꼼꼼한 학습이 필요하다. 상대가치평가법은 공부하기 무난한 수준이지만 현금흐름할인법과 EVA에 의한 가치평가는 가장 중요한 부분이므로 출제빈도가 매우 높다. 또한 계산문제가 다수 출제되므로 필수공식의 경우 반드시 암기가 필요하고 문제와 연계하여 시험의 적응력을 높여야 한다. 그러나 공부할 부분이 적으므로 집중학습을 통해 충분히 고득점이 가능하다.

## 출제비중

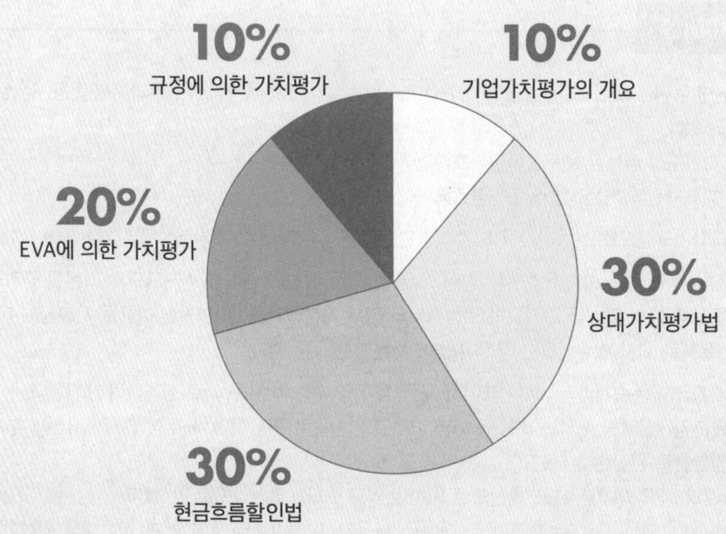

# 출제포인트

| 구분 | 출제포인트 | 출제빈도 | 페이지 |
|---|---|---|---|
| 기업가치평가의 개요 (10%) | 01 기업가치평가 방법 | ★★★ | p.374 |
| 상대가치평가법 (30%) | 02 주가순이익비율(PER) | ★★★ | p.375 |
| | 03 EV/EBITDA | ★★★ | p.376~377 |
| | 04 주가순자산비율(PBR) | ★★★ | p.378~379 |
| | 05 주가매출액비율(PSR) | ★★★ | p.380 |
| | 06 상대가치평가법 | ★★ | p.381 |
| 현금흐름할인법 (30%) | 07 영구일정 성장률 모형의 기업가치 | ★★ | p.382 |
| | 08 영업투하자본, 총투자금액, 총자산 | ★★★ | p.383~384 |
| | 09 잉여현금흐름(FCFF) | ★★★ | p.385~387 |
| | 10 영업가치와 자본비용의 산정 | ★★★ | p.388~389 |
| | 11 기업가치와 주주가치 | ★★★ | p.390 |
| EVA에 의한 가치평가 (20%) | 12 경제적 부가가치(EVA) | ★★★ | p.391~392 |
| 규정에 의한 가치평가 (10%) | 13 본질가치와 세법가치평가 방법 | ★★★ | p.393 |

기업가치평가 방법 ★★★

**기업가치평가 방법에 대한 설명으로 가장 거리가 먼 것은?**

① 자산가치평가법은 청산목적 회사 평가에 적합하다.
② 수익가치평가법은 미래 수익창출력에 근거한 내재가치를 산정한다는 점에서 실무적으로 많이 이용된다.
③ 법률적 평가법은 상속 및 증여 시 과세가액 산정에 이용된다.
④ 수익가치평가법은 적용하기에 매우 간편한 방법이고 안정적 성장기업평가에 사용된다.

**TIP** 상대가치평가법은 적용하기에 매우 간편한 방법이다.

## 핵심포인트 해설 기업가치평가 방법의 분류 및 장·단점

| 구 분 | 기업가치 평가방법 | | 장·단점 |
|---|---|---|---|
| 이론적 평가 | 자산가치 | 청산가치 | • 신뢰성이 높고 보수적인 평가방법<br>• 미래 수익가치를 반영하지 못함<br>• 청산목적 회사에 적합 |
| | | 장부가치 | |
| | | 시장평가가치 | |
| | 수익가치 | DCF모형 | • 미래 수익창출력에 의한 가치 산정, 이론적 우수성<br>• 미래 수익 추정의 불확실성<br>• 안정적 성장, 성숙기 산업에 적합 |
| | | EVA모형 | |
| | | 배당할인모형 | |
| | 상대가치 | PER | • 적용하기 간편함, 시장상황을 반영한 가치 평가<br>• 유사회사를 자의적으로 산정하여 가치평가가 왜곡될 수 있음<br>• 유사회사가 없을 경우 적용이 곤란함<br>• 상장사 분석에 많이 사용됨 |
| | | EV/EBITDA | |
| | | PSR | |
| | | PBR | |
| 법률적 평가 | 상속세 및 증여세법 | | • 자산가치와 수익가치를 활용하여 평가<br>• 이론적 기반이 없음<br>• 비상장회사에 적합함<br>• 합병가액 산정에 이용, 상속 증여 시 가치 평가 활용 |
| | 증권발행 및 공시규정 | | |

정답 ④

주가순이익비율(PER) ★★★

**주가순이익비율(PER)에 대한 설명으로 가장 거리가 먼 것은?**

① 기업의 회계방침이 다른 경우에도 비교가 가능하다.
② 평가대상 회사의 순이익이 적자(−)인 경우에는 적용할 수 없다.
③ PER은 기업가치를 결정하는 승수로 이용되거나 주가의 적정성 여부를 판단하는 기준으로 이용된다.
④ 순이익만으로 주가를 평가하는 방식이므로 시장지배력, 재무적 안정성, 배당정책 등은 고려되지 않는다.

**TIP** PER모형에서 순이익은 기업의 회계처리 방법에 따라 쉽게 영향을 받으므로 기업의 회계방침이 다른 경우 직접적인 비교가 어렵다.

## 핵심포인트 해설 주가순이익비율(PER)

| | |
|---|---|
| 의 미 | • 기업의 주가가 주당순이익(EPS)의 몇 배인지를 나타내는 비율<br>• 상대가치평가법으로 유사 회사의 PER을 통해 적정 주가, 주가 상승여력을 구할 수 있음<br>• 기업가치를 결정하는 승수로 이용되거나 주가 적정성 여부 판단기준으로 활용됨 |
| 장 점 | • 적용이 간단하고 쉬운 자료 수집, 비교 평가 용이함<br>• 가장 많이 활용함 |
| 한계점 | • 주가는 미래 예상이익을 반영하나 순이익은 과거 지표를 활용함<br>• 평가회사의 순이익이 적자인 경우 적용되지 않음<br>• 기업의 회계정책이 다를 경우 비교 어려움<br>• 시장지배력, 인력수준, 배당정책 등 비계량적 변수를 고려하지 않음 |

정답 ①

EV/EBITDA ★★★

**EV/EBITDA에 대한 설명으로 가장 거리가 먼 것은?**

① EV는 '시가총액 + 총차입금 – 현금성 자산'으로 구할 수 있다.
② 투자자 입장에서 주주 지분 및 채권자 지분 모두를 인수했을 때 EBITDA로 몇 년 만에 투자원금을 회수할 수 있는지를 의미한다.
③ EBITDA는 '영업이익 – 감가상각비'로 구할 수 있다.
④ 상각방식이 상이한 기업 간에 직접적인 비교가 가능하다.

**TIP** EBITDA는 '영업이익 + 감가상각비(유형자산 감가상각비 + 무형자산 감가상각비)'로 구할 수 있다.

## 핵심포인트 해설 EV/EBITDA (1)

| 구분 | 내용 |
|---|---|
| 의 미 | • 영업활동으로 인한 기업가치(EV)가 영업활동으로 인한 현금성 영업이익(EBITDA)의 몇 배인지를 나타냄<br>• 투자자 입장에서 연간 EBITDA로 투자원금의 회수기간을 의미함 |
| 장 점 | • EBITDA가 (–)인 경우는 상대적으로 적으므로 PER보다 많은 유사회사의 비교가 가능함<br>• 상각방식이 상이한 기업 간의 비교가 가능함(상각방식의 영향을 받지 않음)<br>• 재무레버리지가 다른 기업 간의 비교도 가능함<br>• 투자회수기간이 장기인 대규모 장치산업 기업 분석에 유용함(단기X) |
| 한계점 | • EBITDA가 (–)인 경우 활용할 수 없음<br>• 유형자산에 대한 자본적 지출을 고려하지 않음으로써 실질적인 영업현금흐름을 반영하지 못함<br>• 주가는 미래 예상이익을 반영하나 EV/EBITDA는 과거지표를 활용함 |

정답 ③

EV/EBITDA ★★★

〈보기〉의 자료를 이용해 계산한 ㈜해커스의 EV/EBITDA 비율은?

(단위 : 억원)

〈보기〉

- 매출액 : 500
- 영업이익 : 80
- 감가상각비 : 20
- 총차입금 : 100
- 자기자본 : 60
- 시가총액 : 200
- 현금성 자산 : 50

① 2.3　② 2.5
③ 2.8　④ 3.2

TIP $\text{EV/EBITDA} = \frac{(\text{시가총액} + \text{총차입금} - \text{현금성 자산})}{(\text{영업이익} + \text{감가상각비})} = \frac{(200 + 100 - 50)}{(80 + 20)} = 2.5$

## 핵심포인트 해설 EV/EBITDA (2)

(1) EV/EBITDA

$$\text{EV/EBITDA} = \frac{(\text{시가총액} + \text{총차입금} - \text{현금성 자산})}{(\text{영업이익} + \text{감가상각비})}$$

(2) EV(영업관련) 기업가치

EV = 시가총액(주주 가치) + 총차입금(채권자 가치) – 현금성 자산

(3) EBITDA

EBITDA = 영업이익 + 감가상각비
· 영업이익 = 매출액 – 매출원가 – 판매 및 관리비
· 감가상각비 = 유형자산 감가상각비 + 무형자산 감가상각비

① 이자비용, 법인세 비용, 유·무형자산 감가상각비가 차감되기 전의 이익
② 영업활동으로 인한 현금성 영업이익

정답 ②

주가순자산비율(PBR) ★★★

**주가순자산비율(PBR)에 대한 설명으로 가장 거리가 먼 것은?**

① 자산가치는 상대적으로 변동성이 적으므로 유용한 분석지표가 될 수 있다.
② 순자산이 자본잠식된 상태에서는 적용이 곤란하다.
③ 자산재평가 기업과 원가모형 기업 간 비교에 적용하기 유용하다.
④ 서비스업종이나 IT업종 같은 유형자산이 적은 기업에 적용하는 데 한계가 있다.

**TIP** 자산재평가 기업과 원가모형 기업은 비교가 어렵다.

## 핵심포인트 해설 주가순자산비율(PBR) (1)

| | |
|---|---|
| 의 미 | • 기업의 주가가 주당순자산(BPS)의 몇 배인가를 나타내는 지표<br>• 순자산은 회사의 청산 시 주주의 잔여재산 배당액 |
| 장점 및 주의사항 | • PER은 변동성이 큰 반면 PBR은 변동성이 작아 유용한 투자분석지표<br>• PBR < 1 : 일반적으로 주가의 저평가로 이해할 수 있음<br>• 'PBR < 1'이 절대적 판단지표가 아니므로 동종업체와 상대적 관점에서 비교해야 함 |
| 한계점 | • 자본잠식 상태의 기업은 활용 못함<br>• 회계처리기준이 다를 경우 큰 영향을 받음<br>• 서비스업종이나 IT업종 같은 유형자산이 적은 기업 평가에 한계성이 있음<br>• 자산재평가 기업과 원가모형 기업은 비교가 어려움 |

정답 ③

## 06

주가순자산비율(PBR) ★★★

**〈보기〉의 자료를 이용해 계산한 ㈜해커스의 PBR을 통한 적정주가는?**

〈보기〉

| | |
|---|---|
| • 총자산 : 330억원 | • 총부채 : 200억원 |
| • 총발행주식수 : 500,000주 | • 무형자산(자산가치 없음) : 10억원 |
| • 회수불능채권 : 20억원 | • 유사회사 평균 PBR : 2.5 |

① 44,000원　② 45,000원
③ 48,000원　④ 50,000원

**TIP**
- 순자산 = 330 − 200 − 10 − 20 = 100억원
- 주당 순자산 = $\frac{100억원}{500,000주}$ = 20,000원

∴ PBR을 통한 적정주가 = 주당순자산 × PBR = 20,000 × 2.5 = 50,000원

## 핵심포인트 해설 주가순자산비율(PBR) (2)

**(1) PBR**

$$PBR = \frac{주가}{주당순자산} = \frac{\frac{시가총액}{총발행\ 주식수}}{\frac{순자산}{총발행\ 주식수}}$$

· 순자산 = 총자산 − 총부채 − 무형자산(자산가치 ×) − 회수불능채권

**(2) 적정주가**

적정주가 = 주당순자산 × PBR

정답 ④

주가매출액비율(PSR) ★★★

**주가매출액비율(PSR)에 대한 설명으로 가장 거리가 먼 것은?**

① 회계처리방식이 다른 기업 간 비교가 가능하다.
② 적자기업이나 사업초기 회사에도 적용하기 유용하다.
③ 수익구조가 상이한 기업 간 비교가 가능하다.
④ 일반적으로 PSR은 PER보다 변동성이 크지 않다.

**TIP** 수익구조 또는 자본구조가 상이한 기업 간 비교에 적합하지 않다.

## 핵심포인트 해설 주가매출액비율(PSR)

| 구분 | 내용 |
|---|---|
| 의 미 | • 기업의 주가가 주당매출액(SPS)의 몇 배인가를 나타내는 지표 |
| 장 점 | • 부실기업, 사업초기회사 등에 대해서도 적용이 가능함 (적자기업, 자본잠식기업에도 적용이 가능함)<br>• 매출액은 회계처리에 따른 변동 가능성이 매우 적음<br>• PER보다 변동성이 크지 않음<br>• 수익구조와 자본구조가 유사한 회사들 간의 비교에 적합함 |
| 한계점 | • 수익구조 또는 자본구조가 상이한 기업 간 비교에 적합하지 않음<br>• 다른 투자지표와 함께 보조적 지표로 제한된 활용 |

정답 ③

상대가치평가법 ★★

상대가치평가법에 대한 설명으로 가장 거리가 먼 것은?

① 유사기업 선정기준으로는 사업내용, 경영성과, 재무사항의 유사성 등이 있다.
② 현금흐름할인모형보다 적은 변수 도입으로 설명이 쉽고 상대적 이해 가능성이 높다.
③ 비상장주식의 평가에도 광범위하게 적용되고 있다.
④ 유사기업이 일시적으로 과대평가나 과소평가되는 경우 함께 과대, 과소평가된다.

**TIP** 주로 상장기업에 대해 상대가치평가법을 많이 사용한다.

## 핵심포인트 해설 상대가치평가법의 장·단점 등

**(1) 상대가치평가법의 장·단점**

| 구분 | 내용 |
|---|---|
| 장 점 | • 현금흐름할인모형보다 더 적은 가정, 단기간 적용이 가능함<br>• 현금흐름할인모형보다 더 적은 변수로, 설명이 쉽고 이해 가능성이 높음<br>• 현재 주식시장 상황을 잘 반영하여 실제 적용성이 높음 |
| 단 점 | • 기업고유 영업, 성장 가능성 등 가치평가의 핵심요소가 간과됨<br>• 유사회사 선정 시 평가자의 주관개입 가능성, 투명성 부족<br>• 비상장주식 평가에 있어 실제 기업가치를 반영하기 힘듦<br>• 유사회사가 일시적으로 과대·과소평가되면 함께 과대·과소평가되어 왜곡됨 |

**(2) 유사회사 선정기준**

① 사업내용의 유사성
② 일반기준의 유사성
③ 경영성과의 질적 유사성
④ 재무사항의 유사성과 적정성
⑤ 이해관계적 적정성 및 주가 유의성 기준

정답 ③

㈜해커스의 미래 기대현금흐름이 1차년에 200억원이 예상되고 2차년부터 연간 10% 성장률로 영구히 성장하며 할인율이 15%일 때 ㈜해커스의 기업가치로 가장 적절한 것은?

① 3,000억원 ② 4,000억원
③ 4,500억원 ④ 5,000억원

**TIP** 영구일정 성장률 모형 $= \frac{CF_1}{r-g} = \frac{200억원}{15\% - 10\%} = 4,000억원$

## 핵심포인트 해설 영구일정 성장률 모형의 기업가치

### (1) 영구일정 성장률 모형

영구일정 성장률 모형은 잔존가치(Terminal Value) 계산 시 직접 적용됨

$$영구일정\ 성장률\ 모형 = \frac{CF_1}{r-g} = \frac{1차년도\ 현금흐름}{할인율 - 성장률}$$

### (2) 현금흐름할인법을 통한 기업가치 평가 방법

| 구 분 | 기업가치평가 | 주주가치평가 |
|---|---|---|
| 현금흐름 | 주주 및 채권자 귀속 현금흐름(FCFF) | 주주 귀속 현금흐름(FCFE) |
| 할인율 | 가중평균자본비용(WACC) | 자기자본비용(K) |
| 가치평가 | 기업가치(Firm Value) | 주주가치(Equity Value) |

정답 ②

# 10

영업투하자본, 총투자금액, 총자산 ★★★

〈보기〉의 자료를 이용해 계산한 ㈜해커스의 영업투하자본은?

(단위 : 억원)

〈 보기 〉

- 현금 : 50
- 매출채권 : 400
- 재고자산 : 300
- 매입채무 : 200
- 투자부동산 : 250
- 유형자산 : 600
- 차입금 : 700
- 자기자본 : 700

① 1,100억원
② 1,150억원
③ 1,200억원
④ 1,250억원

TIP 영업투하자본 = 영업관련 유동자산 + 영업관련 비유동자산 – 영업부채
= (50 + 400 + 300) + 600 – 200
= 1,150억원

## 핵심포인트 해설 영업투하자본

기업의 본원적인 영업활동을 위해 투입된 자산

영업투하자본 = 영업관련 유동자산 + 영업관련 비유동자산 – 영업부채
= 영업자산 – 영업부채
= 총자산 – 영업부채 – 비영업자산

① 영업관련 유동자산 : 현금, 매출채권, 재고자산 등
② 영업관련 비유동자산 : 유형자산, 무형자산 등
③ 영업부채 : 매입채무, 미지급금, 선수금 등

정답 ②

## 11

영업투하자본, 총투자금액, 총자산 ★★★

〈보기〉의 자료를 이용해 계산한 ㈜해커스의 총자산은?

(단위 : 억원)

〈보기〉

- 현금 : 50
- 매출채권 : 400
- 재고자산 : 300
- 매입채무 : 200
- 투자부동산 : 250
- 유형자산 : 600
- 차입금 : 700
- 자기자본 : 700

① 1,100억원
② 1,350억원
③ 1,500억원
④ 1,600억원

**TIP** 총자산 = 총투자금액 + 영업부채 = 1,400 + 200 = 1,600억원

### 핵심포인트 해설 총자산 공식

**(1) 총투자금액**

총투자금액 = 영업투하자본 + 비영업자산투자(투자주식, 투자부동산, 대여금 등)

**(2) 총자산**

총자산 = 총투자금액 + 영업부채
= 영업투하자본 + 영업부채 + 비영업자산
총자산 = 영업부채 + 금융부채(차입금, 사채 등) + 자기자본

정답 ④

# 12

잉여현금흐름(FCFF) ★★★

〈보기〉의 자료를 이용해 계산한 ㈜해커스의 세후 영업이익은?

〈보기〉

- 매출액 : 2,000억원
- 매출원가 : 1,400억원
- 판매관리비 : 200억원
- 이자비용 : 100억원
- 법인세율 : 25%

① 200억원
② 225억원
③ 280억원
④ 300억원

**TIP** 영업이익 = 2,000 − 1,400 − 200 = 400억원
∴ 세후 영업이익 = 400 × (1 − 25%) = 300억원

## 핵심포인트 해설 세후 영업이익 공식

**(1) 세후 영업이익**

세후 영업이익 = 영업이익 × (1 − 법인세율)

**(2) 영업이익**

영업이익 = 매출액 − 매출원가 − 판매관리비

정답 ④

## 13

잉여현금흐름(FCFF) ★★★

**잉여현금흐름(FCFF)에 대한 설명으로 가장 거리가 먼 것은?**

① FCFF는 기업의 영업활동으로부터 창출되는 현금흐름을 말한다.
② FCFF를 할인하여 산출한 기업가치에서 차입금가치를 차감하면 주주지분가치가 계산된다.
③ FCFF의 영업이익은 회계상 영업이익과 일치하지 않는다.
④ FCFF가 양(+)의 값일 경우 투자자로부터 유입되어야 할 현금(신규차입, 유상증자)을 의미한다.

**TIP** FCFF가 양(+)의 값일 경우 투자자에게 환원해 주는 현금(원금상환, 이자지급, 배당금지급, 자기주식취득)을 의미한다.

### 핵심포인트 해설 잉여현금흐름(FCFF)

| | |
|---|---|
| 잉여현금흐름 (FCFF) | • 기업의 영업활동으로부터 창출되는 현금흐름 |
| FCFF 영업이익 | • 회계상 영업이익과 일치하지 않음<br>• 이자비용, 비영업자산 수익(이자수익, 배당수입 등)은 제외됨 |
| FCFF의 값이 양(+)인 경우 | • 세후 영업이익 > 순투자액<br>• 투자자에게 환원해 주는 현금(원금상환, 이자지급, 배당금지급, 자기주식취득)을 의미함 |
| FCFF의 값이 음(-)인 경우 | • 세후 영업이익 < 순투자액<br>• 투자자로부터 유입되야할 현금(신규차입, 유상증자)을 의미함 |

정답 ④

## 14

잉여현금흐름(FCFF) ★★★

〈보기〉의 자료를 이용해 계산한 ㈜해커스의 영업잉여현금흐름(FCFF)은?

〈보기〉

- 영업이익 : 200억원
- 법인세율(영업이익): 20%
- 감가상각비 : 30억원
- 자본적 지출 : 50억원
- 추가운전자본투자 : 60억원

① −50억원
② 50억원
③ 80억원
④ 90억원

**TIP** 영업잉여현금흐름(FCFF) = 영업이익 − 법인세 + 감가상각비 − 자본적 지출 − 추가운전자본투자
= 200 − (200 × 20%) + 30 − 50 − 60
= 80억원

### 핵심포인트 해설 잉여현금흐름(FCFF) 공식

잉여현금흐름(FCFF) = 세후 영업이익 − 순투자액
= (영업이익 − 법인세) − (영업관련 총투자 − 감가상각비)
= (영업이익 − 법인세) − (자본적 지출 + 추가운전자본투자 − 감가상각비)
= 영업이익 − 법인세 + 감가상각비 − 자본적 지출 − 추가운전자본투자

정답 ③

## 15



**〈보기〉의 자료를 이용해 계산한 ㈜해커스의 영업가치는?**

〈보기〉

- 1~5차년 FCFF의 현재가치 : 300억원
- 6차년 FCFF : 30억원
- 6차년 이후 성장률 : 3%
- 가중평균자본비용 : 6%
- 5차년도 말 현가계수 : 0.62

① 860억원
② 920억원
③ 1,080억원
④ 1,140억원

TIP
- 추정기간 FCFF의 현재가치 = 300억원
- 5차년 말 잔존가치 = $\frac{FCFF_6}{WACC - g} = \frac{30억원}{6\% - 3\%}$ = 1,000억원
- 잔존가치의 현재가치 = 1,000억원 × 0.62 = 620억원

∴ 영업가치 = 300 + 620 = 920억원

## 핵심포인트 해설 **영업가치**

FCFF를 가중평균자본비용(WACC)으로 할인한 현재가치

| 영업가치 = 추정기간 현금흐름의 현재가치 + 추정기간 이후 잔존가치의 현재가치 |
| --- |

정답 ②

## 16



**자기자본비용의 산정에 대한 설명으로 가장 거리가 먼 것은?**

① 주주가 특정 기업의 주식에 투자할 때 기대하는 수익률을 말한다.
② 비상장회사는 거래되는 시장자료가 없으므로 베타계수 측정 시 Hamada모형을 사용한다.
③ 시장위험 프리미엄은 시장포트폴리오에 대한 기대수익률과 무위험수익률의 차이로 구한다.
④ 국고채수익률이 5%이고 베타가 1.5이며 시장기대수익률이 8%인 경우 자기자본비용은 17% 이다.

**TIP** 자기자본비용 = 무위험수익률 + 베타 × 시장위험 프리미엄(시장기대수익률 − 무위험수익률)
= 5% + 1.5 × (8% − 5%)
= 9.5%

## 핵심포인트 해설 자기자본비용

| | |
|---|---|
| 자기자본비용 | • 주주가 특정 기업의 주식에 투자할 때 기대하는 수익률<br>자기자본비용 = 무위험수익률 + 베타 × 시장위험 프리미엄(시장기대수익률 − 무위험수익률) |
| 무위험수익률 | • 국채에 투자할 경우의 예상 수익률 |
| 베 타 | • 베타 > 1 : 시장 평균보다 높은 위험도의 주식<br>• 베타 < 1 : 시장 평균보다 낮은 위험도의 주식<br>• 비상장주식의 경우 시장자료가 없어 Hamada모형을 사용 |
| 시장위험 프리미엄 | 시장위험 프리미엄 = 시장기대수익률 − 무위험수익률 |

정답 ④

## 17



〈보기〉의 자료를 이용해 계산한 ㈜해커스의 1주당 가치는?

〈 보기 〉

- 영업가치 : 2,000억원
- 비영업자산가치(공정가액) : 300억원
- 차입금 : 500억원
- 비영업자산가치(장부가액) : 200억원
- 총부채 : 700억원
- 총발행주식수 : 10,000,000주

① 15,000원
② 16,000원
③ 17,000원
④ 18,000원

**TIP**
- 기업가치 = 영업가치 + 비영업자산가치(공정가액) = 2,000 + 300 = 2,300억원
- 주주가치 = 기업가치 − 차입금가치 = 2,300 − 500 = 1,800억원

$$\therefore \text{ 1주당 가치} = \frac{\text{주주가치}}{\text{총발행주식수}} = \frac{\text{1,800억원}}{\text{10,000,000주}} = \text{18,000원}$$

## 핵심포인트 해설 기업가치와 주주가치

**(1) 기업가치**

기업가치 = 영업가치 + 비영업자산가치(공정가액)
= 채권자가치 + 주주가치
(비영업자산 : 적정 현금 초과보유액, 투자유가증권, 투자부동산, 유휴설비 및 건설 중인 자산 등이 포함됨)

**(2) 주주가치**

주주가치 = 기업가치 − 차입금가치(총부채 X)

**(3) 1주당 가치**

$$\text{1주당 가치} = \frac{\text{주주가치}}{\text{총발행주식수}}$$

정답 ④

# 18

경제적 부가가치(EVA) ★★★

**경제적 부가가치(EVA)에 대한 설명으로 가장 거리가 먼 것은?**

① EVA는 투하자본수익률이라는 회계지표를 토대로 산출하기 때문에 감가상각에 영향을 많이 받는다.
② 기업 간의 EVA 비교 시 반드시 기업규모를 고려하여 판단해야 한다.
③ 감가상각이 많이 진행된 자산을 가지고 있는 경우 EVA는 낮게 평가된다.
④ 특정 연도의 EVA수치만으로는 기업의 장래 경영성과나 가치창출 여부를 제대로 판단하기 어렵다.

**TIP** 감가상각이 많이 진행된 자산을 가지고 있는 경우 EVA는 높게 평가된다.

## 핵심포인트 해설 경제적 부가가치(EVA)

| | |
|---|---|
| 경제적 부가가치(EVA) | • 영업활동에 사용된 모든 자본(채권자, 주주)에 대한 자본비용을 고려한 성과평가지표<br>• 영업활동을 통해 창출한 이익에서 투입된 자본에 대한 자본비용을 차감한 후의 경제적 이익<br>• 주주 입장에서 기업의 수익성을 명확하게 보여주는 지표(기업가치증가분)<br>경제적 부가가치 = 세후 영업이익 − 자본비용<br>= 세후 영업이익 − (영업투하자본 × 가중평균자본비용) |
| 기업가치(Firm Value) | 기업가치 = 영업용 투하자본 + MVA(미래 EVA 현재가치 합산) |
| 주주지분 가치(Eqity Value) | 주주지분 가치 = 기업가치 − 차입금 가치 |
| EVA 보완해야 할 점 | • 감가상각의 영향을 많이 받음(감가상각이 많이 진행된 자산을 가지고 있는 경우 EVA는 높게 평가됨)<br>• 특정 연도의 EVA로 기업의 장래 경영성과를 판단하기 어려움<br>• 기업 간의 EVA 비교 시 기업규모를 고려해야 함(기업규모가 크면 EVA도 커짐) |

정답 ③

# 19

경제적 부가가치(EVA) ★★★

〈보기〉의 자료를 이용해 계산한 ㈜해커스의 EVA는?

〈 보기 〉

- 영업이익 : 300억원
- 법인세율 : 20%
- 영업투하자본 : 700억원
- 가중평균자본비용 : 10%

① 150억원
② 170억원
③ 200억원
④ 220억원

**TIP** EVA = 세후 영업이익[영업이익 × (1 − 법인세율)] − 영업투하자본 × 자본비용
= [300 × (1 − 20%)] − (700 × 10%)
= 170억원

## 핵심포인트 해설 경제적 부가가치(EVA) 공식

$$\begin{aligned} \text{EVA} &= \text{세후 영업이익} - \text{자본비용} \\ &= \text{세후 영업이익} - (\text{영업투하자본} \times \text{가중평균자본비용}) \\ &= [\text{영업이익} \times (1 - \text{법인세율})] - (\text{영업투하자본} \times \text{가중평균자본비용}) \\ &= IC \times \left(\frac{NOPAT}{IC} - WACC\right) \\ &= IC \times (ROIC - WACC) \end{aligned}$$

정답 ②

**규정에 의한 가치평가방법에 대한 설명으로 가장 거리가 먼 것은?**

① 상장법인과 비상장법인 합병 시 비상장법인의 가치는 자산가치와 수익가치를 가중평균하여 구한다.
② 수익가치 산정 시 현금흐름할인모형을 적용하여 구할 수 있다.
③ 본질가치의 경우 부동산 과다보유법인의 가치평가에 적합한 방법이다.
④ 최대주주의 주식은 할증평가가 이루어진다.

**TIP** 본질가치는 자산가치 산정 시 부동산 과다보유법인이나 비상장주식 과다보유법인의 경우에 적합한 자산가치를 산정하는 데 한계를 가진다.

## 핵심포인트 해설 규정에 의한 가치평가방법

**(1) 본질가치의 산정방법**

| 본질가치 | 본질가치 = $\frac{(자산가치 \times 1) + (수익가치 \times 1.5)}{2.5}$ |
|---|---|
| 자산가치 산정 시 | • 무형자산(실질가치 없음)과 회수가능성 없는 채권 차감<br>• 자기주식은 가산함 |
| 수익가치 산정 시 | • 현금흐름할인모형, 배당할인모형을 적용할 수 있음 |
| 본질가치 한계 | • 일률적 적용으로 이론적 근거 취약<br>• 자산가치 산정 시 부동산 과다보유법인, 비상장주식 과다보유법인의 적합한 자산가치 산정에 한계를 가짐 |

**(2) 세법에 의한 가치평가방법**

| 상장주식 평가 | • 평가일 이전, 이후 각 2개월간의 최종시세가액 평균액 |
|---|---|
| 비상장주식 평가<br>(보충적) | • 자산가치와 수익가치의 가중평균 계산<br>· 일반적 : 순자산가치 2, 순손익가치 3 가중치<br>· 부동산 과다보유법인 : 순자산가치 3, 순손익가치 2 가중치<br>• Max[가중평균액, 순자산가치 × 80%] |
| 상장, 비상장주식 | • 최대주주 주식의 할증(중소기업 할증평가 면제) |

정답 ③

# 출제예상문제

☑ 다시 봐야 할 문제(틀린 문제, 풀지 못한 문제, 헷갈리는 문제 등)는 문제 번호 하단의 네모박스(□)에 체크하여 반복학습 하시기 바랍니다.

**01** 중요도 ★★★

**〈보기〉와 같은 특징을 가진 기업가치평가 방법으로 가장 거리가 먼 것은?**

□

〈보기〉

- 적용하기에 매우 간편한 방법이고 시장 상황을 반영한 가치평가가 가능하다.
- 유사회사 선정에 평가자의 자의성이 개입되는 경우에는 가치평가결과가 왜곡될 수 있다.

① PSR ② PBR
③ EV/EBITDA ④ EVA할인모형

**02** 중요도 ★★

**상대가치평가법에 대한 설명으로 가장 거리가 먼 것은?**

□

① 적용하기에 매우 간편한 방법이다.
② 유사회사 선정에 평가자의 자의성이 개입될 수 있다.
③ 합병가액 산정 시 활용된다.
④ 시장 상황을 반영한 평가가 가능하다.

**03** 중요도 ★★★

**기업가치평가 방법에 대한 설명으로 가장 거리가 먼 것은?**

□

① 상대가치평가법은 필요한 정보 수집과 투입되는 노력이 상대적으로 크지 않다.
② 자산가치평가법은 재무상태표상의 총자산에서 총부채를 차감하여 산출하는 방식이다.
③ 수익가치평가법은 미래의 기대되는 현금흐름이 클수록, 자본비용이 클수록 기업가치가 크게 평가된다.
④ 수익가치평가법에는 DCF모형, 배당할인모형, EVA할인모형 등이 있다.

04 중요도★★★

〈보기〉의 자료를 이용하여 계산한 ㈜해커스의 PER은?

〈보기〉

- 주가 : 15,000원
- 당기순이익 : 200억원
- 총자산 : 150억원
- 총부채 : 100억원
- 발행주식수 : 5,000,000주

① 3.75 ② 4.5
③ 4.8 ④ 6

05 중요도★★★

㈜해커스의 당기순이익은 100억원, 발행주식수 10,000,000주이고 주가는 8,000원이다. 유사한 교육업체의 평균 PER이 20배로 조사되었을 때 ㈜해커스 주가의 상승여력으로 가장 적절한 것은?

① 120% ② 150%
③ 220% ④ 250%



## 정답 및 해설

01 ④ 상대가치평가법에 대한 설명이다. 상대가치평가법에는 PER, EV/EBITDA, PSR, PBR이 있으며, 수익가치평가법에는 DCF모형, 배당할인모형, EVA할인모형이 있다.

02 ③ 합병가액 산정 시 활용되는 방법은 법률적 평가법이다.

03 ③ 수익가치평가법은 미래에 기대되는 현금흐름이 클수록, 자본비용이 낮을수록 기업가치가 크게 평가된다.

04 ① 주당순이익 $= \frac{\text{당기순이익}}{\text{발행주식수}} = \frac{\text{200억원}}{\text{5,000,000주}} = \text{4,000원}$

$\therefore \text{PER} = \frac{\text{주가}}{\text{주당순이익}} = \frac{15,000}{4,000} = 3.75$

05 ② • 주당순이익 $= \frac{\text{당기순이익}}{\text{발행주식수}} = \frac{\text{100억원}}{\text{10,000,000주}} = \text{1,000원}$

• 평균 PER을 감안한 적정 주가 = 1,000 × 20배 = 20,000원

$\therefore \text{주가 상승여력} = \left[\left(\frac{20,000}{8,000}\right) - 1\right] \times 100 = 150\%$

**06** 중요도 ★★

**㈜해커스의 당기순이익은 200억원, 발행주식수 10,000,000주이다. 유사한 교육업체의 평균 PER이 20배로 조사되었을 때 ㈜해커스 적정주가는?**

① 30,000원
② 40,000원
③ 50,000원
④ 60,000원

**07** 중요도 ★★★

**〈보기〉의 자료를 이용해 계산한 ㈜해커스의 EV/EBITDA 비율은?**

(단위 : 억원)

〈보기〉

- 매출액 : 1,000
- 영업이익 : 120
- 감가상각비 : 30
- 총차입금 : 200
- 시가총액 : 300
- 현금성 자산 : 50

① 3
② 3.7
③ 4.3
④ 5

**08** 중요도 ★★★

**EV/EBITDA에 대한 옳은 설명을 〈보기〉에서 골라 적절하게 묶은 것은?**

〈보기〉

㉠ 감가상각의 영향을 받지 않는다.
㉡ 부실기업이나 사업초기 회사에 대해서도 적용이 가능하다.
㉢ 재무레버리지가 다른 기업 간 비교에 적합하다.
㉣ 과거 영업지표를 기준으로 분석함으로써 PER과 유사한 개념을 가진다.

① ㉠, ㉡
② ㉠, ㉢, ㉣
③ ㉡, ㉣
④ ㉡, ㉢, ㉣

## 09

중요도 ★★★

**〈보기〉의 자료를 이용해 계산한 ㈜해커스의 EV/EBITDA 비율은?**

☐

〈보기〉

- 매출액 : 4,000원
- 감가상각비 : 160원
- 영업이익 : 1,200원
- 법인세 : 200원
- 당기순이익 : 800원
- 자기자본 : 600원
- 총차입금 : 1,000원
- 현금성 자산 : 200원
- 주가 : 30원
- 발행주식수 : 200주

① 5
② 5.4
③ 6.2
④ 6.6

## 10

중요도 ★★★

**㈜해커스의 PBR을 통한 적정주가로 가장 적절한 것은?**

☐

〈보기〉

- 총자산 : 450억원
- 총발행주식수 : 500,000주
- 회수불능채권 : 20억원
- 총부채 : 200억원
- 무형자산(자산가치 없음) : 30억원
- 유사회사 평균 PBR : 3.5

① 120,000원
② 130,000원
③ 140,000원
④ 150,000원



### 정답 및 해설

06 ② 주당순이익 $= \frac{\text{당기순이익}}{\text{발행주식수}} = \frac{\text{200억원}}{\text{10,000,000주}} = \text{2,000원}$

∴ 평균 PER을 감안한 적정주가 = 2,000 × 20배 = 40,000원

07 ① $\text{EV/EBITDA} = \frac{\text{시가총액 + 총차입금 − 현금성 자산}}{\text{영업이익 + 감가상각비}} = \frac{300 + 200 - 50}{120 + 30} = 3$

08 ② ㉡ 부실기업이나 사업초기 회사에 대해서도 적용이 가능한 것은 PSR이다.

09 ① $\text{EV/EBITDA} = \frac{\text{시가총액 + 총차입금 − 현금성 자산}}{\text{영업이익 + 감가상각비}} = \frac{(30 \times 200) + 1,000 - 200}{1,200 + 160} = 5$

10 ③ • 순자산 = 총자산 − 총부채 − 무형자산(자산가치 없음) − 회수불능채권
= 450억원 − 200억원 − 30억원 − 20억원
= 200억원

• 주당순자산 $= \frac{\text{순자산}}{\text{총발행주식수}} = \frac{\text{200억원}}{\text{500,000주}} = \text{40,000원}$

∴ 적정주가 = 주당순자산 × PBR = 40,000 × 3.5 = 140,000원

11 중요도 ★★★

**주가순자산비율(PBR)에 대한 옳은 설명을 〈보기〉에서 골라 적절하게 묶은 것은?**

□

〈보기〉

㉠ 순자산이란 회사의 청산 시 주주의 잔여재산배당액과 같다.
㉡ 주로 서비스업종이나 IT업종의 기업가치 평가에 사용된다.
㉢ 회계처리기준이 다를 경우 잘못된 결과를 초래할 수 있다.
㉣ PBR이 1배 미만일 경우 절대적으로 저평가된 상태라고 볼 수 있다.

① ㉠, ㉡ ② ㉠, ㉢
③ ㉡, ㉢ ④ ㉡, ㉣

12 중요도 ★★★

**〈보기〉의 자료를 이용해 계산한 ㈜해커스의 PSR은?**

□

〈보기〉

• 매출액 : 300억원 • 당기순이익 : 100억원
• 총발행주식수 : 1,000,000주 • 주가 : 24,000원

① 0.65 ② 0.8
③ 1.2 ④ 1.25

13 중요도 ★★★

**상대가치평가법 중 적자기업이거나 사업초기 회사, 벤처기업 등의 기업의 가치평가에 적합한 방법으로 가장 적절한 것은?**

□

① PBR ② EV/EBITDA
③ PSR ④ PER

14 중요도 ★★

**상대가치평가법에 대한 설명으로 가장 거리가 먼 것은?**

□

① 유사 상장회사가 없을 경우 적용이 곤란하다.
② 신뢰성이 높고 보수적인 평가방법이라고 할 수 있다.
③ 현재 주식시장의 상황을 잘 반영한다.
④ 비상장주식의 평가에 있어 실제 개별기업의 가치를 반영하기 어렵다.

## [15 ~ 16] ㈜해커스의 다음 자료를 이용하여 질문에 답하시오.

(단위 : 억원)

〈보기〉

- 매출채권 : 300
- 재고자산 : 400
- 매입채무 : 200
- 투자부동산 : 150
- 투자주식 : 50
- 영업관련 유형자산 : 600
- 차입금 : 800
- 자기자본 : 500

**15** 중요도 ★★★

**㈜해커스의 영업투하자본은?**

□

① 1,100억원 ② 1,300억원
③ 1,500억원 ④ 1,700억원

**16** 중요도 ★★★

**㈜해커스의 총투자금액은?**

□

① 1,100억원 ② 1,300억원
③ 1,500억원 ④ 1,700억원



### 정답 및 해설

11 ② ㉡ 유형자산의 비중이 상대적으로 적은 서비스업종이나 IT업종에 적용에는 한계가 있다.
㉣ PBR이 1배 미만이라도 주가가 고평가된 경우도 있기 때문에 동종업체 등과 비교를 통한 상대적 관점에서 평가하는 것이 바람직하다.

12 ② 주당 매출액 $= \frac{\text{매출액}}{\text{총발행주식수}} = \frac{\text{300억원}}{\text{1,000,000주}} = \text{30,000원}$

$\therefore \text{PSR} = \frac{\text{주가}}{\text{주당 매출액}} = \frac{24,000}{30,000} = 0.8$

13 ③ PSR은 적자기업, 자본잠식, 사업초기 회사, 벤처기업 등에 대해서 적용 가능하다.

14 ② 신뢰성이 높고 보수적인 평가방법이라고 할 수 있는 것은 자산가치평가법이다.

15 ① 영업투하자본 = 영업관련 유동자산(현금, 매출채권, 재고자산 등) + 영업관련 비유동자산(유형자산, 무형자산 등) – 영업부채(매입채무, 미지급금, 선수금 등)
= (300 + 400) + 600 – 200 = 1,100억원

16 ② 총투자금액 = 영업투하자본 + 비영업자산투자 = 1,100억원 + 150억원 + 50억원 = 1,300억원

참고 총자산

- 총자산 = 총투자금액 + 영업부채 = 1,300 + 200 = 1,500억원
- 총자산 = 영업부채 + 금융부채(차입금, 사채 등) + 자기자본 = 200 + 800 + 500 = 1,500억원

**17** 중요도 ★★★

**기업가치 평가를 계산하는 구성요소로 가장 거리가 먼 것은?**

□

① 기업가치 = 영업가치 + 비영업자산가치

② 총투자금액 = 영업투하자본 + 비영업자산투자

③ 주주가치 = 기업가치 − 채권자가치

④ 총자산 = 영업투하자본 + 비영업자산투자 − 영업부채

**18** 중요도 ★★★

**〈보기〉의 자료를 이용해 계산한 ㈜해커스의 세후 영업이익은?**

□

〈보기〉

- 매출액 : 3,000억원
- 매출원가 : 1,200억원
- 판매관리비 : 600억원
- 이자비용 : 200억원
- 법인세율 : 20%

① 860억원

② 920억원

③ 960억원

④ 1,020억원

**19** 중요도 ★★

**〈보기〉의 자료를 이용해 계산한 ㈜해커스의 추가운전자본투자액은?**

□

(단위 : 억원)

〈보기〉

- 매출채권 : 전기말 120, 당기말 180
- 재고자산 : 전기말 70, 당기말 120
- 매입채무 : 전기말 130, 당기말 90

① 130억원

② 150억원

③ 180억원

④ 210억원

**20** 중요도 ★★★

**잉여현금흐름(FCFF)에 대한 설명으로 가장 거리가 먼 것은?**

□

① FCFF가 음(−)의 값일 경우 투자가에게 환원해 주는 현금(원금상환, 이자지급, 배당금지급, 자기주식취득)을 의미한다.

② 세후 영업이익에서 순투자액을 차감하는 방법으로 구한다.

③ FCFF는 주주 및 채권자에게 귀속될 현금흐름과 동일하다.

④ 영업이익은 회계상 영업이익 개념이 아니라 경제적 관점에서의 개념이다.

**21** 중요도 ★★★

**〈보기〉 자료를 이용해 계산한 ㈜해커스의 영업가치는?**

〈보기〉

- 1 ~ 5차년 FCFF의 현재가치 : 600억원
- 6차년 FCFF : 60억원
- 6차년 이후 성장률 : 4%
- 가중평균자본비용 : 7%
- 5차년도 말 현가 계수 : 0.71

① 1,780억원 ② 1,860억원

③ 1,980억원 ④ 2,020억원

**22** 중요도 ★★

**〈보기〉의 자료를 이용해 계산한 ㈜해커스의 자기자본비용은?**

〈보기〉

- 5년 만기 국고채수익률 : 3%
- 시장기대수익률 : 6%
- 베타 : 0.8

① 4.8% ② 5.4%

③ 6.4% ④ 7.8%



## 정답 및 해설

17 ④ 총자산은 총투자금액에 매입채무 등과 같은 영업부채(무이자부채)를 더하면 구할 수 있다.
∴ 총자산 = 영업투하자본 + 비영업자산투자 + 영업부채

18 ③ 영업이익 = 매출액 – 매출원가 – 판매관리비 = 3,000 – 1,200 – 600 = 1,200억원
∴ 세후 영업이익 = 영업이익 × (1 – 법인세율) = 1,200 × (1 – 20%) = 960억원

19 ② 추가운전자본투자액 = 매출채권 증가 + 재고자산 증가 – 매입채무 증가
= (180 – 120) + (120 – 70) – (90 – 130) = 150억원

20 ① FCFF가 음(–)의 값일 경우 투자자로부터 유입되어야 할 현금(신규차입, 유상증자)을 의미하며 양(+)의 값일 경우 투자자에게 환원해 주는 현금(원금상환, 이자지급, 배당금지급, 자기주식취득)을 의미한다.

21 ④ • 추정기간 FCFF 현재가치 = 600억원
• 5차년 말 잔존가치 = $\frac{FCFF_6}{(WACC - g)} = \frac{60억원}{(7\% - 4\%)}$ = 2,000억원
• 잔존가치의 현재가치 = 2,000 × 0.71 = 1,420억원
∴ 영업가치 = 추정기간 FCFF의 현재가치 + 잔존가치(Terminal Value)의 현재가치
= 600 + 1,420 = 2,020억원

22 ② 자기자본비용 = 무위험수익률 + 베타 × 시장위험 프리미엄(시장기대수익률 – 무위험수익률)
= 3% + 0.8 × (6% – 3%) = 5.4%

**23** 중요도 ★★★

**자본비용(WACC)의 산정에 대한 설명으로 가장 거리가 먼 것은?**

☐

① 기업이 영업활동에 투자한 투하자본의 평균적인 자본비용을 말한다.

② 타인자본비용의 산정은 차입금, 사채, 금융리스 부채 등과 매입채무, 선수금 등의 부채비용을 포함하여 산정한다.

③ WACC 산정 시 자기자본과 타인자본 비중은 시장가치를 기준으로 한다.

④ 자기자본비용 산정 시 베타가 1보다 작으면 시장의 평균적 수준보다 낮은 위험도를 갖고 있는 주식을 말한다.

**24** 중요도 ★★★

**자본비용(WACC) 산정에 대한 설명 중 옳은 것을 〈보기〉에서 골라 적절하게 묶은 것은?**

☐

〈보기〉

㉠ WACC 산정 시 자기자본과 타인자본 비중은 장부가치를 기준으로 한다.

㉡ 타인자본비용은 매입채무, 미지급비용, 선수금 등의 영업부채는 대상에서 제외한다.

㉢ 자기자본의 자본비용은 타인자본보다 일반적으로 낮은 수준에서 결정된다.

㉣ 타인자본비용은 평가대상회사가 부담하고 있는 현재의 차입이자율을 반영한다.

① ㉠ ② ㉠, ㉣

③ ㉡ ④ ㉡, ㉢

**25** 중요도 ★★★

**〈보기〉의 자료를 이용해 계산한 ㈜해커스의 잉여현금흐름(FCFF)은?**

☐

(단위 : 억원)

〈보기〉

- 영업이익 : 300
- 법인세 : 50
- 감가상각비 : 100
- 자본적 지출 : 200
- 매출채권 증가 : 60
- 재고자산 증가 : 40
- 매입채무 증가 : 30

① 70억원 ② 80억원

③ 90억원 ④ 100억원

## 26

중요도 ★★★

〈보기〉의 자료를 이용해 계산한 ㈜해커스의 FCFF는?

〈보기〉

- 매출액 : 900억원
- 매출원가 : 300억원
- 판매관리비 : 400억원
- 감가상각비 : 60억원
- 법인세율 : 25%
- 당기순이익 : 100억원
- 추가운전자본투자 : 80억원
- 자본적 지출 : 50억원

① 80억원 ② 90억원
③ 110억원 ④ 130억원

## 27

중요도 ★★★

〈보기〉의 자료를 이용해 계산한 ㈜해커스의 1주당 가치는?

〈보기〉

- 영업가치 : 4,000억원
- 비영업자산가치 : 600억원
- 총부채 : 1,000억원
- 차입금 : 800억원
- 총발행주식수 : 10,000,000주

① 26,000원 ② 28,000원
③ 36,000원 ④ 38,000원

### 정답 및 해설

23 ② 타인자본비용 산정 시 차입금, 사채, 금융리스 부채 등 모든 이자부 부채를 대상으로 하고 매입채무, 미지급비용, 선수금 등 영업부채(무이자부 부채)는 대상에서 제외한다.

24 ③ ㉠ WACC 산정 시 자기자본과 타인자본 비중은 시장가치를 기준으로 한다.
㉢ 자기자본의 자본비용은 타인자본보다 일반적으로 높은 수준에서 결정한다.
㉣ 타인자본비용은 평가대상회사가 부담하고 있는 현재의 차입이자율이 아니라 현행 시장이자율을 반영한다.

25 ② 잉여현금흐름(FCFF) = 영업이익 – 법인세 + 감가상각비 – 자본적 지출 – 추가운전자본투자(매출채권 증가 + 재고자산 증가 – 매입채무 증가)
= 300 – 50 + 100 – 200 – (60 + 40 – 30)
= 80억원

26 ① 영업이익 = 매출액 – 매출원가 – 판매관리비 = 900 – 300 – 400 = 200억원
∴ 영업잉여현금흐름(FCFF) = 영업이익 – 법인세 + 감가상각비 – 자본적 지출 – 추가운전자본투자
= 200 – (200 × 25%) + 60 – 50 – 80 = 80억원

27 ④ • 기업가치 = 영업가치 + 비영업자산가치 = 4,000 + 600 = 4,600억원
• 주주가치 = 기업가치 – 차입금가치 = 4,600 – 800 = 3,800억원

$$\therefore \text{1주당 가치} = \frac{\text{주주가치}}{\text{총발행주식수}} = \frac{\text{3,800억원}}{\text{10,000,000주}} = \text{38,000원}$$

28

중요도 ★★

**주주잉여현금흐름(FCFE)할인법에 대한 설명으로 가장 거리가 먼 것은?**

□

① 채권자 귀속 현금흐름은 '세후 이자비용 – (기존차입금 상환 + 신규차입금 조달)'로 구할 수 있다.

② 주주가치는 주주잉여현금흐름을 자기자본비용으로 할인한 현재가치를 의미한다.

③ FCFE는 '세후 영업이익 – 순투자 – 채권자 귀속 현금흐름'으로 구할 수 있다.

④ 이론적으로 볼 때 Entity Valuation에 의한 주주가치와 Equity Valuation에 의한 주주가치는 동일하다.

29

중요도 ★★

**〈보기〉의 자료를 이용해 계산한 ㈜해커스의 주주잉여현금흐름(FCFE)은?**

□

(단위 : 억원)

〈보기〉

- 세후 영업이익 : 300
- 순투자액 : 100
- 세후 이자비용 : 50
- 차입금 상환 : 120
- 차입금 조달 : 150

① 160억원

② 180억원

③ 200억원

④ 240억원

30

중요도 ★★

**경제적 부가가치(EVA)에 대한 설명으로 가장 거리가 먼 것은?**

□

① 주주 입장에서 기업의 수익성을 명확하게 보여주는 지표이다.

② 세후 영업이익, 영업투하자본, 가중평균자본비용을 알면 EVA를 계산할 수 있다.

③ 기업이 영업활동에 필요한 자본을 주주 및 채권자로부터 조달하여 얼마의 시장가치를 늘렸는가를 보여주는 지표이다.

④ EVA는 감가상각의 영향을 많이 받는다.

31

중요도 ★★★

**〈보기〉의 자료를 이용해 계산한 ㈜해커스의 EVA는?**

□

〈보기〉

- 영업이익 : 500억원
- 법인세율 : 25%
- 영업투하자본 : 600억원
- 가중평균자본비용 : 8%

① 244억원

② 268억원

③ 286억원

④ 327억원

**32** 중요도 ★★★

〈보기〉의 자료를 이용해 계산한 ㈜해커스의 EVA는?

〈보기〉

- 영업이익 : 500억원
- 법인세율 : 20%
- 영업투하자본 : 300억원
- 자기자본비용 : 8%
- 세후 타인자본비용 : 6%
- 자기자본비중 : 50%
- 타인자본비중 : 50%

① 336억원 ② 379억원
③ 388억원 ④ 396억원

**33** 중요도 ★★★

〈보기〉의 자료를 이용해 계산한 ㈜해커스의 EVA는?

〈보기〉

- 투하자본수익률(ROIC) : 30%
- 영업투하자본(IC) : 700억원
- 가중평균자본비용(WACC) : 8%

① 154억원 ② 170억원
③ 182억원 ④ 210억원



**정답 및 해설**

28 ① 채권자 귀속 현금흐름은 '세후 이자비용 + (기존차입금 상환 – 신규차입금 조달)'로 구할 수 있다.

29 ② FCFE = FCFF – 채권자 귀속 현금흐름
= (세후 영업이익 – 순투자) – (세후 이자비용 + 차입금 상환 – 차입금 조달)
= (300 – 100) – (50 + 120 – 150)
= 180억원

30 ③ 기업이 영업활동에 필요한 자본을 주주 및 채권자로부터 조달하여 얼마의 시장가치를 늘렸는가를 보여주는 지표는 시장부가가치(MVA)이며, 이는 EVA를 현재가치화한 값이다. EVA는 기업이 영업활동을 통해 창출한 이익에서 투입된 자본에 대한 자본비용을 차감한 후의 경제적 이익을 말한다.

31 ④ EVA = [영업이익 × (1 – 법인세율)] – (영업투하자본 × 가중평균자본비용)
= [500 × (1 – 25%)] – (600 × 8%)
= 327억원

32 ② 가중평균자본비용(WACC) = 자기자본비용 × 자기자본비중 + 세후 타인자본비용 × 타인자본비중
= 8% × 50% + 6% × 50%
= 7%
∴ EVA = [영업이익 × (1 – 법인세율)] – [영업투하자본 × 가중평균자본비용(WACC)]
= [500 × (1 – 20%)] – (300 × 7%) = 379억원

33 ① EVA = IC × (ROIC – WACC) = 700억원 × (30% – 8%) = 154억원

**34** 중요도 ★★

**〈보기〉의 자료를 이용해 계산한 ㈜해커스의 투하자본수익률(ROIC)은?**

〈보기〉

- 총자산 : 1,200억원
- 영업부채 : 400억원
- 비영업자산 : 200억원
- 영업이익 : 300억원
- 법인세율 : 30%

① 25%　② 30%
③ 35%　④ 40%

**35** 중요도 ★★

**시장부가가치(MVA)에 대한 설명으로 가장 거리가 먼 것은?**

① MVA는 기업이 영업활동에 필요한 자본을 주주 및 채권자로부터 조달하여 얼마의 가치를 부가시켰는가를 나타낸다.
② 경제적 부가가치를 현재가치화한 값으로 투하자본의 초과분이라고 할 수 있다.
③ MVA는 세후 영업이익에서 자본비용이 고려된 후의 초과이익으로서 기업가치의 감소분을 의미한다.
④ MVA가 양(+)이라는 것은 기업이 미래에 자본비용을 상회하는 가치를 창출한다는 의미이다.

**36** 중요도 ★★★

**㈜해커스의 세후 영업이익은 매년 300억원으로 일정하게 지속될 것으로 예상되며 가중평균자본비용이 6%이고 영업투하자본 2,000억원일 때 EVA에 의한 기업가치는?**

① 4,000억원　② 4,200억원
③ 4,600억원　④ 5,000억원

**37** 중요도 ★★

**㈜해커스의 영업이익이 매년 일정하게 지속될 것으로 예상될 때 〈보기〉의 자료를 이용해 계산한 시장부가가치(MVA)는?**

〈보기〉

- 영업이익 : 500억원
- 법인세율 : 20%
- 영업투하자본 : 3,000억원
- 가중평균자본비용 : 10%

① 800억원　② 1,000억원
③ 1,200억원　④ 1,600억원

38 중요도 ★★★
〈보기〉의 자료를 이용해 계산한 ㈜해커스의 EVA를 적용한 전체 기업가치(Firm Value)는?

〈보기〉

- 영업투하자본 : 2,000억원
- 투하자본수익률 : 10%
- 가중평균자본비용 : 5%
- 비영업자산 시장가치 : 800억원

① 4,000억원
② 4,200억원
③ 4,800억원
④ 5,200억원



## 정답 및 해설

34 ③ • 영업투하자본(IC) = 총자산 – 영업부채 – 비영업자산 = 1,200 – 400 – 200 = 600억원
• 세후 영업이익(NOPLAT) = 영업이익(EBIT) × [1 – 법인세율(t)] = 300억원 × (1 – 30%) = 210억원

$$\therefore \text{투하자본수익률(ROIC)} = \frac{\text{세후 영업이익}}{\text{영업투하자본}} = \frac{210\text{억원}}{600\text{억원}} = 35\%$$

35 ③ EVA는 세후 영업이익에서 자본비용이 고려된 후의 초과이익으로서 기업가치의 증가분을 의미하며 주주 입장에서 기업의 수익성을 명확하게 보여주는 지표라고 할 수 있다.

36 ④ EVA = 세후 영업이익 – (영업투하자본 × 가중평균자본비용) = 300억원 – (2,000억원 × 6%) = 180억원

$$\therefore \text{기업가치} = \text{영업투하자본} + \text{MVA}\left(\frac{\text{EVA}}{\text{WACC} - g}\right) = 2{,}000\text{억원} + \left(\frac{180\text{억원}}{6\% - 0\%}\right) = 5{,}000\text{억원}$$

37 ② EVA = 세후 영업이익(NOPLAT) – 영업투하자본(IC) × 가중평균자본비용(WACC)
= 500 × (1 – 20%) – (3,000 × 10%) = 100억원

$$\therefore \text{MVA} = \frac{\text{EVA}}{\text{WACC} - g} = \frac{100}{10\% - 0\%} = 1{,}000\text{억원}$$

38 ③ • EVA = IC × (ROIC – WACC) = 2,000억원 × (10% – 5%) = 100억원

$$\bullet\ \text{MVA} = \frac{\text{EVA}}{\text{WACC}} = \frac{100\text{억원}}{5\%} = 2{,}000\text{억원}$$

• 영업가치 = 영업투하자본 + MVA = 2,000 + 2,000 = 4,000억원
∴ 기업가치 = 영업가치 + 비영업가치 = 4,000 + 800 = 4,800억원

## 39

중요도 ★★★

**〈보기〉의 자료를 이용해 계산한 ㈜해커스의 EVA를 적용한 전체 기업가치(Firm Value)는?**

〈보기〉

- 영업투하자본 : 3,000억원
- 투하자본수익률 : 8%
- 세전 부채비용 : 5%
- 부채비중 : 50%
- 자기자본비용 : 6%
- 자기자본비중 : 50%
- 비영업자산 시장가치 : 900억원
- 법인세율 : 20%

① 4,800억원
② 5,200억원
③ 5,700억원
④ 6,100억원

## 40

중요도 ★★

**초과이익모형(RIM)에 대한 설명으로 가장 거리가 먼 것은?**

① RIM은 미래 예상실적 추정치를 이용하여 산출한 초과이익을 통해 기업가치를 평가한다.
② 자기자본의 장부가액을 활용함으로써 추정의 주관성을 최소화시켰다.
③ 잉여현금흐름(FCF)이 음(–)인 경우에는 적용이 불가능하다.
④ 주주지분가치는 '자기자본 + 미래초과이익(RI)의 현재가치'로 구할 수 있다.

## 41

중요도 ★★

**〈보기〉의 자료를 이용해 계산한 초과이익모형(RIM)에 의한 ㈜해커스의 초과이익은?**

〈보기〉

- 총자산 : 100억원
- 자기자본 : 30억원, 타인자본 : 70억원
- 세전 타인자본비용 : 연 6%, 자기자본비용 : 연 9%
- 영업이익 : 10억원
- 법인세율 : 20%

① 188,000,000원
② 194,000,000원
③ 216,000,000원
④ 223,000,000원

## 42

중요도 ★★

**현재 공모가격 산정에 대한 옳은 설명을 〈보기〉에서 골라 적절하게 묶은 것은?**

〈보기〉

㉠ 실무적으로는 PER, EV/EBITDA 등 상대가치평가법이 일반적으로 적용되고 있다.
㉡ 자율화조치 이후 공모 희망가격은 기준 공모가격의 80% ~ 120% 내외이어야 한다.
㉢ 주식 공모 시 가치평가는 규정에 따라 본질가치와 상대가치를 통해서만 가능하도록 하고 있다.
㉣ 현재 공모가격 산정은 주관회사와 발행회사가 협의하여 자유롭게 결정한다.

① ㉠, ㉢
② ㉠, ㉣
③ ㉡, ㉢
④ ㉡, ㉣

**43** 중요도 ★★

**비상장법인이 상장법인과 합병할 경우 〈보기〉의 자료를 이용해 계산한 본질가치는?**

〈보기〉

• 자산가치 : 40,000원　　• 수익가치 : 50,000원

① 42,000원　② 44,000원　③ 46,000원　④ 48,000원

**44** 중요도 ★★★

**세법에 의한 주식 평가방법에 대해 옳은 설명을 〈보기〉에서 골라 적절하게 묶은 것은?**

〈보기〉

㉠ 상장주식은 평가일 이전, 이후 각 2개월간의 최종시세가액의 평균액으로 평가한다.

㉡ 비상장주식의 보충적 평가 시 부동산과다보유법인은 순자산가치 2, 순손익가치 3의 가중치를 적용한다.

㉢ 중소기업의 경우 지분율 50% 초과 시 최대주주의 20% 할증평가를 적용한다.

㉣ 비상장주식의 보충적 평가 시 가중평균한 가액이 1주당 순자산가치에 80%를 곱한 금액보다 낮으면 1주당 순자산가치에 80%를 곱한 금액을 비상장주식의 보충적 평가가액으로 한다.

① ㉠　② ㉠, ㉣　③ ㉡　④ ㉡, ㉢

**정답 및 해설**

39 ③ • WACC = 세후 부채비용 × 부채비중 + 자기자본비용 × 자기자본비중
= [5% × (1 − 20%)] × 50% + 6% × 50% = 5%
• EVA = IC × (ROIC − WACC) = 3,000억원 × (8% − 5%) = 90억원
• $\text{MVA} = \frac{\text{EVA}}{\text{WACC}} = \frac{90\text{억원}}{5\%} = 1{,}800\text{억원}$
• 영업가치 = 영업투하자본 + MVA = 3,000 + 1,800 = 4,800억원
∴ 기업가치 = 영업가치 + 비영업가치 = 4,800 + 900 = 5,700억원

40 ③ 배당정책 예측이 어렵거나 잉여현금흐름(FCF)이 음(−)인 경우에도 적용이 가능하다.

41 ② • 당기순이익 = 영업이익 − 지급이자 − 법인세
= 1,000,000,000 − (7,000,000,000 × 6%) − (580,000,000 × 20%) = 464,000,000원
• 자기자본비용(금액) = 자기자본 × 자기자본비용 = 3,000,000,000 × 9% = 270,000,000원
∴ 초과이익 = 당기순이익 − 자기자본비용(금액) = 464,000,000 − 270,000,000 = 194,000,000원

42 ② ㉡ 자율화조치 이후 공모 희망가격에 대한 기준은 존재하지 않으며, 실무적으로 기준 공모가격의 90% ~ 110% 내외의 희망가격을 제시하는 경우가 많은 편이다.
㉢ 자율화 이전 규정에 대한 설명이다.

43 ③ $\text{본질가치} = \frac{(\text{자산가치} \times 1) + (\text{수익가치} \times 1.5)}{2.5} = \frac{(40{,}000 \times 1) + (50{,}000 \times 1.5)}{2.5} = 46{,}000\text{원}$

44 ② ㉡ 비상장주식의 보충적 평가 시 부동산과다보유법인은 순자산가치 3, 손순익가치 2의 가중치를 적용한다.
㉢ 중소기업의 경우 지분율과 상관없이 영구적으로 최대주주의 20% 할증평가를 면제하며, 일반기업의 경우 지분율과 상관없이 최대주주의 20% 할증평가를 적용한다.

제 4 과목

# 증권법규 및 직무윤리

총 20문항

# 제 1 장 자본시장 관련 법규

## 학습전략

**자본시장 관련 법규는 제4과목 전체 20문제 중 총 10문제가 출제된다.**
주로 시험에 출제되는 법규는 자본시장법, 금융위원회규정, 금융소비자보호법이다.
자본시장 관련 법규는 본 자격시험 과목 중 출제비중이 가장 높을 뿐만 아니라 법률용어가 많고 내용도 방대하므로 문제뿐만 아니라 핵심포인트 해설을 꼼꼼히 학습하는 것이 중요하다.

## 출제비중

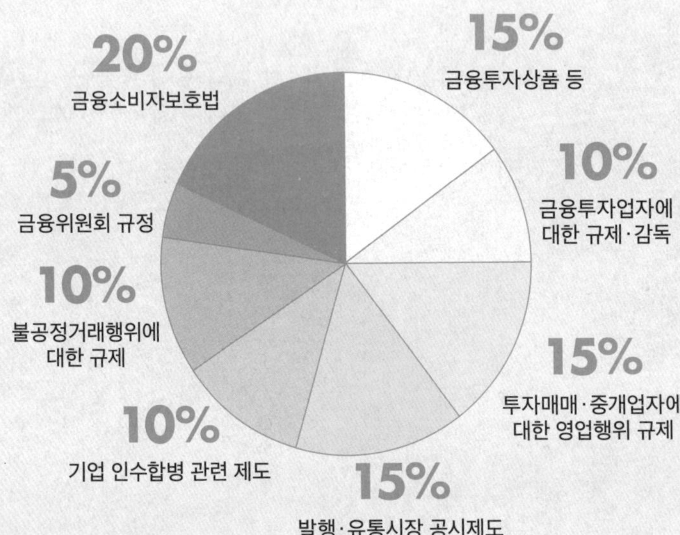

# 출제포인트

| 구분 | 출제포인트 | 출제빈도 | 페이지 |
|---|---|---|---|
| 금융투자상품 등 (15%) | 01 금융투자상품<br>02 금융투자업<br>03 투자자 | ★★★<br>★★★<br>★★★ | p.414~415<br>p.416~417<br>p.418 |
| 금융투자업자에 대한 규제·감독 (10%) | 04 금융투자업 인가 및 심사<br>05 건전성 규제<br>06 대주주 거래제한<br>07 임직원의 금융투자상품 매매 규제 | ★★<br>★★★<br>★★★<br>★★ | p.419<br>p.420<br>p.421<br>p.422 |
| 투자매매·중개업자에 대한 영업행위 규제 (15%) | 08 매매 또는 중개업무 규제<br>09 불건전 영업행위 금지<br>10 투자자 재산을 위한 규제 | ★★<br>★★★<br>★★★ | p.423<br>p.424<br>p.425 |
| 발행·유통시장 공시제도 (15%) | 11 증권신고서·투자설명서<br>12 정기공시 등 | ★★★<br>★★★ | p.426~427<br>p.428~429 |
| 기업 인수합병 관련 제도 (10%) | 13 공개매수제도<br>14 대량보유상황 보고제도 | ★★<br>★★ | p.430<br>p.431 |
| 불공정거래행위에 대한 규제 (10%) | 15 내부자 불공정거래 규제<br>16 시장질서 교란행위 규제 | ★★★<br>★★ | p.432<br>p.433 |
| 금융위원회 규정 (5%) | 17 장외거래<br>18 금융기관 검사 및 제재<br>19 자본시장 조사업무 | ★<br>★<br>★★ | p.434<br>p.435<br>p.436 |
| 금융소비자보호법 (20%) | 20 금융소비자보호법 개관<br>21 6대 판매원칙 규제<br>22 금융소비자보호법 주요내용 | ★★<br>★★★<br>★★★ | p.437<br>p.438~439<br>p.440~441 |

금융투자상품 ★★★

**자본시장법상 금융투자상품에 대한 설명이 적절하지 않은 것은?**

① 증권의 종류에는 6가지가 있다.
② 증권은 추가지급의무가 없다.
③ 파생상품에는 선물, 옵션, 파생결합증권 등이 있다.
④ 파생상품은 원본초과손실 가능성이 있는 상품이다.

**TIP** 파생결합증권은 파생상품이 아니라 증권에 속한다.

## 핵심포인트 해설 금융투자상품의 분류

**(1) 증 권**

① 원금손실 가능성은 있으나 원본초과손실 가능성(추가지급의무)은 없는 금융투자상품
② 증권유형별 종류

| 구분 | 내용 |
|---|---|
| 채무증권 | • 의의 : 지급청구권이 표시된 것<br>• 유형 : 채권(국채, 지방채, 특수채, 사채), 기업어음 |
| 지분증권 | • 의의 : 지분이 표시된 것<br>• 유형 : 주권, 출자증권, 출자지분, 신주인수권이 표시된 증권 |
| 수익증권 | • 의의 : 수익권이 표시된 것<br>• 유형 : 투자신탁, 신탁의 수익권이 표시된 증권, 주택저당증권 |
| 파생결합증권 | • 의의 : 기초자산 변동에 따라 손익이 결정되는 권리가 표시된 것<br>• 유형 : ELS, DLS, ELW, ETN, CLN(신용연계증권), CAT Bond(재해연계증권) |
| 증권예탁증권 | • 의의 : 예탁받은 증권에 대한 권리가 표시된 것<br>• 유형 : DR, KDR, ADR, GDR |
| 투자계약증권 | • 공동사업 결과에 따른 손익을 귀속받는 계약상의 권리가 표시된 것<br>• 유형 : 음악저작권료 참여청구권 |

**(2) 파생상품**

① 원본초과손실 가능성(추가지급의무)이 있는 금융투자상품
② 장내파생상품(선물, 옵션), 장외파생상품(선도, 스왑)

**(3) 금융투자상품에서 제외되는 상품**

① 원화표시 CD
② 관리형 신탁의 수익권
③ 주식매수선택권(Stock Option) → 주식매수청구권 ×

정답 ③

금융투자상품 ★★★

**파생결합증권에 대한 설명이 적절하지 않은 것은?**

① 통화는 파생결합증권의 기초자산이 될 수 있다.
② 신용위험은 파생결합증권의 기초자산이 될 수 없다.
③ 파생결합증권에는 ELS, DLS, ELW 등이 있다.
④ 이자연계 파생결합증권은 자본시장법상 파생결합증권에서 제외되었다.

**TIP** 신용위험뿐만 아니라 자연적·환경적·경제적 현상에 속하는 위험도 합리적인 방법에 의하여 평가가 가능하면 파생결합증권의 기초자산이 될 수 있다.

## 핵심포인트 해설 파생결합증권의 기초자산, 종류 및 제외대상

| | |
|---|---|
| 파생결합증권의 기초자산 | • 금융투자상품<br>• 통화(외국통화 포함)<br>• 일반상품<br>• 신용위험<br>• 그 밖의 자연적·환경적·경제적 현상 등에 속하는 위험으로 합리적인 방법에 의하여 산출이나 평가가 가능한 것 |
| 파생결합증권의 종류 | • 주가연계증권(ELS)<br>• 주가연계워런트(ELW)<br>• 파생연계증권(DLS)<br>• 신용연계증권(CLN)<br>• 재해연계증권(CAT Bond) |
| 파생결합증권의 제외대상 | • 이자연계 파생결합증권<br>• 옵션파생상품의 권리<br>• 신종사채 발행에 따라 주권상장법인이 발행하는 사채<br>• 교환사채·상환사채·전환사채·신주인수권부사채 규정에 따른 사채<br>• 은행법에 따른 상각형 조건부자본증권, 은행주식 전환형 조건부지불증권, 은행지주회사주식 전환형 조건부자본증권<br>• 금융지주회사법에 따른 상각형 조건부자본증권, 전환형 조건부자본증권 |

정답 ②

금융투자업 ★★★

금융투자업에 대한 설명이 틀린 것은?

① 투자매매업은 반드시 자기의 명의와 자기의 계산으로 금융투자상품의 매매 등을 영업으로 하는 것이다.
② 투자중개업은 누구의 명의로 하든지 타인의 계산으로 금융투자상품을 중개하는 것을 영업으로 하는 것이다.
③ 집합투자업은 2인 이상의 투자자로부터 모은 재산에 대한 집합투자를 영업으로 하는 것이다.
④ 투자자문업은 금융투자상품의 가치 또는 투자판단에 관한 투자자문을 영업으로 하는 것이다.

**TIP** 투자매매업은 누구의 명의로 하든지 자기계산으로 금융투자상품의 매매 등을 영업으로 하는 것이다.

## 핵심포인트 해설 자본시장법상 금융투자업

| | |
|---|---|
| 투자매매업 | 누구의 명의로 하든지 자기의 계산(→타인의 계산 ×)으로 금융투자상품 매매, 증권의 발행·인수, 청약의 권유·청약·청약의 승낙을 영업으로 하는 금융투자업 |
| 투자중개업 | 누구의 명의로 하든지 타인의 계산으로 금융투자상품 매매, 증권의 발행·인수, 청약의 권유·청약·청약의 승낙을 중개하는 것을 영업으로 하는 금융투자업 |
| 집합투자업 | 2인 이상의 투자자로부터 모은 재산에 대한 집합투자를 영업으로 하는 금융투자업 |
| 투자자문업 | 금융투자상품의 가치 또는 투자판단에 관한 투자자문을 영업으로 하는 금융투자업 |
| 투자일임업 | 투자자로부터 금융투자상품에 대한 투자판단의 전부 또는 일부를 일임받아 투자자별로 구분하여 금융투자상품을 운용하는 것을 영업으로 하는 금융투자업 |
| 신탁업 | 신탁을 영업으로 하는 금융투자업 |
| 종합금융투자업<br>(프라임 브로커) | 일반 사모집합투자기구(헤지펀드)의 신용공여와 담보관리 등을 위한 금융투자업 |
| 온라인소액<br>투자중개업 | 온라인상에서 타인의 계산으로 증권 모집 또는 중개를 하는 금융투자업(크라우드 펀딩) |

정답 ①

금융투자업 ★★★

**투자매매업에 대한 설명으로 잘못된 것은?**

① 투자매매업은 누구의 명의로 하든지 자기의 계산으로 할 것을 요한다.
② 투자매매업은 금융투자상품의 매매, 증권의 발행·인수 또는 그 청약의 권유, 청약, 청약의 승낙을 영업으로 할 것을 요한다.
③ 자기가 증권을 발행하는 경우는 투자매매업으로 보지 않는다.
④ 투자매매업자를 상대방으로 하거나 투자중개업자를 통하여 금융투자상품을 매매하는 경우는 투자매매업으로 본다.

**TIP** 투자매매업자를 상대방으로 하거나 투자중개업자를 통하여 금융투자상품을 매매하는 경우는 투자매매업으로 보지 않는다.

## 핵심포인트 해설 투자매매업의 법적 요건 및 적용배제 사유

| 구분 | 내용 |
|---|---|
| 법적 요건 | • 누구의 명의로 하든지 자기의 계산으로 할 것<br>• 금융투자상품의 매매, 증권의 발행·인수 또는 그 청약의 권유, 청약, 청약의 승낙을 영업으로 할 것 |
| 적용배제 사유 | • 자기가 증권을 발행하는 경우(단, 투자신탁의 수익증권, 투자성 있는 예금·보험, 파생결합증권을 발행하는 경우에는 해당되지 않음)<br>• 투자매매업자를 상대방으로 하거나 투자중개업자를 통하여 금융투자상품을 매매하는 경우<br>• 국가·지자체가 공익을 위하여 관련 법령에 따라 금융투자상품을 매매하는 경우<br>• 한국은행이 공개시장조작을 하는 경우<br>• 특정 전문투자자 간에 환매조건부매매를 하는 경우<br>• 외국 투자매매업자가 일정 요건을 갖추고 국외에서 파생결합증권을 발행하는 경우<br>• 외국 투자매매업자가 국외에서 투자매매·중개업자를 상대로 투자매매업을 하거나 국내 거주자를 상대로 투자권유 또는 투자광고를 하지 않고 국내 거주자의 매매주문을 받아 그 자를 상대방으로 투자매매업 또는 투자중개업을 하는 행위 |

정답 ④

## 05

투자자 ★★★

**상대적 전문투자자와 거리가 먼 투자자는?**

① 주권상장법인
② 지방자치단체
③ 기금관리·운용법인
④ 집합투자기구

TIP 집합투자기구는 절대적 전문투자자에 해당한다.

## 핵심포인트 해설 자본시장법상 투자자 구분

<table>
<tr><td rowspan="3">전문<br>투자자</td><td>절대적<br>전문투자자</td><td>• 의의 : 일반투자자 대우를 받을 수 없는 투자자<br>• 대상 : 국가, 한국은행, 금융기관, 예금보험공사, 한국자산관리공사, 금융투자협회, 한국거래소, 금감원, 집합투자기구, 외국정부, 외국중앙은행, 국제기구 등</td></tr>
<tr><td>상대적<br>전문투자자</td><td>• 의의 : 일반투자자 대우를 받겠다는 의사를 서면으로 통지하면 일반투자자로 간주되는 투자자<br>• 대상 : 주권상장법인, 지방자치단체, 기금관리·운용법인, 공제사업법인<br>• 주권상장법인 등이 장외파생상품거래를 하는 경우 별도의 의사표시가 없으면 일반투자자로 대우해야 함(전문투자자 대우를 받기 위해서는 서면으로 금융투자업자에게 통지해야 함 ⇨ 서면 요청 시 거부 불가)</td></tr>
<tr><td>자발적<br>전문투자자</td><td>• 의의 : 전문투자자 대우를 받고자 하는 법인 및 개인(금융위원회에 신고하면 금융위원회 확인 후 2년간 전문투자자 대우)<br>• 대 상<br><table><tr><td>법 인</td><td>금융투자상품 잔고 100억원(외부감사법인은 50억원) 이상인 법인</td></tr><tr><td>개 인</td><td>금융투자상품 잔고 5,000만원 이상인 개인 중 아래 3가지 중 한 가지를 충족한 자<br>· 소득 : 연소득 1억원 이상(또는 부부합산 1.5억원 이상)<br>· 자산 : 총자산 중 부동산 및 부채를 차감한 금액이 5억원 이상<br>· 전문성 : 전문분야(회계사, 변호사, 투자운용인력 등)에서 1년 이상 종사</td></tr></table></td></tr>
<tr><td colspan="2">일반투자자</td><td>• 의의 : 투자경험 및 지식 등이 적어서 투자자보호가 필요한 자<br>• 대상 : 전문투자자가 아닌 투자자<br>• 일반투자자에게는 적합성원칙, 적정성원칙, 설명의무 등이 적용됨</td></tr>
</table>

정답 ④

금융투자업 인가 및 심사 ★★

**인가대상 금융투자업에 대한 설명이 적절하지 않은 것은?**

① 금융투자업의 인가요건은 등록요건보다 강화되어 있다.
② 투자매매업 또는 투자중개업은 인가대상 금융투자업이다.
③ 일반 사모집합투자업을 하려면 금융위원회로부터 인가를 받아야 한다.
④ 인가요건을 유지하지 못하면 금융위원회가 인가취소할 수 있다.

**TIP** 일반 사모집합투자업은 인가대상 금융투자업이 아니라 등록대상 금융투자업에 해당한다.

## 핵심포인트 해설 금융투자업의 인가

| 구분 | 내용 |
|---|---|
| 대 상 | • 금융투자업자가 투자매매업, 투자중개업, 집합투자업, 신탁업을 하려면 금융위원회의 인가를 받아야 함 |
| 요 건 | • 법인격 요건 : 상법상 주식회사, 금융기관 및 외국금융투자업자로서 지점 또는 영업소를 설치한 자<br>• 자기자본 요건 : 인가업무 단위별 5억원과 대통령령으로 정하는 금액 중 큰 금액 이상<br>• 인력 요건<br>· 임원 : 미성년자, 피성년후견인 또는 피한정후견인이 아닐 것, 형 집행 후 5년이 경과한 자 등<br>· 최소전문인력 : 2년 이상 업무 종사자(집합투자업, 신탁업), 투자권유자문인력 5인 이상(투자매매업, 투자중개업)<br>• 물적시설 요건 : 전산설비 및 그 밖의 물적설비를 갖출 것<br>• 사업계획 요건 : 경영건전성 기준 유지, 내부통제장치 마련 등<br>• 대주주 요건 : 출자능력, 건전한 재무상태, 사회적 신용을 갖출 것<br>• 이해상충방지체계 요건 : 이해상충방지를 위한 장치를 마련해야 함 |
| 유지요건 | • 위반 시 제재 : 인가 요건을 유지하지 못하면 금융위원회가 인가 취소 가능<br>• 자기자본 요건 : 인가업무 단위별 최저 자기자본의 70% 이상을 유지해야 함<br>• 대주주 요건<br>· 최대주주의 경우 최근 5년간 5억원 이상의 벌금형을 받지 않을 것<br>· 부실금융기관의 최대주주, 주요주주 또는 그 특수관계인이 아닐 것 |

정답 ③

건전성 규제 ★★★

금융위원회의 경영개선권고 사유와 거리가 먼 것은?

① 순자본비율 100% 미만
② 경영실태평가 결과 종합평가등급이 3등급 이상으로서 자본적정성 부문 평가등급을 4등급 이하로 판정받은 경우
③ 2년 연속 적자이면서 레버리지비율이 500%를 초과한 경우
④ 레버리지비율이 1,100%를 초과한 경우

TIP 2년 연속 적자이면서 레버리지비율이 900%를 초과한 경우에 경영개선권고 사유에 해당한다.

## 핵심포인트 해설 금융위원회의 적기시정조치

| 적기시정조치 | 조치사유 | 조치내용 |
|---|---|---|
| 경영개선 권고 | • 순자본비율 100% 미만(㉠)<br>• 평가등급 3등급 이상 & 자본적정성 4등급 이하(㉡)<br>• 금융사고 또는 부실채권 발생으로 ㉠, ㉡에 해당되는 것이 명백하다고 판단되는 거액<br>• 2년 연속 적자 & 레버리지비율 900% 초과<br>• 레버리지비율 1,100% 초과 | • 인력·조직운용 개선<br>• 점포관리 효율화<br>• 부실자산 처분<br>• 신규업무 진출 제한<br>• 자본금 증액 or 감액<br>• 특별대손충당금 설정 |
| 경영개선 요구 | • 순자본비율 50% 미만(㉠)<br>• 평가등급 4등급 이하(㉡)<br>• 금융사고 또는 부실채권 발생으로 ㉠, ㉡에 해당되는 것이 명백하다고 판단되는 거액<br>• 2년 연속 적자 & 레버리지비율 1,100% 초과<br>• 레버리지비율 1,300% 초과 | • 고위험자산 보유제한·처분<br>• 점포폐쇄·통합·신설제한<br>• 조직축소·자회사 정리<br>• 임원 교체 요구<br>• 영업 일부 정지<br>• 합병·영업양도·자회사 편입 |
| 경영개선 명령 | • 순자본비율 0% 미만<br>• 부실금융기관에 해당 | • 주식 일부·전부 소각<br>• 임원 직무 정지·관리인 선임<br>• 합병·영업양도·자회사 편입<br>• 제3자 당해 금융투자업 인수<br>• 6개월 이내 영업정지<br>• 계약 전부·일부 이전 |

정답 ③

대주주 거래제한 ★★★

금융투자업자와 대주주의 거래 제한에 대한 기술이 적절하지 않은 것은?

① 금융투자업자는 담보권 실행을 위하여 예외적으로 대주주가 발행한 증권을 소유할 수 있다.
② 금융투자업자는 시장조성을 위하여 계열사가 발행한 주식을 자기자본의 8%를 초과하여 소유할 수 없다.
③ 금융투자업자는 원칙적으로 대주주 및 특수관계인에 대한 신용공여가 금지된다.
④ 금융투자업자는 원칙적으로 대주주 및 특수관계인으로부터 신용공여를 받는 것이 금지된다.

TIP 금융투자업자는 시장조성 또는 안정조작을 위하여 예외적으로 계열사가 발행한 주식을 자기자본의 8%를 초과하여 소유할 수 있다.

## 핵심포인트 해설 금융투자업자의 대주주와의 거래 제한

| | |
|---|---|
| 대주주 발행증권의 소유 제한 | • 원칙 : 금융투자업자는 대주주가 발행한 증권을 소유할 수 없음<br>• 예외 : 담보권 실행 등 권리행사, 시장조성·안정조작, 대주주가 아닌 자가 대주주가 되는 경우, 인수, 보증사채, 특수채증권 |
| 계열사 발행증권의 소유 제한 | • 원칙 : 금융투자업자는 그 계열사가 발행한 주식, 채권 및 약속어음을 자기자본의 8%를 초과하여 소유할 수 없음<br>• 예외 : 담보권 실행 등 권리행사, 시장조성·안정조작, 계열사가 아닌 자가 계열사가 되는 경우, 인수, 보증사채, 특수채증권, 경영참여목적의 출자, 차익거래, 투자위험회피거래, 자기자본 변동 등의 사유로 인한 한도 초과 등 |
| 대주주 신용공여의 제한 | • 원칙 : 금융투자업자는 대주주 및 그 특수관계인에 대한 신용공여가 금지되고, 대주주 및 그 특수관계인은 금융투자업자로부터 신용공여를 받는 것이 금지됨<br>• 예외 : 임원에 대한 제한적 신용공여, 해외현지법인에 대한 채무보증, 담보권 실행 등의 권리행사 |
| 계열사 발행증권의 예외 취득 | • 재적이사 전원 찬성 원칙 : 금융투자업자는 계열사 발행증권을 한도 내에서 예외적으로 취득하거나 대주주 및 그 특수관계인에 대하여 예외적으로 신용공여하려면 재적이사 전원의 찬성에 의한 이사회 결의를 거쳐야 함<br>• 예외 : 단일거래금액이 자기자본의 0.1%와 10억원 중 적은 금액의 범위인 경우에는 이사회 결의가 불필요함 |

정답 ②

**금융투자업자의 임직원에 대한 규제와 관련된 설명이 잘못된 것은?**

① 금융투자업자의 임직원이 자기명의로 상장주식을 매매하는 경우에는 3개 이내의 투자중개업자를 통해 매매해야 한다.

② 금융투자업자의 임직원이 자기명의로 상장주식을 매매하는 경우에는 매매명세를 분기별(주요직무종사자는 월별)로 소속회사에 통지해야 한다.

③ 금융투자업자의 임직원이 자기명의로 수익증권을 매매하는 경우에는 3개 이상의 투자중개업자를 통하여 매매해도 된다.

④ 투자자와 계약 체결 후 지체 없이 계약서류를 교부해야 한다.

**TIP** 금융투자업자의 임직원이 자기명의로 상장주식을 매매하는 경우에는 하나의 투자중개업자를 통해 매매해야 한다.

## 핵심포인트 해설 금융투자업자의 계약서류 교부 등

| | |
|---|---|
| 계약서류 교부 | • 원칙 : 투자자와 계약체결 후 지체 없이 교부해야 함<br>• 예 외<br>· 기본계약을 체결하고 그 계약내용에 따라 금융투자상품을 계속적·반복적으로 거래하는 경우<br>· 투자자가 거부의사를 서면으로 표시한 경우<br>· 투자자의 서면의사 표시에 따라 우편이나 전자우편으로 제공하는 경우 |
| 계약의 해제 | • 투자자문계약을 체결한 투자자는 계약서류 교부일부터 7일 이내에 계약을 해제할 수 있음 |
| 임직원의 특정 금융투자상품 매매 | • 하나의 투자중개업자를 자기명의로 통해 매매해야 함<br>• 매매명세를 분기별(주요직무종사자는 월별)로 소속회사에 통지해야 함<br>• 적용범위 : 상장지분증권, 협회중개시장 지분증권, 상장 DR, 주권관련사채권, 파생결합증권, 장내파생상품, 장외파생상품 |
| 외국 금융투자업자의 특례 | • 외국 금융투자업자의 지점·영업소의 영업기금 및 전입금을 자본금으로 보고, 자본금·적립금·이월이익잉여금의 합계액은 자기자본으로 보며, 국내 대표자는 임원으로 봄<br>• 외국 금융투자업자의 지점·영업소는 영업기금과 부채액의 합계액에 상당하는 자산을 국내에 두어야 함<br>• 외국 금융투자업자의 지점·영업소가 청산·파산하는 경우 국내 자산은 국내 채무변제에 우선 충당해야 함 |

정답 ①

# 10

매매 또는 중개업무 규제 ★★

**투자매매업자 또는 투자중개업자는 자신이 본인이 됨과 동시에 상대방의 투자중개업자가 될 수 없는 것이 원칙이다. 다음 중 예외적으로 가능한 경우에 해당하지 않는 것은?**

① 투자매매업자 또는 투자중개업자가 증권시장 또는 파생상품시장을 통하여 매매가 이루어지도록 한 경우

② 투자매매업자 또는 투자중개업자가 다자간매매체결회사를 통하여 매매가 이루어지도록 한 경우

③ 투자매매업자 또는 투자중개업자가 자기가 판매하는 집합투자증권을 매수하는 경우

④ 투자자보호에 우려가 없는 경우로서 금융투자협회가 정하여 고시하는 경우

**TIP** 공정한 가격형성과 매매, 거래의 안정성과 효율성 도모 및 투자자보호에 우려가 없는 경우로서 금융위원회가 정하여 고시하는 경우에 자기매매가 예외적으로 허용된다.

## 핵심포인트 해설 투자매매업자(또는 투자중개업자)의 자기계약 및 불건전 영업행위 금지

| | |
|---|---|
| 자기계약 금지 | • 원칙 : 투자매매(중개)업자는 자기계약이 금지됨<br>• 예외 : 증권시장·파생상품시장·다자간매매체결회사를 통해 매매가 이루어지는 경우, 자기가 판매하는 집합투자증권을 매수하는 경우, 그 밖의 투자자보호 및 거래질서를 해할 우려가 없는 경우로서 금융위원회가 정하여 고시하는 경우 |
| 자본시장법상 불건전 영업행위 (제71조) | • 고객주문 체결 전 선행매매 금지<br>• 조사분석자료 공표 후 24시간 경과 전 매매(스캘핑) 금지<br>• 조사분석자료 작성자에 대한 성과보수 금지<br>• 모집·매출과 관련된 조사분석자료의 공표 및 제공 금지<br>• 투자권유대행인·투자권유자문인력이 아닌 자에 의한 투자권유 금지<br>• 일임매매 금지 |
| 법시행령상 불건전 영업행위 (제68조) | • 일반투자자와 같은 대우를 받겠다는 전문투자자의 요구에 정당한 사유 없이 동의하지 않는 행위<br>• 금융투자상품의 매매, 그 밖의 거래와 관련하여 결제가 이행되지 않을 것이 명백하다고 판단되는 경우임에도 정당한 사유 없이 그 매매, 그 밖의 거래를 위탁받는 행위<br>• 투자자에게 해당 투자매매업자·투자중개업자가 발행한 자기주식의 매매를 권유하는 행위<br>• 투자자로부터 집합투자증권(증권시장에 상장된 집합투자증권은 제외)을 매수하거나 그 중개·주선 또는 대리하는 행위 |

정답 ④

# 11

불건전 영업행위 금지 ★★★

**투자매매업자 또는 투자중개업자의 불건전 영업행위 규제에 대한 설명이 적절하지 않은 것은?**

① 선행매매는 투자자의 매매주문 정보를 이용하지 않았음을 입증하더라도 금지된다.
② 선행매매라도 차익거래로 투자자 정보를 의도적으로 이용하지 않았다면 허용된다.
③ 스캘핑은 원칙적으로 금지되나 조사분석자료의 내용이 직·간접적으로 특정 상품의 매매를 유도하는 것이 아니라면 예외적으로 허용된다.
④ 투자일임업의 형태로 하는 일임매매는 허용된다.

**TIP** 선행매매는 투자자의 매매주문 정보를 이용하지 않았음을 입증하는 경우에는 예외적으로 허용된다.

## 핵심포인트 해설 불건전 영업행위

| | |
|---|---|
| 선행매매 | • 원칙 : 투자매매·중개업자의 선행매매 금지<br>• 예 외<br>· 투자자의 매매주문 정보를 이용하지 않았음을 입증하는 경우<br>· 차익거래, 또는 그 밖에 이에 준하는 거래로 투자자 정보를 의도적으로 이용하지 않았다는 사실이 객관적으로 명백한 경우 |
| 스캘핑 | • 원칙 : 투자매매·중개업자의 스캘핑 금지<br>→조사분석자료 공표 후 24시간이 경과하기 전에 자기계산으로 매매하는 행위<br>• 예 외<br>· 조사분석자료의 내용이 직·간접으로 특정 금융투자상품의 매매를 유도하는 것이 아닌 경우<br>· 조사분석자료의 공표로 인한 매매유발이나 가격변동을 의도적으로 이용했다고 볼 수 없는 경우<br>· 공표된 조사분석자료의 내용을 이용하여 매매하지 않았음을 증명하는 경우<br>· 해당 조사분석자료가 이미 공표한 조사분석자료와 비교하여 새로운 내용을 담고 있지 않은 경우 |
| 일임매매 | • 원칙 : 투자매매·중개업자의 일임매매 금지<br>• 예 외<br>· 투자일임업의 형태로 하는 경우<br>· 투자중개업자가 투자자의 매매주문을 받아 이를 처리하는 과정에서 투자판단의 전부나 일부를 일임받을 필요가 있는 경우 |

정답 ①

## 12

투자자 재산을 위한 규제 ★★★

**투자매매업자**(또는 투자중개업자)**의 신용공여 규제에 대한 설명으로 잘못된 것은?**

① 신용공여의 구체적인 기준, 담보비율, 징수방법 등은 금융위원회 규정으로 정한다.
② 신용공여 행위는 투자매매업자(또는 투자중개업자)의 고유업무는 아니지만, 증권과 관련된 경우 예외적으로 허용한다.
③ 증권의 인수일부터 3개월 이내에 투자자에게 그 증권을 매수하게 하기 위하여 그 투자자에게 신용공여를 하는 것은 허용된다.
④ 위반 시 금융위원회는 회사 및 임직원에 대하여 행정조치는 할 수 있으나 투자매매업자(또는 투자중개업자)에 대한 형사처벌은 할 수 없다.

**TIP** 증권의 인수일부터 3개월 이내에 투자자에게 그 증권을 매수하게 하기 위하여 그 투자자에게 신용공여를 하는 것은 금지된다.

## 핵심포인트 해설 투자매매업자(또는 투자중개업자)의 신용공여 규제

| 구분 | 내용 |
|---|---|
| 의의 및 종류 | • 의의 : 증권과 관련하여 금전의 융자 또는 증권 대여의 방법으로 투자자에게 신용을 공여하는 것<br>• 종류 : 청약자금대출, 신용거래융자 및 신용거래대주, 예탁증권담보융자 |
| 약정체결 | • 투자자와 신용공여에 관한 약정을 체결해야 하고 서명 및 본인확인을 요함<br>• 신용거래 수탁 시 신용거래계좌를 설정해야 함 |
| 공여한도 | • 총 신용공여규모 한도는 자기자본 범위 이내로 함<br>• 신용공여 종류별 구체적인 한도는 금융위원장이 따로 정할 수 있음 |
| 담보징구 | • 청약자금대출 : 청약하여 배정받은 증권을 담보로 징구<br>• 신용거래융자 : 매수한 주권 또는 ETF를 담보로 징구<br>• 신용거래대주 : 매도대금을 담보로 징구<br>• 예탁증권담보융자 : 예탁증권을 담보로 징구 |
| 담보비율 | • 신용공여금액의 140% |
| 임의상환 | • 사유 : 채무 미상환, 추가담보 미납, 수수료 미납의 경우<br>• 조치 : 그 다음 영업일에 투자자계좌에 예탁된 현금을 채무변제에 우선 충당하고, 담보증권, 그 밖의 증권의 순서로 임의처분하여 채무변제에 충당할 수 있음 |
| 신용거래 제한 | • 신용거래 가능증권 : 상장주권(증권예탁증권 포함), ETF<br>• 투자경고종목, 투자위험종목, 관리종목으로 지정한 증권 등은 신용거래 불가<br>• 투자매매업자는 증권의 인수일부터 3개월 이내에 투자자에게 그 증권을 매수하게 하기 위해 그 투자자에게 신용공여를 할 수 없음 |

정답 ③

# 13

증권신고서·투자설명서 ★★★

**증권신고서에 대한 기술이 옳지 않은 것은?**

① 모집의 경우에는 증권신고서를 제출해야 하나 매출의 경우에는 제출하지 않아도 된다.
② 증권신고서는 발행공시의 일종이다.
③ 증권 및 발행인에 대한 사항을 투자자에게 알리기 위한 제도이다.
④ 전자단기사채로서 만기가 3개월 이내인 증권은 증권신고서를 내지 않아도 된다.

**TIP** 증권신고서는 일정 금액 이상을 불특정 다수를 상대로 모집 또는 매출하는 경우에 적용되는 공시제도이다.

## 핵심포인트 해설 증권신고서제도

| | |
|---|---|
| 의 의 | • 불특정 다수인을 상대로 모집·매출되는 증권 및 발행인에 관한 사항을 투자자에게 알리는 제도<br>• 모집 : 50인 이상의 투자자에게 새로 발행되는 증권 취득의 청약을 권유하는 것<br>• 매출 : 50인 이상의 투자자에게 이미 발행된 증권 매도의 청약을 하거나 매수의 청약을 권유하는 것 |
| 적용면제 증권 | →주로 원금손실 가능성이 없는 증권<br>• 국채, 지방채, 특수채<br>• 국가 또는 지자체가 원리금을 지급보증한 채무증권<br>• 국가 또는 지자체가 소유한 증권을 미리 금융위원회와 협의하여 매출의 방법으로 매각하는 경우 그 증권<br>• 도시철도·주택건설사업을 목적으로 설립된 지방공사가 발행한 채권<br>• 국제금융기구가 금융위원회와 협의를 거쳐 기획재정부 장관의 동의를 받아 발행하는 증권<br>• 원리금을 지급보증하는 주택저당증권 또는 학자금대출증권<br>• 전자단기사채로서 만기가 3개월 이내인 증권 |
| 신고대상 | • 과거 1년간 모집·매출가액의 합계액이 10억원 이상인 경우<br>• 6개월간 행위를 합산하여 모집·매출을 결정하는 경우 청약의 권유 합계액이 10억원 이상인 경우 |
| 특수한 신고제도 | • 일괄신고서제도<br>· 같은 종류의 증권을 지속적으로 발행하는 경우 발행예정증권을 일괄적으로 신고하고, 실제 추가발행 시 추가서류만 제출하는 제도<br>· 대상증권 : 주권, 주권관련사채권, 사채권, 고난도금융투자상품이 아닌 파생결합증권, 고난도금융투자상품 중 금융위원회 기준에 부합하는 파생결합증권, 개방형펀드<br>• 정정신고서제도<br>· 제출사유 : 이미 제출한 증권신고서의 기재사항을 정정하고자 하는 경우 또는 금융위원회로부터 정정요구를 받은 경우<br>· 정정신고서가 수리된 날에 증권신고서가 수리된 것으로 봄 |

정답 ①

## 14

증권신고서·투자설명서 ★★★

**투자설명서에 대한 기술이 옳지 않은 것은?**

① 투자설명서는 법정 투자권유문서이다.
② 투자설명서를 전자문서로 교부하는 것도 가능하다.
③ 증권신고서에 기재된 내용과 다른 내용을 표시할 수 있다.
④ 예비투자설명서는 증권신고서 수리 후 효력 발생 전에 사용할 수 있다.

**TIP** 투자설명서는 증권신고서에 기재된 내용과 다른 내용을 표시하거나 그 기재사항을 누락할 수 없다.

## 핵심포인트 해설 투자설명서제도

| | |
|---|---|
| 의 의 | • 투자설명서는 법적 투자권유문서임<br>• 증권신고서에 기재된 내용과 다른 내용을 표시하거나 그 기재사항을 누락할 수 없음 |
| 제출 및 공시 | • 제출 : 증권신고의 효력이 발생하는 날에 금융위원회에 제출<br>• 공시 : 금융위원회, 거래소, 본점 및 청약취급장소에 비치·공시해야 함 |
| 전자문서에 의한 교부요건 | • 수신자가 전자문서에 의한 투자설명서 수령에 동의할 것<br>• 전자문서수신자가 문서를 받을 전자전달매체의 종류와 장소를 지정할 것<br>• 전자문서수신자가 그 전자문서를 받은 사실이 확인될 것<br>• 전자문서의 내용이 서면에 의한 투자설명서의 내용과 동일할 것 |
| 교부가 면제되는 자 | • 전문투자자 등 전문가<br>• 투자설명서 수령 거부의사를 서면 등(전화, 전신, 모사전송, 전자우편, 기타 이와 비슷한 전자통신 등)으로 제출한 자<br>• 이미 취득한 것과 같은 집합투자증권을 계속 추가로 취득하려는 자 |
| 유형 및 사용 | • (정식)투자설명서 : 증권신고 효력 발생 후 사용<br>• 예비투자설명서 : 신고서 수리 후 효력 발생 전에 사용<br>• 간이투자설명서 : 신고서 수리 후 효력 발생 전후에 광고·홍보 시 사용 |

정답 ③

## 15

정기공시 등 ★★★

**정기공시에 대한 설명이 적절하지 않은 것은?**

① 유통시장 공시의 일종이다.
② 사업보고서, 반기보고서, 분기보고서 등이 이에 해당한다.
③ 일정 기간 내에 금융감독원과 금융투자협회에 제출해야 한다.
④ 사업보고서는 사업연도 경과 후 90일 이내, 반기·분기보고서는 반기·분기 종료일로부터 45일 이내에 제출해야 한다.

**TIP** 일정 기간 내에 금융위원회와 거래소에 제출해야 한다.

## 핵심포인트 해설 정기공시

| | |
|---|---|
| 의 의 | • 정기공시 제출대상 법인은 사업보고서, 반기보고서, 분기보고서를 일정 기간 내에 금융위원회와 거래소에 제출해야 함 |
| 제출대상 법인 | • 주권상장법인<br>• 다음 증권을 증권시장에 상장한 발행인<br>· 주권 외의 지분증권, 신주인수권이 표시된 것, 증권예탁증권, 파생결합증권<br>· 주식관련사채권(CB, BW, EB), 이익참가부사채권, 무보증사채권<br>• 증권을 모집 또는 매출한 발행인<br>• 증권소유자 수가 500인 이상인 외부감사대상법인 |
| 제출기한 | • 사업보고서 : 사업연도 경과 후 90일 이내<br>• 반기·분기보고서 : 반기·분기 종료일부터 45일 이내 |

정답 ③

# 16

정기공시 등 ★★★

**주요사항보고서 공시의 대상과 거리가 먼 것은?**

① 영업활동의 전부 또는 중요한 일부가 정지되거나 그에 관한 이사회 결의가 있는 경우
② 자본의 증가 또는 자본의 감소에 대한 이사회 결의가 있는 경우
③ 조건부자본증권의 발행에 따른 부채의 증가
④ 공개매수에 의한 주식 취득

**TIP** 회사존립, 조직재편성, 자본증감 등 주요사항보고에 해당하면 그 사실 발생일부터 3일 이내에 금융위원회에 주요사항보고서를 제출해야 하나, 공개매수에 의한 주식 취득은 주요사항보고 대상에서 제외된다.

## 핵심포인트 해설 유통시장 공시(공시규정)

| 구분 | 내용 |
|---|---|
| 사업보고서 제출대상 | • 외부감사대상법인으로서 증권의 소유자 수(500인 이상) 산정기준<br>· 주권 : 주주명부 및 실질주주명부상 주주의 수<br>· 주권 외 증권 : 모집 또는 매출에 의해 증권을 취득한 수(2회 이상 모집 또는 매출한 경우 각각의 수를 더하고 중복자를 공제함) |
| 주요사항보고서 공시 | • 주요사항보고 대상에서 제외되는 것<br>· 상품·원재료·저장품 또는 재고자산의 매입·매출 등 일상적인 영업활동으로 인한 자산의 양수·양도<br>· 영업활동에 사용되는 기계, 설비, 장치 등의 주기적 교체를 위한 자산의 취득 또는 처분(교체주기가 1년 미만인 경우에 한함)<br>· 법에 의한 자기주식의 취득 또는 처분<br>· 법에 의한 검사대상기관과의 거래로서 약관에 따른 정형화된 거래<br>· 법에 의한 자산유동화<br>· 공개매수에 의한 주식 취득, 공개매수청약에 의한 주식 처분<br>· 국채·지방채·특수채 또는 법률에 의해 설립된 법인이 발행한 출자증권의 양수·양도 |
| 외국법인 공시 | • 한글로 작성하여 제출해야 함(단, 금융위원회가 필요하다고 인정하는 경우에는 영문으로 제출 가능)<br>• 공시서류 제출 시 그 사본 및 한글 요약본 2부를 금융위원회에 제출<br>• 공시서류는 원칙적으로 전자문서로 제출함<br>• 국내에 주소 또는 거소를 두고 발행인을 대리할 권한을 가진 자를 지정해야 함<br>• 기재사항, 서식 및 첨부서류 등은 발행인의 특성에 맞게 변형하여 작성할 수 있음 |

정답 ④

## 17

공개매수제도 ★★

**공개매수제도에 대한 설명이 적절하지 않은 것은?**

① 공개매수를 하고자 하는 자는 공개매수에 관한 사항을 둘 이상의 신문에 공고해야 한다.
② 공개매수자는 공개매수설명서를 작성하여 매도자에게 교부해야 한다.
③ 공개매수신고서가 제출된 주식의 발행인은 공개매수에 관한 의견을 표명할 수 없다.
④ 대항공개매수자가 있는 경우 공개매수를 철회할 수 있다.

**TIP** 공개매수신고서가 제출된 주식의 발행인은 공개매수에 관한 의견을 표명할 수 있다.

## 핵심포인트 해설 공개매수 절차

| | |
|---|---|
| 공개매수 공고 | • 공개매수를 하고자 하는 자는 공개매수에 관한 사항을 전국을 보급지역으로 하는 둘 이상의 신문에 공고해야 함 |
| 발행인 의견표명 | • 공개매수신고서가 제출된 주식의 발행인은 공개매수에 관한 의견(찬성·반대·중립의견에 대한 입장과 이유)을 표명해야 함 |
| 공개매수 실시 | • 공개매수기간 : 20일 이상 60일 이내<br>• 설명서 교부의무 : 공개매수자는 공개매수설명서를 작성하여 일반인이 열람할 수 있도록 해야 하고, 매도자에게 교부해야 함<br>• 별도매수 금지의무 : 공개매수기간 중 공개매수 이외의 방법으로 매수하는 행위 금지<br>• 전부매수의무 : 공개매수자는 공개매수신고서상 주식을 전부 매수해야 함 |
| 공개매수 철회<br>(단, 공고일 이후에는 철회 불가) | • 철회 사유<br>· 대항공개매수가 있는 경우<br>· 공개매수자가 사망·해산·파산한 경우<br>· 공개매수대상회사에 일정 사유가 발생한 경우 공개매수를 철회할 수 있다는 조건을 공개매수신고서에 기재한 경우 그 기재한 사유가 발생한 때<br>• 철회 방법 : 철회신고서를 금융위원회와 거래소에 제출 및 공고하고, 그 사본을 해당 주식 발행인에게 송부해야 함<br>• 응모주주의 철회 : 응모주주는 언제든지 응모 취소 가능 |
| 공개매수 결과보고서 제출 | • 공개매수자는 공개매수가 종료된 때에 지체 없이 공개매수결과보고서를 금융위원회와 거래소에 제출해야 함 |

정답 ③

# 18

대량보유상황 보고제도 ★★

**주식 등의 대량보유상황 보고제도(5% Rule)에 대한 설명으로 잘못된 것은?**

① 5% Rule은 M&A와 관련된 주식 등의 보유상황을 공시하게 하는 제도이다.
② 보고사유 발생일부터 5일 이내에 보고해야 한다.
③ 발행인의 경영권에 영향을 주기 위한 목적으로 보고하는 자는 보고한 날 이후 5일까지 주식 등을 추가로 취득할 수 있다.
④ 주식수에 따라 신주를 배정하는 경우, 배정된 주식만 취득하는 경우에는 보고의무가 면제된다.

**TIP** 5% 보고 시 보유목적을 발행인의 경영권에 영향을 주기 위한 것으로 보고하는 자는 보고사유 발생일부터 보고한 날 이후 5일까지 그 발행인의 주식 등을 추가로 취득하거나 보유주식 등에 대하여 그 의결권을 행사할 수 없다. (이 기간을 냉각기간이라고 함)

## 핵심포인트 해설 주식 등의 대량보유상황 보고제도(5% Rule)

| 구분 | 내용 |
|---|---|
| 의의 및 목적 | • 의의 : M&A와 관련된 주식 등의 보유상황을 공시하게 하는 제도<br>• 목적 : 시장투명성 제고, 기업지배권의 공정경쟁 유도<br>• 적용대상 증권 : 공개매수제도의 적용대상 증권과 동일함 |
| 보고의무자 | • 본인과 특별관계자의 합계 기준<br>· 주권상장법인의 주식 등을 5% 이상 보유하게 된 자<br>· 주권상장법인의 주식 등을 5% 이상 보유하고 있는 자 |
| 보고사유 | • 신규보고 : 주권상장법인의 주식 등을 발행주식총수의 5% 이상 보유하게 된 경우<br>• 변동보고 : 5% 이상 보유자의 보유비율이 1% 이상 변동되는 경우<br>• 변경보고 : 신규보고 및 변동보고자의 보유목적 변경, 보유주식 등의 신탁·담보계약, 기타 주요계약의 변경, 보유형태의 변경 등이 있는 경우 |
| 보고의무 면제 | • 보유주식 등의 수가 변동되지 않은 경우<br>• 주식수에 따라 신주를 배정하는 경우, 배정된 주식만 취득하는 경우<br>• 배정받은 신주인수권에 의해 발행된 신주인수권증서를 취득하는 것만으로 보유주식의 수가 증가하는 경우<br>• 자기주식 취득(처분)으로 보유비율이 변동된 경우<br>• 자본감소로 보유비율이 변동된 경우<br>• 주식관련사채의 권리행사로 발행 또는 교환되는 주식의 발행가격 또는 교환가격의 조정만으로 보유주식 수가 증가하는 경우 |

정답 ③

## 19

내부자 불공정거래 규제 ★★★

**자본시장법상 내부자거래 규제에 대한 설명이 가장 적절하지 못한 것은?**

① 내부자거래란 상장법인 등의 내부자가 회사의 미공개 중요정보를 당해 회사의 증권거래에 이용하는 것을 의미한다.

② 해당 법인의 임원은 내부자에 포함되나 준내부자의 종업원은 내부자의 범위에 포함되지 않는다.

③ 공개매수 관련 정보를 이용하는 행위도 내부자거래 규제에 대한 규정이 적용된다.

④ 내부자거래 규제대상자에는 내부자뿐만 아니라 준내부자, 정보수령자도 포함된다.

**TIP** 준내부자의 종업원이라도 미공개 중요정보를 알 수 있는 위치에 있으면 내부자의 범위에 포함된다.

### 핵심포인트 해설 내부자거래 규제

| | |
|---|---|
| 의 의 | • 협의 : 상장법인 내부자 등이 회사의 미공개 중요정보를 당해 회사의 증권거래에 이용하는 것<br>• 광의 : 협의 + 미공개 중요정보의 사적 이용행위를 예방할 수 있는 제반 공시제도 |
| 자본시장법상 내부자거래 규제 | • 미공개 중요정보 이용행위 금지<br>• 공개매수 관련 정보 이용행위 금지<br>• 대량취득·처분 관련 정보 이용행위 금지<br>• 단기매매차익 반환제도<br>• 임원 및 주요주주의 특정증권 등 상황보고제도<br>• 장내파생상품 대량보유 보고제도 |
| 규제대상자 | • 내부자<br>· 해당 법인(계열사 포함) 및 그 임직원·대리인으로서 미공개 중요정보를 알게된 자(㉠)<br>· 해당 법인(계열사 포함)의 주요주주로서 미공개 중요정보를 알게된 자(㉡)<br>• 준내부자<br>· 해당 법인에 대하여 법령에 따른 인허가 등 권한을 가진 자로서 미공개 중요정보를 알게된 자(㉢)<br>· 해당 법인과 계약체결하고 있거나 체결을 교섭하고 있는 자로서 미공개 중요정보를 알게된 자(㉣)<br>· ㉡ ~ ㉣에 해당하는 자의 대리인·사용인·그 밖의 종업원으로서 미공개 중요정보를 알게된 자<br>• 정보수령자 : ㉠ ~ ㉣에 해당하는 자로부터 미공개 중요정보를 받은 자 |

정답 ②

**자본시장법상 시세관여 교란행위 규제에 대한 설명으로 잘못된 것은?**

① 매매유인이나 부당이득의 목적으로 시세에 부당한 영향을 줄 우려가 있는 경우에만 규제할 수 있다.

② 거래 성립 가능성이 희박한 호가를 대량으로 제출하거나 호가를 제출한 후 해당 호가를 반복적으로 정정·취소하는 것도 시세관여 교란행위에 해당한다.

③ 권리이전을 목적으로 하지 않더라도 거짓으로 꾸민 매매는 시세관여 교란행위에 해당한다.

④ 시세관여 교란행위에 대하여 5억원 이하의 과징금을 부과할 수 있고, 위반행위로 얻은 이익의 1.5배가 5억원이 넘는 경우에는 그 금액 이하로 과징금을 부과할 수 있다.

**TIP** 매매유인이나 부당이득의 목적이 없다고 할지라도 시세에 부당한 영향을 줄 우려가 있다고 판단되면 과징금을 부과할 수 있다.

## 핵심포인트 해설 시장질서 교란행위 규제(법 제178조2)

| 의 의 | • 시장질서 교란행위를 정보이용 교란행위와 시세관여 교란행위로 구분하여 위반 시 과징금을 부과할 수 있도록 함 |
|---|---|
| 정보이용 교란행위 | • 규제대상자 확대 : 2차 이상의 다차 정보수령자의 미공개정보 이용, 외부정보 이용, 해킹 등 부정한 방법으로 취득한 정보이용 등을 규제함<br>• 규제대상 행위 : 상장증권, 장내파생상품 또는 이를 기초자산으로 하는 파생상품의 매매, 그 밖의 거래에 미공개정보를 이용하거나 타인에게 이용하는 행위를 금지함<br>• 규제대상자<br>· 내부자로부터 나온 미공개 중요정보 또는 미공개정보인 것을 알면서 이를 받거나 전득한 자(㉠)<br>· 직무와 관련하여 미공개정보를 생산하거나 알게 된 자(㉡)<br>· 해킹, 절취, 기망, 협박 등 부정한 방법으로 정보를 알게 된 자(㉢)<br>· ㉡과 ㉢의 자들로부터 나온 정보인 점을 알면서 이를 받거나 전득한 자 |
| 시세관여 교란행위 | • 규제범위 확대 : 매매유인이나 부당이득의 목적이 없다고 할지라도 시세에 부당한 영향을 줄 우려가 있다고 판단되면 과징금을 부과할 수 있음<br>• 규제대상 행위<br>· 거래 성립 가능성이 희박한 호가를 대량으로 제출하거나 호가를 제출한 후 해당 호가를 반복적으로 정정·취소<br>· 권리의 이전을 목적으로 하지 않지만 거짓으로 꾸민 매매<br>· 손익이전·조세회피 목적으로 타인과 서로 짜고 하는 매매<br>· 풍문유포·거짓계책으로 가격에 오해유발 또는 왜곡할 우려가 있는 행위 |
| 과징금 | • 5억원 이하의 과징금을 부과할 수 있음 |

정답 ①

## 21

장외거래 ★

**환매조건부매매를 하는 경우 준수사항과 거리가 먼 것은?**

① 국채, 지방채, 특수채, 그 밖에 금융위원회가 정하여 고시하는 증권을 대상으로 할 것
② 매매가격은 시장에서 정해지는 시가로 할 것
③ 환매수 또는 환매도하는 날을 정할 것
④ 환매조건부매도를 한 증권의 보관 및 교체에 관하여 금융위원회가 정하여 고시하는 기준을 따를 것

TIP 금융위원회가 정하여 고시하는 매매가격으로 매매해야 한다.

### 핵심포인트 해설 채권의 장외거래

**(1) 채권중개전문회사가 증권시장 외에서 중개업무를 하는 경우 준수사항**

① 전문투자자, 체신관서, 그 밖에 금융위원회가 고시한 자 간의 매매의 중개일 것
② 동시에 다수의 자를 각 당사자로 하여 당사자가 매매하고자 제시하는 채무증권의 종목, 매수·매도호가와 그 수량을 공표할 것
③ 채무증권의 종목별로 당사자 간의 매도·매수호가가 일치하는 가격으로 매매를 체결시킬 것
④ 업무방법 등이 금융위원회가 정하여 고시하는 기준을 충족할 것

**(2) 환매조건부매매를 하는 경우 준수사항**

① 국채, 지방채, 특수채, 그 밖에 금융위원회가 정하여 고시하는 증권을 대상으로 할 것
② 금융위원회가 정하여 고시하는 매매가격으로 매매할 것
③ 환매수 또는 환매도하는 날을 정할 것
④ 환매조건부매도를 한 증권의 보관 및 교체에 관해 금융위원회가 정하여 고시하는 기준을 따를 것

정답 ②

## 22

금융기관 검사 및 제재 ★

**금융감독원의 금융기관 제재절차에 대한 설명으로 잘못된 것은?**

① 감독원장은 제재심의를 위해 제재심의위원회를 설치하여 심의해야 하나, 감독원장이 필요하다고 인정하는 때에는 심의회의 심의를 생략할 수도 있다.

② 감독원장은 제재하고자 할 경우 제재내용을 예외 없이 제재대상자에게 사전에 통지해야 한다.

③ 감독원장은 상당한 기간을 정해 제재대상자에게 구술 또는 서면에 의한 의견진술의 기회를 주어야 한다.

④ 감독원장은 증거서류 오류·누락, 법원의 무죄판결 등으로 그 제재의 위법·부당함을 발견하였을 때 직권으로 재심하여 조치할 수 있다.

TIP 감독원장은 제재하고자 할 경우 제재내용을 사전에 통지해야 하나 처분의 성질상 불필요하다고 인정되는 사유가 있으면 사전통지를 하지 않을 수도 있다.

## 핵심포인트 해설 금융감독원의 금융기관 제재절차

| 구분 | 내용 |
|---|---|
| 심의회 설치 | • 감독원장은 제재심의를 위해 제재심의위원회 설치 및 운영<br>• 감독원장이 필요하다고 인정하는 때에는 심의회의 심의 생략 가능 |
| 사전통지 | • 감독원장은 제재하고자 할 경우 제재내용을 사전에 통지해야 함<br>• 처분의 성질상 불필요하다고 인정되는 사유가 있으면 사전통지를 하지 않을 수 있음 |
| 의견진술 | • 감독원장은 상당한 기간을 정해 제재대상자에게 구술 또는 서면에 의한 의견진술 기회를 주어야 함<br>• 금융업관련법에서 의견청취의 방법을 청문 등으로 별도로 정하고 있는 경우에는 그에 따름 |
| 불복절차 | • 이의신청, 행정심판, 행정소송 등 |
| 이의신청 | • 당해 제재처분(또는 조치요구)이 위법 또는 부당하다고 인정되는 경우에는 금융위원회 또는 감독원장에게 이의신청 가능<br>• 감독원장이 당해 이의신청이 이유가 없다고 인정하는 경우에는 이를 기각하고, 이유가 있다고 인정하는 경우에는 당해 처분을 취소 또는 변경해야 함<br>• 이의신청 처리결과에 대하여 다시 이의신청을 할 수 없음<br>• 감독원장은 증거서류 오류·누락, 법원의 무죄판결 등으로 그 제재의 위법·부당함을 발견하였을 때 직권으로 재심하여 조치 가능 |
| 이사회 보고 | • 금융기관의 장은 제재조치를 받은 경우 감독원장이 정하는 바에 따라 이사회 앞으로 보고 또는 주주총회 등 필요한 절차를 취해야 함 |

정답 ②

자본시장 조사업무 ★★

**자본시장 조사업무 규정에 대한 설명으로 가장 거리가 먼 것은?**

① 시세조종 등 불공정행위에 대한 규제라고 볼 수 있다.
② 한국거래소로부터 위법행위 혐의사실을 이첩받은 경우 조사대상이 된다.
③ 당해 위법행위와 동일한 사안에 대하여 검찰이 수사를 개시하면 조사업무가 면제된다.
④ 자본시장 조사결과 조치는 자율규제사항이다.

**TIP** 자본시장 조사결과 조치로 고발 또는 수사기관 통보 등 타율규제도 가능하다.

## 핵심포인트 해설 자본시장 조사업무

| | |
|---|---|
| 의 의 | • 협의 : 시세조종 등 불공정행위에 대한 조사업무<br>• 광의 : 법령·규정 위반 여부 또는 투자자보호를 위해 필요하다고 인정되는 사항을 조사하여 필요한 조치를 취하는 업무 |
| 조사대상 | • 금융위원회 및 금융감독원 업무와 관련하여 위법행위 혐의가 발견된 경우<br>• 한국거래소로부터 위법행위 혐의사실을 이첩받은 경우<br>• 각 급 검찰청의 장으로부터 위법행위에 대한 조사를 요청받거나 그 밖의 행정기관으로부터 위법행위의 혐의사실을 통보받은 경우<br>• 위법행위에 관한 제보를 받거나 조사를 의뢰하는 민원을 접수한 경우<br>• 기타 공익 및 투자자보호를 위하여 조사의 필요성이 인정되는 경우<br>• 주요대상 : 미공개정보 이용 행위, 불공정거래 행위, 내부자 단기매매차익, 상장법인 공시의무 위반, 특정 증권 등 소유 및 변동사항 보고 위반, 주식대량보유보고 위반 등 |
| 면제대상 | • 당해 위법행위에 대한 충분한 증거가 확보되어 있고 다른 위법행위가 발견되지 않은 경우<br>• 당해 위법행위와 함께 다른 위법행위의 혐의가 있으나 그 혐의내용이 경미하여 조사의 실익이 없다고 판단되는 경우<br>• 공시자료, 언론보도 등에 의하여 알려진 사실이나 풍문만을 근거로 조사를 의뢰하는 경우<br>• 당해 위법행위에 대한 제보가 익명 또는 가공인 명의의 진정·탄원·투서 등에 의해 이루어지거나 그 내용이 조사단서로서의 가치가 없다고 판단되는 경우<br>• 당해 위법행위와 동일한 사안에 대하여 검찰이 수사를 개시한 사실이 확인된 경우 |
| 조사결과 조치 | • 형사제재 : 고발 또는 수사기관에 통보<br>• 금융위원회의 시정명령 또는 처분명령<br>• 과태료 또는 과징금 부과<br>• 1년 이내의 증권발행 제한, 임원 해임 권고, 등록취소 등 |

정답 ④

# 24



**금융소비자보호법의 규제체계에 대한 설명이 적절하지 않은 것은?**

① 동일기능-동일규제의 원칙이 적용될 수 있도록 금융상품 및 판매업의 유형을 재분류하였다.
② 금융상품은 예금성 상품, 투자성 상품, 보장성 상품, 대출성 상품으로 분류하였다.
③ 금융상품판매업을 영위하더라도 금융관계법상 금융상품판매업 관련 인허가 또는 등록을 하지 않은 경우에는 금융상품판매업자에 해당되지 않는다.
④ 일반 사모집합투자업자도 금융상품 직접판매업자에 해당된다.

TIP 금융관계법상 금융상품판매업 관련 인허가 또는 등록을 하지 않은 경우라도 금융상품판매업을 영위하도록 규정한 경우에는 금융상품판매업자에 해당되며, 원칙적으로는 모든 집합투자업자가 금융상품판매업자에 해당된다.

## 핵심포인트 해설 금융소비자보호법상 기능별 규제체계

**(1) 금융상품의 분류**

| | |
|---|---|
| 예금성 상품 | 은행법상 예금, 적금, 부금 등 |
| 투자성 상품 | 자본시장법상 금융투자상품, 투자일임계약, 신탁계약(관리형신탁 및 투자성 없는 신탁은 제외) 등 |
| 보장성 상품 | 보험업법상 보험상품 및 이와 유사한 것(생명보험, 손해보험 등) |
| 대출성 상품 | 신용거래융자, 신용대주, 증권담보대출, 청약자금대출 등 |

**(2) 금융상품판매업자의 분류**

| | |
|---|---|
| 직접판매업자 | 자신이 직접 계약의 상대방으로서 금융상품에 관한 계약체결을 영업으로 하는 자 예 은행, 보험사, 저축은행 등 |
| 판매 대리·중개업자 | 금융회사와 금융소비자의 중간에서 금융상품 판매를 중개하거나 금융회사의 위탁을 받아 판매를 대리하는 자 예 투자권유대행인, 보험설계·중개사, 보험대리점, 카드·대출모집인 등 |
| 자문업자 | 금융소비자가 본인에게 적합한 상품을 구매할 수 있도록 자문을 제공하는 자 예 투자자문업자 |

정답 ③

**금융소비자보호법상 6대 판매원칙에 대한 설명이 적절하지 않은 것은?**

① 적합성 원칙에 의하여 재산상황, 금융상품 취득·처분경험 등에 비추어 적합하지 아니하다고 인정되는 금융상품 계약체결의 권유를 금지한다.
② 적정성 원칙은 파생상품, 파생결합증권, 파생상품펀드 등 파생상품 관련 상품에만 적용된다.
③ 금융상품 계약체결을 권유하거나 소비자가 설명을 요청하는 경우 상품의 중요 사항을 소비자가 이해할 수 있도록 설명해야 한다.
④ 금융상품 계약체결 권유 시 소비자가 오인할 우려가 있는 허위 사실 등을 알리는 행위를 금지한다.

**TIP** 금융소비자보호법상 적정성 원칙은 파생상품 관련 상품뿐만 아니라 대출성·보장성 상품에도 확대 적용된다.

## 핵심포인트 해설 금융소비자보호법상 6대 판매원칙

| | |
|---|---|
| 적합성 원칙 | • 투자성 상품에만 도입되었던 적합성 원칙을 대출성·보장성 상품에도 확대 적용<br>• 금융소비자의 재산상황, 금융상품 취득·처분경험 및 목적 등에 비추어 투자성향에 부적합한 상품의 계약체결의 권유를 금지함 |
| 적정성 원칙 | • 파생상품 등에만 도입되었던 적정성 원칙을 일부 대출성·보장성 상품에도 확대 적용<br>• 위험도가 높은 투자성·대출성 상품은 투자권유가 없는 경우에도 소비자의 투자성향을 파악하고, 해당 투자의 적정성 여부를 해당 소비자에게 알려야 함 |
| 설명의무 | • 은행법·자본시장법 등에 각각 규정된 설명의무를 금융소비자보호법으로 통합·이관함<br>• 금융상품 계약체결을 권유하거나 소비자가 설명을 요청하는 경우 상품의 중요사항을 소비자가 이해할 수 있도록 설명해야 함 |
| 불공정영업행위 금지 | • 판매업자가 금융상품 판매 시 우월적 지위를 이용하여 소비자의 권익을 침해하는 행위를 금지함<br>• 제3자 연대보증 요구, 업무 관련 편익 요구, 연계·제휴서비스를 부당하게 축소·변경하는 행위, 대출실행 후 3년 경과 시 중도상환수수료 부과 등이 금지됨 |
| 부당권유행위 금지 | • 금융상품 계약체결 권유 시 소비자가 오인할 우려가 있는 허위 사실 등을 알리는 행위를 금지함<br>• 불확실한 사항에 대한 단정적 판단을 제공하는 행위, 내부통제기준에 따른 교육을 받지 않은 자로 하여금 계약체결 권유와 관련된 업무를 하게 하는 행위 등 금지 |
| 광고 규제 | • 금융상품 또는 판매업자 등의 업무에 관한 광고 시 필수 포함사항 및 금지행위 등을 규정함<br>• 필수 포함사항 : 설명서·약관을 읽어볼 것을 권유하는 내용, 판매업자 명칭, 금융상품 내용, 운용실적이 미래수익률을 보장하지 않는다는 사실, 보험료 인상 및 보장내용 변경 가능 여부 |

정답 ②

# 26

6대 판매원칙 규제 ★★★

**금융소비자보호법상 6대 판매원칙 위반에 대한 제재와 거리가 먼 것은?**

① 금융소비자는 위법계약해지권을 행사할 수 있다.

② 금융위원회는 판매제한 명령을 할 수 있다.

③ 금융상품판매업자에 대하여 수입의 50%까지 과징금을 부과할 수 있다.

④ 금융소비자는 설명의무 위반에 따른 손해배상청구소송 시 판매업자의 고의·과실에 대한 입증책임이 있다.

**TIP** 설명의무 위반에 따른 손해배상청구소송 시 고의·과실 입증책임을 금융소비자에서 금융회사로 전환하여 금융소비자의 입증부담을 완화되었다.

## 핵심포인트 해설 판매원칙 위반에 대한 제재

| | |
|---|---|
| 금융소비자의 위법계약해지권 | • 위법한 계약체결에 대하여 소비자의 해지 요구 시 금융회사가 정당한 사유를 제시하지 못하는 경우에 소비자가 일방적으로 계약을 해지할 수 있음<br>• 위법계약해지권 행사기간 : 계약체결 후 5년 이내의 범위에서 위법사실을 안 날로부터 1년 이내에 행사해야 함 |
| 금융위원회의 판매제한 명령 | • 시정·중지 명령 : 금융소비자의 권익 보호 및 건전한 거래질서를 위하여 필요하다고 인정하는 경우에 명령 가능<br>• 판매제한 명령 : 금융상품으로 인하여 금융소비자의 재산상 현저한 피해가 발생할 우려가 있다고 명백히 인정되는 경우에 명령 가능 |
| 징벌적 과징금 | • 주요 판매원칙(설명의무, 불공정영업행위·부당권유행위 금지, 광고규제) 위반 시 징벌적 과징금 부과<br>• 판매업자가 주요 판매원칙 등을 위반한 경우, 그로 인해 얻은 수익의 50%까지 과징금 부과 가능 |
| 과태료 | • 1억원 이하의 과태료를 부과하는 경우 : 설명의무, 불공정영업행위 금지, 부당권유행위 금지, 광고규제 위반 등<br>• 3,000만원 이하의 과태료를 부과하는 경우 : 적합성·적정성 원칙 미준수 등 |

정답 ④

금융소비자보호법 주요내용 ★★★

**금융소비자의 권익 보호제도에 대한 설명이 적절하지 않은 것은?**

① 청약철회권은 보장성 상품과 대출성 상품에만 가능하다.
② 금융분쟁조정이 신청된 사건에 대하여 소송이 진행 중일 경우 법원은 그 소송을 중지할 수 있다.
③ 소비자가 신청한 소액분쟁이 있는 경우 분쟁조정 완료 시까지 금융회사의 제소가 금지된다.
④ 금융소비자가 분쟁조정·소송 등 대응 목적으로 금융회사 등이 유지·관리하는 자료의 열람 요구 시, 금융회사는 수용할 의무가 있다.

**TIP** 청약철회권은 보장성·대출성·투자성 상품 및 자문 등까지 확대되어 적용된다.

## 핵심포인트 해설 금융소비자 권익강화를 위한 제도

**(1) 청약철회권**

① 의의 : 일정 기간 내 금융소비자가 금융상품 계약을 철회하는 경우 판매자는 이미 받은 금전·재화 등을 반환해야 함 (보장성·대출성·투자성 상품 및 자문에 확대 적용)

② 청약철회 가능기간

| 투자성 상품 | 계약서류 제공일 또는 계약체결일로부터 7일 이내 |
|---|---|
| 대출성 상품 | 계약서류 제공일 또는 계약체결일로부터 14일 이내 |

**(2) 계약서류 제공의무 및 자료기록 유지·관리의무**

| 계약서류 제공의무 | • 금융상품판매업자는 소비자와 계약체결 시 계약서, 약관, 설명서 등 계약서류를 지체 없이 교부해야 함 |
|---|---|
| 자료기록 유지·관리의무 | • 금융상품판매업자는 업무관련 자료를 기록하고 유지·관리해야 함<br>• 유지관리기간 : 원칙 10년 |

**(3) 사후구제 제도**

| 금융분쟁조정제도 | 소비자는 금융분쟁 발생 시 금융감독원에 분쟁조정을 신청할 수 있으며, 분쟁의 당사자가 조정안을 수락한 경우 재판상 화해와 같은 효력이 있음 |
|---|---|
| 소송중지제도 | 분쟁조정이 신청된 사건에 대하여 소송이 진행 중일 경우 법원이 그 소송을 중지할 수 있도록 한 제도 |
| 조정이탈금지제도 | 소비자가 신청한 소액분쟁(2,000만원 이하의 분쟁)이 있는 경우 분쟁조정 완료 시까지 금융회사의 제소를 금지하는 제도 |
| 자료열람요구권 | 금융소비자가 분쟁조정·소송 등 대응 목적으로 금융회사 등이 유지·관리하는 자료의 열람 요구 시, 금융회사는 수용할 의무가 있음 |
| 손해배상책임 | 금융상품판매업자가 설명의무를 위반하여 소비자에게 손해를 입힌 경우, 자신의 고의 또는 과실을 입증하지 못하면 손해배상책임을 면할 수 없음(입증책임을 금융소비자에서 금융상품판매업자로 전환시킴) |

정답 ①

# 28

금융소비자보호법 주요내용 ★★★

**금융소비자보호법상 금융소비자의 위법계약해지권에 대한 설명이 옳은 것은?**

① 금융상품판매업자가 광고규제를 위반한 경우에도 적용된다.

② 위법계약해지권이 적용되는 상품에 금융상품자문계약은 포함되지 않는다.

③ 계약체결일로부터 5년 이내의 범위에서 위법사실을 안 날로부터 1년 이내에 해지요구가 가능하다.

④ 위법계약의 해지는 소급적 효력이 있기 때문에 금융상품판매업자는 원상회복의무가 있다.

**TIP** ① 위법계약해지권은 5대 판매규제(적합성 원칙, 적정성 원칙, 설명의무, 불공정영업행위 금지, 부당권유행위 금지) 위반 시 적용된다.
② 위법계약해지권이 적용되는 상품에는 투자일임계약, 금전신탁계약, 금융상품자문계약 등이 있고, 적용되지 않는 상품에는 P2P업자와 체결하는 계약, 양도성예금증서, 표지어음 등이 있다.
④ 위법계약해지의 효력은 장래에 대하여만 있으므로 금융상품판매업자의 원상회복의무는 없다.

## 핵심포인트 해설 금융소비자의 위법계약해지권

| | |
|---|---|
| 행사 요건 | • 5대 판매규제 위반(적합성 원칙, 적정성 원칙, 설명의무, 불공정영업행위 금지, 부당권유행위 금지)<br>• 적용상품 : 투자일임계약, 금전신탁계약, 금융상품자문계약<br>• 적용제외상품 : P2P업자와 체결하는 계약, 양도성예금증서, 표지어음 |
| 해지 요구 기간 | • 계약체결일로부터 5년 이내의 범위에서 위법사실을 안 날로부터 1년 이내 |
| 수락 통지 | • 금융상품판매업자는 10일 이내에 소비자의 해지 요구에 대한 수락여부를 통지해야 함<br>• 해지 요구를 거절할 경우 거절사유를 함께 통지해야 함 |
| 위법계약해지의 효력 | • 장래효(비소급효) : 금융상품판매업자의 원상회복의무는 없음<br>• 금융소비자에 대한 해지관련 비용 요구 불가 |

정답 ③

# 출제예상문제

☑ 다시 봐야 할 문제(틀린 문제, 풀지 못한 문제, 헷갈리는 문제 등)는 문제 번호 하단의 네모박스(□)에 체크하여 반복학습 하시기 바랍니다.

**01** □

중요도 ★

**금융투자상품의 투자성에 대한 설명이 적절하지 않은 것은?**

① 투자성이란 투자금액이 회수금액을 초과하게 될 위험을 말한다.

② 투자성은 원금손실가능성을 의미한다.

③ 투자금액 산정 시 판매수수료가 포함된다.

④ 회수금액 산정 시 환매수수료와 세금이 포함된다.

**02** □

중요도 ★★★

**자본시장법상 증권에 대한 설명이 적절하지 않은 것은?**

① 채무증권은 지급청구권이 표시된 것이다.

② 신주인수권이 표시된 증권은 지분증권이다.

③ 파생결합증권은 기초자산의 변동에 따라 손익이 결정되는 권리가 표시된 것이다.

④ 증권예탁증권은 공동사업 결과에 따른 손익을 귀속받는 계약상 권리가 표시된 것이다.

**03** □

중요도 ★★★

**자본시장법상 증권의 연결이 적절하지 않은 것은?**

① 채무증권 – 기업어음
② 지분증권 – 주택저당증권
③ 수익증권 – 투자신탁
④ 증권예탁증권 – KDR

**04** □

중요도 ★

**자본시장법상 파생상품에 대한 설명으로 잘못된 것은?**

① 선물(Futures)은 장내시장에서 기초자산에 의해 산출된 금전 등을 장래 특정 시점에 인도할 것을 약정하는 계약이다.

② 선도(Forwards)는 장외시장에서 기초자산에 의해 산출된 금전 등을 장래 특정 시점에 인도할 것을 약정하는 계약이다.

③ 파생결합증권은 기초자산에 의해 산출된 금전 등을 거래시킬 수 있는 권리를 부여하는 것을 약정하는 계약이다.

④ 스왑은 기초자산에 의해 산출된 금전 등을 일정 기간 동안 교환할 것을 약정하는 계약이다.

## 05

중요도 ★

**온라인소액투자중개업자의 등록 요건과 거리가 먼 것은?**

① 상법상 주식회사 또는 영업소를 설치한 외국 온라인투자중개업자일 것

② 3억원 이상의 자기자본이 있을 것

③ 사업계획이 타당하고 건전할 것

④ 투자자보호가 가능하고 그 영위하고자 하는 업을 수행하기에 충분한 인력, 전산장비, 그 밖의 물적장비를 갖추고 있을 것

## 06

중요도 ★★

**자본시장법상 금융투자업에 대한 설명이 적절하지 못한 것은?**

① 투자매매업은 누구의 명의로 하든지 자기의 계산으로 금융투자상품의 매매 등을 영업으로 하는 금융투자업이다.

② 투자중개업은 누구의 명의로 하든지 타인의 계산으로 금융투자상품의 매매 등을 영업으로 하는 금융투자업이다.

③ 집합투자업은 2인 이상에게 투자권유를 하여 모은 금전 등을 운용하고 그 결과를 투자자에게 배분하여 귀속시키는 금융투자업이다.

④ 투자자문업은 금융투자상품의 가치 또는 금융투자상품에 대한 투자판단에 관하여 자문에 응하는 것을 영업으로 하는 금융투자업이다.

## 07

중요도 ★★★

**금융위원회 등록대상 금융투자업에 해당하지 않는 것은?**

① 신탁업

② 투자자문업

③ 온라인소액투자중개업

④ 일반사모집합투자업



### 정답 및 해설

01 ③ 투자금액 산정 시 판매수수료는 포함되지 않는다.

02 ④ 공동사업 결과에 따른 손익을 귀속받는 계약상 권리가 표시된 것은 투자계약증권이라고 한다.

03 ② 지분증권에는 주권, 신주인수권이 표시된 증권 등이 있다. 주택저당증권은 수익증권에 속한다.

04 ③ 옵션(Option)은 기초자산에 의해 산출된 금전 등을 거래시킬 수 있는 권리를 부여하는 것을 약정하는 계약이다.

05 ② 온라인소액투자중개업자의 등록을 위해서는 5억원 이상의 자기자본금이 있어야 한다.

06 ③ 집합투자업은 '2인 이상의 투자자로부터 모은' 금전 등을 운용하고 그 결과를 투자자에게 배분하여 귀속시키는 금융투자업이다. 집합투자업을 정의할 때 과거에는 '2인 이상에게 투자권유를 하여 모은'이라고 정하고 있었으나 '2인 이상의 투자자로부터 모은'으로 개정되어 수익자가 1인인 사모단독펀드의 설정을 제한하고 있다.

07 ① 금융위원회 등록대상 금융투자업에는 투자자문업, 투자일임업, 온라인소액투자중개업, 일반사모집합투자업 등이 있다. 반면 금융위원회 인가대상 금융투자업에는 투자매매업, 투자중개업, 집합투자업, 신탁업 등이 있다.

## 08

중요도 ★

**투자일임업에 해당하는 것은?**

☐

① 투자자가 여행으로 인해 일시적으로 부재하는 중에 주가가 폭락하면 주식을 매도하도록 미리 일임 받은 경우

② 투자자가 투자중개업자로부터 신용공여를 받아 주식을 매수한 후 상환하지 않으면 주식을 매도하도록 일임 받은 경우

③ 주식매매주문을 받으면서 하루를 정하여 총매매수량, 총매매금액, 가격, 수량 및 시기에 대한 투자판단을 일임 받은 경우

④ 투자자가 CMA계좌에서 입출금을 하면 따로 의사표시가 없어도 자동으로 MMF를 매매하도록 일임 받은 경우

## 09

중요도 ★★★

**금융투자업의 인가 및 등록에 대한 설명이 적절하지 않은 것은?**

☐

① 신탁업을 하려면 금융위원회로부터 인가받아야 한다.

② 인가 받은 후 이를 유지하기 위해서는 인가업무 단위별 최저 자기자본의 70% 이상을 유지해야 한다.

③ 금융투자업 등록 시 대주주는 최근 10년간 금융관련 법령을 위반하여 징역형 이상의 처벌을 받은 사실이 없어야 한다.

④ 투자일임업을 하려면 금융위원회에 등록해야 한다.

## 10

중요도 ★★★

**금융투자업자의 자산건전성 분류에 대한 기술이 적절하지 않은 것은?**

☐

① 금융투자업자는 매 분기마다 자산 및 부채에 대한 건전성을 정상, 요주의, 고정, 회수의문, 추정손실의 5단계로 분류해야 한다.

② 정상으로 분류된 자산은 대손충당금을 적립하지 않아도 된다.

③ 매 분기 말 현재 고정 이하로 분류된 채권에 대하여 적정한 회수예상가액을 산정해야 한다.

④ 금융투자업자는 자산건전성 분류기준의 설정 및 변경, 동 기준에 따른 자산건전성 분류결과 및 대손충당금 적립결과를 금융감독원장에게 보고해야 한다.

## 11

중요도 ★★

**영업용순자본 규제의 기본원칙과 거리가 먼 것은?**

☐

① 순자본비율 산정의 기초가 되는 금융투자업자의 자산, 부채, 자본은 연결재무제표에 계상된 장부가액을 기준으로 한다.

② 시장위험과 신용위험을 동시에 내포하는 자산에 대하여는 시장위험액과 신용위험액을 모두 산정한다.

③ 영업용순자본 산정 시 차감항목에 대하여는 원칙적으로 위험액을 산정하지 않는다.

④ 영업용순자본의 차감항목과 위험액 산정대상 자산 사이에 위험회피효과가 있는 경우에는 위험액 산정대상 자산의 위험액을 산정하지 않는다.

12 중요도 ★★

**금융위원회의 적기시정조치 중 경영개선명령에 대한 설명이 적절하지 않은 것은?**

□

① 경영실태평가 결과 종합평가등급을 4등급 이하로 판정받은 경우에 경영개선명령의 조치를 할 수 있다.

② 순자본비율이 0% 미만인 경우 경영개선명령의 조치를 할 수 있다.

③ 부실금융기관에 해당되는 경우 주식의 일부 또는 전부소각 조치를 할 수 있다.

④ 금융위원회는 해당 금융기관 임원의 직무집행정지 및 관리인 선임을 할 수 있다.

13 중요도 ★

**금융위원회로부터 적기시정조치를 받은 금융투자업자는 경영개선계획을 제출하고 이행해야 한다. 이에 대한 설명으로 잘못된 것은?**

□

① 당해 조치일부터 2개월 범위 내에서 당해 조치권자가 정하는 기간 내에 경영개선계획을 금융감독원장에게 제출해야 한다.

② 금융위원회는 당해 경영개선계획을 제출받은 날부터 1개월 이내에 승인 여부를 결정해야 한다.

③ 경영개선계획의 이행기간은 경영개선권고의 경우 승인일부터 3개월 이내이다.

④ 금융투자업자는 매 분기 말부터 10일 이내에 계획의 분기별 이행실적을 금융감독원장에게 제출해야 한다.



**정답 및 해설**

08 ③ 주식매매주문을 받으면서 하루를 정하여 총매매수량, 총매매금액, 가격, 수량 및 시기에 대한 투자판단을 일임 받은 경우에는 투자일임업에 해당하나 ①, ②, ④는 투자일임업으로 보지 않는다.

09 ③ 금융투자업 등록 시 대주주는 최근 5년간 금융관련 법령을 위반하여 벌금형 이상의 처벌을 받은 사실이 없어야 한다.

10 ② 대손충당금 적립기준은 정상 분류자산은 0.5%, 요주의 분류자산은 2%, 고정 분류자산은 20%, 회수의문 분류자산은 75%, 추정손실 분류자산은 100%이다.

11 ④ 영업용순자본의 차감항목과 위험액 산정대상 자산 사이에 위험회피효과가 있는 경우에는 위험액 산정대상 자산의 위험액을 감액할 수 있다.

12 ① 경영실태평가 결과 종합평가등급을 4등급 이하로 판정받은 경우 금융위원회는 경영개선요구 조치를 할 수 있다.

13 ③ 경영개선계획의 이행기간은 경영개선권고의 경우 승인일부터 6개월 이내(부동산신탁업자의 경우는 1년), 경영개선요구의 경우 승인일부터 1년 이내(부동산신탁업자의 경우는 1년 6개월), 경영개선명령의 경우에는 금융위원회가 승인하면서 그 이행기한을 정한다. 경영개선권고를 받은 금융투자업자가 그 경영개선계획 이행 중 경영개선요구를 받은 경우에는 경영개선권고에 따른 경영개선계획의 승인일부터 1년(부동산신탁업자의 경우는 1년 6개월) 이내로 한다.

## 14

중요도 ★

**금융투자업자의 위험관리에 대한 설명으로 잘못된 것은?**

☐

① 금융투자업자는 부서별, 거래별 또는 상품별 위험부담한도, 거래한도 등을 적절히 설정·운영해야 한다.

② 금융투자업자의 준법감시인은 위험관리 기본방침을 수립하고 위험관리지침의 제정 및 개정에 관한 심의와 의결을 한다.

③ 금융투자업자는 리스크평가 및 관리를 최우선과제로 인식하고 독립적인 리스크평가와 통제를 위한 리스크 관리체제를 구축해야 한다.

④ 장외파생상품에 대한 투자매매업을 인가받은 금융투자업자는 경영상 발생할 수 있는 위험을 실무적으로 종합관리하고 이사회와 경영진을 보조할 수 있는 전담조직을 두어야 한다.

## 15

중요도 ★★

**금융투자업의 등록요건에 대한 내용이 적절하지 않은 것은?**

☐

① 등록대상 금융투자업 : 투자자문업, 투자일임업, 온라인소액투자중개업, 일반사모집합투자업

② 금융투자전문인력 : 투자자문업은 1인 이상, 투자일임업은 2인 이상

③ 임원요건 : 인가대상 금융투자업 임원의 요건과 동일

④ 대주주요건 : 최근 3년간 금융관련 법령 위반으로 벌금형 이상의 처벌사실이 없을 것

## 16

중요도 ★★

**투자권유 시 재권유금지 원칙에 대한 예외에 해당하는 것은?**

☐

① 원금손실위험이 적은 상품을 투자권유 하는 경우

② 거부의사표시 후 1개월이 지난 후 다시 투자권유 하는 경우

③ 포트폴리오를 구축하여 권유하는 경우

④ 별도의 상담보수를 받지 않고 권유하는 경우

## 17

중요도 ★★

**투자권유대행인의 금지사항과 거리가 먼 것은?**

☐

① 위탁한 금융투자업자를 대리하여 계약을 체결하는 행위

② 투자자로부터 금전 등의 재산을 수취하는 행위

③ 투자권유대행업무를 제3자에게 재위탁하는 행위

④ 1개의 금융투자업자와 투자권유 위탁계약을 체결하는 행위

## 18

중요도 ★★

**금융투자업자 규제에 대한 설명이 잘못된 것은?**

□

① 자본시장조사업무 규정에 의하면 상장법인이 증권의 발행과 관련하여 자본시장법을 위반한 경우 해임권고, 과징금 부과뿐만 아니라 고발도 가능하다.

② 금융투자업자는 요주의 이하로 분류된 채권에 대하여 적정한 회수예상가액을 산정해야 한다.

③ 금융투자업자는 회수의문 또는 추정손실로 분류된 자산을 조기에 상각하여 자산건전성을 확보해야 한다.

④ 금융투자업자는 매 사업연도 개시일로부터 3개월, 6개월, 9개월 및 12개월간의 업무보고서를 작성하여 금융위원회에 제출하여야 한다.

## 19

중요도 ★★

**금융투자업자의 공통영업행위규칙에 대한 설명이 잘못된 것은?**

□

① 금융투자업자가 아닌 자는 '금융투자'라는 문자를 상호에 사용할 수 없다.

② 금융투자업자가 제3자에게 업무를 위탁하는 경우 위탁업무 범위 내에서 투자자의 금융투자상품 매매 등에 관한 정보를 제공할 수 있다.

③ 금융투자업자는 다른 금융업무를 겸영하고자 하는 경우 그 업무를 영위하기 시작한 날로부터 2주 이내에 금융위원회에 보고해야 한다.

④ 금융투자업자는 금융투자업에 부수하는 업무를 영위하고자 하는 경우 그 업무를 영위하기 전 14일 이내에 금융위원회에 보고해야 한다.



### 정답 및 해설

14 ② 금융투자업자의 이사회는 위험관리 기본방침을 수립하고 위험관리지침의 제정 및 개정에 관한 심의와 의결을 한다.

15 ④ 금융투자업 등록을 위한 대주주요건은 다음과 같다.
- 최근 5년간 금융관련 법령 위반으로 벌금형 이상의 처벌사실이 없을 것
- 최근 5년간 채무불이행 등으로 건전한 신용질서를 해친 사실이 없을 것
- 부실금융기관 또는 인허가 취소된 금융기관의 대주주 또는 특수관계인이 아닐 것 등

16 ② 거부의사표시 후 1개월이 지난 후 다시 투자권유 하는 경우 또는 종류를 달리하여 투자권유를 하는 경우에는 재권유가 허용된다.

17 ④ 투자권유대행인은 둘 이상의 금융투자업자와 투자권유 위탁계약을 체결하는 행위가 금지된다.

18 ② 금융투자업자는 고정 이하로 분류된 채권에 대하여 적정한 회수예상가액을 산정해야 한다.

19 ④ 금융투자업자는 금융투자업에 부수하는 업무를 영위하고자 하는 경우 그 업무를 영위하기 시작한 날로부터 2주 이내에 금융위원회에 보고해야 한다(사후보고).

20 중요도 ★★

**투자매매업자(또는 투자중개업자)의 최선집행의무에 대한 기술이 적절하지 않은 것은?**

□

① 내부통제기준이 있으면 최선집행기준은 마련하지 않아도 된다.

② 최선집행기준은 3개월마다 점검해야 한다.

③ 최선집행의무는 장외파생상품에는 적용되지 않는다.

④ 최선집행의무는 주권에 적용된다.

21 중요도 ★★

**금융투자업자의 규제에 대한 설명으로 잘못된 것은?**

□

① 투자매매·중개업자는 분쟁조정에 따라 손실을 배상하는 경우에는 손실을 보전하는 행위를 할 수 있다.

② 투자매매·중개업자는 투자자의 거래가 탈세의 수단으로 이용되는 행위임을 알면서도 이를 지원하거나 알선하는 행위를 할 수 없다.

③ 투자권유대행인은 협회가 정한 편익제공한도를 초과하여 이익을 제공하면서 권유하는 행위를 할 수 없다.

④ 금융투자업자는 기업금융업무 외의 대출업무는 영위할 수 없다.

22 중요도 ★★

**〈보기〉의 (　　)에 들어갈 내용을 순서대로 나열한 것은?**

□

〈보기〉

금융투자업자는 고객의 예탁금을 (　　)에 예치해야 하며, 고객의 유가증권은 (　　)에 예탁해야 한다.

① 한국증권금융, 한국예탁결제원　　② 한국증권금융, 증권거래소

③ 한국예탁결제원, 한국증권금융　　④ 한국예탁결제원, 증권회사

23 중요도 ★★★

**자본시장법에 의하면 조사분석자료 작성자에 대하여 일정한 기업금융업무와 연동된 성과보수를 지급할 수 없다. 다음 〈보기〉에서 자본시장법상 성과보수 연동이 금지되는 기업금융업무에 해당되는 것을 골라 적절하게 묶은 것은?**

□

〈보기〉

㉠ 인수업무

㉡ 모집·사모·매출의 주선업무

㉢ 기업의 인수·합병에 관한 조언업무

㉣ 사모집합투자기구 집합투자재산 운용업무

㉤ 프로젝트금융의 자문·주선업무

㉥ 기업의 인수 및 합병의 중개·주선 또는 대리업무

① ㉠, ㉡, ㉢　　② ㉠, ㉡, ㉢, ㉣

③ ㉠, ㉡, ㉢, ㉣, ㉤　　④ ㉠, ㉡, ㉢, ㉣, ㉤, ㉥

중요도 ★★

## 24 투자자 재산보호에 대한 규제와 관련된 설명으로 틀린 것은?

□

① 금융투자업자의 인가가 취소되는 경우 투자자예탁금을 투자자에게 우선지급 해야 한다.

② 투자자예탁금은 국채매수 또는 지방채매수 등의 방법으로 운용할 수 있다.

③ 누구든지 예치한 투자자예탁금을 상계 또는 압류하지 못한다.

④ 투자매매업자는 증권금융회사 또는 신탁업자에게 투자예탁금을 예치하는 경우, 그 투자자예탁금이 투자매매업자의 재산이라는 점을 명시해야 한다.

중요도 ★

## 25 투자매매(중개)업자의 신용공여 규제에 대한 설명으로 잘못된 것은?

□

① 담보로 제공된 청약주식의 평가는 2 이상의 채권평가회사가 제공하는 가격정보를 기초로 투자매매업자 또는 투자중개업자가 산정한 가격으로 한다.

② 신용공여금액의 140% 이상에 상당하는 담보를 징구해야 한다.

③ 채무상환, 추가담보납입, 수수료납입을 하지 않았을 때 그 다음 영업일에 투자자계좌에 예탁된 현금을 채무변제에 우선 충당할 수 있다.

④ 투자자가 신용거래에 의하여 매매할 수 있는 증권은 상장주권, 상장증권예탁증권, 상장지수집합투자기구증권 등이다.



### 정답 및 해설

20 ① 투자매매업자나 투자중개업자는 내부통제기준과는 별도로 투자자의 청약이나 주문을 처리하기 위해 최선집행기준을 마련하고 공표해야 한다.

21 ④ 금융투자업자는 3개월 이내의 프로젝트파이낸싱 대출업무를 영위할 수 있다.

22 ① 금융투자업자는 고객의 예탁금을 한국증권금융에 예치해야 하며, 고객의 유가증권은 한국예탁결제원에 예탁해야 한다.

23 ④ 성과보수 연동이 금지되는 기업금융업무에는 ㉠ 인수업무, ㉡ 모집·사모·매출의 주선업무, ㉢ 기업의 인수·합병에 관한 조언업무, ㉣ 사모집합투자기구 집합투자재산 운용업무, ㉤ 프로젝트금융의 자문·주선업무, ㉥ 기업의 인수 및 합병의 중개·주선 또는 대리업무 등이 있다.

24 ④ 투자매매업자는 증권금융회사 또는 신탁업자에게 투자예탁금을 예치하는 경우, 그 투자자예탁금이 투자자의 재산이라는 점을 명시해야 한다.

25 ① 담보로 제공된 증권의 평가는 청약주식의 경우 취득가액, 상장주식 또는 ETF의 경우 당일 종가, 집합투자증권의 경우 당일 고시된 기준가격, 상장채권 및 공모ELS의 경우 2 이상의 채권평가회사가 제공하는 가격정보를 기초로 투자매매업자 또는 투자중개업자가 산정한 가격으로 한다.

## 26
중요도 ★

**투자매매업자(또는 투자중개업자)의 신용공여 규제에 대한 설명으로 잘못된 것은?**

□

① 신용공여의 구체적인 기준, 담보비율, 징수방법 등은 금융위원회 규정으로 정한다.

② 신용공여 행위는 투자매매업자(또는 투자중개업자)의 고유업무는 아니지만, 증권과 관련된 경우 예외적으로 허용한다.

③ 증권의 인수일부터 3개월 이내에 투자자에게 그 증권을 매수하게 하기 위하여 그 투자자에게 신용공여를 하는 것은 허용된다.

④ 위반 시 금융위원회는 회사 및 임직원에 대하여 행정조치를 할 수 있으나 투자매매업자(또는 투자중개업자)에 대한 형사처벌은 할 수 없다.

## 27
중요도 ★★

**금융투자업자에 대한 규제가 잘못 설명된 것은?**

□

① 금융투자업자는 수수료 부과기준 및 절차를 협회에 통보해야 하며, 협회는 금융투자업자별로 비교 공시해야 한다.

② 투자자문계약을 체결한 투자자는 계약서류를 교부받은 날로부터 7일 이내에 계약을 해제할 수 있다.

③ 금융투자업자는 고유자산으로 소유하는 증권 및 원화CD를 예탁결제원에 예탁하여야 한다.

④ 금융투자업자는 파생상품 등에 대하여 일반투자자의 투자목적 등을 고려하여 투자자 등급별로 차등화된 투자권유준칙을 만들면 아니 된다.

## 28
중요도 ★★★

**증권발행시장 공시제도에 대한 설명 중 틀린 것은?**

□

① 모집은 불특정 다수의 투자자에게 새로 발행되는 증권의 청약을 권유하는 것이다.

② 매출은 불특정 다수의 투자자에게 이미 발행된 증권 매도의 청약을 하거나 매수의 청약을 권유하는 것이다.

③ 모집(또는 매출)하려는 증권가액과 과거 1년간 신고서를 제출하지 않은 동일 증권의 모집(또는 매출)의 합계액이 10억원 이상인 경우 그 모집(또는 매출)에 대한 신고서를 금융위원회에 제출해야 한다.

④ 정정요구를 받은 후 6개월 이내에 발행인 정정신고서를 제출하지 않으면 해당 증권신고서를 철회한 것으로 본다.

## 29

중요도 ★★★

**증권 발행시장에 대한 기술이 적절하지 않은 것은?**

☐

① 청약을 받은 자의 수가 50인 미만으로서 증권의 모집에 해당되지 않는 경우에도 1년 이내에 50인 이상의 자에게 양도될 수 있는 경우에는 모집으로 간주한다.

② 국채, 지방채뿐만 아니라 한국은행법·한국산업은행법 등 법률에 따라 발행된 채권(특수채)도 증권신고서에 관한 규정이 적용되지 않는다.

③ 모집 또는 매출가액 각각의 총액이 10억원 이상인 경우에는 모집·매출주선인이 그 모집 또는 매출에 관한 신고서를 금융위원회에 제출하여 수리되어야 모집 또는 매출할 수 있다.

④ 주권, 주권관련 사채권, 고난도금융투자상품이 아닌 파생결합증권, 개방형집합투자증권 등은 일괄신고서로 제출할 수 있다.

## 30

중요도 ★★

**수시공시와 가장 거리가 먼 것은?**

☐

① 자율공시
② 조회공시
③ 공정공시
④ 사업보고서

## 31

중요도 ★★★

**공개매수제도에 대한 설명으로 적절하지 않은 것은?**

☐

① 증권시장 밖에서 10인 이상의 자로부터 주식 등을 5% 이상 매수하려면 공개매수의 방법으로 해야 한다.

② 주식매수청구에 응한 주식매수의 경우에도 적용된다.

③ 공개매수제도는 M&A에 대한 방어를 위한 공시제도이다.

④ 주식관련 사채권도 적용된다.



### 정답 및 해설

26 ③ 증권의 인수일부터 3개월 이내에 투자자에게 그 증권을 매수하게 하기 위하여 그 투자자에게 신용공여를 하는 것은 금지된다.

27 ④ 금융투자업자는 파생상품 등에 대하여 일반투자자의 투자목적 등을 고려하여 투자자 등급별로 차등화된 투자권유준칙을 마련해야 한다.

28 ④ 정정요구를 받은 후 3개월 이내에 발행인 정정신고서를 제출하지 않으면 해당 증권신고서를 철회한 것으로 본다.

29 ③ 증권신고서 제출의무는 모집·매출주선인이 아니라 발행인에게 있다.

30 ④ 사업보고서는 정기공시에 해당한다.

31 ② 주식매수청구에 응한 주식매수의 경우에는 공개매수제도가 적용되지 않는다.

**32** 중요도★

**공개매수 규정의 적용이 면제되어 공개매수 외의 방법으로 매수할 수 있는 경우에 해당하지 않는 것은?**

□

① 경영권에 영향을 미칠 수 있는 주식의 장외매수

② 소각 목적으로 매수하는 경우

③ 특수관계인으로부터의 주식 매수

④ 증권의 매매를 중개하는 방법에 의한 매수

**33** 중요도★★

**의결권 대리행사 권유제도의 적용대상자와 거리가 먼 것은?**

□

① 법률관계에 의하여 타인 명의로 주식을 소유하는 자가 그 타인에게 해당 주식의 의결권 대리행사의 권유를 하는 경우 타인 명의 주식소유자

② 자기 또는 제3자에게 의결권을 대리시키도록 권유하는 행위를 하고자 하는 자

③ 의결권 행사 또는 불행사를 요구하거나 의결권 위임의 철회를 요구하는 행위를 하고자 하는 자

④ 의결권 확보 또는 그 취소 등을 목적으로 주주에게 위임장 용지를 송부하거나 그 밖의 방법으로 의견을 제시하는 행위를 하고자 하는 자

**34** 중요도★

**불공정거래의 조치에 대한 설명으로 잘못된 것은?**

□

① 동일한 위법행위에 대하여 과징금을 부과하는 경우에도 고발 등의 조치를 면제할 수는 없다.

② 정당한 사유 없이 출석요구에 2회 이상 불응하는 위법행위 혐의자에 대하여는 수사기관 통보 이상으로 조치를 할 수 있다.

③ 금융위원회 및 감독원 업무와 관련하여 위법행위의 혐의사실을 발견한 경우 조사를 실시할 수 있다.

④ 공시자료, 언론보도 등에 의하여 널리 알려진 사실이나 풍문만을 근거로 조사를 의뢰하는 경우 조사를 실시하지 않을 수 있다.

**35** 중요도★★

**금융소비자의 권익 보호제도에 대한 설명이 적절하지 않은 것은?**

□

① 청약철회권은 보장성 상품과 대출성 상품에만 가능하다.

② 금융분쟁조정이 신청된 사건에 대하여 소송이 진행 중일 경우 법원은 그 소송을 중지시킬 수 있다.

③ 소비자가 신청한 소액분쟁이 있는 경우 분쟁조정 완료 시까지 금융회사의 제소가 금지된다.

④ 금융소비자가 분쟁조정·소송 등 대응 목적으로 금융회사 등이 유지·관리하는 자료의 열람 요구 시, 금융회사는 수용할 의무가 있다.

**36** 중요도 ★★

**금융소비자보호법상 6대 판매원칙에 대한 설명이 적절하지 않은 것은?**

☐

① 적합성 원칙에 의하여 재산상황, 금융상품 취득·처분 경험 등에 비추어 적합하지 아니하다고 인정되는 금융상품 계약체결의 권유를 금지한다.

② 적정성 원칙은 파생상품, 파생결합증권, 파생상품펀드 등 파생상품 관련 상품에만 적용된다.

③ 금융상품 계약체결을 권유하거나 소비자가 설명을 요청하는 경우 상품의 중요사항을 소비자가 이해할 수 있도록 설명해야 한다.

④ 금융상품 계약체결 권유 시 소비자가 오인할 우려가 있는 허위 사실 등을 알리는 행위를 금지한다.

**37** 중요도 ★★

**투자매매업자(또는 투자중개업자)의 장외파생상품 매매에 대한 설명으로 잘못된 것은?**

☐

① 장외파생상품 거래의 상대방이 일반투자자인 경우에는 그 일반투자자가 위험회피목적의 거래를 하는 경우에만 가능하다.

② 장외파생상품의 매매를 할 때마다 파생상품업무책임자의 승인을 받아야 한다.

③ 장외파생상품에 대한 투자권유 시 적정성 원칙은 일반투자자에게만 적용되고 전문투자자에게는 적용되지 않는다.

④ '(영업용순자본 − 총위험액)/업무 단위별 자기자본합계액'이 150%에 미달하는 경우에는 그 미달상태가 해소될 때까지 위험회피에 관련된 업무를 수행할 수 없다.



**정답 및 해설**

32 ① 공개매수의 면제사유에는 소각 목적으로 매수하는 경우, 주식매수청구에 응한 주식 매수, 전환사채권 등의 권리 행사에 따른 주식 매수, 파생결합증권 권리 행사에 따른 주식 매수, 특수관계인으로부터의 주식 매수, 증권의 매매를 중개하는 방법에 의한 주식 매수 등이 있다.

33 ① 의결권 대리행사 권유제도의 적용이 제외되는 경우에 해당한다.

34 ① 동일한 위법행위에 대하여 과징금을 부과하는 경우에는 과태료 및 고발조치를 면제할 수 있다.

35 ① 청약철회권은 보장성·대출성·투자성 상품 및 자문 등까지 확대되어 적용된다.

36 ② 금융소비자보호법상 적정성 원칙은 파생상품 관련 상품뿐만 아니라 대출성·보장성 상품에도 확대 적용된다. 금융소비자보호법상 6대 판매원칙은 적합성 원칙, 적정성 원칙, 설명의무, 불공정영업행위 금지, 부당권유행위 금지, 허위과장광고 금지이다.

37 ④ $\frac{\text{영업용순자본} - \text{총위험액}}{\text{업무 단위별 자기자본합계액}}$이 150%에 미달하는 경우에는 그 미달상태가 해소될 때까지 새로운 장외파생상품의 매매를 중지하고, 미종결거래의 정리나 위험회피에 관련된 업무만을 수행해야 한다.

**38** 중요도 ★

**외국인·외국법인의 공공적 법인 증권 소유제한에 대한 설명으로 잘못된 것은?**

□

① 종목별 외국인 등의 1인 취득한도는 해당 공공적 법인의 정관에서 정한 한도까지이다.

② 종목별 외국인 등의 전체 취득한도는 해당 종목 지분총수의 50%까지이다.

③ 취득한도 제한을 위반하여 주식을 취득한 자는 그 주식에 대한 의결권을 행사할 수 없다.

④ 상장증권을 매매하는 경우 증권시장을 통해 매매해야 한다.

**39** 중요도 ★★

**자본시장법상 단기매매차익 반환의무에 대한 기술 중 가장 적절하지 않은 것은?**

□

① 반환대상자는 주요주주 및 모든 임직원이다.

② 내부자의 미공개 중요정보 이용여부와 관계없이 적용된다.

③ 단기매매차익에서 단기란 6개월 이내를 의미한다.

④ 반환대상은 특정 증권 등을 매수한 후 6개월 이내에 매도하여 얻은 이익이다.

**40** 중요도 ★★★

**자본시장법상 미공개 중요정보 이용행위 금지규정**(자본시장법 174조)**의 적용대상 증권에 해당하는 것은?**

□

① 채무증권 ② 지분증권

③ 수익증권 ④ 파생결합증권

**41** 중요도 ★★★

**자본시장법상 미공개 중요정보 이용행위 금지**(내부자거래 규제)**에 대한 기술이 잘못된 것은?**

□

① 내부자거래 규제의 적용대상법인은 상장법인 및 1년 이내에 상장이 예정된 법인이다.

② 내부자거래의 규제대상이 되는 특정증권에는 증권을 기초자산으로 하는 금융투자상품도 포함된다.

③ 내부자거래의 규제대상자에는 내부자, 준내부자뿐만 아니라 그들로부터 미공개 중요정보를 받은 자(정보수령자)도 포함된다.

④ 내부자거래의 규제대상행위는 증권 매매거래 자체가 아니라 미공개 중요정보의 이용행위이다.

## 42

중요도 ★★

**주식 등의 대량보유상황 보고제도에 대한 설명이 바르게 된 것은?**

☐

① 주권상장법인의 주식 등을 3% 이상 보유하게 된 자는 그 보유상황, 보유목적 등을 금융위원회와 거래소에 보고해야 한다.

② 주권상장법인의 주식 등을 5% 이상 보유한 자의 보유비율이 1% 이상 변동된 경우에도 금융위원회와 거래소에 보고해야 한다.

③ 대량보유상황 보고자는 그 보유목적이나 그 보유주식 등에 관한 주요계약내용 등 중요한 사항의 변경이 있는 경우에는 10일 이내에 금융위원회와 거래소에 보고하여야 한다.

④ 보고의무자는 본인과 특별관계자를 합하여 주식 등을 3% 이상 보유하게 된 자 또는 보유하고 있는 자이다.

## 43

중요도 ★★★

**자본시장법상 공개매수 관련 정보의 이용행위 금지규정이 적용되는 대상자와 거리가 먼 것은?**

☐

① 공개매수예정자의 계열사
② 공개매수예정자의 주요주주
③ 공개매수예정자의 종업원
④ 공개매수예정자의 4촌 이내 친인척

## 44

중요도 ★★

**금융소비자보호법의 내용에 대한 설명이 적절하지 않은 것은?**

☐

① 일반 사모집합투자업자는 금융상품판매업자에 해당하지 않는다.

② 투자성 상품의 경우 자본시장법은 금융소비자보호법에 대하여 특별법의 지위에 있다.

③ 대출성 상품의 경우 상시근로자 5인 이상의 법인·조합·단체도 전문금융소비자에 포함된다.

④ 판매대리·중개업자의 경우 예금성 상품을 제외하고 각각의 상품별로 전문금융소비자에 포함된다.

### 정답 및 해설

38 ② 공공적 법인의 종목별 외국인 등의 전체 취득한도는 해당 종목 지분총수의 40%까지이다.

39 ① 반환대상자는 주요주주, 임원, 일부 임직원(재무, 회계, 기획 등을 담당하는 직원으로 미공개 중요정보를 알 수 있을 만한 위치에 있는 직원)에 한한다.

40 ② 미공개 중요정보 이용행위 금지규정(자본시장법 174조)은 채무증권, 수익증권, 파생결합증권에는 적용되지 않는다.

41 ① 내부자거래 규제의 적용대상법인은 상장법인 및 6개월 이내에 상장이 예정된 법인이다.

42 ② ① 3% 이상 ⇨ 5% 이상
③ 10일 이내 ⇨ 5일 이내
④ 3% 이상 ⇨ 5% 이상

43 ④ 공개매수예정자의 4촌 이내 친인척이라고 하여 규제대상자가 되는 것은 아니다.

44 ① 원칙적으로 모든 집합투자업자가 금융투자상품 직접판매업자에 해당되므로 일반 사모집합투자업자도 금융투자상품의 판매업자에 해당된다.

**45** 중요도 ★★

**금융소비자보호법상 금융소비자의 위법계약해지권에 대한 설명이 옳은 것은?**

☐

① 금융상품판매업자가 광고규제를 위반한 경우에도 적용된다.

② 위법계약해지권이 적용되는 상품에 금융상품자문계약은 포함되지 않는다.

③ 계약체결일로부터 5년 이내의 범위에서 위법사실을 안 날로부터 1년 이내에 해지요구가 가능하다.

④ 위법계약의 해지는 소급적 효력이 있기 때문에 금융상품판매업자는 원상회복의무가 있다.

**46** 중요도 ★

**자본시장법상 장내파생상품의 대량보유 보고에 대한 설명으로 잘못된 것은?**

☐

① 동일 품목의 장내파생상품을 금융위원회가 정하여 고시하는 수량 이상 보유하게 된 자는 그 날부터 5영업일 이내에 그 보유 상황을 금융위원회와 거래소에 보고해야 한다.

② 보유 수량이 금융위원회가 정하여 고시하는 수량 이상으로 변동된 경우에도 보고해야 한다.

③ 보고내용에 해당 장내파생상품을 보유하게 된 시점이나 가격은 포함되지 않는다.

④ 장내파생상품의 기초자산의 중개·유통 또는 검사와 관련된 업무에 종사하는 자는 정보 누설금지 대상자에 포함된다.

**47** 중요도 ★★

**자본시장법상 시세조종행위 규제에 대한 설명이 틀린 것은?**

☐

① 통정매매와 가장매매는 금지된다.

② 매매가 성황을 이루는 듯하게 보이도록 하는 현실거래에 의한 시세조종도 금지된다.

③ 시세가 자기 또는 타인의 시장조작에 의하여 변동한다는 말을 유포하는 행위도 금지된다.

④ 상장증권의 안정조작은 원칙적으로 허용된다.

**48** 중요도 ★★★

**자본시장법상 투자매매업자 또는 투자중개업자의 불건전영업행위 규제에 대한 내용이 적절하지 않은 것은?**

☐

① 원칙적으로 투자매매업자의 자기계약은 금지된다.

② 원칙적으로 고객 주문 체결 전 선행매매는 금지된다.

③ 원칙적으로 조사분석자료 공표 후 24시간 경과 전 매매하는 스캘핑은 금지된다.

④ 원칙적으로 상장된 집합투자증권을 매수하는 행위는 금지된다.

## 49

중요도 ★★

**정기공시 제출대상법인과 가장 거리가 먼 것은?**

☐

① 주권상장법인　　② 자본금 10억원 이상인 법인
③ 증권을 모집 또는 매출한 발행인　　④ 증권소유자 수가 500인 이상인 외부감사대상법인

## 50

중요도 ★

**공개매수제도에 대한 설명으로 잘못된 것은?**

☐

① 불특정 다수인을 상대로 상장법인 주권 등을 장외에서 6개월 이내에 10명 이상으로부터 5% 이상 취득 시 공개매수가 의무화되어 있다.
② 적용대상 유가증권은 주권상장법인·코스닥상장법인이 발행한 의결권이 있는 주식과 이에 관계되는 신주인수권증서, 전환사채, 신주인수권부사채, 교환사채 등의 증권이다.
③ 주식매수청구에 응한 주식을 매수하는 경우에도 공개매수제도가 적용된다.
④ 원칙적으로 공개매수가 공고된 이후 공개매수자는 이를 철회할 수 없다.

## 51

중요도 ★

**단기매매차익 반환의 예외에 해당하지 않는 것은?**

☐

① 정부의 문서에 의한 지도나 권고에 따라 매매하는 경우
② 회사의 임원이 전환사채권을 매수한 후 6개월 이내에 매도하여 이익을 얻은 경우
③ 주식매수선택권을 행사하여 취득한 주식을 매도하는 경우
④ 이미 소유하고 있는 신주인수권을 표시하는 증서에서 정한 권리를 행사하여 신주를 취득한 경우



### 정답 및 해설

45 ③ ① 위법계약해지권은 5대 판매규제(적합성 원칙, 적정성 원칙, 설명의무, 불공정영업행위 금지, 부당권유행위 금지) 위반 시 적용된다.
② 위법계약해지권이 적용되는 상품에는 투자일임계약, 금전신탁계약, 금융상품자문계약 등이 있고, 적용되지 않는 상품에는 P2P업자와 체결하는 계약, 양도성예금증서, 표지어음 등이 있다.
④ 위법계약해지의 효력은 장래에 대하여만 있으므로 금융상품판매업자의 원상회복의무는 없다.

46 ③ 보고내용에는 해당 장내파생상품을 보유하게 된 시점, 가격도 포함된다.

47 ④ 상장증권 또는 장내파생상품의 시세를 고정시키거나 안정시키는 매매·위탁·수탁행위는 금지된다.

48 ④ 상장된 집합투자증권을 매수하는 행위는 허용된다.

49 ② 정기공시 제출대상법인은 주권상장법인, 증권을 모집 또는 매출한 발행인, 증권소유자 수가 500인 이상인 외부감사대상법인 등이 있다.

50 ③ 주식매수청구에 응한 주식 등을 매수하는 경우에는 공개매수제도가 적용되지 않는다.

51 ② 회사의 임원이 전환사채권을 매수한 후 6개월 이내에 매도하여 이익을 얻은 경우에는 이로 인하여 발생한 단기차익에 대하여 회사에 반환하여야 한다.

## 52

중요도 ★★

**금융기관 검사 및 제재에 대한 설명이 잘못된 것은?**

☐

① 검사의 종류는 종합검사와 부문검사로 구분하고, 검사의 실시는 현장검사 또는 서면검사의 방법으로 한다.

② 검사 결과의 조치는 금융위원회 심의·의결을 거쳐 하되, 금융감독원장 위임사항은 금융감독원장이 직접 조치한다.

③ 금융감독원장은 제재에 관한 사항을 심의하기 위하여 증권선물위원회를 설치·운영할 수 있다.

④ 금융기관의 불복절차로 이의신청할 수 있으나, 이의신청 처리 결과에 대하여는 다시 이의신청할 수 없다.

## 53

중요도 ★★★

**금융소비자보호법상 적합성 원칙에 대한 설명이 잘못된 것은?**

☐

① 투자성 상품에 대한 적합성 판단기준은 손실에 대한 감수능력이 적정수준인지 여부에 달려있다.

② 대출성 상품에 대한 적합성 판단기준은 상환능력이 적정수준인지 여부에 달려있다.

③ 일반 사모펀드를 판매하는 경우에도 원칙적으로 적합성 원칙이 적용된다.

④ 금융상품판매업자는 투자권유 또는 자문업무를 하는 경우 금융소비자가 일반금융소비자인지 전문금융소비자인지 확인해야 한다.

## 54

중요도 ★★

**금융소비자보호법상 설명의무에 대한 내용이 가장 적절하지 않은 것은?**

☐

① 전문금융소비자에게는 금융상품판매업자의 설명의무가 면제된다.

② 본인이 아닌 대리인에게 설명하는 경우, 전문금융소비자 여부는 본인 기준으로 판단한다.

③ 본인이 아닌 대리인에게 설명하는 경우, 설명의무 이행여부는 본인 기준으로 판단한다.

④ 기존계약과 동일한 내용으로 계약을 갱신하거나 기본계약을 체결하고 계속적·반복적으로 거래를 하는 경우에는 설명서를 교부하지 않아도 된다.

## 55

중요도 ★★

**금융소비자보호법상 금융상품판매업자의 불공정영업행위 금지의무에 대한 설명이 잘못된 것은?**

☐

① 금융상품판매업자의 불공정영업행위 금지의무는 일반금융소비자에게만 적용된다.

② 개인의 대출과 관련하여 제3자의 연대보증을 요구하는 것도 불공정영업행위에 해당한다.

③ 대출성 계약을 체결하고 최초로 이행된 전·후 1개월 이내에 대출액의 1%를 초과하는 투자성 상품의 계약체결을 하는 행위는 금지된다.

④ 금융소비자가 같은 금융상품판매업자에 같은 유형의 금융상품에 관한 계약에 대하여 1개월에 2번 이상 청약철회 의사를 표시하는 경우에는 금융상품판매업자가 그에게 불이익을 부과하더라도 불공정영업행위라고 볼 수 없다.

## 56

중요도 ★★

**금융소비자보호법상 광고규제에 대한 설명이 적절하지 않은 것은?**

☐

① 광고의 대상은 금융상품뿐만 아니라 금융상품판매업자가 제공하는 각종 서비스도 될 수 있다.

② 투자성 상품의 경우 금융상품판매·대리업자는 금융상품뿐만 아니라 금융상품판매업자의 업무에 관한 광고도 수행할 수 있다.

③ 광고주체가 금융상품 등의 광고를 하는 경우에는 준법감시인(준법감시인이 없는 경우에는 감사)의 심의를 받아야 한다.

④ 금융투자협회는 금융상품판매업자의 광고규제 준수여부를 확인하고, 그 결과에 대한 의견을 해당 금융상품판매업자에게 통보할 수 있다.

## 57

중요도 ★★★

**금융소비자보호법상 금융소비자의 투자성 상품 청약철회권에 대한 설명이 잘못된 것은?**

☐

① 금융소비자는 투자성 상품에 대하여 7일 이내에 청약을 철회할 수 있다.

② 투자성 상품의 계약은 일반금융소비자가 예탁한 금전 등을 지체 없이 운용하는 데 동의한 경우에는 청약철회권을 행사하지 못한다.

③ 금융상품판매업자는 청약철회를 접수한 날로부터 3영업일 이내에 이미 받은 금전 등과 상품과 관련하여 수취한 보수·수수료 등을 반환해야 한다.

④ 비금전신탁은 청약철회가 가능한 상품이 아니다.



### 정답 및 해설

52 ③ 금융감독원장은 제재에 관한 사항을 심의하기 위하여 제재심의위원회를 설치·운영할 수 있다. 다만 금융감독원장이 필요하다고 인정되는 때에는 심의회의 심의를 생략할 수 있다.

53 ③ 일반 사모펀드 판매 시에는 원칙적으로 적합성 원칙의 적용이 면제된다. 다만, 예외적으로 적격투자자 중 일반금융소비자가 요청할 경우에는 적합성 원칙이 적용된다.

54 ③ 본인이 아닌 대리인에게 설명하는 경우, 설명의무 이행여부는 대리인 기준으로 판단한다.

55 ① 금융상품판매업자의 불공정영업행위 금지의무는 일반금융소비자뿐만 아니라 전문금융소비자에게도 적용된다.

56 ② 투자성 상품의 경우 금융상품판매·대리업자는 금융상품뿐만 아니라 금융상품판매업자의 업무에 관한 광고도 수행할 수 없다.

57 ④ 청약철회가 가능한 투자성 상품에는 고난도 금융투자상품, 고난도 투자일임계약, 고난도 금전신탁계약, 비금전신탁 등이 있다.

# 제 2 장 회사법

## 학습전략

**회사법은 제4과목 전체 20문제 중 총 5문제가 출제된다.**

회사법은 출제문항수 대비 공부해야 할 범위가 넓고 전문용어가 많아 수험생들이 힘들어하는 과목이다. 회사법은 증권 및 상장법인에 관련된 규정을 중심으로 공부하는 것이 효율적이며, 주식회사(특히 상장법인)와 관련된 개념 및 상법상 규제내용이 자주 출제되는 경향이 있다.

## 출제비중

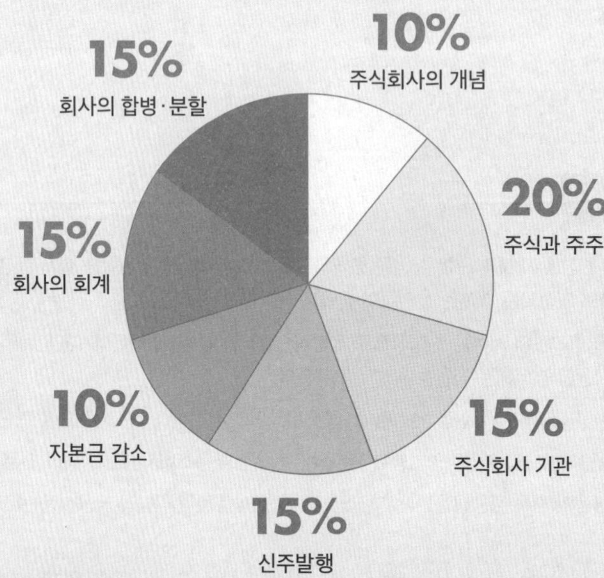

# 출제포인트

| 구분 | 출제포인트 | 출제빈도 | 페이지 |
| --- | --- | --- | --- |
| 주식회사의 개념 (10%) | 01 주식회사 설립절차 | ★ | p.462 |
| 주식과 주주 (20%) | 02 주주의 권한<br>03 주식의 소각·병합·분할<br>04 주식의 포괄적 교환·이전 | ★★★<br>★★<br>★★ | p.463<br>p.464<br>p.465 |
| 주식회사 기관 (15%) | 05 주주총회<br>06 주식회사와 이사 | ★★★<br>★★★ | p.466<br>p.467~468 |
| 신주발행 (15%) | 07 신주의 액면미달발행 | ★★ | p.469 |
| 자본금 감소 (10%) | 08 자본금의 감소 | ★★ | p.470 |
| 회사의 회계 (15%) | 09 주식회사의 회계<br>10 주식회사의 배당 | ★★<br>★★ | p.471<br>p.472~473 |
| 회사의 합병·분할 (15%) | 11 주식회사의 합병<br>12 주식회사의 분할 | ★★★<br>★★★ | p.474<br>p.475 |

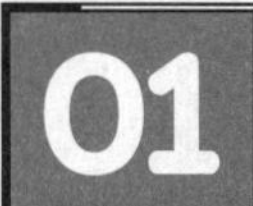

주식회사 설립절차 ★

**주식회사의 설립절차가 바르게 된 것은?**

① 정관작성 ⇨ 발기인조합 결성 ⇨ 설립등기 ⇨ 실체구성
② 정관작성 ⇨ 실체구성 ⇨ 발기인조합 결성 ⇨ 설립등기
③ 발기인조합 결성 ⇨ 정관작성 ⇨ 실체구성 ⇨ 설립등기
④ 발기인조합 결성 ⇨ 실체구성 ⇨ 정관작성 ⇨ 설립등기

**TIP** 주식회사의 설립절차는 '발기인조합 결성 ⇨ 정관작성 ⇨ 실체구성 ⇨ 설립등기' 순으로 진행된다.

## 핵심포인트 해설 주식회사의 설립절차

|  |  |
|---|---|
| 1단계<br>발기인조합 결성 | • 발기인은 회사의 설립사무를 주관하는 자로 정관에 발기인으로 기명날인 또는 서명한 자에 한함<br>• 발기인 자격에는 제한이 없고, 1주 이상의 주식을 인수해야 함<br>• 의사결정방법 : 과반수로 결정(단, 정관작성, 회사 설립 시에 발행하는 주식에 관한 결정 등은 발기인 전원의 동의를 요함) |
| 2단계<br>정관작성 | • 절대적 기재사항 : 목적, 상호, 회사가 발행할 주식의 총수, 1주의 금액, 회사의 설립 시에 발행하는 주식의 총수, 본점의 소재지, 회사가 공고를 하는 방법, 발기인의 성명·주민등록번호 및 주소<br>• 변태설립사항 : 발기인이 받을 특별이익과 이를 받을 자의 성명, 현물출자자의 성명·목적재산·주식 등, 회사성립 후에 양수할 것을 약정한 재산과 그 양도인의 성명, 회사가 부담할 설립비용과 발기인이 받을 보수액 |
| 3단계<br>실체구성 | • 주식발행 결정<br>· 주식회사 발행 시 주식의 종류와 수를 정관으로 정해야 함<br>· 정관으로 정하지 않으면 발기인 전원의 동의로 정해야 함<br>• 설 립<br>· 발기설립 : 발기인이 발행주식 모두 인수 ⇨ 출자의무 이행(전액납입주의)<br>· 모집설립 : 발기인이 발행주식 일부 인수 + 주주 모집(청약서, 배정자유) |
| 4단계<br>설립등기 | • 실체구성 절차가 종료된 후 2주일 이내에 설립등기를 해야 함(설립등기를 해야 법인격 취득)<br>• 설립등기의 효과 : 주식청약서 요건흠결을 이유로 무효 주장 불가, 착오·사기·강박을 이유로 취소불가, 주권발행 허용, 권리주의 양도제한 해제 |

정답 ③

주주의 권한 ★★★

**소수주주권에 해당하지 않는 것은 어느 것인가?**

① 주주총회소집요구권
② 위법행위유지청구권
③ 설립무효판결청구권
④ 대표소송제기권

**TIP** 소수주주권에는 주주총회소집청구권, 위법행위유지청구권, 대표소송제기권, 주주제안권, 이사해임청구권, 집중투표청구권, 해산판결청구권, 업무재산상태검사청구권, 회계장부열람청구권, 총회검사인선임청구권 등이 있다.

## 핵심포인트 해설 주 주

| | |
|---|---|
| 의 의 | • 주주는 주식이 표창하는 권리·의무의 주체<br>• 회사와의 관계에서 주주명부상의 주주만이 주주의 지위를 가지게 됨<br>• 주주에는 자격제한이 없음(법인, 행위제한능력자, 외국인 등도 가능)<br>• 주식회사에서는 발행주식 전부를 1인 주주가 소유하는 1인 회사를 인정함 |
| 권 리 | • 자익권 : 이익배당청구권, 잔여재산분배청구권, 신주인수권, 주권교부청구권, 주식의 자유양도권<br>• 공익권<br>· 단독주주권 : 주주 단독으로 행사할 수 있는 주주권<br>· 소수주주권 : 일정 비율의 주식을 가진 주주만 행사할 수 있는 주주권 |
| 의 무 | • 주주가 회사에 부담하는 유일한 의무는 주식인수에 대한 납입의무뿐임<br>• 주주의 의무는 정관이나 주주총회 결의로도 그 이상 가중하지 못함 |
| 거래제한 | • 신용공여 금지 : 상장회사는 주요주주 및 그 특수관계인, 이사, 집행임원, 감사를 상대방으로 하거나 이러한 자를 위하여 신용공여를 할 수 없음<br>• 대주주와의 거래제한 : 자산총액 2조원 이상인 상장법인은 최대주주 및 그 특수관계인과 거래 시 이사회 승인을 요함 |
| 주주명부 | • 의의 : 주주 및 주권에 관한 사항을 명확히 하기 위한 법적 장부<br>• 효 력<br>· 대항력 : 주식의 이전은 취득자의 성명과 주소를 주주명부에 기재하지 않으면 회사에 대항하지 못함<br>· 추정력 : 주주명부에 기재되면 주주로서의 자격이 있다고 추정함 |

정답 ③

주식의 소각·병합·분할 ★★

**주식의 소각·병합·분할에 대한 설명 중 적절하지 않은 것은?**

① 자기주식의 소각은 주주에게 유리하므로 이사회 결의 없이 가능하다.
② 주식소각이 허용되는 경우는 자본감소절차에 의한 주식소각, 자기주식의 소각, 상환주식의 소각 등이다.
③ 주식병합은 자본감소 또는 합병의 경우에 이용된다.
④ 주식분할은 자본이나 재산의 증가 없이 주식을 2개 이상으로 나누는 것으로 주주총회의 특별결의가 필요하다.

**TIP** 자기주식의 소각은 이사회 결의를 거쳐야 한다.

## 핵심포인트 해설 주식의 소각·병합·분할

| | |
|---|---|
| 주식소각 | • 의의 : 회사의 존속 중에 특정한 주식을 절대적으로 소멸시키는 행위<br>• 허용범위 : 자본감소절차에 의한 주식소각, 자기주식의 소각, 상환주식의 소각 등이 허용됨(이익소각제도는 2011년에 폐지됨)<br>• 이사회 결의 : 자기주식의 소각은 이사회 결의를 거쳐야 함(자기주식인 액면주식의 경우에는 이사회 결의 외에 자본금 감소절차도 거쳐야 함) |
| 주식병합 | • 의의 : 수개의 주식을 합하여 그보다 적은 주식으로 병합하는 것으로 자본감소 또는 합병하는 경우에 이용됨<br>• 절차 : 1개월 이상의 기간을 정하여 주식병합의 뜻과 그 기간 내에 주권을 회사에 제출할 것을 공고하고, 주주 및 질권자에게 통지해야 함 |
| 주식분할 | • 의의 : 회사의 자본이나 재산의 증가 없이 하나의 주식을 2개 이상의 주식으로 나누는 것<br>• 요건 : 액면 · 무액면주식을 불문하고 주주총회의 특별결의를 거쳐야 함<br>• 주식의 액면가를 100원 미만으로 할 수 없음 |

정답 ①

# 04

주식의 포괄적 교환·이전 ★★

**주식의 포괄적 교환에 대한 설명으로 잘못된 것은?**

① 주식교환계약서를 작성하여 주주총회 특별결의에 의한 승인을 받아야 한다.
② 주식교환에 관련되는 각 회사의 주주 부담이 가중되는 경우 주주총회 및 종류주주총회 결의뿐만 아니라 주주 2/3 이상의 동의가 있어야 한다.
③ 간이주식교환, 소규모주식교환의 경우 주주총회의 승인을 이사회 승인으로 갈음할 수 있다.
④ 주식의 포괄적 교환에 반대하는 주주는 주식매수청구권을 행사할 수 있다.

**TIP** 주식교환에 관련되는 각 회사의 주주 부담이 가중되는 경우 주주총회 및 종류주주총회 결의뿐만 아니라 주주 전원의 동의가 있어야 한다.

## 핵심포인트 해설 주식의 포괄적 교환·이전

| 의 의 | • 회사 간 주식 전부를 일괄적으로 주고받는 방법에 의하여 완전모회사나 완전자회사를 성립하도록 하는 제도 |
|---|---|
| 주식의 포괄적 교환 | • 의의 : 완전모회사가 신주를 발행하여 완전자회사가 가진 주식 전부와 교환하는 방법<br>• 요건 : 주식교환계약서 작성 & 주주총회 특별결의에 의한 승인<br>• 특정 주주에게 손해가 미칠 경우 : 종류주주총회 결의를 거쳐야 함<br>• 교환에 관련되는 각 회사의 주주 부담이 가중되는 경우 : 주주총회 및 종류주주총회 결의 외에 주주 전원의 동의가 있어야 함<br>• 간이주식교환, 소규모주식교환의 경우 : 이사회 승인으로 갈음할 수 있음<br>• 주식이전과 주식배정은 주식교환일에 효력이 발생함<br>• 반대주주는 주식매수청구권 행사 가능(단, 소규모 주식교환의 경우에는 행사 불가) |
| 주식의 포괄적 이전 | • 의의 : 기존회사가 별도의 신설회사 설립 ⇨ 기존회사의 주주가 가진 주식 전부를 신설회사에 이전한 후 신설회사가 기존회사의 주주에게 신주를 발행 ⇨ 신설회사가 기존회사의 완전모회사가 되게 하는 방법<br>• 요건 : 주식이전계약서 작성 & 주주총회 특별결의에 의한 승인<br>• 효력발생 : 주식이전을 한 때에 설립되는 완전모회사가 설립등기를 함으로써 효력이 발생하고, 기존회사의 주권은 실효됨 |

정답 ②

주주총회 ★★★

**주주총회의 결의사항에 대한 설명이 적절하지 않은 것은?**

① 이사·감사의 선임은 보통결의사항이다.
② 이사·감사의 해임은 특별결의사항이다.
③ 보통결의사항은 의결권의 과반수와 발행주식총수의 1/3 이상으로 이루어지는 결의방법이다.
④ 특별결의사항은 출석주주 의결권의 2/3 이상과 발행주식총수의 1/3 이상으로 이루어지는 결의방법이다.

**TIP** 보통결의사항은 의결권의 과반수와 발행주식총수의 1/4 이상으로 이루어지는 결의방법이다.

## 핵심포인트 해설 주주총회의 결의사항

| | |
|---|---|
| 의 의 | • 법률과 정관에서 규정된 사항만 결의할 수 있음<br>• 주주총회의 권한은 정관에 의하여도 다른 기관이나 제3자에게 위임할 수 없음 |
| 보통결의사항 | • 출석주주 의결권의 과반수 & 발행주식총수의 1/4 이상으로 결의<br>· 지배주주의 매도청구<br>· 이사·감사·청산인의 선임, 그 보수의 결정<br>· 재무제표 승인, 주식배당<br>· 총회 연기 또는 속행 결정<br>· 청산인 청산 종료 승인·해임 등 |
| 특별결의사항 | • 출석주주 의결권의 2/3 이상 & 발행주식총수의 1/3 이상으로 결의<br>· 주식의 포괄적 교환·이전, 정관 변경, 이사·감사의 해임<br>· 영업의 전부 또는 중요한 일부의 양도, 영업 전부의 임대 또는 경영 위임<br>· 타인과 영업손익 전부를 같이 하는 계약체결·변경·해약<br>· 회사영업에 중대한 영향을 미치는 다른 회사 영업 전부 또는 일부 양수<br>· 사후설립, 임의해산, 회사의 계속, 주식의 할인발행, 합병·분할계약서 승인<br>· 신설합병의 경우 설립위원의 선임<br>· 주주 이외의 자에 대한 CB 및 BW 발행 |
| 특수결의사항 | • 총주주(의결권 없는 주주 포함)의 동의를 요하는 결의<br>· 이사의 회사에 대한 책임 면제<br>· 주식회사의 유한회사로의 조직 변경 |

정답 ③

# 06

주식회사와 이사 ★★★

**주주의 의결권에 대한 설명으로 잘못된 것은?**

① 의결권은 주주의 고유권이므로 주주 본인의 동의가 없는 한 정관이나 주주총회의 결의로도 박탈할 수 없다.

② 주주가 2개 이상의 의결권을 가진 경우 불통일 행사를 할 수 있다.

③ 회사는 주주의 의결권 불통일 행사를 거부할 수 없다.

④ 감사를 선임하는 경우 발행주식총수의 3% 초과 보유자는 초과주식에 대하여 의결권을 행사할 수 없다.

**TIP** 회사는 주주의 불통일 행사를 거부할 수 있다. 단, 주주가 주식의 신탁을 인수하였거나 기타 타인을 위해 주식을 가지고 있는 경우에는 거부할 수 없다.

## 핵심포인트 해설 의결권

| 구분 | 내용 |
|---|---|
| 의결권 수 | • 모든 주주는 1주 1의결권을 가짐(주주평등의 원칙)<br>• 강행규정이므로 법률상 예외를 제외하고는 정관 또는 주주총회 결의로도 이와 다르게 정할 수 없음 |
| 의결권 행사방법 | • 행사자격 : 주주명부에 명의개서된 자이어야 함<br>• 대리행사 : 가능(대리인에 의한 의결권 행사는 정관으로도 제한 못함)<br>• 불통일 행사<br>· 주주가 2개 이상의 의결권을 가진 경우 불통일 행사 가능<br>· 총회일 3일 전까지 불통일 행사의 뜻과 이유를 회사에 통지해야 함<br>· 회사는 주주의 불통일 행사 거부 가능(단, 주주가 주식의 신탁을 인수하였거나 기타 타인을 위해 주식을 가지고 있는 경우에는 거부 불가) |
| 의결권 행사제한 | • 총회 결의안에 대하여 특별한 이해관계가 있는 자는 의결권 행사 불가<br>• 예외적으로 자기주식을 취득한 경우 그 주식에 대한 의결권 행사 불가<br>• 자회사에 의한 모회사 주식 취득 시 의결권 행사 불가<br>• 감사를 선임하는 경우 발행주식총수의 3% 초과 보유자는 초과주식에 대해 의결권 행사 불가<br>• 상장회사가 정관으로 집중투표를 배제하거나 그 배제된 정관을 변경하려는 경우 발행주식총수의 3% 초과 보유자는 초과주식에 대해 의결권 행사 불가 |
| 투표방법 | • 총회 출석투표<br>• 총회 불출석투표(서면투표, 전자투표)도 가능<br>• 서면투표·전자투표에 의하는 경우에도 실제 주주총회를 열어야 함 |

정답 ③

주식회사와 이사 ★★★

**주식회사의 이사에 대한 설명이 적절하지 않은 것은?**

① 사외이사도 회사의 상무에 종사해야 한다.
② 이사의 수는 3인 이상이어야 하나 자본금 10억원 미만의 회사는 1인 또는 2인도 가능하다.
③ 이사의 임기는 원칙적으로 3년을 초과할 수 없으나 연장이나 연임도 가능하다.
④ 표현대표이사도 선의의 제3자에 대하여 대표이사와 같은 책임을 부담한다.

**TIP** 사외이사는 회사의 상무에 종사하지 않고, 사내이사는 회사의 상무에 종사해야 한다.

## 핵심포인트 해설 이 사

| 구분 | 내용 |
|---|---|
| 이사의 권한 등 | • 권 한<br>· 의사결정권 : 회사의 업무집행에 관한 의사결정<br>· 감독권 : 이사회를 통한 대표이사 및 집행임원의 업무집행 감독<br>• 선임 : 주주총회 보통결의, 집중투표제<br>• 이사의 수 : 3인 이상(단, 자본금 10억원 미만 회사는 1인 또는 2인도 가능)<br>• 임기 : 3년 초과 불가(단, 연장 가능 & 연임에 대한 제한 없음)<br>• 자격 : 자연인(법인은 원칙적으로 이사가 될 수 없음)<br>• 상장법인의 사외이사의 수 : 이사총수의 1/4 이상(자산총액이 2조원 이상인 경우에는 이사총수의 과반수 이상 & 3인 이상) |
| 이사의 의무 | • 충실의무<br>• 경업금지의무<br>• 회사의 기회 및 자산유용 금지의무<br>• 자기거래 금지의무<br>• 비밀유지의무<br>• 이사회 보고의무<br>• 손해보고의무 |
| 이사의 책임 | • 회사에 대한 책임 : 손해배상책임, 자본충실책임<br>• 제3자에 대한 책임 : 손해배상책임(연대책임) |
| 대표이사 | • 회사대표권(대외)과 업무집행권(대내)이 있음<br>• 이사 중에서 1인 또는 수인의 대표이사를 선임<br>• 표현대표이사도 선의의 제3자에 대하여 대표이사와 같은 책임부담 |

정답 ①

신주의 액면미달발행 ★★

**신주의 액면미달발행에 대한 설명 중 옳은 것은?**

① 원칙적으로 액면미달발행은 허용된다.
② 회사 설립 후 3년이 경과한 후에만 할 수 있다.
③ 주주총회의 특별결의와 법원의 인가가 있어야 가능하다.
④ 신주는 법원의 인가일로부터 3개월 이내에 발행해야 한다.

**TIP** ① 원칙적으로 액면미달발행은 금지되나, 요건을 갖추면 예외적으로 허용된다.
② 회사 설립 후 2년이 경과한 후에만 할 수 있다.
④ 신주는 법원의 인가일로부터 1개월 이내에 발행해야 한다.

## 핵심포인트 해설 신주발행

| | | |
|---|---|---|
| 의 의 | • 신주발행은 실질적인 자본의 증가를 위해 주식을 발행하는 것을 말함<br>• 신주발행의 결정주체 : 원칙적으로 이사회가 결정함 | |
| 할인발행<br>(액면미달발행) | • 원칙적으로 액면미달발행은 금지되나, 예외적으로 요건을 갖추면 허용함<br>• 액면미달발행 허용 요건<br>· 회사 설립 후 2년이 경과할 것<br>· 주주총회의 특별결의가 있을 것<br>· 법원의 인가를 얻을 것<br>· 법원의 인가일로부터 1개월 이내에 발행할 것<br>• 상장회사의 경우에는 법원의 인가 없이 주주총회의 특별결의만으로 액면미달발행이 가능함<br>• 액면미달발행 시 발행조건과 그 미상각액을 주식청약서에 기재해야 하며, 주식발행에 따른 변경등기 시 그 미상각액도 등기해야 함 | |
| 신주발행절차 | • 발행사항 결정<br>• 신주배정일의 지정 및 공고<br>• 신주인수권자에 대한 최고 및 공고<br>• 주주의 모집<br>• 주식인수의 청약 | • 신주배정과 인수<br>• 현물출자의 검사<br>• 출자의 이행<br>• 신주발행의 효력발생<br>• 등 기 |

정답 ③

자본금의 감소 ★★

**자본금의 감소에 대한 설명으로 잘못된 것은?**

① 실질적 자본금 감소는 감소액이 실제로 주주에게 반환되는 것으로, 합병이나 영업규모 축소 시 실행된다.

② 명목상 자본금 감소는 회사자산의 결손으로 인하여 감소된 경우에 하는 것으로 주주에게 실제로 반환되는 것 없이 계산상으로만 자본금이 감소되는 것이다.

③ 액면주식의 주금액을 감소시키는 방법에는 주식소각과 주식병합이 있다.

④ 결손보전을 위한 자본감소의 경우에는 채권자보호절차를 생략할 수 있다.

**TIP** 액면주식의 주금액을 감소시키는 방법에는 환급과 절기가 있다.

## 핵심포인트 해설 자본금의 감소

| | |
|---|---|
| 액면주식의 자본감소 방법 | • 주금액의 감소<br>· 환급 : 주금액의 일부를 주주에게 반환하는 방법<br>· 절기 : 주금액 중 이미 납입부분의 일부를 손실로 처리해서 주금액에서 삭제하고 나머지 납입액을 주금액으로 하는 방법<br>• 주식수의 감소<br>· 주식소각 : 강제소각·임의소각, 유상소각·무상소각<br>· 주식병합 : 수개의 주식을 그보다 적은 수의 주식으로 바꾸는 것 |
| 무액면주식의 자본감소 방법 | • 주식수와 연계됨이 없이 자본금만 감소시키면 됨<br>• 각 주주가 이미 납입한 금액의 일부를 주주에게 반환하는 방법으로 자금을 감소시킴 |
| 자본감소 절차 | • 주주총회 특별결의가 있을 것(결손보전을 위한 자본감소의 경우에는 주주총회 보통결의로 가능함)<br>• 채권자보호 절차 실행(결손보전을 위한 자본감소의 경우 생략 가능)<br>• 자본감소의 효력발생 : 자본감소 절차가 끝났을 때<br>• 변경등기 : 자본감소의 효력이 생긴 때부터 본점 소재지에서 2주 내, 지점 소재지에서는 3주 내에 변경등기해야 함 |
| 감자무효의 소 | • 소 제기자 : 주주, 이사, 감사, 청산인, 파산관재인, 이의채권자<br>• 소 제기 가능기간 : 변경등기일부터 6개월 내<br>• 판결의 효력<br>· 제3자에게도 미치는 대세적 효력<br>· 소급효<br>· 소 제기자가 패소한 경우 악의 또는 중과실이면 연대배상책임을 짐<br>· 무효판결 확정 시 본점과 지점 소재지에 등기해야 함 |

정답 ③

# 10

주식회사의 회계 ★★

**법정준비금에 대한 설명으로 잘못된 것은?**

① 자본금의 1/2이 될 때까지 매 결산기 이익배당액의 1/5 이상을 이익준비금으로 적립해야 한다.
② 자본준비금은 자본거래에서 생긴 잉여금을 재원으로 적립하는 준비금이다.
③ 법정준비금은 원칙적으로 자본금결손 보전에 충당하는 경우 외에는 처분할 수 없다.
④ 법정준비금의 총액이 자본금의 1.5배를 초과하는 경우 주주총회 보통결의에 따라 그 초과금액의 범위 내에서 법정준비금을 감액할 수 있다.

**TIP** 자본금의 1/2이 될 때까지 매 결산기 이익배당액의 1/10 이상을 이익준비금으로 적립해야 한다.

## 핵심포인트 해설 준비금

| | |
|---|---|
| 의 의 | • 의의 : 회사 자산에서 자본액을 초과하는 금액 중 일정액을 회사 내에 유보하여 두는 금액<br>• 유형 : 법정준비금, 임의준비금, 비밀준비금 |
| 법정준비금 | • 이익준비금<br>· 이익배당액을 기준으로 적립하는 준비금으로 손실전보와 영업악화에 대비한 준비금<br>· 회사는 그 자본금의 1/2이 될 때까지 매 결산기 이익배당액의 1/10 이상을 이익준비금으로 적립해야 함 (단, 주식배당의 경우는 제외)<br>• 자본준비금<br>· 자본거래에서 생긴 잉여금을 재원으로 적립하는 준비금<br>· 구체적인 적립기준은 상법 시행령에서 정함<br>• 법정준비금의 용도<br>· 결손의 전보 : 법정준비금은 원칙적으로 자본금결손 보전에 충당하는 경우 외에는 처분 불가(상법 제460조)<br>· 자본전입 : 법정준비금은 이사회 결의로 준비금의 전부 또는 일부를 자본금에 전입할 수 있음(상법 제461조)<br>• 법정준비금의 감액 : 법정준비금의 총액이 자본금의 1.5배를 초과하는 경우 주주총회 보통결의에 따라 그 초과금액의 범위 내에서 법정준비금을 감액할 수 있음(상법 제461조의2) |
| 임의준비금 | • 정관 또는 주주총회 결의에 의하여 잔여잉여금의 일부를 재원으로 적립한 준비금<br>• 임의준비금의 적립목적은 특정된 것도 있고 특정되지 않은 것도 있음 |
| 비밀준비금 | • 준비금의 명목으로 계상하지는 않지만 실질적으로 준비금의 성질을 가짐<br>• 적극 재산을 실가 이하로 과소평가하거나 채무를 실가 이상으로 과대평가한 경우에 실가와의 차액을 비밀준비금이라고 함 |

정답 ①

# 11

주식회사의 배당 ★★

**상법상 인정되는 배당의 유형이 아닌 것은?**

① 결산배당
② 월간배당
③ 분기배당
④ 중간배당

**TIP** 상법상 인정되는 배당에는 결산배당, 중간배당, 분기배당 등이 있다.

## 핵심포인트 해설 이익배당

| | |
|---|---|
| 요건 및 한도 | • 요건 : 배당가능이익이 있을 것<br>• 한도 : 순자산 − (자본금 + 그 결산기까지 적립된 자본준비금과 이익준비금의 합계액 + 그 결산기에 적립해야 할 이익준비금 + 대통령령으로 정하는 미실현이익) |
| 유 형 | • 결산배당 : 영업연도 말 결산하여 손익 확정 후 1회에 한하여 이사회 결의로 결산배당 가능<br>• 중간배당 : 정관에 규정이 있는 경우 연 1회에 한하여 중간배당 가능(금전배당, 현물배당 모두 가능)<br>• 분기배당 : 정관에 규정이 있는 경우 3, 6, 9월 말일 당시의 주주에게 이사회 결의로 금전으로 이익배당 가능 |
| 현물배당 | • 정관으로 금전 외의 재산으로 배당할 수 있음을 정할 수 있음<br>• 정관에 규정이 있더라도 이사회 또는 주주총회에서 현물배당한다는 의사결정이 있어야 함 |
| 위법배당 | • 자본충실의 원칙에 위반하여 이익을 배당하는 경우 그 배당은 무효임<br>• 위법배당의 경우 법적 권한 및 책임<br>· 회사는 주주에 대하여 부당이득을 이유로 반환을 청구할 수 있음<br>· 회사채권자도 주주에 대하여 배당한 이익을 회사에 반환할 것을 청구할 수 있음<br>· 이사는 회사에 대하여 위법배당으로 인한 손해를 연대하여 배상할 책임이 부과됨(상법 제399조)<br>· 악의 또는 중과실로 인한 경우 회사채권자 등 제3자에 대하여도 책임을 부담시킴(상법 제401조) |

정답 ②

## 12

주식회사의 배당 ★★

**주식회사의 주식배당에 대한 설명으로 잘못된 것은?**

① 주식배당은 주주총회의 결의를 거쳐야 한다.

② 일부 주주에게는 금전배당을, 다른 주주에게는 주식배당을 하는 것은 주주평등의 원칙에 위배되므로 불가능하다.

③ 주식배당을 받은 주주는 결산일에 신주의 주주가 된다.

④ 주식배당을 하면 회사의 자본금이 증가하므로 일정 기간 내에 변경등기를 해야 한다.

**TIP** 주식배당을 받은 주주는 주식배당 결의가 있는 주주총회가 종료한 때부터 신주의 주주가 된다.

## 핵심포인트 해설 주식배당

| 의 의 | • 이익배당을 함에 있어 새로이 발행하는 주식으로 배당하는 것 |
|---|---|
| 장 점 | • 배당가능이익의 사외유출 방지 및 사내 유보(기업자금 사용)<br>• 배당할 현금이 없는 경우 무리한 사채발행에 의한 배당을 피할 수 있음<br>• 자본의 증가로 회사신용의 기초를 탄탄히 함 |
| 단 점 | • 주식수의 증가로 배당률 저하<br>• 배당압박 증가<br>• 주식의 가치가 희석되어 주가 하락 |
| 요 건 | • 배당가능이익 존재<br>• 이익배당총액의 1/2까지만 가능(단, 상장법인은 이익배당총액까지 가능) |
| 배당방법 | • 주주총회 보통결의<br>• 주식배당은 주식의 권면액으로 함<br>• 종류주식을 발행한 때에는 각각 그와 같은 종류의 주식으로 주식배당 가능 |
| 효 과 | • 자본금 증가(변경등기 요함)<br>• 신주의 효력 발생 시기 : 주식배당 결의를 한 주주총회 종결 시<br>• 질권의 효력 : 등록질권자는 주식배당에 의하여 주주가 받을 신주에 대하여 질권을 가지며, 회사에 대하여 질권의 목적인 주식에 대한 주권의 교부를 청구할 수 있음 |

정답 ③

# 13

주식회사의 합병 ★★★

**합병의 효과에 대한 설명이 적절하지 않은 것은?**

① 흡수합병의 경우 존속회사의 정관이 변경된다.
② 청산절차가 진행되며, 청산절차의 종료와 함께 회사가 소멸한다.
③ 존속회사 또는 신설회사는 소멸회사의 권리와 의무를 포괄적으로 승계한다.
④ 합병 반대주주는 주식매수청구권을 행사할 수 있다.

**TIP** 청산절차 없이 회사가 소멸한다.

## 핵심포인트 해설 회사의 합병

| 구분 | 내용 |
|---|---|
| 의 의 | • 두 개 이상의 회사가 계약에 의하여 청산절차를 거치지 않고 한 회사로 합동하는 것<br>• 종류 : 신설합병, 흡수합병 |
| 합병절차 | • 합병계약서 작성(필요적 기재사항 : 합병기일)<br>• 합병결의<br>· 주식회사·유한회사 : 총회의 특별결의<br>· 합명·합자·유한책임회사 : 총사원의 동의<br>• 회사채권자 보호 : 채권자의 서류열람 및 등본 또는 초본교부 청구 가능, 채권자의 이의권 인정<br>• 합병등기 : 본·지점 소재지에 등기(합병의 효력발생 요건)해야 함 |
| 합병효과 | • 청산절차 없이 회사소멸<br>• 회사변경 또는 설립 : 흡수합병의 경우 존속회사의 정관 변경, 신설합병의 경우 신설회사가 성립함<br>• 권리와 의무의 포괄적 이전 : 존속회사 또는 신설회사는 소멸회사의 권리와 의무를 포괄적으로 승계함<br>• 합병반대주주의 주식매수청구권 행사 가능 : 총회 결의일부터 20일 이내에 청구 가능 |
| 합병 무효소송 | • 합병 무효는 소송만으로 주장 가능<br>• 제소기간 : 합병등기일 후 6개월 내<br>• 판결의 효력<br>· 원고승소의 무효판결이 확정되면 제3자에게도 효력 있음(대세적 효력)<br>· 판결 전 존속회사, 그 사원과 제3자 사이에 생긴 권리와 의무에는 영향을 미치지 않음(비소급효)<br>· 합병무효 판결 시 소멸회사는 부활하고, 신설회사는 소멸됨<br>· 합병 후 부담한 채무는 각 회사가 연대하여 책임지고, 취득재산은 공유로 처리함 |

정답 ②

## 14

주식회사의 분할 ★★★

**회사 분할에 대한 설명으로 잘못된 것은?**

① 물적분할은 재산 양수회사가 그 발행주식을 양도회사 주주에게 교부하는 형태이다.
② 존립 중 회사를 존속하는 회사로 하거나 새로 회사를 설립하는 경우에 한하여 분할 또는 분할합병할 수 있다.
③ 분할 또는 분할합병계약서에 대하여 주주총회의 특별결의를 해야 한다.
④ 분할의 무효는 분할·합병등기일부터 6개월 이내에 소송으로만 가능하다.

**TIP** 물적분할은 재산 양수회사가 그 발행주식을 양도회사 자체에 교부하는 형태로 양도회사가 양수회사의 100% 지주회사가 된다.

## 핵심포인트 해설 회사의 분할

| 구분 | 내용 |
|---|---|
| 의 의 | •하나의 회사를 2개 이상의 회사로 분리하는 것(주식회사만 인정함)<br>•회사재산의 일부가 포괄승계됨과 동시에 주식이 교부됨 |
| 유 형 | •인적분할 : 재산 양수회사가 그 발행주식을 양도회사 주주에게 교부<br>•물적분할 : 재산 양수회사가 그 발행주식을 양도회사 자체에 교부(양도회사가 양수회사의 100% 지주회사가 됨) |
| 요건 및 절차 | •주식회사에서만 인정되므로 존립 중 회사를 존속하는 회사로 하거나 새로 회사를 설립하는 경우에 한하여 분할 또는 분할합병 가능<br>•양수회사가 기존회사인 경우 : 흡수합병 절차와 변경등기를 거쳐 분할이 진행됨<br>•양수회사가 신설회사인 경우 : 회사설립이나 합병의 절차를 거쳐 설립등기함으로써 절차 종료<br>•분할 또는 분할합병계약서에 대하여 주주총회의 특별결의를 요함<br>•분할 또는 분할합병에 관련되는 각 회사 주주의 부담이 가중되는 경우에는 주주총회의 특별결의, 종류주주총회의 결의, 주주 전원의 동의가 있어야 함(상법 제530조의3⑥) |
| 분할의 효과 | •분할로 설립되는 회사 또는 존속하는 회사는 분할하는 회사의 권리와 의무를 승계<br>•분할 전 회사채무에 대하여 연대하여 변제할 책임이 있음 |
| 분할의 무효 | •소송에 의하여만 주장 가능(분할·합병등기일부터 6개월 이내에 해야 함)<br>•무효판결의 효력 : 대세적 효력, 비소급적 효력 |

정답 ①

# 출제예상문제

☑ 다시 봐야 할 문제(틀린 문제, 풀지 못한 문제, 헷갈리는 문제 등)는 문제 번호 하단의 네모박스(□)에 체크하여 반복학습 하시기 바랍니다.

**01** 중요도 ★★

**주식회사의 설립과 관련된 내용이 적절하지 않은 것은?**

□

① 발기인조합의 의사결정은 원칙적으로 발기인의 과반수로 하나, 정관작성·회사설립 시 발행하는 주식의 결정 등은 발기인 전원의 동의가 필요하다.

② 회사 설립절차의 조사와 감독은 원칙적으로 이사·감사가 담당한다.

③ 이사·감사가 회사설립에 관하여 회사나 제3자에게 손해를 입힌 때에는 이사, 감사, 발기인은 연대하여 배상할 책임을 지며, 이 책임에서 면제되려면 주주 과반수의 동의가 있어야 한다.

④ 주식회사 설립에 하자가 있는 경우에 설립무효소송만 인정되며, 설립취소소송은 인정되지 않는다.

**02** 중요도 ★★★

**주식의 종류에 대한 설명이 적절하지 않은 것은?**

□

① 주식 전부를 무액면주식으로 발행하는 것도 가능하다.

② 액면주식과 무액면주식간의 전환도 가능하다.

③ 의결권이 없는 주식이나 제한하는 종류주식을 발행하는 것도 가능하다.

④ 차등의결권을 부여하는 주식발행도 가능하다.

**03** 중요도 ★

**주식양도의 제한에 대한 설명으로 잘못된 것은?**

□

① 주식양도자유의 원칙에 의하여 법률 또는 정관에 의하지 않고는 주식양도를 제한하지 못한다.

② 권리주의 양도는 회사에 대하여 효력이 없다.

③ 주권발행 전 주식의 양도는 회사에 대하여 효력이 없다.

④ 배당가능이익을 취득재원으로 하지 않는 특정 목적에 의한 자기주식 취득은 금지된다.

## 04

중요도 ★★

**주식의 양도에 대한 설명으로 잘못된 것은?**

□

① 회사 성립 후 또는 신주발행의 효력발생 후라도 주권발행 전 주식의 양도는 회사에 대하여 효력이 없다.

② 주식의 양도는 원칙적으로 자유이므로, 회사가 필요한 경우라도 주식양도에 이사회 승인을 얻도록 하는 정관규정을 제정할 수 없다.

③ 명의개서란 주식을 취득한 자가 자기의 성명과 주소를 주주명부에 기재하는 것을 말한다.

④ 주권의 교부는 주식양도의 효력발생요건이며, 회사에 대항하기 위해서는 취득자의 성명과 주소를 주주명부에 기재해야 한다.

## 05

중요도 ★★★

**주식매수선택권(Stock Option)에 대한 설명이 틀린 것은?**

□

① 주식매수선택권을 부여하기 위해서는 정관의 규정과 주주총회 특별결의가 있어야 한다.

② 의결권 없는 주식을 제외한 발행주식 총수의 5% 이상의 주식을 보유한 주주, 이사 등에게는 주식매수선택권을 부여할 수 없다.

③ 상장회사의 경우 당해 회사의 임직원뿐만 아니라 일정한 관계회사의 이사, 감사, 집행임원 또는 피용자에게도 주식매수선택권을 부여할 수 있다.

④ 주식매수선택권 부여로 발행할 수 있는 주식은 회사 발행주식총수의 10%를 초과할 수 없으나, 상장회사의 경우에는 20%의 범위 내에서 대통령령으로 정하는 한도까지 가능하다.



### 정답 및 해설

01 ③ 이사·감사가 회사설립에 관하여 회사나 제3자에게 손해를 입힌 때에는 이사, 감사, 발기인은 연대하여 배상할 책임을 지며, 이 책임에서 면제되려면 주주 전원의 동의가 있어야 한다.

02 ④ 차등의결권, 복수의결권, 거부권부 주식의 발행은 허용되지 않는다.

03 ④ 취득재원에 대한 제한 없이 특정 목적에 의한 자기주식 취득은 가능하다. 여기서 특정 목적이란 회사합병 또는 영업 전부를 양수한 경우, 회사의 권리를 실행함에 있어 그 목적 달성을 위해 필요한 경우, 단주처리를 위해 필요한 경우, 주주가 주식매수청구권을 행사한 경우 등을 말한다.

04 ② 주식의 양도는 원칙적으로 자유이나, 회사가 필요한 경우 주식 양도에 이사회 승인을 얻어야 하는 것으로 정관에 규정할 수 있다.

05 ② 의결권 없는 주식을 제외한 발행주식 총수의 10% 이상의 주식을 보유한 주주, 이사 등에게는 주식매수선택권을 부여할 수 없다.

## 06

중요도 ★

**지배주주의 매도청구에 대한 설명으로 잘못된 것은?**

☐

① 발행주식총수의 95% 이상을 보유한 주주는 경영목적을 달성하기 위해 필요한 경우 소수주주가 보유하는 주식의 매도를 청구할 수 있다.

② 지배주주가 소수주주에게 주식의 매도를 청구할 때에는 주주총회의 승인을 받아야 한다.

③ 지배주주로부터 매도청구를 받은 소수주주는 6개월 내에 지배주주에게 주식을 매도해야 한다.

④ 지배주주가 소수주주에게 매매가액을 지급한 때 주식이 이전된 것으로 본다.

## 07

중요도 ★★★

**주주총회에 대한 설명 중 잘못된 것은?**

☐

① 발행주식총수의 1% 이상 보유주주도 주주총회를 소집할 수 있다.

② 주주총회 2주 전까지 주주에게 그 사실을 서면 또는 전자문서로 통지해야 한다.

③ 일반적으로 의결권이 없는 주주에 대하여는 통지하지 않아도 된다.

④ 주주총회 특수결의는 의결권이 없는 주주를 포함하여 총주주의 동의를 요하는 결의방법이다.

## 08

중요도 ★

**상법은 이사회와 감사에게 모두 업무감사권을 인정하고 있는데 그 차이에 대한 설명으로 잘못된 것은?**

☐

① 이사회는 자율적 감독인 반면 감사는 타율적 감독으로서의 성질이 있다.

② 이사회는 이사회의 결의 자체를 감사할 수 없으나 감사는 이사회 결의 자체까지 감사할 수 있다.

③ 이사회의 업무감독에 있어서는 주주총회에 대한 감사보고가 없으나, 감사의 업무감사에 있어서는 감사결과를 반드시 주주총회에 보고해야 한다.

④ 이사회의 업무감독에 있어서는 업무집행의 타당성까지 감사할 수 없으나 감사의 업무감독은 원칙적으로 업무집행의 타당성까지 감사할 수 있다.

## 09

중요도 ★★★

**사채에 대한 설명으로 적절하지 않은 것은?**

☐

① 사채는 주식과 달리 그 연도에 이익이 있든 없든 확정률의 이자를 지급해야 한다.

② 전환사채의 발행은 주주총회의 특별결의로만 가능하다.

③ 전환사채의 전환청구가 있을 때 사채권자는 주주가 된다.

④ 전환사채는 일반적으로 신주발행의 대가로 별도의 출자를 필요로 하지 않는다.

## 10

중요도 ★★

**분리형 신주인수권부사채에 대한 설명으로 옳은 것은?**

□

① 신주인수권을 행사하면 사채가 소멸한다.

② 신주발행의 대가로 별도의 출자를 요하지 않는다.

③ 신주발행 총액은 반드시 사채발행 총액과 일치해야 한다.

④ 신주발행가액 전액을 납입한 때 사채권자에서 주주로 바뀐다.

## 11

중요도 ★★

**상법상 자본금에 대한 설명이 적절하지 않은 것은?**

□

① 회사가 액면주식을 발행하는 경우 발행주식의 액면총액이 회사의 자본금이다.

② 회사가 무액면주식을 발행하는 경우 주식 발행가액의 1/2 이상의 금액으로서 이사회에서 자본금으로 계상하기로 한 금액의 총액이 회사의 자본금이다.

③ 무액면주식에는 권면액이 표시되지 않고 주권에 주식의 수만 기재된다.

④ 회사의 자본금은 액면주식을 무액면주식으로 전환함으로써 변경할 수 있다.

## 12

중요도 ★★

**주식과 주주권에 대한 설명이 적절하지 않은 것은?**

□

① 자익권에는 이익배당청구권, 신주인수권, 주식의 자유양도권 등이 있다.

② 공익권에는 설립무효판결청구권, 주주제안권, 대표소송제기권 등이 있다.

③ 주식회사의 경우 발행주식의 전부를 1인 주주가 소유하는 1인 회사가 인정된다.

④ 상법상 주식회사는 일부는 액면주식으로, 나머지 일부는 무액면주식으로 발행할 수 있다.

### 정답 및 해설

06 ③ 지배주주로부터 매도청구를 받은 소수주주는 2개월 내에 지배주주에게 주식을 매도해야 한다.

07 ① 주주총회는 이사회, 소수주주(3% 이상 보유주주), 감사(감사위원회), 법원만 소집할 수 있다.

08 ④ 이사회의 업무감독에 있어서는 업무집행의 타당성까지 감사할 수 있으나 감사의 업무감독은 원칙적으로 적법성 감사로 한정한다.

09 ② 전환사채의 발행은 이사회 결의로 한다. 다만 주주 이외의 자에게 전환사채를 발행하는 경우에는 정관규정 또는 주주총회의 특별결의를 통하여 한다.

10 ④ ① 신주인수권부사채는 신주인수권을 행사하더라도 사채가 반드시 소멸하는 것은 아니다.
② 신주발행의 대가로 별도의 출자를 필요로 한다.
③ 신주인수권의 행사에 의한 주식발행 총액은 사채 총액의 범위 내에서 회사가 조절할 수 있다.

11 ④ 회사의 자본금은 액면주식을 무액면주식으로 전환하거나 무액면주식을 액면주식으로 전환함으로써 변경할 수 없다.

12 ④ 상법상 주식회사는 액면주식과 무액면주식 중 하나를 선택하여 발행할 수 있다.

## 13
중요도 ★

**주주 및 주주명부에 대한 설명으로 옳은 것은?**

□

① 주주명부 폐쇄기간 중에도 전환주식 또는 전환사채의 전환권 행사가 허용되나 의결권을 행사할 수는 없다.

② 주식회사가 설립된 후 발행주식 전부를 1인이 소유하게 되면, 당해 회사는 해산하게 된다.

③ 주주명부의 폐쇄기간은 1개월을 초과하지 않아야 한다.

④ 주주명부의 폐쇄기간을 정관으로 정한 경우에도 폐쇄기간의 2주 전에 이를 공고해야 한다.

## 14
중요도 ★

**주주명부에 대한 설명으로 옳은 것은?**

□

① 주주 및 회사채권자는 영업시간 외에도 주주명부의 열람 또는 등사가 가능하다.

② 주주명부 폐쇄는 주주를 주주명부에서 삭제하는 것이다.

③ 예탁결제원은 실질주주의 명단을 발행회사에 통지하고 발행회사는 이에 근거하여 실질주주명부를 작성해야 한다.

④ 실질주주명부는 상법상의 주주명부와 서로 구별되는 것으로 법적효력이 다르다.

## 15
중요도 ★★

**주주총회 보통결의사항에 해당하는 것은?**

□

① 주식의 포괄적 교환
② 정관변경
③ 지배주주의 매도청구
④ 이사 또는 감사의 해임

## 16
중요도 ★★

**의결권에 대한 설명으로 잘못된 것은?**

□

① 1주 1의결권의 원칙은 강행법규이므로 법률상 예외를 제외하고는 정관 또는 주주총회 결의로도 이를 위반하지 못한다.

② 의결권 행사 시 기명주주는 명의개서되어 있어야 하고, 무기명주주는 총회일의 1주 전까지 회사에 공탁해야 한다.

③ 정관에 의해서도 대리인에 의한 의결권 행사를 금지 또는 제한할 수 없다.

④ 서면결의는 가능하나 의결권의 불통일 행사는 불가능하다.

## 17

중요도 ★★★

**다음 중 주식회사의 이사에 대한 설명이 잘못된 것은?**

☐

① 자본금에 관계없이 이사의 수는 3인 이상이어야 한다.

② 이사의 해임은 주주총회의 특별결의로 언제든지 가능하다.

③ 이사는 이사회 승인 없이 현재 또는 장래에 회사의 이익이 될 수 있는 회사의 사업기회를 자기 또는 제3자의 이익을 위하여 이용해서는 아니된다.

④ 이사가 자기 또는 제3자의 계산으로 거래하기 위해서는 이사회의 사전승인이 필요하다.

## 18

중요도 ★★

**상법상 이사의 의무와 책임에 대한 기술 중 적절하지 않은 것은?**

☐

① 이사는 이사회의 승인 없이 동종영업을 하거나 동종영업을 목적으로 다른 회사의 무한책임사원 또는 이사가 될 수 없다.

② 이사는 이사회의 사전승인 없이 자기 또는 제3자의 계산으로 회사와 거래할 수 없다.

③ 이사는 고의 또는 과실로 법령이나 정관에 위반하는 행위를 한 경우 회사에 대하여 연대하여 배상할 책임이 있다.

④ 이사의 회사에 대한 책임은 2/3 이상 주주의 동의로 이를 면제할 수 있다.

**정답 및 해설**

13 ① ② 주주자격에는 제한이 없고, 발행주식 전부를 1인이 소유하는 1인 회사도 인정된다.
③ 주주명부의 폐쇄기간은 3개월을 초과하지 않아야 한다.
④ 주주명부 폐쇄기간은 그 기간의 2주 전에 공고해야 하나, 정관으로 정한 때에는 공고가 필요 없다.

14 ③ ① 주주 및 회사채권자는 영업시간 내에는 언제나 주주명부의 열람 또는 등사가 가능하다.
② 주주명부 폐쇄는 권리를 행사할 자를 확정하기 위하여 일정 기간 동안 주주명부의 기재변경(명의개서)을 정지시키는 것이다.
④ 실질주주명부는 예탁결제원이 통지한 증권회사별 고객명부를 기초로 하여 상장법인이 작성한 주주명부로 상법상의 주주명부와 동일한 효력이 있다.

15 ③ ①, ②, ④는 주주총회 특별결의사항에 해당한다.

16 ④ 상법상 의결권의 불통일 행사도 가능하다. 상법 제368조의2 규정에 의하면 주주가 2 이상의 의결권을 가지고 있는 때에는 이를 통일하지 않고 행사할 수 있다. 이 경우 총회일 3일 전에 회사에 대하여 서면으로 그 뜻과 이유를 통지해야 한다. 주주가 주식의 신탁을 인수하였거나 기타 타인을 위하여 주식을 가지고 있는 경우 외에 회사는 주주의 의결권 불통일 행사를 거부할 수 있다.

17 ① 주식회사의 이사는 3인 이상이 원칙이지만 자본금 10억원 미만의 회사는 1인 또는 2인의 이사만 두더라도 무방하다.

18 ④ 이사의 회사에 대한 책임은 총주주의 동의로 이를 면제할 수 있다.

## 19

중요도 ★★

**상법상 주식회사의 이사회에 대한 설명으로 잘못된 것은?**

□

① 자본금 10억원 미만인 주식회사에서 이사가 1인인 경우 그 이사는 자동적으로 회사를 대표하며, 이사회의 기능을 대신한다.

② 이사회 소집은 대표이사가 하는 것이 원칙이다.

③ 감사는 이사회의결권은 없으나 참석권은 있다.

④ 이사회는 의사결정권과 업무감독권한이 있다.

## 20

중요도 ★★

**감사에 대한 설명 중 적절하지 않은 것은?**

□

① 감사는 주주총회에서 선임한다.

② 발행주식총수의 1%를 초과한 주식을 가진 감사는 1% 초과분에 대하여 의결권을 행사할 수 없다.

③ 감사위원회는 3인 이상의 이사로 구성된다.

④ 사외이사가 아닌 이사가 감사위원회 위원의 1/3을 초과할 수 없다.

## 21

중요도 ★

**감사의 권한이 아닌 것은?**

□

① 이사회의결권
② 영업보고청구권
③ 자회사감사권
④ 이사회참석권

## 22

중요도 ★★★

**주식회사의 준비금에 대한 설명이 옳지 않은 것은?**

□

① 이익준비금은 자본금의 1/5이 될 때까지 매 결산기 이익배당액의 1/5 이상을 적립해야 한다.

② 법정준비금은 이사회 결의에 의하여 그 전부 또는 일부를 자본금에 전입할 수 있다.

③ 자본준비금과 이익준비금의 총액이 자본금의 1.5배를 초과하는 경우 주주총회 보통결의에 의하여 초과금액 범위 내에서 감액할 수 있다.

④ 자본전입의 효력은 이사회가 결의할 경우에는 신주배정일에, 주주총회가 결의한 경우에는 당해 결의를 한 때 발생한다.

## 23

중요도 ★★★

**상법상 주식회사의 신주발행에 대한 기술이 잘못된 것은?**

□

① 신주발행은 회사가 실질적인 자본의 증가를 위해 주식을 발행하는 경우이다.

② 정관에 다른 정함이 없는 경우 주주는 그가 가진 주식 수에 따라 신주를 배정받을 권리를 가진다.

③ 상장회사의 경우에도 법원의 인가와 주주총회의 특별결의를 통하여 액면미달발행이 가능하다.

④ 주식인수인은 납입기일의 다음 날부터 주주로서의 권리와 의무가 있다.

## 24

중요도 ★★

**주식회사가 유상증자를 위해 신주발행을 하는 경우에 대한 설명으로 잘못된 것은?**

□

① 신주발행은 이사회 결의에 의함이 원칙이다.

② 신주발행의 효력은 납입기일에 발생한다.

③ 현물출자의 경우 자격제한이 없으므로 이사뿐만 아니라 누구나 가능하다.

④ 회사가 무액면주식을 발행하고 있는 경우 신주발행도 무액면주식만 가능하다.



### 정답 및 해설

19 ② 이사회 소집은 각 이사가 소집하는 것이 원칙이다. 다만, 소집이사를 따로 정한 경우에는 다른 이사의 소집권이 배제된다.

20 ② 발행주식총수의 3%를 초과한 주식을 가진 감사는 3% 초과분에 대하여 의결권을 행사할 수 없다.

21 ① 감사의 권한에는 영업보고청구권, 업무·재산상태조사권, 자회사감사권, 이사회참석권(이사회의결권은 없음), 손해보고 수령권, 이사에 대한 유지청구권, 주주총회 소집권, 감사해임에 대한 의견진술권, 이사·회사 간 소송 시 회사대표권, 각종 제소권(회사설립 무효의 소, 총회결의 취소의 소, 신주발행 무효의 소, 자본감소 무효의 소, 합병·분할 무효의 소 등) 등이 있다.

22 ① 이익준비금은 자본금의 1/2이 될 때까지 매 결산기 이익배당액의 1/10 이상을 적립해야 한다.

23 ③ 상장회사의 경우에는 법원의 인가 없이 주주총회의 특별결의만으로 액면미달발행이 가능하다.

24 ② 신주발행의 효력은 납입기일의 다음 날에 납입의 범위 내에서 효력이 발생한다.

중요도 ★★★

## 25 주식배당에 대한 설명이 틀린 것은?

□

① 주식배당은 배당가능이익을 사외로 유출시키지 않고 사내에 유보하여 기업자금으로 사용할 수 있는 이점이 있다.

② 주식배당은 주식수 증가로 인해 배당률이 저하되고, 배당압박이 증가하며, 주가가 하락할 수 있다는 단점이 있다.

③ 상법상 주식배당은 이익배당총액의 1/2을 초과할 수 없으나, 상장회사의 경우 주식배당 한도는 시가가 액면가보다 큰 경우 이익배당총액까지 가능하다.

④ 주식배당의 경우에는 발행주식총수를 초과하여 주식을 발행할 수 있다.

중요도 ★

## 26 신주발행이 위법한 경우 사후적 구제방법과 거리가 먼 것은?

□

① 신주발행무효의 소

② 통모인수의 책임추궁을 위한 대표소송

③ 이사에 대한 손해배상청구권

④ 신주발행유지청구권

중요도 ★

## 27 자본금 감소방법에 대한 설명이 적절하지 않은 것은?

□

① 환급은 납입한 주금액의 일부를 주주에게 반환하는 실질적인 자본금 감소방법이다.

② 절기는 주금액 중 이미 납입한 부분의 전부를 손실로 처리하여 주금액을 삭제하고 새로 납입액을 받아 주금액으로 하는 방법이다.

③ 주식의 소각은 회사가 특정 자기주식을 취득한 후 이를 소멸시키는 행위이다.

④ 주식의 병합은 수개의 주식을 합하여 그보다 적은 수의 주식으로 바꾸는 행위이다.

중요도 ★★

## 28 사채(사채권자)와 주식(주주)의 차이점으로 잘못된 것은?

□

① 사채권자는 단순한 채권자에 불과하나 주주는 경영에 참가할 수 있다.

② 사채권자는 이익 유무에 관계없이 이자를 받으나 주주는 배당가능이익이 있는 경우에 한하여 배당받을 수 있다.

③ 사채는 분할납입이 가능하나 주식은 분할납입이 불가능하다.

④ 사채는 액면미달발행이 불가능하나 주식은 액면미달발행이 가능하다.

## 29

중요도 ★★★

**전환사채와 신주인수권부사채에 대한 설명이 적절하지 않은 것은?**

□

① 전환사채는 전환권을 행사하면 사채가 소멸하나, 신주인수권부사채는 반드시 그런 것은 아니다.

② 전환사채는 주식발행대가로 출자가 필요하나, 신주인수권부사채는 별도의 출자가 필요하지 않다.

③ 전환사채는 전환에 의한 신주발행총액이 반드시 사채발행총액과 일치해야 하나, 신주인수권부사채는 신주인수권 행사에 의한 신주발행총액을 회사가 조절할 수 있다.

④ 전환사채의 전환권은 전환청구가 있는 때 주주가 되나, 신주인수권부사채는 신주발행가액을 전액 납입한 때 주주가 된다.

## 30

중요도 ★★

**주식회사의 합병 및 분할에 대한 설명 중 적절하지 않은 것은?**

□

① 합병 반대주주라도 주식매수청구권을 행사하지 않으면 존속·신설회사의 주주가 된다.

② 합병 반대회사 채권자는 합병무효의 소를 제기할 수 있다.

③ 회사의 분할은 주식회사에 대하여만 인정된다.

④ 분할의 무효는 대세적 효력, 소급적 효력이 있다.



### 정답 및 해설

25 ④ 주식배당은 정관의 발행주식총수 중 미발행주식이 남아있는 범위 내에서만 주식을 발행할 수 있고, 그렇지 않은 경우에는 먼저 정관을 변경하여 그 수권주식수를 증가시킨 다음에 가능하다.

26 ④ 신주발행유지청구권은 사전적·예방적 구제방법에 해당한다.

27 ② 절기는 주금액 중 이미 납입한 부분의 일부를 손실로 처리하여 주금액을 삭제하고 나머지 납입액을 주금액으로 하는 방법이다.

28 ④ 사채는 액면미달발행이 가능하나 주식은 액면미달발행이 불가능하다.

참고 상법상 사채와 주식의 비교

| 구 분 | 사 채 | 주 식 |
|---|---|---|
| 보유자 | 채권자(개인법적 성격) | 주주(사단법적 성격) |
| 성 격 | 타인자본(채무) | 자기자본 |
| 경영참여권 | 없 음 | 있 음 |
| 이자·배당 | 이익 유무에 관계없이 이자 수령 가능 | 배당가능이익이 있어야 배당 수령 가능 |
| 분할납입 | 가 능 | 불가능 |
| 액면미달발행 | 허 용 | 원칙적 불허 |
| 자기사채·주식 | 취득 가능 | 원칙적 취득 금지 |
| 납입금 상계 | 가 능 | 불가능 |
| 해산판결청구권 | 10% | – |

29 ② 전환사채는 주식발행대가로 별도의 출자가 필요하지 않으나, 신주인수권부사채는 별도의 출자가 필요하다.

30 ④ 분할의 무효는 대세적 효력, 비소급적 효력이 있다.

# 제 3 장 직무윤리

## 학습전략

**직무윤리는 제4과목 전체 20문제 중 총 5문제가 출제된다.**

직무윤리는 다소 쉬울 것이라는 편견이 있으나 법규가 많아 암기할 내용도 많기 때문에 소홀히 하면 대량 실점할 수도 있다. 이 과목은 6대 판매원칙과 금융소비자보호 관련 내용이 자주 출제되는 경향이 있다.

## 출제비중

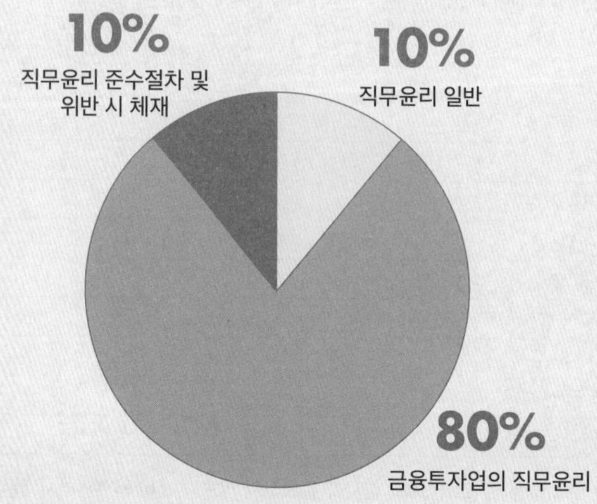

# 출제포인트

| 구분 | 출제포인트 | 출제빈도 | 페이지 |
| --- | --- | --- | --- |
| 직무윤리 일반 (10%) | 01 직무윤리에 대한 이해 | ★ | p.488 |
| 금융투자업의 직무윤리 (80%) | 02 이해상충방지의무 | ★★★ | p.489 |
| | 03 정보교류차단의무 | ★★ | p.490 |
| | 04 회사에 대한 윤리 | ★★ | p.491 |
| | 05 단계별 금융소비자보호의 내용 | ★★★ | p.492 |
| | 06 적합성 원칙 | ★★★ | p.493 |
| | 07 상품판매 이후 단계의 금융소비자보호 | ★★★ | p.494 |
| | 08 부당권유 금지 | ★★ | p.495 |
| | 09 대외활동 시 준수사항 | ★★★ | p.496 |
| | 10 대외활동의 범위 | ★★ | p.497 |
| | 11 고용계약 종료 후의 의무 | ★★ | p.498 |
| | 12 내부통제 | ★★★ | p.499 |
| | 13 준법감시제도 | ★★★ | p.500 |
| 직무윤리 준수절차 및 위반 시 제재 (10%) | 14 직무윤리 위반 시 제재 | ★★ | p.501 |

직무윤리에 대한 이해 ★

기업에서 윤리경영이 강조되는 이유와 가장 관계가 적은 것은?

① 위험과 거래비용
② 사회적 비용의 감소
③ 회계기준의 변화
④ 생산성 제고

TIP 기업에서 윤리경영이 강조되는 이유는 환경변화, 위험과 거래비용, 생산성 제고, 사회적 비용 감소, 공정하고 자유로운 인프라 구축, 직무윤리의 자본화 등 때문이다.

## 핵심포인트 해설 직무윤리가 강조되는 이유

| | |
|---|---|
| 윤리경쟁력 | • 환경변화 : 미래 세계는 매우 복잡한 시스템에 의하여 운영되는 사회<br>• 위험과 거래비용 : 직무윤리 위반으로 인한 위험비용을 고려해야 함<br>• 생산성 제고 : 생산성 제고를 통한 장기적 생존 목적<br>• 신종 자본 : 직무윤리가 무형의 자본(신용) 역할을 함<br>• 윤리인프라 구축 : 성장원동력, 공정한 경쟁의 조건<br>• 생존의 조건 : 윤리경영의 목적은 가치 있는 장기생존(전문가의 2대 핵심요소 : 윤리, 능력)<br>• 사회적 비용 : 비윤리적 행동은 더 큰 사회적 비용을 초래함 |
| 금융투자산업 | • 금융산업 속성 : 이해상충 가능성과 정보비대칭 문제를 해결해야 함<br>• 금융투자상품의 특성 : 투자성(원본손실 위험)을 내포하고 있음<br>• 금융소비자 성격의 질적 변화 : 적극적인 소비자보호가 중요해짐<br>• 안전장치 : 금융투자업종사자의 대리인 문제, 도덕적 해이 문제 해결 |
| 자본시장법 | • 투자자보호를 위하여 일부 직무윤리를 법적의무로 제도화함<br>• 금융투자상품의 포괄주의 도입으로 직무윤리가 중요해짐<br>• 일반투자자보호 강화(전문투자자에 대한 윤리적 책임까지 면제한 것은 아님)<br>• 취급상품 및 업무영역 규제완화로 금융소비자에 대한 신뢰확보가 중요해짐 |
| 지배구조법 | • 윤리경영 영역에 있던 지배구조를 법제화하여, 준수의 강제성을 추가함<br>• 내부통제제도를 강화하고 독립성을 보장함으로써 윤리경영을 실천하도록 법적 강제성 부여 |

정답 ③

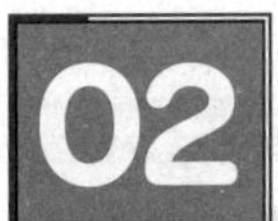

이해상충방지의무 ★★★

금융투자업자의 이해상충방지의무의 내용이 적절하지 않은 것은?

① 금융투자업자는 인가·등록 후 6개월 이내에 이해상충방지체계를 구축하여야 한다.
② 금융투자업자는 이해상충가능성을 파악하고 관리해야 할 의무가 있다.
③ 금융투자업자는 자신이 발행했거나 관련된 대상에 대한 조사분석자료의 공표 및 제공이 금지된다.
④ 금융투자업자는 원칙적으로 자기거래가 금지된다.

TIP 금융투자업자는 인가·등록 시부터 이해상충방지체계를 구축하여야 한다.

## 핵심포인트 해설 이해상충방지의무

| | |
|---|---|
| 기본원칙<br>(충실의무) | • 충실의무의 의의<br>· 투자자의 이익을 해하면서 자기 이익 또는 제3자 이익 도모 금지<br>· 금융소비자를 위하여 최선의 이익을 추구해야 한다는 의무<br>• 최선의 이익<br>· 소극적 이익뿐 아니라 적극적 이익도 포함<br>· 최선집행의무 : 최대수익률의 실현이 아니라 실현 가능한 최대한의 이익 추구를 의미 |
| 이해상충<br>발생원인 | • 금융투자업자 내부문제 : 공적업무와 사적업무의 정보를 이용하는 경우<br>• 금융투자업자와 금융소비자 간 문제 : 정보비대칭 존재<br>• 법률적 문제 : 복수 금융투자업 간 겸영업무 허용으로 인한 이해상충 |
| 이해상충<br>방지시스템<br>구축의무 | • 금융투자업자는 인가·등록 시부터 이해상충방지체계의 구축을 의무화함<br>• 이해상충 발생 가능성 파악 등 관리의무<br>• 이해상충 발생 가능성 고지 및 저감 후 거래의무<br>• 이해상충 발생 가능성 회피의무<br>• 정보교류차단(Chinese Wall)의무<br>• 금융투자업자 자신이 발행했거나 관련된 대상에 대한 조사분석자료의 공표·제공 금지<br>• 자기거래 금지 |

정답 ①

**금융투자업자의 정보교류차단(Chinese Wall)의무에 대한 설명이 적절하지 않은 것은?**

① 금융투자업자가 금융투자업, 겸영업무, 부수업무 등을 영위하는 경우 미공개 중요정보 등에 대한 회사내부의 정보교류차단 장치를 구축해야 한다.
② 금융투자업자는 계열회사를 포함한 제3자에게 정보를 제공하는 경우에도 내부통제기준을 마련하여 이해상충이 발생할 수 있는 정보를 차단해야 한다.
③ 표준내부통제기준에 의하면 상시 정보교류를 허용하는 임원을 지정하여서는 아니된다.
④ 표준내부통제기준은 정보교류차단을 위하여 물리적 분리뿐만 아니라 비밀정보에 대한 접근권한을 통제하는 등의 방법을 규정하고 있다.

**TIP** 표준내부통제기준에 의하면 상시 정보교류를 허용하는 임원을 지정할 수 있다.

## 핵심포인트 해설 금융투자업자의 정보교류차단(Chinese Wall)의무

| 구분 | 내용 |
|---|---|
| 정보교류차단벽 설치 의무 | • 금융투자회사는 업무종사자가 업무수행에 필요한 최소한의 정보에만 접근할 수 있도록 영위하는 업무의 특성 및 규모, 이해상충 정도 등을 고려하여 정보교류를 차단할 수 있는 장치를 마련해야 함 |
| 정보교류차단의 대상 | • 미공개 중요정보<br>• 투자자의 금융투자상품 매매 또는 소유현황에 관한 정보로서 불특정 다수인이 알 수 있도록 공개되기 전의 정보<br>• 집합투자재산·투자일임재산·신탁재산의 구성내역과 운용에 관한 정보로서 불특정 다수인이 알 수 있도록 공개되기 전의 정보<br>• 회사 내부의 정보교류차단뿐만 아니라 계열회사를 포함한 제3자에게 정보를 제공하는 경우에도 이해상충가능성이 있는 정보는 차단해야 함<br>• 회사가 이해상충 우려가 없다고 판단하는 경우 스스로 차단대상 정보에서 제외 가능(예외정보를 내부통제기준에 미리 반영하여 공시해야 함) |
| 정보교류차단의 주요 내용 | • 회사는 정보교류차단 대상 부문별로 책임자를 지정해야 함<br>• 회사는 정보교류의 차단 및 예외적 교류의 적정성을 감독하고, 정보교류통제 담당 조직을 설치해야 함<br>• 회사는 상시 정보교류가 허용되는 임원을 지정할 수 있음<br>• 회사는 상시적 정보교류 차단벽을 설치, 운영해야 함<br>• 회사는 요건을 모두 갖춘 경우 예외적 정보의 교류를 허용할 수 있음<br>• 이해상충방지를 위해 필요하다고 인정하는 경우, 해당 법인과 관련한 금융투자상품을 거래주의 또는 거래제한 상품 목록으로 지정할 수 있음<br>• 회사가 고객으로부터 개인신용정보 제공의 동의를 받거나, 개인신용정보의 전송요구를 받은 경우에는 해당 정보를 계열회사 등 제3자에게 제공할 수 있음 |

정답 ③

회사에 대한 윤리 ★★

**금융투자업종사자의 회사에 대한 윤리와 관련된 설명으로 잘못된 것은?**

① 회사재산은 오로지 회사의 이익을 위해서만 사용되어야 하고, 회사의 이익이 아닌 사적 용도로 이용하는 일체의 행위가 금지된다.

② 소속 업무담당자가 타인에게 손해를 끼친 경우 경영진은 윤리적 책임은 있으나 법적 책임은 없다.

③ 임직원의 대외활동을 사전에 승인 받았더라도 그 활동으로 인하여 고객, 주주 및 회사 등과 이해상충이 확대되는 경우 그 대외활동의 중단을 요구할 수 있다.

④ 특정한 정보가 비밀정보인지 불명확한 경우 그 정보를 이용하기 전에 준법감시인의 사전확인을 받아야 한다.

**TIP** 소속 업무담당자가 타인에게 손해를 끼친 경우 관리·감독에 상당한 주의를 하지 않은 경영진은 법적 책임도 부담해야 한다.

## 핵심포인트 해설 회사에 대한 윤리

| 구분 | 내용 |
|---|---|
| 상호존중 | • 개인 간 관계 : 동료직원 간 및 상사와 부하 간 원활한 의사소통 및 상호존중문화로 사내업무 효율성 제고<br>• 조직 – 개인관계 : 회사는 임직원 개개인의 자율과 창의 존중<br>• 성희롱방지 : 상호존중 및 품위유지의무에 해당 |
| 공용재산의 사적 사용 ·수익금지 | • 금융투자업종사자는 회사재산을 부당하게 사용하거나 정당한 사유 없이 사적용도로 사용하면 안 됨<br>• 회사재산은 오로지 회사의 이익을 위해서만 사용되어야 하고, 회사의 이익이 아닌 사적 용도로 이용하는 일체의 행위가 금지됨 |
| 경영진의 책임 | • 경영진은 직원대상 윤리교육을 실시하는 등 올바른 윤리문화의 정착을 위해 노력해야 함<br>• 경영진 본인의 법규 준수는 물론 소속 업무종사자가 법규를 위반하지 않도록 필요한 지도·지원해야 함<br>• 소속 업무담당자가 타인에게 손해를 끼친 경우 법적 책임 : 민법상 사용자책임, 자본시장법상 관리·감독책임 |
| 정보보호 | • 회사의 업무정보와 고객정보를 안전하게 보호하고 관리해야 함(표준윤리준칙)<br>• 관리원칙 : 정보교류차단원칙, 필요성에 의한 제공원칙(표준내부통제기준) |
| 위반행위 보고 | • 임직원은 법규 등 위반 사실을 발견하거나 그 가능성을 인지한 경우 회사가 정하는 절차에 따라 즉시 보고해야 함<br>• 관련 제도 : 내부제보제도 |
| 대외활동 | • 회사의 공식의견이 아닌 경우 사견임을 명백히 표현할 것<br>• 대외활동으로 인하여 주된 업무수행에 지장을 주어서는 안 됨<br>• 대외활동으로 금전보상을 받는 경우 회사에 신고해야 함<br>• 공정질서를 유지하고 건전한 투자문화 조성에 노력해야 함<br>• 불확실한 사항의 단정적 표현, 다른 금융투자회사 비방 등 금지 |
| 고용계약 종료 후의 의무 | • 회사의 비밀정보 출간, 공개, 제3자가 이용하도록 하는 행위 금지<br>• 고용기간 종료와 동시에 기밀정보를 포함한 모든 자료 회사에 반납해야 함<br>• 고용기간 동안 본인이 생산한 지적재산물 회사에 반환해야 함 |

정답 ②

**상품판매 단계의 금융소비자보호 내용과 거리가 먼 것은?**

① 해피콜 서비스
② 적합성 원칙
③ 불공정영업행위 금지
④ 계약서류 제공의무

**TIP** 해피콜 서비스는 상품판매 이후 단계의 금융소비자보호 내용에 해당한다.

## 핵심포인트 해설 단계별 금융소비자보호의 내용

| | |
|---|---|
| 상품개발 단계 | • 사전협의, 사전협의절차 이행모니터링<br>• 금융상품 개발관련 점검, 외부의견청취 |
| 상품판매 이전 단계 | • 교육체계 마련<br>• 판매자격의 관리 |
| 상품판매 단계 | • 6대 판매원칙 : 적합성 원칙, 적정성 원칙, 설명의무(청약철회권 포함), 불공정영업행위 금지, 부당권유행위 금지, 광고규제 준수<br>• 계약서류 제공의무 |
| 상품판매 이후 단계 | • 처리결과 보고의무, 기록 및 유지·관리의무<br>• 정보누설 및 부당이용 금지<br>• 해피콜 서비스, 미스터리 쇼핑<br>• 자료열람요구권, 고객의 소리제도, 위법계약해지권<br>• 소송중지제도, 분쟁조정 이탈금지제도, 손해배상책임 |

정답 ①

# 06

적합성 원칙 ★★★

**금융투자업종사자의 적합성 관련 원칙에 대한 기술이 적절하지 않은 것은?**

① 적합성 원칙상 소비자의 재산상황, 금융상품 취득·처분 경험 등에 비추어 부적합한 금융상품에 대한 투자권유는 금지된다는 원칙이다.

② 적합성 원칙은 금융투자상품과 변액보험에만 적용되는 원칙이다.

③ 적정성 원칙상 소비자가 자발적으로 구매하려는 금융상품이 소비자의 재산상황, 투자경험, 신용 및 변제계획 등에 비추어 부적정할 경우 이를 고지하고 확인해야 한다.

④ 적정성 원칙의 적용범위는 대출성 상품 및 보장성 상품으로 확대되었다.

**TIP** 적합성 원칙의 적용범위는 투자성 상품, 운용실적에 따라 수익률 변동 가능성이 있는 예금성 상품, 대출성 상품, 기타 대통령령으로 정하는 것 등이다.

## 핵심포인트 해설 적합성 원칙과 적정성 원칙

### (1) 적합성 원칙

(KYC → 고객알기제도라고도 함)

| 구분 | 내용 |
|---|---|
| KYC(고객상황파악) 순서 | • 투자권유 희망여부 확인<br>• 일반금융소비자인지 전문금융소비자인지 확인<br>• 일반금융소비자인 경우 면담, 질문 등을 통해 금융소비자의 정보파악<br>• 금융소비자의 투자성향 분석 결과 설명 및 확인서 제공<br>• 투자자금의 성향 파악 |
| 파악해야 하는 금융소비자의 정보 | • 투자성 상품 및 수익률 변동이 가능한 예금성 상품 : 일반금융소비자의 해당금융상품 취득 또는 처분의 목적·경험, 재산상황 등을 파악<br>• 대출성 상품 : 일반금융소비자의 재산상황, 신용 및 변제계획 등을 파악 |
| 적합성 원칙의 적용예외 | • 일반 사모펀드의 경우에는 원칙적으로 적합성 원칙이 적용되지 않음<br>• 다만, 적격투자자 중 일반금융소비자가 대통령령이 정하는 바에 따라 요청하는 경우에는 적합성 원칙이 적용됨 |

### (2) 적정성 원칙

| 구분 | 내용 |
|---|---|
| 투자자정보 파악의무 | 금융상품판매업자는 대통령령으로 정하는 투자성 상품, 대출성 상품, 보장성 상품에 대하여 일반금융소비자에게 계약체결을 권유하지 않고 판매계약을 체결하는 경우에는 미리 상품별 투자자정보를 파악하여야 함 |
| 고지 및 확인의무 | 금융상품판매업자는 해당 금융상품이 일반금융소비자에게 적정하지 않다고 판단되는 경우에는 그 일반금융소비자에게 그 사실을 알리고, 서명 등의 방법으로 확인받아야 함 |

### (3) 적합성 원칙과 적정성 원칙의 차이

① 적합성 원칙 : 일반금융소비자에게 계약체결을 권유할 때 적용되는 원칙

② 적정성 원칙 : 일반금융소비자에게 계약체결을 권유하지 않고 투자성 상품 등에 대하여 계약체결을 원하는 경우에 적용되는 원칙

정답 ②

**상품판매 이후 단계의 금융소비자보호에 대한 설명이 적절하지 않은 것은?**

① 금융회사는 금융소비자로부터 자료열람을 요구받은 날로부터 10일 이내에 해당 자료를 열람할 수 있게 해야 한다.

② 금융상품판매업자는 금융소비자의 위법계약 해지요구일로부터 10일 이내에 수락 여부를 결정하여 금융소비자에게 통지해야 한다.

③ 조정신청사건에 대하여 소송진행 중일 때 법원은 소송절차를 중지할 수 있다.

④ 2,000만원 이하의 소액분쟁사건에 대하여 조정절차가 개시된 경우 조사대상기관은 조정안 제시 전까지 소송을 제기할 수 없다.

**TIP** 금융회사는 금융소비자로부터 자료열람을 요구받은 날로부터 6영업일 이내에 해당 자료를 열람할 수 있게 해야 한다.

## 핵심포인트 해설 상품판매 이후 단계의 금융소비자보호

| 구분 | 내용 |
|---|---|
| 처리결과 보고의무 | • 매매명세 통지 : 투자매매·중개업자는 금융투자상품의 매매가 체결된 경우 지체 없이 투자자에게 통지해야 함<br>• 매매체결 후 다음 달 20일까지 통지 사항 : 월간 매매·손익내역, 월말잔액, 미결제약정현황 등 |
| 자료열람요구권 | • 금융소비자는 분쟁조정 또는 소송수행 등 권리구제를 목적으로 금융회사가 유지·관리하는 자료의 열람을 요구할 수 있음<br>• 금융회사는 금융소비자로부터 자료열람을 요구받은 날로부터 6영업일 이내에 해당 자료를 열람할 수 있게 해야 함(금융소비자에게 비용청구 가능) |
| 위법계약해지권 | • 금융상품판매업자가 5대 판매원칙 위반 시 금융소비자는 일정 기간 내에 계약해지를 요구할 수 있음<br>• 금융상품판매업자는 금융소비자의 해지요구일로부터 10일 이내에 수락여부를 결정하여 금융소비자에게 통지해야 함 |
| 사후구제제도 | • 법원의 소송중지제도 : 조정신청사건에 대하여 소송이 진행 중일 때 법원은 소송절차 중지 가능<br>• 분쟁조정 이탈금지 제도 : 2,000만원 이하의 소액분쟁사건에 대하여 조정절차가 개시된 경우 조사대상기관은 조정안 제시 전까지 소송제기 불가<br>• 손해배상의 입증책임전환 : 금융소비자 ⇨ 금융회사 |
| 기 타 | • 정보누설 및 부당이용 금지<br>• 해피콜 서비스 : 판매 후 7영업일 이내 모니터링<br>• 고객의 소리 : 금융소비자의 의견 청취 제도<br>• 미스터리 쇼핑 : 외주전문업체를 통한 불완전판매행위 발생여부 확인 제도 |

정답 ①

부당권유 금지 ★★

**금융투자업종사자의 투자권유에 대한 설명이 잘못된 것은?**

① 투자권유대행인은 투자권유대행업무를 제3자에게 재위탁할 수 없다.

② 원칙적으로 투자권유 요청을 받지 않고 전화를 이용하여 투자권유 하는 행위는 부당권유행위에 해당한다.

③ 재권유는 금지되는 것이 원칙이나 15일이 지난 후 다시 투자권유를 하는 행위는 허용된다.

④ 금융투자업종사자는 고객의 승낙 또는 부득이한 사유 없이 자신의 업무를 제3자에게 처리하게 하면 아니 된다.

**TIP** 재권유는 금지되는 것이 원칙이나 1개월이 지난 후 다시 투자권유를 하는 행위, 다른 종류의 금융투자상품에 대하여 투자권유를 하는 행위는 허용된다.

## 핵심포인트 해설 재위임 및 재권유 금지

**(1) 재위임 금지**

① 금융투자업종사자는 고객의 승낙 또는 부득이한 사유 없이 자신의 업무를 제3자에게 처리하게 하면 안 됨

② 투자권유대행인은 투자권유대행업무를 제3자에게 재위탁하는 행위 금지

**(2) 요청하지 않은 투자권유(불초청) 금지**

① 원칙 : 금융투자업자가 투자자로부터 투자권유의 요청을 받지 아니하고 방문·전화 등 실시간 대화의 방법을 이용하는 행위는 부당권유행위에 해당되어 금지됨

② 다만, 투자권유 전에 개인정보 취득경로·금융상품 등을 사전안내하고, 고객이 투자권유 받을 의사를 표시한 경우에는 투자권유 할 수 있음

③ 사전안내가 불가능한 투자성상품

| 일반금융소비자 | 고난도상품, 사모펀드, 장내파생상품, 장외파생상품 |
|---|---|
| 전문금융소비자 | 장외파생상품 |

**(3) 재권유 금지**

① 원칙 : 투자권유를 받은 투자자가 이를 거부하는 취지의 의사를 표시하였음에도 불구하고 투자권유를 계속하는 행위는 금지됨

② 예 외

㉠ 1개월이 지난 후에 다시 투자권유를 하는 행위

㉡ 다른 종류의 금융투자상품에 대하여 투자권유를 하는 행위

정답 ③

대외활동 시 준수사항 ★★★

**금융투자업종사자의 대외활동 시 준수사항과 가장 거리가 먼 것은?**

① 대외활동 시 소속부점장, 준법감시인 또는 대표이사의 사전승인을 받아야 한다.
② 익명성이 보장되는 경우에도 비공개를 요하는 정보는 언급할 수 없다.
③ 정기적 정보제공이나 경미한 것은 준법감시인에게 사전보고하지 않아도 된다.
④ 사외대화방 참여는 Privacy 문제이므로 규제하지 않는다.

**TIP** 사외대화방 참여는 공중포럼으로 간주하여 언론기관 접촉 시와 같이 규제한다.

## 핵심포인트 해설 금융투자업종사자의 대외활동 시 준수사항

**(1) 언론기관 접촉 시 준수사항**
① 회사공식의견이 아닌 경우 사견임을 명백히 표현할 것
② 부정적 결과를 야기할 수 있는 내용은 가급적 삼가할 것
③ 익명성이 보장되는 경우에도 비공개를 요하는 정보는 언급하지 말 것

**(2) 강연, 연설 시 준수사항**
① 사전에 강연 내용 및 원고를 회사에 보고하고 확인받도록 함
② 회사의 요청에 의한 경우에도 담당업무수행에 지장이 없도록 함

**(3) 감독당국과 접촉 시 준수사항**
① 준법감시인에게 사전보고(정기적 정보제공이나 경미한 것은 제외)
② 금융당국으로부터 접수한 문서는 곧바로 관계부서에 전파하고 중요내용은 부서장이 준법감시부서에 통지

**(4) 전자통신활동**
① 임직원 – 고객 간 이메일 : 사용장소에 관계없이 표준내부통제기준 및 관계법령이 적용됨
② 사외대화방 참여 : 공중포럼으로 간주(언론기관 접촉 시와 같이 규제)
③ 인터넷게시판에 특정 상품 분석게시 : 사전에 준법감시인이 정하는 절차와 방법에 따름(단, 출처를 명시하고 인용하거나 기술적 분석에 따른 투자권유는 제외)

정답 ④

# 10

대외활동의 범위 ★★

**금융투자업종사자의 대외활동 범위에 해당하지 않은 것은?**

① 외부강연, 연설, 교육, 기고 등의 활동
② 신문, 방송 등 언론매체 활동
③ SNS 또는 웹사이트를 이용한 활동
④ 회사가 운영하는 온라인커뮤니티 활동

**TIP** 회사가 운영하는 온라인커뮤니티 활동은 대외활동이 아니라 대내활동에 속한다.

## 핵심포인트 해설 금융투자업종사자의 대외활동 시 준법절차

**(1) 대외활동의 범위**

① 외부강연, 연설, 교육, 기고 등의 활동
② 신문, 방송 등 언론매체 접촉활동
③ 회사가 운영하지 않는 온라인 커뮤니티, 소셜 네트워크서비스, 웹사이트 등을 이용한 대외접촉활동(회사내규상 활동이 금지되는 경우는 제외)

**(2) 대외활동 시 허가절차**

① 이해상충 정도에 따라 소속부점장, 준법감시인, 대표이사의 사전승인을 받아야 함 (→사후보고 ×)
② 사전승인할 때 고려해야 할 사항
㉠ 표준내부통제기준 및 관계법령 위반 여부
㉡ 회사에 미치는 영향
㉢ 회사, 주주 및 고객 등과의 이해상충 정도
㉣ 대외활동의 대가로 지급받는 보수 또는 보상의 적절성
㉤ 대외활동을 하고자 하는 회사의 공신력, 사업내용, 사회적 평판 등
③ 임직원이 대외활동을 성실하게 이행하지 못하거나 이해상충이 확대되는 경우 회사는 임직원의 대외활동 중단을 요구할 수 있으며, 이때 임직원은 즉시 요구에 따라야 함

정답 ④

## 11

고용계약 종료 후의 의무 ★★

**금융투자업종사자의 고용계약 종류 후 의무에 대한 설명 중 잘못된 것은?**

① 금융투자업종사자가 퇴직하는 경우 일정 기간 회사의 이익을 해치는 행위를 해서는 안 된다.
② 회사 비밀정보의 출간·공개·제3자 이용 등이 금지된다.
③ 고용기간이 종료되면 회사에 대한 선관주의의무도 즉시 종료된다.
④ 고용기간이 종료되더라도 본인이 생산한 지적재산물의 이용 및 처분권한은 회사가 가지는 것이 원칙이다.

**TIP** 고용기간 종료 후에도 회사에 대한 선관주의의무가 상당 기간 지속된다.

## 핵심포인트 해설 금융투자업종사자의 고용계약 종료 후 의무

**(1) 의 의**

금융투자업종사자가 퇴직하는 경우 그에 따른 적절한 조치를 취해야 하고, 상당 기간 동안 회사의 이익을 해치는 행위를 해서는 안 됨

**(2) 퇴직 시 적절한 조치**

① 회사 비밀정보의 출간·공개·제3자 이용 등 금지
② 기밀정보를 포함한 모든 자료 회사반납
③ 회사명, 상표, 로고 등의 사용 금지
④ 고용기간 동안 본인이 생산한 지적재산물은 회사의 재산으로 반환해야 하고, 고용기간 종료 후라도 지적재산물의 이용 및 처분권한은 회사가 가지는 것이 원칙임

**(3) 회사에 대한 선관주의의무** → 선량한 관리자로서의 주의의무

① 고용기간 종료 후에도 회사에 대한 선관주의의무가 상당 기간 지속됨
② 기간이 너무 장기간이면 합리적인 기간으로 제한됨

정답 ③

## 12

내부통제 ★★★

**준법감시인과 내부통제에 대한 설명이 적절하지 않은 것은?**

① 준법감시인은 이사회 및 대표이사의 지휘를 받아 금융투자회사 전반의 내부통제업무를 수행한다.

② 준법감시인은 준법감시업무 중 일부를 준법감시업무를 담당하는 임직원에게 위임할 수 있다.

③ 준법감시인에 대하여 회사의 재무적 경영성과와 연동되지 아니하는 별도의 보수지급 및 평가기준을 마련하고 운영해야 한다.

④ 준법감시인의 해임은 이사회에서 이사 과반수의 찬성이 있어야 가능하다.

**TIP** 준법감시인의 해임은 이사회에서 이사 2/3 이상의 찬성이 있어야 가능하다.



## 핵심포인트 해설 금융투자업자의 내부통제

| | |
|---|---|
| 내부통제기준 | • 금융투자업자의 임직원이 직무를 수행함에 있어서 준수해야 할 적절한 기준 및 절차<br>• 임직원의 선관의무, 고객우선의 원칙, 법규준수 여부 등을 사전적·상시적으로 감독함<br>• 제정·개정 시 이사회 결의를 요함(협회는 표준내부통제기준을 작성하여 사용권고 가능) |
| 준법감시인 | • 선임은 사내이사 또는 업무집행책임자 중에서 선임하며 내부통제업무를 수행함<br>• 임면은 이사회 의결로 하며, 해임의 경우 이사 2/3 이상의 찬성으로 의결함 |
| 내부통제위원회 | • 원칙 : 표준내부통제기준은 대표이사를 위원장으로 하여 준법감시인, 위험관리책임자 및 내부통제담당임원을 위원으로 하는 내부통제위원회를 두도록 규정함<br>• 예 외<br>· 자산총액 7천억원 미만 상호저축은행<br>· 자산총액 5조원 미만 종합금융회사·보험회사·여신전문금융회사 |
| 준법감시부서 | • 준법감시부서 내에 IT분야의 전문지식이 있는 전산요원을 1인 이상 배치해야 함<br>• 준법감시직원이 수행하면 아니 되는 업무<br>· 자산운용에 관한 업무<br>· 회사의 본질적 업무 및 그 부수업무<br>· 회사의 겸영업무<br>· 위험관리업무 |

정답 ④

## 13

준법감시제도 ★★★

**금융투자업자의 영업점별 준법감시제도에 대한 설명 중 잘못된 것은?**

① 준법감시인은 독립성이 있기 때문에 준법감시업무의 일부를 임직원에게 위임할 수 없다.
② 준법감시인은 영업관리자에게 업무수행결과에 따라 적절한 보상을 지급할 수 있다.
③ 사이버룸은 직원과 분리되어 위치해야 한다.
④ 영업점장은 준법감시인이 위임하는 영업관리자가 될 수 없다.

**TIP** 준법감시인은 준법감시업무의 일부를 임직원에게 위임할 수 있다.

## 핵심포인트 해설 영업점에 대한 준법감시제도

**(1) 영업점에 대한 준법감시업무의 위임**

① 준법감시인은 준법감시업무의 일부를 임직원에게 위임 가능(범위, 한계 구분)
② 부점별 또는 수개의 부점을 1단위로 하여 법령준수감독자를 지명할 수 있음

**(2) 영업점별 영업관리자에 의한 준법감시**

① 준법감시인은 영업점에 준법감시업무를 위한 영업관리자를 둘 수 있음
  ㉠ 영업관리자 요건 : 영업점에 1년 이상 근무, 영업점장이 아닌 책임자급일 것
  ㉡ 영업관리자 임기 : 1년 이상으로 해야 함
② 준법감시인은 영업관리자에 대하여 연 1회 이상 법규·윤리 관련 교육을 실시해야 함
③ 준법감시인은 영업관리자에게 업무수행결과에 따라 적절한 보상을 지급할 수 있음

**(3) 고객전용공간(사이버룸) 제공 시 준수사항**

① 당해 공간은 직원과 분리되어야 하고, 영업점장 및 영업관리자의 통제가 용이한 장소에 위치할 것
② 사이버룸의 경우 사이버룸임을 명기하고 개방형 형태로 설치할 것
③ 사이버룸의 사용고객에게 명패, 명칭, 개별 직통전화 등을 제공하지 말 것
④ 사이버룸에서 이뤄지는 매매의 적정성을 모니터링하고, 이상매매 발견 시 지체 없이 준법감시인에게 보고할 것

정답 ①

# 14

직무윤리 위반 시 제재 ★★

**직무윤리 위반 시 제재에 대한 설명 중 잘못된 것은?**

① 금융투자협회는 영업질서유지 및 투자자보호를 위한 자율규제를 할 수 있다.
② 회원규제뿐만 아니라 임직원에 대한 규제도 가능하다.
③ 금융투자업종사자가 투자광고규정을 위반한 경우 1년 이하의 징역 또는 3,000만원 이하의 벌금에 처할 수 있다.
④ 형사제재 시 행위자에게는 벌칙이 병과되어 부과될 수 있으나 행위자 외의 법인 또는 개인에게 벌칙이 병과되지 않는다.

**TIP** 행위자 외의 법인 또는 개인에게 벌칙이 병과되어 부과될 수도 있다.

## 핵심포인트 해설 직무윤리 위반행위에 대한 제재

| 제재의 형태 | 제재 기관 | 제재 내용 |
|---|---|---|
| 자율적 제재 | 금융투자협회 | • 회원규제 : 주의, 경고, 회원자격정지, 제명요구 등<br>• 임직원규제 : 주의·견책·감봉·정직·면직 등의 권고 |
| 행정적 제재 | 금융위원회 | • 금융투자업자 제재 : 감독권, 조치명령권, 승인권 등<br>• 임직원 제재 : 주의·경고·직무정지(6월 이내)·해임요구<br>• 청문 및 이의신청가능 |
| 민사적 제재 | 법 원 | • 당해 행위의 효력상실 : 무효, 계약해제(해지)<br>• 손해배상책임 : 채무불이행·불법행위에 의한 배상책임 |
| 형사적 제재 | 법 원 | • 3년 이하의 징역(또는 1억원 이하의 벌금) : 부당권유 금지조항 위반, 등록 전 투자권유행위, 투자권유대행인 외의 자에게 투자권유를 대행하게 한 경우, 손실보전 금지조항 위반<br>• 1년 이하의 징역(또는 3천만원 이하의 벌금) : 투자광고규정 위반, 투자매매업(중개업)자 여부를 밝히지 않고 주문한 경우 |
| 시장 제재 | 시 장 | • 위반행위에 대한 법적 제재가 없을 수도 있음<br>• 법적 제재가 없어도 고객과 시장으로부터의 신뢰상실 및 명예실추 |

정답 ④

# 출제예상문제

☑ 다시 봐야 할 문제(틀린 문제, 풀지 못한 문제, 헷갈리는 문제 등)는 문제 번호 하단의 네모박스(□)에 체크하여 반복학습 하시기 바랍니다.

**01** 중요도 ★★

□

**금융투자업에서 직무윤리가 중요한 이유에 대한 설명이 적절하지 않은 것은?**

① 금융산업의 속성상 이해상충가능성이 있기 때문이다.

② 상품의 특성상 원본손실가능성이 있기 때문이다.

③ 금융소비자의 요구수준이 질적으로 낮아졌기 때문이다.

④ 직무윤리 준수가 금융투자업종사자에게도 안전장치 역할을 하기 때문이다.

**02** 중요도 ★★

□

**직무윤리의 적용 대상에 대한 설명 중 잘못된 것은?**

① 투자권유대행인도 직무윤리의 적용대상이 된다.

② 투자 관련 직무에 종사하는 자이면 회사와의 위임계약관계 유무와는 관계없이 직무윤리를 준수해야 한다.

③ 투자 관련 직무에 종사하는 자이면 무보수로 일하는 자도 직무윤리를 준수해야 한다.

④ 아무 계약관계가 없는 잠재적 고객에게까지 직무윤리를 준수해야 하는 것은 아니다.

**03** 중요도 ★★

□

**상품판매 단계의 금융소비자보호와 가장 관계가 깊은 것은?**

① 공정성 유지의무

② 고객알기제도

③ 해피콜 서비스

④ 판매수수료 반환제도

**04** 중요도 ★

□

**금융소비자보호법상 내부통제체계에 대한 기술이 잘못된 것은?**

① 금융회사의 금융소비자보호 내부통제체계의 구축을 의무화하였다.

② 금융소비자보호에 관한 내부통제조직은 이사회, 대표이사, 준법감시인, 영업관리자 등으로 구성된다.

③ 이사회는 금융소비자보호에 관한 최고 의사결정기구로 금융소비자보호에 관한 기본방침과 내부통제 관련 주요사항을 심의·의결한다.

④ 대표이사로부터 금융소비자보호 업무를 위임받은 총괄책임자는 매년 1회 이상 위임이행사항을 내부통제위원회에 보고해야 한다.

## 05

중요도 ★

**금융투자업종사자의 회사 비밀정보보호에 대한 설명 중 잘못된 것은?**

① 미공개정보는 비밀정보에 해당하지 않는다.

② 비밀정보는 필요성이 인정되는 경우에 한하여 사전승인 절차를 거쳐야 한다.

③ 비밀정보를 제공하는 자는 제공과정 중 권한이 없는 자에게 전달되지 않도록 성실한 주의의무를 다해야 한다.

④ 비밀정보를 제공받는 자는 비밀유지의무를 준수하고, 제공받은 목적 이외의 목적으로 사용하거나 타인에게 사용하도록 하면 아니 된다.

## 06

중요도 ★★

**이해상충방지의무의 내용과 가장 거리가 먼 것은?**

① 내부통제기준 마련의무

② 처리결과 보고의무

③ 이해상충가능성 고지 및 회피의무

④ 정보교류차단장치(Chinese Wall) 구축의무



### 정답 및 해설

01 ③ 금융소비자의 요구수준이 질적으로 높아졌기 때문이다. 금융소비자의 요구수준이 단순히 정확하고 충분한 정보제공뿐만 아니라 보다 적극적인 소비자보호를 위한 노력과 법이 요구하는 수준 이상의 윤리적인 업무자세를 요구하고 있는 추세다.

02 ④ 아무 계약관계가 없는 잠재적 고객에 대하여도 직무윤리를 준수해야 한다.

03 ② ①, ③, ④는 상품판매 이후 단계의 금융소비자보호와 관계가 깊다.

04 ② 금융소비자보호에 관한 내부통제조직은 이사회, 대표이사, 금융소비자보호 내부통제위원회, 금융소비자보호 총괄기관 등으로 구성된다.

05 ① 미공개정보는 기록형태나 기록유무와 관계없이 비밀정보로 본다.

06 ② 금융투자업종사자의 처리결과 보고의무는 이해상충방지 목적보다는 금융소비자가 본인의 거래상황을 신속하게 파악하여 적기에 필요한 조치를 취할 수 있도록 하고, 업무처리의 편의를 제공하기 위함이다.

## 07
중요도 ★★★

**자본시장법상 이해상충방지체계에 대한 설명 중 옳은 것은?**

☐

① 금융투자업자는 이해상충방지체계를 자율적으로 마련해야 한다.

② 금융투자업자는 이해상충 발생 가능성을 파악·평가하고 표준투자권유준칙에 따라 관리해야 한다.

③ 이해상충 발생 가능성이 있다고 인정되는 경우 그 사실을 투자자에게 알리고, 문제가 없는 수준으로 낮춘 후 거래해야 한다.

④ 이해상충 발생 가능성을 낮추기 곤란한 경우 투자자의 승낙을 얻어 거래해야 한다.

## 08
중요도 ★★

**금융투자업자의 준법감시체계에 대한 설명 중 적절하지 않은 것은?**

☐

① 금융투자회사는 임직원의 위법부당한 행위의 사전예방을 위하여 준법감시체계를 구축하고 운영해야 한다.

② 준법감시인은 임직원의 법령준수 여부를 점검하기 위해 준법감시 프로그램을 구축하고 운영해야 한다.

③ 준법감시인은 준법감시 점검결과 및 개선계획 등을 내용으로 하는 준법감시보고서를 감사에게 정기적으로 보고해야 한다.

④ 명령휴가제도도 내부통제 관련제도에 포함된다.

## 09
중요도 ★

**직무윤리의 필요성에 대한 설명으로 잘못된 것은?**

☐

① 직무윤리는 공정하고 자유로운 경쟁의 전제조건이다.

② 직무윤리는 법규의 맹점을 보완한다.

③ 금융투자상품의 전문화 또는 복잡화로 인한 금융소비자보호가 필요하다.

④ 직무윤리는 금융투자업종사자들을 보호하는 안전장치의 기능을 저해한다.

## 10
중요도 ★★★

**금융투자상품의 판매원칙에 대한 기술이 잘못된 것은?**

☐

① 판매업자는 금융상품 유형별로 필수 설명사항을 세부적으로 정하고, 이를 소비자가 이해할 수 있도록 설명해야 한다.

② 판매업자는 금융상품 판매 시 업무와 관련하여 편익을 요구하는 행위가 금지된다.

③ 판매업자는 금융상품 투자권유 시 불확실한 사항에 대하여 단정적인 판단을 제공하는 행위가 금지된다.

④ 판매원칙을 위반하면 위법계약해지권, 징벌적 과징금 등의 조치가 취해질 수 있으나 판매제한 명령은 불가하다.

## 11

중요도 ★

**금융투자업종사자의 고객에 대한 의무와 관련된 설명 중 옳은 것은?**

☐

① 고객과 이익이 상충될 수 있으므로 어떠한 경우에도 고객의 거래상대방이 될 수 없다.

② 고객의 실현 가능한 최대한의 이익을 추구하여야 하므로 반드시 결과에 있어서 최대의 수익률을 얻어야 한다.

③ 주의의무는 사무처리의 대가가 유상인 경우에만 요구된다.

④ 주의를 기울여야 하는 정도와 수준은 해당 전문가집단에 평균적으로 요구되는 정도와 수준을 의미한다.

## 12

중요도 ★

**수익률보장각서의 효력에 대한 설명으로 가장 거리가 먼 것은?**

☐

① 자본시장법에서는 투자원금의 보장 등 수익을 보장하는 권유행위를 금지하고 있다.

② 강행법규에 위반되는 일반거래약관 또는 개별약정의 내용은 무효이다.

③ 금융투자회사의 직원이 임의로 수익률보장각서를 제공하는 것은 강행법규 위반행위이다.

④ 수익률보장각서가 무효이므로 직원이나 회사는 어떠한 책임도 부담하지 않는다.

## 13

중요도 ★★

**청약철회권 대상이 되는 상품과 가장 거리가 먼 것은?**

☐

① 자본시장법시행령에 따른 고난도금융투자상품

② 자본시장법시행령에 따른 고난도투자일임계약

③ 자본시장법에 따른 금전신탁

④ 자본시장법시행령에 따른 고난도금전신탁계약

### 정답 및 해설

07 ③ ① 자본시장법은 금융투자업의 인가·등록 시부터 이해상충방지체계를 갖추도록 의무화하였다.
② 금융투자업자는 이해상충 발생 가능성을 파악·평가하고 내부통제기준에 따라 관리해야 한다.
④ 이해상충 발생 가능성을 낮추기 곤란한 경우 그 거래를 해서는 안 된다.

08 ③ 준법감시인은 준법감시 점검결과 및 개선계획 등을 내용으로 하는 내부통제보고서를 대표이사에게 정기적으로 보고해야 한다.

09 ④ 직무윤리는 금융소비자뿐만 아니라 금융투자업종사자들을 보호하는 안전장치의 기능을 한다.

10 ④ 소비자가 재산상으로 현저한 피해를 입을 우려가 있다고 명백히 인정되는 경우에는 금융상품 판매제한명령이 가능하다.

11 ④ ① 고객이 동의하면 고객의 거래상대방이 될 수 있다.
② 반드시 결과에 있어서 최대의 수익률을 얻어야 한다는 의미는 아니다.
③ 주의의무는 업무수행이 신임관계에 의한 것인 한, 사무처리의 대가가 유상이든 무상이든 묻지 않고 요구된다.

12 ④ 직원이나 회사는 불법행위책임을 질 수 있다.

13 ③ 청약철회권의 대상이 되는 상품에 신탁계약이 포함되나, 자본시장법상의 금전신탁은 청약철회권 대상에서 제외된다.

**14** □

중요도 ★

**〈보기〉의 내용 중 금융상품판매업자에게 금융상품계약으로부터 얻은 수입의 최대 50% 이내에서 과징금을 부과하고, 별도로 최대 1억원까지 과태료를 부과할 수 있는 경우에 해당하는 것은?**

〈보기〉

| | |
|---|---|
| ㉠ 설명의무 위반 | ㉡ 불공정영업행위 |
| ㉢ 부당권유행위 | ㉣ 적합성 원칙 위반 |

① ㉠, ㉡
② ㉠, ㉡, ㉢
③ ㉠, ㉡, ㉣
④ ㉠, ㉡, ㉢, ㉣

**15** □

중요도 ★★

**6대 판매원칙의 기준으로 볼 때 '부당권유행위'와 가장 관계가 적은 것은?**

① 단정적 판단을 제공하는 행위
② 투자판단에 중대한 영향을 미치는 사항을 알리지 않는 행위
③ 적합성원칙을 회피할 목적으로 투자권유불원 확인서를 작성케 하는 행위
④ 우월적 지위를 이용하여 금융소비자의 권익을 침해하는 행위

**16** □

중요도 ★★

**임의매매와 일임매매에 대한 설명이 잘못된 것은?**

① 임의매매는 소비자의 위임이 없었음에도 금융투자업종사자가 자의적으로 매매한 것이다.
② 일임매매는 소비자의 위임이 있는 상태에서 금융투자업종사자가 매매한 것이다.
③ 임의매매라도 추인을 하면 투자손실에 대하여 손해배상책임이 없다.
④ 일임매매라도 손실이 발생하면 원칙적으로 손해배상책임이 있다.

**17** □

중요도 ★★

**금융소비자의 자료열람요구권에 대한 설명 중 잘못된 것은?**

① 분쟁조정 또는 소송수행 등 권리구제를 목적으로 부여된 권리로 금융회사가 기록 및 유지·관리하는 자료에 대하여 금융소비자가 해당 자료의 열람, 제공, 청취(녹취인 경우)를 요구할 수 있는 권리이다.
② 금융회사는 금융소비자로부터 자료열람 등을 요구받은 날로부터 6영업일 이내에 해당 자료를 열람할 수 있게 하여야 한다.
③ 금융소비자의 자료열람요구에 대하여 금융회사가 무조건 승인해야 하는 것은 아니다.
④ 금융소비자가 자료열람을 요청하더라도 금융회사는 우송료 등을 금융소비자에게 비용으로 청구할 수 없다.

## 18

중요도 ★★

**금융투자업자의 부당권유 규제에 대한 설명으로 옳은 것은?**

☐

① 투자자가 입을 손실의 일부를 보전해주기로 사전에 약속하는 행위는 허용된다.

② 투자자가 입을 손실의 전부 또는 일부를 사후에 보전해주는 행위는 금지된다.

③ 투자자에게 일정한 이익을 보장할 것을 사전에 약속하는 행위는 허용된다.

④ 회사의 위법행위 여부가 불명확한 경우 사적 화해의 수단으로 손실을 보상하는 행위는 금지된다.

## 19

중요도 ★★

**금융소비자의 위법계약해지권에 대한 설명 중 옳은 것은?**

☐

① 위법계약해지권은 금융회사의 귀책사유가 없어도 행사할 수 있다.

② 위법계약해지권은 금융회사가 광고규제를 위반한 경우에도 행사할 수 있다.

③ 금융회사는 위법계약해지권 행사로 계약이 해지되는 경우 별도의 수수료, 위약금 등 해지에 따라 발생하는 비용을 금융소비자에게 부과할 수 있다.

④ 금융회사는 금융소비자의 위법계약해지 요구일로부터 10일 이내에 계약해지의 수락여부를 결정하여 금융소비자에게 통지해야 한다.

## 20

중요도 ★★

**금융소비자의 사후 구제를 위한 법적제도와 가장 거리가 먼 것은?**

☐

① 법원의 소송중지제도 ② 적합성 원칙

③ 소액분쟁사건의 분쟁조정이탈금지제도 ④ 손해배상책임 및 입증책임전환



### 정답 및 해설

14 ② 적합성 원칙은 과징금 부과대상에 해당되지 않으나 과태료 부과대상에는 해당된다.

15 ④ 부당권유행위보다는 불공정영업행위에 해당된다. 부당권유행위에는 단정적 판단의 제공, 사실과 다르게 알리는 행위, 투자판단에 중대한 영향을 미치는 사항을 알리지 않는 행위, 객관적 근거 없이 상품의 우수성을 알리는 행위, 고객 요청 없이 실시간 대화의 방법으로 투자권유하는 행위(불초청 투자권유), 고객거절에도 지속적인 체결권유(재권유), 적합성원칙을 회피할 목적으로 투자권유불원 확인서를 작성케 하는 행위 등이 있다.

16 ④ 일임매매는 소비자의 위임에 따라 매매한 것이므로 원칙적으로 손해배상책임이 없다. 다만, 일임의 취지에 벗어난 과당매매 등으로 손실이 발생한 경우에는 예외적으로 손해배상책임이 있다.

17 ④ 금융소비자가 자료열람을 요청한 경우 금융회사는 우송료 등을 금융소비자에게 청구할 수 있다. 또한 열람 승인을 한 자료의 생성 등에 추가비용이 발생한 경우에도 해당 수수료를 금융소비자에게 청구할 수 있다.

18 ② ① 투자자가 입을 손실의 전부 또는 일부를 보전해주기로 사전에 약속하는 행위는 금지된다.
③ 투자자에게 일정한 이익을 보장할 것을 사전에 약속하는 행위는 금지된다.
④ 회사의 위법행위 여부가 불명확한 경우 사적 화해의 수단으로 손실을 보상하는 행위는 허용된다.

19 ④ ① 위법계약해지권은 금융회사의 귀책사유가 있고 계약이 최종적으로 체결된 이후에만 행사할 수 있다.
② 금융회사의 광고규제 위반은 위법계약해지권의 적용범위에 포함되지 않는다.
③ 별도의 수수료, 위약금 등 해지에 따라 발생하는 비용을 금융소비자에게 부과할 수 없다.

20 ② 금융소비자의 사후 구제를 위한 법적제도에는 법원의 소송중지제도, 분쟁조정이탈금지제도, 손해배상책임 및 입증책임전환 등이 있다.

**21** 중요도 ★

☐ **금융투자업종사자 K는 업무상 비행기 출장(비용은 회사 부담)이 잦아 그로 인하여 50,000마일리지가 적립되었다. 그는 연말 성탄절에 적립된 마일리지로 가족과 함께 제주도 여행을 다녀왔다. 이 경우 발생할 수 있는 문제는?**

① 회사재산의 사적 이용금지
② 신의성실의무
③ 직무전념의무
④ 주의의무

**22** 중요도 ★★

☐ **상품판매 이후 단계의 금융소비자 보호제도와 가장 거리가 먼 것은?**

① 해피콜 서비스
② 미스터리 쇼핑
③ 불완전판매 배상제도
④ 금융자격증 보수교육

**23** 중요도 ★★

☐ **준법감시인에 대한 설명이 잘못된 것은?**

① 이사회 및 대표이사의 지휘를 받아 금융투자회사 전반의 내부통제업무를 수행한다.
② 임면은 이사회의 의결을 거쳐야 하고, 임면사실을 금융감독원장에게 보고해야 한다.
③ 해임하려면 이사총수 2/3 이상의 찬성으로 의결해야 한다.
④ 사외이사 또는 감사 중에서 준법감시인을 선임해야 하고, 임기는 1년 이상이어야 한다.

**24** 중요도 ★★★

☐ **금융회사의 내부통제에 대한 설명이 옳은 것은?**

① 금융투자회사의 경우 내부통제기준 운영과 관련하여 대표이사를 위원장으로 하는 내부통제위원회를 두어야 한다.
② 준법감시인이 영업점에 대한 내부통제를 위하여 권한을 위임하는 영업점별 영업관리자에는 영업점장도 포함된다.
③ 준법감시인은 영업점별 영업관리자에 대하여 월1회 이상 교육을 실시해야 한다.
④ 회사는 영업점별 영업관리자의 임기를 2년 이상으로 해야 하며, 업무수행 결과에 따라 적절한 보상을 지급할 수 있다.

**25** 중요도 ★★★

☐ **재산상 이익제공 및 수령규제에 대한 기술이 잘못된 것은?**

① 경제적 크기가 통상적으로 이해하는 수준을 초과하는 재산상 이익제공은 금지된다.
② 사회상규에 반하거나 거래상대방의 공정한 업무수행을 저해하는 재산상 이익제공은 금지된다.
③ 비정상적인 조건의 금융투자상품 매매거래의 방법으로 재산상 이익이 제공되는 것은 금지된다.
④ 문화 활동으로 한정된 상품권을 제공하는 것은 금지된다.

## 26

중요도 ★

**과당매매 판단 시 고려사항과 거리가 먼 것은?**

☐

① 수수료 총액

② 실제 투자손실 여부

③ 일반투자자의 재산상태 및 투자목적

④ 일반투자자의 투자지식, 경험에 비추어 당해 거래의 위험에 대한 이해 여부

## 27

중요도 ★★

**금융투자회사의 재산상 이익제공 및 수령의 규제가 적절하지 않게 설명된 것은?**

☐

① 제공 또는 수령한 재산상 이익의 가액이 10억원을 초과하는 경우에는 인터넷에 공시하도록 의무화하였다.

② 재산상 이익을 제공한 경우 금액과 무관하게 전체 건수에 대하여 금융투자회사는 그 적정성을 평가하고 점검해야 한다.

③ 이사회가 정한 금액 이상을 초과하여 동일한 거래상대방과 재산상 이익을 제공하거나 수령하려는 경우에는 대표이사 또는 준법감시인의 사전승인을 받아야 한다.

④ 금융투자회사 및 임직원은 재산상 이익을 제공 및 수령하는 경우 해당사항을 기록하고 5년 이상의 기간 동안 관리·유지할 의무가 있다.



### 정답 및 해설

21 ① 회사비용으로 적립된 마일리지는 회사의 재산이므로 이를 사적 용도로 사용하는 것은 회사재산을 부당하게 이용한 행위가 되어 직무윤리를 위반한 것이 된다.

22 ④ 금융자격증 보수교육은 상품판매 이전 단계의 금융소비자 보호제도이다.

23 ④ 사내이사 또는 업무집행책임자 중에서 준법감시인을 선임해야 하고, 임기는 2년 이상이어야 한다.

24 ① ② 영업점장은 포함되지 않는다.
③ 월1회 이상 ⇨ 연1회 이상
④ 2년 이상 ⇨ 1년 이상

25 ④ 공연·운동경기 관람, 도서 및 음반 구입 등 문화 활동으로 한정된 상품권을 제공하는 것은 허용된다.

26 ② 과당매매인지 여부는 수수료 총액, 일반투자자의 재산상태 및 투자목적, 투자지식, 투자경험에 비추어 당해 거래의 위험에 대한 이해 여부, 개별 매매거래 시 권유내용의 타당성 등을 감안하여 판단한다.

27 ③ 이사회가 정한 금액 이상을 초과하여 동일한 거래상대방과 재산상 이익을 제공하거나 수령하려는 경우에는 이사회의 사전승인을 받아야 한다.

# 필수 암기공식

금융투자분석사 시험에서 자주 출제되는 핵심공식과 관련 문제를 수록하였습니다.
잘 외워지지 않거나 이해되지 않는 공식은 각 공식의 옆에 위치한 네모박스(□)에 체크하여 반복해서 학습하시기 바랍니다.

# 1 수익률

□ • 기간수익률(HPR) = $\frac{\text{기말 가치} - \text{기초 가치}}{\text{기초 가치}}$

□ • 연 환산 기간수익률(Annualized HPR) = $\sqrt[n]{1 + HPR} - 1$

□ • 산술평균수익률 = $\sum_{i=1}^{N} HPR_i / N$

□ • 기하평균수익률 = $\prod_{i=1}^{N} (1 + HPR_i)^{1/N} - 1$

## 기본문제

1) 200억원을 투자하여 1년 후에 220억원이 되었다면 기간수익률(HPR)은?
□

① 1% ② 5%
③ 9% ④ 10%

2) 100억원을 투자하여 2년 후에 169억원이 되었다면 연 환산 기간수익률은?
□

① 10% ② 20%
③ 30% ④ 44%

1) ④
기간수익률(HPR)
$= \frac{220 - 200}{200} = 10\%$

2) ③
연 환산 기간수익률
$= \sqrt[2]{1 + \frac{169 - 100}{100}} - 1$
= 30%

## 응용문제

3) 5년 동안 펀드의 연 수익률이 다음과 같을 때, 산술평균수익률과 기하평균수익률은?
□

| 20X1년 | 20X2년 | 20X3년 | 20X4년 | 20X5년 |
|---|---|---|---|---|
| 4% | 7% | −1% | 6% | 4% |

| | 산술평균수익률 | 기하평균수익률 |
|---|---|---|
| ① | 2% | 3.96% |
| ② | 2% | 10.1% |
| ③ | 4% | 3.96% |
| ④ | 4% | 10.1% |

3) ③
• 산술평균수익률
$= \frac{[4\% + 7\% + (-1\%) + 6\% + 4\%]}{5}$
= 4%
• 기하평균수익률
$= \sqrt[5]{(1 + 0.04)(1 + 0.07)(1 - 0.01)(1 + 0.06)(1 + 0.04)} - 1 = 3.96\%$

# 2 변동계수

□ • 변동계수(CV) = $\frac{\text{표준편차}(\sigma)}{\text{자산의 평균수익률}}$

## 기본문제

1) 아래의 주식들을 변동계수에 의하여 판단하였을 때 투자하기 가장 효율적인
□ 주식은?

| 주 식 | 평균수익률 | 표준편차 |
|---|---|---|
| A | 15% | 10% |
| B | 13% | 9% |
| C | 10% | 6% |
| D | 16% | 11% |

① A ② B
③ C ④ D

1) ③
변동계수가 가장 낮은 C주식이 가장 효율적인 주식이다.

• $CV_A = \frac{10\%}{15\%} = 0.66$

• $CV_B = \frac{9\%}{13\%} = 0.69$

• $CV_C = \frac{6\%}{10\%} = 0.6$

• $CV_D = \frac{11\%}{16\%} = 0.68$

# 3 경기예측지표

□ • 경기확산지수(DI) = $\frac{\text{전월대비 증가지표의 수} + 0.5 \times \text{보합지표의 수}}{\text{구성지표의 수}} \times 100$

□ • 경기실사지수(BSI) = $\frac{\text{긍정적 응답업체 수} - \text{부정적 응답업체 수}}{\text{전체 응답업체 수}} \times 100 + 100$

## 기본문제

1) 경기지표의 구성항목이 총 100개이고 전월대비 증가지표의 수가 60이며 보합
□ 지표의 수가 20인 경우 경기확산지수는?

① 60 ② 70
③ 80 ④ 90

2) 장래의 경기를 낙관적으로 보는 기업이 20%이고 비관적으로 보는 기업이 80%
□ 라면 기업의 경기실사지수(BSI)는?

① 40 ② 50
③ 60 ④ 70

1) ②
경기확산지수(DI)
$= \frac{60 + 0.5 \times 20}{100} \times 100$
$= 70$

2) ①
경기실사지수(BSI)
$= (20 - 80) + 100$
$= 40$

# 4 투자안 분석

- □ • 순현재가치(NPV) = 현금유입의 현재가치 - 현금유출의 현재가치
- □ • 내부수익률(IRR) = 현금유입의 현재가치와 현금유출의 현재가치가 같도록 하는 할인율
- □ • 수익성지수(PI) = $\frac{\text{순현재가치(NPV)}}{\text{현금유출의 현재가치}(C_0)}$

(단, 현금유출($C_0$)은 최초에 한 번 이루어진다고 가정함)

## 기본문제

1) □ 최초 부동산 A에 투자한 금액이 15억원이고, 해당 부동산으로부터 유입된 현금 흐름의 현재가치가 13억원인 경우, 해당 투자안의 NPV와 그에 따른 올바른 투자의사결정은?

| | NPV | 투자의사결정 |
|---|---|---|
| ① | −2억원 | 투자안 기각 |
| ② | 2억원 | 투자안 채택 |
| ③ | −10억원 | 투자안 기각 |
| ④ | 12억원 | 투자안 채택 |

1) ①
- 순현재가치(NPV) = 13 - 15 = -2억원
- NPV가 0보다 작으므로 투자안 기각

## 응용문제

2) □ 순현재가치(NPV)가 15억원이고, 미래 현금유입의 현재가치가 40억원인 경우 수익성지수(PI)는? (단, 현금유출은 최초 투자 시 한 번만 투입되었다고 가정)

① 0.2 ② 0.6
③ 1.5 ④ 1.6

2) ②
현금유출의 현재가치
= 40 - 15 = 25억원
∴ PI = $\frac{15}{25}$ = 0.6

암기공식

해커스 금융투자분석사 최종핵심정리문제집

# 5 포트폴리오의 기대수익과 위험

☐ · 기대수익률($R_P$) = $w_x R_x + w_y R_y$ (단, $w_x + w_y = 1$)

☐ · 분산($\sigma^2_P$) = $w_x^2 \sigma^2_x + w_y^2 \sigma^2_y + 2 w_x w_y \sigma_{xy}$

$= w_x^2 \sigma^2_x + w_y^2 \sigma^2_y + 2 w_x w_y \rho_{xy} \sigma_x \sigma_y$

☐ · 상관계수($\rho_{xy}$) = $\dfrac{\text{공분산(Cov)}}{\sigma_x \times \sigma_y}$

☐ · 공분산($\sigma_{xy}$) = $\rho_{xy} \times \sigma_x \times \sigma_y$

## 기본문제

1) 주식 A와 주식 B의 수익률의 표준편차는 각각 0.1과 0.05이다. 두 주식 수익률
☐ 의 공분산이 0.003이라면 상관계수는?

① 0.4 ② 0.5
③ 0.6 ④ 0.7

1) ③

상관계수 = $\dfrac{0.003}{0.1 \times 0.05}$

= 0.6

## 응용문제

2) 주식 A와 주식 B의 기대수익률과 표준편차가 다음과 같다. 두 주식 간의 상관계
☐ 수는 0.5이며, 총투자자금 100억원을 A와 B에 분산투자하려고 한다. 기대수익률이 14%가 되게 하기 위해 주식 A에 투자해야 하는 금액은?

| 구 분 | 기대수익률 | 표준편차 |
|---|---|---|
| 주식 A | 10% | 5% |
| 주식 B | 20% | 10% |

① 40억원 ② 60억원
③ 70억원 ④ 80억원

2) ②

$0.14 = W_A \times 0.1 + (1 - W_A) \times 0.2$

⇨ $W_A = 0.6$

∴ 주식 A에 투자해야 하는 금액

= 100억원 × 0.6

= 60억원

# 6 최소분산 포트폴리오

□ · $x$주식의 투자비율($W_x$)

$$W_x = \frac{(\sigma^2_y - \sigma_{xy})}{(\sigma^2_x + \sigma^2_y - 2\sigma_{xy})}$$

$$W_x = \frac{(\sigma^2_y - \sigma_x\sigma_y\rho_{xy})}{(\sigma^2_x + \sigma^2_y - 2\sigma_x\sigma_y\rho_{xy})}$$

□ · $y$주식의 투자비율($W_y$)

$$W_y = 1 - W_x$$

$$W_y = \frac{(\sigma^2_x - \sigma_{xy})}{(\sigma^2_x + \sigma^2_y - 2\sigma_{xy})}$$

$$W_y = \frac{(\sigma^2_x - \sigma_x\sigma_y\rho_{xy})}{(\sigma^2_x + \sigma^2_y - 2\sigma_x\sigma_y\rho_{xy})}$$

## 기본문제

1) □ 주식 A와 주식 B로 포트폴리오를 구성하고자 한다. 위험이 최소가 되는 포트폴리오를 만들려고 할 때 주식 B의 투자비율은?

- 주식 A의 분산 : 0.006
- 주식 B의 분산 : 0.0055
- 주식 A와 주식 B의 공분산 : −0.0045

① 0.4522 ② 0.4822
③ 0.5122 ④ 0.5322

1) ③

주식 B의 투자비율

$= \frac{0.006 - (-0.0045)}{0.006 + 0.0055 - 2 \times (-0.0045)}$

$= \frac{0.0105}{0.0205}$

$= 0.5122$

## 응용문제

2) □ $x$와 $y$ 두 개의 주식으로 구성된 포트폴리오에서 $x$의 표준편차는 0.5이고 $y$의 표준편차는 0.6이다. 위험이 최소가 되는 $y$주식의 투자비율이 0.4545일 때 두 주식 간의 상관계수는?

① −1 ② −0.3
③ 0 ④ +1

2) ①

$y$주식의 투자비율 = 0.4545

$= \frac{0.25 - 공분산}{0.25 + 0.36 - 2 \times 공분산}$

⇨ 공분산 = -0.3

∴ 상관계수 $= \frac{-0.3}{0.5 \times 0.6}$

$= -1$

# 7 CAPM

□ • CAPM모형 = 무위험이자율 + (시장수익률 - 무위험이자율) × 베타

= 무위험이자율 + 시장위험프리미엄 × 베타

= 무위험이자율 + 시장위험프리미엄 × $\frac{\text{주식과 시장포트폴리오의 공분산}}{\text{시장포트폴리오의 분산}}$

## 기본문제

1) 포트폴리오 A는 CAPM모형에 의해 자산의 가격이 결정된다고 할 때 포트폴리오의 베타가 1.5이다. 시장포트폴리오의 기대수익률이 15%이고 무위험이자율이 5%인 경우, 포트폴리오 A의 기대수익률은?
□

① 12%　② 13%
③ 15%　④ 20%

1) ④
포트폴리오 A의 기대수익률
= 5% + (15% - 5%) × 1.5
= 20%

## 응용문제

2) <보기>의 자료를 활용하여 계산한 CAPM에 의한 주식 A의 요구수익률은?
□

〈보기〉
- 무위험이자율 : 6%
- 시장포트폴리오의 기대수익률 : 10%
- 주식 A와 시장포트폴리오의 공분산 : 0.04
- 시장포트폴리오의 분산 : 0.02

① 12%　② 13%
③ 14%　④ 15%

2) ③
주식 A의 요구수익률
= 6% + (10% - 6%) × $\frac{0.04}{0.02}$
= 14%

# 8 필요 정보량 비교

| 완전공분산모형 | 단일지표모형 |
|---|---|
| □ • 개별주식의 기대수익률 : n개<br>□ • 개별주식의 분산 : n개<br>□ • 개별주식 간의 공분산 : $\frac{n(n-1)}{2}$개 | □ • 개별주식의 기대수익률 : n개<br>□ • 개별주식의 베타계수 : n개<br>□ • 개별주식의 잔차분산 : n개<br>□ • 시장수익률의 분산 : 1개 |
| □ • 총 정보량 : $2n + \frac{n(n-1)}{2}$개<br>□ • 위험 정보량 : $n + \frac{n(n-1)}{2}$개 | □ • 총 정보량 : 3n + 1개<br>□ • 위험 정보량 : 2n + 1개 |

## 기본문제

1) 단일지표모형을 이용하여 포트폴리오 위험을 측정할 때 필요한 정보량으로 가
□ 장 거리가 먼 것은?

① 개별주식의 기대수익률 : n개
② 개별주식의 잔차분산 : n개
③ 시장수익률의 분산 : 1개
④ 주식 수익률 간의 공분산 : n(n − 1)/2개

1) ④
주식 수익률 간의 공분산은 필요하지 않다.

## 응용문제

2) 투자자가 100종목으로 분산투자하여 포트폴리오를 구성한다고 할 때, 단일지
□ 표모형을 이용하여 위험을 측정하는 경우 필요한 정보량은?

① 101개 ② 103개
③ 201개 ④ 203개

2) ③
2 × 100 + 1 = 201개

3) 투자자가 100종목으로 분산투자하여 포트폴리오를 구성한다고 할 때, 완전공
□ 분산모형을 이용하여 위험을 측정하는 경우 필요한 정보량은?

① 4,225개 ② 4,525개
③ 4,705개 ④ 5,050개

3) ④
$100 + \frac{100(100-1)}{2}$
= 5,050개

## 9 단일지표모형에 의한 체계적 위험과 비체계적 위험 측정

□ · **개별증권의 분산(위험)**

· $\sigma^2(R_j) = \beta_j^2\sigma^2(R_m) + \sigma^2(\varepsilon_j)$

· 총위험$[2\sigma^2(R_j)]$ = 체계적 위험$[\beta_j^2\sigma^2(R_m)]$ + 비체계적 위험$[\sigma^2(\varepsilon_j)]$

· 베타$(\beta_j) = \dfrac{\sigma_{jm}}{\sigma_m^2} = \dfrac{\sigma_j \times \sigma_m \times \rho_{jm}}{\sigma_m^2} = \dfrac{\sigma_j \times \rho_{jm}}{\sigma_m^2}$

· 무위험자산의 베타 = 0, 시장의 베타 = 1

□ · **포트폴리오의 분산(위험)**

· $\sigma^2(R_p) = \beta_p^2\sigma^2(R_m) + \sigma^2(\varepsilon_p)$

· 포트폴리오 베타$(\beta_p) = \sum_{j=1}^{n} w_j\beta_j = \sum$ 투자비중 × 개별주식의 베타

· 포트폴리오 잔차분산$[\sigma^2(\varepsilon_p)] = \sum_{j=1}^{n} w_j^2\sigma^2(\varepsilon_j)$

### 기본문제

1) 시장수익률의 표준편차가 0.3이고 증권의 수익률이 다음과 같은 단일지표모형을 따른다고 가정할 경우, A주식의 체계적 위험과 B주식의 총위험으로 가장 적절한 것은?
□

| 구 분 | 증권특성선 | 잔차분산 |
|---|---|---|
| A주식 | $6\% + 0.5R_m + \varepsilon_A$ | 0.02 |
| B주식 | $3\% + 1.5R_m + \varepsilon_B$ | 0.04 |

| | A주식의 체계적 위험 | B주식의 총위험 |
|---|---|---|
| ① | 0.0205 | 0.2225 |
| ② | 0.0215 | 0.2325 |
| ③ | 0.0225 | 0.2425 |
| ④ | 0.0235 | 0.2525 |

1) ③
• A주식의 체계적 위험
$= \beta_A^2\sigma^2(R_m)$
$= 0.5^2 \times 0.3^2$
$= 0.0225$
• B주식의 총위험
$= \beta_B^2\sigma^2(R_m) + \sigma^2(\varepsilon_B)$
$= 1.5^2 \times 0.3^2 + 0.04$
$= 0.2425$

### 응용문제

2) 상기의 <기본문제>에서 A주식에 60%, B주식에 40%의 비율로 포트폴리오를 구성할 때 포트폴리오 베타는?
□

① 0.6 ② 0.7
③ 0.8 ④ 0.9

2) ④
포트폴리오 베타
$= 0.6 \times 0.5 + 0.4 \times 1.5$
$= 0.9$

# 10 젠센의 알파와 샤프비율

□ • 젠센의 알파 = 실현수익률 - 증권시장선 이용 적정수익률

$= R_P - [R_f + \beta_P(R_m - R_f)] = (R_P - R_f) - \beta_P(R_m - R_f)$

= 특정포트폴리오 초과수익률 - 베타 × 시장포트폴리오 초과수익률

□ • 샤프비율 = $\dfrac{\text{포트폴리오 실현수익률 - 무위험이자율의 평균}}{\text{포트폴리오 수익률의 표준편차}}$

## 기본문제

1) 시장평균수익률이 8%, 무위험평균이자율이 4%일 때, 베타가 1.2인 자산이 15%의 수익을 실현하였다면 젠센의 알파는?
□

① 4.8% ② 5.2%
③ 6.2% ④ 8.3%

1) ③
적정수익률
$= R_f + (R_m - R_f) \times \beta_P$
$= 0.04 + (0.08 - 0.04) \times 1.2$
$= 0.088(8.8\%)$
∴ 젠센의 알파
$= 0.15 - 0.088$
$= 0.062(6.2\%)$

## 응용문제

2) 과거 1년간 세 개의 포트폴리오를 운영한 결과 다음과 같은 성과를 얻었다면, 샤프비율을 기준으로 성과가 우수한 포트폴리오를 순서대로 나열한 것은? (단, 시장수익률은 10%, 무위험수익률은 5%이다)
□

| 구 분 | 수익률 | 표준편차 | 베 타 |
|---|---|---|---|
| 포트폴리오 A | 9% | 6% | 0.7 |
| 포트폴리오 B | 11% | 4% | 1.3 |
| 포트폴리오 C | 13% | 8% | 1.0 |

① A > B > C ② B > A > C
③ B > C > A ④ C > A > B

2) ③
• $A = \dfrac{0.09 - 0.05}{0.06} = 0.67$
• $B = \dfrac{0.11 - 0.05}{0.04} = 1.5$
• $C = \dfrac{0.13 - 0.05}{0.08} = 1$

# 11 트레이너비율과 평가비율

☐ • 트레이너비율 = $\frac{\text{포트폴리오 실현수익률 - 무위험이자율의 평균}}{\text{포트폴리오의 베타계수}}$

☐ • 평가비율 = $\frac{\text{포트폴리오의 젠센지수}}{\text{잔차의 표준편차}}$

## 기본문제

1) 다음 자료로 포트폴리오의 트레이너비율을 계산할 때 가장 우수한 운용성과를 보여주는 포트폴리오는?
☐

| 구 분 | A | B | C | D |
|---|---|---|---|---|
| 초과수익률($R_P - R_f$) | 3.5% | 2.8% | 3.0% | 2.4% |
| 포트폴리오 표준편차 | 2.5% | 3.2% | 5.2% | 3.6% |
| 포트폴리오 베타 | 0.7 | 0.4 | 1.0 | 0.6 |

① A ② B
③ C ④ D

1) ②
• A = $\frac{0.035}{0.7}$ = 0.05
• B = $\frac{0.028}{0.4}$ = 0.07
• C = $\frac{0.03}{1.0}$ = 0.03
• D = $\frac{0.024}{0.6}$ = 0.04

## 응용문제

2) <보기>의 자료를 이용하여 계산한 트레이너비율은?
☐

〈보기〉
• 샤프지수 : 0.45
• 포트폴리오 수익률의 표준편차 : 6.17%
• 포트폴리오 수익률의 베타계수 : 0.69

① 0.01 ② 0.02
③ 0.03 ④ 0.04

2) ④
0.45 = $\frac{\text{초과수익률}}{6.17}$
⇨ 초과수익률 = 2.78%
∴ 트레이너비율 = $\frac{2.78\%}{0.69}$
= 0.04

## 12 무상증자와 유상증자

□ • 무상증자 시 : 권리락 주가 = $\frac{\text{권리부 주가}}{1 + \text{무상증자비율}}$

□ • 유상증자 시 : 신주발행가격 = 기준주가 × (1 - 할인율)

□ • 유상증자 시 : 권리락 주가 = $\frac{\text{기준주가} + \text{주당 납입금}(= \text{증가비율} \times \text{신주발행가격})}{1 + \text{증자비율}}$

### 기본문제

1) ㈜해커스의 현(기준)주가는 50,000원이고, 발행주식수는 100,000주이다.
□ 25%의 유상증자를 하고자 할 때, 발행가격이 40,000원일 경우 권리락 주가는?

① 42,000원 ② 44,000원
③ 46,000원 ④ 48,000원

1) ④
유상증자 시 권리락 주가
$= \frac{[50,000 + (40,000 \times 0.25)]}{1.25}$
= 48,000원

### 응용문제

2) ㈜해커스가 25%의 무상증자를 결의하였다고 할 때, 현재 ㈜해커스의 주가가
□ 50,000원이라면 ㈜해커스의 권리락 주가는?

① 36,000원 ② 40,000원
③ 42,000원 ④ 46,000원

2) ②
권리락 주가 = $\frac{50,000}{1.25}$
= 40,000원

3) ㈜해커스의 현(기준)주가는 100,000원이고, 발행주식수는 1,000,000주이다.
□ 200,000주의 유상증자를 하고자 할 때, 할인율이 25%일 경우 신주발행가격은?

① 75,000원 ② 78,000원
③ 82,000원 ④ 85,000원

3) ①
신주발행가격
= 100,000 × (1 - 0.25)
= 75,000원

## 13 ROE변동 원인분석

□ • 자기자본순이익률 $= \dfrac{\text{당기순이익}}{\text{자기자본}}$

$= \left(\dfrac{\text{당기순이익}}{\text{매출액}}\right) \times \left(\dfrac{\text{매출액}}{\text{총자산}}\right) \times \left(1 + \dfrac{\text{부채}}{\text{자기자본}}\right)$

= (매출액순이익률) × (총자산회전율) × (부채비율)

↓ 비용통제의 효율성 / ↓ 자산이용의 효율성 / ↓ 자본조달의 안전성

### 기본문제

1) ㈜해커스의 매출액순이익률이 3%이고 총자산회전율이 1.2이며 ROE가 10.8%
□ 일 때, ㈜해커스의 부채비율(부채/자기자본)은?

① 50% ② 100%
③ 200% ④ 300%

> 1) ③
> ROE
> ⇨ 10.8% = 3% × 1.2 × (1 + 부채비율)
> ∴ 부채비율 = 200%

### 응용문제

2) A기업의 당기순이익이 15억원이고, 총자본이익률은 10%, 총자본회전율이 2일
□ 때 A기업의 매출액은?

① 75억원 ② 150억원
③ 300억원 ④ 600억원

> 2) ③
> 총자본이익률
> ⇨ 10% = $\dfrac{\text{15억원}}{\text{매출액}}$ × 2
> ∴ 매출액 = 300억원

# 14 화폐의 시간가치(Time Value of Money)

□ • 일시불의 미래가치$(FV_n)^W = PV \times \left(1 + \frac{i}{m}\right)^{n \times m}$

□ • 일시불의 현재가치$(PV_n)^W = \frac{FV}{\left(1 + \frac{i}{m}\right)^{n \times m}}$

□ • 유효이자율 $= \left(1 + \frac{i}{m}\right)^{n \times m} - 1$

## 기본문제

1) 1년 만기 정기예금 금리가 8%이고 이자가 연 2회 지급되는 경우, 정기예금의 유효이자율은?
□

① 6.16%
② 7.16%
③ 8.16%
④ 9.16%

1) ③

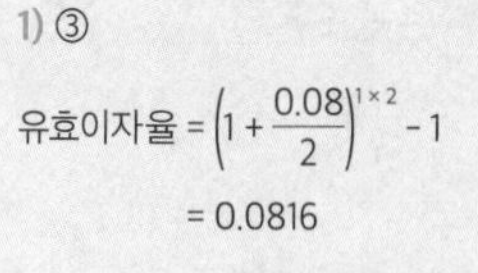

유효이자율 $= \left(1 + \frac{0.08}{2}\right)^{1 \times 2} - 1$

$= 0.0816$

## 응용문제

2) 현재 A원을 은행에 예금하면 연 10%로 이자가 붙고, 2년 후 3,630,000원으로 지급받을 수 있다고 한다. 이때 A의 값은?
□

① 280만원
② 300만원
③ 320만원
④ 340만원

2) ②

$A(PV) = \frac{3,630,000(FV)}{(1 + 0.1)^2}$

$= 3,000,000$원

3) 투자액 5,000만원에 대해 연 5% 이자를 1년마다 복리로 지급하는 경우 2년 후의 미래가치는?
□

① 5,124.7만원
② 5,396.4만원
③ 5,512.5만원
④ 5,759.1만원

3) ③

2년 후 미래가치

$= 5,000 \times (1 + 0.05)^2$

= 5,512.5만원

# 15 경제적 부가가치(EVA) 분석

□ · 경제적 부가가치(EVA) = 세후 순영업이익 - 자본비용
= 세후 순영업이익 - 영업용투하자본 × WACC
= (투하자본이익률 - WACC) × 영업용투하자본
= 초과수익률 × 영업용투하자본

· 가중평균자본비용(WACC) = $\frac{\text{부채}}{\text{총자산}}$ × 타인자본비용 × (1 - t) + $\frac{\text{자기자본}}{\text{총자산}}$ × 자기자본비용 (t:법인세율)

□ · EVA에 의한 영업가치 = 영업투하자본(IC) + 미래초과수익의 현재가치(MVA)
= 영업투하자본(IC) + $\frac{\text{EVA}}{\text{WACC}}$

□ · 기업가치 = 영업가치 + 비영업자산가치

## 기본문제

1) A기업의 영업용투하자본은 300억원, 투하자본이익률은 12%, 가중평균자기자
□ 본비용은 10%일 때 이 기업의 EVA는?

① 3억원 ② 6억원
③ 8억원 ④ 10억원

1) ②
EVA = (12% - 10%) × 300억원
= 6억원

2) <보기>의 자료를 이용해 계산한 A기업의 EVA는?
□

〈보기〉
- 영업투하자본(IC) : 200억원
- 투하자본수익률(ROIC) : 10%
- 가중평균자본비용(WACC) : 5%

① 4억원 ② 6억원
③ 8억원 ④ 10억원

2) ④
EVA = 200억원 × (10% - 5%)
= 10억원

3) A기업의 영업투하자본은 500억원이고 세후 영업이익이 매년 200억원으로 일
□ 정하게 지속될 것으로 기대된다. 가중평균자본비용이 5%이고 비영업자산은 없을 경우 EVA에 의한 A기업의 기업가치는?

① 4,000억원 ② 4,200억원
③ 4,600억원 ④ 5,000억원

3) ①
EVA
= 200억원 - (500억원 × 5%)
= 175억원
∴ 기업가치
= 500억원 + $\frac{\text{175억원}}{\text{5\% - 0\%}}$
= 4,000억원

## 응용문제

4) A기업의 재무자료가 <보기>와 같을 때 EVA는?
☐

〈보기〉

- 세전 영업이익 : 400만원
- 자기자본비용 : 12%
- 세전 타인자본비용 : 10%
- 법인세율 : 30%
- 자기자본비율 : 40%
- 평균투하자본 : 200만원

① 2,360,000원　② 2,620,000원
③ 2,980,000원　④ 3,890,000원

5) <보기>의 자료를 이용해 계산한 A기업의 EVA는?
☐

〈보기〉

- 영업이익 : 500억원
- 법인세율 : 30%
- 영업투하자본 : 200억원
- 자기자본비용 : 10%
- 세후 타인자본비용 : 6%
- 자기자본비중 : 50%
- 타인자본비중 : 50%

① 316억원　② 334억원
③ 358억원　④ 376억원

6) A기업의 정보를 활용하여 EVA를 적용한 기업가치(Firm Value)를 계산한 것으로 적절한 것은?
☐

〈보기〉

- 영업투하자본 : 3,000억원
- 투하자본수익률 : 10%
- 가중평균자본비용 : 5%
- 비영업자산 시장가치 : 600억원

① 5,000억원　② 5,600억원
③ 6,000억원　④ 6,600억원

4) ②

WACC = 0.6 × 10%(1 - 0.3) + 0.4 × 12% = 9%

∴ EVA = 400만원 × (1 - 0.3) - 200만원 × 9%
= 2,620,000원

5) ②

WACC = 10% × 50% + 6% × 50% = 8%

∴ EVA = 500억원 × (1 - 30%) - (200억원 × 8%)
= 334억원

6) ④

- EVA = 3,000억원 × (10% - 5%)
= 150억원
- MVA = $\frac{\text{EVA}}{\text{WACC}}$ = $\frac{150\text{억원}}{5\%}$
= 3,000억원
- 영업가치
= 3,000 + 3,000
= 6,000억원

∴ 기업가치
= 6,000 + 600
= 6,600억원

# 16 잉여현금흐름(FCF)의 구성요소

□ · FCF = 총영업현금흐름 - 총투자액
= 세후 영업이익(NOPLAT) - 투하자본 증가액(ΔIC)
= 세후 영업이익 - [(자본적 지출 + 추가운전자본투자) - 감가상각비]
= 세후 영업이익 + 감가상각비 - 자본적 지출 - 추가운전자본투자

· NOPLAT = EBIT - EBIT 대비 조정 법인세(= 영업이익 × (1 - 법인세율))
= EBIT × (1 - Tax)
= (매출액 - 매출원가 - 판매관리비) × (1 - Tax)

· 추가운전자본투자 = 매출채권 증가 + 재고자산 증가 - 매입채무 증가

□ · $\text{ROIC} = \dfrac{\text{NOPLAT}}{\text{IC}} = \dfrac{\text{영업이익}}{\text{매출액}} \times \dfrac{\text{매출액}}{\text{투하자본}} \times (1 - \text{유효법인세율})$

□ · $\text{잔존가치(CV)} = \dfrac{\text{FCF최종수년 평균}}{\text{WACC}}$

· WACC = 부채비용(1 - 법인세율) × 부채비율 + 자기자본비용 × 자기자본비율

## 기본문제

1) ㈜해커스의 3년 후 FCF는 66,550,000원이 될 것으로 예상한다. PER(이익승수)을 이용하여 잔존가치를 추정하고자 하는데, 3년 후 ㈜해커스의 PER은 10을 예상하고 있다. 할인율이 10%라면 현재시점의 ㈜해커스의 잔존가치는?
□

① 4.5억원 ② 5.0억원
③ 5.2억원 ④ 5.4억원

2) <보기>의 자료를 이용해 계산한 A기업의 세후 영업이익은?
□

〈보기〉

- 매출액 : 2,000억원
- 매출원가 : 800억원
- 판매비와 관리비 : 500억원
- 이자비용 : 100억원
- 법인세율 : 20%

① 480억원 ② 560억원
③ 600억원 ④ 700억원

1) ②

3년 후 시점의 잔존가치
= 10 × 66,550,000원
= 665,500,000원
∴ 현재시점의 잔존가치
$= \dfrac{665{,}500{,}000}{(1 + 0.1)^3}$
= 500,000,000원

2) ②

영업외 비용(이자비용), 영업외 수익(이자수익, 배당수입 등)은 제외한다.
영업이익
= 2,000 - 800 - 500
= 700억원
∴ 세후 영업이익
= 700억원 × (1 - 20%)
= 560억원

## 응용문제

3) ㈜해커스의 영업이익은 50억원, 이자비용은 25억원, 법인세율은 40%로, 10
□ 억원의 법인세를 납부하였다. 이때 ㈜해커스의 NOPLAT(세후 순영업이익)는?

① 30억원 ② 32억원
③ 35억원 ④ 40억원

3) ①
NOPLAT
= 50억원 × (1 - 0.4) = 30억원

4) ㈜해커스의 자기자본비용은 12%, 세전 타인자본비용 8%, 법인세율이 40%,
□ 총자본 중 자기자본의 비율이 60%이다. 이때 ㈜해커스의 가중평균자본비용(WACC)은?

① 8.57% ② 9.12%
③ 9.88% ④ 10.26%

4) ②
WACC
= [8% × (1 - 0.4)] × 40%
+ 12% × 60%
= 9.12%

5) <보기>의 자료를 이용해 계산한 A기업의 잉여현금흐름(FCFF)은?
□

(단위 : 억원)

〈보기〉

- 영업이익 : 400
- 법인세 : 50
- 감가상각비 : 100
- 자본적 지출 : 200
- 매출채권 증가 : 40
- 재고자산 증가 : 80
- 매입채무 증가 : 20

① 120억원 ② 150억원
③ 180억원 ④ 220억원

5) ②
잉여현금흐름(FCFF)
= 400 - 50 + 100 - 200 - (40 + 80 - 20)
= 150억원

# 17 PER 평가모형

□ · 주가수익비율(PER) $= \dfrac{\text{주가}}{\text{주당순이익(EPS)}} = \dfrac{\left(\dfrac{\text{시가총액}}{\text{발행주식수}}\right)}{\left(\dfrac{\text{당기순이익}}{\text{발행주식수}}\right)} = \dfrac{\text{시가총액}}{\text{당기순이익}}$

□ · 주가수익비율(PER) $= \dfrac{P_0}{EPS_1} = \dfrac{1-b}{k-g} = \dfrac{1-b}{k-(b \times ROE)}$

□ · PEGR $= \dfrac{PER}{\text{연평균 ESP 성장률}}$

## 기본문제

1) A주식의 요구수익률이 15%, 내부유보율이 60%, 배당성장률이 5%인 경우 주가수익비율은?
□

① 4.0 ② 5.0
③ 6.5 ④ 7.0

2) A기업의 주가는 3만원에 거래되고 있으며 주당순이익(EPS)은 1,500원이다. 연평균 기대성장률이 5%일 때, 이 기업의 PEGR은?
□

① 100 ② 200
③ 300 ④ 400

3) A기업의 당기순이익은 300억, 발행주식수는 20,000,000주, 주가는 15,000원일 때 PER은?
□

① 6 ② 8
③ 10 ④ 12

4) A기업의 당기순이익은 500억원, 발행주식수는 10,000,000주이다. 유사한 기업의 평균 PER이 20배로 조사되었을 경우 A기업의 적정 주가는?
□

① 70,000원 ② 80,000원
③ 90,000원 ④ 100,000원

1) ①
주가수익비율(PER)
$= \dfrac{1-0.6}{0.15-0.05} = 4.0$

2) ④
$PER = \dfrac{30{,}000}{1{,}500} = 20$
$\therefore PEGR = \dfrac{20}{0.05} = 400$

3) ③
주당순이익 $= \dfrac{\text{300억원}}{\text{2,000만주}}$
$= 1{,}500$원
$\therefore PER = \dfrac{15{,}000}{1{,}500} = 10$

4) ④
주당순이익
$= \dfrac{\text{500억원}}{\text{10,000,000주}}$
= 5,000원
∴ 평균 PER을 감안한 적정 주가
= 5,000 × 20배 = 100,000원

응용문제

5) A주식의 요구수익률이 15%, 자기자본이익률(ROE)이 10%, 내부유보율이 50%
☐ 인 경우 주가수익비율은?

① 5.0 ② 6.5
③ 7.2 ④ 8.0

5) ①
배당성장률 = 0.1 × 0.5 = 0.05
∴ 주가수익비율(PER)
$= \frac{0.5}{0.15 - 0.05} = 5.0$

6) A기업의 당기순이익은 200억원, 발행주식수는 10,000,000주이고 주가는
☐ 10,000원이다. 유사한 기업의 평균 PER은 15배로 조사되었다면, A기업의 주가 상승여력은?

① 150% ② 200%
③ 250% ④ 300%

6) ②
- 주당순이익
$= \frac{200억원}{10,000,000주}$
= 2,000원
- 평균 PER을 감안한 적정 주가
= 2,000 × 15배 = 30,000원

∴ 주가 상승여력
$= \frac{30,000}{10,000} - 1 \times 100 = 200\%$

# 18 PBR 평가모형

□ · 주가순자산비율(PBR) = $\frac{\text{주가}}{\text{주당순자산(BPS)}}$

$= \frac{\text{ROE - 배당성장률}}{\text{요구수익률 - 배당성장률}}$

□ · 주가순자산비율(PBR) = ROE × PER

$= \frac{\text{순이익}}{\text{매출액}} \times \frac{\text{매출액}}{\text{총자산}} \times \frac{\text{총자산}}{\text{자기자본}} \times \text{PER}$

= 마진 × 활동성 × 자기자본비율의 역수 × PER

□ · 주가순자산비율(PBR) = $\frac{\text{시가총액}}{\text{자본총액}} = \frac{\text{시가총액}}{\text{(총자산 - 총부채)}}$

· 주당순자산(BPS) = $\frac{\text{순자산}}{\text{발행주식수}}$

· 순자산 = 총자산 - 총부채 - 무형자산(자산가치 없음) - 회수불능채권

## 기본문제

1) 자산총액이 120억원, 부채총액이 50억원, 자본금이 100억원, 액면가가 20,000원인 기업의 현재 주가가 21,000원일 때 주가순자산비율(PBR)은?
□

① 1.0 ② 1.5
③ 2.0 ④ 2.5

2) A기업의 총자산은 200억원, 총부채는 100억원이다. 발행주식수는 500,000주이고 주가는 10,000원일 때 PBR은?
□

① 0.5 ② 0.6
③ 0.8 ④ 1.2

1) ②

주당순자산(BPS)

$= \frac{\text{(120억원 - 50억원)}}{\frac{\text{100억원}}{\text{20,000원}}}$

= 14,000원

∴ 주가순자산비율(PBR)

$= \frac{21,000}{14,000} = 1.5$

2) ①

• 순자산 = 200 - 100
= 100억원

• 주당순자산 = $\frac{\text{100억원}}{\text{500,000주}}$
= 20,000원

∴ PBR = $\frac{10,000}{20,000} = 0.5$

## 응용문제

3) A기업의 ROE가 8%이고 PER이 12인 경우 A기업의 PBR은?
□
① 0.88 ② 0.96
③ 1.26 ④ 1.52

4) A기업의 현재 주가는 30,000원이고, 연도 말 당기순이익이 300억원, 보통주식의 유통주식수가 1,000만주이다. 이 기업의 PBR이 1.2일 때, 자기자본이익률(ROE)은?
□
① 8% ② 9%
③ 11% ④ 12%

5) <보기>의 자료를 이용해 계산한 A기업의 PBR을 통한 적정 주가는?
□

〈보기〉

| | |
|---|---|
| • 총자산 : 550억원 | • 총부채 : 200억원 |
| • 발행주식수 : 500,000주 | • 무형자산(자산가치 없음) : 30억원 |
| • 회수불능채권 : 20억원 | • 유사회사 평균 PBR : 4 |

① 220,000원 ② 230,000원
③ 240,000원 ④ 250,000원

3) ②
PBR = 0.08 × 12 = 0.96

4) ④
• EPS = $\frac{300억원 - 0}{1,000만주}$
= 3,000원
• PER = $\frac{30,000}{3,000}$ = 10배
∴ ROE = 12%

5) ③
• 순자산 = 550 - 200 - 30 - 20
= 300억원
• 주당순자산 = $\frac{300억원}{500,000주}$
= 60,000원
∴ 적정 주가 = 60,000 × 4
= 240,000원

# 19 정률성장모형(Constant Growth Model, 고든모형)

□ · 보통주 가치($P_0$) = $\frac{D_0 \times (1 + g)}{k - g}$

· 요구수익률(k) = 무위험이자율 + (시장수익률 - 무위험이자율) × 베타
· 배당성장률(g) = 내부유보율 × 자기자본이익률(ROE)
· 내부유보율 = 1 - 배당성향

## 기본문제

1) □ A기업의 올해 주당 배당금은 800원이었다. 이 기업의 이익과 배당금은 과거 매년 7%씩 성장하였으며 향후에도 지속적으로 성장할 것으로 가정한다. 투자자의 요구수익률이 12%일 경우 A기업의 보통주 1주당 가치는?

① 15,980원　② 17,120원
③ 18,500원　④ 19,880원

1) ②

보통주 가치 = $\frac{800(1 + 0.07)}{0.12 - 0.07}$
= 17,120원

## 응용문제

2) □ A기업의 올해 주당 배당금은 500원이었다. A기업의 배당성향은 60%이고 자기자본이익률은 12.5%라고 가정한다. A기업의 성장률이 당분간 지속된다고 할 때, 투자자의 요구수익률이 10%일 경우 A기업의 보통주 1주당 가치는?

① 9,600원　② 10,500원
③ 11,200원　④ 12,200원

2) ②

성장률(g) = (1 - 0.6) × 0.125
= 0.05

∴ 보통주 가치 = $\frac{500(1 + 0.05)}{0.1 - 0.05}$
= 10,500원

3) □ B기업의 올해 주당 배당금은 500원이었다. 투자자의 요구수익률이 8%이고 B기업의 내년도 보통주 1주당 가치가 10,300원으로 예상되는 경우, 향후 예상되는 이 기업의 배당금의 성장률은? (단, 정률성장모형으로 가정한다)

① 3%　② 5%
③ 6%　④ 7%

3) ①

10,300 = $\frac{500(1 + g)}{0.08 - g}$

∴ 성장률(g) = 3%

# 20 복리채, 단리채, 할인채의 가치

□ • 할인채의 발행가격 = 10,000 × (1 - i × N)

□ • 복리채의 만기상환금액 : $S = F \times \left(1 + \frac{i}{m}\right)^{m \times N}$

□ • 단리채의 만기상환금액 : S = F × (1 + i × N)

## 기본문제

1) 만기기간 3년, 표면이율 4%, 액면가가 10,000원인 6개월 단위 재투자복리채의 만기상환 원리금액은? (단, 원 단위 미만은 절사한다)
□
① 10,583원 ② 11,261원
③ 11,811원 ④ 12,508원

1) ②
만기상환 원리금액
$= 10,000 \times \left(1 + \frac{0.04}{2}\right)^{2 \times 3}$
= 11,261원

## 응용문제

2) 표면이율 8%인 3년 만기 단리채의 만기상환금액은?
□
① 11,900원 ② 12,400원
③ 13,200원 ④ 14,100원

2) ②
만기상환금액
= 10,000 × (1 + 0.08 × 3)
= 12,400원

3) 표면이율이 8%이고 만기가 3년인 할인채의 발행가격은?
□
① 7,200원 ② 7,600원
③ 8,200원 ④ 8,600원

3) ②
할인채의 발행가격
= 10,000 × (1 - 0.08 × 3)
= 7,600원

# 21 채권가격 계산(관행적 방식)

□ • $P = \dfrac{S}{(1+r)^n \times \left(1 + r \times \dfrac{d}{365}\right)}$

(S = 원리금, r = 이자율, n = 연 단위 기간, d = 연 단위 기간을 제외한 나머지 잔여일수)

## 기본문제

1) 만기는 2년, 액면가는 10,000원, 매매수익률은 5%인 할인채권의 현재가치는?
□

① 7,635.47원 ② 7,919.12원
③ 8,234.23원 ④ 9,070.29원

> 1) ④
> 할인채권의 현재가치
> $= \dfrac{10,000}{(1+0.05)^2} = 9,070.29$원

## 응용문제

2) 상기의 <기본문제>에서 채권발행일로부터 1년 65일 경과된 시점의 채권가치는? (단, 다른 조건의 변동은 없다)
□

① 8,995.33원 ② 9,095.24원
③ 9,605.26원 ④ 9,267.86원

> 2) ③
> 1년 65일 경과 후 채권가치
> $= \dfrac{10,000}{1 + 0.05 \times \dfrac{300}{365}}$
> $= 9,605.26$원

3) 매매일 현재 복리채의 액면금액 10,000원당 단가는?
□

〈보기〉

| | |
|---|---|
| • 만기 : 3년 | • 잔존만기 : 2년 265일 |
| • 표면이율 : 5% | • 유통수익률 : 8% |

① 9,379.96원 ② 9,572.24원
③ 9,889.85원 ④ 10,106.49원

> 3) ①
> 만기수령액
> $= 10,000 \times (1+0.05)^3$
> $= 11,576.25$원
> ∴ 채권단가
> $= \dfrac{11,576.25}{(1+0.08)^2 \times \left(1 + 0.08 \times \dfrac{265}{365}\right)}$
> $= 9,379.96$원

# 22 듀레이션 및 볼록성과 채권가격 변동

□ • $\frac{dP}{P} = -MD \times dy + \frac{1}{2} \times C \times (\Delta y)^2$

⇨ $dP = -MD \times dy \times P + \frac{1}{2} \times C \times (\Delta y)^2 \times P$

□ • 수정듀레이션으로 인한 가격변동 = $-MD \times dy \times P$

□ • 볼록성으로 인한 가격변동 = $\frac{1}{2} \times C \times (\Delta y)^2 \times P$

## 기본문제

1) 채권가격이 9,250원, 수정듀레이션이 3.5일 때 시장이자율이 2% 하락하면 채권가격의 변동폭은?
□

① 647.50원 하락 ② 647.50원 상승
③ 890.35원 하락 ④ 890.35원 상승

1) ②
듀레이션으로 인한 채권가격변동
$= -3.5 \times -0.02 \times 9{,}250$
$= 647.50$원

## 응용문제

2) 표면이자는 연 5%, 액면가는 10,000원인 3년 만기채권(1년 단위 후급이표채)의 현재 채권수익률이 7%인 경우, 이 채권의 가격은 9,650.29원이며, 듀레이션은 2.65년이 된다. 채권수익률이 2% 하락했을 때 듀레이션을 이용하여 산정한 이 채권의 가격변동률은?
□

① 4.12% 상승 ② 4.47% 상승
③ 4.25% 상승 ④ 4.96% 상승

2) ④
$MD = \frac{2.65}{\left(1 + \frac{0.07}{1}\right)} = 2.48$
∴ 채권가격변동률
$= -MD \times dy$
$= -2.48 \times (-0.02)$
$= 0.0496$(4.96% 상승)

3) 듀레이션과 볼록성을 이용하여 산정한 채권가격의 변동치는?
□

〈보기〉
• 만기 : 3년 • 맥컬레이 듀레이션 : 2.8
• 볼록성 : 8.9 • 시장이자율 변동 : 8%에서 5%로 3% 하락
• 채권가격 : 10,000원(이표이자율 4%인 6개월 지급 이표채)

① 452.74원 상승 ② 682.74원 상승
③ 847.74원 상승 ④ 994.74원 상승

3) ③
MD
$= \frac{-2.8}{\left(1 + \frac{0.08}{2}\right)} \times (-0.03) \times 10{,}000$
$+ \frac{1}{2} \times 8.9 \times (-0.03)^2 \times 10{,}000$
$= 847.74$원

# 23 내재선도이자율(Implied Forward Rate)

□ · 선도이자율(IFR) = $\frac{(L \times l) - (s \times i)}{L - s}$

## 기본문제

1) 현재 시점에서 1개월 Libor가 3%, 4개월 Libor가 4%라면 1개월 후부터 3개월간의 내재선도금리는?
□
① 연 4.33%　② 연 5.12%
③ 연 5.53%　④ 연 6.00%

1) ①
내재선도금리
$= \frac{(4 \times 4\%) - (1 \times 3\%)}{4 - 1}$
= 4.33%

## 응용문제

2) 90일 금리가 연 3%이고 270일 금리가 연 5%라면 90일 후부터 180일간의 내재선도금리는? (단, 1년은 360일로 가정하고 가장 가까운 근사치로 구한다)
□
① 연 4.75%　② 연 5.12%
③ 연 5.53%　④ 연 6.00%

2) ④
내재선도금리
$= \frac{(270 \times 5\%) - (90 \times 3\%)}{270 - 90}$
= 6.00%

3) 현재부터 1년까지 현물금리가 3.0%, 현재부터 2년까지 현물금리가 3.5%라면 1년 후부터 2년까지 1년 동안의 선도금리는?
□
① 3.7%　② 3.8%
③ 3.9%　④ 4.0%

3) ④
선도금리
$= \frac{(2 \times 3.5\%) - (1 \times 3\%)}{2 - 1}$
= 4.0%

# 24 채권 수익률 곡선에 관한 이론

□ • 불편기대이론

$${}_0R_n = \sqrt[n]{(1 + {}_0R_1)(1 + E({}_1R_1))(1 + E({}_2R_1)) \cdots (1 + E({}_{n-1}R_1))} - 1$$

□ • 유동성선호(프리미엄)이론

$${}_0R_n = \sqrt[n]{(1 + {}_0R_1)(1 + E({}_1R_1) + {}_1L_1)(1 + E({}_2R_1) + {}_2L_1) \cdots (1 + E({}_{n-1}R_1) + {}_{n-1}L_1)} - 1$$

## 기본문제

1) 1년 만기 현물이자율이 2%, 1년 후 만기 선도이자율이 4%라고 할 때, 2년 만기 채권수익률은?
□

① 1%　　② 2%
③ 3%　　④ 4%

1) ③
$(1 + R_{0,2})^2$
$= [1 + E(r_{0,1})][1 + E(r_{1,2})]$
$= (1 + 0.02)(1 + 0.04) = 1.06$
$\therefore R_{0,2} = \sqrt{1.06} - 1 = 0.03$

## 응용문제

2) 예상되는 단기채권수익률이 <보기>와 같다고 가정할 경우, 불편기대이론에 의한 2년 만기 채권수익률은?
□

〈보기〉

| • $E(r_{0,1}) = 3\%$ | • $E(r_{1,2}) = 4\%$ |
|---|---|

① 3.0%　　② 3.5%
③ 4.0%　　④ 4.5%

2) ②
$(1 + R_{0,2})^2$
$= [1 + E(r_{0,1})][1 + E(r_{1,2})]$
$= (1 + 0.03)(1 + 0.04) = 1.0712$
$\therefore R_{0,2} = \sqrt{1.0712} - 1 = 0.035$

3) 예상되는 단기채권수익률이 <보기>와 같고 투자자들이 1년 후의 유동성에 대해 0.5%의 유동성프리미엄을 요구한다고 가정할 경우, 유동성프리미엄이론에 의한 2년 만기 채권수익률은?
□

〈보기〉

| • $E(r_{0,1}) = 3\%$ | • $E(r_{1,2}) = 5\%$ |
|---|---|

① 3.82%　　② 4.24%
③ 5.21%　　④ 6.08%

3) ②
$R_{0,2}$
$= \sqrt{[1 + E(r_{0,1})][1 + E(r_{1,2}) + L_1]} - 1$
$= \sqrt{(1 + 0.03)(1 + 0.05 + 0.005)} - 1$
$= 0.0424$

# 25 전환사채

□ • 패리티 = $\frac{\text{주가}}{\text{전환가격}} \times 100(\%)$

□ • 패리티가격(적정투자가격) = 패리티 × 액면가

□ • 괴리(원) = 전환사채의 시장가격 - 패리티가격

□ • 괴리율 = $\frac{\text{괴리}}{\text{패리티가격}} \times 100(\%)$

## 기본문제

1) 액면금액이 5,000원인 전환사채의 현재 시장가격은 7,000원이다. 전환가격이 10,000원이고 전환사채 발행기업의 주가가 8,000원일 때 패리티는?

□

① 65% ② 70%

③ 75% ④ 80%

1) ④

패리티 = $\frac{8,000}{10,000} \times 100$

= 80%

## 응용문제

2) 액면금액이 10,000원인 전환사채의 시장가격이 13,440원이다. 현재 전환사채 발행기업의 주가가 18,000원이고, 전환가격이 15,000원일 때 이 전환사채의 괴리율은?

□

① 연 8% ② 연 10%

③ 연 12% ④ 연 16%

2) ③

괴리율

= $\frac{(13,440 - 12,000)}{12,000} \times 100$

= 12%

3) 괴리율이 5%인 전환사채의 패리티가격이 6,000원이라고 한다면 현재 전환사채의 시장가격은?

□

① 5,600원 ② 6,300원

③ 7,700원 ④ 8,400원

3) ②

괴리율(0.05)

= $\frac{\text{전환사채의 시장가격} - 6,000}{6,000}$

∴ 전환사채의 시장가격

= 6,300원

# 26 선물의 이론가격과 헤지비율

□ • **보유비용모형** : $F = S \times \left[1 + (r - d) \times \frac{t}{365}\right]$

(F : 선물가격, S : 현물가격, r : 이자율, d : 배당률, t : 잔존기간)

□ • **헤지비율** : $N = h \times \frac{S}{F}$

(N : 선물계약수, h : 헤지비율(또는 베타), S : 헤지대상금액, F : 선물가격 × 선물단가)

## 기본문제

1) <보기>의 정보를 이용해 계산한 주가지수선물의 이론가격은?
□

〈보기〉
- 현물가격 : 200
- 이자율 : 연 6%
- 배당률 : 연 2%
- 잔여만기 : 78일

① 198.71 ② 200.71
③ 201.71 ④ 203.71

1) ③
선물이론가격(F)
$= 200 \times \left[1 + (0.06 - 0.02) \times \frac{78}{365}\right]$
$= 201.71$

## 응용문제

2) 현재 KOSPI200현물지수는 400포인트, CD금리는 3%, KOSPI200선물의 잔존기간은 78일, 가격은 405포인트라고 할 때, 선물 2계약을 이용한 이론상의 차익거래이익은? (단, 배당은 없다고 가정하고 KOSPI선물 1포인트는 25만원이다)
□

① 1,220,000원 ② 1,480,000원
③ 1,560,000원 ④ 1,830,000원

2) ①
이론선물가격
$= 400 \times \left[1 + 0.03 \times \frac{78}{365}\right]$
= 402.56포인트
∴ 차익거래이익
= (405 - 402.56) × 2계약 × 250,000원
= 1,220,000원

3) 주식 포트폴리오 보유금액은 25억원, 베타는 1.2이고, KOSPI선물가격은 400포인트라고 할 때, 헤지거래를 위해 필요한 선물거래는? (단, KOSPI선물 1포인트는 25만원이다)
□

① 15계약 매수 ② 15계약 매도
③ 30계약 매수 ④ 30계약 매도

3) ④
선물계약수(N)
$= 1.2 \times \frac{25억원}{400포인트 \times 25만원}$
= 30계약
∴ 현물포지션의 가격하락위험을 회피하기 위해서는 KOSPI선물을 30계약 매도하여야 한다.

# 27 금리선물의 이론가격

□ • 장기금리선물 : 이론선물가격(F*) = S + S(자금차입비용 - Coupon) × $\frac{t}{365}$

□ • 단기금리선물 : 선물가격 = 100 - 내재선도금리(IFR)

· 내재선도금리(IFR) = $\frac{(L \times l) - (s \times i)}{L - s}$

## 기본문제

1) 표면금리가 6%인 채권이 현물시장에서 $100에 거래되고 있으며 단기시장이자
□ 율이 2%일 때 선물계약 만기까지 3개월 남았다면 이 채권의 예상 선물가격은?

① $99.00 ② $98.50
③ $98.00 ④ $97.50

1) ①
예상 선물가격
= 100 + 100(0.02 - 0.06) × $\frac{1}{4}$
= 99.00

## 응용문제

2) 현재 시점에서 1개월 Libor가 3%, 4개월 Libor가 4%라면 IMM지수 방식에 따
□ 른 단기금리선물의 가격은?

① 95.67 ② 96.88
③ 97.12 ④ 98.14

2) ①
내재선도금리
= $\frac{(4 \times 4\%) - (1 \times 3\%)}{4 - 1}$
= 0.0433(4.33%)
∴ 단기금리선물의 가격
= 100 - 4.33 = 95.67

# 28 통화선물의 이론가격

□ • 선물환율 = 현물환율(S) × $\dfrac{1 + \text{한국금리} \times \dfrac{d}{365}}{1 + \text{외국금리} \times \dfrac{d}{365}}$

□ • 스왑레이트(Swap Rate) = 현물환율 × (유로달러금리 - 유로통화금리) × $\dfrac{\text{만기일}}{365}$

## 기본문제

1) 현재 환율은 1,350원/달러이다. 미국의 무위험이자율은 2%, 우리나라 무위험이자율은 3%일 때 차익거래가 존재하지 않는 균형 1년 선물환율로 옳은 것은?
□

① 1,284.5원/달러
② 1,363.2원/달러
③ 1,411.3원/달러
④ 1,492.7원/달러

1) ②

$F = 1{,}350 \times \dfrac{1 + 0.03}{1 + 0.02} = 1{,}363.2$

## 응용문제

2) 현재 국제외환시장에서 유로화 현물환율이 $1.2600, 3개월 만기 유로화 선물환율이 $1.2718, 3개월 만기 달러 예금금리가 8%(연율)일 때, 차익거래 기회가 발생하지 않는 3개월 만기 유로화 예금금리(연율)는?
□

① 4.25%
② 5.11%
③ 7.02%
④ 9.08%

2) ①

• 스왑포인트
= $1.2718 - $1.2600
= 0.0118

• 스왑레이트
⇨ 0.0118 = 1.2600 × (0.08 - 유로금리) × $\dfrac{1}{4}$

∴ 유로금리 = 4.25%

# 29 선물헤지거래

□ • 장기금리 선물의 헤지비율

$$\text{헤지계약수(N)} = \frac{\text{목표듀레이션} - \text{기존듀레이션}}{\text{선물듀레이션}} \times \frac{\text{현물보유금액}}{\text{선물가격} \times \text{승수}}$$

□ • 주가지수선물을 이용한 헤지

$$\text{헤지계약수(N)} = \frac{\text{베타}(\beta) \times \text{보유포트폴리오 가치}}{\text{선물가격} \times \text{승수}}$$

## 기본문제

1) □ 주식 포트폴리오를 보유하고 있는 투자자가 주가지수선물을 통해 헤지를 하고자 한다. 보유포트폴리오의 가치는 200억원이고, 포트폴리오 전체의 베타는 1.2이며, KOSPI200주가지수 선물가격이 400일 때 필요한 선물의 포지션과 계약수는? (단, KOSPI200의 승수는 25만원이다)

① 120계약 매도 ② 120계약 매수
③ 240계약 매도 ④ 240계약 매수

1) ③
헤지계약수(N)
$= \frac{1.2 \times 200\text{억원}}{400 \times 25\text{만원}} = 240$
∴ 현재 주식 포트폴리오를 보유하고 있으므로 선물 매도헤지를 해야 하고, 위 식에 따라 240계약을 매도해야 한다.

## 응용문제

2) □ 60억원의 주식 포트폴리오를 보유한 펀드매니저가 KOSPI200지수선물을 이용하여 헤지하고자 한다. 선물지수가 400이고 주식 포트폴리오의 베타가 0.9일 때, 매도계약수는? (단, 승수는 25만원이다)

① 50계약 ② 54계약
③ 58계약 ④ 64계약

2) ②
(헤지)선물계약 수
$= \frac{0.9 \times 60\text{억원}}{400 \times 25\text{만원}}$
= 54계약

3) □ 듀레이션이 4.5이고 현재가치가 105억원인 채권 포트폴리오를 보유하고 있는 채권 운용자가 향후 금리 상승을 예상하고 있다. 이에 채권 운용자가 아래의 내용과 같은 5년 국채선물을 이용하여 포트폴리오 듀레이션을 2.5로 줄일 수 있는 방법은?

| 구 분 | 포트폴리오 | 5년 국채선물 |
|---|---|---|
| 가 격 | 105 | 115 |
| 듀레이션 | 4.5 | 4.6 |

① 5년 국채선물 30계약 매도 ② 5년 국채선물 40계약 매도
③ 5년 국채선물 30계약 매수 ④ 5년 국채선물 40계약 매수

3) ②
듀레이션 조정을 위한 선물계약수
= (2.5 - 4.5)
$\times \frac{105\text{억원}}{4.6 \times 115 \times 100\text{만원}}$
≒ -40

# 30 유형자산 감가상각비 계산

☐ • 정액법 : 연간 감가상각비 = $\frac{(\text{취득원가} - \text{잔존가치})}{\text{내용연수}}$

☐ • 정률법 : 연간 감가상각비 = 미상각잔액 × 정률

☐ • 생산량 비례법 : 연간 감가상각비 = (취득원가 - 잔존가치) × $\left(\frac{\text{실제 생산량}}{\text{추정 총생산량}}\right)$

## 기본문제

1) ☐ <보기>의 자료를 이용해 계산한 A기업의 20X1. 12. 31. 결산 중 건물에 대한 감가상각비는? (단, 정액법을 적용하여 계산한다)

〈보기〉
- 건물 취득가액 : 3,000,000원(20X1. 01. 01. 취득)
- 잔존가액 : 300,000원
- 내용연수 : 20년

① 125,000원　② 130,000원
③ 135,000원　④ 140,000원

2) ☐ <보기>의 자료를 이용해 계산한 A기업의 20X1. 12. 31. 결산 중 기계장치에 대한 감가상각비는? (단, 생산량 비례법만 적용 가능하다)

〈보기〉
- 기계장치 취득가액 : 30,000원
- 잔존가액 : 6,000원
- 20X1년 실제 생산량 : 20,000톤
- 추정 총생산량 : 50,000톤

① 9,200원　② 9,600원
③ 9,800원　④ 102,000원

1) ③

연간 감가상각비(정액법)

$= \frac{3,000,000 - 300,000}{20}$

= 135,000원

2) ②

연간 감가상각비(생산량 비례법)

= (30,000 - 6,000)

$\times \left(\frac{20,000}{50,000}\right)$

= 9,600원

## 응용문제

3) ☐ <보기>의 자료를 이용해 계산한 A기업의 20X1. 12. 31. 결산 중 기계장치에 대한 감가상각비는? (단, 정률법 40%를 적용하여 계산한다)

〈보기〉
- 기계장치 취득가액 : 2,000,000원(20X0. 01. 01. 취득)
- 잔존가액 : 200,000원
- 내용연수 : 10년

① 480,000원　② 660,000원
③ 800,000원　④ 1,200,000원

3) ①

- 20×0. 12. 31. 감가상각비
  = 2,000,000 × 40%
  = 800,000원
- 미상각잔액
  = 2,000,000 - 800,000
  = 1,200,000원

∴ 20×1. 12. 31. 감가상각비
  = 1,200,000 × 40%
  = 480,000원

# 31 건설계약의 진행기준에 따른 계약수익

□ · 누적진행률 = $\frac{\text{누적발생계약원가}}{\text{총계약원가}}$

□ · 당기계약수익(1차년) = 총계약수익 × 진행률

□ · 차기계약수익(2차년) = 총계약수익 × 진행률 - 전년도 계약수익

## 기본문제

1) A기업이 진행기준에 따라 건설계약수익을 인식할 때 20X1년 당기계약수익은?
□

| 구 분 | 20X1년 | 20X2년 |
|---|---|---|
| 총계약수익 | 20,000원 | 24,000원 |
| 총계약원가 | 10,000원 | 14,000원 |
| 누적발생계약원가 | 3,000원 | 9,800원 |

① 4,400원
② 5,200원
③ 6,000원
④ 6,400원

1) ③
20X1년 누적진행률
$= \frac{3,000}{10,000} = 30\%$
∴ 20X1년 당기계약수익
= 20,000 × 30%
= 6,000원

## 응용문제

2) A기업이 진행기준에 따라 건설계약수익을 인식할 때 20X2년 당기계약수익은?
□

| 구 분 | 20X1년 | 20X2년 |
|---|---|---|
| 총계약수익 | 30,000원 | 32,000원 |
| 총계약원가 | 16,000원 | 20,000원 |
| 누적발생계약원가 | 4,000원 | 12,000원 |

① 10,200원
② 10,800원
③ 11,700원
④ 12,800원

2) ③
20X1년 당기계약수익
$= \frac{4,000}{16,000} \times 30,000$
= 7,500원
∴ 20X2년 당기계약수익
$= \left[\frac{12,000}{20,000} \times 32,000\right] - 7,500$
= 11,700원

# 영업활동으로 인한 현금흐름 계산방법(간접법)

| 당기순이익 | |
|---|---|
| 현금유출 없는 비용 가산(+) | 감가상각비, 퇴직급여, 외화환산손실, 비유동자산처분손실, 이자비용(영업활동분류에 한함) 등 |
| 현금유입 없는 수익 차감(-) | 외화환산이익, 비유동자산처분이익, 이자수익(영업활동분류에 한함) 등 |
| 영업활동으로 인한 자산부채의 변동 | |
| (+) | 매출채권 감소, 재고자산 감소, 매입채무 증가 등 |
| (-) | 매출채권 증가, 재고자산 증가, 매입채무 감소 등 |

## 기본문제

1) <보기>의 자료를 이용해 계산한 A기업의 영업활동으로 인한 현금흐름은?

□

〈보기〉

- 당기순이익 : 20,000원
- 감가상각비 : 4,000원
- 퇴직급여 : 3,000원
- 외화환산이익 : 2,000원

① 18,000원　② 22,000원
③ 25,000원　④ 27,000원

1) ③
영업활동 현금흐름
= 20,000 + 4,000 + 3,000
- 2,000
= 25,000원

## 응용문제

2) <보기>의 자료를 이용해 계산한 A기업의 영업활동으로 인한 현금흐름은?

□

〈보기〉

- 당기순이익 : 20,000원
- 감가상각비 : 3,000원
- 유형자산처분이익 : 5,000원
- 매출채권 증가 : 2,000원
- 매입채무 감소 : 1,000원

① 13,000원　② 15,000원
③ 16,000원　④ 19,000원

2) ②
영업활동 현금흐름
= 20,000 + 3,000 - 5,000
- 2,000 - 1,000
= 15,000원

# 33 EV/EBITDA 비율

□ • $EV/EBITDA = \dfrac{\text{시가총액} + \text{순차입금}}{EBITDA} = \dfrac{\text{시가총액} + \text{총차입금} - \text{현금성자산}}{\text{영업이익} + \text{감가상각비}}$

## 기본문제

1) <보기>의 자료를 이용해 계산한 A기업의 EV/EBITDA 비율은?
□

〈보기〉
- 시가총액 : 300억원
- 총차입금 : 250억원
- 현금성자산 : 50억원
- 영업이익 : 30억원
- 감가상각비 : 20억원

① 5.5 ② 7
③ 8.5 ④ 10

1) ④
EV/EBITDA
$= \dfrac{300 + 250 - 50}{30 + 20}$
= 10

## 응용문제

2) <보기>의 자료를 이용해 계산한 A기업의 EV/EBITDA 비율은?
□

〈보기〉
- 매출액 : 2,000억원
- 영업이익 : 240억원
- 감가상각비 : 60억원
- 총차입금 : 400억원
- 시가총액 : 600억원
- 현금성자산 : 100억원

① 3 ② 3.7
③ 4.3 ④ 5

2) ①
EV/EBITDA
$= \dfrac{600 + 400 - 100}{240 + 60}$
= 3

# 34 주가매출액비율(PSR)

□ · 주가매출액비율(PSR) $= \dfrac{\text{주가}}{\text{주당매출액(SPS)}} = \dfrac{\text{시가총액}}{\text{총매출액}}$

· 주당매출액(SPS) $= \dfrac{\text{매출액}}{\text{발행주식수}}$

· 적정주가(상대가치) = 주당매출액 × 시장 PSR

## 기본문제

1) A기업의 매출액은 2,000억원이며, 발행주식수는 10,000,000주이다. 현재 주가가 6,000원일 때 A기업의 PSR은?
□

① 0.2　② 0.3
③ 0.4　④ 0.5

> 1) ②
> 주당매출액 $= \dfrac{\text{2,000억원}}{\text{10,000,000주}}$
> = 20,000원
> ∴ PSR $= \dfrac{6{,}000}{20{,}000}$
> = 0.3

## 응용문제

2) A기업의 주당매출액은 20,000원이다. 유사기업인 B기업의 매출액은 1,000억원, 발행주식수는 10,000,000주이고 현재 주가는 6,000원일 때 PSR에 의한 A기업의 적정주가는?
□

① 10,000원　② 12,000원
③ 14,000원　④ 16,000원

> 2) ②
> • 유사기업 주당매출액
> $= \dfrac{\text{1,000억원}}{\text{10,000,000주}}$
> = 10,000원
> • 유사기업 PSR $= \dfrac{6{,}000}{10{,}000}$
> = 0.6
> ∴ 적정주가
> = 20,000 × 0.6 = 12,000원

# 35 영업투하자본과 총투자금액, 영업가치

- □ • 영업투하자본
  = 영업관련 유동자산(현금, 매출채권, 재고자산 등) + 영업관련 비유동자산(유형자산, 무형자산 등) - 영업부채(매입채무, 미지급금, 선수금 등)
- □ • 총투자금액 = 영업투하자본 + 비영업자산투자
- □ • 영업가치 = 추정기간 FCFF의 현재가치 + 잔존가치(Terminal Value)의 현재가치
- □ • 기업가치 = 영업가치 + 비영업자산가치
- □ • 주주가치 = 기업가치 - 차입금가치

## 기본문제

1) <보기>의 자료를 이용해 계산한 A기업의 영업투하자본은?
□

(단위 : 억원)

〈보기〉

| | |
|---|---|
| • 매출채권 : 400 | • 재고자산 : 500 |
| • 유형자산 : 700 | • 매입채무 : 300 |
| • 투자부동산 : 200 | |

① 1,100억원 ② 1,300억원
③ 1,500억원 ④ 1,700억원

1) ②
영업투하자본
= (400 + 500) + 700 - 300
= 1,300억원

## 응용문제

2) <보기>의 자료를 이용해 계산한 A기업의 영업가치는?
□

〈보기〉

| | |
|---|---|
| • 1 ~ 5차년 FCFF 현재가치 : 300억원 | • 6차년 FCFF : 30억원 |
| • 6차년 이후 성장률 : 3% | • 가중평균자본비용 : 8% |
| • 5차년도 말 현가계수 : 0.56 | |

① 520억원 ② 636억원
③ 684억원 ④ 720억원

2) ②
• 5차년도 말 잔존가치
$= \frac{30억원}{(8\% - 3\%)}$
= 600억원
• 잔존가치의 현재가치
= 600 × 0.56 = 336억원
∴ 영업가치 = 300 + 336
= 636억원

2024 최신개정판

# 해커스 금융투자분석사 최종핵심정리문제집

**개정 3판 2쇄 발행 2025년 2월 3일**
개정 3판 1쇄 발행 2024년 4월 17일

**지은이** 송현남, 민영기, 송영욱, 김장현, 해커스 금융아카데미 공편저
**펴낸곳** 해커스패스
**펴낸이** 해커스금융 출판팀

**주소** 서울특별시 강남구 강남대로 428 해커스금융
**고객센터** 02-537-5000
**교재 관련 문의** publishing@hackers.com
해커스금융 사이트(fn.Hackers.com) 교재 Q&A 게시판
**동영상강의** fn.Hackers.com

**ISBN** 979-11-6999-930-4 (13320)
**Serial Number** 03-02-01

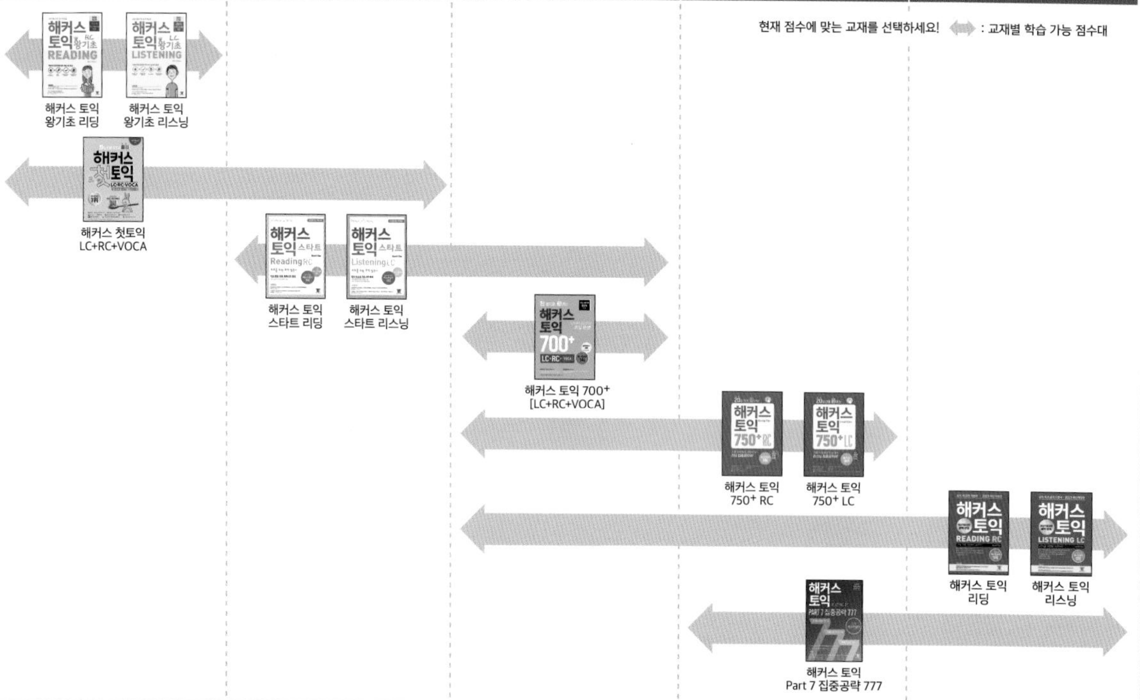

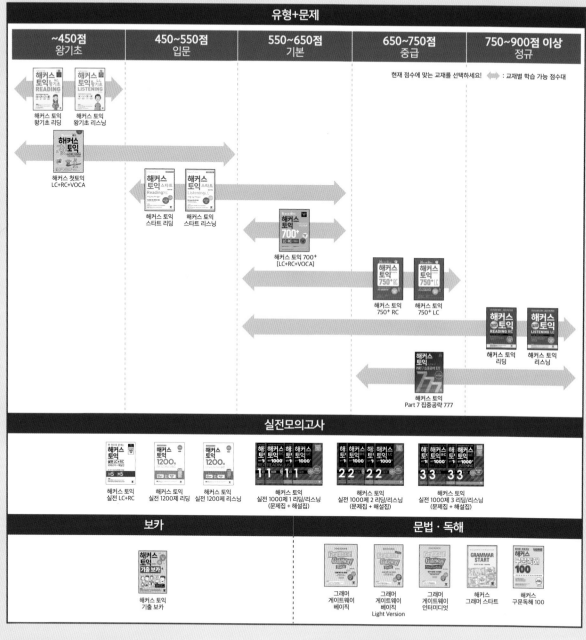

2024 최신개정판

해커스

# 금융투자 분석사

최종핵심정리문제집

# 적중 실전모의고사

실전모의고사 + 정답 및 해설

(OMR 카드 수록)

해커스금융

해커스

# 금융투자 분석사

최종핵심정리문제집

# 적중 실전모의고사

해커스금융

# 제1회 적중 실전모의고사

□ 제1과목. 증권분석기초(25문제)

**01** 산술평균과 기하평균에 대한 설명으로 가장 거리가 먼 것은?

① 산술평균은 단일기간수익률 추정에 적합하고, 기하평균은 다기간수익률 추정에 적합하다.
② 모든 기간의 수익률이 동일할 경우 산술평균과 기하평균의 차이는 0이 된다.
③ 기하평균이 산술평균보다 크거나 같으면 그 차이는 수익률 변동이 심할수록 커진다.
④ 산술평균은 기하평균보다 항상 크거나 같다.

**02** 포아송분포를 따르는 변수의 특징을 가장 적절하게 묶은 것은?

〈보기〉

㉠ 사건발생은 서로 독립적이다.
㉡ 사건발생의 확률은 시간 또는 공간의 길이에 비례한다.
㉢ 어떤 극히 작은 구간에서 두 사건 이상이 발생할 확률은 무시된다.
㉣ 분포의 꼬리가 길수록 설명력이 높아지며, 정규분포를 가정한다.

① ㉠, ㉢　　② ㉡, ㉣
③ ㉠, ㉡, ㉣　　④ ㉠, ㉡, ㉢

**03** 모분산이 알려져 있지 않고, 표본의 크기가 30개 미만일 때 사용하기 가장 적절한 분포는?

① z분포　　② 포아송분포
③ t분포　　④ 표준정규분포

**04** 몬테카를로 VaR의 장점으로 가장 거리가 먼 것은?

① 비선형 가격위험 측정 가능
② 다양한 유형의 위험 및 변동성 변화 측정 가능
③ 두터운 꼬리 속성 측정 가능
④ 모형과 무관한 분석 가능

**05** 주가의 월별수익률 변동성이 독립성과 등분산성을 따른다면 월별수익률의 표준편차가 25일 때 일별수익률의 표준편차로 가장 적절한 것은? (단, 1개월은 25일로 한다)

① 5　　② 25
③ 225　　④ 1

**06** 중첩세대모형(OG)에 대한 설명으로 가장 거리가 먼 것은?

① 재화는 저장이 불가능하다는 가정으로 인해 OG 모형의 모순이 발생하게 된다.
② 교환이 없는 자급자족 경제이면 소득 중 일부를 재화로 저장하여 합리적 자원배분(파레토최적)이 가능해진다.
③ OG모형에서 인구가 증가한다는 경우로 가정을 바꾸면 재화의 저장 없이도 자원의 배분이 가능해진다.
④ OG모형에서 인구가 증가한다는 경우로 가정을 바꾸면 생물학적 이자율을 통해 시간선호율이나 우회생산설의 개념을 도입하지 않아도 이자율이 존재할 수 있음을 보여준다.

**07** 폐쇄경제를 가정한 국민소득 결정모형에서 소비지출이 200억원, 투자지출이 400억원, 정부지출이 300억원인 경우 화폐의 공급이 300억원이라면 화폐의 유통속도는?

① 1　　② 2
③ 3　　④ 4

**08** 현대적 대부자금설에 의한 대부자금의 수요와 공급요인 중 수요요인으로 가장 거리가 먼 것은?

① 기업투자
② 정부예산 적자
③ 사내유보금
④ 화폐퇴장 증가

**09** 통화정책의 효과가 같은 방향으로 나타나는 정책을 적절하게 묶은 것은?

① 지급준비율 인상, 공개시장 매입
② 재할인율 인상, 본원통화 증가
③ 본원통화 감소, 공개시장 매각
④ 지급준비율 인하, 본원통화 감소

**10** 노동의 공급에 대하여 〈보기〉의 ㉠ ~ ㉢에 들어갈 말로 가장 적절하게 연결한 것은?

〈보기〉

임금의 상승은 여가의 기회비용을 상승시키는 ( ㉠ )를 발생시키며, 이와는 반대로 임금의 상승은 여가를 ( ㉡ )로 인식하여 ( ㉢ )도 발생시킨다.

| | ㉠ | ㉡ | ㉢ |
|---|---|---|---|
| ① | 대체효과 | 정상재 | 소득효과 |
| ② | 소득효과 | 열등재 | 대체효과 |
| ③ | 대체효과 | 열등재 | 소득효과 |
| ④ | 소득효과 | 정상재 | 대체효과 |

**11** IS곡선을 우측으로 이동시키는 요인으로 가장 거리가 먼 것은?

① 정부지출의 증가
② 절대소비의 증가
③ 조세의 증가
④ 독립투자의 증가

**12** 현대적 환율결정이론에 대한 설명으로 가장 거리가 먼 것은?

① 통화론적 모형에 의하면 국내 이자율의 상승은 자국의 화폐수요를 감소시키고, 이는 물가를 상승시켜 환율을 상승하게 만든다.
② 오버슈팅모형은 예상치 못한 화폐량 증가와 같은 외부적인 교란요인으로 인해 일시적으로 환율이 장기 균형 수준에서 대폭적으로 이탈하였다가 점차적으로 장기 균형 수준으로 복귀하는 현상을 설명한다.
③ 오버슈팅모형은 단기적으로 재화시장의 조정속도가 화폐시장의 조정속도보다 빠르다고 본다.
④ 랜덤워크모형은 사람들이 합리적 기대하에서 이용 가능한 모든 정보를 이용하여 환율을 결정한다고 보았으며, t기의 환율은 (t − 1)기의 환율과 예상치 못한 충격에 의해서 결정된다고 본다.

**13** 사람들이 합리적 기대하에서 이용 가능한 모든 정보를 이용하여 환율을 결정하고, 현재 환율이 미래 환율을 예측하는 데 가장 좋은 지표가 됨을 설명하는 환율결정이론은?

① 구매력평가설
② 오버슈팅모형
③ 랜덤워크모형
④ 통화론적모형

**14** 경기지수에 대한 설명으로 가장 거리가 먼 것은?

① 경기종합지수 중 선행종합지수는 경제활동을 예고하는 지수이며, 동행종합지수는 현재의 경기 상태를 나타내는 지수이고, 후행종합지수는 현재 경기의 사후 확인에 이용되는 지수이다.
② 건설수주액, 코스피지수 등은 선행종합지수로, 서비스업생산지수, 건설기성액 등은 동행종합지수로, 상용근로자수, 회사채유통수익률은 후행종합지수로 사용된다.
③ 기업경기실사지수인 BSI지수는 100 이상이면 경기를 낙관적으로, 100 이하면 경기를 비관적으로 보는 기업의 수가 많다는 의미이다.
④ 경기확산지수인 DI는 경기변동의 진폭이나 속도, 방향을 정확히 측정할 수 있다는 점에서 유용한 지표이다.

**15** 내생적 성장이론과 가장 거리가 먼 것은?

① 수확체증모형
② 한계생산성 점근모형
③ 신슘페터모형
④ 해로드–도마모형

**16** 타당성 검토 방법 중 화폐의 시간가치를 고려한 방법으로 가장 적절하게 묶은 것은?

① 회계적 이익률법, 순현가법
② 순현가법, 내부수익률법
③ 회수기간법, 현금흐름법
④ 회계적 이익률법, 회수기간법

**17** 원천별 자본비용에 대한 설명으로 가장 거리가 먼 것은?

① 타인자본의 자본비용은 원금에 대한 지급이자의 비율로 나타나고, 해당 지급이자는 과세소득에서 공제되며, 이를 타인자본의 세금이득 또는 세금효과라고 한다.
② 보통주의 자본비용은 주식투자자 입장에서의 기대수익률이며, 이때 기대수익은 배당수익과 주가차익으로 구성된다.
③ 우선주는 만기가 없이 영원히 동일한 이자를 지급하는 채권과 유사하나, 타인자본인 채권은 만기와 원금상환의무가 있다는 점에서 우선주와 구분된다.
④ 유보이익은 영업이익 중에서 배당으로 지급하지 않고 회사 내에 남겨둔 부분을 뜻하며, 때문에 유보이익의 자본비용은 우선주의 자본비용과 동일하다.

**18** 배당의 신호효과에 대한 설명으로 가장 거리가 먼 것은?

① 현금배당의 증가는 현금유출의 증가를 의미하며, 이를 외부 주주는 기업의 현금유출로 인해 기업가치에 부정적인 영향을 준다고 본다.
② 신호효과는 겉보기에는 친배당이론, 반배당이론 등과 같은 내용을 시사하나, 실질적으로는 MM(1961)과 같은 내용을 담고 있다.
③ 재무구조와 연계된 분리정리와 배당과 연계된 분리정리를 함께 묶어 자금조달 결정과 실물투자 결정의 분리정리라고 한다.
④ 완전자본시장을 가정한다면 분리정리와 무관련정리는 관점만 다를 뿐 동일한 의미를 갖는다.

**19** 유동자산으로 구분되기 어려운 것은?

① 현 금 ② 단기 유가증권
③ 외상매출 ④ 전환채권

**20** 무위험수익률이 10%, 시장수익률은 13%, 베타는 1.5인 투자안이 있을 때 해당 투자안을 수락하는 기업으로 가장 적절한 것은?

① 내부수익률이 12%인 기업 A
② 내부수익률이 13%인 기업 B
③ 내부수익률이 14%인 기업 C
④ 내부수익률이 15%인 기업 D

**21** 두 증권 간의 상관관계가 '$-1 < \rho < 0$'인 그림으로 가장 적절한 것은?

①
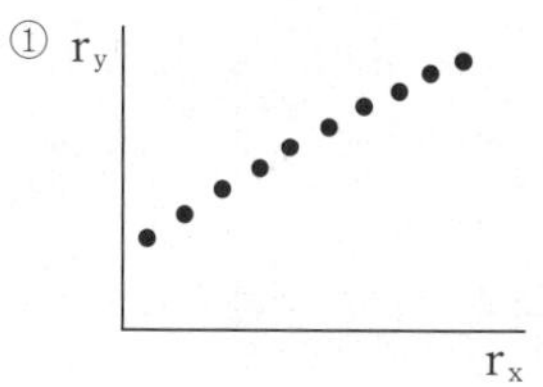


②
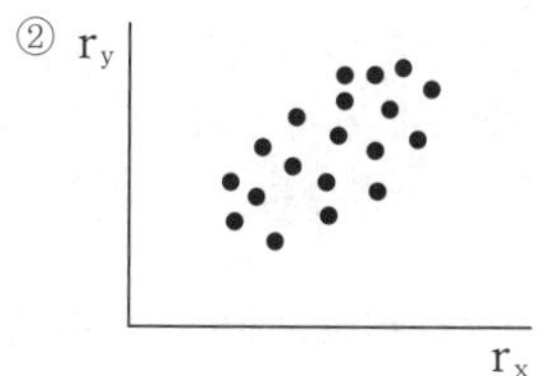


③
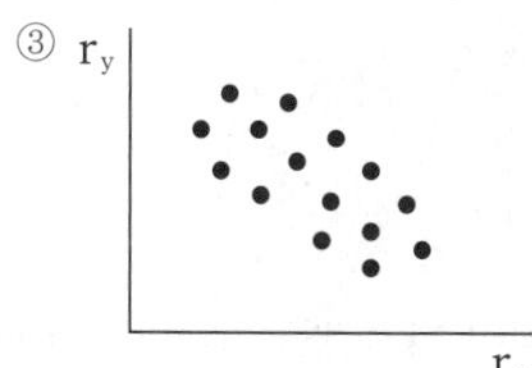


④
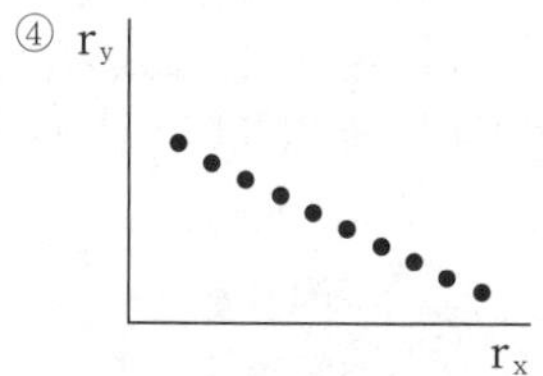


**22** 포트폴리오 감소 효과에 대한 설명으로 가장 거리가 먼 것은?

① 분산 가능 위험의 감소 효과는 구성 종목수가 증가할수록 더욱 커진다.
② 여러 종목에 분산투자하는 경우 시장위험을 주로 관리하는 것이 적절하다.
③ 투자위험에 대한 적절한 보상은 분산 불능 위험으로 한정해야 한다.
④ 각국 자산 간의 낮은 상관관계로 인해 국제 분산투자를 하면 국내 분산투자로는 제거할 수 없었던 위험의 일부까지도 제거할 수 있다.

**23** 통합적 투자관리에 대한 설명으로 가장 거리가 먼 것은?

① 자산배분은 주식, 채권, 부동산, 예금 등 투자수익과 위험이 질적으로 상이한 각 투자자산들에 투자자금을 포괄적으로 어떻게 배분할 것인가를 결정하는 것이다.
② 종목선정은 각 투자자산 중에서 구체적이고 개별적으로 시장동향, 산업별 특성, 개별 기업의 경쟁적 지위 등을 감안하여 특정 종목을 선정하는 일이다.
③ 투자관리 방법은 투자목표의 설정, 자산배분의 결정, 종목선정 순으로 이어지는 상향식 방법을 주로 사용한다.
④ 투자관리에는 투자목표의 설정으로부터 시작하여 목표 달성을 위한 전략과 전술, 사후 조정과 통제 과정까지 일관성 있는 통합적 투자관리가 요구된다.

**24** 포트폴리오 A의 투자비중이 주식 40%, 채권 60%이고 각각의 기대수익률이 8%, 4%, 주식의 표준편차가 10%일 때 해당 포트폴리오의 기대수익과 위험을 가장 적절하게 나열한 것은?

① 3.6%, 3%
② 4.2%, 5%
③ 5.6%, 4%
④ 6.4%, 5%

**25** 투자자 A는 ㈜가나다의 주식을 매수하려 하는데 해당 주식의 실제 기대수익률은 9%이다. 이때 시장수익률은 10%, 무위험이자율은 3%, 베타는 1.5인 경우 해당 주식의 매수 여부와 초과수익률 또는 초과손실률은?

① 매수, 4.5%　　② 기각, 4.5%
③ 매수, 5.5%　　④ 기각, 5.5%

**□ 제2과목. 가치평가론(35문제)**

**26** 발행시장의 기능으로 가장 거리가 먼 것은?

① 자기자본비용의 절감
② 재무구조의 개선
③ 증권 민주화 가능
④ 공정한 증권가격의 형성

**27** ㈜해커스가 11%의 무상증자를 결의하였다고 할 때 현재 ㈜해커스의 주가가 20,000원이라면 ㈜해커스의 권리락 주가는? (단, 가장 근사치로 구한다)

① 14,000원　　② 15,000원
③ 16,000원　　④ 18,000원

**28** 복수가격에 의한 계속거래 방법으로 개별 경쟁매매가 이루어질 때, 매매주문체결의 우선원칙을 적절하게 나열한 것은?

① 가격우선의 원칙 – 수량우선의 원칙 – 시간우선의 원칙 – 위탁매매우선의 원칙
② 가격우선의 원칙 – 시간우선의 원칙 – 수량우선의 원칙 – 위탁매매우선의 원칙
③ 시간우선의 원칙 – 가격우선의 원칙 – 수량우선의 원칙 – 위탁매매우선의 원칙
④ 시간우선의 원칙 – 수량우선의 원칙 – 가격우선의 원칙 – 위탁매매우선의 원칙

**29** ㈜해커스의 주식을 매수하려 할 때 현재 주가는 50,000원, 매수가는 48,000원, 수량은 100주를 입력하였다면 해당 주문의 유형은?

① 시장가주문　　② 지정가주문
③ 조건부주문　　④ 최유리주문

**30** 이자율과 주가에 대한 설명으로 가장 거리가 먼 것은?

① 이자율이 상승하면 요구수익률 즉, 할인율이 상승한다.
② 이자율이 상승하면 주식가격이 하락하는 효과가 있다.
③ 이자율이 낮을수록 현재 소비를 늘리고 저축을 줄일 것이다.
④ 이자율이 낮을수록 투자기업의 수익성이 낮아지므로 자금수요가 적어진다.

**31** 산업의 경쟁구조와 관련된 내용으로 가장 거리가 먼 것은?

① 진입장벽이 높을수록 기존 기업은 유리하다.
② 대체가능성이 높을수록 기존 기업은 불리하다.
③ 업체 간 경쟁이 치열할수록 기존 기업은 불리하다.
④ 제품구매와 관련하여 고객기업의 교섭력이 높을수록 기존 기업은 유리하다.

**32** 세후 순영업이익이 14억원인 기업 B가 있다. 이 기업의 자기자본은 50억원, 타인자본은 50억원일 때 이 기업의 자기자본비용은 12%, 세후 타인자본비용은 8%이다. 이때 기업 B의 경제적 부가가치(EVA)는?

① 3.5억원　　② 4억원
③ 4.5억원　　④ 5억원

**33** ㈜해커스의 자기자본이익률은 15%, 주식투자자의 요구수익률은 16%, 배당성향은 60%이다. A기업의 내년 예상배당액은 1,000원이며 내부금융에 의한 정률성장을 한다고 가정할 때 정률성장모형에 의한 A기업 주식의 적정가격은?

① 10,000원 ② 11,111원
③ 14,286원 ④ 16,667원

**34** 잉여현금흐름(FCF)모형에서 잔존가치(CV)를 추정하는 방법과 가장 거리가 먼 것은?

① 예측기간 말 예상되는 대체원가나 청산가치를 잔존가치로 보는 방법
② 예측기간 말 예상되는 무위험이자율에 신용스프레드를 더하여 계산하는 방법
③ 예측기간 말 예상되는 PER에 그 시점 예상 주당이익을 곱하는 방법
④ 예측기간 말 예상되는 PBR에 그 시점 예상 주당순자산을 곱하는 방법

**35** 주가수익비율(PER)에 대한 설명으로 가장 거리가 먼 것은?

① 주가가 높거나, 주당순이익(EPS)이 감소하면 PER은 올라간다.
② 일반적으로 PER이 높을수록 저평가되었다고 판단한다.
③ 이익이 너무 높거나 낮으면 제대로 된 분석이 어렵다.
④ 일반적으로 당해 연도에 이익이 없거나 손실이 발생한 경우 사용하지 않는다.

**36** 금리변동부채권에 대한 설명으로 가장 거리가 먼 것은?

① 발행 당시 표면이율에 의하여 결정되는 미래현금흐름이 확정되지 않는다.
② 일정 단위 기간마다 정해진 기준금리에 연동된 표면이율에 의하여 이자를 지급받는다.
③ 금리변동부채권은 시장수익률의 변동에 따라 이자를 지급하므로 시장수익률 변동위험에서 벗어날 수 없다.
④ 금리변동부채권의 현금흐름은 실세금리를 따르기 때문에 다른 형태의 변동채권으로 변용되기 어렵다.

**37** 채권발행에 대한 설명으로 가장 거리가 먼 것은?

① Conventional방식은 최저수익률부터 발행예정액에 달할 때까지 순차적으로 낙찰자를 결정하는 방법으로, 복수의 낙찰가격이 생기게 된다.
② 단일가격(수익률) 경매방식(Dutch방식)은 직접공모 방식이다.
③ 총액인수방식은 발행기관이 총액을 인수하여 기관들의 책임으로 매출하는 방식이다.
④ 차등가격 경매(낙찰)방식은 최고 낙찰수익률 이하 응찰수익률 중 가장 높은 수익률이 일률적으로 통일 적용된다.

**38** 채권신용등급 중 투자등급의 최하위등급은?

① AAA ② BBB(−)
③ BB ④ B

**39** 말킬의 채권가격의 정리에 대한 설명으로 가장 거리가 먼 것은?

① 채권의 잔존만기가 길수록 금리변동에 따른 채권가격변동폭은 커진다.
② 채권의 잔존만기가 길수록 금리변동에 따른 채권가격변동폭은 커지나 그 변동률은 체감한다.
③ 만기가 일정할 때 채권수익률의 하락으로 인한 가격상승폭은 같은 폭의 채권수익률의 상승으로 인한 가격하락폭보다 작다.
④ 표면이자율이 높을수록 금리변동에 따른 가격의 변동률이 작다.

**40** 잔존만기가 3년 남은 복리채권의 수익률이 5%일 때 단가가 9,568원이다. 수익률이 2% 포인트 상승할 경우 듀레이션의 개념을 이용하여 추정한 이 채권의 가격변동폭(ΔP)은?

① $\Delta P = -\frac{3}{(1+0.05)} \times 0.02 \times 9{,}568$
② $\Delta P = \frac{3}{(1+0.05)} \times 0.02 \times 9{,}568$
③ $\Delta P = -\frac{2.59}{(1+0.05)} \times 0.02 \times 9{,}568$
④ $\Delta P = \frac{2.59}{(1+0.05)} \times 0.02 \times 9{,}568$

**41** 듀레이션의 특징에 대한 설명으로 가장 거리가 먼 것은?

① 이표채의 표면이율이 높을수록 듀레이션이 작아진다.
② 이표채의 듀레이션은 채권의 잔존만기보다 작아진다.
③ 채권의 시장수익률이 높을수록 듀레이션이 작아진다.
④ 만기 시 일시상환채권의 듀레이션은 채권의 잔존만기보다 크다.

**42** 채권투자전략 중 성격이 다른 하나는?

① 현금흐름일치전략
② 만기보유전략(Buy-and-Hold)
③ 사다리형전략(Ladder Strategy)
④ 수익률곡선타기전략

**43** 수익률곡선 이론에 대한 설명으로 가장 거리가 먼 것은?

① 불편기대가설에서 현재의 수익률곡선에는 미래의 단기수익률들에 대한 기대가 반영되어 있다.
② 유동성 선호가설에 의하면 채권의 만기가 길어질수록 유동성을 포기해야 하는 기간도 길어지므로 이에 대한 프리미엄도 증가되어야 한다.
③ 시장분할가설은 채권시장이 몇 개의 하위시장으로 분할되어 이들 간에 어떤 체계적 관계가 존재하지 않는다는 가설이다.
④ 유동성 선호가설에서 수익률곡선은 미래의 현물수익률에 대한 불편기대 부분만이 전적으로 반영되어 나타난 결과이다.

**44** 채권운용전략에 대한 설명으로 가장 거리가 먼 것은?

① 나비형 투자전략을 수행하려면 바벨(Barbell)형 포트폴리오를 구성하여야 한다.
② 현금흐름일치전략은 향후 예상되는 현금유출액을 하회하며 현금유입액을 발생시키는 채권 포트폴리오를 구성하는 전략이다.
③ 면역전략은 투자기간과 채권의 듀레이션을 일치시켜 운용수익률을 목표 시점까지 고정시키려는 전략이다.
④ 수익률곡선타기전략은 수익률곡선이 우상향할 때 효과를 볼 수 있다.

**45** 전환사채의 전환대상 주가가 25,000원이다. 패리티가 125인 전환사채의 액면 전환가격은?

① 12,000원 ② 15,000원
③ 18,000원 ④ 20,000원

**46** 표면금리가 6%인 채권이 현물시장에서 $120.00에 거래되고 있으며 단기 시장이자율이 2%이다. 선물계약 만기까지 3개월이 남아 있을 경우에 이 채권의 예상 선물가격은?

① $117.50 ② $118.80
③ $119.08 ④ $120.72

**47** 금리선물시장에서 베이시스가 축소됨에 따라 헤지 손실이 발생하는 포지션은?

① Positive Carry 시장에서 매입헤지(Buying Hedge)
② Negative Carry 시장에서 매입헤지(Buying Hedge)
③ 양(+)의 베이시스 상태에서 매도헤지(Selling Hedge)
④ 음(−)의 베이시스 상태에서 매입헤지(Buying Hedge)

**48** ㈜해커스의 보통주 200주를 보유한 투자자가 주가변동 위험을 관리하기 위해 취할 수 있는 헤지방법으로 가장 적절한 것은? (단, ㈜해커스의 보통주를 기초자산으로 하는 콜옵션의 델타는 0.4이며 풋옵션의 델타는 −0.4이다)

① 풋옵션 500개 매수
② 콜옵션 500개 매도
③ 풋옵션 80개 매도
④ 콜옵션 80개 매수

**49** KOSPI200선물을 이용하여 900억원 상당의 주식 포트폴리오에 대한 헤지거래를 실시하였다. 선물지수가 450일 때 적정 매도선물 계약수가 640계약이라면 포트폴리오의 베타값은? (단, 승수는 25만원이다)

① 0.9 ② 0.8
③ 0.7 ④ 0.6

**50** 펀드매니저 A는 40억원의 주식 포트폴리오를 보유하고 있다. 베타가 1.25이고 KOSPI200 주가지수선물의 가격은 400.00이다. 이 투자자가 KOSPI200 주가지수선물을 이용하여 보유한 주식 포트폴리오의 가격변동 위험을 헤지하기 위한 선물계약수는? (단, KOSPI200 주가지수선물의 계약승수는 25만원이다)

① 50계약 매도 ② 50계약 매수
③ 100계약 매도 ④ 100계약 매수

**51** A주식의 주가가 10만원, 주식의 연배당수익률이 2%, 선물 잔존만기가 3개월, 이자율이 6%라고 할 때 주식선물의 이론가격은? (단, 이산복리로 가정한다)

① 98,100원 ② 101,000원
③ 112,000원 ④ 123,100원

**52** 한국거래소(KRX)에 상장된 국채선물에 대한 설명으로 가장 거리가 먼 것은?

① 거래대상은 표면금리 연 5%, 6개월 이표지급 방식의 3년(5년·10년) 만기의 국고채권이다.
② 최소가격 변동폭(Tick Value)은 0.01이고 1틱의 가치는 10,000원이다.
③ 국채선물 5년물의 거래단위는 액면가 5,000만원이다.
④ 국채선물 3·5·10년물의 최종결제방법은 현금결제이다.

**53** 〈보기〉와 같이 풋-콜 패리티의 균형조건이 깨졌을 때 일어날 수 있는 상황으로 가장 적절한 것은?

〈보기〉

| 풋옵션 프리미엄 + 기초자산 가격 | < | 콜옵션 프리미엄 + 채권가격 |
|---|---|---|

① 차익거래인 콘버전(Conversion)이 성립한다.
② 기초자산을 매도한다.
③ 채권가격이 상승한다.
④ 합성기초자산 매수(콜옵션 매수 + 풋옵션 매도)가 성립한다.

**54** 현재 주식가격은 10만원이고, 1년 후에 12만원으로 상승하거나 7만원으로 하락할 것으로 예상된다. 무위험이자율은 연 5%일 때 이 주식에 대한 유럽형 풋옵션(만기 1년, 행사가격 10만원)의 현재가치는? (단, 이산복리로 가정한다)

① 8,571원 ② 9,221원
③ 9,846원 ④ 10,358원

**55** KOSPI200 주가지수가 400, 단기 이자율이 6%, 주가지수의 배당수익률이 2%, 선물 잔존만기가 3개월인 주가지수선물의 시장가격이 405.30이다. 거래비용이 없다고 가정할 때 시장 상황에 관한 설명으로 가장 적절한 것은?

① 보유비용모형에 의하면 주가지수선물의 이론가격은 406.50이다.
② 주가지수선물이 저평가되어 있으므로 역현물보유전략(Reverse Cash & Carry)이 적합하다.
③ 선물을 매도하고 주식 현물을 매수하는 현물보유전략(Cash & Carry)이 적합하다.
④ 백워데이션이므로 매도차익거래가 유리하다.

**56** 파생결합증권인 ETN에 관한 설명으로 가장 거리가 먼 것은?

① ETN은 신용등급, 재무안정성 등이 우수한 증권회사가 발행한다.
② 투자자가 원활하게 매매거래를 할 수 있도록 유동성 공급자(LP : Liquidity Provider) 제도를 도입하고 있다.
③ ETN이 투자 대상으로 삼고 있는 것은 기초지수이다.
④ LP는 만기 또는 중도상환 시 지수수익률을 투자자에게 지급, 고지하는 업무 등을 담당한다.

**57** 기초자산과 ELW 각각의 만기수익률을 같게 만드는 기초자산의 연간 기대수익률은?

① 자본지지점(CFP : Capital Fulcrum Point)
② 프리미엄(Premium)
③ 전환비율(Conversion Ratio)
④ 기어링(Gearing)

**58** 〈보기〉에서 설명하는 파생결합증권으로 가장 적절한 것은?

〈보기〉

- 기초지수 변동과 수익률이 연동되도록 증권회사가 발행하는 파생결합증권
- 주식처럼 거래소에 상장되어 거래되는 증권

① ELW ② ELS
③ ELF ④ ETN

**59** 주식워런트증권(ELW)과 관련된 설명으로 가장 거리가 먼 것은?

① 콜 ELW의 경우 행사가격이 높을수록 만기에 해당 ELW의 가격은 높아진다.
② 전환비율은 만기에 ELW 1증권을 행사하여 얻을 수 있는 기초자산의 수이다.
③ ELW의 잔존만기가 감소하면 다른 가격결정요인의 변화가 없어도 ELW의 가격이 점차 하락하는 것이 일반적이다.
④ 프리미엄은 ELW의 시간가치를 현재 기초자산 가격 대비 백분율로 표시한 값이다.

**60** 주가연계증권(ELS)과 일반적인 증권 발행시장의 차이점에 대한 설명으로 가장 거리가 먼 것은?

① ELS는 투자자의 위험선호도에 따른 맞춤형으로 설계된 파생결합증권이라고 할 수 있다.
② 상환금을 준비하는 방법으로 외부에서 동일한 상품을 매입하는 방법을 자체헤지라고 부른다.
③ ELS는 발행사가 자금조달목적으로 발행하기보다는 다양한 위험선호도를 갖고 있는 투자자에게 위험을 이전하고 그 대가를 받는 형태이다.
④ ELS는 상품설계가 매우 유연하여 다양한 지급구조 및 기초자산의 선택이 가능하다는 장점을 가지고 있다.

## □ 제3과목. 재무분석론(20문제)

**61** 재무제표 작성 및 표시를 위한 고려사항과 관련된 설명으로 가장 거리가 먼 것은?

① 전체 재무제표는 적어도 1년마다 작성해야 하며, 보고기간 종료일을 변경하여 재무제표의 보고기간이 1년을 초과한 경우 사유를 추가로 공시해야 한다.
② 매출채권에 대한 대손충당금을 차감하여 자산을 순액으로 측정하는 것은 상계표시에 해당한다.
③ 기업의 사업내용에 유의적인 변화가 있을 경우 재무제표의 표시방법을 변경하고 비교정보를 재분류한다.
④ 영업활동과 관련한 자산과 부채는 정상영업주기와 1년 중 장기를 기준으로 유동항목과 비유동항목으로 분류한다.

**62** 재무상태표에서 유동자산으로 분류하는 것과 가장 거리가 먼 것은?

① 단기매매목적으로 보유하고 있는 다른 기업의 지분증권
② 정상영업주기가 20개월인 건설회사가 보고기간 후 13개월 후에 회수할 것으로 기대되는 매출채권
③ 보고기간 말 현재 사용이 10개월로 제한된 현금 및 현금성자산
④ 정상영업주기가 18개월인 제조회사가 보고기간 종료일에 취득한 만기 14개월 채무증권

**63** 금융자산에 대한 설명 중 옳은 것을 〈보기〉에서 골라 적절하게 묶은 것은?

〈보기〉

㉠ 지분상품을 FVPL금융자산, FVOCI금융자산으로 분류하는 것은 최초 인식 시점에서 가능하며 이후에는 취소할 수 없다.

㉡ AC금융자산은 최초 인식 시 공정가치로 측정하고 취득과 직접 관련된 거래원가는 당기비용으로 처리한다.

㉢ 지분상품은 계약상 현금흐름이 발생하지 않기 때문에 손상규정을 적용하지 않는다.

㉣ AC금융자산과 FVOCI금융자산은 최초 인식 시 유효이자율을 적용한 유효이자를 이자수익으로 인식한다.

① ㉠, ㉣ ② ㉡, ㉢
③ ㉠, ㉢, ㉣ ④ ㉡, ㉢, ㉣

**64** ㈜해커스의 선입선출법에 의한 매출원가는?

| 일 자 | 구 분 | 수 량 | 단 가 |
|---|---|---|---|
| 20X1. 1. 1. | 기초제품 재고 | 200 | @100원 |
| 20X1. 4. 30. | 당기제품 생산 | 300 | @150원 |
| 20X1. 6. 30. | 제품 판매 | 200 | |
| 20X1. 7. 30. | 당기제품 생산 | 500 | @200원 |
| 20X1. 10. 30. | 제품 판매 | 600 | |
| 20X1. 12. 31. | 기말제품 재고 | 200 | |

① 85,000원 ② 102,000원
③ 125,000원 ④ 136,000원

**65** ㈜해커스는 20X1. 1. 1.에 토지를 50,000원에 취득하였다. 20X1. 12. 31. 토지의 재평가금액은 60,000원이다. (재평가모형 선택) 20X2. 12. 31. 토지의 재평가금액이 35,000원이라면, 20X2. 12. 31. 포괄손익계산서에 인식할 재평가손익은?

① 기타포괄손실 15,000원
② 기타포괄손실 25,000원
③ 당기손실 15,000원, 기타포괄손실 10,000원
④ 당기이익 10,000원, 기타포괄손실 15,000원

**66** 차입원가 자본화에 대한 설명으로 가장 거리가 먼 것은?

① 적격자산에는 유형자산뿐만 아니라 재고자산, 제조설비자산, 무형자산 및 투자부동산 등도 포함된다.
② 기업은 차입원가 자본화 적용 여부를 자율적으로 선택하여 재무제표에 반영할 수 있다.
③ 특정 차입금과 일반 차입금을 구분하여 차입원가를 자본화한다.
④ 적격자산을 의도된 용도로 사용하거나 판매 가능한 상태에 이르게 하는 데 필요한 대부분의 활동이 완료된 시점에 차입원가 자본화를 종료한다.

**67** ㈜해커스가 진행기준에 따라 수익을 인식할 때 20X2년의 당기계약수익은?

(단위 : 원)

| 구 분 | 20X1년 | 20X2년 |
|---|---|---|
| 총계약수익 | 9,000 | 10,000 |
| 총계약원가 | 5,000 | 5,500 |
| 누적발생계약원가 | 2,000 | 3,850 |

① 3,400원 ② 3,600원
③ 6,400원 ④ 7,000원

**68** ㈜해커스의 당기순이익과 발행주식자료가 〈보기〉와 같을 때 기본주당이익은?

〈보기〉

- 20X1년 당기순이익 : 20,000,000원
- 20X1. 1. 1. 유통주식수 : 2,000주
- 20X1. 6. 30. 유상증자 : 1,000주
- 20X1. 10. 1. 자기주식 취득 : 200주

① 7,954원 ② 8,163원
③ 8,824원 ④ 9,108원

**69** 〈보기〉의 자료를 이용해 계산한 ㈜해커스의 영업활동으로 인한 현금흐름은?

(단위 : 원)

〈보기〉

- 당기순이익 : 10,000
- 감가상각비 : 3,000
- 매출채권 증가 : 1,500
- 매입채무 감소 : 1,000
- 외화환산이익 : 2,500
- 재고자산 증가 : 2,000

① 6,000원 ② 8,500원
③ 10,000원 ④ 13,500원

**70** 연결재무제표에 대한 설명 중 옳은 것을 〈보기〉에서 골라 적절하게 묶은 것은?

〈보기〉

㉠ 지배기업과 종속기업의 채권, 채무와 수익, 비용은 서로 상계하여 제거해야 한다.
㉡ 지배기업은 종속기업에 대한 투자주식과 종속기업의 비지배기업 지분을 제거해야 한다.
㉢ 해외에 종속기업이 존재하는 경우 지배기업의 화폐로 환산하여 합산해야 한다.
㉣ 연결재무제표는 지배기업과 종속기업의 지분 중 지배지분을 별도 표시한다.

① ㉠, ㉡ ② ㉠, ㉢
③ ㉡, ㉣ ④ ㉠, ㉡, ㉢, ㉣

**71** 〈보기〉와 같은 특징을 가진 기업가치 평가방법으로 가장 거리가 먼 것은?

〈보기〉

미래수익의 추정과정에서 불확실성이 있으며 안정적 성장기업의 가치평가에 적합하다.

① 배당할인모형 ② DCF모형
③ EV/EBITDA ④ EVA할인모형

**72** ㈜해커스의 당기순이익은 100억원, 발행주식수는 10,000,000주이고 주가는 12,000원이다. 유사한 업체의 평균 PER이 30배로 조사되었다면 ㈜해커스 주가의 상승여력은?

① 150% ② 180%
③ 200% ④ 250%

**73** ㈜해커스의 다음 정보를 활용하여 계산한 EV/EBITDA 비율은?

〈보기〉

- 매출액 : 3,000만원
- 자기자본 : 600만원
- 감가상각비 : 200만원
- 총차입금 : 2,000만원
- 영업이익 : 1,000만원
- 현금성자산 : 200만원
- 법인세 : 100만원
- 주가 : 30만원
- 당기순이익 : 500만원
- 발행주식수 : 200주

① 6.2 ② 6.5
③ 7.4 ④ 7.8

**74** 잉여현금흐름(FCFF)에 대한 설명으로 가장 거리가 먼 것은?

① 세후 영업이익에서 순투자액을 차감하는 방법으로 구한다.
② FCFF의 영업이익은 회계상 영업이익과 일치하지 않는다.
③ FCFF가 음(−)의 값일 경우 투자자로부터 유입되어야 할 현금(신규차입, 유상증자)을 의미한다.
④ 영업이익계산 시 이자비용, 이자수익, 배당수입 등을 포함한다.

**75** 자본비용(WACC)의 산정에 대한 설명으로 가장 거리가 먼 것은?

① 자기자본의 자본비용은 타인자본보다 높은 수준에서 형성된다.
② 베타계수 추정 시 상장주식의 경우 1년 ~ 3년의 단기 실적을 이용하는 것이 바람직하다.
③ 타인자본비용은 평가대상회사가 부담하고 있는 현재의 차입이자율로 측정한다.
④ 이자비용에 대한 법인세 감세 효과는 타인자본비용에서 반영한다.

**76** 〈보기〉의 자료를 이용해 계산한 ㈜해커스의 잉여현금흐름(FCFF)은?

(단위 : 억원)

〈보기〉

- 영업이익 : 400
- 법인세 : 50
- 감가상각비 : 150
- 자본적 지출 : 100
- 매출채권 증가 : 80
- 재고자산 증가 : 40
- 매입채무 감소 : 30

① 220억원 ② 250억원
③ 280억원 ④ 320억원

**77** 〈보기〉의 자료를 이용해 계산한 ㈜해커스의 1주당 가치는?

〈보기〉

- 영업가치 : 3,000억원
- 비영업자산가치 : 400억원
- 총부채 : 800억원
- 차입금 : 700억원
- 총발행주식수 : 10,000,000주

① 23,000원 ② 25,000원
③ 26,000원 ④ 27,000원

**78** 〈보기〉의 자료를 이용해 계산한 ㈜해커스의 EVA는?

〈보기〉

- 영업이익 : 300억원
- 법인세율 : 20%
- 영업투하자본 : 700억원
- 자기자본비용 : 10%
- 세후 타인자본비용 : 6%
- 자기자본비중 : 50%
- 타인자본비중 : 50%

① 176억원 ② 184억원
③ 192억원 ④ 204억원

**79** ㈜해커스의 세후 영업이익은 매년 500억원으로 일정하게 지속될 것으로 예상되며 가중평균자본비용이 8%이고 영업투하자본이 2,000억원일 때 MVA를 계산한 것으로 가장 적절한 것은?

① 3,500억원 ② 3,860억원
③ 4,100억원 ④ 4,250억원

**80** 세법에 의한 주식 평가방법에 대해 옳은 설명을 〈보기〉에서 골라 가장 적절하게 묶은 것은?

〈보기〉

㉠ 상장주식은 평가일의 최종시세가액으로 평가한다.

㉡ 일반법인의 경우 지분율과 상관없이 최대주주의 20% 할인평가는 회사의 상장 여부와 상관없이 적용된다.

㉢ 비상장주식의 순자산가치 산출 시 자기주식은 차감한다.

㉣ 비상장주식의 보충적 평가 시 순손익가치 3, 순자산가치 2의 가중치를 적용한다.

① ㉡
② ㉣
③ ㉠, ㉢
④ ㉡, ㉣

## □ 제4과목. 증권법규 및 직무윤리(20문제)

**81** 금융위원회에 대한 기술이 잘못된 것은?

① 국무총리 소속 중앙행정기관으로 금융정책, 금융감독에 관한 업무를 독립적으로 수행한다.
② 금융위원회는 위원장, 부위원장, 상임위원 2인, 비상임위원 5인으로 구성된다.
③ 금융위원회 위원장은 기획재정부장관 제청으로 국무총리가 임명한다.
④ 증권선물위원회의 위원장은 금융위원회 부위원장이 수행한다.

**82** 금융위원회 등록대상 금융투자업에 해당하는 것은?

① 온라인소액투자중개업
② 집합투자업
③ 신탁업
④ 투자중개업

**83** 증권신고서 제도에 대한 설명이 적절하지 않은 것은?

① 불특정 다수인을 상대로 일정 금액 이상을 모집 또는 매출하는 경우에 제출해야 한다.
② 주택금융공사가 보증하는 주택저당증권 및 학자금대출증권 발행 시에는 신고서 제출이 면제된다.
③ 주권, 주권관련 사채권, 파생결합증권, 개방형 집합투자증권의 경우에는 일괄신고서의 방법으로 신고할 수 있다.
④ 정정신고서가 제출된 경우에 그 정정신고서가 수리된 날로부터 3일이 경과해야 최초 제출한 증권신고서가 수리된 것으로 본다.

**84** 공개매수제도의 적용대상이 되는 증권에 해당하지 않는 것은?

① 주권상장법인이 발행한 주권
② 주권상장법인이 발행한 전환사채권
③ 주권상장법인이 발행한 주권을 기초자산으로 하는 파생결합증권
④ 주권상장법인이 발행한 수익증권

**85** 내부자 거래 규제대상인 내부자와 가장 거리가 먼 자는?

① 해당 법인의 임원
② 해당 법인의 소액주주
③ 해당 법인의 인허가권을 가진 자
④ 해당 법인과 계약을 체결하고 있거나 체결을 교섭하고 있는 자

**86** 금융투자업 인가 유지요건에 대한 기술 중 잘못된 것은?

① 금융투자업자가 인가요건을 유지하지 못할 경우 금융위원회의 인가가 취소될 수 있다.
② 매 회계연도 말 자기자본이 인가업무 최저 자기자본의 50% 이상을 유지해야 한다.
③ 대주주의 출자능력 요건은 출자 이후인 점을 감안하여 인가요건 유지의무에서 배제된다.
④ 최대주주의 경우 자격요건은 최근 5년간 5억원 이상의 벌금형을 받은 사실이 없으면 요건에 부합한 것으로 본다.

**87** 자산건전성 분류의 5단계를 순서대로 나열한 것은?

① 정상 – 요주의 – 고정 – 회수의문 – 추정손실
② 정상 – 요주의 – 고정 – 추정손실 – 회수의문
③ 정상 – 고정 – 요주의 – 회수의문 – 추정손실
④ 정상 – 고정 – 요주의 – 추정손실 – 회수의문

**88** 적기시정조치 사유 중 경영개선요구 사유에 해당하지 않는 것은?

① 순자본비율이 50% 미만인 경우
② 경영실태평가 결과를 4등급 이하로 판정받은 경우
③ 2년 연속 적자이면서 레버리지 비율이 1,100%를 초과하는 경우
④ 레버리지 비율이 1,000%를 초과하는 경우

**89** 금융소비자보호법상 금융투자업자의 상품판매와 관련한 투자성 상품에 해당하지 않는 것은?

① 금융투자상품
② 투자일임계약
③ 신탁계약(관리형 신탁 및 투자성이 없는 신탁은 제외)
④ 연계투자(P2P투자)

**90** 금융상품판매대리·중개업자에 대한 금지행위에 해당하는 것은?

〈보기〉

㉠ 금융소비자로부터 투자금, 보험료 등 계약의 이행으로서 급부를 받는 행위
㉡ 금융상품판매대리·중개업자가 대리·중개하는 업무를 제3자에게 하게 하거나 그러한 행위에 관하여 수수료·보수나 그 밖의 대가를 지급하는 행위
㉢ 금융상품 직접판매업자로부터 정해진 수수료 외의 금품, 그 밖의 재산상 이익을 요구하거나 받는 행위
㉣ 금융상품 직접판매업자를 대신하여 계약을 체결하는 행위
㉤ 투자일임재산이나 신탁재산을 모아서 운용하는 것처럼 투자일임계약이나 신탁계약의 계약체결 등을 대리·중개하거나 광고하는 행위
㉥ 금융소비자로부터 금융투자상품을 매매할 수 있는 권한을 위임받는 행위
㉦ 투자성 상품에 관한 계약체결과 관련하여 제3자가 금융소비자에게 금전을 대여하도록 대리·중개하는 행위

① ㉡, ㉢, ㉤
② ㉠, ㉡, ㉢, ㉤, ㉦
③ ㉡, ㉢, ㉣, ㉤, ㉥, ㉦
④ ㉠, ㉡, ㉢, ㉣, ㉤, ㉥, ㉦

**91** 주식회사의 정관작성 시 절대적 기재사항에 해당하는 것은?

① 액면주식을 발행할 경우 1주의 금액
② 발기인이 받을 특별이익
③ 현물출자하는 자의 성명
④ 회사가 부담할 설립비용

**92** 주식에 대한 설명이 옳지 않은 것은?

① 자기주식의 취득은 배당가능이익 범위 내에서만 가능하다.
② 주식양도는 자유이므로 양도 시 이사회 승인을 얻도록 하는 것은 불법이다.
③ 주주로서의 지위를 주장하기 위해 자기의 성명과 주소를 주주명부에 기재하는 것을 명의개서라고 한다.
④ 주식의 점유자는 적법한 소지인으로 추정된다.

**93** 신주발행 절차에 대한 기술이 틀린 것은?

① 신주발행의 결정은 정관에 달리 규정이 없는 한 이사회에서 한다.
② 신주인수권에 대한 회사의 통지 또는 공고에도 불구하고 신주인수권을 가진 자가 기일 내에 청약을 하지 않는 경우 그 권리를 상실한다.
③ 신주인수인이 납입기일에 납입한 때에는 그 범위 내에서 신주발행의 효력이 생긴다.
④ 주식인수인은 납입 즉시 주주로서의 권리·의무가 생긴다.

**94** 주식회사의 준비금에 대한 설명 중 적절하지 않은 것은?

① 준비금에는 법정준비금, 임의준비금, 비밀준비금 등이 있다.
② 법정준비금에는 이익준비금과 자본준비금이 있다.
③ 법정준비금은 결손의 전보, 자본전입을 위하여 활용된다.
④ 회사는 법정준비금이 자본금의 1.2배를 초과하는 경우에 주주총회 보통결의에 따라 그 초과한 금액 범위 내에서 법정준비금을 감액할 수 있다.

**95** 신주인수권부사채에 대한 설명이 틀린 것은?

① 신주인수권의 발행은 원칙적으로 이사회 결의로 한다.
② 주주 이외의 자에게 신주인수권을 발행하는 경우 정관에 규정이 없으면 주주총회 보통결의로 한다.
③ 신주인수권 행사로 주주가 되는 시기는 신주발행가액을 전액 납입한 때이다.
④ 신주인수권부사채는 신주발행을 대가로 출자해야 하지만 전환사채는 별도로 출자하지 않아도 된다.

**96** 직무윤리의 역할에 대한 설명이 적절하지 않은 것은?

① 금융투자상품의 정의에 대한 열거주의 도입으로 직무윤리의 중요성이 높아졌다.
② 금융소비자 보호를 위한 법적규제가 높아짐에 따라 금융투자업종사자의 윤리적 의무 수준도 높아졌다.
③ 금융투자업자의 평판위험 관리 차원에서도 직무윤리의 준수는 금융투자업종사자의 자질로 인식되고 있다.
④ 지배구조법은 금융투자업자의 윤리경영을 실천할 수 있도록 법적인 강제성을 부여한다.

**97** 이해상충이 되는 경우 우선순위를 정하는 방법이 잘못된 것은?

① 고객의 이익은 회사와 회사의 주주의 이익에 우선되어야 한다.
② 고객의 이익은 임직원의 이익에 우선되어야 한다.
③ 회사의 이익은 임직원의 이익에 우선되어야 한다.
④ 고객의 이익은 기존고객이 우선되어야 한다.

**98** 금융투자회사의 정보보호에 대한 설명으로 적절하지 않은 것은?

① 회사의 재무건전성이나 경영에 중대한 영향을 미칠 수 있는 정보는 비밀정보로 본다.
② 회사의 경영전략이나 새로운 상품 및 비즈니스에 대한 정보는 비밀정보로 본다.
③ 미공개정보는 기록이 없는 경우 확인되지 않는 한 비밀정보로 보지 않는다.
④ 특별한 정보가 비밀정보인지 불명확한 경우 그 정보를 이용하기 전에 준법감시인의 사전확인을 받아야 한다.

**99** 금융투자업종사자의 회사에 대한 윤리를 설명한 내용이 잘못된 것은?

① 지수 또는 주가에 영향을 미칠 수 있는 정보의 유통행위에 신중을 기해야 한다.
② 시장질서 교란행위에 해당하는 주문의 수탁을 받아서는 안 된다.
③ ETF 유동성 지원업무 등 본인의 업무수행으로 인한 매매의 경우 목적성이 없더라도 시세에 부당한 영향을 주는지 사전에 반드시 확인해야 한다.
④ 시장질서 교란행위를 한 것으로 판단되는 경우 금융위원회는 10억원 이하의 과징금을 부과할 수 있다.

**100** 금융투자회사의 내부통제위원회에 대한 설명이 잘못된 것은?

① 금융투자회사는 대표이사를 위원장으로 하는 내부통제위원회를 두어야 한다.
② 내부통제위원회는 매월 1회 이상 회의를 개최해야 한다.
③ 최근 사업연도 말 현재 자산총액이 7,000억원 미만인 상호저축은행은 내부통제위원회를 두지 않을 수 있다.
④ 최근 사업연도 말 현재 자산총액이 5조원 미만인 종금사 또는 보험사는 내부통제위원회를 두지 않을 수 있다.

# 제2회 적중 실전모의고사

□ 제1과목. 증권분석기초(25문제)

**01** 오차들 간의 공분산이 0이라는 의미를 갖는 회귀분석의 주요 가정으로 가장 적절한 것은?

① 정규성 ② 독립성
③ 등분산성 ④ 배타성

**02** White검정을 통해 검토하는 회귀분석의 가정으로 가장 적절한 것은?

① 정규성 ② 독립성
③ 등분산성 ④ 다중회귀 추가가정

**03** 공분산과 상관계수에 대한 설명으로 가장 거리가 먼 것은?

① 공분산은 두 개의 확률변수의 분포가 결합된 결합 확률분포의 분산을 나타내며, 방향성에 대한 정보를 나타내지만 결합정도에 대한 정보로는 유용치 않다.
② 두 확률변수가 독립적이면 공분산과 상관계수는 항상 0이다.
③ 상관계수는 방향성에 대한 정보와 선형적 결합정도에 대한 정보를 모두 나타내는 정보로 공분산을 표준화한 값이다.
④ 단순선형회귀모형에서 $R^2$값이 0.16일 때 X와 Y가 서로 같은 방향으로 움직인다면, X와 Y의 상관계수 값은 −0.4이다.

**04** 결정계수에 대한 설명으로 가장 거리가 먼 것은?

① 전체제곱합 중에서 회귀제곱합이 차지하는 비율을 의미한다.
② 결정계수가 1에 가까울수록 회귀선에 적합하다고 볼 수 있다.
③ 설명변수의 수가 다른 경우에도 결정계수가 1에 가까울수록 더 적합한 회귀모형으로 선택된다.
④ 회귀모형이 데이터를 얼마나 잘 설명하도록 추정되었는지 통계적 모형의 유의성을 살펴볼 수 있다.

**05** 귀무가설이 사실인데도 대립가설을 지지하는 의사결정을 할 경우를 의미하는 것은?

① 1종 오류 ② 2종 오류
③ 올바른 결정 ④ 신뢰수준

**06** 총수요곡선과 총공급곡선에 대한 설명으로 가장 적절한 것은?

① 화폐량의 증가는 LM곡선을 좌측으로 이동시켜 국민소득을 증가시킨다.
② 고전학파는 가격의 경직성을 가정하여 총공급곡선을 설명하였다.
③ 케인즈학파는 명목임금의 신축성을 가정하여 총공급곡선을 설명하였다.
④ 고전학파는 물가상승으로 인한 산출량은 불변한다고 보았으나, 케인즈학파는 산출량이 증가한다고 보았다.

**07** 신슘페터모형에 대한 설명으로 가장 거리가 먼 것은?

① 신고전학파의 외생변수인 기술진보를 내생적인 것으로 가정하며, 개발된 기술은 특허 및 지적재산권에 의해 독점된다고 본다.
② 신고전학파의 완전경쟁을 가정하지 않고, 기업이 독점이윤을 얻을 수 있는 불완전경쟁 모형을 가정한다.
③ 로머는 인적자본과 성장률이 정(+)의 관계에 있고, 연구부문의 생산성이 높을수록 경제성장률이 증가함을 보여준다.
④ 신슘페터 성장모형은 기술개발이 자본의 한계 생산성 체감을 억제하는 역할을 담당하기 때문에 지속성장이 가능하며 파레토최적을 달성할 수 있다고 주장하였다.

**08** 화폐의 공급에 대한 설명으로 가장 거리가 먼 것은?

① 중앙은행의 유동성 부채인 화폐발행액과 지준예금의 합계액이 본원통화이다.
② 화폐발행액은 민간화폐 보유액과 시재금으로 구분되고, 지급준비금은 시재금과 지준예금으로 구성된다.
③ 협의의 통화에는 민간보유 현금과 요구불예금이 포함된다.
④ 협의의 통화에 저축성 예금과 비은행금융을 더한 것을 광의의 유동성이라 한다.

**09** 확률적 오차항에 의해서 소비가 변한다는 가설로, 항상소득가설과 합리적 기대가설이 합쳐진 소비이론은?

① 절대소득가설　② 생애주기가설
③ 임의보행 소비가설　④ 유동성제약모형

**10** 유동성프리미엄이론에 대한 설명으로 가장 거리가 먼 것은?

① 유동성프리미엄이론은 장기채권의 수익률에 미래 수익률의 불확실성에 대한 보상이 포함된다고 본다.
② 유동성프리미엄에서의 위험은 채권가치변동에 따른 자본손실의 위험을 의미한다.
③ 유동성프리미엄에 의해 시장균형이 달성되기 위해서는 이자율이 미래로 갈수록 점차 상승해야 하며, 만기와 양(+)의 관계를 가져야 한다.
④ 유동성프리미엄이론은 불편기대이론이 설명하지 못하는 수익률곡선의 우상향 패턴을 설명할 수 있고, 그로 인해 수익률곡선의 기울기가 불편기대이론보다 작게 나타난다.

**11** 〈보기〉의 ㉠ ~ ㉢에 들어갈 말을 가장 적절하게 연결한 것은?

〈보기〉

( ㉠ )은 장기채권의 수익률에는 미래의 불확실성이 포함되어 있다는 이론이고, ( ㉡ )은 선도이자율을 예상 현물이자율의 불편추정량으로 해석했을 때 성립되는 이론이며, ( ㉢ )은 투자자들의 선호가 모두 다르기 때문에 나타나는 현상을 설명한 이론이다.

| | ㉠ | ㉡ | ㉢ |
|---|---|---|---|
| ① | 기대이론 | 유동성 프리미엄이론 | 시장분할이론 |
| ② | 유동성 프리미엄이론 | 기대이론 | 시장분할이론 |
| ③ | 시장분할이론 | 기대이론 | 유동성 프리미엄이론 |
| ④ | 유동성 프리미엄이론 | 시장분할이론 | 기대이론 |

**12** 환율의 개념에 대한 설명으로 가장 거리가 먼 것은?

① 통상적으로 사용하는 것은 명목환율이며, 이를 교역상대국의 상대적 물가지수로 나누면 실질환율을 구할 수 있다.
② 실질환율은 실질구매력의 변동을 반영함으로써 국제시장에서 자국 재화의 국제 경쟁력을 평가하는 기준이 된다.
③ 실질환율이 높다는 것은 자국 재화의 가격수준이 높음을 의미한다.
④ 실질환율이 낮다는 것은 가격 경쟁력이 하락함을 의미하나, 경제여건이 상이한 양국의 물가수준을 정확히 판별하는 데는 어려움이 있다.

**13** 〈보기〉의 ㉠, ㉡에 들어갈 말로 가장 적절하게 연결된 것은?

〈보기〉

케인즈 학파는 LM곡선이 ( ㉠ )인 경우 재정정책이 효과적임을 주장하였고, 고전학파는 IS곡선이 ( ㉡ )인 경우 재정정책이 효과가 없음을 주장하였다.

| | ㉠ | ㉡ |
|---|---|---|
| ① | 수 직 | 수 평 |
| ② | 수 직 | 수 직 |
| ③ | 수 평 | 수 직 |
| ④ | 수 평 | 수 평 |

**14** 고정환율제도의 문제점을 〈보기〉에서 골라 가장 적절하게 묶은 것은?

〈보기〉

㉠ 국제무역과 국제투자 저해
㉡ 충분한 외환준비금 필요
㉢ 불법적 암시장 발생
㉣ 투기적 공격으로 인한 외환위기
㉤ 환투기의 성행

① ㉠, ㉡, ㉤ ② ㉠, ㉣, ㉤
③ ㉠, ㉢, ㉣ ④ ㉡, ㉢, ㉣

**15** 경기변동의 특징으로 가장 거리가 먼 것은?

① 지속성 ② 보편성
③ 대칭성 ④ 주기성

**16** 〈보기〉에서 설명하는 용어로 가장 적절한 것은?

〈보기〉

1년 이상의 현금흐름을 창출하는 자본자산의 구성과 연계하여 기업 전체의 현금유입과 현금유출에 대해 중·장기적인 계획을 세우는 작업을 일컫는다.

① 현금흐름 ② 대차대조표
③ 자본예산 ④ 손익계산서

**17** 대리인 비용에 대해 〈보기〉의 (  )에 들어갈 말을 순서대로 나열한 것은?

〈보기〉

(      )은(는) 대리인인 경영자가 자신의 이익을 위하여 위임자인 주주의 이익을 희생시키는 과정에서 발생하는 비용을 의미하고, (      )은 주주가 유한책임을 가지고 있는 상태에서 채권자가 자금을 빌려준 후에는 이에 대한 통제권을 주주에게 일임하기 때문에 발생한다.

① 감시비용, 타인자본 대리비용
② 특권적 소비, 확증비용
③ 자기자본 대리비용, 타인자본 대리비용
④ 감시비용, 확증비용

**18** 내부수익률법의 문제점으로 가장 거리가 먼 것은?

① 비교대상인 요구수익률이 미래의 단위기간별로 다르게 나타날 때 내부수익률과 요구수익률의 비교가 어려울 수 있다.
② 내부수익률이 존재하지 않거나, 복수의 해가 나올 경우 어느 내부수익률을 사용해야 할지 어려울 수 있다.
③ 내부수익률의 계산과정에서 투자비용이나 투자성과와 같은 경제적 의미를 반영하지 못할 수 있다.
④ 내부수익률이 상호독립적인 선택에 있어 오류를 가질 수 있다.

**19** 재무비율의 연결이 적절하지 않은 것은?

① 유동성비율 – 유동비율, 당좌비율
② 수익성비율 – 매출액순이익률, 주가수익비율
③ 성장성비율 – 순이익증가율, 총자산증가율
④ 활동성비율 – 총자산회전율, 매출채권회전율

**20** 최적자본구조에 대한 설명으로 가장 거리가 먼 것은?

① MM과 Miller의 완전자본시장의 가설이 아닌 회사채의 지급불능 위험이 존재한다면 타인자본의 사용에 따른 최적 자본구조가 존재할 수 있다.
② 초기에는 타인자본 사용에 따른 순세금 효과가 파산비용을 상회하지만, 일정 구간을 지나면 파산비용이 순세금 효과를 상회한다.
③ 타인자본을 사용하는 기업의 가중평균자본비용은 타인자본이 증가할수록 초기에는 감소하다가 최적 자본구조를 지나면서 상승추세로 전환된다.
④ 파산비용이 없는 MM(1963)의 경우 타인자본의 사용에 따른 가중평균자본비용은 지속적으로 상승하여 이로 인해 기업가치는 계속 하락한다.

**21** 포트폴리오의 위험에 대한 설명으로 가장 적절한 것은?

① 포트폴리오의 위험을 측정하는 방법은 포트폴리오 기대수익률과 동일하게 개별 증권 분산의 가중평균으로 계산한다.
② 포트폴리오 내 개별자산의 위험이 낮은 자산들이 위험이 높은 자산들에 비해 항상 낮은 포트폴리오 위험을 유지한다.
③ 포트폴리오의 위험에 영향을 미치는 요인으로는 상관관계와 투자금액의 비율이 중요한 역할을 한다.
④ 두 자산 간의 상관관계가 0인 경우에 포트폴리오 위험은 가장 낮은 수준을 유지한다.

**22** CAPM과 APM에 대한 설명으로 가장 적절한 것은?

① APM은 확률분포를 정규분포로 가정한다.
② APM은 시장포트폴리오를 최적 투자대상을 고르는 핵심대상으로 한다.
③ APM은 무위험수익률에 대한 가정이 필요하지 않다.
④ CAPM은 투자기간을 다기간까지 쉽게 확장할 수 있다.

**23** 〈보기〉의 (　　)에 들어갈 용어로 가장 적절한 것은?

〈보기〉

포트폴리오를 구성하는 증권 간의 상관관계가 일정하게 주어졌을 때, 투자비율의 조정에 따른 포트폴리오 기대수익률과 위험의 변화를 그림으로 나타낸 선에서 위험이 최소가 되는 포트폴리오를 (　　　)(이)라고 한다.

① 효율적 투자기회선
② 증권시장선
③ 자본시장선
④ 최소분산 포트폴리오

**24** 포트폴리오 수정에 대한 설명으로 가장 거리가 먼 것은?

① 포트폴리오 리밸런싱은 상황변화가 있을 경우 상대 가격변동에 따른 투자비율의 변화를 원래대로의 비율로 환원시키는 방법을 사용한다.
② 포트폴리오 리밸런싱의 경우 지수선물을 사용하면 포트폴리오 구성 내용을 변경하지 않고서도 체계적 위험을 통제할 수 있다.
③ 포트폴리오 업그레이딩은 위험에 비해 상대적으로 높은 기대수익을 얻고자 하거나, 기대수익에 비해 상대적으로 낮은 위험을 부담하도록 포트폴리오의 구성을 수정하는 것이다.
④ 포트폴리오 업그레이딩은 새로운 정보에 의해 보다 효율적인 투자자산이 나타난다면 지체없이 포트폴리오 수정을 통해 효율성을 높이는 것이다.

**25** 무위험자산과 최적 자산배분에 대한 설명으로 가장 거리가 먼 것은?

① 무위험자산은 수익률의 표준편차가 0인 자산으로, 무위험자산이 포함된 투자기회선을 자산배분선(CML)이라고 부른다.
② 위험자산으로만 구성한 포트폴리오의 성과보다 무위험자산과 위험자산으로 구성한 포트폴리오의 성과가 우수하다.
③ 무위험자산이 포함된 자산배분선상의 포트폴리오는 투자금액의 비율이 어떻게 조정되더라도 투자위험당 얻는 위험보상률인 투자보수 대 변동성 비율(RVAR)이 항상 일정하다.
④ 공격적 투자자는 대출포트폴리오를, 방어적 투자자는 차입포트폴리오를 구성한다.

## ㅁ 제2과목. 가치평가론(35문제)

**26** 증권제도의 특징으로 가장 거리가 먼 것은?

① 주식·회사채·국공채 등의 유가증권 발행
② 증권 액면의 소단위 분할 발행
③ 높은 자금 조달비용으로 고수익 보장
④ 자유양도성 보장

**27** ㈜해커스의 현(기준)주가는 47,000원이고, 발행주식수는 2,000,000주이다. 20%의 유상증자를 하고자 할 때, 발행가격이 35,000원일 경우 권리락 주가는?

① 41,000원
② 42,000원
③ 43,000원
④ 45,000원

**28** 우리나라에서 증권매매의 결제방법으로 채택되고 있는 제도는?

① 신용거래(Margin Transactions)
② 보통거래(Regular Transactions)
③ 대주거래(Short Selling)
④ 청산거래(Clearance Transactions)

**29** 주가지수의 가중방법으로 가장 거리가 먼 것은?

① 주식가격에 가중하는 방법
② 주식의 총시장가치에 가중하는 방법
③ 동일 가중치로 평균하는 방법
④ 주식 거래량 평균에 가중하는 방법

**30** 경제변수를 살펴보고 주가의 추이를 예측한 것으로 가장 거리가 먼 것은?

① GDP(국내총생산)가 상승하고 있으므로 주가도 상승할 것으로 보인다.
② 이자율이 상승하고 있으므로 주가도 상승할 가능성이 높아 보인다.
③ 물가가 상승하고 있으므로 주가는 하락할 것으로 보인다.
④ 환율 상승은 수출기업의 주가에 긍정적일 것이다.

**31** 제품수명주기(Product Life Cycle)에 의한 산업분석으로 가장 거리가 먼 것은?

① 도입기, 성장기, 성숙기, 쇠퇴기의 4단계로 나누어 볼 수 있다.
② 산업이 어느 단계에 있는지를 확인할 수 없다.
③ 수명주기상의 이동을 초래하는 근본적인 요인들이 다양하다.
④ 수요와 공급분석이 병행되면 제품수명주기에 의한 산업분석의 유용성이 높아질 것이다.

**32** 기업의 총자산수익률(ROA) 및 자기자본이익률(ROE)에 대한 설명으로 가장 거리가 먼 것은?

① 순이익이 일정한 상태에서 총자산이 증가하면 ROA는 감소한다.
② 매출액순이익률이 일정한 상태에서 총자산회전율이 증가하면 ROA는 감소한다.
③ 자기자본비율이 일정한 상태에서 ROA가 증가하면 ROE도 증가한다.
④ ROA가 일정한 상태에서 자기자본비율이 증가하면 ROE는 감소한다.

**33** ㈜해커스의 보통주 주가가 시장에서 20,000원에 거래되고 있고, 이 기업의 당기주당순익은 1,000원을 기록하였다. 또한 이 기업의 유보비율이 30%, 요구수익률이 15%일 때, ㈜해커스의 유보이익에 대한 재투자수익률은?

① 18% ② 20%
③ 32% ④ 37%

**34** 무위험이자율이 8%이고, 시장수익률은 13%이며, 주식의 베타는 1.2이다. CAPM모형을 이용하여 계산한 자기자본비용(k)은?

① 14% ② 15%
③ 17% ④ 18%

**35** 주가순자산비율(PBR)에 대한 설명과 가장 거리가 먼 것은?

① 분자인 주가와 분모인 순자산은 시간상의 차이가 있을 수 있다.
② 분자인 주가는 기업의 전체가치를 반영하지만, 분모인 순자산은 자산과 부채의 단순한 차이에 지나지 않는다.
③ 자산이나 부채의 장부가액은 일정한 회계 관습에 의하여 제약을 받을 수 있다.
④ 기업의 청산보다는 계속기업을 가정할 경우 유용한 평가기준이 될 수 있다.

**36** 우리나라의 채권시장에 관한 설명으로 가장 거리가 먼 것은?

① IDM(Inter Dealer Market)은 국채딜러 간 경쟁매매시장이다.
② 무보증사채의 발행을 위해서 2개 이상의 복수평가를 받는다.
③ Dutch방식은 발행인 간접모집방식이다.
④ Conventional방식은 복수의 낙찰수익률이 발생한다.

**37** 채권발행방법 중 공모발행에 대한 설명으로 가장 거리가 먼 것은?

① 불특정 다수의 투자자를 대상으로 채권을 발행한다.
② 소수투자자와 사적 교섭으로 채권을 매각하며, 유동성이 낮은 회사채의 발행에 주로 활용된다.
③ 투자자에게 직접 채권을 매출하는 직접발행방식과 발행기관을 통한 간접발행방식으로 이루어진다.
④ 직접발행에는 매출발행, 공모입찰발행 등이 있다.

**38** 채권으로부터 얻어지는 이자수입의 실질가치를 감소시키는 데서 발생하는 위험은?

① 인플레이션위험
② 가격변동위험
③ 재투자위험
④ 유동성위험

**39** 채권가격 및 수익률에 관한 설명으로 가장 거리가 먼 것은?

① 만기수익률이 변하면 채권가격의 변동폭은 만기가 길수록 커지고 변동률은 체감한다.
② 만기가 일정할 경우 수익률 하락으로 인한 가격상승폭은 같은 폭의 수익률 상승으로 인한 가격하락폭보다 작다.
③ 만기수익률이 변하면 표면이자율이 작을수록 채권가격은 상승한다.
④ 만기수익률의 변동에 따른 채권가격의 변동률은 만기가 길수록 크다.

**40** 조건부자본증권에 대한 설명으로 가장 거리가 먼 것은?

① 특정 사유에 의해 채무가 자본으로 바뀌는 성격을 가진 채권이다.
② 은행의 높은 크레딧으로 인해 후순위채보다 상환순위가 높아 상대적으로 금리가 낮다.
③ 자본잠식이 심해지는 등의 사유가 발생하면 자본으로 전환되는 채권을 의미한다.
④ 은행의 자본력이 약해질 경우에는 전액 손실을 인식할 수 있다.

**41** 〈보기〉의 정보를 가진 채권의 발행 당일 만기수익률이 10%일 때 듀레이션은 4.58년이다. 다른 조건은 이 채권과 동일하나 표면이율이 8%인 채권의 듀레이션으로 가장 적절한 것은?

〈보기〉

- 발행일 : 20X2년 6월 22일
- 표면이율 : 5%
- 만기일 : 20X7년 6월 22일
- 이자지급방법 : 매년단위 후급
- 발행주식수 : 5,000,000주

① 4.18년
② 4.58년
③ 4.71년
④ 4.82년

**42** 수익률곡선에 대한 설명으로 가장 거리가 먼 것은?

① 서로 다른 만기를 가진 채권들의 가격구조에 미치는 영향에 관한 정보가 총체적으로 반영된 것이다.
② 수익률곡선은 그 모양에 따라 상승형, 하강형, 수평형, 낙타형 등으로 구분할 수 있다.
③ 상승형은 자금사정의 일시적인 악화로 단기적으로는 금리가 높아지지만 장기적으로는 금리가 안정된다고 기대되는 상황에서 나타나는 경향이 있다.
④ 동일한 발행주체에 의해 발행된 채권의 잔존기간과 수익률과의 관계를 나타내는 개념을 수익률의 기간구조라고 한다.

**43** 수익률곡선의 형태를 이용한 전략에 대한 설명으로 가장 거리가 먼 것은?

① 수익률곡선타기전략이 유효하려면 수익률곡선 모양이 우상향하고, 투자기간 동안 변하지 않아야 한다.
② 나비형 투자전략은 장·단기물의 비중을 늘리고 중기물을 매도하여 바벨형 포트폴리오(Barbell Portfolio)라고 한다.
③ 장·단기물의 비중을 줄이고 중기물을 매입함으로써 중기물의 비중을 확대시키는 방식을 불렛형 포트폴리오(Bullet Portfolio)라고 한다.
④ 수익률곡선의 형태를 이용한 전략은 소극적 채권투자전략에 속한다.

**44** 만기가 3년, 표면이자율이 6%, 액면금액이 10,000원인 전환사채가 현재 9,700원에 거래되고 있다. 이 사채는 보통주 5주와 전환이 가능하며 보통주의 금액은 2,500원이다. 전환비율은 100%이고 동일한 조건의 일반채권 만기수익률이 8%일 때, 이 전환사채의 패리티(Parity)는?

① 75%　　② 100%
③ 120%　　④ 125%

**45** 패리티가 120%인 전환사채의 전환대상 주식의 가격이 12,000원일 때, 이 전환사채의 액면전환가격은?

① 6,000원　　② 8,000원
③ 10,000원　　④ 14,000원

**46** 〈보기〉의 상황을 보고 주식형 펀드매니저가 주가지수선물을 이용하여 헤지하고자 할 때 취할 전략으로 가장 적절한 것은?

〈보기〉

- 보유 주식 포트폴리오의 현재가치 : 50억원
- KOSPI200선물가격 : 400
- 주식 포트폴리오 베타 : 1.1

① KOSPI200선물 50계약을 매도
② KOSPI200선물 55계약을 매도
③ KOSPI200선물 50계약을 매수
④ KOSPI200선물 55계약을 매수

**47** 〈보기〉의 자료를 바탕으로 차익거래가 발생하지 않는 선물의 시장가격으로 가장 적절한 것은?

〈보기〉

- 현재 KOSPI200 : 400.00pt
- 선물거래수수료 : 0.08pt
- 잔존기간 : 6개월
- 무위험이자율 : 6%
- 배당수익률 : 2%
- 주식거래수수료 : 0.12pt

① 407.73　　② 407.91
③ 408.22　　④ 408.38

**48** 주식 관련 선물의 베이시스에 관한 설명으로 가장 거리가 먼 것은?

① 선물시장가격과 현물가격의 차이를 시장 베이시스라고 한다.
② 선물이론가격과 현물가격의 차이를 이론 베이시스라고 한다.
③ 이론 베이시스가 0보다 크다는 것은 순보유비용이 음(−)이라는 것을 의미한다.
④ 선물가격이 저평가되어 있으면 시장 베이시스가 이론 베이시스보다 작다.

**49** 스트립헤지와 스택헤지에 관한 설명으로 가장 거리가 먼 것은?

① 스트립헤지(Strip Hedge)란 해지해야 할 대상이 장기간에 걸쳐 존재할 때 선물을 동일수량만큼 매입 또는 매도하여 전체적으로 균형화하는 헤지기법을 말한다.
② 스택헤지(Stack Hedge)는 사후관리가 필요하지 않지만 원월물로 갈수록 유동성이 저하되는 문제가 발생한다.
③ 스트립헤지는 단순히 2개 이상의 연속적인 결제월물을 시리즈로 매입 또는 매도하는 기법으로서 해당 스트립기간 동안의 수익률을 고정시킬 수 있다.
④ 스택헤지란 헤지 대상물의 가액 전체 규모에 해당하는 근월물을 일괄 매입(매도)한 후 이월(Rollover)해 나가는 방식을 취한다.

**50** 단기금융시장과 외환시장에 관한 정보가 〈보기〉와 같을 때, 만기가 3개월(92일)인 원/달러 선물환율은?

〈보기〉
- 원/달러 현물환율 : 1,192.00원
- 원화 3개월 금리 : 3%(act/365)
- 달러화 3개월 금리 : 2%(act/360)

① 1,185.37 ② 1,192.08
③ 1,194.91 ④ 1,198.12

**51** 합성 포지션의 구성방법으로 가장 거리가 먼 것은?

① 합성콜 매도 = 풋 매도 + 옵션 기초자산 매도
② 합성풋 매도 = 콜 매도 + 옵션 기초자산 매입
③ 합성옵션 기초자산 매입 = 콜 매도 + 풋 매입
④ 합성콜 매입 = 풋 매입 + 옵션 기초자산 매입

**52** 투자자 A는 만기가 3개월, 행사가격이 100인 콜옵션을 5에 매수하였다. 현재 주가지수가 103이라고 할 때 콜옵션의 시간가치는?

① 0 ② 1
③ 2 ④ 3

**53** 델타에 관한 설명으로 가장 거리가 먼 것은?

① 콜옵션 델타는 0과 1 사이의 값을 가진다.
② Deep OTM 콜옵션의 가격은 기초자산의 가격 변화에 민감하게 반응하지 않는다.
③ 풋옵션의 델타는 0과 −1 사이의 값을 가진다.
④ 델타는 ATM 옵션이 되거나 ATM 옵션으로 남아있을 확률로 이해되기도 한다.

**54** 보증된 콜(Covered Call)에 관한 설명으로 가장 거리가 먼 것은?

① 기초자산을 보유한 상태에서 해당 콜옵션을 매입하는 것을 말한다.
② 옵션 기초자산의 가격이 상승하여 콜옵션이 행사되더라도 보유하고 있는 기초자산을 인도함으로써 의무를 이행할 수 있으므로 가격 상승에 따른 위험이 제거된다.
③ 풋–콜 패리티에 의해 결과적으로 풋옵션 매도 포지션과 동일하다.
④ 시세의 움직임이 크지 않을 경우 특히 장세의 약보합세를 예상할 때 유용한 헤지전략이다.

**55** 행사가격이 1,182원이고, 만기가 1개월인 원/달러 콜옵션의 가격이 7원이며, 동일한 행사 가격과 만기를 가진 풋옵션이 19원에 거래되고 있다. 원/달러 현물환율이 1,171원이라고 할 때 콜옵션과 풋옵션의 시간가치의 합은?

① 8원 ② 13원
③ 15원 ④ 17원

**56** 조기상환형(Step Down) ELS에 대한 설명으로 가장 거리가 먼 것은?

① 저금리 상황에서 원금보장형 구조의 설계가 어렵게 되면서 좀 더 매력적인 추가 수익을 제시한다.
② 조기상환 시점마다 일정 비율씩 조기상환 기준지수를 강화해 나간다.
③ 2006년 이후 현재까지 시장에서 거래되는 ELS의 대부분은 Step Down 구조가 대표적이다.
④ 만기를 장기화하고 원금보장성을 약화시킨 상품이다.

**57** 풋옵션의 매도를 통해 수수료 수익을 추가로 획득할 수 있지만 원금손실 가능성이 있는 구조의 ELS는?

① Bull Spread
② Reverse Convertible
③ Up-and-Out Call with Rebate
④ Down-and —Out Put

**58** 주식워런트증권(ELW)에 관한 설명으로 옳지 않은 것은?

① 일반투자자도 기존 주식계좌를 이용하여 주식과 동일하게 매매할 수 있다.
② 레버리지 효과가 큰 ELW 거래는 직접 투자할 때보다 적은 투자금액으로 높은 수익을 올릴 수 있다.
③ 변동성은 기초자산가격이 만기까지 얼마나 크게 변동할 것인가를 계량화하여 수치화한 변수이다.
④ ELW는 파생결합증권으로서 투자자는 옵션의 매도만 가능하다.

**59** ELS, ELD, ELF에 대한 설명으로 가장 거리가 먼 것은?

① 은행에서 발행하는 ELD는 정기예금으로 분류되고 있어 예금자 보호를 받을 수 있는 장점이 있다.
② 대다수의 ELS는 증권사가 공모로 발행하는 ELF에 투자하는 형태이다.
③ ELS는 상품설계가 매우 유연하여 다양한 지급구조 및 기초자산의 선택이 가능하다는 장점을 가지고 있다.
④ ELD는 만기에 사전약정수익률을 배당하며 실적배당상품이 아니다.

**60** 상장지수증권(ETN)의 특징에 대한 설명으로 가장 거리가 먼 것은?

① ETN은 증권거래세가 면제되며, 국내 ETN의 매매차익에 대해서는 과세된다.
② ETN은 거래소에서 매매를 통해 새로 투자하거나 매도할 수 있어 유리하다고 할 수 있다.
③ ETN은 채권형식으로 발행되기에 일반적인 공모펀드의 신규 발행에 비하여 신속하고 유연하다.
④ ETN은 벤치마크 지수가 명확히 설정되어 있고 가격 투명성도 높다.

## □ 제3과목. 재무분석론(20문제)

**61** 재무상태표의 계정과목 중 자산에 해당하는 것을 〈보기〉에서 골라 적절하게 묶은 것은?

〈보기〉

| | |
|---|---|
| ㉠ 선급금 | ㉡ 매출채권 |
| ㉢ 선급비용 | ㉣ 선수금 |
| ㉤ 보증금 | ㉥ 미지급금 |

① ㉠, ㉡, ㉤　　② ㉠, ㉡, ㉢, ㉤
③ ㉡, ㉣, ㉤　　④ ㉡, ㉣, ㉤, ㉥

**62** 기타포괄손익으로 분류되는 항목을 〈보기〉에서 골라 적절하게 묶은 것은?

〈보기〉

㉠ 매도가능 금융자산의 평가손익
㉡ 확정급여제도의 보험 수리적 손익
㉢ 공정가치 위험회피의 파생상품평가손익
㉣ 유형자산 재평가잉여금 변동

① ㉠, ㉡ ② ㉠, ㉡, ㉢
③ ㉠, ㉡, ㉣ ④ ㉠, ㉡, ㉢, ㉣

**63** 금융상품에 대한 설명으로 가장 거리가 먼 것은?

① AC금융자산으로 분류하는 것은 만기보유금융자산, 대여금 및 수취채권이다.
② 채무상품을 AC금융자산, FVPL금융자산, FVOCI금융자산으로 분류하는 것은 최초 인식 시점에서만 가능하며 이후에는 취소할 수 없다.
③ FVPL금융자산은 최초 인식 시 공정가치로 측정하고 취득 시 거래원가는 당기비용으로 처리한다.
④ 지분상품은 손상규정을 적용하지 않는다.

**64** ㈜해커스의 20X1. 12. 31. 결산 중 기계장치에 대한 감가상각비는? (단, 정률법 40%를 적용하여 계산한다)

〈보기〉

• 기계장치 취득가액(20X0. 1. 1.취득) : 200,000원
• 내용연수 : 5년
• 잔존가액 : 20,000원

① 48,000원 ② 51,200원
③ 72,000원 ④ 80,000원

**65** 리스의 회계처리에 대한 설명으로 가장 거리가 먼 것은?

① 리스이용자의 리스기간 종료시점에 소유권이전 가능성이 낮을 경우에는 자산 내용연수에 걸쳐 상각한다.
② 리스료에 포함되지 않은 사용권 자산과 관련한 수선비, 세금과공과, 보험료 등의 발생비용은 당기비용으로 회계처리한다.
③ 리스이용자는 리스기간 종료 시 리스자산의 반환여부와 관계없이 리스기간개시일에 사용권 자산과 리스부채를 인식한다.
④ 판매형리스에서 리스제공자가 인식할 매출액은 자산의 공정가치와 시장이자율로 할인한 리스료의 현재가치 중 작은 금액으로 한다.

**66** ㈜해커스는 20X1. 12. 31.에 임원들에게 직전 5년간 회사 성장에 기여한 공로로 주식 기준 보상(주식결제형, 현금결제형)을 하기로 하였다. 내용이 〈보기〉와 같을 경우 20X1. 12. 31. 회계처리로 적절한 것은?

〈보기〉

• 주식결제형 : 보통주(액면금액 @1,000원, 공정가치 @3,000원) 1,000주를 2,000원(행사가격)에 매입할 수 있는 주식 선택권
• 현금결제형 : 동일 조건으로 현금 지급

| | 자 본 | 부 채 |
|---|---|---|
| ① | 주식선택권 3,000,000원 | 장기미지급비용 1,000,000원 |
| ② | 주식선택권 1,000,000원 | 장기미지급비용 2,000,000원 |
| ③ | 주식선택권 2,000,000원 | 장기미지급비용 1,000,000원 |
| ④ | 주식선택권 3,000,000원 | 장기미지급비용 2,000,000원 |

**67** ㈜해커스의 20X1년 회계이익은 20,000원이다. 세무조정 결과 가산할 일시적 차이는 4,000원이 발생하였고 20X2년도 소멸된다. 당기 법인세율은 25%이나 이후는 30%로 예상된다. 이때 ㈜해커스가 인식할 이연법인세는?

① 이연법인세부채 1,200원
② 이연법인세자산 1,200원
③ 이연법인세부채 5,200원
④ 이연법인세자산 5,200원

**68** 현금흐름표에서 비현금거래에 해당하는 것을 〈보기〉에서 골라 적절하게 묶은 것은?

〈보기〉

㉠ 현물출자로 인한 유형자산의 취득
㉡ 기계장치처분손실
㉢ 주식배당
㉣ 유상증자

① ㉠ ② ㉠, ㉢
③ ㉡, ㉣ ④ ㉢

**69** 현금흐름표에서 영업활동현금흐름과 가장 거리가 먼 것은?

① 매출채권 증가 ② 건물의 취득
③ 선수금 증가 ④ 재고자산 감소

**70** 자본변동표에서 이익잉여금의 변동을 가져오는 것으로 가장 거리가 먼 것은?

① 중대한 전기오류수정손익
② 당기순손익
③ 매도가능 금융자산 평가손익
④ 회계정책의 변경으로 인한 누적효과

**71** 기업가치평가 방법에 대한 설명으로 가장 거리가 먼 것은?

① 수익가치평가법은 미래의 기대되는 현금흐름이 클수록, 자본비용이 낮을수록 기업가치는 크게 평가된다.
② 자산가치평가법은 기업의 미래 수익 창출력에 기초한 가치판단을 할 수 없다.
③ 수익가치평가법에는 DCF모형, 배당할인모형, EV/EBITDA 등이 있다.
④ 상대가치평가법은 시장 상황을 반영한 현실적인 가치평가가 가능하다.

**72** EV/EBITDA에 대한 내용으로 옳은 것을 〈보기〉에서 골라 적절하게 묶은 것은?

〈보기〉

㉠ 영업활동으로 인한 기업가치가 영업활동으로 인한 현금성 영업이익의 몇 배인지를 나타낸다.
㉡ 대규모 장치산업에 속한 기업을 분석하는 데 용이하다.
㉢ 설비 등 유형자산에 대한 자본적 지출을 고려하지 않기 때문에 실질적인 영업현금흐름을 반영하는 데 한계가 있다.
㉣ 재무 레버리지가 다른 기업 간 비교가 어렵다.

① ㉠, ㉡ ② ㉠, ㉣
③ ㉠, ㉡, ㉢ ④ ㉡, ㉢, ㉣

**73** 〈보기〉의 자료를 이용해 계산한 ㈜해커스의 주가매출액비율(PSR)에 의한 적정주가는?

〈보기〉
- 당사 매출액 : 300억원
- 당사 발행주식총수 : 1,000,000주
- 유사회사 매출액 : 250억원
- 유사회사 발행주식총수 : 1,000,000주
- 유사회사 주가 : 7,500원

① 7,500원 ② 8,000원
③ 8,500원 ④ 9,000원

**74** 〈보기〉의 자료를 이용해 계산한 ㈜해커스의 영업가치는?

〈보기〉
- 1 ~ 5차년 FCFF 현재가치 : 400억원
- 6차년 FCFF : 50억원
- 6차년 이후 성장률 : 4%
- 가중평균자본비용 : 8%
- 5차년도 말 현가 계수 : 0.62

① 925억원 ② 980억원
③ 1,020억원 ④ 1,175억원

**75** 〈보기〉의 자료를 이용해 계산한 ㈜해커스의 가중평균자본비용(WACC)은?

〈보기〉
- 5년 만기 국고채 수익률 : 3%
- 시장위험프리미엄 : 7%
- 베타 : 1.3
- 세전 타인자본비용 : 9%
- 법인세율 : 20%
- 자기자본비중 : 30%
- 타인자본비중 : 70%

① 8.45% ② 8.67%
③ 9.14% ④ 9.93%

**76** 〈보기〉의 자료를 이용해 계산한 ㈜해커스의 잉여현금흐름(FCFF)은?

〈보기〉
- 매출액 : 800억원
- 매출원가 : 200억원
- 판매관리비 : 400억원
- 감가상각비 : 50억원
- 법인세율(영업이익) : 20%
- 당기순이익 : 100억원
- 추가운전자본투자 : 80억원
- 자본적 지출 : 40억원

① 80억원 ② 90억원
③ 110억원 ④ 130억원

**77** 〈보기〉의 자료를 이용해 계산한 ㈜해커스의 주주잉여현금흐름(FCFE)은?

〈보기〉
- 영업이익 : 400억원
- 법인세율 : 20%
- 순투자액 : 100억원
- 세후 이자비용 : 50억원
- 차입금 상환 : 130억원
- 차입금 조달 : 170억원

① 170억원 ② 190억원
③ 210억원 ④ 240억원

**78** ㈜해커스의 세후 영업이익은 매년 200억원으로 일정하게 지속될 것으로 예상되며, 가중평균자본비용이 8%이고 영업투하자본이 1,500억원일 때 경제적 부가가치(EVA)에 의한 기업가치는?

① 3,000억원 ② 3,200억원
③ 3,600억원 ④ 2,500억원

**79** 〈보기〉의 정보를 이용해 ㈜해커스의 경제적 부가가치(EVA)를 적용한 기업가치(Firm Value)는?

〈보기〉

- 영업투하자본 : 4,000억원
- 투하자본수익률 : 8%
- 가중평균자본비용 : 5%
- 비영업자산 시장가치 : 800억원

① 6,000억원　② 6,400억원
③ 7,000억원　④ 7,200억원

**80** 자본시장법상 본질가치에 대한 설명으로 가장 거리가 먼 것은?

① 자산가치 산정 시 실질가치가 없는 무형자산 및 회수 가능성이 없는 채권을 차감한다.
② 수익가치 산정 시 현금흐름할인모형을 적용할 수 있다.
③ 가중치를 획일적으로 적용하여 이론적 근거가 취약하다.
④ 본질가치는 부동산 과다보유법인의 가치평가에 적합하다.

**□ 제4과목. 증권법규 및 직무윤리(20문제)**

**81** 자본시장법상 금융투자상품으로 인정되지 않는 것은?

① 원화표시 CD　② 신주인수권부사채
③ KOSPI200선물　④ 미국달러옵션

**82** 투자매매업자 또는 투자중개업자의 자기계약이 예외적으로 허용되는 경우가 잘못 기술된 것은?

① 투자매매업자 또는 투자중개업자가 증권시장 또는 파생상품시장을 통해 매매가 이루어지도록 한 경우
② 투자매매업자 또는 투자중개업자가 다자간매매체결회사를 통해 매매가 이루어지도록 한 경우
③ 투자매매업자 또는 투자중개업자가 지분증권을 매수하는 경우
④ 거래 안정과 투자자 보호에 우려가 없는 경우로 금융위원회에서 정하여 고시하는 경우

**83** 증권 유통시장의 정기공시에 대한 기술 중 옳지 않은 것은?

① 주권상장법인은 사업보고서, 반기보고서, 분기보고서 등을 일정한 기한 내에 금융위원회와 거래소에 제출해야 한다.
② 사업보고서는 사업연도 경과 후 60일 이내, 반기 또는 분기보고서는 반기 또는 분기종료일로부터 30일 이내에 제출해야 한다.
③ 공정공시란 공시되지 않은 중요정보를 특정인에게 선별적으로 제공하는 경우 모든 시장참가자들이 동 정보를 알 수 있도록 그 특정인에게 제공하기 전에 증권시장을 통해 공시하는 것이다.
④ 주요 경영사항의 신고·공시는 의무공시이다.

**84** 5% Rule(주식 등의 대량보유상황 보고제도)에 대한 설명 중 틀린 것은?

① 기존 대주주에게 적대적 M&A에 대한 방어를 할 수 있게 하는 공시제도이다.
② 주식 등을 신규로 5% 이상 보유하게 되는 경우 이를 금융위원회와 거래소에 보고해야 한다.
③ 주식 등의 5% 이상 보유자가 보유비율이 1% 이상 변동되는 경우에도 보고해야 한다.
④ 5% 보고 시 보유목적이 경영권 참가목적인 경우에는 보고사유발생일로부터 보고한 날 이후 15일까지 주식을 취득하거나 의결권을 행사할 수 없다.

**85** 금융소비자보호법상 금융소비자의 대출성 상품 청약철회권에 대한 설명이 잘못된 것은?

① 금융투자회사와 관련하여 청약철회의 대상은 자본시장법 제72조 1항에 따른 신용공여가 대표적이다.
② 대출성 상품에 대하여 일반금융소비자는 계약서류제공일 또는 계약체결일로부터 7일 이내에만 청약을 철회할 수 있다.
③ 담보로 제공된 증권이 자본시장법에 따라 처분된 경우에는 청약철회권을 행사할 수 없다.
④ 청약철회는 일반금융소비자가 금융상품판매업자에게 청약철회의 의사를 서면 등으로 발송하고, 금융상품판매업자에게 이미 공급받은 금전 등을 회사에 반환한 때 효력이 발생한다.

**86** 금융투자업의 등록요건 중 대주주요건에 해당하지 않는 것은?

① 최근 5년간 금융법령에 위반하여 벌금형 이상의 형을 받은 사실이 없을 것
② 최근 5년간 채무불이행 등으로 건전한 신용질서를 해친 사실이 없을 것
③ 부실금융기관으로 지정되었거나 영업인허가 등이 취소된 금융기관의 대주주 또는 특수관계인이 아닐 것
④ 최근 5년간 금융투자회사에 재직한 경험이 있을 것

**87** 금융투자업자의 순자본비율 산정에 대한 설명이 잘못된 것은?

① 영업용순자본은 자산에서 부채를 공제한 후 현금화가 곤란한 자산을 차감하고 보완자산을 가산하여 계산한다.
② 총위험액은 시장위험액, 신용위험액, 운영위험액의 합계를 말한다.
③ 필요유지 자기자본은 금융투자업자가 영위하는 인가 또는 등록업무 단위별 요구되는 자기자본 합계액을 말한다.
④ 순자본비율은 '필요유지 자기자본/(영업용순자본 – 총위험액)'으로 계산한다.

**88** 계열회사가 발행한 증권을 금융투자업자가 자기자본의 8%를 초과하여 소유할 수 있는 경우에 해당하지 않는 것은?

① 담보권 실행 등 권리행사의 경우
② 계열사의 대표이사가 요청한 경우
③ 계열회사가 아닌 자가 계열회사가 되는 경우
④ 경영참여목적의 출자를 하는 경우

**89** 금융투자업자의 신용공여 규제에 대한 설명이 잘못된 것은?

① 청약자금대출 시 금융투자업자는 청약하여 배정받은 증권을 담보로 징구해야 한다.
② 신용공여금액의 120% 이상에 상당하는 담보를 징구해야 한다.
③ 담보로 제공된 청약주식은 취득가액으로 평가한다.
④ 담보로 제공된 상장주권은 당일종가로 평가한다.

**90** 의결권 대리행사 권유방법에 대한 설명 중 틀린 것은?

① 의결권 권유자는 의결권 피권유자에게 위임장용지 및 참고서류를 교부해야 한다.
② 의결권 권유자는 위임장용지 및 참고서류를 제공하는 날의 2일 전까지 금융위원회와 거래소에 제출 및 비치하여 일반인이 열람할 수 있도록 해야 한다.
③ 상장주권의 발행인은 의결권 대리행사의 권유에 대하여 의견을 표명하여서는 안 된다.
④ 의결권 피권유자가 10인 미만인 경우에는 의결권 대리행사 권유제도가 적용되지 않는다.

**91** 주식회사의 주식과 주권에 대한 설명이 잘못된 것은?

① 액면주식뿐만 아니라 무액면주식의 발행도 허용된다.
② 기명주식뿐만 아니라 무기명주식의 발행도 허용된다.
③ 액면주식 1주의 금액은 100원 이상으로 하여야 한다.
④ 회사는 주주의 의결권을 배제하거나 제한하는 종류주식을 발행할 수 있다.

**92** 주식회사의 의결권에 대한 기술이 적절하지 않은 것은?

① 모든 주주는 1주마다 1개의 의결권을 갖는다.
② 의결권 행사를 위해 주주명부에 명의개서가 되어 있어야 한다.
③ 의결권은 자기의 대리인으로 하여금 행사하게 할 수 있다.
④ 주주가 2개 이상의 의결권을 가지고 있는 경우에 이를 통일하여 행사해야 한다.

**93** 자본금 감소에 대한 기술이 적절하지 않은 것은?

① 자본금 감소는 주주총회의 특별결의가 있어야 가능하다.
② 자본금 감소는 채권자에게 중대한 영향을 미치므로 채권자 보호절차를 거쳐야 한다.
③ 감자무효판결은 대세적 효력이 있으며, 비소급효를 가진다.
④ 자본금 감소의 효력은 자본금 감소의 절차가 끝났을 때 발생한다.

**94** 사채(Corporate Bond, 社債)에 대한 설명으로 바르지 못한 것은?

① 직접발행 하는 경우도 있고 간접발행 하는 경우도 있다.
② 회사는 주주총회 특별결의로 사채를 발행할 수 있다.
③ 사채응모자는 사채청약서 2통에 인수할 사채의 수와 주소를 기재하고 기명날인 또는 서명해야 한다.
④ 사채의 상환청구권은 10년간 행사하지 않으면 소멸시효가 완성된다.

**95** 합병에 대한 설명이 틀린 것은?

① 합병에 반대하는 주주는 총회 결의일로부터 20일 이내에 회사에 대하여 주식매수청구권을 행사할 수 있다.
② 합병의 효력발생요건은 등기이므로 등기한 때 비로소 합병의 효력이 발생한다.
③ 회사의 합병은 채권자의 이해관계에 영향이 있으므로 채권자보호절차를 거쳐야 한다.
④ 합병 무효소송의 제소기간은 합병등기일 후 1년 이내이다.

**96** 직무윤리의 적용대상에 대한 기술이 잘못된 것은?

① 직무윤리는 투자관련 직무에 종사하는 일체의 자를 적용대상으로 한다.
② 금융투자전문인력뿐만 아니라 그러한 자격을 갖기 이전에 관련 업무에 실질적으로 종사하고 있는 자도 적용된다.
③ 회사와의 위임계약관계에 따라 보수를 받고 있는 자에게만 적용된다.
④ 회사와 정식고용계약을 맺지 않은 자나 무보수로 일하는 자도 직무윤리를 준수해야 한다.

**97** 금융소비자의 위법계약해지 요구에 대하여 금융회사는 정당한 사유가 있으면 금융소비자의 해지요구를 거절할 수 있다. 금융회사가 금융소비자의 위법계약해지요구를 거절할 수 있는 정당한 사유를 〈보기〉에서 모두 고르면?

〈보기〉

㉠ 위반사실에 대한 근거를 제시하지 않거나 거짓으로 제시한 경우
㉡ 계약체결 당시에는 위반사항이 없었으나 금융소비자가 계약체결 이후의 사정변경에 따라 위반사항을 주장하는 경우
㉢ 금융소비자의 동의를 받아 위반사항을 시정한 경우
㉣ 금융상품판매업자가 계약해지요구를 받은 날로부터 10일 이내에 법 위반사실이 없음을 확인하는데 필요한 객관적 · 합리적 근거자료를 금융소비자에게 제시한 경우
㉤ 법 위반사실 관련 자료 확인을 이유로 금융소비자의 동의를 받아 통지기한을 연장한 경우
㉥ 금융소비자가 금융상품판매업자의 행위에 법 위반사실이 있다는 것을 계약체결 전에 알았다고 볼 수 있는 명백한 사유가 있는 경우

① ㉠, ㉢, ㉤
② ㉠, ㉢, ㉣, ㉥
③ ㉠, ㉡, ㉢, ㉣, ㉥
④ ㉠, ㉡, ㉢, ㉣, ㉤, ㉥

**98** 금융투자회사의 표준윤리준칙의 내용에 부합하지 않는 것은?

① 임직원과 고객 간의 이메일은 사용장소에 관계없이 표준내부통제기준 및 관계법령의 적용을 받는다.
② 임직원의 사외대화방 참여는 공중포럼으로 간주되어 언론기관과 접촉할 때와 동일한 윤리기준을 준수해야 한다.
③ 임직원은 퇴직 후에도 회사와 고객의 이익을 해치는 행위를 하여서는 아니 된다.
④ 금융투자업종사자의 회사에 대한 선관주의의무는 퇴직 후에는 적용되지 않는다.

**99** 금융투자회사의 내부통제에 대한 기술이 잘못된 것은?

① 내부통제체제구축 및 운영에 관한 기준은 이사회가 정한다.
② 준법감시인은 내부통제체제의 구축 및 운영에 관한 제반사항을 지원하고, 내부통제정책을 수립해야 한다.
③ 준법감시인은 사내이사 또는 업무집행자 중에서 선임해야 한다.
④ 준법감시인은 임직원의 위법부당행위에 대하여 이사회, 대표이사, 감사에 보고하고 시정을 요구할 수 있다.

**100** 내부통제기준 위반 시 1억원 이하의 과태료를 부과하는 경우에 해당하지 않는 것은?

① 내부통제기준을 마련하지 못한 경우
② 준법감시인을 두지 않은 경우
③ 이사회 결의를 거치지 않고 준법감시인을 임면한 경우
④ 준법감시인이 자산운용에 관한 업무를 겸직하게 된 경우

fn.Hackers.com

# 제1회 적중 실전모의고사

## 정답

### 제1과목 | 증권분석기초

| 01 | 02 | 03 | 04 | 05 | 06 | 07 | 08 | 09 | 10 |
|---|---|---|---|---|---|---|---|---|---|
| ③ | ④ | ③ | ④ | ① | ② | ③ | ③ | ③ | ① |
| 11 | 12 | 13 | 14 | 15 | 16 | 17 | 18 | 19 | 20 |
| ③ | ③ | ③ | ④ | ④ | ② | ④ | ① | ④ | ④ |
| 21 | 22 | 23 | 24 | 25 | | | | | |
| ③ | ① | ③ | ③ | ② | | | | | |

### 제2과목 | 가치평가론

| 26 | 27 | 28 | 29 | 30 | 31 | 32 | 33 | 34 | 35 |
|---|---|---|---|---|---|---|---|---|---|
| ④ | ④ | ② | ② | ④ | ④ | ② | ① | ② | ② |
| 36 | 37 | 38 | 39 | 40 | 41 | 42 | 43 | 44 | 45 |
| ④ | ④ | ② | ③ | ① | ④ | ④ | ④ | ② | ④ |
| 46 | 47 | 48 | 49 | 50 | 51 | 52 | 53 | 54 | 55 |
| ② | ② | ① | ② | ① | ② | ③ | ① | ① | ③ |
| 56 | 57 | 58 | 59 | 60 | | | | | |
| ④ | ① | ④ | ① | ② | | | | | |

### 제3과목 | 재무분석론

| 61 | 62 | 63 | 64 | 65 | 66 | 67 | 68 | 69 | 70 |
|---|---|---|---|---|---|---|---|---|---|
| ② | ④ | ③ | ③ | ③ | ② | ① | ② | ① | ② |
| 71 | 72 | 73 | 74 | 75 | 76 | 77 | 78 | 79 | 80 |
| ③ | ① | ② | ④ | ③ | ② | ④ | ② | ④ | ② |

### 제4과목 | 증권법규 및 직무윤리

| 81 | 82 | 83 | 84 | 85 | 86 | 87 | 88 | 89 | 90 |
|---|---|---|---|---|---|---|---|---|---|
| ③ | ① | ④ | ④ | ② | ② | ① | ④ | ④ | ④ |
| 91 | 92 | 93 | 94 | 95 | 96 | 97 | 98 | 99 | 100 |
| ① | ② | ④ | ④ | ② | ① | ④ | ③ | ④ | ② |

# 취약 과목 분석표

맞힌 개수, 틀린 문제 번호와 풀지 못한 문제 번호를 적어 보고, 맞힌 개수에 따라 자신의 학습상태를 점검할 수 있습니다. 틀린 문제와 풀지 못한 문제는 해설의 출제포인트를 확인하여 관련 이론을 꼭 복습하세요.

| | 세부과목 | 맞힌 개수 | 틀린 문제 번호 | 풀지 못한 문제 번호 |
|---|---|---|---|---|
| 제1과목<br>증권분석기초 | 계량분석 | | | |
| | 증권경제 | | | |
| | 기업금융 | | | |
| | 포트폴리오 관리 | | | |
| | TOTAL | /25 | | |

*25문제 중 10개 미만 과락

| | 세부과목 | 맞힌 개수 | 틀린 문제 번호 | 풀지 못한 문제 번호 |
|---|---|---|---|---|
| 제2과목<br>가치평가론 | 주식평가/분석 | | | |
| | 채권평가/분석 | | | |
| | 파생상품평가/분석 | | | |
| | 파생결합증권평가/분석 | | | |
| | TOTAL | /35 | | |

*35문제 중 14개 미만 과락

| | 세부과목 | 맞힌 개수 | 틀린 문제 번호 | 풀지 못한 문제 번호 |
|---|---|---|---|---|
| 제3과목<br>재무분석론 | 재무제표론 | | | |
| | 기업가치평가/분석 | | | |
| | TOTAL | /20 | | |

*20문제 중 8개 미만 과락

| | 세부과목 | 맞힌 개수 | 틀린 문제 번호 | 풀지 못한 문제 번호 |
|---|---|---|---|---|
| 제4과목<br>증권법규 및<br>직무윤리 | 자본시장 관련 법규 | | | |
| | 회사법 | | | |
| | 직무윤리 | | | |
| | TOTAL | /20 | | |

*20문제 중 8개 미만 과락

# 해설

## 제1과목 | 증권분석기초

### [01 ~ 05] 계량분석

**01** 정답 ③

**출제포인트** 수익률

산술평균이 기하평균보다 크거나 같으면 그 차이는 수익률 변동이 심할수록 커진다.

**02** 정답 ④

**출제포인트** 확률분포

포아송분포를 따르는 변수의 특징은 사건발생이 독립적이고, 사건발생의 확률은 시간 또는 공간의 길이에 비례하며, 극히 작은 구간에서 두 사건 이상이 발생될 확률은 무시된다는 것이다.

**03** 정답 ③

**출제포인트** 표본이론과 통계적 검정

모분산이 알려져 있지 않고, 표본의 크기가 30개 미만이라면 t분포를 사용하는 것이 가장 적절하다.

**04** 정답 ④

**출제포인트** 몬테카를로 시뮬레이션

몬테카를로 VaR은 모형이 불완전한 경우 잘못된 결괏값이 도출될 수 있기 때문에 민감도 분석이 함께 사용되어야 한다.

**05** 정답 ①

**출제포인트** 확률과정과 자산가격모형

변동성의 기간을 늘리는 경우 일별 표준편차에 $\sqrt{T}$를 곱하여 계산하며, 변동성의 기간을 줄이는 경우 $\sqrt{T}$로 나누어 계산한다.

$25 = \sqrt{25} \times \sigma_d$

$\therefore \sigma_d = 5$

### [06 ~ 15] 증권경제

**06** 정답 ②

**출제포인트** 화폐의 수요

교환이 없는 자급자족 경제이면 파레토최적이 불가능하고, 교환이 가능한 경제이면 화폐가 존재하여 소득 중 일부를 저장할 수 있어 합리적 자원배분(파레토최적)이 가능해진다.

**07** 정답 ③

**출제포인트** 국민소득과 저축의 증가효과

국민소득 = 200 + 400 + 300 = 900억원

$\therefore$ 화폐의 유통속도 $= \frac{900억원}{300억원} = 3$

**08** 정답 ③

**출제포인트** 경기와 통화정책 변화에 의한 이자율의 변동

대부자금의 수요측면에서 사내유보금 등 금융시장을 통하지 않고 조달되는 내부자금은 자금수요에서 제외된다.

**09** 정답 ③

**출제포인트** 통화정책의 효과

통화공급의 증가 요인은 본원통화 증가, 지급준비율 인하, 재할인율 인하, 공개시장 매수이다.

**10** 정답 ①

**출제포인트** 노동의 수요와 공급, 필립스곡선

임금의 상승은 여가의 기회비용을 상승시켜 노동을 추가로 공급하려 하는 대체효과를 발생시키고, 반대로 여가를 정상재로 인식하여 여가의 추가적인 수요를 발생시키는 소득효과도 발생시킨다.

### 11 정답 ③

**출제포인트** IS-LM모형

IS곡선의 우측 이동 요인으로는 정부지출의 증가, 절대소비의 증가, 독립투자의 증가, 조세 감면 등이 있다.

### 12 정답 ③

**출제포인트** 환율의 결정과 변화

오버슈팅모형은 단기적으로 화폐시장의 조정속도가 재화시장의 조정속도보다 더욱 빠르다고 본다.

### 13 정답 ③

**출제포인트** 환율의 결정과 변화

랜덤워크모형에 대한 설명이다.

### 14 정답 ④

**출제포인트** 경기변동이론

경기확산지수는 경기변동의 방향만을 파악하며, 경기변동의 진폭이나 속도는 측정하지 않는다.

### 15 정답 ④

**출제포인트** 경제성장이론

내생적 성장이론에는 수확체증모형, 한계생산성 점근모형, 신슘페터모형이 있다.

## [16 ~ 20] 기업금융

### 16 정답 ②

**출제포인트** 순현가와 할인율

순현가법과 내부수익률법은 화폐의 시간가치를 반영한다는 점에서 유용성을 갖는다. 반면, 회수기간법과 회계적 이익률법은 화폐의 시간가치 및 위험보상을 반영하지 못한다는 한계점을 갖는다.

### 17 정답 ④

**출제포인트** MM(1958)

유보이익은 영업이익 중 배당하지 않은 부분으로 이는 보통주를 매각하지 않고 투자를 계속 유지하는 것과 동일하며, 때문에 유보이익의 자본비용은 보통주의 자본비용과 동일하다.

### 18 정답 ①

**출제포인트** 배당이론

배당의 증가는 외부 주주들에게 고정적인 현금유출을 감당할 만큼 매력적인 투자안이 있는 것으로 인식되어 기업가치에 긍정적인 영향을 준다.

### 19 정답 ④

**출제포인트** 자금조달방법과 재무분석

유동자산에는 1년 이내 현금화가 가능한 현금, 단기 유가증권, 외상매출 등이 포함된다.

### 20 정답 ④

**출제포인트** 투자안의 성격

내부수익률이 요구수익률보다 큰 경우 채택하고 작으면 기각한다. 따라서 요구수익률인 10% + 1.5(13% − 10%) = 14.5%보다 큰 기업 D가 투자안을 수락한다.

## [21 ~ 25] 포트폴리오 관리

### 21 정답 ③

**출제포인트** 포트폴리오 결합선

상관관계가 −1에서 0 사이인 경우 그래프는 우하향하며, −1인 경우는 기울기가 음수인 직선으로, 1인 경우는 기울기가 양수인 직선으로, 0에서 1 사이인 경우는 우상향하는 분포의 형태로 나타난다.

### 22 정답 ①

**출제포인트** 무위험자산과 최적자산배분

분산 가능한 위험의 감소 효과는 구성 종목수가 증가할수록 체감한다.

## 23 정답 ③

**출제포인트** 적극적 운용 VS 소극적 운용

일반적으로 자산건전도나 호재성 자료 등을 이용하는 상향식 방법은 체계적이고 과학적인 투자관리 방법이 되지 못하는 경우가 대부분이고 '투자목표의 설정, 자산배분의 결정, 종목 선정' 순으로 이어지는 하향식 방법이 조직적 투자관리를 수행하는 통합적 투자관리 방법이다.

## 24 정답 ③

**출제포인트** 포트폴리오 결합선

- 기대수익 : 0.4 × 8% + 0.6 × 4% = 5.6%
- 위험 : $\sqrt{0.4^2 0.1^2 + 0.6^2 0^2 + 2 \times 0.4 \times 0.1 \times 0.6 \times 0 \times \rho}$ = 4%

## 25 정답 ②

**출제포인트** CML과 SML

요구수익률은 13.5%(= 3 + 1.5(10 − 3))이고 실제 기대수익률이 9%이며, 4.5% 정도의 투자손실을 예상할 수 있기 때문에 매수하지 않는 것이 좋다.

# 제2과목 | 가치평가론

### [26 ~ 35] 주식평가/분석

## 26 정답 ④

**출제포인트** 증권시장의 기능

공정한 증권가격의 형성은 유통시장의 기능이다.

참고 유통시장

유통시장은 증권의 공정한 가격 형성 기능을 통하여 증권발행 주체의 경영효율성을 유도하는 역할을 수행한다. 발행된 기존 증권이 유통시장에서 계속해서 자유경쟁적으로 매매되는 과정에서 증권가격은 각 증권이 지니는 장래의 수익과 위험에 대한 적정한 평가에 근거하여 결정된다.

## 27 정답 ④

**출제포인트** 증권의 발행제도

$$권리락\ 주가 = \frac{권리부\ 주가}{1 + 무상증자비율} = \frac{20{,}000원}{1.11} = 18{,}018.018 \fallingdotseq 18{,}000원$$

## 28 정답 ②

**출제포인트** 증권매매거래제도

매매주문체결의 우선원칙은 가격우선의 원칙 – 시간우선의 원칙 – 수량우선의 원칙 – 위탁매매우선의 원칙이다.

## 29 정답 ②

**출제포인트** 증권매매거래제도

가격과 수량을 지정하였으므로 지정가주문에 해당한다.

참고 증권 매매거래 주문방식

| | |
|---|---|
| 지정가주문 | 가장 일반적인 주문형태로 투자자가 거래하고자 하는 가격과 수량을 지정한 주문 |
| 시장가주문 | 종목, 수량을 지정하되 가격은 지정하지 않은 주문 |
| 조건부 지정가주문 | 접속매매시간(09 : 00 ~ 15 : 20) 중에는 지정가주문으로 매매에 참여하지만, 체결이 안 되면 종가 시 시장가주문으로 자동 전환되는 주문 |
| 최유리 지정가주문 | 주문접수 시 상대방 최우선호가의 가격으로 지정되는 주문 |
| 목표가주문 | 회원의 재량으로 투자자가 목표로 하는 가격에 최대한 근접하여 체결될 수 있도록 하는 주문 |
| 경쟁대량 매매주문 | 종목과 수량은 지정하되, 체결가격은 당일 거래량 가중평균가격으로 매매거래를 하고자 하는 주문 |

## 30 정답 ④

**출제포인트** 경제분석

이자율이 낮을수록 투자기업의 수익성이 높아지므로 자금수요가 많아진다.

## 31 　정답 ④

**출제포인트** 산업분석

제품구매와 관련하여 고객기업(구매자)의 교섭력이 높을수록 기존 기업은 불리하다.

## 32 　정답 ②

**출제포인트** 기업분석

- 경제적 부가가치(EVA)
  = 세후영업이익(NOPAT) − 투자자본(IC) × 자본비용(k)
- 가중평균자본비용(k) = (0.12 × 0.5) + (0.08 × 0.5) = 0.1

∴ EVA = 14억원 − 100 × 0.1 = 4억원

참고
- EVA = NOPAT − IC × k = (r − k) × IC
- 투자자본이익률(r) = $\frac{\text{세후 영업이익}}{\text{투자자본}}$

## 33 　정답 ①

**출제포인트** 현금흐름할인모형

성장률(g) = 내부유보율(f) × 재투자수익률(r, ROE)
　　= (1 − 0.6) × 0.15 = 0.06 = 6%

$$\therefore P_0 = \frac{D_1}{k_e - g} = \frac{1,000}{0.16 - 0.06} = 10,000\text{원}$$

## 34 　정답 ②

**출제포인트** FCF모형에 의한 가치평가

무위험이자율에 일정한 스프레드를 더해서 비율을 산정하는 것은 부채비용을 계산할 때 사용하는 방법이다.

## 35 　정답 ②

**출제포인트** 주가배수평가모형

일반적으로 PER이 낮을수록 저평가되었다고 판단한다.

# [36 ~ 45] 채권평가/분석

## 36 　정답 ④

**출제포인트** 채권의 기본적 구조와 분류

금리변동부채권은 역금리변동부채권 등으로 변용되기도 한다.

## 37 　정답 ④

**출제포인트** 발행시장

차등가격 경매(낙찰)방식은 최고 낙찰수익률 이하 응찰수익률을 일정 간격으로 그룹화하여 각 그룹별로 최고 낙찰수익률을 적용하는 방식이다.

## 38 　정답 ②

**출제포인트** 신용평가

BBB(−) 이상을 투자등급으로 하며, BB 이하는 투기등급으로 간주한다.

## 39 　정답 ③

**출제포인트** 채권가격 결정과정

만기가 일정할 때 채권수익률의 하락으로 인한 가격상승폭은 같은 폭의 채권수익률의 상승으로 인한 가격하락폭보다 더 크다.

## 40 　정답 ①

**출제포인트** 채권의 투자위험도 측정

$$\text{(Macaulay) Duration} = -\frac{\frac{\Delta P}{P}}{\frac{\Delta r}{1+r}}$$

$$\Rightarrow \Delta P = -\frac{\text{Duration}}{(1+r)} \times \Delta r \times P$$

문제의 채권은 만기 시 일시상환채권이므로 잔존만기와 듀레이션이 동일하다.

∴ Duration = 3, 1 + r = 1 + 0.05, Δr = 0.02, P = 9,568

## 41 정답 ④

**출제포인트 채권의 투자위험도 측정**

만기 시 일시상환채권의 듀레이션은 채권의 잔존만기와 같다.

참고 듀레이션의 특징

- 채권에 투자된 원금회수기간(가중평균만기) ⇨ 연개념
- 만기 시 일시상환채권(할인채·복리채·단리채)
  : 듀레이션 = 만기
- 이표채 : 듀레이션 < 만기
- 듀레이션은 만기와 비례, 표면이율 및 시장수익률과 반비례

## 42 정답 ④

**출제포인트 채권투자전략 개요**

- 소극적 투자전략
  : 현금흐름일치전략, 만기보유전략(Buy-and-Hold), 사다리형 및 아령형 운용전략, 인덱스전략(Indexing), 면역전략(Immunization Strategy)
- 적극적 투자전략
  : 수익률예측전략, 채권교체전략, 수익률곡선타기전략

## 43 정답 ④

**출제포인트 수익률곡선**

유동성 선호가설에서 수익률곡선은 미래의 현물수익률에 대한 불편기대 부분과 유동성프리미엄이 동시에 반영되어 나타난 결과라고 할 수 있다.

## 44 정답 ②

**출제포인트 소극적 투자전략**

현금흐름일치전략은 향후 예상되는 부채의 현금유출액 이상이 되도록 현금유입액을 발생시켜 부채상환의 위험을 최소화시키는 채권 포트폴리오를 구성하는 전략이다.

## 45 정답 ④

**출제포인트 전환사채**

$$패리티 = \frac{전환대상주식의\ 주가}{전환가격} \times 100$$

$$⇨ 125 = \frac{25,000}{전환가격} \times 100$$

∴ 전환가격 = 20,000원

# [46 ~ 55] 파생상품평가/분석

## 46 정답 ②

**출제포인트 선물가격의 형성**

$$이론선물가격(F^*) = S + S(자금차입비용 - Coupon) \times \frac{t}{365}$$

$$= \$120.00 + \$120.00(0.02 - 0.06) \times \frac{1}{4}$$

∴ 이론선물가격 = $118.80

## 47 정답 ②

**출제포인트 선물거래의 활용**

| 구 분 | Negative Carry (= 양(+)의 베이시스) | Positive Carry (= 음(-)의 베이시스) |
|---|---|---|
| 베이시스 축소 | 매입헤지(손실), 매도헤지(이익) | 매입헤지(이익), 매도헤지(손실) |
| 베이시스 확대 | 매입헤지(이익), 매도헤지(손실) | 매입헤지(손실), 매도헤지(이익) |

## 48 정답 ①

**출제포인트 옵션투자기법**

투자자는 주가 하락리스크에 노출되어 있으므로 주가 하락 시 이익이 발생하는 풋옵션을 매수해야 한다. 헤지비율은 델타의 역수$\left(\frac{1}{델타}\right)$이므로 2.5배이다. 따라서 500개의 풋옵션을 매수해야 한다.

## 49 정답 ②

**출제포인트** 선물거래의 활용

$$(헤지)선물계약수(N) = \frac{헤지비율(베타) \times 주식\ 포트폴리오\ 금액}{(선물지수 \times 250{,}000)}$$

$$\Rightarrow 640계약 = \frac{헤지비율(베타) \times 90{,}000{,}000{,}000}{(450 \times 250{,}000)}$$

∴ 헤지비율(베타) = 0.8

## 50 정답 ①

**출제포인트** 선물거래의 활용

현물을 보유하고 있으므로 헤지를 위해서는 선물을 매도해야 한다.

$$(헤지)선물계약수(N) = \frac{헤지비율(베타) \times 주식\ 포트폴리오\ 금액}{(선물지수 \times 250{,}000)} = \frac{1.25 \times 4{,}000{,}000{,}000}{(400 \times 250{,}000)}$$

∴ (헤지)선물계약수(N) = 50계약

## 51 정답 ②

**출제포인트** 선물가격의 형성

$$F_t = S_t + S_t \times (r - d) \times \frac{t}{365}$$

$$= 100{,}000 + 100{,}000 \times (0.06 - 0.02) \times \frac{3}{12}$$

∴ $F_t$ = 101,000원

## 52 정답 ③

**출제포인트** 금융선물거래의 주요 계약내용

국채선물 3·5·10년물의 액면가는 1억원이다.

## 53 정답 ①

**출제포인트** 옵션투자기법

콜옵션이 고평가되고 풋옵션이 저평가된 상황이므로 콘버전이 성립한다.

② 기초자산은 저평가되어 있으므로 매입한다.
③ 채권가격은 고평가되어 있으므로 하락한다.
④ 합성기초자산 매도(콜옵션 매도 + 풋옵션 매수)가 성립한다.

## 54 정답 ①

**출제포인트** 옵션가격이론

- 풋옵션가치 = $\frac{p \times p_u + (1-p) \times p_d}{1+r}$
- 상승배수(u) = 1.2, 하락배수(d) = 0.7
- 무위험이자율(r) = 0.05
- 헤지확률 또는 리스크 중립적 확률(p) = $\frac{(1+r)-d}{u-d} = \frac{1.05-0.7}{1.2-0.7} = 0.7$

∴ 풋옵션가치 = $\frac{0.7 \times 0 + (1-0.7) \times 30{,}000}{1.05}$ = 8,571원

## 55 정답 ③

**출제포인트** 선물가격의 형성

선물이론가격은 400 + 400 × (0.06 − 0.02) × 0.25이므로 404.00이다. 현재 선물시장가격이 선물이론가격보다 높은 고평가 상태이므로 선물을 매도하고 현물을 매수하는 현물보유전략(Cash & Carry)이 적합하다.

# [56 ~ 60] 파생결합증권평가/분석

## 56 정답 ④

**출제포인트** ETN의 시장구조

발행회사는 ETN 시장에서 중추적인 역할을 하는 회사로서 투자수요에 맞는 ETN을 기획하고 발행하는 업무, 마케팅 활동, 만기 또는 중도상환 시 지수수익률을 투자자에게 지급하고, 이를 위해 자산을 운용(헤지)하는 활동, 그리고 중요한 사항이 발생했을 때 신고·공시함으로써 투자자에게 고지하는 업무 등 일체를 담당한다.

## 57 정답 ①

**출제포인트** ELW의 가격결정요인과 투자지표

자본지지점은 기초자산과 ELW 각각의 만기수익률을 같게 만드는 기초자산의 연간 기대수익률로, 만기구조가 서로 다른 개별 ELW의 CFP를 계산함으로써 ELW 간 비교가 가능하도록 한다.

## 58 정답 ④

**출제포인트** 파생결합증권의 개요

ETN(상장지수증권)은 기초지수의 변동과 수익률이 연동되도록 증권회사가 발행하는 파생결합증권으로서 주식처럼 거래소에 상장되어 거래되는 증권이다.

## 59 정답 ①

**출제포인트** ELW의 가격결정요인과 투자지표

콜 ELW의 경우 행사가격이 높을수록 만기에 기초자산가격이 행사가격 이상이 되어 수익을 올릴 가능성이 낮아지기 때문에 해당 ELW 가격은 낮아진다.

## 60 정답 ②

**출제포인트** ELS · DLS의 기본개념

상환금을 준비하는 방법으로 외부에서 동일한 상품을 매입하는 방법을 Back-to-Back이라고 부른다.

참고 자체헤지

현물주식, 장내파생상품, 장외파생상품의 매매를 통해 ELS의 지급구조를 복제하는 방법

# 제3과목 | 재무분석론

### [61 ~ 70] 재무제표론

## 61 정답 ②

**출제포인트** 재무제표 작성 및 표시를 위한 고려사항

매출채권에 대한 대손충당금과 재고자산에 대한 재고자산평가충당금을 차감하여 자산을 순액으로 측정하는 것은 상계표시에 해당하지 않는다.

## 62 정답 ④

**출제포인트** 재무상태표의 구성요소

정상영업주기 내에 실현될 것으로 기대되는 영업자산(매출채권, 재고자산)의 경우 유동자산으로 분류하나 비영업자산(채무증권, 지분증권)의 경우 보고기간 후 12개월 이후 실현될 것으로 예상되는 자산은 비유동자산으로 분류한다.

## 63 정답 ③

**출제포인트** 금융자산의 회계처리

㉡ AC금융자산은 최초 인식 시 공정가치로 측정하고 취득과 직접 관련된 거래원가는 공정가치에 가산한다. FVPL금융자산의 경우 지분상품과 채무상품 모두 최초 인식 시 공정가치로 측정하고 취득과 직접 관련된 거래원가는 발생 즉시 당기비용으로 처리한다.

## 64 정답 ③

**출제포인트** 재고자산의 이해와 평가

- 매출원가 = 기초제품재고금액 + 당기제품제조원가 − 기말제품재고금액
- 기초제품재고금액 = 200 × 100 = 20,000원
- 당기제품제조원가 = 300 × 150 + 500 × 200 = 145,000원
- 기말제품재고금액 = 200 × 200 = 40,000원

∴ 매출원가 = 20,000 + 145,000 − 40,000 = 125,000원

## 65 정답 ③

**출제포인트** 포괄손익계산서의 구성요소

- 20X1. 12. 31. : 60,000(토지재평가금액) − 50,000(장부금액) = 10,000(기타포괄이익)
- 20X2. 12. 31. : 과거 기타포괄이익 10,000원을 기타포괄손실 10,000원으로 우선 인식하고 남은 금액을 당기손실 15,000원으로 인식한다.

∴ 20×2. 12. 31. : 당기손실 15,000원, 기타포괄손실 10,000원

## 66 정답 ②

**출제포인트** 차입원가 자본화

기업회계기준서상 차입원가 자본화는 선택이 아닌 의무사항이다.

## 67 정답 ①

**출제포인트** 건설계약의 계약수익과 계약원가

20X1년 당기계약수익 : $\frac{2,000}{5,000} \times 9,000 = 3,600$원

∴ 20X2년 당기계약수익 : $\left(\frac{3,850}{5,500} \times 10,000\right) - 3,600$(전기계약수익) = 3,400원

## 68 정답 ②

✓출제포인트 주당순손익

자기주식 취득은 유통주식수에서 차감한다.

가중평균유통보통주식수

$=\left(2{,}000 \times \frac{12}{12}\right)+\left(1{,}000 \times \frac{6}{12}\right)-\left(200 \times \frac{3}{12}\right)$

= 2,450원

$\therefore$ 기본주당순이익 $= \frac{\text{기본당기순이익}}{\text{가중평균유통보통주식수}}$

$= \frac{20{,}000{,}000}{2{,}450} = 8{,}163$원

## 69 정답 ①

✓출제포인트 영업활동현금흐름의 구분 등

영업활동현금흐름

= 당기순이익 + 감가상각비 – 매출채권 증가 – 매입채무 감소 – 외화환산이익 – 재고자산 증가

= 10,000 + 3,000 – 1,500 – 1,000 – 2,500 – 2,000

= 6,000원

## 70 정답 ②

✓출제포인트 연결재무제표와 관계기업

ⓛ 지배기업은 종속기업에 대한 투자주식과 종속기업의 지배기업 지분을 제거해야 한다.

ⓓ 연결재무제표는 지배기업과 종속기업의 지분 중 비지배지분을 별도 표시한다.

# [71 ~ 80] 기업가치평가/분석

## 71 정답 ③

✓출제포인트 기업가치평가 방법

수익가치평가법에 대한 설명이다.

- 수익가치평가법 : DCF모형, 배당할인모형, EVA할인모형
- 상대가치평가법 : PER, EV/EBITDA, PSR, PBR

## 72 정답 ①

✓출제포인트 주가순이익비율(PER)

- 주당순이익 $= \frac{\text{순이익}}{\text{발행주식수}} = \frac{100\text{억원}}{10{,}000{,}000\text{주}} = 1{,}000$원
- 평균 PER을 감안한 적정주가 = 1,000 × 30배 = 30,000원

$\therefore$ 주가 상승여력 $= \left[\left(\frac{30{,}000}{12{,}000}\right)-1\right] \times 100 = 150\%$

## 73 정답 ②

✓출제포인트 EV/EBITDA

$\text{EV/EBITDA} = \frac{\text{시가총액} + \text{총차입금} - \text{현금성자산}}{\text{영업이익} + \text{감가상각비}}$

$= \frac{[(30 \times 200) + 2{,}000 - 200]}{1{,}000 + 200} = 6.5$

## 74 정답 ④

✓출제포인트 잉여현금흐름(FCFF)

FCFF의 영업이익은 영업활동과 관련된 수익과 비용을 말하므로 이자비용, 이자수익, 배당수입 등은 해당되지 않는다.

## 75 정답 ③

✓출제포인트 영업가치와 자본비용의 산정

타인자본비용은 평가대상회사가 부담하고 있는 현재의 차입이자율이 아니라 현행 시장이자율로 측정되어야 한다.

## 76 정답 ②

✓출제포인트 잉여현금흐름(FCFF)

잉여현금흐름(FCFF)

= 영업이익 – 법인세 + 감가상각비 – 자본적 지출 – 추가운전자본투자(매출채권 증가 + 재고자산 증가 + 매입채무 감소)

= 400 – 50 + 150 – 100 – (80 + 40 + 30)

= 250억원

## 77 정답 ④

**출제포인트** 기업가치와 주주가치

- 기업가치 = 영업가치 + 비영업자산가치
  = 3,000 + 400 = 3,400억원
- 주주가치 = 기업가치 − 차입금가치
  = 3,400 − 700 = 2,700억원

$\therefore$ 1주당 가치 $= \frac{\text{주주가치}}{\text{총발행주식수}} = \frac{2{,}700\text{억원}}{10{,}000{,}000\text{주}} = 27{,}000$원

## 78 정답 ②

**출제포인트** 경제적 부가가치(EVA)

- EVA
  = [영업이익 × (1 − 법인세율)] − 영업투하자본 × 자본비용(WACC)
- WACC
  = 자기자본비용 × 자기자본비중 + 세후 타인자본비용 × 타인자본비중
  = 10% × 50% + 6% × 50% = 8%

∴ EVA = [300억원 × (1 − 20%)] − 700억원 × 8%
= 184억원

## 79 정답 ④

**출제포인트** 경제적 부가가치(EVA)

- $\text{MVA} = \frac{\text{EVA}}{\text{WACC} - g}$
- EVA
  = 세후 영업이익(NOPAT) − [영업투하자본(IC) × 가중평균자본비용(WACC)]
  = 500억원 − (2,000억원 × 8%) = 340억원

$\therefore \text{MVA} = \frac{340\text{억원}}{8\% - 0\%} = 4{,}250$억원

## 80 정답 ②

**출제포인트** 본질가치와 세법가치평가 방법

㉠ 상장주식은 평가일 이전, 이후 각 2개월간의 최종시세가액의 평균액으로 평가한다.
㉡ 일반법인의 경우 지분율과 상관없이 최대주주의 20%할증평가는 회사의 상장주식, 비상장주식 여부를 불문하고 적용(중소기업은 면제)된다.
㉢ 비상장주식의 순자산가치 산출 시 자기주식을 가산한다.

# 제4과목 | 증권법규 및 직무윤리

### [81 ~ 90] 자본시장 관련 법규

## 81 정답 ③

**출제포인트** 자본시장 관계기관

금융위원회 위원장은 국무총리의 제청으로 국회 인사청문을 거쳐 대통령이 임명한다.

## 82 정답 ①

**출제포인트** 금융투자업

금융위원회 등록대상 금융투자업에는 투자자문업, 투자일임업, 온라인소액투자중개업, 전문사모집합투자업 등이 있다.

## 83 정답 ④

**출제포인트** 증권신고서 · 투자설명서

정정신고서가 제출된 경우에 그 정정신고서가 수리된 날에 최초 제출한 증권신고서가 수리된 것으로 본다.

## 84 정답 ④

**출제포인트** 금융투자업자에 대한 규제

수익증권은 공개매수제도의 적용대상이 되는 증권에 해당되지 않는다.

## 85 정답 ②

**출제포인트** 내부자 불공정거래 규제

해당 법인의 주요주주가 내부자에 포함될 수 있다.

## 86 정답 ②

**출제포인트** 금융투자업자에 대한 규제

매 회계연도 말 자기자본이 인가업무 최저 자기자본의 70% 이상을 유지해야 하며, 다음 회계연도 말까지 자본보완이 이루어지는 경우 요건을 충족한 것으로 간주한다.

## 87 정답 ①

**출제포인트** 건전성 규제

금융투자업자는 매 분기마다 자산 및 부채에 대한 건전성을 정상 – 요주의 – 고정 – 회수의문 – 추정손실의 5단계로 분류해야 하며, 고정 이하로 분류된 채권에 대하여 적정한 회수예상가액을 산정해야 한다.

## 88 정답 ④

**출제포인트** 건전성 규제

적기시정조치 사유 중 경영개선요구 사유에 해당하는 경우는 레버리지 비율이 1,300%를 초과하는 경우이다.

## 89 정답 ④

**출제포인트** 금융소비자보호법 개관

연계투자(P2P투자)는 〈온라인투자연계금융업 및 이용자 보호에 관한 법률〉에 따른 것으로 온라인플랫폼을 통하여 투자자의 자금을 투자자가 지정한 해당 차입자에게 대출 등의 방법으로 자금을 공급하고 그에 따른 원리금수취권을 투자자에게 제공하는 것을 말한다.

## 90 정답 ④

**출제포인트** 금융소비자보호법 개관

㉠ ~ ㉦ 모두 금융상품판매대리·중개업자에 대한 금지행위에 해당한다.

### [91 ~ 95] 회사법

## 91 정답 ①

**출제포인트** 주식회사 설립절차

주식회사의 정관작성 시 절대적 기재사항으로는 목적, 상호, 회사가 발행할 주식의 총수, 액면주식을 발행할 경우 1주의 금액, 회사의 설립 시 발행하는 주식의 총수, 본점소재지, 회사가 공고하는 방법, 발기인의 성명·주민등록번호·주소 등이 있다.

## 92 정답 ②

**출제포인트** 주주의 권한

원칙적으로 주식양도는 자유이나 정관으로 이사회 승인을 얻도록 규정할 수 있다.

## 93 정답 ④

**출제포인트** 신주의 액면미달발행

주식인수인은 납입기일의 다음 날부터 주주로서의 권리·의무가 생긴다.

## 94 정답 ④

**출제포인트** 주식회사의 회계

회사는 법정준비금이 자본금의 1.5배를 초과하는 경우에 주주총회 보통결의에 따라 그 초과한 금액 범위 내에서 법정준비금을 감액할 수 있다.

## 95 정답 ②

**출제포인트** 신주의 액면미달발행

주주 이외의 자에게 신주인수권을 발행하는 경우 정관에 규정이 없으면 주주총회 특별결의로 한다.

### [96 ~ 100] 직무윤리

## 96 정답 ①

**출제포인트** 직무윤리에 대한 이해

금융투자상품의 정의에 대한 포괄주의 도입으로 직무윤리의 중요성이 높아졌다.

## 97 정답 ④

**출제포인트** 이해상충방지의무

모든 고객의 이익은 동등하게 다루어져야 한다.

## 98 정답 ③

**출제포인트** 정보교류차단의무

미공개정보는 기록형태나 기록유무와 관계없이 비밀정보로 본다.

## 99 정답 ④

**출제포인트** 회사에 대한 윤리

시장질서 교란행위를 한 것으로 판단되는 경우 금융위원회는 5억원 이하의 과징금을 부과할 수 있다.

## 100 정답 ②

**출제포인트** 내부통제

내부통제위원회는 매 반기별 1회 이상 회의를 개최해야 한다.

# 제2회 적중 실전모의고사

## 정답

### 제1과목 | 증권분석기초

| 01 | 02 | 03 | 04 | 05 | 06 | 07 | 08 | 09 | 10 |
|---|---|---|---|---|---|---|---|---|---|
| ② | ③ | ④ | ③ | ① | ④ | ④ | ④ | ③ | ④ |
| 11 | 12 | 13 | 14 | 15 | 16 | 17 | 18 | 19 | 20 |
| ② | ③ | ④ | ④ | ③ | ③ | ③ | ④ | ② | ④ |
| 21 | 22 | 23 | 24 | 25 | | | | | |
| ③ | ③ | ④ | ④ | ④ | | | | | |

### 제2과목 | 가치평가론

| 26 | 27 | 28 | 29 | 30 | 31 | 32 | 33 | 34 | 35 |
|---|---|---|---|---|---|---|---|---|---|
| ③ | ④ | ② | ④ | ② | ② | ② | ④ | ① | ④ |
| 36 | 37 | 38 | 39 | 40 | 41 | 42 | 43 | 44 | 45 |
| ③ | ② | ① | ② | ② | ① | ③ | ④ | ④ | ③ |
| 46 | 47 | 48 | 49 | 50 | 51 | 52 | 53 | 54 | 55 |
| ② | ② | ③ | ② | ③ | ③ | ③ | ④ | ① | ③ |
| 56 | 57 | 58 | 59 | 60 | | | | | |
| ② | ② | ④ | ② | ① | | | | | |

### 제3과목 | 재무분석론

| 61 | 62 | 63 | 64 | 65 | 66 | 67 | 68 | 69 | 70 |
|---|---|---|---|---|---|---|---|---|---|
| ② | ③ | ② | ① | ① | ① | ① | ② | ② | ③ |
| 71 | 72 | 73 | 74 | 75 | 76 | 77 | 78 | 79 | 80 |
| ③ | ③ | ④ | ④ | ② | ② | ③ | ④ | ④ | ④ |

### 제4과목 | 증권법규 및 직무윤리

| 81 | 82 | 83 | 84 | 85 | 86 | 87 | 88 | 89 | 90 |
|---|---|---|---|---|---|---|---|---|---|
| ① | ③ | ② | ④ | ② | ④ | ④ | ② | ② | ③ |
| 91 | 92 | 93 | 94 | 95 | 96 | 97 | 98 | 99 | 100 |
| ② | ④ | ③ | ② | ④ | ③ | ④ | ④ | ② | ④ |

## 취약 과목 분석표

맞힌 개수, 틀린 문제 번호와 풀지 못한 문제 번호를 적어 보고, 맞힌 개수에 따라 자신의 학습상태를 점검할 수 있습니다. 틀린 문제와 풀지 못한 문제는 해설의 출제포인트를 확인하여 관련 이론을 꼭 복습하세요.

| | 세부과목 | 맞힌 개수 | 틀린 문제 번호 | 풀지 못한 문제 번호 |
|---|---|---|---|---|
| **제1과목 증권분석기초** | 계량분석 | | | |
| | 증권경제 | | | |
| | 기업금융 | | | |
| | 포트폴리오 관리 | | | |
| | TOTAL | /25 | | |

*25문제 중 10개 미만 과락

| | 세부과목 | 맞힌 개수 | 틀린 문제 번호 | 풀지 못한 문제 번호 |
|---|---|---|---|---|
| **제2과목 가치평가론** | 주식평가/분석 | | | |
| | 채권평가/분석 | | | |
| | 파생상품평가/분석 | | | |
| | 파생결합증권평가/분석 | | | |
| | TOTAL | /35 | | |

*35문제 중 14개 미만 과락

| | 세부과목 | 맞힌 개수 | 틀린 문제 번호 | 풀지 못한 문제 번호 |
|---|---|---|---|---|
| **제3과목 재무분석론** | 재무제표론 | | | |
| | 기업가치평가/분석 | | | |
| | TOTAL | /20 | | |

*20문제 중 8개 미만 과락

| | 세부과목 | 맞힌 개수 | 틀린 문제 번호 | 풀지 못한 문제 번호 |
|---|---|---|---|---|
| **제4과목 증권법규 및 직무윤리** | 자본시장 관련 법규 | | | |
| | 회사법 | | | |
| | 직무윤리 | | | |
| | TOTAL | /20 | | |

*20문제 중 8개 미만 과락

# 해설

## 제1과목 | 증권분석기초

### [01 ~ 05] 계량분석

**01** 정답 ②

✓출제포인트 회귀분석과 상관분석

회귀분석의 가정 중 독립성은 오차들 간의 공분산이 0이라는 의미이고, 해당 가정이 위배될 때 자기상관이 나타난다.

**02** 정답 ③

✓출제포인트 적합성 검정

White검정을 통해 등분산성의 위배 여부를 검사하며, 위배 시 이분산성 발생으로 효율성을 상실한다.

**03** 정답 ④

✓출제포인트 공분산과 상관계수

결정계수($R^2$)는 두 확률변수 간의 상관계수의 제곱으로 계산되는데, 이때 상관계수의 부호는 두 변수가 같은 방향이면 (+), 다른 방향이면 (−)가 된다. 따라서 X와 Y가 서로 같은 방향으로 움직이고 $R^2 = 0.16$이기 때문에 상관계수 값은 +0.4이다.

**04** 정답 ③

✓출제포인트 적합성 검정

설명변수의 수가 추가될수록 결정계수값이 증가하는 경향이 있기 때문에 설명변수의 수가 다른 두 축소모형에 대해서는 결정계수가 적절한 모형 선택의 기준이 될 수 없으며, 이를 보완한 것이 수정결정계수이다.

**05** 정답 ①

✓출제포인트 표본이론과 통계적 검정

1종 오류는 귀무가설이 사실임에도 불구하고 대립가설을 지지하는 결정을 내리는 오류를 의미한다.

### [06 ~ 15] 증권경제

**06** 정답 ④

✓출제포인트 IS-LM모형

| 구 분 | 고전학파 | 케인즈학파 |
|---|---|---|
| 총수요곡선 | • 화폐량의 증가 ⇨ LM곡선 우측 이동 ⇨ 국민소득 증가(AD곡선 우측 이동)<br>• 정부지출 증가, 세금 감소 ⇨ IS곡선 우측 이동 ⇨ 국민소득 증가(AD곡선 우측 이동) | |
| 총공급곡선 | • 가격과 임금의 완전 신축성 가정<br>• 물가상승 ⇨ 노동수요곡선 상향 이동 ⇨ 명목임금 상승, 실질임금 불변 ⇨ 산출량 불변(총공급곡선 수직) | • 명목임금의 경직성 가정<br>• 물가상승 ⇨ 노동수요곡선 상향 이동 ⇨ 노동량 증가 ⇨ 산출량 증가(총공급곡선 우상향) |

**07** 정답 ④

✓출제포인트 경제성장이론

신슘페터 성장모형은 기업의 독점이윤을 허용하는 불완전경쟁하의 분석이므로 이때 균형은 파레토최적을 달성하지 못한다.

**08** 정답 ④

✓출제포인트 중앙은행과 지급준비금

광의의 유동성은 금융기관 유동성에 정부 및 기업발행 유동성상품을 더한 것을 말한다.

**09** 정답 ③

✓출제포인트 소비이론

임의보행 소비가설은 확률적 오차항에 의해 소비가 변한다는 가설로, 항상소득가설과 합리적 기대가설이 더해진 이론이다.

## 10　정답 ④

**출제포인트** 이자율의 기간구조이론

유동성프리미엄의 수익률곡선이 불편기대이론의 수익률곡선보다 기울기가 크게 나타난다.

## 11　정답 ②

**출제포인트** 이자율의 기간구조이론

유동성프리미엄이론은 장기채권의 수익률에는 미래의 불확실성이 포함되어 있다는 이론이고, 기대이론은 선도이자율을 예상 현물이자율의 불편추정량으로 해석했을 때 성립되는 이론이며, 시장분할이론은 투자자들의 선호가 모두 다르기 때문에 나타나는 현상을 설명한 이론이다.

## 12　정답 ③

**출제포인트** 환율의 결정과 변화

실질환율이 높다는 것은 자국 재화의 가격수준이 낮음을 의미하며, 이는 국제시장에서 가격경쟁력이 상승함을 의미한다.

## 13　정답 ④

**출제포인트** 재정정책의 효과

케인즈는 LM곡선이 수평인 경우 무구축효과로 재정정책이 효과적임을 주장하였고, 고전학파는 IS곡선이 수평이거나 LM곡선이 수직인 경우 재정정책이 효과가 없음을 주장하였다.

## 14　정답 ④

**출제포인트** 환율의 결정과 변화

고정환율제도의 문제점에는 충분한 외환준비금 필요, 불법적 암시장의 발생, 투기적 공격으로 인한 외환위기, 국제수지 불균형 등이 있다.

## 15　정답 ③

**출제포인트** 경기변동이론

경기변동은 지속성, 보편성, 비대칭성, 주기성의 특징을 갖는다.

# [16 ~ 20] 기업금융

## 16　정답 ③

**출제포인트** 투자안의 성격

자본예산에 대한 설명이다.

## 17　정답 ③

**출제포인트** MM(1963)

자기자본 대리비용은 대리인인 경영자가 자신의 이익을 위하여 위임자인 주주의 이익을 희생시키는 과정에서 발생하는 비용을 의미하고, 타인자본 대리비용은 주주가 유한책임을 가지고 있는 상태에서 채권자가 자금을 빌려준 후에는 이에 대한 통제권을 주주에게 일임하기 때문에 발생한다.

## 18　정답 ④

**출제포인트** 투자안의 성격

내부수익률은 계산과정의 특성으로 인해 상호배타적인 선택에 있어 가장 큰 내부수익률을 선택하면 해당 선택이 주주가치의 극대화와 부합하지 못하는 경우가 발생할 수 있다.

## 19　정답 ②

**출제포인트** 자금조달방법과 재무분석

수익성비율에는 매출액순이익률, 자기자본순이익률, 총자본순이익률 등이 포함되며, 주가수익비율은 포함되지 않는다.

## 20　정답 ④

**출제포인트** MM(1963)

파산비용이 없는 MM(1963)의 경우 타인자본의 사용에 따른 가중평균자본비용은 지속적으로 감소하여 기업가치는 계속 상승한다.

[21 ~ 25] 포트폴리오 관리

## 21

정답 ③

**출제포인트** 포트폴리오 결합선

① 포트폴리오 위험을 측정하는 포트폴리오 분산은 포트폴리오 기대수익률처럼 단순히 개별 증권의 분산을 가중평균하여 구할 수 없다.
② 포트폴리오의 위험 감소 효과는 각 주식 간의 상관관계와 투자금액의 비율에 기인한다.
④ 두 자산 간의 상관관계가 –1인 경우 포트폴리오 위험은 가장 낮은 수준을 유지한다.

## 22

정답 ③

**출제포인트** CML과 SML

APM은 확률분포나, 무위험수익률, 시장포트폴리오에 대한 가정을 하지 않으며 투자기간을 다기간까지 확장 가능하다.

## 23

정답 ④

**출제포인트** 포트폴리오 결합선

포트폴리오 결합선에서 위험이 최소가 되는 포트폴리오를 최소분산 포트폴리오라고 한다.

## 24

정답 ④

**출제포인트** 적극적 운용 vs 소극적 운용

포트폴리오 업그레이딩은 높은 성과를 지닌 증권을 선택하기보다는 큰 손실을 가져다주는 증권을 제거하는 방법을 사용하며, 효율적 자산의 존재가 나타나더라도 즉각적인 업그레이딩을 하기보다는 증권의 매각 또는 매입에 따른 엄격한 수익·비용분석을 우선으로 진행한다.

## 25

정답 ④

**출제포인트** 무위험자산과 최적자산배분

공격적 투자자는 차입을 통해 포트폴리오를 구성하기 때문에 차입포트폴리오를 선택하며, 방어적 투자자는 자금을 대여하는 대출포트폴리오를 선택한다.

# 제2과목 | 가치평가론

[26 ~ 35] 주식평가/분석

## 26

정답 ③

**출제포인트** 증권시장의 기능

투자자에게 고수익이 가능한 금융상품으로 발행하면 자금수요자에게는 낮은 비용으로 자금을 조달할 수 있는 금융수단이 될 수 있다.

## 27

정답 ④

**출제포인트** 증권의 발행제도

유상증자 시 권리락 주가

$$= \frac{\text{기준주가} + \text{주당 납입금}(= \text{증자비율} \times \text{신주발행가격})}{1 + \text{증자비율}}$$

$$= \frac{[47{,}000 + (35{,}000 \times 0.2)]}{1.2}$$

= 45,000원

## 28

정답 ②

**출제포인트** 증권매매거래제도

우리나라에서는 보통거래제도를 채택하고 있다.

**참고** 보통거래

매매계약을 체결한 날로부터 3일째 되는 날(다만, 거래소가 시장 관리상 특히 필요하다고 인정하여 지정한 종목의 경우에는 14일 이내에서 거래소가 지정한 날)에 수도결제하는 것을 말한다.

## 29

정답 ④

**출제포인트** 주가지수

주가지수 가중방법에는 세 가지가 있으며, 주로 ㉠, ㉡의 방법이 이용된다.

㉠ 주식가격에 가중하는 방법
㉡ 주식의 총시장가치에 가중하는 방법
㉢ 동일 가중치로 평균하는 방법

## 30 정답 ②

**출제포인트** 경제분석

이자율(할인율)이 상승하면 주가는 하락할 가능성이 높다.

참고 이자율 변화에 따른 가격 변화

- 시중이자율 ↑ ⇨ 주식에 대한 대체투자수단의 수익률 ↑ ⇨ 주식의 투자매력도 ↓
- 시중이자율 ↑ ⇨ 할인율(요구수익률) ↑ ⇨ 주식가격 ↓

## 31 정답 ②

**출제포인트** 산업분석

산업이 어느 단계에 있는지를 확인하여 산업의 유망성을 평가할 수 있다.

## 32 정답 ②

**출제포인트** 기업분석

매출액순이익률이 일정한 상태에서 총자산회전율이 증가하면 ROA는 증가한다.

참고

- $\text{ROA} = \frac{\text{당기순이익}}{\text{총자산}}$

  ∴ 총자산 증가 ⇨ ROA 감소
- ROA = 매출액순이익률 × 총자산회전율

  ∴ 총자산회전율 증가 ⇨ ROA 증가
- $\text{ROE} = \frac{\text{ROA}}{\text{자기자본비율}}$

  ∴ ROA 일정, 자기자본비율 증가 ⇨ ROE 감소

## 33 정답 ④

**출제포인트** 현금흐름할인모형

- 당기배당금($D_0$)

  = 당기주당순익(EPS) × 배당성향(= 1 − 유보비율)

  = 1,000원 × (1 − 0.3) = 700원
- 주가($P_0$) $= \frac{D_0(1+g)}{k-g}$ ⇨ $20{,}000 = \frac{700(1+g)}{(0.15-g)}$

  ⇨ g = 0.111
- 성장률(g) = 내부유보율(f) × 재투자수익률(r, ROE)

  ⇨ 0.111 = 0.3 × ROE

∴ 재투자수익률(ROE) = 0.37(37%)

## 34 정답 ①

**출제포인트** FCF모형에 의한 가치평가

자기자본비용(k)

= 무위험이자율 + (시장이자율 − 무위험이자율) × 베타계수

= 0.08 + (0.13 − 0.08) × 1.2

= 14%

## 35 정답 ④

**출제포인트** 주가배수평가모형

청산을 전제로 한 청산가치를 추정할 때는 PBR이 유용하다. 반면에 계속기업일 경우 미래의 수익발생능력을 반영하지 못하여 유용한 평가기준이 될 수 없다.

# [36 ~ 45] 채권평가/분석

## 36 정답 ③

**출제포인트** 발행시장

Dutch방식은 직접모집방식이다.

## 37 정답 ②

**출제포인트** 발행시장

소수투자자와 사적 교섭으로 채권을 매각하며, 유동성이 낮은 회사채의 발행에 주로 활용되는 것은 사모발행이다.

## 38 정답 ①

**출제포인트** 채권투자의 수익과 위험

만기까지의 수익률이 확정된 채권의 경우 인플레이션은 채권으로부터 얻어지는 이자수입의 실질가치, 즉 구매력을 감소시킨다. 이와 같은 위험은 채권의 만기가 길수록 커지는 경향이 있다.

## 39 정답 ②

**출제포인트** 채권가격 결정과정

만기가 일정할 경우 수익률 하락으로 인한 가격상승폭은 같은 폭의 수익률 상승으로 인한 가격하락폭보다 크다.

## 40 정답 ②

**출제포인트** 전환사채

은행의 높은 크레딧에도 불구하고 후순위채보다 상환순위가 낮아 상대적으로 높은 금리를 취할 수 있다는 장점이 있다.

## 41 정답 ①

**출제포인트** 채권의 투자위험도 측정

이표채의 듀레이션은 다른 조건이 일정할 경우 표면이율이 커질수록 감소한다. 따라서 이 문제에서 채권의 표면이율이 5%이고 채권의 듀레이션이 4.58년인데, 알고자 하는 채권의 표면이율은 8%이므로 듀레이션은 4.58년보다 작아야 한다.

## 42 정답 ③

**출제포인트** 수익률곡선

중기채의 수익률이 단기채나 장기채의 수익률보다 높게 나타나는 형태인 낙타형에 관한 설명이다.

## 43 정답 ④

**출제포인트** 채권투자전략 개요

수익률곡선의 형태를 이용한 전략은 모두 적극적 채권투자전략이다.

## 44 정답 ④

**출제포인트** 전환사채

$$전환가격 = \frac{액면가액}{전환주수} = \frac{10{,}000}{5} = 2{,}000원$$

$$\therefore 패리티 = \frac{주식의\ 시장가격}{전환가격} \times 100\%$$

$$= \frac{2{,}500}{2{,}000} \times 100\% = 125\%$$

## 45 정답 ③

**출제포인트** 전환사채

$$패리티 = \frac{주식의\ 시장가격}{전환가격} \times 100\%$$

$$\Rightarrow 120\% = \frac{12{,}000}{전환가격} \times 100\%$$

$$\therefore 전환가격 = 10{,}000원$$

# [46 ~ 55] 파생상품평가/분석

## 46 정답 ②

**출제포인트** 선물거래의 활용

$$선물계약수 = \frac{\beta \times 주식\ 포트폴리오의\ 가치}{선물가격 \times 250{,}000원}$$

$$= \frac{1.1 \times 5{,}000{,}000{,}000}{400 \times 250{,}000원} = 55계약$$

∴ KOSPI200선물 55계약을 매도하면 된다.

## 47 정답 ②

**출제포인트** 선물가격의 형성

$$선물이론가격 = 400.00 + 400.00 \times (6\% - 2\%) \times \frac{1}{2}$$

$$= 408.00pt$$

선물거래수수료가 0.08pt, 주식거래수수료가 0.12pt이면 거래비용(TC)은 0.20pt이므로 차익거래 불가능영역은 408.00pt − 0.20pt ≦ F ≦ 408.00pt + 0.20pt이다. 즉, 407.80 ~ 408.20 사이의 선물시장가격은 차익거래가 발생하지 않는다.

## 48 정답 ③

**출제포인트** 선물가격의 형성

이론 베이시스가 0보다 크다는 것은 순보유비용이 양(+)이라는 것을 의미한다.

## 49 정답 ②

**출제포인트** 선물거래의 활용

스트립헤지는 사후관리가 필요하지 않지만 원월물로 갈수록 유동성이 저하되는 문제가 발생한다.

## 50 정답 ③

**출제포인트** 선물가격의 형성

$$선물환율 = 1{,}192.00 \times \frac{1 + 0.03 \times \frac{92}{365}}{1 + 0.02 \times \frac{92}{360}} = 1{,}194.91$$

## 51 정답 ③

**출제포인트** 옵션투자기법

- 합성콜 매입 = 풋 매입 + 옵션 기초자산 매입
- 합성콜 매도 = 풋 매도 + 옵션 기초자산 매도
- 합성풋 매입 = 콜 매입 + 옵션 기초자산 매도
- 합성풋 매도 = 콜 매도 + 옵션 기초자산 매입
- 합성옵션 기초자산 매입 = 콜 매입 + 풋 매도
- 합성옵션 기초자산 매도 = 콜 매도 + 풋 매입

## 52 정답 ③

**출제포인트** 옵션거래

- 시간가치 = 옵션가격 − 내재가치
- 내재가치 = Max[(103 − 100), 0] = 3

∴ 시간가치 = 5 − 3 = 2

## 53 정답 ④

**출제포인트** 옵션투자기법

델타는 외가격(OTM) 옵션이 내가격(ITM) 옵션이 되거나 ITM 옵션이 계속하여 ITM 옵션으로 남아있을 확률로 이해되기도 한다.

## 54 정답 ①

**출제포인트** 옵션투자기법

기초자산을 보유한 상태에서 해당 콜옵션을 매도하는 것을 보증된 콜(Covered call)이라 한다.

## 55 정답 ③

**출제포인트** 옵션거래

- 콜옵션의 내재가치 = Max[1,171 − 1,182, 0] = 0
- 콜옵션의 시간가치 = 7 − 0 = 7
- 풋옵션의 내재가치 = Max[1,182 − 1,171, 0] = 11
- 풋옵션의 시간가치 = 19 − 11 = 8

∴ 콜옵션의 시간가치 + 풋옵션의 시간가치
= 7 + 8 = 15원

# [56 ~ 60] 파생결합증권평가/분석

## 56 정답 ②

**출제포인트** ELS의 상품구조

Step Down ELS는 기존의 조기상환조건이 같았던 것에 비하여 매 조기상환 시점마다 일정 비율씩 조기상환 기준지수를 완화함으로써 조기상환의 가능성을 높였다.

## 57 정답 ②

**출제포인트** ELS의 상품구조

Reverse Convertible ELS는 풋옵션의 매도를 통해 수수료 수익을 추가로 획득할 수 있지만 원금손실 가능성이 있는 구조이다. 만기 시 기초자산의 가격이 풋옵션의 행사가격 이상으로 상승하면 원금과 프리미엄을 합한 금액을 돌려받으며, 행사가격 이하이면 원금에서 풋옵션의 현금흐름을 뺀 나머지를 돌려받게 된다.

## 58 정답 ④

**출제포인트** ELW의 기본개념

ELW는 파생결합증권으로서 투자자가 옵션의 매입만 가능하기에 손실은 원금에 해당하는 프리미엄에 한정된다.

## 59 정답 ②

**출제포인트** ELS · DLS의 기본개념

대다수의 ELF는 증권사가 사모로 발행하는 ELS에 펀드자산의 대부분을 투자하는 형태이다.

## 60 정답 ①

**출제포인트** ETN의 기본개념

ETN은 거래소에서 거래되는 주식과 같은 상품이지만 증권거래세가 면제되며, 국내주식을 기초로 한 국내 ETN의 경우 매매차익에 대해서 비과세 혜택이 있어 투자에 유리하다.

# 제3과목 | 재무분석론

## [61 ~ 70] 재무제표론

### 61 정답 ②

출제포인트 재무상태표의 구성요소

- 자산 : 선급금, 매출채권, 선급비용, 보증금, 미수금, 재고자산, 유형자산 등
- 부채 : 매입채무, 차입금, 미지급금, 선수금, 사채, 퇴직급여채무, 장기충당부채 등

### 62 정답 ③

출제포인트 포괄손익계산서의 구성요소

ⓒ 공정가치 위험회피의 파생상품평가손익은 당기손익으로 인식한다.

### 63 정답 ②

출제포인트 금융자산의 회계처리

지분상품을 FVPL금융자산, FVOCI(선택)금융자산으로 분류하는 것은 최초 인식 시점에서만 가능하며 이후에는 취소할 수 없다. 채무상품은 사업모형을 변경하는 경우에만 금융자산의 재분류를 허용하고 있다. 재분류하는 경우에는 그 재분류일로부터 전진적으로 적용한다.

### 64 정답 ①

출제포인트 유형자산의 원가와 감가상각

- 20X0. 12. 31. 감가상각비 : 200,000 × 40% = 80,000원
- 미상각잔액 : 200,000 – 80,000 = 120,000원

∴20X1. 12. 31. 감가상각비 : 120,000 × 40% = 48,000원

### 65 정답 ①

출제포인트 리스회계

리스이용자의 리스기간 종료시점에 소유권이전 가능성이 높을 경우에는 자산 내용연수에 걸쳐 상각하고, 소유권이전 가능성이 낮을 경우에는 리스기간과 내용연수 중 짧은 기간에 걸쳐 상각한다.

### 66 정답 ①

출제포인트 주식기준 보상

- 주식결제형(자본)의 경우 : 지분상품의 공정가치로 인식
  3,000 × 1,000 = 3,000,000원
- 현금결제형(부채)의 경우 : 현금지급차액으로 인식
  (3,000 – 2,000) × 1,000 = 1,000,000원

### 67 정답 ①

출제포인트 법인세회계

가산할 일시적 차이이므로 이연법인세부채에 해당한다.
∴ 이연법인세부채 = 4,000 × 30% = 1,200원

### 68 정답 ②

출제포인트 현금흐름표

비현금거래로는 현물출자로 인한 유형자산의 취득, 유형자산의 연불구입, 무상증자, 무상감자, 주식배당, 전환사채의 주식전환 등이 있다.

### 69 정답 ②

출제포인트 영업활동현금흐름의 구분 등

현금의 대여와 회수활동, 장·단기 투자증권, 유·무형자산의 취득과 처분활동 등은 투자활동에 의한 현금흐름이다.

### 70 정답 ③

출제포인트 재무제표의 종류와 특징

매도가능 금융자산 평가손익, 해외사업 환산손익 등은 기타포괄손익에 영향을 미친다.

## [71 ~ 80] 기업가치평가/분석

### 71 정답 ③

**출제포인트 기업가치평가 방법**

- 수익가치평가법 : DCF모형, 배당할인모형, EVA할인모형
- 상대가치평가법 : PER, EV/EBITDA, PSR, PBR

### 72 정답 ③

**출제포인트 EV/EBITDA**

㉣ EV/EBITDA는 재무 레버리지가 다른 기업 간 비교에 적합하다.

### 73 정답 ④

**출제포인트 주가매출액비율(PSR)**

- 적정주가 = 주당매출액 × 유사회사 PSR
- 유사회사 주당매출액 $= \frac{\text{매출액}}{\text{발행주식총수}} = \frac{\text{250억원}}{\text{1,000,000주}}$ $= \text{25,000원}$
- 유사회사 PSR $= \frac{\text{주가}}{\text{주당매출액}} = \frac{7{,}500}{25{,}000} = 0.3$
- 주당매출액 $= \frac{\text{매출액}}{\text{발행주식총수}} = \frac{\text{300억원}}{\text{1,000,000주}} = \text{30,000원}$

∴ 적정주가 = 30,000원 × 0.3 = 9,000원

### 74 정답 ④

**출제포인트 영업가치와 자본비용의 산정**

- 영업가치 = 추정기간 FCFF 현재가치 + 잔존가치(Terminal Value) 현재가치
- 추정기간 FCFF 현재가치 = 400억원
- 5차년 말 잔존가치 $= \frac{FCFF_6}{WACC - g} = \frac{\text{50억원}}{8\% - 4\%}$ $= \text{1,250억원}$
- 잔존가치 현재가치 = 1,250 × 0.62 = 775억원

∴ 영업가치 = 400 + 775 = 1,175억원

### 75 정답 ②

**출제포인트 영업가치와 자본비용의 산정**

- 가중평균자본비용(WACC)
  = 자기자본비용 × 자기자본비중 + 세후 타인자본비용 × 타인자본비중
- 자기자본비용
  = 무위험수익률 + 베타 × 시장위험 프리미엄
  = 3% + 1.3 × 7%
  = 12.1%
- 세후 타인자본비용 = 세전 타인자본비용 × (1 − 법인세율)
  = 9% × (1 − 20%)
  = 7.2%

∴ 가중평균자본비용(WACC) = 12.1 × 30 + 7.2 × 70
= 8.67%

### 76 정답 ②

**출제포인트 잉여현금흐름(FCFF)**

- 영업잉여현금흐름(FCFF)
  = 영업이익 − 법인세 + 감가상각비 − 자본적 지출 − 추가운전자본투자
- 영업이익 = 매출액 − 매출원가 − 판매관리비 = 200억원

∴ 영업잉여현금흐름(FCFF) = 200 − (200 × 20%) + 50 − 40 − 80
= 90억원

### 77 정답 ③

**출제포인트 잉여현금흐름(FCFF)**

FCFE
= FCFF − 채권자 현금흐름
= 세후 영업이익 − 순투자 − 세후 이자비용 − 차입금 상환 + 차입금 조달
= 400 × (1 − 20%) − 100 − 50 − 130 + 170
= 210억원

### 78 정답 ④

**출제포인트 기업가치와 주주가치**

$$\text{기업가치} = \text{영업투하자본} + MVA\left(\frac{EVA}{WACC - g}\right)$$

$$= 1{,}500 + \left(\frac{80}{8\% - 0\%}\right) = \text{2,500억원}$$

## 79 정답 ④

**출제포인트** 기업가치와 주주가치

- 기업가치 = 영업가치 + 비영업가치
- EVA = IC × (ROIC − WACC)
  = 4,000억 × (8% − 5%)
  = 120억원
- $MVA = \frac{EVA}{WACC} = \frac{120억원}{5\%} = 2,400억원$
- 영업가치 = 영업투하자본 + MVA
  = 4,000 + 2,400
  = 6,400억원

∴ 기업가치 = 6,400 + 800 = 7,200억원

## 80 정답 ④

**출제포인트** 본질가치와 세법가치평가 방법

본질가치의 경우 자산가치 산정 시 부동산 과다보유법인이나 비상장주식 과다보유법인의 경우에 적합한 자산가치를 산정하는 데 한계를 가진다.

# 제4과목 | 증권법규 및 직무윤리

### [81 ~ 90] 자본시장 관련 법규

## 81 정답 ①

**출제포인트** 금융투자상품

자본시장법상 금융투자상품에서 제외되고 있는 것은 원화표시 CD, 관리형 신탁의 수익권, 주식매수선택권(스톡옵션) 등이다.

## 82 정답 ③

**출제포인트** 매매 또는 중개업무 규제

투자매매업자 또는 투자중개업자가 집합투자증권을 매수하는 경우에 자기계약이 예외적으로 허용된다.

## 83 정답 ②

**출제포인트** 정기공시 등

사업보고서는 사업연도 경과 후 90일 이내, 반기 또는 분기보고서는 반기 또는 분기종료일로부터 45일 이내에 제출해야 한다.

## 84 정답 ④

**출제포인트** 대량보유상황 보고제도

5% 보고 시 보유목적이 경영권 참가목적인 경우에는 보고사유발생일로부터 보고한 날 이후 5일까지 주식을 취득하거나 의결권을 행사할 수 없다.

## 85 정답 ②

**출제포인트** 금융소비자보호법 주요내용

대출성 상품에 대하여 일반금융소비자는 계약서류제공일 또는 계약체결일로부터 14일 이내에 청약을 철회할 수 있다.

## 86 정답 ④

**출제포인트** 금융투자업자에 대한 규제

최근 5년간 금융투자회사에 재직한 경험의 유무와 금융투자업의 대주주요건과는 관계가 없다.

## 87 정답 ④

**출제포인트** 건전성 규제

$순자본비율 = \frac{영업용순자본 - 총위험액}{필요유지\ 자기자본}$

## 88 정답 ②

**출제포인트** 대주주 거래제한

금융투자업자는 계열사의 대표이사가 요청한 경우라고 해도 계열회사가 발행한 증권을 자기자본의 8%를 초과하여 소유할 수 없다.

## 89 정답 ②

**출제포인트** 투자자 재산을 위한 규제

신용공여금액의 140% 이상에 상당하는 담보를 징구해야 한다.

### 90 정답 ③

출제포인트 의결권

상장주권의 발행인은 의결권 대리행사의 권유에 대하여 의견을 표명하는 경우에 그 내용을 기재한 서면을 지체 없이 금융위원회와 거래소에 제출해야 한다.

## [91 ~ 95] 회사법

### 91 정답 ②

출제포인트 주주의 권한

2014년 상법개정으로 무기명주식제도가 폐지되었다.

### 92 정답 ④

출제포인트 의결권

주주가 2개 이상의 의결권을 가지고 있는 경우에 이를 통일하지 아니하고 행사할 수 있다. 이처럼 의결권 불통일 행사를 하려고 하는 주주는 의결권 불통일 행사의 뜻과 이유를 총회일 3일 전까지 회사에 통지해야 한다. (상법 제368조 2)

### 93 정답 ③

출제포인트 자본금의 감소

감자무효판결의 효력은 제3자에게도 미치는 대세적 효력이 있으며, 소급효를 가진다.

### 94 정답 ②

출제포인트 신주의 액면미달발행

회사는 이사회 결의로 사채를 발행할 수 있다.

### 95 정답 ④

출제포인트 주식회사의 합병

합병의 무효는 소송으로서만 주장할 수 있으며, 제소기간은 합병등기일 후 6개월 이내이다.

## [96 ~ 100] 직무윤리

### 96 정답 ③

출제포인트 직무윤리에 대한 이해

회사와의 위임계약관계 여부, 고용계약관계 여부, 보수의 유무, 고객과의 법률적인 계약관계 여부를 불문하고 투자관련 직무에 종사하는 자이면 모두 직무윤리가 적용된다.

### 97 정답 ④

출제포인트 상품판매 이후 단계의 금융소비자보호

㉠ ~ ㉥ 모두 금융회사가 금융소비자의 해지요구를 거절할 수 있는 정당한 사유에 해당한다.

### 98 정답 ④

출제포인트 고용계약 종료 후의 의무

금융투자업종사자의 회사에 대한 선관주의의무는 재직 중에는 물론이고, 퇴직 등의 사유로 회사와의 고용 내지 위임계약 관계가 종료된 이후에도 합리적 기간 동안 지속된다.

### 99 정답 ②

출제포인트 내부통제

대표이사는 내부통제체제의 구축 및 운영에 관한 제반사항을 지원하고, 내부통제정책을 수립해야 한다.

### 100 정답 ④

출제포인트 내부통제

준법감시인이 자산운용에 관한 업무를 겸직하게 된 경우에는 3,000만원 이하의 과태료를 부과할 수 있다.

자르는 선

해커스금융

# 제1회 적중 실전모의고사 OMR 답안지

| 이름 |
|---|
| |

| 생년월일 |
|---|
| |

| 실시일자 |
|---|
| |

| 수험번호 | | | | | | |
|---|---|---|---|---|---|---|
| | | | | | | |
| ⓪ | ⓪ | ⓪ | ⓪ | ⓪ | ⓪ | ⓪ |
| ① | ① | ① | ① | ① | ① | ① |
| ② | ② | ② | ② | ② | ② | ② |
| ③ | ③ | ③ | ③ | ③ | ③ | ③ |
| ④ | ④ | ④ | ④ | ④ | ④ | ④ |
| ⑤ | ⑤ | ⑤ | ⑤ | ⑤ | ⑤ | ⑤ |
| ⑥ | ⑥ | ⑥ | ⑥ | ⑥ | ⑥ | ⑥ |
| ⑦ | ⑦ | ⑦ | ⑦ | ⑦ | ⑦ | ⑦ |
| ⑧ | ⑧ | ⑧ | ⑧ | ⑧ | ⑧ | ⑧ |
| ⑨ | ⑨ | ⑨ | ⑨ | ⑨ | ⑨ | ⑨ |

| 감독관 확인란 |
|---|
| 인 |

| | | | | | | | | | |
|---|---|---|---|---|---|---|---|---|---|
| 01 | ① ② ③ ④ | 21 | ① ② ③ ④ | 41 | ① ② ③ ④ | 61 | ① ② ③ ④ | 81 | ① ② ③ ④ |
| 02 | ① ② ③ ④ | 22 | ① ② ③ ④ | 42 | ① ② ③ ④ | 62 | ① ② ③ ④ | 82 | ① ② ③ ④ |
| 03 | ① ② ③ ④ | 23 | ① ② ③ ④ | 43 | ① ② ③ ④ | 63 | ① ② ③ ④ | 83 | ① ② ③ ④ |
| 04 | ① ② ③ ④ | 24 | ① ② ③ ④ | 44 | ① ② ③ ④ | 64 | ① ② ③ ④ | 84 | ① ② ③ ④ |
| 05 | ① ② ③ ④ | 25 | ① ② ③ ④ | 45 | ① ② ③ ④ | 65 | ① ② ③ ④ | 85 | ① ② ③ ④ |
| 06 | ① ② ③ ④ | 26 | ① ② ③ ④ | 46 | ① ② ③ ④ | 66 | ① ② ③ ④ | 86 | ① ② ③ ④ |
| 07 | ① ② ③ ④ | 27 | ① ② ③ ④ | 47 | ① ② ③ ④ | 67 | ① ② ③ ④ | 87 | ① ② ③ ④ |
| 08 | ① ② ③ ④ | 28 | ① ② ③ ④ | 48 | ① ② ③ ④ | 68 | ① ② ③ ④ | 88 | ① ② ③ ④ |
| 09 | ① ② ③ ④ | 29 | ① ② ③ ④ | 49 | ① ② ③ ④ | 69 | ① ② ③ ④ | 89 | ① ② ③ ④ |
| 10 | ① ② ③ ④ | 30 | ① ② ③ ④ | 50 | ① ② ③ ④ | 70 | ① ② ③ ④ | 90 | ① ② ③ ④ |
| 11 | ① ② ③ ④ | 31 | ① ② ③ ④ | 51 | ① ② ③ ④ | 71 | ① ② ③ ④ | 91 | ① ② ③ ④ |
| 12 | ① ② ③ ④ | 32 | ① ② ③ ④ | 52 | ① ② ③ ④ | 72 | ① ② ③ ④ | 92 | ① ② ③ ④ |
| 13 | ① ② ③ ④ | 33 | ① ② ③ ④ | 53 | ① ② ③ ④ | 73 | ① ② ③ ④ | 93 | ① ② ③ ④ |
| 14 | ① ② ③ ④ | 34 | ① ② ③ ④ | 54 | ① ② ③ ④ | 74 | ① ② ③ ④ | 94 | ① ② ③ ④ |
| 15 | ① ② ③ ④ | 35 | ① ② ③ ④ | 55 | ① ② ③ ④ | 75 | ① ② ③ ④ | 95 | ① ② ③ ④ |
| 16 | ① ② ③ ④ | 36 | ① ② ③ ④ | 56 | ① ② ③ ④ | 76 | ① ② ③ ④ | 96 | ① ② ③ ④ |
| 17 | ① ② ③ ④ | 37 | ① ② ③ ④ | 57 | ① ② ③ ④ | 77 | ① ② ③ ④ | 97 | ① ② ③ ④ |
| 18 | ① ② ③ ④ | 38 | ① ② ③ ④ | 58 | ① ② ③ ④ | 78 | ① ② ③ ④ | 98 | ① ② ③ ④ |
| 19 | ① ② ③ ④ | 39 | ① ② ③ ④ | 59 | ① ② ③ ④ | 79 | ① ② ③ ④ | 99 | ① ② ③ ④ |
| 20 | ① ② ③ ④ | 40 | ① ② ③ ④ | 60 | ① ② ③ ④ | 80 | ① ② ③ ④ | 100 | ① ② ③ ④ |

✂ 자르는 선

해커스금융

# 제2회 적중 실전모의고사 OMR 답안지

| 이름 |
| --- |
| |

| 생년월일 |
| --- |
| |

| 실시일자 |
| --- |
| |

| 수험번호 | | | | | | |
| --- | --- | --- | --- | --- | --- | --- |
| | | | | | | |
| ⓪ | ⓪ | ⓪ | ⓪ | ⓪ | ⓪ | ⓪ |
| ① | ① | ① | ① | ① | ① | ① |
| ② | ② | ② | ② | ② | ② | ② |
| ③ | ③ | ③ | ③ | ③ | ③ | ③ |
| ④ | ④ | ④ | ④ | ④ | ④ | ④ |
| ⑤ | ⑤ | ⑤ | ⑤ | ⑤ | ⑤ | ⑤ |
| ⑥ | ⑥ | ⑥ | ⑥ | ⑥ | ⑥ | ⑥ |
| ⑦ | ⑦ | ⑦ | ⑦ | ⑦ | ⑦ | ⑦ |
| ⑧ | ⑧ | ⑧ | ⑧ | ⑧ | ⑧ | ⑧ |
| ⑨ | ⑨ | ⑨ | ⑨ | ⑨ | ⑨ | ⑨ |

| 감독관 확인란 |
| --- |
| 인 |

| | | | | | | | | | |
| --- | --- | --- | --- | --- | --- | --- | --- | --- | --- |
| 01 | ① ② ③ ④ | 21 | ① ② ③ ④ | 41 | ① ② ③ ④ | 61 | ① ② ③ ④ | 81 | ① ② ③ ④ |
| 02 | ① ② ③ ④ | 22 | ① ② ③ ④ | 42 | ① ② ③ ④ | 62 | ① ② ③ ④ | 82 | ① ② ③ ④ |
| 03 | ① ② ③ ④ | 23 | ① ② ③ ④ | 43 | ① ② ③ ④ | 63 | ① ② ③ ④ | 83 | ① ② ③ ④ |
| 04 | ① ② ③ ④ | 24 | ① ② ③ ④ | 44 | ① ② ③ ④ | 64 | ① ② ③ ④ | 84 | ① ② ③ ④ |
| 05 | ① ② ③ ④ | 25 | ① ② ③ ④ | 45 | ① ② ③ ④ | 65 | ① ② ③ ④ | 85 | ① ② ③ ④ |
| 06 | ① ② ③ ④ | 26 | ① ② ③ ④ | 46 | ① ② ③ ④ | 66 | ① ② ③ ④ | 86 | ① ② ③ ④ |
| 07 | ① ② ③ ④ | 27 | ① ② ③ ④ | 47 | ① ② ③ ④ | 67 | ① ② ③ ④ | 87 | ① ② ③ ④ |
| 08 | ① ② ③ ④ | 28 | ① ② ③ ④ | 48 | ① ② ③ ④ | 68 | ① ② ③ ④ | 88 | ① ② ③ ④ |
| 09 | ① ② ③ ④ | 29 | ① ② ③ ④ | 49 | ① ② ③ ④ | 69 | ① ② ③ ④ | 89 | ① ② ③ ④ |
| 10 | ① ② ③ ④ | 30 | ① ② ③ ④ | 50 | ① ② ③ ④ | 70 | ① ② ③ ④ | 90 | ① ② ③ ④ |
| 11 | ① ② ③ ④ | 31 | ① ② ③ ④ | 51 | ① ② ③ ④ | 71 | ① ② ③ ④ | 91 | ① ② ③ ④ |
| 12 | ① ② ③ ④ | 32 | ① ② ③ ④ | 52 | ① ② ③ ④ | 72 | ① ② ③ ④ | 92 | ① ② ③ ④ |
| 13 | ① ② ③ ④ | 33 | ① ② ③ ④ | 53 | ① ② ③ ④ | 73 | ① ② ③ ④ | 93 | ① ② ③ ④ |
| 14 | ① ② ③ ④ | 34 | ① ② ③ ④ | 54 | ① ② ③ ④ | 74 | ① ② ③ ④ | 94 | ① ② ③ ④ |
| 15 | ① ② ③ ④ | 35 | ① ② ③ ④ | 55 | ① ② ③ ④ | 75 | ① ② ③ ④ | 95 | ① ② ③ ④ |
| 16 | ① ② ③ ④ | 36 | ① ② ③ ④ | 56 | ① ② ③ ④ | 76 | ① ② ③ ④ | 96 | ① ② ③ ④ |
| 17 | ① ② ③ ④ | 37 | ① ② ③ ④ | 57 | ① ② ③ ④ | 77 | ① ② ③ ④ | 97 | ① ② ③ ④ |
| 18 | ① ② ③ ④ | 38 | ① ② ③ ④ | 58 | ① ② ③ ④ | 78 | ① ② ③ ④ | 98 | ① ② ③ ④ |
| 19 | ① ② ③ ④ | 39 | ① ② ③ ④ | 59 | ① ② ③ ④ | 79 | ① ② ③ ④ | 99 | ① ② ③ ④ |
| 20 | ① ② ③ ④ | 40 | ① ② ③ ④ | 60 | ① ② ③ ④ | 80 | ① ② ③ ④ | 100 | ① ② ③ ④ |

해커스금융 단기 합격생이 말하는

# 금융투자분석사 합격의 비밀!

## 해커스금융과 함께라면 다음 합격의 주인공은 바로 여러분입니다.

1달 만에 합격!
**이*호**
합격생

### 단기 합격이 가능한 강의!

**단기간에 깔끔하고 효율적으로 공부**해서 금융투자분석사 자격증을 취득하고 싶은 분들은 **해커스금융 추천**합니다. 강의를 듣고 문제집에 수록된 모의고사를 푼 것이 도움이 많이 되었던 것 같습니다.

4주 만에 합격!
**강*범**
합격생

### 해커스금융이 만들어준 금융투자분석사 자격증!

투자자산운용사를 해커스 인강을 통해 취득하고 이어서 금융투자분석사 자격증을 도전했습니다.
**해커스금융 강의의 도움을 크게 받았기 때문에 믿고 선택**하게 되었습니다.

금융권
취준생 합격!
**박*근**
합격생

### 합격이 쉬운 강의와 문제집!

해커스 문제집에 있는 부분만 **컴팩트하게 잘 공부하고 간다면 합격이 어렵지 않을 것**입니다. 적은 시간만 투자해도 합격하기 가장 좋은 것 같습니다.